杨立新 李怡雯 ⊙ 著

《民法典》侵权责任编
实务疑难问题指引

中国人民大学出版社
·北京·

作者简介

杨立新：男，1952年1月出生于吉林省通化市，山东省长岛县人，广东财经大学法治与经济发展研究所研究员、广东财经大学法学院特聘教授，中国人民大学法学院教授，中国人民大学民商事法律科学研究中心学术委员会副主席、研究员；世界侵权法学会主席、东亚侵权法学会理事长，国家法官学院、国家检察官学院、北京大学法学院等院校的兼职、客座教授。1975年至1989年在吉林省通化市中级人民法院任审判员、副庭长、副院长、常务副院长；1990年至1992年任最高人民法院民事审判庭审判员、婚姻家庭合议庭负责人；1993年至1994年任烟台大学法学院副教授；1995年至2000年任最高人民检察院检察委员会委员、民事行政检察厅厅长、检察员；2001年以来，在中国人民大学法学院任教授、民商事法律科学研究中心主任。兼任全国人大常委会法工委立法专家委员会立法专家，参与《合同法》《物权法》《侵权责任法》《消费者权益保护法》等10余部法律的起草和修订工作；2015年以来全程参与《中华人民共和国民法典》编纂工作，参加了总则编和分则各编的起草工作。研究领域为民法总则、侵权责任法、人格权法、物权法、债法、婚姻家庭法和继承法，出版民法学专著、民法学教材、一般读物100余部，在《中国社会科学》《法学研究》《中国法学》等刊物发表民法学论文500余篇。

李怡雯：女，1995年7月出生于山西省太原市，中国人民大学法学院博士研究生，中国人民大学民商事法律科学研究中心工作人员，在《法学杂志》《人民检察》《法律适用》《河南财经政法大学学报》等刊物发表法学论文18篇，出版合著《合同法司法案例教程》《中国民法典新规则要点》等，参编《中华人民共和国民法典释义与案例评注·侵权责任编》《〈中华人民共和国民法典〉条文精释与实案全析》《〈最高人民法院关于适用《中华人民共和国民法典》时间效力的若干规定〉案例解读》《〈最高人民法院关于适用《中华人民共和国民法典》有关担保制度的解释〉案例解读》。

前　言

《中华人民共和国民法典》（以下简称《民法典》）自颁布实施以来，不仅在社会上引起了极好的反响，而且在司法实践适用中发挥了重要的作用，取得了鲜明的社会效果。这证明《民法典》确实是社会生活的百科全书，是调整民事法律关系、裁判民事纠纷的基本法律规范。《民法典》实施仅三年，就产生了这样的社会作用，让我们看到了民法典时代的辉煌前景。

《民法典》社会作用的发挥，有赖于其规范的精准适用；对《民法典》规范精准适用的前提，是对其规范的精准理解。对于社会公众而言，需要的是对《民法典》规范的熟知，而对于法官、律师以及法学专家、学者而言，需要的是对《民法典》规范的精准理解和精准适用，否则，对民法典时代的民事法律关系就会缺少精准的分析和恰如其分的调整，无法实现《民法典》的立法目的。

出于这样的考虑，我和中国人民大学出版社政法分社郭虹社长和白俊峰编辑等一起策划，认为应当写作、出版针对司法实务中的疑难问题，精准解读《民法典》新规则的专著，提出精准理解《民法典》新规则的见解，指引司法实务工作者对《民法典》新规则的精准适用。写作、出版《〈民法典〉侵权责任编实务疑难问题指引》一书，就是这样的一个尝试。

本书并未对《民法典》侵权责任编规范进行全部解读，而是着重对其中规定的侵权责任新规则进行理论阐释和司法实务概括。本书选择了《民法典》侵权责任编规定的最重要的三十几个问题，针对实务中的问题，进行精准解读，说明新规则的来龙去脉，概括其要点。期待本书能对实务中疑难问题的解决真正起到指引作用。

为了便于阅读，也为了节省读者的阅读时间，把握《民法典》侵权责任编的新规则要点，本书所作解读都针对实务中的问题：章前归纳了"实务指引要点"，章后提出了"规则总结"，将司法实务操作中的基本规则简要概括出来，令其简明、简便、易懂、易记，便于实务操作。在此基础上，需要详细掌握理论知识者，可详读章内的理论分析和说明，提高对新规则的理论认识，加深理解。这样，把对《民法典》理解、适用的理论和实际结合起来，有助于精准理解和精准适用《民法典》侵权责任编的新规则，精准调整侵权法律关系，维护社会秩序，保护好民事主体的民事权益。

本书的写作仅仅是一种尝试，加之对《民法典》侵权责任编新规则的理解还在不断加深，故本书是否能实现这样的写作目的，还有待实践的检验。对于本书存在的问题请热心读者指正。

衷心感谢中国人民大学出版社编辑的精心策划、编校，使本书能够顺利出版发行；也衷心感谢热心读者一直以来对本书作者的厚爱和支持。

广东财经大学法治与经济发展研究所研究员
广东财经大学法学院特聘教授　杨立新
中国人民大学民商事法律科学研究中心研究员
2023 年 7 月 25 日于北京寓所

目 录

第一章 《民法典》规定侵权责任性质为侵权之债对司法实务有何影响
——侵权责任徘徊在债与责任之间的立法价值与司法功能 …… 1
 一、我国民事立法中侵权责任属性的立法演变 …………… 1
 二、我国民法立法对侵权责任性质认定的理论基础 ………… 9
 三、侵权责任在债与责任之间徘徊的独特立法价值 ………… 13

第二章 《民法典》未直接规定侵权责任保护范围，在实务中应当怎样掌握
——正确理解《民法典》第 1164 条规定"民事权益"的司法功能 …………………………………………………… 19
 一、对《民法典》第 1164 条的条文主旨与具体内容的不同见解 ………………………………………………… 20
 二、对《民法典》第 1164 条的一般评价及对具体问题争论的说明 …………………………………………………… 23
 三、对《民法典》第 1164 条规定的侵权责任保护范围的全面界定 …………………………………………………… 27

第三章 《民法典》未明确规定侵害债权，实务中能认定债权侵权责任吗
——依据第 1165 条规定认定债权侵权责任的基本方法 …… 34
 一、涉执行司法赔偿解释第 17 条对保护债权的重要价值 … 35
 二、典型案件裁判与认定债权侵权责任的新问题 …………… 37
 三、债权侵权责任的正当性基础：知悉规则 ………………… 40
 四、债权侵权责任的过错要件：故意、重大过失、一般过失 ………………………………………………………… 45
 五、认定债权侵权责任构成及承担的其他问题 ……………… 50
 六、对本案认定担保公司构成债权侵权责任的分析 ………… 54

第四章 《民法典》第 1165 条第 1 款增加规定"造成损害"是否对侵权责任构成有重大影响
——侵权责任一般条款及其具体适用规则 ………………… 58
 一、侵权行为一般条款概述 …………………………………… 58

· 1 ·

二、各国和地区侵权法中侵权行为一般条款的比较 ………… 60
　　三、我国侵权法中的侵权行为一般条款 ………………………… 62

第五章　《民法典》规定共同侵权的被侵权人可否选择连带责任人
　　　　承担责任
　　　　——被侵权人对侵权连带责任人的选择权及保障 …………… 67
　　一、被侵权人对侵权连带责任人的选择权及其重要价值 ……… 68
　　二、司法解释对被侵权人对侵权连带责任人选择权的态度 …… 72
　　三、司法解释剥夺被侵权人对侵权连带责任人选择权的错误
　　　　所在 ……………………………………………………………… 76
　　四、保障被侵权人对侵权连带责任人选择权的具体措施 ……… 82

第六章　《民法典》规定的分别侵权行为在实务中应当如何适用
　　　　——分别侵权行为的类型与责任承担 ………………………… 87
　　一、我国侵权责任法的分别侵权行为概念的发展 ……………… 88
　　二、对分别侵权行为概念的比较法研究 ………………………… 91
　　三、分别侵权行为概念的内涵界定 ……………………………… 96
　　四、分别侵权行为概念的外延 ……………………………………100

第七章　《民法典》没有规定的竞合侵权行为一般规则实务中应当
　　　　怎样操作
　　　　——竞合侵权行为概念与类型化规则整理 ……………………109
　　一、竞合侵权行为的概念及意义 …………………………………109
　　二、竞合侵权行为的概念定义与类型 ……………………………114
　　三、竞合侵权行为的法律规则 ……………………………………121
　　四、多数人侵权行为形态与侵权责任形态的对接 ………………125

第八章　《民法典》中的多数人侵权责任追偿权规定应当怎样理解和适用
　　　　——侵权责任追偿权的"背锅"理论及法律关系展开 …………128
　　一、《民法典》规定的不同侵权责任类型中的追偿权 …………129
　　二、《民法典》规定部分多数人侵权责任中包含追偿权的
　　　　必然性 ……………………………………………………………133
　　三、侵权责任追偿权法律关系及追偿规则体系的展开 …………136
　　四、对《民法典》规定的侵权责任追偿权规则的检视 …………141

第九章　《民法典》规定相应补充责任时为什么增加了追偿权
　　　　——相应补充责任与追偿权的断裂与衔接 ……………………145
　　一、问题的提出 ……………………………………………………145

二、补充责任与追偿权断裂的本质 …………………………………… 147
　　三、补充责任与追偿权断裂的根源 …………………………………… 149
　　四、补充责任与追偿权的衔接 ………………………………………… 155
　　五、结论 ………………………………………………………………… 163

第十章　《民法典》规定的侵权责任免责事由应当怎样理解和适用
　　——侵权责任免责事由的体系构造与适用范围 ………………………… 164
　　一、《民法典》构建侵权责任免责事由体系的五重结构和三种
　　　　类型 ……………………………………………………………… 165
　　二、侵权责任免责事由的四种适用范围与适用的基本要求 ………… 172
　　三、《民法典》规定构造复杂的侵权责任免责事由体系的优势 …… 183

第十一章　《民法典》规定的自甘风险规则应当如何适用
　　——自甘风险：本土化的概念、类型结构与法律适用 ………………… 187
　　一、白银马拉松赛发生的体育事故与自甘风险的关系 ……………… 188
　　二、《民法典》规定的本土化自甘风险的概念 ……………………… 190
　　三、本土化自甘风险的类型结构 ……………………………………… 196
　　四、本土化自甘风险规则的要点 ……………………………………… 203

**第十二章　《民法典》规定的第三人原因免责即例外规定在司法实务中
应当怎样适用**
　　——我国侵权责任中的第三人侵权行为 ………………………………… 208
　　一、《民法典》有关第三人的规定 …………………………………… 209
　　二、第三人侵权行为的历史发展 ……………………………………… 212
　　三、第三人侵权行为的概念、性质和地位 …………………………… 217
　　四、第三人侵权行为的法律适用规则 ………………………………… 224

**第十三章　《民法典》第1173条规定的过失相抵是减责事由
还是赔偿原则**
　　——与有过失和过失相抵的适用规则 …………………………………… 231
　　一、过失相抵在侵权损害赔偿规则体系中的地位 …………………… 232
　　二、与有过失与过失相抵是损害赔偿规则 …………………………… 235
　　三、对过失相抵典型案例和司法解释的解说 ………………………… 240

第十四章　《民法典》没有规定的损益相抵在司法实务中可以适用吗
　　——损益相抵规则的具体适用方法 ……………………………………… 244
　　一、适用损益相抵规则的典型案例与司法解释 ……………………… 244
　　二、损益相抵的概念及理论依据 ……………………………………… 246

　　　　　三、损益相抵的构成及其计算……………………………………… 249
　　　　　四、对典型案例和司法解释的释评…………………………………… 253

第十五章　《民法典》第1179条和第1180条规定的死亡赔偿金
　　　　　是"同命同价"赔偿吗
　　　　　——死亡赔偿金的统一标准以及其与残疾赔偿金的区别………… 257
　　　　　一、死亡赔偿金和残疾赔偿金计算方法采取同一标准
　　　　　　　是不对的…………………………………………………………… 258
　　　　　二、死亡赔偿金的性质与立法……………………………………… 260
　　　　　三、死亡赔偿金的具体赔偿规则…………………………………… 264

第十六章　《民法典》第1183条第2款规定在实务中应如何适用
　　　　　——侵害具有人身意义的特定物的精神损害赔偿………………… 267
　　　　　一、司法解释对确立侵害财产权精神损害赔偿责任的贡献……… 268
　　　　　二、《民法典》第1183条第2款对司法解释规定的修改………… 270
　　　　　三、侵害具有人身意义的特定物的精神损害赔偿责任的
　　　　　　　构成………………………………………………………………… 272
　　　　　四、侵害具有人身意义的特定物的精神损害赔偿责任的
　　　　　　　实行………………………………………………………………… 274

第十七章　《民法典》规定的多种惩罚性赔偿责任在实务中应当怎样适用
　　　　　——我国侵权责任惩罚性赔偿的基本规则与具体适用…………… 277
　　　　　一、《民法典》规定的侵权惩罚性赔偿规则及其理解…………… 277
　　　　　二、惩罚性赔偿司法解释对其他侵权惩罚性赔偿的借鉴
　　　　　　　意义………………………………………………………………… 281
　　　　　三、对各种侵权惩罚性赔偿责任的构成要件的认定……………… 286
　　　　　四、侵权惩罚性赔偿数额的计算方法……………………………… 294
　　　　　五、结语……………………………………………………………… 298

第十八章　《民法典》第1187条规定的"分期支付"是定期金赔偿吗
　　　　　——侵权损害赔偿定期金规则的欠缺与具体适用………………… 300
　　　　　一、我国《民法典》第1187条规定的赔偿方法的真实含义…… 300
　　　　　二、我国司法解释对侵权责任定期金赔偿规则的补充
　　　　　　　及其不足…………………………………………………………… 304
　　　　　三、对未来的损害适用定期金赔偿的方法与具体规则…………… 308

第十九章　《民法典》规定的不确定并列责任主体应当如何理解
　　　　　——不确定并列责任主体的含义、类型、侵权性质…………… 314

一、《民法典》侵权责任编规定并列侵权责任主体的内容
及立法比较……………………………………………… 314
二、学说对并列责任主体实施的侵权行为及责任的解释……… 317
三、《民法典》规定并列责任主体的法律含义 ………………… 320
四、并列责任主体实施的侵权行为的性质与责任形态………… 324

第二十章 《民法典》规定的监护人责任在适用中应当掌握哪些具体规则
——第1188、1189条规定的具体规则的适用方法………… 331
一、监护人责任概述……………………………………………… 331
二、监护人责任的归责原则……………………………………… 335
三、监护人责任的构成要件……………………………………… 338
四、监护人责任法律关系与当事人……………………………… 340
五、监护人的赔偿责任及承担…………………………………… 343
六、委托监护责任………………………………………………… 344

第二十一章 《民法典》规定的用人者责任的具体问题应当如何处理
——用人者责任的体系和法律适用的基本规则…………… 346
一、用人者责任概述……………………………………………… 347
二、用人单位责任………………………………………………… 350
三、劳务派遣责任………………………………………………… 354
四、个人劳务责任………………………………………………… 357
五、定作人指示过失责任………………………………………… 363

第二十二章 《民法典》规定的网络侵权责任规则的具体适用要求是什么
——网络侵权的一般规则、避风港规则和红旗规则………… 367
一、网络侵权责任概述…………………………………………… 368
二、网络侵权责任的一般规则…………………………………… 370
三、网络侵权责任避风港原则的通知权………………………… 370
四、网络侵权责任避风港原则的反通知权……………………… 375
五、网络侵权责任的红旗原则…………………………………… 377

第二十三章 《民法典》规定的违反安全保障义务损害责任规则应当怎样
适用
——违反安全保障义务的类型与责任承担方法…………… 380
一、违反安全保障义务损害责任的概念和特征………………… 381
二、违反安全保障义务损害责任的主体与安全保障义务
来源……………………………………………………… 382

三、违反安全保障义务损害责任的归责原则和构成要件……… 385
　　四、违反安全保障义务损害责任类型……………………………… 390
　　五、违反安全保障义务损害责任的责任形态……………………… 392

第二十四章　《民法典》规定的教育机构损害责任与第三人责任怎样区分
　　——教育机构损害责任与第三人侵权的责任分担规则………… 395
　　一、教育机构损害责任概述………………………………………… 396
　　二、教育机构损害责任的归责原则………………………………… 397
　　三、教育机构损害责任的构成……………………………………… 399
　　四、教育机构损害责任的主要类型………………………………… 401
　　五、教育机构损害责任的损害赔偿规则…………………………… 403

第二十五章　《民法典》规定的产品责任中究竟应当怎样分担损害
　　——产品责任的不真正连带责任与适用…………………………… 406
　　一、产品责任概述…………………………………………………… 407
　　二、产品缺陷………………………………………………………… 410
　　三、产品责任的构成………………………………………………… 415
　　四、产品责任的类型………………………………………………… 418
　　五、产品责任的承担………………………………………………… 427
　　六、产品责任的免责事由…………………………………………… 431

第二十六章　《民法典》第 1208 条作为转致条款包含哪些交通事故损害赔偿规则
　　——机动车交通事故责任的基本规则……………………………… 434
　　一、《道路交通安全法》第 76 条制定和修改的背景……………… 435
　　二、新条文在规定机动车交通事故责任规则中的进展
　　　　和问题………………………………………………………… 437
　　三、转致适用《道路交通安全法》第 76 条的一般规则 ………… 440

第二十七章　《民法典》规定的机动车交通事故责任特殊主体承担责任规则
　　——所有人与使用人分离的机动车交通事故责任承担…………… 446
　　一、确定机动车交通事故责任特殊责任主体的理论依据………… 447
　　二、机动车支配权与所有权分离的损害赔偿责任主体
　　　　具体认定……………………………………………………… 452
　　三、司法解释补充的机动车所有权与使用权分离时的
　　　　责任分担规则………………………………………………… 464

第二十八章 《民法典》第1219条规定的告知义务未履行造成的"损害"应当怎样理解

——医疗伦理损害责任的基本规则 ······ 467
一、医疗伦理损害责任的概念和类型 ······ 468
二、医疗机构及其医务人员履行医疗伦理义务的重要意义 ······ 471
三、医疗伦理损害责任的构成要件 ······ 475
四、医疗伦理损害责任的形态和赔偿范围 ······ 479

第二十九章 《民法典》第1221条规定的医疗技术过失应当怎样认定

——医疗技术损害责任的基本规则与过错推定事由 ······ 481
一、医疗技术损害责任的概念和特征 ······ 481
二、医疗技术损害责任的类型 ······ 483
三、医疗技术损害责任的性质 ······ 487
四、医疗技术损害责任的构成要件 ······ 490
五、医疗技术过错的证明 ······ 491
六、医疗技术损害责任的责任形态和赔偿范围 ······ 497

第三十章 《民法典》第1223条规定的医疗产品损害责任应当怎样分担

——医疗产品损害责任的不真正连带责任 ······ 499
一、医疗产品损害责任的概念和性质 ······ 499
二、医疗产品损害责任的归责原则及责任构成 ······ 501
三、医疗产品损害责任的分担形态 ······ 506

第三十一章 《民法典》第1218条规定的医疗损害责任中是否包括医疗管理损害责任

——医疗管理损害责任的法律适用方法 ······ 512
一、医疗管理损害责任的概念和必要性 ······ 512
二、医疗管理损害责任的归责原则及构成要件 ······ 515
三、医疗管理损害责任的类型与法律适用 ······ 517
四、医疗管理损害责任的赔偿法律关系与赔偿责任 ······ 523

第三十二章 《民法典》第1230条规定的环境污染和生态破坏责任中的因果关系如何认定

——因果关系推定规则在环境污染和生态破坏责任中的适用 ······ 526
一、我国侵权责任关于因果关系的一般规则 ······ 527

二、环境污染和生态破坏责任中适用因果关系推定的
　　　　重要性和必要性·· 530
　　三、环境污染和生态破坏责任的因果关系推定规则和举证
　　　　责任··· 533

第三十三章　《民法典》第1232条规定的环境污染和生态破坏惩罚性
　　　　　　赔偿应怎样计算
　　　　　　——生态环境侵权惩罚性赔偿责任的具体适用·············· 537
　　一、《民法典》第1232条规定生态环境侵权惩罚性赔偿
　　　　责任的必要性··· 537
　　二、生态环境侵权惩罚性赔偿责任的归责原则与构成
　　　　要件··· 541
　　三、生态环境侵权惩罚性赔偿责任的请求权和具体数额
　　　　计算··· 546

第三十四章　《民法典》第1244条规定的高度危险责任赔偿限额应当
　　　　　　怎样确定——高度危险责任限额赔偿的适用与除外规则······ 550
　　一、无过错责任的行为人有无过错对确定赔偿责任
　　　　关系重大··· 551
　　二、我国现行法律法规规定的限额赔偿及法律适用关系······ 554
　　三、《民法典》对限额赔偿规定的基本规则 ····················· 558

第三十五章　《民法典》第1254条规定的高空抛物坠物损害责任规则应
　　　　　　怎样适用——高空抛物坠物损害责任的改进与物业管理人
　　　　　　责任承担·· 561
　　一、抛掷物坠落物损害责任的提出······························ 562
　　二、抛掷物坠落物损害责任的历史借鉴························ 563
　　三、理解和适用《侵权责任法》第87条应当解决的问题 ··· 566
　　四、确定抛掷物坠落物损害责任的主要理论根据············· 568
　　五、抛掷物坠落物损害责任的基本规则························ 571

第一章 《民法典》规定侵权责任性质为侵权之债对司法实务有何影响

——侵权责任徘徊在债与责任之间的立法价值与司法功能

实务指引要点

1. 《民法典》对民事权利的保护分为固有请求权和侵权请求权两种方法。
2. 侵权请求权主要是损害赔偿请求权，包括恢复原状和部分返还原物请求权。
3. 固有请求权包括停止侵害、排除妨碍、消除危险、消除影响、恢复名誉、赔礼道歉请求权，也包括不动产和需要登记的动产的返还原物请求权。
4. 行使侵权请求权时可以一并提出停止侵害等请求权。
5. 行使侵权请求权受到诉讼时效的限制。

《民法典》规定侵权法律关系时存在一个特别的现象，即一方面确认其为侵权之债，另一方面却不把侵权责任规定在合同编之中或者之后，而是规定在最后一编即第七编，使侵权之债与合同之债、无因管理之债、不当得利之债以及法律规定的其他之债相分离，没有构成形式完整的债的类型体系，突出强调了其民事责任的属性，使侵权责任在债与责任之间徘徊。这种立法现象体现的究竟是何种立法思想，体现的立法价值是什么，特别是对司法实务有何重大影响，特别值得研究。

一、我国民事立法中侵权责任属性的立法演变

我国民事立法对侵权责任属性的认识，前后发生过较大的变化。在《民法

通则》出现之前，一般都认为侵权行为的后果是侵权之债。[①]《民法通则》将侵权行为的后果确认为民事责任，使其告别了债的体系。[②] 在《民法典》编纂过程中，又把侵权行为后果的法律属性界定为侵权之债。[③] 这种立法的演变主要表现在以下方面。

（一）《民法通则》：规定侵权法律关系是民事责任

1986年制定的《民法通则》有一个突出的重要特点，与其他国家和地区的民法典都不相同，就是规定了统一的民事责任制度，即《民法通则》第六章"民事责任"分为"一般规定"、"违反合同的民事责任"、"侵权的民事责任"和"承担民事责任的方式"四节。而第五章"民事权利"的第二节"债权"却没有规定侵权之债，使侵权责任与债分离，成为民事责任的组成部分，确认侵权行为的后果为民事责任性质。

《民法通则》对侵权责任性质采取这种立法方法，主要原因有三点。

第一，满足现实司法实践对侵权责任规范的急需。

1949年以来，我国在较长时间里，除有一部《婚姻法》是民事立法之外，其他民事纠纷案件的判决书都说"依照国家法律和政策判决如下"，其实除了婚姻家庭纠纷案件，都没有法律依据。侵权责任纠纷案件同样如此。

最高人民法院的有关司法解释也没有特别明确的侵权责任纠纷案件的法律适用依据。在改革开放之前，最高人民法院只有一部综合性的司法解释，即1963年《最高人民法院关于贯彻执行民事政策几个问题的意见》，没有规定侵权责任纠纷案件的内容，对侵权责任纠纷案件的审理只能依据习惯和政策判决，没有法律和司法解释依据。当时的侵权责任纠纷案件主要是打架斗殴造成伤害时的损害赔偿纠纷，其他侵权责任纠纷很少，都是依据审判经验判决，没有法律和司法解释作为裁判依据。

改革开放之后，1979年《最高人民法院关于贯彻执行民事政策法律的意见》规定了"赔偿问题"，规定了侵权赔偿的一般原则，强调未成年子女因损害造成他人经济上损失的，其父母应负责赔偿。

立法机关开始系统制定各项法律后，1980年重新颁布了《婚姻法》，抓紧起草《继承法》《民法通则》等。在制定出新的民事法律之前，最高人民法院于1984年8月30日通过《关于贯彻执行民事政策法律若干问题的意见》，第

[①] 中央政法干部学校民法教研室. 中华人民共和国民法基本问题. 北京：法律出版社，1958：179.
[②] 王利明，等. 民法新论. 北京：中国政法大学出版社，1988：511.
[③] 杨立新. 侵权责任回归债法的可能及路径：对民法典侵权责任编草案二审稿修改要点的理论分析. 比较法研究，2019（2）：13-26.

第一章 《民法典》规定侵权责任性质为侵权之债对司法实务有何影响

九部分是"损害赔偿问题",依据侵权法理论和实践经验,规定了审理侵权责任纠纷案件的一般规则和具体规范共10条,虽然使审理侵权责任纠纷案件有了一定依据,但仍然缺少法律规范作为裁判依据。

司法实践对审理侵权责任纠纷案件法律依据的急需,立法者显然十分清楚。制定《民法通则》,规定比较全面的侵权责任规范,将会对司法实践多发的这类民事纠纷提供法律依据,改变无法可依的状况,故《民法通则》规定了大一统的民事责任制度,专门规定了"侵权的民事责任"一节,设置17个条文,再加上这一章中其他可以适用于侵权责任纠纷的条文,有近30个条文,其数量和内容与欧洲各地民法典规定的侵权责任规范数量大体相当,甚至还多一些。《民法通则》规定的侵权责任规范比较丰满,正是为了适应司法实践的现实需要。

第二,侵权之债确实具有民事责任属性。

把侵权后果称为侵权之债是传统民法的做法,在我国则源于西法东渐、变律为法的《大清民律草案》《民国民律草案》和1930年的《民国民法》的债法,规定债的发生原因为合同、侵权行为、无因管理和不当得利。[①] 1949年以来,虽然没有法律对侵权后果进行规范,但是,在习惯上也将其称为侵权之债。不过,在确认侵权之债的基础上,也确认侵权后果是民事责任之一种,为侵权民事责任或者侵权损害赔偿责任。所以,侵权行为发生的权利义务关系确实具有两种不同的属性,一是侵权之债,二是民事责任,在立法和司法实践中更多看到的是它的民事责任属性。

在现实的司法实践基础上,《民法通则》把侵权法律关系直接确定为民事责任,忽略其债的性质,规定在"民事责任"一章,并非没有道理。

第三,实现建立大一统民事责任体系的立法思想。

《民法通则》将侵权后果规定为侵权责任的更重要原因,是立法者建立大一统民事责任体系的立法思想。立法者想要模仿《刑法》的规范方法,寻找建立统一民事责任立法的基础,在各种民事法律关系中,将民事责任的规范抽象出来,规定到统一的民事责任体系中,确定民事责任的归责原则、民事责任构成、民事责任承担方式以及民事责任类型等,创立不同于传统民法的新体系,形成我国民法的独特风格。[②]

在这种立法思想的指导下,实现了在纷繁复杂的民事法律关系中,抽象出

---

① 杨立新. 中国百年民法典汇编. 北京:中国法制出版社,2011:106-154,243-250,404-410.
② 魏振瀛. 制定侵权责任法的学理分析:侵权行为之债立法模式的借鉴与变革. 法学家,2009(1):1-47.

统一的民事责任规则，建立起统一民事责任体系的设想，形成了《民法通则》的"民事责任"一章，完成了大一统民事责任体系的构建。侵权责任作为其中一种，成为我国民事责任的主要类型之一，使侵权之债告别了债的体系，走进民事责任的怀抱，导致中国民法长期将侵权法律关系称为"侵权责任"，而不认其为侵权之债。

基于上述三个主要原因，《民法通则》把侵权责任规定在"民事责任"一章，成为统一民事责任体系的一环，形成了独特的立法例。

（二）《民法总则》：将侵权法律关系的属性定位为侵权之债

在《民法通则》把侵权后果的性质界定为侵权责任后，三十多年的司法实践和理论研究发现，无论怎样确认侵权法律关系的民事责任属性，都不能否认其侵权之债的性质，实施侵权行为造成损害的，侵权人与被侵权人之间形成债权债务关系[①]，侵权法律关系就是债的一种，与合同之债、无因管理之债、不当得利之债以及单方允诺之债等一起，构成完整的债的体系。

回顾起来，2015年开始编纂《民法典》时就注意到了这个问题，因而在其"两步走"立法的第一步制定《民法总则》时，确认侵权法律关系的属性是侵权之债。其表现是：第一，《民法总则》第118条规定："民事主体依法享有债权。债权是因合同、侵权行为、无因管理、不当得利以及法律的其他规定，权利人请求特定义务人为或者不为一定行为的权利。"这一规定构建了完整的债权体系，特别是规定了债的类型，侵权责任是其中之一。[②] 第二，《民法总则》第120条规定："民事权益受到侵害的，被侵权人有权请求侵权人承担侵权责任。"这规定的是侵权请求权[③]，将其理解为"关于侵权责任一般条款的规定"[④]，是不正确的。《民法总则》通过这两个条文，就对侵权责任之债的属性作了根本改变，推翻了《民法通则》认定侵权后果为民事责任的做法，确认了侵权责任的债的性质。

《民法总则》对侵权后果的法律性质作出这种根本性改变，原因也有三个。

第一，《民法通则》的后续立法已经掏空了民事责任体系。

自1980年起，我国民事立法进入类法典化时期，陆续制定民法单行法。在《民法通则》之后制定的民法单行法，由于都需要制定权利保护方法，因而逐渐掏空了《民法通则》规定的统一民事责任制度。

[①] 黄薇. 中华人民共和国民法典总则编释义. 北京：法律出版社，2020：311.
[②] 黄薇. 中华人民共和国民法典总则编释义. 北京：法律出版社，2020：311.
[③] 黄薇. 中华人民共和国民法典总则编释义. 北京：法律出版社，2020：313.
[④] 最高人民法院民法典贯彻实施工作领导小组. 中华人民共和国民法典理解与适用：总则编. 北京：人民法院出版社，2020：607. 侵权责任一般条款是《民法典》第1165条第1款。

第一章 《民法典》规定侵权责任性质为侵权之债对司法实务有何影响

首先，1999年前制定的《经济合同法》《涉外经济合同法》《科技合同法》没有建立统一的合同责任，1999年《合同法》实现"三法合一"，才制定了完整的合同责任体系，概括了缔约过失责任、合同无效责任、预期违约责任、加害给付责任、实际违约责任和后契约责任[①]，使《民法通则》规定的"违反合同的民事责任"全都失去了适用的价值，掏空了《民法通则》规定的民事责任制度的相当一大部分的内容。

其次，2007年《物权法》总则编第三章"物权的保护"规定了物权请求权，包括返还原物、排除妨害、消除危险、恢复原状、损害赔偿以及其他民事责任，使《民法通则》民事责任中侵害财产的侵权责任也被掏空。

最后，2009年制定《侵权责任法》时，把八种侵权责任方式全都写在该法第15条，规定了人身损害赔偿、财产损害赔偿、精神损害赔偿以及侵害他人人身权益造成财产损失的损害赔偿等救济方法，又把《民法通则》民事责任中的侵权责任规定全部掏空，只剩下一个空的民事责任框架。

所以，在2009年《侵权责任法》完成立法，我国类法典化民法基本完备时，《民法通则》大一统的民事责任制度已经被完全分解到各部民法单行法中，由民法单行法的规范各自调整相关的民事责任，大一统的民事责任体系彻底瓦解，不复存在。

在这种情况下编纂《民法典》，对侵权法律关系的法律属性须有一个新的界定。《民法典》的重要任务之一，就是要采用新的立法思想和技术处理好这个问题。

第二，否定侵权法律关系债的性质违反民事立法传统。

"合久必分"，把这句话用到我国民法对侵权责任性质的认定上，也十分准确。在侵权责任与债法分离之后，经过三十多年的实践检验，证明割裂侵权责任与债法关系的做法，是我国民事立法的"一厢情愿"，背离了民法传统。编纂《民法典》，终于使我国民法在对侵权责任属性的认识上有了回归传统的机会。立法者看到，侵权行为在侵权人与被侵权人之间形成债权债务关系[②]，完全符合债的属性，产生的是侵权之债。《民法通则》将其认定为民事责任，否定其侵权之债的做法，是不理性的，只是对侵权责任的表象作出的判断，因而采取了反传统的统一民事责任方法保护民事权利，忽略了侵权行为产生债的关系的实质，试图在复杂的具体民事法律关系之上，建立起一个跨界的、大一统的民事责任制度的立法设想。这是不切合实际的。

---

① 杨立新.中国合同责任研究：上.河南省政法管理干部学院学报，2000（1）：22-34；杨立新.中国合同责任研究：下.河南省政法管理干部学院学报，2000（2）：16-29.

② 黄薇.中华人民共和国民法典总则编释义.北京：法律出版社，2020：311.

当然，侵权责任确实有两种法律属性，即既有债的性质，也有民事责任的性质，两种属性结合在一起，构成了侵权之债与其他债的不同。这在民法中是特殊事例。通常的债的关系，例如合同之债、单方允诺之债，权利对应义务；然而，侵权之债的请求权，既对应义务，也对应责任，只看到侵权后果的请求权对应责任，表达的是其民事责任的性质，而仅从侵权后果权利对应义务的角度观察，看到的是其债的性质。只看到侵权后果的民事责任一面而否定侵权之债的另一面，就会产生错误认识。在编纂《民法典》的过程中，全面观察侵权后果的法律属性，既确定侵权之债的属性而使其回归债的体系，又确定其具有民事责任的属性，坚持其民事权利保护法的职能，是正确的选择。

第三，《民法典》坚持理顺民事权利保护方法的体系。

各国民事立法都不规定完整的民事责任制度，而是把保护民事权利的方法分配给民法典分则各编作具体规定，即物权有物权的保护方法，身份权有身份权的保护方法等，即使对债权也有二次请求权的保护方法，所以，各国民法典特别是德国法系民法典，在总则编通常会有一个类似于民事权利保护的章节[①]，对民事权利保护方法作出简要的规定。

按照欧陆民法典的立法传统，民事权利保护方法为请求权的方法。权利保护请求权包括以下两部分：

一是固有请求权的保护方法。人格权请求权、身份权请求权、物权请求权、继承权回复请求权、债的二次请求权等，都是固有请求权[②]，都是在民事权利本身中就包含的权利。以所有权为例，所有权包括两种权能：一是积极权能，表现为对所有物的占有、使用、收益、处分；二是消极权能，当所有权面对侵害时，权利人可以直接行使物权请求权（物上请求权）保护自己的所有权。[③] 同样，人格权、身份权、继承权也都有自己的保护方法，分别是人格权请求权[④]、身份权请求权[⑤]、

---

① 例如：《德国民法典》总则编第六章"行使权利、自卫行为、自助行为"，规定了民事权利保护的内容；《俄罗斯联邦民法典》总则编第二章"民事权利和义务的产生，民事权利的实现与保护"；《乌克兰民法典》总则卷第三章"民事权益的保护"；《越南民法典》总则编第二章"民事权利的确立、行使与保护"；《土库曼斯坦民法典》总则编第一章第二节"民事权利和义务的产生；民事权利的行使与保护"。

② 如果不包括债的二次请求权，这种请求权也被称为"绝对权请求权"。黄薇. 中华人民共和国民法典侵权责任编释义. 北京：法律出版社，2020：43.

③ 杨立新. 物权法. 7版. 北京：中国人民大学出版社，2020：29-31.

④ 杨立新，袁雪石. 论人格权请求权. 法学研究，2003（6）：57-75；马骏驹. 民法上支配权与请求权的不同逻辑构成：兼论人格权请求权之独立性. 法学研究，2007（3）：36-44.

⑤ 杨立新，袁雪石. 论身份权请求权. 法律科学，2006（2）：52-59；赵敏. 未来亲属法应当确认身份权请求权：基于《物权法》第34条、第35条的思考. 南京社会科学，2008（7）：104-109.

继承权回复请求权等①，知识产权也包含知识产权请求权。② 这就是完整的固有请求权体系，是第一种保护民事权利的方法。

二是侵权请求权的保护方法。当民事权利受到侵害造成损失后，权利人产生一个新的权利，就是侵权请求权。侵权请求权对应侵权人的损害赔偿等义务/责任，可以请求损害赔偿、恢复原状、返还原物。行使侵权请求权，义务人承担了义务/责任，受到侵害的权利就得到了恢复。侵权请求权是新生的请求权，不是民事权利的固有请求权。

上述两种方法结合在一起，构成全面的保护民事权利方法体系。在《民法通则》立法前后，我国民法还没有接受这样的思想，民法理论的准备也没有达到这种程度，故《民法通则》只规定民事责任，没有规定民事权利保护请求权，是可以理解的。

直到1990年代中后期，我国民法理论才开始接受权利保护请求权的概念，形成了比较完善的民事权利保护请求权理论，逐渐应用于立法和司法之中。③ 由于长时间没有这样清晰、完整的民事权利保护请求权的理论，因而在《民法通则》之后的民法单行法的立法中，也没有清楚地界分什么是固有请求权、什么是侵权请求权。这具体表现在：一是制定《合同法》，虽然规定了完整的合同责任体系，把合同责任从《民法通则》民事责任中分离出来，但也并非自觉确认违反合同之债的二次请求权。二是制定《物权法》，虽然规定了物权请求权，却没有分清其与侵权请求权之间的关系，将物权请求权与侵权请求权混在一起，把侵权损害赔偿请求权、恢复原状请求权都作为物权请求权作出规定。三是制定《侵权责任法》，又把所有保护民事权利的方法，除债权保护请求权外，都规定为侵权请求权的方式，《侵权责任法》第15条规定的8种侵权责任方式，就包括《物权法》规定的物权保护方法，形成了我国权利保护请求权的乱象。

编纂《民法典》，必须理顺民事权利保护方法的逻辑关系，分清固有请求权与侵权请求权之间的界限，改变请求权相互交叉、混杂的状况。方法之一，就是把侵权请求权的性质界定为侵权之债，为理顺民事权利保护方法体系的内部和谐打好基础。例如，民法典侵权责任编草案一审稿第二章的章名本为"责任承担"，有人提出，本章绝大部分条文解决的都是损害赔偿问题，且侵权责

---

① 余延满，冉克平. 继承回复请求权研究. 重庆大学学报，2003（5）：105-107.

② 吴汉东. 试论知识产权的"物上请求权"与侵权赔偿请求权：兼论《知识产权协议》第45条规定之实质精神. 法商研究，2001（5）：3-11.

③ 宋旭明. 论请求权二元体系的法理根据. 北方法学，2013（5）：84-90；段文波. 民事裁判构造论：以请求权为核心展开. 现代法学，2012（1）：144-150. 杨立新，曹艳春. 论民事权利保护的请求权体系及其内部关系. 河南省政法管理干部学院学报，2005（4）：56-66.

任方式也主要是损害赔偿，应当将侵权损害赔偿请求权与绝对权请求权相区分，绝对权请求权主要由物权编和人格权编作规定，侵权责任编主要规定侵权损害赔偿。立法者采纳这一建议，从民法典侵权责任编草案二审稿开始，该章的章名就修改为"损害赔偿"[①]。可以说，《民法典》实现了固有请求权与侵权请求权的分离，形成了两大请求权作为保护民事权利方法的类型结构。

（三）《民法典》：合同编与侵权责任编的分离

《民法总则》第118条和第120条对侵权之债作了明确规定，接下来，在《民法典》分则各编的编排上却出现了意想不到的排列顺序。

《民法典》总则编第五章"民事权利"确认了七种基本民事权利，即人格权、身份权、物权、债权、知识产权、继承权、股权以及其他投资性权利。这种排列是正确的、科学的，体现了《民法典》的人文主义立法思想。按照这样的规定，《民法典》分则各编排列的顺序应当是人格权编、婚姻家庭编、物权编、合同（债）编、侵权责任编、继承编。既然确认侵权责任为侵权之债，就应该将其与合同之债等规定在一起，成为合同（债）编的组成部分，或者规定在合同编之后。这才是符合民法逻辑结构的做法。出人意料的是，《民法典》分则各编的排列顺序却是物权编、合同编、人格权编、婚姻家庭编、继承编、侵权责任编。这种排列顺序究竟是何道理，需要进行探讨。

第一，《民法典》合同编的本质是债编。依本书所见，《民法典》合同编其实就是债编，主要有两个原因：一是，合同编第一分编"通则"并不只是规定合同的一般规则，其大部分内容是债法规则，例如债的履行、债的保全、债的变更和转让、债的消灭等。二是，合同编第三分编"准合同"规定了无因管理之债和不当得利之债，是债法的内容，虽然将其称为准合同，但是"准合同"不是合同，而是无因管理和不当得利两种不同的债。所以，我国《民法典》合同编其实规定的就是债编，只是没有侵权之债而已。

第二，侵权责任编规定的也是债法内容。侵权法律关系的属性是侵权之债，债权之债也是债法的组成部分。如果《民法典》把侵权责任的内容放到合同编中，合同编就是完整的债法；即使不把侵权之债放在合同编里，也应当把它放在合同编之后，尽管《民法典》仍有合同编和侵权责任编之分，但是，两编加在一起，刚好是《民法典》的债法。这两种做法，都符合《民法典》分则各编逻辑结构的要求。

第三，《民法典》分则侵权责任编与合同编的分离。《民法典》分则没有把侵权责任规定在合同编之内或者之后，而是规定在第七编即最后一编，使债法"身

---

① 黄薇. 中华人民共和国民法典侵权责任编释义. 北京：法律出版社，2020：43.

首分离",尽管侵权之债与合同之债、无因管理之债和不当得利之债是"亲兄弟",却不得不"隔海相望",其徘徊在债与责任之间,形成立法逻辑上的错位。这是参照2002年全国人大常委会审议的《民法(草案)》分则各编的排列顺序的结果。①

《民法典》各分编的这种排列顺序不够合理。一方面,《民法典》坚持人文主义立法思想,依照其第2条,民法首先是调整人身关系,其次才是调整财产关系,"民事权利"一章排列民事权利的顺序正是按照这个思路进行的。但是,《民法典》分则各编违反这样的逻辑顺序,把人格权、身份权构成的人法放到物权、债权和继承权构成的财产法之间的位置,没有体现人文主义立法思想。另一方面,《民法典》将债法分割成合同编和侵权责任编,且在其中穿插人格权、婚姻家庭、继承权三编,分裂了债法的形式体系,使侵权责任徘徊在债与责任之间。

《民法典》将侵权责任徘徊在债与责任之间的立法价值,是不是有更深刻的含义呢?本书认为,这种立法状况虽然存在立法逻辑的错位,却体现了立法者另一种重要立法思想,是具有重要立法价值的。

二、我国民法立法对侵权责任性质认定的理论基础

探讨我国《民法典》将侵权责任徘徊在债与责任之间的立法价值,必须研究我国民法立法对侵权责任性质认定的理论基础。我国民事立法从1949年以来发展缓慢,到2020年《民法典》编纂完成,走过了70余年的艰辛之路。在这70余年中,经历了非法典化、类法典化和法典化三个时期②,实现了民法的法典化,有了自己的《民法典》。在前两个时期,立法对侵权责任属性的认识不完善,导致立法不当。

(一)把侵权责任单纯认定为民事责任的理论基础不当

立法机关制定《民法通则》的重要立法思想之一,就是要实现侵权责任与债法的分离,建立统一的民事责任制度。③《民法通则》之前只有《婚姻法》和《继承法》两部民法单行法,条文较少,身份权和继承权对民事责任保护的需求也不是特别迫切,因而对民事责任都强调不够。《民法通则》只有156个

---

① 何勤华,李秀清,陈颐. 新中国民法典草案总览:下卷. 增订本. 北京:北京大学出版社,2017:1483-1543.
② 笔者的这一见解见杨立新. 从民法通则到民法总则:中国当代民法的历史性跨越. 中国社会科学,2018(2):72-97.
③ 魏振瀛. 债与民事责任的起源及其相互作用. 法学家,2013(1):115-134.

条文，需要解决的问题又非常多，不仅要把民法总则的一般规则写出来，还要着重解决司法实践中急需的民事责任具体规则，因而，把精力集中在民事责任体系的构建上，没有把民事责任与民事权利之间的关系规定处理好，把物权、债权、人格权、身份权、继承权和侵害这些权利的民事责任作了分离，没有看到民事权利本身包含的固有请求权，只规定统一民事责任制度是不符合民事立法传统的。

民法内容博大精深，因而《民法典》才被称为社会生活的百科全书。市民社会生活形成的各种民事法律关系的性质不同，各有不同的规则。规范民事法律关系的规则不同，其保护方法也不同，因此才有了物权请求权、人格权请求权、身份权请求权、继承权请求权和债的二次请求权作为固有请求权，保护民事权利自己。同样，侵权请求权也是保护民事权利的方法，当民事权利受到侵害造成损失时，可行使侵权请求权主张损害赔偿责任，救济造成的权利损害。因此，民法形成了固有请求权和侵权请求权这两种不同的保护民事权利方法。

我国在制定《民法通则》时，还没有这样的理论准备，只是一厢情愿地建立大一统的民事责任体系，因而确认侵权责任性质的理论基础不当，违反了民事立法的传统。[①]

（二）《民法典》确认侵权责任为侵权之债却又与债法分离

编纂《民法典》采取"两步走"：第一步，制定《民法总则》，把侵权责任认定为侵权之债，使之与合同之债、无因管理之债、不当得利之债以及法律规定的其他债形成一个整体。第二步，编纂《民法典》分则各编，把侵权责任编规定在第七编，看起来似乎使债法在《民法典》中首尾不能相顾。形成这种立法局面的主要原因有以下几点。

第一，我国民法独立规定侵权责任已经形成立法惯性。改革开放后，我国的侵权责任立法和理论研究都有了极大发展，使侵权责任法在中国的社会生活和司法实践中发挥了重大作用，因而都强调侵权责任应该是民法相对独立的组成部分[②]，形成了侵权责任应该在《民法典》中单独成编的主张。在类法典化时期的立法过程中，在完成其他民法单行法立法后制定了《侵权责任法》，2009年出现了世界上第一部以"侵权责任法"命名的成文法。该法实施后，在中国的社会生活和司法实践中发挥的作用越来越大，调整的范围越来越宽，越来越被广大民

---

① 李由义. 民法学. 北京：北京大学出版社，1988：583-584；王利明，等. 民法新论：上. 北京：中国政法大学出版社，1988：455.

② 王利明. 当代侵权法的发展趋势//王利明学术文集：侵权责任编. 北京：北京大学出版社，2020：79页以下. 王利明. 侵权责任法的中国特色. 法学家，2010（2）：85-94.

第一章 《民法典》规定侵权责任性质为侵权之债对司法实务有何影响

众所熟知,将其作为保护自己权利的武器。侵权责任作为民法相对独立的组成部分已经形成了立法惯性,对编纂《民法典》产生了巨大影响,所以,立法机关尽管把侵权责任确认为侵权之债,但仍然坚持把它作为单独一编。

第二,《民法典》突出侵权责任编的地位是为满足司法实践需要。《民法通则》实施后,我国的侵权责任法发展迅速。在1980年代初期,提起侵权行为、侵权责任的概念,绝大多数人还茫然不知,多数法官也不能准确掌握,通常称之为损害赔偿或者伤害赔偿。《民法通则》突出规定侵权责任,普及了侵权责任观念,权利受到侵害后可以请求损害赔偿已经被广大民众所熟知。司法机关审理侵权责任纠纷案件有了法律依据,最高人民法院对适用《侵权责任法》作了大量司法解释,不仅在1988年《关于贯彻执行〈中华人民共和国民法通则〉若干问题的意见(试行)》中对适用侵权责任规定提出了具体意见[①],还对审理名誉权案件先后作出解答和解释[②],又制定了《关于确定民事侵权精神损害赔偿责任若干问题的解释》《关于审理人身损害赔偿案件适用法律若干问题的解释》;在《侵权责任法》实施后,对环境侵权、机动车交通事故、医疗损害责任案件的法律适用都作出了司法解释,形成了较为完整的司法解释体系。《侵权责任法》和司法解释结合起来,使我国的侵权责任规范形成了制定法和法官法两大系统,特别丰满,适应了司法实践的需要,也体现了我国侵权责任法的发达程度。对此,编纂《民法典》时是不能忽略的。这也是《民法典》中出现侵权责任在债与责任之间徘徊的一个原因。

第三,《民法通则》关于侵权责任与债法分离的观念影响《民法典》分则各编的设计思路。《民法通则》实施以来,侵权责任与债法分离的观念不仅在实践中,而且在学理上被大多数人接受,形成了比较普遍的观念,认为侵权责任与债是有区别的。如果把侵权责任规范强制加入债法,很多人反倒不能适应。这也是《民法典》中出现侵权责任在债与责任之间徘徊现象的一个原因。

(三)侵权责任确实具有双重法律属性

侵权责任是侵权行为产生的法律后果,如果只认其具有债的属性,不具有责任的属性,也是不正确的,因为侵权责任确实具有债与责任的双重属性。只有看到这一点,才能真正认识侵权责任在债与责任之间徘徊的立法价值。

1. 侵权之债与其他债的区别

债包括合同之债、侵权之债、无因管理之债、不当得利之债以及单方允诺

---

① 该司法解释第五部分就是"民事责任"的解释,从第142条至162条都是对侵权责任的解释。
② 1993年《最高人民法院关于审理名誉权案件若干问题的解答》和1998年《最高人民法院关于审理名誉权案件若干问题的解释》。

之债等。侵权之债与其他债相比较，确实有区别。

侵权之债与其他债的区别，主要在于合同之债通过约定产生，单方允诺之债通过单方意思表示产生，即使无因管理之债是通过行为产生的，却也有产生债的意志因素。侵权之债没有这样的属性，侵权人致害他人，在主观意志上并非是为了产生损害赔偿之债。侵权之债的产生基础是违法行为。该违法行为造成被侵权人损害，才在双方当事人间产生赔偿的债权债务关系，没有产生债的主观意志因素。因此，侵权之债与其他债相比，其特殊性突出表现在性质上的不同。①

另外，在一般的债的法律关系中，权利一定对应义务，债务对应债权，只有在债务不履行时，债权人产生的二次请求权才对应责任。侵权之债却不是这样，侵权人造成对方损害，在双方之间产生的法律关系中，权利所对应的既是义务又是责任，不能说只是义务而不是责任。依据一般的债的关系规则，似乎可以说，权利人产生的侵权请求权对应的是义务，权利人行使赔偿请求权，侵权人履行赔偿义务就消灭了侵权之债；侵权人不履行义务，被侵权人向法院起诉，侵权人承担的才是责任。但在实际上并不是这样：侵权之债与其他债的不同之处在于，请求权人可以直接向法院起诉请求侵权人承担责任，并非须先请求侵权人履行义务，在义务不履行时，义务才转化为责任。所以，侵权请求权对应的既是义务也是责任，是侵权之债与其他债的主要区别之一，也是侵权责任在债与责任之间徘徊的重要理论根据。

2. 权利对应义务与权利对应责任

在通常情况下，一般的债的法律关系中，权利对应义务，而不是对应责任。而固有请求权对应的是责任，权利受到妨害，权利人行使人格权请求权、身份权请求权、物权请求权等，行为人承担的就是责任，而不是义务，因为责任具有直接的国家强制力。

侵权请求权与固有请求权虽然都是权利保护请求权，但是，侵权请求权是新生的请求权，而不是权利中固有的请求权。固有请求权对应责任，而侵权请求权对应的既是义务也是责任，因此，侵权请求权与其他固有请求权也存在区别，侵权请求权具有双重属性。正是因为侵权法律关系具有这种双重属性，我国《民法典》中才出现了侵权责任在债与责任之间徘徊的立法结果。

说到底，请求权的不同类型有不同的价值。作为权利类型的请求权，是债权，当然对应的就是义务。作为权利保护方法的请求权，是民法保护民事权利

---

① 最高人民法院民法典贯彻实施工作领导小组. 中华人民共和国民法典理解与适用：总则编. 北京：人民法院出版社，2020：596.

的方法,而不是基本权利类型,因而固有请求权对应的是责任。侵权责任具有双重属性,作为债的类型的请求权对应的是义务,作为保护方法的请求权就对应责任。

(四)编纂《民法典》对类法典化立法经验的抉择

编纂《民法典》时,面对的是经过三十多年建立起来的类法典化的民法体系。在这样的基础上编纂的《民法典》,保留我国民法类法典化立法的某些痕迹,其实是必然的。

《民法通则》建立起来的民事责任立法体系,使侵权责任与债法脱离,单独成为民事责任的一部分,进而又实现《侵权责任法》单独立法,形成了类法典化的民事立法体系。编纂《民法典》不得不面对并且吸取其经验。

使侵权责任脱离债法独立,虽然与大陆法系立法传统不同,却给侵权责任法的发展创造了极大的空间,能更好地保护民事权利主体的权利。在这样的立法空间里,中国侵权责任法不断发展,不仅具有欧陆侵权法一般化立法的基本特点,也具有英美法系侵权法的类型化优势。无论是《侵权责任法》还是《民法典》侵权责任编,大量的篇幅并不是有关侵权责任的一般规定,而是对具体侵权责任类型的规范。这几乎就是类型化英美法系侵权法的模式。正是这种一般化与类型化结合的立法[①],不仅为侵权责任法的发展提供了制度空间,能够更好地扩展侵权责任法的内涵,成为成功的立法方法,而且在实践中具有特别的优势,既有一般规范,又有具体类型,使其特别具有立体感和适用性,在司法实践中的适用更加便捷和实用。编纂《民法典》时面对这样的立法经验,不能不考虑予以吸收和借鉴。

经历了三十多年的实践,我国已经接受了这种侵权责任的立法方法。《民法典》如果改变了这种立法方法,把侵权责任纳入合同编,肯定会形成不适应,甚至使民众产生怀疑。

基于上述理论基础,我国侵权责任法理论不断积累、发展,在我国《民法典》如何对待侵权责任的属性以及在确定分则各编的地位时,就形成了这样一种看似矛盾却有理论依据的做法,使侵权责任徘徊在债与责任之间。

三、侵权责任在债与责任之间徘徊的独特立法价值

《民法典》中侵权责任在债与责任之间徘徊的规定看似矛盾,却具有独特

[①] 杨立新.论侵权行为一般化和类型化及其我国侵权行为法立法模式选择.河南省政法管理干部学院学报,2003(1):1-14.

的立法价值。

（一）实现侵权损害赔偿回归债法传统的目的

1. 侵权损害赔偿当然是债之一种

侵权损害赔偿是债的一种，即损害赔偿之债。违约损害赔偿之债是债法必须规定的内容。侵权损害赔偿请求权虽然是新生权利，但是，由于侵权责任救济损害的最基本方法是损害赔偿，在侵权人与被侵权人之间产生损害赔偿的债权债务，符合《民法典》第 118 条第 2 款规定的"权利人请求特定义务人为或者不为一定行为的权利"的债权特征，当然是一种债。

2. 回归民法立法的传统和理性

自罗马法以来，民法传统一直把侵权责任认定为债，具有传统的合理性。罗马法把侵权损害赔偿规定为私犯，在侵权人和被侵权人之间产生的私犯关系就是债之一种。后世法国法和德国法等复兴罗马法传统，仍然采用这样的方法界定侵权责任的属性。即使英美法系也确定侵权行为的后果为债的关系，只是其没有统一债法，而把合同法、侵权法作为独立的法律部门。这种立法传统是科学的、合理的。我国《民法典》把侵权责任确认为债，完全符合民事立法的传统要求。

3. 实现《民法典》立法的科学性和合理性

使侵权责任徘徊于债与责任之间，是《民法典》为了实现立法的科学性和合理性而采用的措施。《民法通则》对民事立法传统提出的挑战没有成功。三十多年后立法机关终于看到民法传统的科学性和合理性，不再继续坚持，回归科学、合理的传统立法。这是《民法典》的正确选择。

（二）科学构建民事权利保护方法的请求权体系

长期以来，我国对固有请求权和侵权请求权两类民事权利保护方法体系缺少认识，把眼光仅盯在民事责任上，认为民事责任是保护民事权利的方法，没有看到、也没有规定与民事责任相对应的民事权利保护请求权。

民事权利保护请求权理论是在 19 世纪提出来的，被称为民法的新发现，它把民法实体权利与民事程序权利连接在一起，使实体法和程序法紧密结合，是民法方法的重大贡献。[1] 长期以来，我国的民法理论和立法、司法实践没有看到请求权在保护民事权利方面具有的重大作用，采用了统一民事责任的立法。在借鉴了欧陆民法权利保护请求权的立法和理论之后，由于对其认识不

---

[1] 王泽鉴. 民法总则. 北京：中国政法大学出版社，2009：92.

足,在类法典化的民法立法中,把固有请求权与侵权请求权混淆起来,忽视人格权请求权、身份权请求权、物权请求权、债的二次请求权和继承权回复请求权的特性,没有构建起完整的民事权利保护请求权体系。

三十多年来,我国的民事权利请求权保护方法从无到有,从开始忽略、兴起到完善,是对民事权利保护方法的认识过程所决定的。编纂《民法典》,不仅要把侵权请求权的性质确认下来,还要把固有请求权与侵权请求权分开界限,建立起民事权利保护请求权的完整体系。《民法典》在这一点上已经基本做到:物权编规定了物权请求权,人格权编规定了人格权请求权和身份权请求权,合同编规定了违反合同的二次请求权,建立起了固有请求权的体系。侵权责任编建立起完整的侵权请求权体系,同时,对固有请求权与侵权请求权作了明确界分,确定损害赔偿、恢复原状是侵权请求权,依据《民法典》第196条,不用登记的动产返还财产也是侵权请求权。除这三种民事责任方式之外,《民法典》第179条规定的其他八种民事责任方式都是固有请求权的内容。

有了对固有请求权与侵权请求权的明确、具体规定,《民法典》就完成了对民事权利保护请求权体系的构建任务。侵权责任虽然在债与责任之间徘徊,但这种做法的优势使民事权利保护请求权的体系得以完整构建。

(三) 保持债法规则的整体性和通用性

侵权责任在债与责任之间徘徊具有另一个立法价值,就是构建完整的债法,保持债法规则的整体性,使债法规则具有通用性。

债虽然有不同类型之分,但是,债权有共同的属性和特征,有统一、通用的规则。债法的共同规则,不论是于合同之债、侵权之债、无因管理之债、不当得利之债,还是于单方允诺之债,都是可以适用的。这些债法的一般规则,被规定在《民法典》合同编第一分编"通则"之中,既有合同法的一般规则,更有债法的一般规则。正因为这样,侵权责任在债与责任之间徘徊,就给侵权责任适用债的一般规则提供了正确的立法基础:当《民法典》规定的侵权责任规则不足时,可以直接适用合同编"通则"规定的债的一般规则。

例如,《民法典》第1168条规定了共同侵权行为的侵权人应该承担连带责任。确定共同侵权行为的连带责任,须直接适用《民法典》第178条的规定。不过,《民法典》规定连带责任的规则比较简单,只规定了中间责任、最终责任和追偿权三个规则,被侵权人有权请求部分或者全部连带责任人承担责任,连带责任人的责任份额根据各自责任大小确定,难以确定责任大小的平均承担责任;实际承担责任超过自己责任份额的连带责任人,有权向其他连带责任人追偿。[①] 这

---

① 杨立新,李怡雯. 中国民法典新规则要点. 北京:法律出版社,2020:166.

只是规定了连带责任的初次分配，如四个人造成他人损害，被侵权人请求一个连带责任人承担赔偿责任的，该连带责任人在承担了全部赔偿责任后，可以向其他三个连带责任人追偿。可是，在三个没有承担连带责任的连带责任人中，有一个没有承担责任的能力，如何再次分担责任却没有规定具体规则。《民法典》第519条第3款规定，被追偿的连带债务人不能履行其应分担份额的，其他连带债务人应当在相应范围内按比例分担。这一条文规定的连带之债的二次分担规则①，就解决了这个问题，侵权连带责任完全可以适用。

如果仅把侵权责任的性质界定为民事责任而不具有债的属性，对侵权责任纠纷案件就可能失去适用债法规则的可能。侵权责任在债与责任之间徘徊，使它既有债的属性又有责任的性质，对侵权责任编立法的不足，就可以直接适用合同编"通则"关于债法一般规则的规定。这正是侵权责任在债与责任之间徘徊的重要立法价值之一。

（四）确认侵权责任法的基本功能是民事权利保护法

德系民法典的结构是总分结构。我国《民法典》也是总分结构，体现了我国民事立法对德系民法典立法经验的借鉴。② 总则规定民法的基本原则和一般规则，是具有引领性的规则③，分则规定调整具体民事法律关系的具体规则。

侵权责任本来属于《民法典》分则规定的调整具体民事法律关系的规则，但是，侵权责任不仅具有债的属性，同时也是民事责任，其基本功能是为所有的民事权利提供保护方法。换言之，《民法典》分则各编除侵权责任编之外，规定的物权、债权、人格权、身份权和继承权都是民事主体享有的民事权利，形成人法（人格权、身份权）和财产法（物权、债权、继承权）两大部分。侵权责任法既不属于人法，也不属于财产法，而是独立的、所有的民事权利受到侵害后都能够提供保护的规则。正是侵权责任的民事责任属性，使侵权责任法成为民事权利保护法。

对侵权责任坚持民事责任的属性，就是要把它作为民事权利保护法，规定在《民法典》最后一编。这种立法方法的最大价值，就是相对地改变了《民法典》的"总—分"结构，而形成了"总—分—总"结构。《民法典》总则编是一个"总"，人法和财产法是两个"分"，作为民事权利保护法的侵权责任编是另一个"总"。

---

① 黄薇. 中华人民共和国民法典合同编释义. 北京：法律出版社，2020：129.
② 王利明. 总分结构理论与我国民法典的编纂. 交大法学，2019（3）：43-55.
③ 王晨. 关于《中华人民共和国民法典（草案）》的说明：2020年5月22日在第十三届全国人民代表大会第三次会议上. 2020-05-22.

第一章 《民法典》规定侵权责任性质为侵权之债对司法实务有何影响

按照这样的思路，我国《民法典》就形成了由四个部分组成的框架式结构，即由总则、人法、财产法和权利保护法构成：总则处于框架式结构的顶部，表达的是民法的一般性规则，是对民法全部内容的概括，是对民事法律关系的抽象规定，是民法全部内容的抽象，也是统领民法全部内容的总纲。在总则之下，是民法的两个基本构成部分，是框架式结构的人法和财产法，是民法的两大支柱，是民法的基本部分。第四部分是民事权利保护法即侵权责任法，是民法的最后部分，位于框架结构的底部，表明侵权责任法在民法中作为权利保护法的地位。尽管《民法典》将侵权后果规定为债，却不能因此而否定侵权责任法的权利保护法的地位和性质。[①]

这样理解和解释《民法典》的结构是完全说得通的。如果把侵权责任编归并到合同编或者紧跟其后，虽然能够形成债法的完整形式，但是，侵权责任法作为民事权利保护法的功能将会大大削弱。反之，把侵权责任编放到第七编，就形成了总则、人法、财产法和民事权利保护法的完整的四边形逻辑结构，成为"总—分—总"的《民法典》格局。

所以，《民法典》既确认侵权责任的债的性质，又强调其民事责任属性，使侵权责任在债与责任之间徘徊，具有独特的立法价值，也是我国《民法典》的一个突出特色。

规则总结

《民法典》规定侵权责任，既确认其债的性质，又确认其民事责任的属性，使其具有债与责任的双重属性，在分则各编的编排顺序上，采取了非同寻常的逻辑结构，从形式上分散了债法体系，却坚持了侵权责任对于保护民事权利的重要作用，成为《民法典》的民事权利保护法，突出了侵权责任法的地位，强调了侵权责任的职能作用，甚至形成了"总—分—总"的民法典结构。这对于充分发挥侵权责任保护民事权利的作用，具有重要价值。在司法实践中，应当坚持这样的立法思想，进一步发挥侵权责任保护民事权利的功能，更好地保护民事主体的民事权益。

正确理解侵权责任在债与民事责任之间徘徊的立法价值，在司法实务中的具体适用规则如下。

1. 《民法典》将民法对民事权利的保护方法分为固有请求权和侵权请求权两种，两种不同的请求权构成民法保护民事权利的完整体系。

2. 侵权请求权是新生的救济权，主要是损害赔偿请求权，包括恢复原状

[①] 杨立新. 民法总则. 3 版. 北京：法律出版社，2020：56.

和侵占不需要登记的动产的返还原物请求权，是补偿性的救济损害请求权。

3. 固有请求权是恢复性救济请求权，包括停止侵害、排除妨碍、消除危险、消除影响、恢复名誉、赔礼道歉请求权，也包括不动产和需要登记的动产的返还原物请求权。

4. 行使侵权请求权时可以一并提出停止侵害等请求权。这是《民法典》第1167条规定的内容。

5. 行使侵权请求权保护民事权利的，应当受到诉讼时效的限制，行使权利应当在有效的诉讼时效期间中主张，超过诉讼时效期间的，侵权人产生永久性抗辩权，能够对抗侵权请求权。行使固有请求权，则不受诉讼时效的限制。

第二章 《民法典》未直接规定侵权责任保护范围，在实务中应当怎样掌握

——正确理解《民法典》第 1164 条规定的"民事权益"的司法功能

实务指引要点

1. 第 1164 条规定的"民事权益"是侵权责任的保护范围，包括民事权利和民事利益。
2. 侵权责任保护的民事权利，是《民法典》总则编第五章规定的人格权、身份权、物权、债权、知识产权、继承权、股权和其他投资性权利，以及其他法律规定的民事权利。
3. 侵权责任保护的民事利益，包括一般人格利益、胎儿的人格利益、死者的人格利益、其他身份利益和其他财产利益。
4. 侵权责任保护范围中争议最大的是债权，侵害债权构成侵权责任。

《民法典》颁布之后，对其第 1164 条关于"本编调整因侵害民事权益产生的民事关系"的准确含义，专家、学者的理解基本一致，但具体说明有明显差别。对具体法律规范的不同解说对司法实务的影响力不能低估，不正确的理解有可能引起司法实务上的适用偏差。有很多人认为，《民法典》侵权责任编没有规定侵权责任保护范围，因而对在司法实务上应当怎样把握侵权责任保护范围有些迷茫，其实，《民法典》第 1164 条规定的"民事权益"就是侵权责任的保护范围。只有统一对该条文规定的侵权责任保护范围的理解和适用，才能更好地发挥《民法典》侵权责任编的调整功能，救济权利损害，保护好民事主体的民事权益。

一、对《民法典》第1164条的条文主旨与具体内容的不同见解

(一) 对《民法典》第1164条之条文主旨的一致看法

《民法典》实施之后,对第1164条规定的条文主旨是什么,学界看法基本上是一致的,即规定的是侵权责任编的调整范围[①],同时也是对侵权责任保护范围的规定[②],通常会用"侵权责任法的调整对象"或者"侵权责任法保护的民事权益范围"来表达该条文的主旨。[③]

对于该条文既是规定侵权责任编的调整范围,也是规定侵权责任保护范围的看法,学界几乎没有不同见解。原因是:《侵权责任法》第2条第2款专门规定侵权责任保护范围,采用的是"列举+兜底"的做法,内容比较直观,但也存在较多不足。例如,列举的权利不够完整、列举的权利层次不统一、民事利益的保护范围不明确,等等。[④]《民法典》总则编规定了保护民事权利和利益的基本原则,对侵权责任编究竟保护哪些民事权利和利益可参照总则编的规定确定,不需要再行规定。[⑤] 同样,有关民事权利部分在总则编中已有专章规定,在此并未列举,有关"人身、财产权益"的表述也为本条的民事权益所涵盖。[⑥]

概言之,《民法典》第1164条改变了《侵权责任法》第2条第2款规定侵权责任保护范围的做法,不再列举具体的保护范围,采取概括的方法,规定所有的"民事权益"都是侵权责任的保护范围。这样,就将侵权责任保护范围界定为《民法典》总则编第五章规定的民事权益,该章所列举的人格权、身份权、物权、债权、知识产权、继承权、股权和其他投资性权利,以及第126条规定的"民事主体享有法律规定的其他民事权利和利益",都是侵权责任的保护范围。[⑦]

这些都是对《民法典》第1164条的条文主旨的理解,都是一致的,没有原则性的不同。

---

① 黄薇. 中华人民共和国民法典侵权责任编释义. 北京:法律出版社,2020:2;最高人民法院民法典贯彻实施工作领导小组. 中华人民共和国民法典理解与适用:侵权责任编. 北京:人民法院出版社,2020:13.
② 杨立新. 侵权责任法. 4版. 北京:法律出版社,2020:31.
③ 张新宝. 中国民法典释评:侵权责任编. 北京:中国人民大学出版社,2020:2.
④ 杨立新. 侵权责任法. 北京:法律出版社,2010:19.
⑤ 黄薇. 中华人民共和国民法典侵权责任编释义. 北京:法律出版社,2020:2.
⑥ 最高人民法院民法典贯彻实施工作领导小组. 中华人民共和国民法典理解与适用:侵权责任编. 北京:人民法院出版社,2020:16.
⑦ 杨立新. 侵权责任法. 4版. 北京:法律出版社,2020:31.

（二）对《民法典》第 1164 条之具体内容的不同看法

在统一理解《民法典》第 1164 条之条文主旨的基础上，在对侵权责任保护的"民事权益"概念的理解上，还存在一些不同看法。

1. 债权是否在侵权责任的保护范围之内

在侵权责任保护民事权益的统一理解之下，即在承认侵权责任保护的"民事权益"就是《民法典》总则编第五章规定的民事权益的基础上，各界在具体的民事权益范围上存在不同看法。例如，一种意见认为，合同债权也是一种民事权利，但它原则上不属于侵权责任编的保护范围。对于第三人侵害债权是否受侵权责任法的调整，侵权责任编没有规定。第三人侵害债权的行为足够恶劣，第三人有过错，能够构成相应的侵权行为的，可以适用该编规定。[1] 另一种意见认为，债权属于典型的相对权。债权应当受到法律保护，对此没有分歧，但在侵权法上对债权如何保护以及保护到什么程度则争议很大。[2]

质言之，既然债权不受侵权责任的保护，就不应该认为足够恶劣的可以适用侵权责任编规定，这样的说法本身就是矛盾的。显然，对债权是否为侵权责任的保护范围，仍然是一个需要解决的问题。

2. 侵权责任保护的民事权利和民事利益是否有区别

民事权利和民事利益当然有区别，可是也有观点认为侵权责任保护的民事权利和民事利益是没有区别的。这也是对《民法典》第 1164 条规定的不同看法之一，即认为权利和利益的界限比较模糊，很难清楚地加以区分；而且权利和利益是可以相互转换的，随着社会的发展，纠纷增多，法院通过判例将原来认定为利益的转而认定为权利，即将利益"权利化"，因此本条没有区分权利和利益。[3] 相反观点认为侵权责任编以民事权益统领民事权利和民事利益，对二者并未明确区分，而是均列入保护范围，但由于民事利益的特殊性，并不能不加区分地一概予以保护。[4] 这样不一致的看法对于发挥侵权责任的效用不利，需要统一认识。

---

[1] 黄薇. 中华人民共和国民法典侵权责任编释义. 北京：法律出版社，2020：3.
[2] 最高人民法院民法典贯彻实施工作领导小组. 中华人民共和国民法典理解与适用：侵权责任编. 北京：人民法院出版社，2020：17.
[3] 黄薇. 中华人民共和国民法典侵权责任编释义. 北京：法律出版社，2020：3.
[4] 最高人民法院民法典贯彻实施工作领导小组. 中华人民共和国民法典理解与适用：侵权责任编. 北京：人民法院出版社，2020：19.

3. 对数据和网络虚拟财产应当用"权利"还是"其他合法权益"保护

《民法典》第 127 条规定，法律对数据和网络虚拟财产的保护有规定的，依照其规定。对此，有的学者在解释侵权责任保护数据和网络虚拟财产时，认为《民法典》虽然没有明确数据和网络虚拟财产为民事权利，二者也应当被认为是侵权责任法所保护的"其他合法权益"[①]。确认数据和网络虚拟财产应当受到侵权责任保护是对的，但是，数据和网络虚拟财产的性质究竟是"权利"的客体，还是"其他合法权益"，还是有待讨论，统一见解。

4. 侵权责任保护胎儿究竟是对权利的保护还是对利益的保护

《民法典》第 16 条规定对胎儿的民事利益进行保护，侵权责任主要是对胎儿的人身利益提供保护，即胎儿在受到人身损害时产生侵权损害赔偿请求权，以及供养人被侵权行为致害丧失生命或者丧失劳动能力而给胎儿出生后的抚养来源造成损害的赔偿请求权。有的观点认为，在符合《民法典》第 16 条规定的情况下，胎儿利益的保护应当与自然人利益保护采用一致的规则，不可一概适用民事利益的保护模式，也不适宜用其母亲身体权、健康权受到侵害的规则。[②] 这些话说得比较模糊，既然与自然人利益保护采用一致的原则，又不可一概适用民事利益的保护模式，不知侵权责任究竟应当如何保护胎儿的人身权益。

5. 第 1164 条规定是否可以作为民事裁判的依据

有人认为，《民法典》第 1164 条属于重要的裁判规则，在相关案件中可以作为一条重要的援引依据，特别是对于一些民事权益侵权案件，在侵权责任编和其他法律法规没有规定的情况下，要作为援引依据。[③]《民法典》第 1164 条究竟属于何种性质，是否能作为民事裁判的援引依据，需要认真研究。可以说，任何一个侵权责任纠纷案件，都涉及是否在侵权责任保护范围内的问题，因而每一个侵权责任纠纷案件中似乎都要援引这一条文。

上述这些问题都涉及对侵权责任保护范围的界定问题，需要深入研究，统一认识，进而统一《民法典》规范在侵权责任纠纷案件中的准确适用。

[①] 张新宝. 中国民法典释评：侵权责任编. 北京：中国人民大学出版社，2020：4.

[②] 最高人民法院民法典贯彻实施工作领导小组. 中华人民共和国民法典理解与适用：侵权责任编. 北京：人民法院出版社，2020：22.

[③] 最高人民法院民法典贯彻实施工作领导小组. 中华人民共和国民法典理解与适用：侵权责任编. 北京：人民法院出版社，2020：19.

二、对《民法典》第 1164 条的一般评价及对具体问题争论的说明

（一）对《民法典》第 1164 条的一般性评价

毫无疑问，《民法典》第 1164 条是我国侵权责任编的重要条文，它以开编第一条的地位，提纲挈领地概括了我国侵权责任的调整范围。但是，将这一条文与《民法典》其他分编的开编条文即物权编第 205 条、合同编第 463 条、人格权编第 989 条、婚姻家庭编第 1040 条和继承编第 1119 条相比较，第 1164 条有更重要的作用，即规定了侵权责任的保护范围。

《民法典》第 205 条的规定是："本编调整因物的归属和利用产生的民事关系。"确定其调整范围为自物权和他物权。第 463 条规定："本编调整因合同产生的民事关系。"突出其调整合同之债。第 989 条规定："本编调整因人格权的享有和保护产生的民事关系。"突出对人格权的享有和保护。第 1040 条规定："本编调整因婚姻家庭产生的民事关系。"着重突出调整婚姻家庭的亲属关系。第 1119 条规定："本编调整因继承产生的民事关系。"突出调整继承法律关系。这五个条文都是各分编的开编条文，都是规定该编的调整范围。唯有第 1164 条，不仅强调了侵权责任编调整侵权责任法律关系，还强调了侵权责任法律关系的产生是因"侵害民事权益"，特别强调了侵权责任的保护范围。相比之下，第 1164 条显然具有更丰富的内容。立法者通过这样一个关于侵权责任编调整范围的规定，替代了《侵权责任法》第 2 条第 2 款，赋予了侵权责任编调整范围条款以更深刻、更实用的内容。

可以确定，《民法典》第 1164 条具有两个功能：第一，规定侵权责任编的调整范围是侵权责任法律关系；第二，规定侵权责任的保护范围是民事权益。

对第一个问题比较好理解，不必多加解释。至于第二个问题，该条款规定的是侵权责任保护范围，首先是民事权利，其次是民事利益。也就是说，侵害民事权利的行为是侵权行为，侵害民事利益的行为也是侵权行为，只要符合侵权责任构成要件的，都构成侵权责任，也都由侵权责任加以保护。

（二）对《民法典》第 1164 条认识不一致的具体问题的说明

对《民法典》第 1164 条认识不一致的具体分歧见解，需要进一步的研究和说明，因为对这些问题不讨论清楚，不能得出一致的结论，就会影响侵权责任规则的具体适用。

1. 债权属于侵权责任的保护范围

在我国的侵权责任法领域，债权究竟是不是侵权责任的保护范围，一直是一个没有得到很好解决的问题。《民法典》颁布以来，对此有四种不同看法：一是认为债权是民事权利类型，虽然是相对权，但仍然是民事权利，包括在"民事权益"的权利范畴之内。[①] 二是认为，第三人恶意侵害债权应当承担侵权责任，这可以被看作侵权责任法对"其他合法权益"的保护。[②] 三是认为，债权应当受到法律保护，对此没有分歧，但在侵权法上对债权如何保护以及保护到何种程度则争议很大，侵权法保护债权，是通过对第三人故意侵害债权的行为科以侵权责任的方式来救济债权人，以达到保护债权的目的。[③] 四是认为，合同债权也是一种民事权利，但它原则上不属于侵权责任编的保护范围。[④]

本书对此的意见是：

首先，在我国侵权法领域，虽然对债权是否为侵权责任保护范围的问题一直在争论中，但是，主流意见是肯定的，即使在《侵权责任法》的制定过程中肯定说也是主导意见。至于《侵权责任法》第2条第2款为什么没有明文规定债权，主要是担心侵害债权的侵权责任与违约责任发生混淆，引起误解，对债权的保护主要还是合同法的功能，不要误解合同法和侵权责任法都保护债权。立法机关工作人员在《中华人民共和国侵权责任法释义》一书中说明：对于第三人侵害债权是否为本法调整，没有明确作出规定，大多数意见认为侵害债权应当属于侵权责任的范围。本条第2款例举了部分民事权益，最后用了"等人身、财产权益"，这可以涵盖第三人侵害债权的问题。[⑤] 这种解释代表了《侵权责任法》立法时的实际情况：在立法过程中，绝大多数立法专家都认为应当规定第三人侵害债权，由于上述担心，因而确认该条文中的"等"字包含债权。专家强调"等"字的解释是不具有明确的立法含义的，立法机关对此应当表明态度。最后，王胜明副主任表态说，将来在侵权责任法释义的著作中说明"等"字中包含第三人侵害债权的内容，故而有了该书的上述内容。因此可以说，不论是《侵权责任法》第2条第2款规定的"等人身、财产权益"，还是《民法典》第1164条规定的"民事权益"，都包含债权，即债权是侵权责任的

[①] 杨立新. 侵权责任法. 4版. 北京：法律出版社，2020：31；杨立新，李怡雯. 中国民法典新规则要点. 北京：法律出版社，2020：606.

[②] 张新宝. 中国民法典释评：侵权责任编. 北京：中国人民大学出版社，2020：4.

[③] 最高人民法院民法典贯彻实施工作领导小组. 中华人民共和国民法典理解与适用：侵权责任编. 北京：人民法院出版社，2020：17.

[④] 黄薇. 中华人民共和国民法典侵权责任编释义. 北京：法律出版社，2020：3.

[⑤] 王胜明. 中华人民共和国侵权责任法释义. 2版. 北京：法律出版社，2013：30.

第二章 《民法典》未直接规定侵权责任保护范围，在实务中应当怎样掌握

保护范围。

其次，债权不是"其他民事权益"，而是民事权利。债权是《民法典》第118条规定的民事权利，是一种基本权利类型，不会因为对其是不是侵权责任保护范围的争论而改变性质。如果因为对债权的这种争论而使其基本民事权利类型的性质都受到怀疑，变成"其他民事权益"，显然是不妥当的。

再次，认为债权原则上不属于侵权责任保护的范围，这个断言是不正确的。不论是大陆法系还是英美法系的侵权法，都对债权提供保护，只不过不是解决债务人对债权的侵害，而是针对第三人侵害债权而对债权提供保护。侵权责任对第三人侵害债权的行为科以损害赔偿责任，同样是侵权责任保护债权的体现。一方面，承认如果第三人侵害债权的行为足够恶劣，第三人有过错，能够构成相应侵权行为的，可以适用侵权责任编的规定；另一方面，又说债权原则上不属于侵权责任编保护的范围，是自相矛盾的说法。只要有一种侵害债权的侵权责任是肯定的，那么，债权就是侵权责任的保护范围。

最后，最高人民法院民法典贯彻实施工作领导小组在这个问题上的意见是正确的，即侵权责任保护的权利，一是绝对权，二是相对权，再加上第三种保护内容即民事利益[①]，就构成了侵权责任保护的全部范围。

2. 侵权责任保护的民事权利和民事利益有原则区别

认为侵权责任保护民事权利和保护民事利益没有区别的主要依据，是"在实践中，权利和利益的界限较为模糊，很难清楚地加以划分，对于什么是权利，意见纷纭"。"法律规定××是权利的当然是权利，但法律没有明文规定某某权而又需要保护的，不一定就不是权利。而且，权利和利益本身是相互转换的，随着社会的发展，纠纷增多，法院通过判例将原来认定为利益的转而认定为权利，即将利益'权利化'。""所以，本条没有区分权利和利益，而是统一规定，'本编调整因侵害民事权益产生的民事关系'。"[②] 这种认识将权利和利益混淆起来，违反了民法区分权利和利益的基本原理，是不正确的。民事权利就是民事权利；被民事权利保护的民事利益就是民事权利的客体；民事利益没有被规定以权利予以保护而又需要法律提供保护的，是法益而不是权利。将民事权利和民事权利的客体相混淆，将权利与法益相混淆，在现今的民法原理的基础上，是不应该出现的问题。诚然，权利乃享受特定利益的法律之力，特定利益是权利的内容，法律上之力为权利的外形。[③] 但是，权利与利益仍然不是

[①] 最高人民法院民法典贯彻实施工作领导小组. 中华人民共和国民法典理解与适用：侵权责任编. 北京：人民法院出版社，2020：17-19.

[②] 黄薇. 中华人民共和国民法典侵权责任编释义. 北京：法律出版社，2020：3.

[③] 申卫星. 溯源求本道"权利". 法制与社会发展，2006 (5).

一回事，权利是法律之力，依据权利享有的特定利益就是权利的客体。本书认为，利益是一个内容庞大的体系，分为三个部分：一是作为民事权利客体的利益，例如物权的客体是物，债权的客体是权利人请求义务人为或者不为一定行为①，人格权的客体是人格构成要素，身份权的客体是亲属身份利益，等等，都是民事利益；二是受到法益保护的民事利益，它们没有被具体的民事权利保护，但是，法律同样认为应当保护且予以保护；三是不受法律保护的利益，例如所谓"亲吻权"的亲吻利益，是可以概括在其他权利保护范围之内的利益，或者特定利益过于微小而不必予以保护。至于所谓的民事利益的"权利化"，那是某一部分民事利益逐渐成长壮大，乃至于有必要以权利予以保护时，法律才会承认其为民事权利，由此成为新型的民事权利。不仅如此，对权利就可直接以权利受到侵害进行保护，利益受损害需要保护时，须法律有明文规定，或者他人以违背善良风俗的方式故意加害。模糊权利与利益的界限，甚至将权利与利益混为一谈，带来的只能是民法理论的混乱和司法实践的不统一。

3. 数据和网络虚拟财产是权利客体，不是"其他民事权益"

在《民法典》编纂过程中，对数据和网络虚拟财产的属性的争论最激烈，这从《民法总则（草案）》中该条文的内容和位置的变动就可以看出来。这里规定的数据实际上是衍生数据，就是那些"经过加工无法识别特定个人且不能复原的"②信息数据。这种衍生数据属于数据专有权的客体③，不是一般的民事利益，应当适用知识产权的保护方式进行保护，当然属侵权责任保护范围。至于网络虚拟财产，通常认为属于无形物的范畴，是物权的客体。《民法总则（草案）》初稿本来是将网络虚拟财产放在物权客体的内容中规定的，只是由于不同见解分歧比较大，才将该条文挪到第 127 条的位置。④ 对网络虚拟财产的保护，应当采用物权保护模式，当然在侵权责任保护之下。将对数据和网络虚拟财产的保护界定为对"其他民事权益"的保护，降低了数据专有权和网络虚拟财产物权的法律地位。侵权责任保护的是数据专有权和网络虚拟财产的物权，而不是"其他民事权益"。

4. 对胎儿予以保护所保护的是胎儿的利益而不是权利

对胎儿的人格利益予以保护本无争议，由于《民法典》第 16 条有了关于"涉及遗产继承、接受赠与等胎儿利益保护的，胎儿视为具有民事权利能力。但是，胎儿娩出时为死体的，其民事权利能力自始不存在"的规定，就出现了

---

① 《民法典》第 118 条第 2 款规定的内容。
② 《民法典》第 1038 条的内容。
③ 杨立新，陈小江. 衍生数据是数据专有权的客体. 中国社会科学报，2016 - 07 - 13.
④ 杨立新. 民法总则规定网络虚拟财产的含义及重要价值. 东方法学，2017 (1).

在符合《民法典》第 16 条之规定的情况下，对胎儿利益的保护应当与对自然人利益的保护采用一致的规则，不可一概适用对民事利益的保护模式的看法。① 这里的问题是：在胎儿被视为具有部分民事权利能力的情况下，是不是胎儿的人身受到侵害造成损失时，就构成侵害其身体权或者健康权了呢？本书认为不能这么说，胎儿被视为具有部分民事权利能力，并不等于就已经具有了民事权利能力，其身体、健康受到侵害时，受侵害的仍然还是民事利益，即身体利益和健康利益，在胎儿娩出时为活体的，直接认为胎儿在母体中就享有身体权和健康权，就要用保护身体权和健康权的方法去对胎儿的身体、健康进行保护，感觉不是那么理直气壮，因此，还是以保护胎儿的人格利益而不是保护其权利为好。况且《民法典》第 16 条本身就说"胎儿利益保护"，而没有说是对胎儿权利的保护。

5.《民法典》第 1164 条是否可以作为裁判依据

在侵权责任领域，能够作为民事裁判依据援引的法律条文，应当是包含侵权请求权基础的条文，即包含有侵权请求权的法律条文才可以被援引。当《民法典》的具体条文不是请求权的法律基础时，原则上不必作为民事裁判的法律依据予以援引。例如，《民法典》第 1165 条第 1 款规定的是侵权责任一般条款，是请求权的法律基础，可以作为一般侵权行为的裁判依据援引；该条第 2 款关于过错推定的条文，第 1166 条关于无过错责任的条文，都没有侵权请求权的法律基础，不能在民事裁判中援引，前者需要援引的例如第 1255 条堆放物、滚落物、滑落物损害责任，后者例如第 1247 条烈性犬等危险动物损害责任。《民法典》第 1164 条不包含请求权基础，所以，在具体的侵权责任纠纷案件的裁判中，不需要在裁判文书中援引它，虽然它是重要的裁判依据，但却不是"对于一些民事权益侵权案件，在本编及其他法律法规没有规定的情况下，要作为援引依据"的法律条文。在原告起诉的侵权责任纠纷请求认为不属于侵权责任编调整范围、不属于侵权责任保护范围的，倒是可以援引这一条文来驳回其起诉，例如记者以侵害采访权为由起诉侵权责任的，由于采访权不是民事权利，因而可以援引《民法典》第 1164 条的规定而予以驳回。

三、对《民法典》第 1164 条规定的侵权责任保护范围的全面界定

在讨论了上述对《民法典》第 1164 条的统一看法和不一致见解之后，应

---

① 最高人民法院民法典贯彻实施工作领导小组. 中华人民共和国民法典理解与适用：侵权责任编. 北京：人民法院出版社，2020：22.

当对《民法典》第1164条规定的侵权责任保护范围进行全面界定。结论是：凡是民事权利，都受到侵权责任的保护，即"民事权益"中之"权"；没有具体民事权利保护、法律又规定应当保护的民事利益，即"民事权益"中之"益"，也就是法益，也受到侵权责任的保护。简言之，《民法典》第1164条规定的侵权责任保护范围包括民事权利和法益。

（一）侵权责任保护的民事权利范围

凡是民事权利，都受到侵权责任的保护。用一个简要的公式概括，即"7+N"。

所谓"7"，是指《民法典》总则编第五章规定的七种基本民事权利，即人格权、身份权、物权、债权、知识产权、继承权、股权以及其他投资性权利。所谓"N"，是指《民法典》第126条规定的"民事主体享有法律规定的其他民事权利和利益"中的"其他民事权利"。

1. 人格权

人格权受到侵权责任保护，是毫无疑问的。《民法典》人格权编规定的生命权、身体权（包括身体自由权和性自主权）、健康权、姓名权、名称权、肖像权（包括形象权）、声音权、名誉权、荣誉权、隐私权和个人信息权等，都受到侵权责任的保护。保护人格权的关键问题，是要解决人格权请求权和侵权请求权的分工问题。依照《民法典》第995条的规定，适用停止侵害、排除妨碍、消除危险、消除影响、恢复名誉、赔礼道歉的责任方式，且不受诉讼时效限制的请求权，就是人格权请求权，应当依照第995条承担民事责任。对于侵害人格权造成损害应当承担损害赔偿责任的，不论是人身损害赔偿责任、精神损害赔偿责任还是侵害人身权益造成财产损失时的损害赔偿，都属于侵权请求权的保护方法，依照侵权责任编的规定予以保护。

2. 身份权

身份权包括配偶权、亲权、亲属权。这些身份权受到侵害，适用停止侵害等救济方法进行救济的，以及《民法典》第1001条和第995条都没有规定的亲属之间的给付义务的继续履行请求权，属于身份权请求权保护的范围；造成损害应当承担损害赔偿责任的，属侵权责任的保护范围。《民法典》第1054条规定的婚姻缔结之际的损害赔偿，第1091条规定的离婚损害赔偿（配偶之间），以及侵权行为造成配偶一方性功能丧失的损害赔偿等，是侵权责任对配偶权的保护[①]；诱使未成年被监护人脱离监护所产生的损害赔偿等，属侵权责

[①] 案例参见杨立新. 侵权责任法. 4版. 北京：法律出版社，2020：30。

任对亲权的规制范围；侵权行为侵害负有扶养义务的亲权人或者亲属权人的人身致其丧失劳动能力或者死亡的，侵害的是亲权和亲属权中的扶养请求权。这些都是侵权责任对身份权的保护。

3. 物权

物权受到侵害的，有物权请求权和侵权请求权两种方法进行保护，问题也是物权请求权与侵权请求权在保护物权上如何分工。按照《民法典》的规定，财产损害赔偿（第1184条）、恢复原状（第237条）、不用登记的动产物权的返还原物请求权（第196条），都是侵权请求权。不动产物权和登记的动产物权的返还财产请求权（第196条）、排除妨碍请求权（第236条），属于物权请求权。物权编没有规定停止侵害是物权请求权，第1167条规定了停止侵害的侵权请求权，因而可以适用该条规定请求和确定侵害物权的停止侵害，也不应当受诉讼时效的限制。

物权体系十分复杂，应当确定的是，所有权，包括单一所有权、共有权、建筑物区分所有权以及相邻关系，都属于侵权责任的保护范围。用益物权，包括土地承包经营权、建设用地使用权、宅基地使用权、居住权、地役权，也都适用侵权责任予以保护。担保物权，诸如抵押权、质权、留置权以及其他非典型担保物权，也是侵权责任保护的范围，不过，这些担保物权均有自己的救济方法，有适用侵权责任保护的可能，却无较大的空间。

4. 债权

债权作为侵权责任保护客体，是否对其保护不应当有那么多的不同看法，因为第三人侵害债权的侵权责任是各国侵权法的立法通例，而非罕见的立法之策。侵权法保护债权，是通过对第三人故意侵害债权的行为科以侵权责任的方式来救济债权人以达到保护债权的目的。① 不过，对于债权侵权行为的认定问题也出在这里，即第三人侵害债权必须是以故意的主观要件为必要吗？

诚然，对第三人侵害债权，通常强调的是第三人须有故意的主观要件，是因为债权缺少公示性，他人对没有具体公示方法的债权难以获知债权的存在，因而确认第三人明知债权存在而予以侵害，方可构成侵权责任。看起来，对债权侵权提出这样的要求并不过分，但是，债权并非一律都没有公示方法，第三人侵害债权也并非一律都须具备故意的要件。例如，债权以私人方式予以公示时，第三人重大过失即在极不合理的程度上疏忽了交往中应有之谨慎，构成侵害债权的主观要件；债权以公权力方式予以公示的，第三人违反一般的注意义

---

① 最高人民法院民法典贯彻实施工作领导小组. 中华人民共和国民法典理解与适用：侵权责任编. 北京：人民法院出版社，2020：17.

务,如对《证券法》中经过信息披露的债权或者进行了预告登记的不动产买卖债权进行侵害,一般过失也构成债权侵权责任。[①] 其中,故意要件解决的是第三人明知债权存在亦实施侵害行为的侵权责任,重大过失要件解决的是第三人通过私人公示方式予以公示而知悉或者应当知悉债权存在而实施侵害行为的侵权责任,一般过失针对的是经过公权力公示的债权,第三人应当知悉而未知悉债权存在而实施侵权行为的侵权责任,因而,凡是知悉或者应当知悉债权的存在而实施侵害行为的,都构成侵害债权的侵权责任。这就是债权侵权责任认定的知悉规则。运用这一知悉规则确定侵害债权的侵权责任是准确的,也是合理的。

5. 知识产权

著作权、商标权、专利权以及其他知识产权,由侵权责任予以保护,自无疑问。《民法典》通过第 123 条这一链接条款,确认知识产权单行法是民法典的特别法[②],将其纳入了民法体系。不过,侵害这类知识产权的侵权责任认定规则通常由知识产权单行法规定,不在侵权责任一般规则的研究之中,本文对此不多加评论,只是强调所有的知识产权都是侵权责任的保护范围,包括对衍生数据的侵害在内,都受到侵权责任的保护。

6. 继承权

在司法实践中,很少有用侵权责任保护继承权的,对通常的侵害继承权行为,通过继承回复请求权的行使,回复继承人的继承权即可。继承权受到侵害,适用继承回复请求权无法回复继承权,又造成损害的,应当适用侵权责任保护,使侵权人承担侵权责任,救济继承权的损害。某人委托律师事务所代书遗嘱,该律师事务所主任一人为其代书并作为见证人,继承开始后遗嘱被判定无效,遗嘱继承人对遗嘱无效造成的损失,请求该律师事务所承担侵权责任,法院判决予以支持。这个侵权行为侵害的客体就是遗嘱继承人的继承权。

7. 股权以及其他投资性权利

股权以及其他投资性权利也是民事权利,也在侵权责任保护范围之内。以往认为,侵权行为侵害股权的情形比较少见,自从《侵权责任法》第 2 条第 2 款规定股权概括在侵权责任保护范围后,侵害股权的侵权行为就比较常见了。例如,代持股权后销毁股权代持协议而以股权人自居,侵夺股权人的股权,或者通过让与担保获得名义股权而侵吞之,或者依仗大股东地位而侵蚀小股东的股权等,都是侵害股权以及其他投资性权利的侵权行为。侵权责任保护股权以

---

① 杨立新,李怡雯. 债权侵权责任认定中的知悉规则与过错要件:(2017)最高法民终字 181 号民事判决书释评. 法律适用,2018(19).
② 杨立新.《民法总则》规定的民法特别法链接条款. 法学家,2017(5).

及其他投资性权利,就是对股权以及其他投资性权利受到的损害予以赔偿,进而救济权利人的损害。

8. 其他法律规定的民事权利

"7+N"中的N,就是其他法律规定的民事权利。我国《民法典》采民商合一,商法等也是民法特别法,其他权利保护法等法律也都是民法特别法。这些民法特别法规定的民事权利例如企业的商业秘密权等,也都是民事权利,受到侵害后也都能获得侵权责任的保护和救济。[①] 这一部分权利的范围比较大,侵权责任保护功能的发挥更为必要。

(二) 侵权责任保护的民事利益的范围

侵权责任保护的民事利益即法益的范围,是比较难确定的。确定原则是,那些没有具体的民事权利保护、法律又确需提供保护的民事利益,就是侵权责任保护的法益。具体范围如下。

1. 其他人格利益

其他人格利益是一般人格权保护的范围,即《民法典》第990条第2款规定的"其他人格权益"。当其他人格权益受到侵害不需要损害赔偿责任救济时,以人格权请求权予以保护,如果受到侵害需要以损害赔偿责任救济,即为侵权责任的保护范围。存在的疑问是,既然一般人格权可以保护其他人格利益,为什么还认定为是对人格利益的保护,而不认为是对一般人格权的保护呢?这是因为一般人格权并不是具体权利,而是一个具有权能性质的抽象权利,是一个方法性或者工具性的权利,因而受到保护的仍然是一般人格利益而不是一般人格权。对一般人格利益的损害赔偿责任保护,仍然采侵权责任的保护方法。

2. 胎儿的人格利益

对此,前文已经说明,胎儿的人格利益,是侵权责任保护的范围。此保护是对法益的保护而不是对权利的保护。问题是,《民法典》第16条没有明文规定保护胎儿的其他人格利益,明文提到的仅是继承遗产和接受赠与。对胎儿人格利益的保护应当包含在"等"字中,例如:在孕育期间胎儿的人身受到损害,产生人身损害赔偿请求权;在孕育期间,胎儿的供养人受到侵权行为损害而使其丧失抚养来源,其出生后也产生抚养损害赔偿请求权等。

3. 死者的人格利益

经过1988年天津某法院审理的"荷花女"案等逐年积累司法实践经验后,

[①] 商业秘密权作为知识产权,规定在《民法典》第123条;对于不构成知识产权的商业秘密权,应当作为其他民事权利进行保护。

确立了我国侵权责任对死者人格利益损害赔偿的侵权救济方法，实现了对死者人格利益的延伸保护。①《民法典》第994条确认这一侵权责任保护规则，认定死者的姓名、肖像、名誉、荣誉、隐私以及遗体等受侵权责任的保护。这里的"等"字也是不完全列举，例如第1023条第2款规定的声音、第1034条规定的个人信息等，在自然人死亡后，也都应当受到保护。

4. 其他身份利益

在配偶权、亲权、亲属权三大基本身份权之外，还有其他不能被基本身份权保护的身份利益受到侵害，无法获得身份权的保护，又有损于亲属的人格尊严的，也应当予以保护。例如，长期以欺诈方法，将与他人生育的子女谎称为丈夫的子女，在谎言破灭时带走孩子，致使丈夫延误诞育子嗣的身份利益受到损害，可以对这种身份利益适用侵权责任予以保护。其他身份利益可以作为法益，成为侵权责任的保护范围。

5. 其他财产利益

对物权、债权、知识产权、继承权、股权以及其他投资性权利等财产权利无法予以保护，但是又事关权利主体的重大利益，需要予以保护的，也是侵权责任保护的法益。例如有关纯粹经济损失的利益等，就属于此类其他财产利益。②

规则总结

《民法典》第1164条的功能之一，是确定侵权责任保护范围。在对该条文的主旨理解一致的基础上存在的分歧意见，体现了对侵权责任保护范围理解的不同。对于这些不同意见，应当通过讨论逐步统一见解，以用指导司法实践，统一对侵权责任保护范围的界定。

在司法实践的具体适用中，应当特别明确的是：

1.《民法典》第1164条规定的"民事权益"是侵权责任的保护范围，既包括民事权利，也包括民事利益，民事权利和民事利益有严格的区分，不可以混淆。

2. 侵权责任保护的民事权利，为"7＋N"，"7"是《民法典》总则编第五章规定的人格权、身份权、物权、债权、知识产权、继承权、股权和其他投资性权利，"N"是其他法律规定的民事权利，例如商法、各民事权利保护法规

---

① 杨立新，等. 人身权的延伸法律保护. 法学研究，1995（2）.
② 最高人民法院民法典贯彻实施工作领导小组. 中华人民共和国民法典理解与适用：侵权责任编. 北京：人民法院出版社，2020：16.

定的民事权利，不包括其他权利、《宪法》规定的公民享有的公权利。

3. 侵权责任保护的民事利益，包括一般人格利益、胎儿的人格利益、死者的人格利益、其他身份利益和其他财产利益，不包括作为民事权利客体的民事利益，也不包括过于微小、法律不予保护的民事利益。

4. 侵权责任保护范围中争议最大的是债权，侵害债权构成侵权责任，最好的证明，就是下一章所说的涉执行司法赔偿解释第17条规定确认了法院执行机构侵害债权的国家赔偿责任，既然如此，民事主体侵害合法债权，当然构成侵权责任。

第三章 《民法典》未明确规定侵害债权，实务中能认定债权侵权责任吗

——依据第 1165 条规定认定债权侵权责任的基本方法

> **实务指引要点**
>
> 1. 涉执行司法赔偿解释第 17 条确认错误执行债权构成侵害债权的国家赔偿责任，对民法确认债权侵权责任具有重要价值。
> 2. 确认构成债权侵权责任的主观要件的基本规则是"知悉规则"。
> 3. 债权具有私人公示方法的，第三人故意或者重大过失构成侵害债权。
> 4. 债权具有公权力公示方法的，第三人故意或者过失均构成侵害债权。
> 5. 构成债权侵权责任的其他要件是：客体是合法有效的债权，主体是债的关系以外的知悉债权存在的第三人，客观方面是侵害债权的行为。

债权侵权责任，在侵权责任法中历来是争论较大的问题，特别是其责任构成的主观要件，究竟是故意方能构成，还是重大过失乃至于过失就可以构成，方家各有说法。最高人民法院（2017）最高法民终 181 号民事判决书认可重大过失构成债权侵权责任，具有重要价值。2022 年《最高人民法院关于审理涉执行司法赔偿案件适用法律若干问题的解释》① 第 17 条，对于保护债权，特别是被执行人的债权，以及确定债权是侵权责任保护范围，否定债权不受侵权责任保护的意见，具有特别重要的价值。

---

① 简称"涉执行司法赔偿解释"。

第三章 《民法典》未明确规定侵害债权，实务中能认定债权侵权责任吗

一、涉执行司法赔偿解释第17条对保护债权的重要价值

涉执行司法赔偿解释于2022年2月8日颁布，自3月1日起施行。这在执行领域是一件大事。本书对这一司法解释最感兴趣的是第17条的规定："错误执行侵犯债权的，赔偿范围一般应当以债权标的额为限。债权受让人申请赔偿的，赔偿范围以其受让债权时支付的对价为限。"

债权究竟是不是侵权责任的保护范围，其实答案在《民法典》第1164条规定的"民事权益"范围之中，债权既然是"民事权益"的内容，那就当然在侵权责任的保护范围内。《民法典》总则编第五章"民事权利"规定了七种民事权利类型以及其他法律规定的民事权益，既然这些权利和利益都是民事权益，当然就在第1164条规定的范围中，债权是民事权利，不可能不在侵权责任的保护范围内。

然而，在对《民法典》所规定的侵权责任保护范围的理解中，却有否定侵权责任保护债权的说法，认为债权不在侵权责任的保护范围之内，不能认定侵害债权构成侵权责任。一些学者有这种看法，不少法官中也有这种看法，甚至导致同案不同判。反对债权是侵权责任保护范围的主要理由，是债权要由合同法的违约责任保护，不能用侵权责任保护。

这种说法的错误之处，是混淆了违约责任和侵权责任保护债权的分工。违约责任保护债权，聚焦在债务人一方违反债务，债权人可以通过违约责任追究债务人的责任，使自己的债权得到实现。第三人对债权人享有的合法债权的侵害，债权人无法向债务人追究违约责任保护自己，只能求助于侵权责任，向侵害自己债权的第三人追究侵权责任，使自己受到侵害的债权得到救济，保护自己的债权。这里的责任分野就是这么清晰和明确，可是，就是有不同见解，致使在债权是否为侵权责任保护的客体问题上罩上迷雾，分不清是非。

涉执行司法赔偿解释第17条的重要价值，就在于第一次以司法解释的方式，拨开了侵害债权是否构成侵权责任上的迷雾，确认债权是侵权责任的保护对象，正确阐释了《民法典》第1164条的内涵。这就是，错误执行行为侵害了债权，是法院执行机构在执行过程中，对被执行人依法享有的债权采取了错误的执行行为，侵害了被执行人的合法债权，造成了对被执行人债权的损害。对此，应当对被执行人以及被执行债权的受让人予以国家赔偿救济，二者有权请求国家赔偿。这就是说，侵害债权就是侵权行为，只不过错误执行侵害债权的行为人是法院的执行机构，其对债权人和债权受让人的债权损害承担国家赔

偿责任。国家赔偿责任也是侵权责任，因而证成了债权同样依赖侵权责任保护的法理。

《国家赔偿法》第36条规定的侵犯公民、法人和其他组织的财产权造成损失的赔偿责任中，也没有明确规定侵害债权的国家赔偿责任。这与《民法通则》和《侵权责任法》没有明确规定侵害债权损害赔偿责任相关。《民法典》第1164条规定的也是"民事权益"，也没有十分明确规定"债权"。在理解《国家赔偿法》第36条规定的"财产权"中是否包括债权时，与《侵权责任法》颁布实施后的情形相同，见解不一。《民法典》颁布实施后，对债权是否为侵权客体，也是同样如此。可见，这三个问题的性质是一样的。

在《民法典》未明确规定债权是侵权责任保护范围，有关适用《民法典》侵权责任规定的司法解释也未明确规定的情形下，涉执行司法赔偿解释率先作出明确规定，确认在执行程序中，错误执行债权造成债权损害后果的，赔偿义务机关应当对债权人以及债权受让人承担国家赔偿责任，是非常重要的，因为其率先确认了债权侵权责任的现实性和确定性，具有重要的理论意义和司法实践价值，不仅为错误执行债权的司法赔偿责任确立了标准，也为民事审判解决债权保护的司法实践起到了引领作用，甚至对后者的借鉴意义更为重大。

《侵权责任法》第2条第2款在列举侵权责任保护的权利中，没有明确规定债权，立法本意并非否定侵权责任对债权的保护，而是避免导致对债权以侵权责任保护而发生误解。但是，由此却引发争论，即对债权是否为侵权责任保护客体众说纷纭；在国家赔偿问题上，也同样造成了影响，形成错误执行债权造成被执行人债权损害应否承担司法赔偿责任的不同意见争论。公民、法人或者其他组织（自然人、法人、非法人组织）享有的民事权利包括人格权、身份权、物权、债权、知识产权、继承权和股权等其他投资性权利，这些民事权益都受到侵权责任的保护，在民事领域如此，在国家赔偿领域也是如此，因此，债权包括在《国家赔偿法》第36条规定的"财产权"范围内，是毫无疑问的。涉执行司法赔偿解释第17条规定错误执行侵害债权的司法赔偿责任，就使这个问题得到了确定的回答，消除了不必要的争论，统一了见解。

鉴于涉执行司法赔偿解释第17条的规定，同样能够确认对《民法典》第1164条应当作如此解释，所以，本书特别赞赏这一解释对国家赔偿责任保护债权人和债权受让人之债权的规定，其重要价值之一，就是为正确理解《民法典》第1164条规定的"民事权益"包括债权，债权是侵权责任保护对象，第三人侵害债权应当承担侵权损害赔偿责任，从而为民法实体法的理解和适用提供了司法解释的借鉴。可以得出的结论是，法院执行机构侵害债权人以及债权受让人的债权造成损害时都可以用侵权责任进行救济，一般民事主体侵害债权难道不能用侵权责任进行救济吗？

二、典型案件裁判与认定债权侵权责任的新问题

在讨论完上述司法解释的价值之后，再来讨论典型案例裁判与认定债权侵权责任的新问题。

（一）对债权侵权责任构成提出的新问题

债权作为交易的动态枢纽，已经成为经济生活的中心环节。用柯拉的话说，信用（债的发生），过去可为将来服务，将来可为过去服务，时间障碍被打破，人类可以自由地征服时间与空间。[①] 因而，债权需要受到法律的严密保护。第三人侵害债权[②]正是在合同法和侵权责任法两法相互交融下的新兴产物。1998年全国人大常委会第三次审议的《中华人民共和国合同法（草案）》第122条曾经规定："第三人明知当事人之间的债权债务关系，采用不正当手段，故意妨碍债务人履行义务，侵害债权人权利的，应当向债权人承担损害赔偿责任。"这是对债权侵权责任的规定，但最终立法机关以将来在侵权责任法中规定为由，在《合同法》中删除了这一条文。2009年《侵权责任法》第2条规定："侵害民事权益，应当依照本法承担侵权责任。本法所称民事权益，包括生命权、健康权、姓名权、名誉权、荣誉权、肖像权、隐私权、婚姻自主权、监护权、所有权、用益物权、担保物权、著作权、专利权、商标专用权、发现权、股权、继承权等人身、财产权益。"其中没有规定债权，这是立法者为避免混淆合同法和侵权法的界限而采取的措施。通过详细列举所保护的民事权利并以"等"字作为概括，从而将债权纳入侵权法保护的体系中。[③] 在《民法典》分则各编的编纂过程中，《侵权责任编（征求意见稿）》第1条曾规定："侵害人格权、身份权、物权、知识产权、股权、继承权等人身、财产权益的，应当依照本法和其他法律的规定承担侵权责任。"此时还是用"等"字概括的方式，以侵权责任保护债权。在2018年8月全国人大常委会第一次审议的《民法典分则各编（草案）》侵权责任编中，将侵权责任的保护范围改列举式为概括式，直接在第900条规定："因过错侵害民事权益造成损害的，应当依

---

① ［日］我妻荣. 债权在近代法中的优越地位. 王书江，张雷，译. 谢怀栻，校. 北京：中国大百科全书出版社，1999：6.
② 第三人侵害债权是指债的关系以外的第三人故意实施或与债务人恶意通谋实施旨在侵害债权人债权的行为并造成债权人实际损害. 王利明. 论合同的相对性. 中国法学，1996（4）.
③ 杨立新. 侵权责任法：条文背后的故事与难题. 2版. 北京：法律出版社，2018：25；王胜明. 中华人民共和国侵权责任法解读. 北京：中国法制出版社，2010：10-11.

照本编承担侵权责任。"其中的"民事权益",当然包括债权,对侵害债权适用过错责任原则不再存在疑问。最终,《民法典》确立了第1164条,是我国侵权责任立法的一大进步,避免了对《侵权责任法》第2条第2款规定"等"字是否包括债权的质疑。

不过,无论是在域内还是在域外,为了防止对第三人行为自由的过度限制,学界在债权侵权责任的研究中,将其过错要件限定为故意。正如学者所言,如果法律认为在任何情况下第三人均须对自己的行为所造成的他人债权受到侵害的后果负责,则必然会给第三人带来不合理的责任。① 由此,第三人故意侵害债权的,应当承担侵权责任,在理论界得以证成。

然而,将债权侵权责任限制在保护范围内的"最小值"是否具有合理性,特别值得思考。首先,债权作为侵权责任保护的客体,在无特殊规定时,应当以侵权法过错责任一般条款作为规范基础,第三人具有过错时,不论是故意还是过失侵害债权均应承担侵权责任。其次,仅限于故意的主观要件,缺乏对债权的现实关怀。在实践中,第三人往往知道或者应当预见其行为侵害他人的债权,若仅对故意而为进行规制,而对重大过失采取漠视态度,不利于对受害人提供救济,有失事理之平。最后,即使主张惩罚故意以违背善良风俗的方式侵害债权的行为的德国学说也越来越认为,故意要件成为侵权法对正当利益保护的阻碍,主张进一步放宽《德国民法典》第826条的规定,将故意扩张解释至包含重大过失的情形。② 我国台湾地区学者也认为,随着债权公示性的突破,应当将主观过错放宽至重大过失、一般过失。③

这些问题的提出,对债权侵权责任构成提出了新的问题,需要作出回答。

(二)最高人民法院判决的典型案例

最高人民法院作出的(2017)最高法民终181号民事判决书涉及第三人由于重大过失侵害债权的问题。本书以此案例为基础,对这个问题进行探讨。

本案上诉人(原审被告)为吉林市中小企业信用担保集团有限公司(以下简称"担保公司"),被上诉人(原审原告)为中国长城资产管理股份有限公司吉林省分公司(以下简称"长城公司"),原审被告为吉林市人民政府国有资产监督管理委员会(以下简称"吉林市国资委")。

---

① 王利明,姚辉. 完善我国违约责任制度十论. 中国社会科学,1995 (4).
② Vgl. MunchKomn/ Wanger (Fn. 8), §826, Rn, 3. 转引自朱虎. 侵权法中的法益区分保护:思想与技术. 比较法研究,2015 (5).
③ 东吴大学黄阳寿教授于第十六届海峡两岸暨香港、澳门民法典研讨会会议中提出看法,建议以违背善良风俗、故意、重大过失等对行为人的主观状态进行限制。叶翔. 台湾民法学者对民法典分则各编草案的修改意见. 编纂民法典参阅,2018 (18):6.

第三章 《民法典》未明确规定侵害债权，实务中能认定债权侵权责任吗

从 1997 年至 2001 年，华星公司为高特公司、创伤医院、半导体分公司及龙鼎集团在中国工商银行股份有限公司吉林省分行（以下简称"吉林分行"）的债务承担连带责任保证。2005 年 7 月，吉林分行将债权转让给中国东方资产管理公司长春办事处（以下简称"东方公司"）。从 2006 年 1 月 16 日至 2009 年 1 月 15 日，华星公司依次经过吉林市国资委、吉林市政府、国务院国资委的审批同意，将其持有的华微电子 2 000 万国有法人股无偿划入担保公司并且完成登记。2009 年 5 月，东方公司将债权转让给吉林省国有资产经营管理有限责任公司（以下简称"国资公司"）。2011 年 1 月 4 日，国资公司起诉华星公司承担担保责任。2011 年 3 月 15 日，国资公司将债权转让给长城公司。2011 年 4 月 15 日，华星公司申请破产，长城公司的担保债权由于不可归责于自身的原因未能被列入破产债权。长城公司提起诉讼，请求担保公司、吉林市国资委在 2 000 万股股权范围内对华星公司的担保债务承担连带偿还责任。

吉林省高级人民法院一审作出（2015）吉民二初字第 8 号民事判决书，认为：第一，无偿转让股权的行为侵犯了债权人的权利，客观上造成了金融债权的落空，担保公司应在接收 2 000 万股范围内对长城公司承担连带偿还责任；第二，长城公司并未因吉林市国资委的权利行使行为受到损失，没有承担连带偿还责任的必要。

担保公司不服一审判决，以"无过错并且侵权不包括侵害债权"为由提起上诉。

最高人民法院经二审作出终审判决，认为担保公司应承担相应的赔偿责任，理由是：第一，担保公司应当承担侵权责任，其存在主观过错且无偿转让行为直接损害了华星公司债权人的财产利益；第二，担保公司不具有与华星公司共同侵权的故意，不应承担连带责任；第三，东方公司、吉林省国资公司的行为导致案涉担保债权实现的难度和风险加大，亦具有过错，其法律后果应由债权受让人长城公司承担，根据过失相抵原则且考虑担保公司的被动性，酌定其在无偿接收案涉股权 80% 的范围内承担相应的赔偿责任。

（三）对本案裁判要旨的概括

对于本案的终审裁判要旨可以归纳为，第三人因重大过失侵害债权时，应当承担民事责任。对此，最高人民法院未囿于传统理论中债权侵权责任仅限于故意，而是坚持以立法目的为导向，以法律规范为依据，实现立法、司法与理论的良性互动。下文以该案例为基础，依次探讨债权侵权责任的正当性基础、过错要件、构成及承担的其他问题，并对本案的判决进行学理上的阐释。

三、债权侵权责任的正当性基础：知悉规则

在立法和司法的发展过程中，作为民事权利体系两大支柱之一的财产权中的债权，同样应当获得侵权责任的保护，第三人侵害债权成为侵权责任的保护范围。在此基础上，传统学说多认为侵害债权的主观要件限定为故意。

改变传统学说，将第三人重大过失、一般过失亦界定为债权侵权责任的主观要件，必须探寻第三人重大过失、一般过失侵害债权的正当性基础，并且追根溯源，以债权侵权制度的理论基础为逻辑前提，寻求判断标准，以划定第三人故意、重大过失、一般过失侵害债权的境域。

（一）知悉规则是债权侵权责任理论基础的哲学来源

既有学说认为，债权侵权责任的理论基础，是权利具有不可侵性。[1] 但有学者又认为，不论侵权、背俗或违法，要让行为人对其行为负起民事上的责任，须以该行为涉及某种对世规范的违反为前提。[2] 据此，债权侵权责任理论基础的本质，是赋予债权以对抗力。传统的对抗力理论，是以权利类型作为划分标准，物权具有对抗力，债权不具有对抗力。由此，二者之间产生矛盾。

为了弥合二者之间的冲突，需要对对抗力的标准进行重构。在此基础上，以物权和债权同属于财产权出发，重新认定对抗力的标准。

财产权的内容正是描述并概括具体的财产行为对其他行为的对抗力，每一项具体的财产权规定都在表明自己对其他行为的对抗程度。[3] 当与他人进行对抗时，财产哲学提供了衡之有效的洞见，即知悉规则。当知悉他人财产权时，财产权具有对抗力；知悉意味着他人知晓权利的存在，不得侵犯。正如有学者所言，权利经过公示能产生对抗的效果，来自朴素的观念——当一个权利因为公示而为人所知时，知悉该权利存在，即需予以足够的尊重，而不得轻易损害。[4] 简言之，知悉他人财产权利仍然侵犯的，须承担侵权责任。以知悉规则作为划分财产权是否具有对抗力的标准，可以摆脱物债二分的逻辑体系与对抗力的矛盾。这是因为：

第一，知悉他人物权时，物权具有对抗力。一般认为，物权对抗力来源于物权的公示性，然而公示最终是为知悉服务的。采取何种公示手段，决定了非

---

[1] 郑玉波. 民法债编总论. 台北：三民书局，1993：152.
[2] 苏永钦. 走入新世纪的私法自治. 台北：元照出版有限公司，2002：306.
[3] 张淞纶. 财产法哲学：历史、现状与未来. 北京：法律出版社，2016：117.
[4] 吴一鸣. 论"单纯知情"对双重买卖效力之影响. 法律科学，2010（2）.

第三章 《民法典》未明确规定侵害债权，实务中能认定债权侵权责任吗

权利人知悉的范围：登记最强，占有次之，其他方式又次之。① 以借名登记为例，真实权利人为借名人，名义权利人为出名人。首先，出名人可以对抗不特定的第三人。出名人作为登记簿记载的权利主体，通过登记实现了最大范围的推定知悉，作为名义上的物权人可以登记为由对抗不特定的第三人。其次，借名人不得对抗不特定的第三人。借名人实际出资购买房屋，仅通过书面通知等私人性质的方式向特定的人公示自己的物权，第三人无从知悉，因此，借名人不得对抗不特定的第三人。最后，借名人可以对抗出名人。出名人知悉借名人为真实权利人，借名人可以以知悉为由要求出名人不得侵害自己的真实物权。因此，登记的真正功能在于借助公权力实现最大范围的推定知悉，从而最大限度地保证登记权利人不受他人的侵犯。由此，物权的对世性在知悉规则下得以重新解读。

第二，无独有偶，知悉他人债权时，债权亦具有对抗力。首先，债权人可以对抗债务人。债的本质是信用，其基于当事人之间的合理信赖关系而建立。在传统的经济环境中，债的关系少有三方介入，仅有当事人知悉合同的基本规则，因此拘束力及双方，二者可以相互对抗。其次，债权人可以对抗不特定的第三人。债权如果通过登记的方式予以公示，则为不特定的第三人所知悉，债权人可以与之对抗。登记是公示最常见的方式之一，公示作为一种宣示性的手段，目的是使他人知悉权利的存在。② 例如预告登记的目的在于使债权请求权能为社会所公知，排除善意取得的适用，从而保障债权请求权的实现。最后，债权人可以对抗特定的第三人。当债权通过书面通知、口头表达等私人性质的方式使特定第三人知悉时，第三人应当保持善意而不得侵犯。法国合同对抗力理论的发展即是例证，其基本内涵是，任何知道合同存在的第三人都应当遵守合同的约定，违反该约定的，构成对他人合同权利的损害，依据《法国民法典》第1382条，应当承担赔偿责任。③ 以"一物二卖"为例，出卖人甲出售货物给第一买受人乙，第二买受人丙在明知该货物已经由他人购买的情况下仍然购买的，第二买受人丙需要对第一买受人乙承担赔偿责任。名义上，买卖合同只约束出卖人和第一买受人，但是第二买受人知悉合同存在的，属于合同对抗力的涵摄范围。第二买受人知晓交易时，第一买受人可以援引侵权责任保护债权。这其中的实际考量是，鉴于第二买受人已经知情，即便为第一买受人提

---

① 张淞纶. 论物上负担制度：财产法的对抗力革命. 北京：法律出版社，2012：236.
② Carol Rose, Possession as the Origin of Property, 52 U. Chi. L. Rev, 1985.
③ Cass. civ. Ⅲ, 22 mars 1968, Bull. No. 129. See Christian von Bar & Ulrich Drobnig (eds.), Study on Property Law and Non-contractual Liability Law as they relate to Contract Law, Munich: Sellier, European Law Publishers GmbH, 2004：391. ［法］雅克·盖斯丹，吉勒·古博. 法国民法总论. 陈鹏，等译. 北京：法律出版社，2004：439，770.

供救济，也不会使第二买受人遭受不可预测的损害，并且这样做还可以达到抑制过度竞争的效果。① 值得注意的是，法国在此基础上进一步规定，第二买受人恶意抢先登记，除了会被视为对第一买受人合同权利的侵害，还不能取得所有权。②

因此，一言以蔽之，在财产法哲学下，知悉的目的是取得对抗力。物权和债权作为财产权，为他人所知悉时获得对抗力，可以对抗知悉财产权存在的第三人。就知晓他人权利的存在而仍然妨害其权利的行为而言，其主观上既不符合一般的道德、伦理观念，也不符合一般的正义观念，故而不应该得到法律的认同。可见，权利具有涉他性效力的道德、伦理依据和正当性基础，应该是权利被他人知晓。③ 从这个意义上来讲，物权和债权没有质的区分，只有度的差异，即知悉范围的不同所导致对抗力的差异。据此，债权属于侵权责任保护的客体，第三人侵害债权须承担责任。英国 Lumely 诉 Gye 引诱员工案作为债权侵权制度最早的典型案例之一即为例证。在该案件中，被告在明知原告与歌手订立独家演唱合同的情况下，通过更加优厚的条件引诱歌手违约。法院判决认为，合同权利是财产权，引诱他人违约形同侵犯他人财产权，故判决被告败诉。④ 威廉·斯科菲尔德在 1888 年《哈佛法律评论》中发表的《Lumely v. Gye 案的法律原则及其适用》一文中也提及，契约存在这一事实使任何知晓契约存在的第三人负有一种不得恶意实施任何以破坏契约为目的的行为之义务，契约赋予债权人一种要求他人尊重契约的权利，这种权利可以对抗世界上的所有人。⑤

（二）知悉规则是债权侵权构成中过错的判断标准

知悉规则作为债权侵权责任理论基础的哲学来源，消除了对抗力与物债二分体系之间的龃龉，证成了债权作为侵权责任保护客体的正当性。然而，物权与债权对侵权责任的保护并非不分畛域。有学者言，债权与物权的区分，与其说来自其权利本身之内容，不如说是来自其权利内容所决定之公示的可能与方

---

① 徐晓峰. 论以分离原则为基础的财产权交易规则：法国法的原貌与中国法的未来. 环球法律评论，2017（1）.
② 王咏霞. 论不动产物权变动中债权和物权的保护：兼论一房二卖问题. 法学评论，1998（2）.
③ 刘德良，许中缘. 物权债权区分理论的质疑. 河北法学，2007（1）.
④ Lumley v. Gye, 2 EL. &.Bl. 216, 118Eng. Rep. 749（Q. B. 1853）. 朱泉鹰. 美国干涉合同法的特征和发展趋势：兼论中国的干涉合同法律问题. 比较法研究，1988（3）.
⑤ Schofield,"The Principle of Lumely v. Gye, and Its Application", 2 Harv. L. Rev. 19, 1888: 21-23. ［美］G·爱德华·怀特. 美国侵权行为法：一部知识史. 王晓明，李宇，译. 北京：北京大学出版社，2014：47.

第三章 《民法典》未明确规定侵害债权，实务中能认定债权侵权责任吗

式。[①] 事实上，相较于债权而言，物权由于物权法定和公示手段的存在，更易获得普遍知悉，受到侵权法的保护自然也更为全面。因此，第三人侵害物权时，具有主观可归责性，应当承担责任；第三人侵害债权时，主观要件应当有所区分。有学者特别提出，以侵害债权的行为作为划分标准，直接侵害时，故意或者过失均可；间接侵害时，仅限于故意。[②] 也有学者指出，以后果作为划分标准，侵害行为导致债权消灭时，故意或者过失均可；侵害行为仅仅是导致债权难以获得实现时，限于故意。[③] 本书认为，以行为或者后果作为划分标准，不免有事后追责之嫌，第三人难以把控行为自由举止的界限，因而为提高第三人对加害结果的可预见性以及可避免性，同时保持逻辑上的一贯性，应当以知悉规则作为债权侵权责任主观过错的判断标准，平衡第三人行为自由与受害人损失救济之间的利益冲突。

英美财产法的知悉规则较为完善，包括实际知悉与推定知悉。实际知悉指的是实际了解并且知悉财产权的归属（至少是应存疑点），但是它随着民族——国家的形成与权力的集中，已经难以形成。[④] 推定知悉则指的是应当了解并知悉财产权归属（也就是具有注意义务），典型方式是公示。[⑤] 公示方式的不同，决定了对主观过错要件的要求不同。在不同的公示方式中，第三人的注意义务有所区别，进而基于义务和责任的一致性，对第三人侵犯财产权的主观要件的要求必然不同：第一，采用登记等公权力性质的方式公示时，权利人投入了较大的成本以最大限度扩大知悉的范围，第三人通过查询登记等成本投入较小的方式即可获知财产权的存在并且避免损害的发生，因此对第三人的注意义务要求较高，第三人故意或者过失侵犯财产权均需要承担侵权责任。第二，采用书面证明、口头表达等私人性质的方式公示时，权利人投入了较小的成本，未扩大知悉范围，第三人需要通过调查等成本投入较大的方式才可获知财产权的存在并且避免损害的发生，因此第三人的注意义务较低，第三人故意或者重大过失侵犯财产权方须承担侵权责任。

具体到第三人侵害债权中，在过去的环境下，债权主要是作为物权取得和

[①] 黄茂荣. 债法总论：第 2 册. 北京：中国政法大学出版社，2003：273-274.

[②] 直接侵害行为是直接针对债权本身实施的行为，该行为与债权受损之间具有直接的因果关系，所以，此种侵权责任的构成要件与普通侵权行为的构成要件并无差异，故意或过失均可。但是，间接侵害行为并非直接指向债权，而是指向债务人的人身、标的物或者利用债务人的适法行为等，所以构成要件更为严格，仅限于故意。汪渊智. 侵权责任法学. 北京：法律出版社，2008：248.

[③] 东吴大学黄阳寿教授于第十六届海峡两岸暨香港、澳门民法典研讨会会议中提出看法，建议以违背善良风俗、故意、重大过失等对行为人的主观状态进行限制。叶翔. 台湾民法学者对民法典分则各编草案的修改意见. 编纂民法典参阅，2018 (18)：6.

[④] 张淞纶. 论物上负担制度：财产法的对抗力革命. 北京：法律出版社，2012：174.

[⑤] 张淞纶. 财产权利的对抗力规范：从继承中的财产法规则谈起. 政法论坛，2013 (1).

利用的手段，债的关系局限于双方当事人所知晓，是个人之间相对隐蔽的关系。对债最经典的定义，来自盖尤斯的《法学阶梯》，即："债是法锁，约束我们依本国法须向他人为一定给付。"[①] 因而债权属于相对权，不具有社会公开性[②]，第三人又无从知悉，且同一债务人的债权人有时很多，如果适用侵权责任保护，加害人的责任将无限扩大，不符合社会生活中损害合理分配的原则，同时也会妨碍自由的市场竞争，所以对第三人侵害债权制度不予规定。[③] 但是，随着市场经济的发展，债权的身份有所转变，它本身即成为法律生活的目的，当这种目的表示于外为他人所知悉时，其隐蔽性色彩减弱，公示性色彩增强。譬如，《证券法》规定，上市公司需要定期公告公司的重大投资行为和重大的购置财产的决定、公司订立的重要合同、公司发生重大债务和未能清偿到期重大债务的违约情况等。[④] 在拍卖程序中，竞买人知悉最终买受人与拍卖人之间的债权；在房地产中介中，买方知悉卖方与中介之间存在合同法律关系。诸如此类，不胜枚举。因而，要求故意要件的本质，是在权利缺乏公开性时，维持第三人的可预见性；随着债权公示性的突破，对于第三人侵害债权过错的判断，也应当根据时代所感知的必要性来加以确定。[⑤] 当其采用登记等公权力性质的方式公示时，债权人、债务人投入了较大的成本，以最大程度扩大知悉的范围，第三人只需要通过查询登记的方式即可知悉债权的存在并且避免损害债权的发生，因此，第三人应当承担较高的注意义务，故意或者过失侵害债权均须承担侵权责任。当采用私人性质的方式公示时，债权人、债务人投入了较小的成本，知悉范围较小，第三人需要投入较大的成本，比如调查等才可以知

---

① 优士丁尼. 法学阶梯（I. 3, 13 pr）. 转引自［意］阿雷西奥·扎卡利亚. 债是法锁：债法要义. 陆青，译. 北京：法律出版社，2017：3.

② 社会公开性是指某类型侵权法保护对象对社会一般主体而言的可感知性或可识别性. Vgl. Fritz Fabricius, Zur Dogmatik des "sonstigen Rechts" gem § 823Abs. I BGB, ACP 160, S. 290f. 转引自于飞. 违背善良风俗故意致人损害与纯粹经济损失. 法学研究，2012（4）.

③ 王泽鉴. 侵权责任法：基本理论·一般侵权行为. 台北：自版，1998：198.

④ 《证券法》第81条规定：发生可能对上市交易公司债券的交易价格产生较大影响的重大事件，投资者尚未得知时，公司应当立即将有关该重大事件的情况向国务院证券监督管理机构和证券交易场所报送临时报告，并予公告，说明事件的起因、目前的状态和可能产生的法律后果。前款所称重大事件包括：（1）公司股权结构或者生产经营状况发生重大变化；（2）公司债券信用评级发生变化；（3）公司重大资产抵押、质押、出售、转让、报废；（4）公司发生未能清偿到期债务的情况；（5）公司新增借款或者对外提供担保超过上年末净资产的20%；（6）公司放弃债权或者财产超过上年末净资产的10%；（7）公司发生超过上年末净资产10%的重大损失；（8）公司分配股利，作出减资、合并、分立、解散及申请破产的决定，或者依法进入破产程序、被责令关闭；（9）涉及公司的重大诉讼、仲裁；（10）公司涉嫌犯罪被依法立案调查，公司的控股股东、实际控制人、董事、监事、高级管理人员涉嫌犯罪被依法采取强制措施；（11）国务院证券监督管理机构规定的其他事项。

⑤ ［美］G·爱德华·怀特. 美国侵权行为法：一部知识史. 王晓明，李宇，译. 北京：北京大学出版社，2014：20.

悉债权的存在并且避免损害债权的发生，为了不影响第三人的行为自由，第三人承担一般注意义务即可，仅在故意或者重大过失侵害债权时须承担侵权责任。

　　拉伦茨曾言，法律关系是人与人之间的法律纽带，这种联系的本质不在于拘束，而在于法律制度为人们创设的自由空间和可能性，在空间内是法律关系的当事人自由意志的权利选择，在空间外是不容他人非法干涉的法律秩序。① 在债的法律关系中，正是知悉规则作为债权侵权责任制度理论基础的哲学来源，划分当事人与第三人的空间；正是知悉规则作为债权侵权责任制度主观过错的判断标准，划分了第三人行动自由的界限，使债权侵权责任制度更为圆满。

四、债权侵权责任的过错要件：故意、重大过失、一般过失

　　正是由于知悉规则的确立，不再局限于只有故意才构成债权侵权责任。在知悉规则的基础上，基于行为人对债权知悉的不同程度，故意、重大过失或者一般过失，都能成为债权侵权责任的过错要件，区别在于第三人对债权知悉程度的不同。

（一）第三人的故意构成债权侵权责任的过错要件

　　1998年《合同法（草案）（第三次审议稿）》第122条曾经规定了第三人侵害债权责任条款，虽然该条文最后被删除，但奠定了第三人侵害债权责任构成要件的基调——须第三人知悉债权的存在而故意侵害之，即第三人须以侵害债权为目的。例如，第三人须有引诱违约的意图，其行为的目的与意图十分重要，其故意引诱违约希望导致原告的债权受到损害，是第三人侵害债权责任构成的基本要件之一。② 而加害人纵明知此举将有害于他人之债权，仍不宜使其负赔偿责任，盖其目的不在于侵害他人之债权也。③ 事实上，目的性限制是对第三人的行为自由与债权人的损失救济进行相同的保护，否则将会有成千上万的行为构成对他人债权的侵犯，引发大量的诉讼；更进一步，也会侵犯到第三人的其他权利。例如，作为债权侵权第一案的 Lumely v. Gye 案中，如果盖伊

---

　　① ［德］卡尔·拉伦茨. 法学方法论. 陈爱娥，译. 北京：商务印书馆，2003：23. J. G. Fleming. The Law of Torts (7th ed.). Law Book Co. Ltd, 1987, 656. 转引自王荣珍. 关于在民法典中确立侵害债权制度的构想. 现代法学，2004 (5)。

　　② J. G. Fleming. The Law of Torts (7th ed.). Law Book Co. Ltd, 1987, 656. 转引自王荣珍. 关于在民法典中确立侵害债权制度的构想. 现代法学，2004 (5)。

　　③ 王泽鉴. 民法学说与判例研究：5. 北京：中国政法大学出版社，2003：201.

仅仅是善意劝说他人违约,要求其对自己的行为承担责任可能构成对言论自由的侵犯。① 因此,故意的指向性(强调侵害债权的目的)是一般情况下第三人侵害债权责任制度的过滤器。②

上述这些论述都说明,只要明知债权的存在,第三人故意侵害该债权,即符合债权侵权责任主观要件的要求,构成侵权责任,而不论以何种方式知悉债权的存在。这是学说上和实务中的共识,自应在实务中的债权侵权责任认定中予以贯彻。

(二)第三人的重大过失构成债权侵权责任的过错要件

1. 第三人的重大过失构成债权侵权责任过错要件的条件

重大过失通常是严重违反一般的注意义务。不具有一般人所具有的起码的谨慎和注意时,第三人主观上的可非难性较强。③ 正如冯·巴尔所言,如果行为人在极不合理的程度上疏忽了交往中应有之谨慎,未采取任何人在特定情形下都会采取的措施,体现出严重的不以为然(漠不关心),即对极其简单和思之即然的问题亦未加以考虑,出现超常的错误,未施加一个漫不经心的人在通常情况下也会施加的注意力,以伦理上可指责的方式明显和实质性地偏离了有效主义标准,则都构成重大过失。④ 因而,第三人重大过失构成债权侵权责任过错要件的条件较为宽松,既包括债权以公权力的方式公示时的情形,也包括债权以私人方式公示时的情形。这与第三人故意侵害债权责任的适用范围相一致,但是。二者终究是不同的概念,主要体现在主观恶性程度不同。第三人有重大过失时的主观恶性较弱,并不希望债权消灭或者难以实现;故意时的主观恶性较强,对债权消灭或难以实现的结果采取追求或者放任的态度。另外,第三人的重大过失在适用条件于区别一般过失,于后者仅限于债权以公权力的方式公示才构成债权侵权。

2. 对第三人重大过失的认定

重大过失的认定标准有主观标准和客观标准之争。主观标准中的重大过失应当依行为人的预见程度来认定;客观标准中,是否构成重大过失应当以是否

---

① David A. Anderson. Torts, Speech and Contracts. 75 tex. l. rev. 1499 (1997) // [美]丹·B. 多布斯. 侵权法:下册. 马静,李昊,李妍,等译. 北京:中国政法大学出版社,2014:1093.
② 曹险峰. 我国侵权责任法的侵权构成模式:以"民事权益"的定位与功能分析为中心. 法学研究,2013 (6).
③ 王利明. 侵权责任法研究:上卷. 北京:中国人民大学出版社,2010:354.
④ [德]克雷斯蒂安·冯·巴尔. 欧洲比较侵权行为法:下卷. 2版. 焦美华,译. 北京:法律出版社,2004:319-320.

第三章 《民法典》未明确规定侵害债权，实务中能认定债权侵权责任吗

尽到特定环境所要求的谨慎义务来认定。① 在实践中，对重大过失的认定采取主客观标准相结合的方法。② 而《最高人民法院关于适用〈中华人民共和国民法典〉物权编的解释（一）》为便于司法裁判，以列举参考要素的方式对重大过失进行综合认定，最直接的表现为第 16 条关于"受让人受让动产时，交易的对象、场所或者时机等不符合交易习惯的，应当认定受让人具有重大过失"的规定。因此，本书借鉴此种方式，从中抽取各种形式化判断要素，以此形成由各要素构成的动态系统，据此认定第三人侵害债权中的重大过失。在这个动态系统中，各要素不再是缺一即不发生法律效果的关系，而是即使有一个要素欠缺，如果其他要素满足度够高，法律效果同样发生的关系。换言之，各要素不再是效果的必要条件，而是协动互补的关系。③ 认定构成重大过失的要素有：

第一，主体是否本身认识能力较高。第三人是金融机构、专业人员等本身认识能力较高的人员时，注意义务较高，应当尽到本行业、本专业的一般人员应尽到的义务。例如，无锡瑞奇进出口贸易有限公司与中国工商银行股份有限公司南通城南支行第三人侵害债权纠纷上诉案的判决认为，"银行作为专业金融机构，其经办人员应该熟悉协助执行相关程序，且相关法律、规范性文件也对其办理协助执行规定了具体义务。本案中工行城南支行经办人员因为业务生疏、个人理解错误，出具了与诚益公司账户余额不符的足额冻结回执，系没有尽到银行作为专业金融机构较高的注意义务，属于重大过失，存在过错"。④ 因而，专业人员面对非专业人员时，更容易被认定为有重大过失。

第二，主体是否履行法律所规定的义务。当法律对第三人的注意义务有所规定时，第三人应当在明晰自己的义务同时依照法律的规定去履行，怠于履行或者未履行，给他人造成重大损害的，属于有重大过失。例如，中丝深圳进出口公司与深圳市雷地科技实业公司清算赔偿纠纷案的判决认为："公司的清算是确保公司财产得以保全、公司债权人利益得以实现的先决条件。因股东怠于履行清算义务而导致公司主要财产、账册等灭失，无法进行清算，将导致债权人就公司清算之后的资产实现其债权的合法权益遭受损害，股东应对债权人的

---

① 叶名怡. 重大过失理论的构建. 法学研究，2009（6）.
② 最高人民法院民事审判第一庭. 最高人民法院物权法司法解释（一）理解与适用. 北京：人民法院出版社，2016：399.
③ ［日］山本敬三. 民法中的动态系统论：有关法律评价及方法的绪论性考察. 解亘，译//梁慧星. 民商法论丛：第 23 卷. 香港：金桥文化出版（香港）有限公司，2002：172 页以下.
④ 无锡瑞奇进出口贸易有限公司与中国工商银行股份有限公司南通城南支行第三人侵害债权纠纷上诉案，江苏省南通市中级人民法院（2010）通中民终字第 0022 号民事判决书. 北大法宝网，2018-08-28.

损失承担连带赔偿责任。"①

第三，行为是否符合一般的交易习惯。交易习惯指的是在当时、当地或者某一行业、某一类交易关系中，为人们所普遍采纳的，且不违反公序良俗的习惯做法。② 当交易的对象、场所、时机、价款等不符合交易习惯时，第三人需要谨慎处理。比如，债务人以明显不合理的低价转让标的于第三人时，第三人需要考虑债务人可能有逃避债务的故意，接受转让有可能会侵害第三人的债权。

第四，行为是否导致债务人的清偿能力下降甚至丧失。这种判断往往是从结果反推。例如，泰州瑞安建材有限公司等诉江苏固丰管桩集团有限公司等买卖合同纠纷案的判决认为，"朱某平、杨某琴作为新固丰公司的股东在明知公司对外所负债务未清偿的情形下，在未履行通知债权人和向债权人提供担保的情况下，仍旧通过股东会决议减少公司的注册资本，主观上存在过错，客观上损害了新固丰公司的偿债能力，故减资股东的行为构成第三人侵害债权"。③

第五，其他判断因素。一是第三人与债务人、债权人的关系。如果两者之间通过法律行为或者其他方式形成更为特殊的紧密结合关系，第三人甚至无须依赖故意就能造成对他人的损害，第三人应当在其合理的预见范围内尽到更高的注意义务。比如，股东与公司之间，股东（大）会决议代表着公司的意志，股东需要尽到更高的注意义务来防止自己的行为导致对公司债权人的损害。二是案涉财产权益的大小。如果案涉财产权益大，第三人应当对行为具有高度的谨慎义务，投入更多的成本去调查，以防止发生财产侵害的可能。三是公共利益。如果公共利益较为欠缺，则第三人有重大过失侵害债权时更有理由得到侵权法的保护；如果公共利益较强，则第三人就过失侵害债权更有理由不得到侵权法的保护，比如市场竞争这种公共利益正是区分债权侵权与正当竞争的考量因素。

总之，在动态系统理论下对综合因素的考量，既承认了司法者的裁量，从而能够顾及不同案件的不同情况，并适应社会发展，又通过对考量因素的划定实现对司法者裁量的限制，缓和立法与司法之间的摩擦。④ 值得注意的是，每一个判断要素的证明力度有所不同。同一个案件中有可能同时出现肯定性要素

---

① 中丝深圳进出口公司与深圳市雷地科技实业公司清算赔偿纠纷一案，广东省深圳市中级人民法院（2006）深中法民二终字第 165 号民事判决书，北大法宝网，2018-08-28.

② 最高人民法院民事审判第一庭. 最高人民法院物权法司法解释（一）理解与适用. 北京：人民法院出版社，2016：404.

③ 泰州瑞安建材有限公司等诉江苏固丰管桩集团有限公司等买卖合同纠纷案，江苏省宿迁市中级人民法院（2017）苏 13 民初 131 号民事判决书，北大法宝网，2018-08-28.

④ 朱虎. 侵权法中的法益区分保护：思想与技术. 比较法研究，2015（5）.

与否定性要素，需要根据证明力的强弱作出合理的判断。以此作为重大过失的认定方式，将使第三人侵害债权责任规则更为丰实。

（三）第三人的一般过失构成债权侵权责任的过错要件

1. 第三人的一般过失构成债权侵权责任的过错要件的条件

债权以登记等公权力方式公示，是第三人的一般过失构成债权侵权责任的前提条件，其根据在于可预见性。如学者所言，侵权法的基本功能在于分配社会行为的风险，因而需要筛选出适合由受害人究责、可以吓阻不当行为而不至于对自由意志和社会秩序造成不当影响的风险类型，最终实现对财产利益完整的维护。而对私人之间追究责任的筛选，必须从期待可能性着眼，只有对加害于人的结果有可能预见而要求其防免，而对未防免者课以责任，才有责任。[①]当债权通过登记等公权力方式公示时，获得了最大范围的推定知悉，潜在的责任人具有预见的可能性，因此，原则上不需要对其承担侵权责任作出特别限制，第三人一般过失也构成对债权的侵犯。但是当债权以书面通知等私人方式公示时，公开的范围相对特定，难以合理地期待第三人能够预见到损害的发生并且防免加害行为，因而需要对其承担责任作出特别限制，一般过失不构成对债权的侵犯。例如，根据《证券法》的规定，上市公司对其重要债务情况会进行信息披露并且进行公告。此时，上市公司与其他交易人之间的债权关系具有极强的社会典型公开性，第三人在与上市公司交易时，可以查询上市公司的基本信息，很容易就能预见到侵害他人债权的可能性，并且采取合理的措施以避免损害的发生，如若违反一般的注意义务侵害债权，则应当承担侵权责任。

2. 第三人一般过失的认定

传统理论对一般过失作为债权侵权构成的过错要件持否定态度，大抵是通过对水闸理论、抑制理论、优越法益因素、侵权责任和契约责任的相互关系、保险因素这五个方面综合考量所得出的结论。时至今日，部分债权可以通过公权力的方式进行公示，因而使一般过失侵害债权的理论有所突破，但是，对于一般过失的认定同样要严格限制，以限定过失侵害债权的范围。其中重要的限定因素有二：一是债权以公权力的方式公示，二是违反一般的注意义务。实际上，二者具有内在不可分的联系。在一般情况下，法律会规定哪些债权可以通过登记等公权力方式公示，部分具有强制性，譬如《证券法》中的信息披露，此时第三人的注意义务较高，行为时应当具有高度的谨慎和注意，应更积极地采取合理的措施去避免损害的发生；部分具有任意性，譬如预告登记，此时第

[①] 苏永钦. 走入新世纪的私法自治. 北京：中国政法大学出版社，2002：300.

三人的注意义务较低，行为时具有合理的谨慎和注意、尽到基本的查询义务即可避免损害的发生。

五、认定债权侵权责任构成及承担的其他问题

（一）债权侵权责任过错要件的证明

上述提及的过错要件的认定具有描述性，但缺乏具体的法律规范，因此，在审判过程中如何对故意、重大过失、一般过失进行认定，是首先要解决的问题。依据《民事诉讼法》第67条第1款，当事人对自己提出的主张，有责任提供证据证明，主张第三人侵害债权的债权人应当承担举证责任。而债权人在举证证明故意、重大过失、一般过失时，各有其特殊性。

故意要件举证的特殊性，在于侵害债权的目的。斯科菲尔德曾指出，恶意要件本身似乎就是一个政策问题，它基于法律对坏动机的感觉，而不是基于不良意图的任何证据。[①] 实则不然，对于侵害债权的目的往往是通过推定证明。传统观点中，法院认为第三人的行为本身即可作为故意的表面证据。甚至有学者谈及，若第三人明知其行为必然导致违约的发生而仍然实施该行为，可以推定其有导致他人违约的目的，除非推定得以推翻，其应负引诱违约之责。[②] 在某种程度上，这种立论的前提正在于假设第三人的行为具有侵害的目的，在第三人与债权人具有明显的利益冲突关系时，该立论也更为容易接受，债权人举证负担会大幅度减轻。只不过法官需要考虑：如果不具有侵害目的，侵权行为是否会发生？如果结论是否定的，第三人主观上应被认定为故意。

重大过失要件举证的特殊性，在于注意义务的判断。前已经论及对重大过失的形式化判断要素，抽象出的判断要素最终需要与案件事实相结合，对重大过失的认定才能具有高度盖然性。对第三人是否尽到注意义务，更需要结合该专业领域的一般人员的业务水准进行判断。例如，郭某江、颜某设与东营市德正会计师事务所有限责任公司（以下简称"会计所"）债权侵害赔偿纠纷案的终审判决就认为："会计所在评估过程中之所以将某公司针对郭、颜可能存在的债权评估为零，主要原因在于收款人为个人且未加盖公司印章以及委托评估单位提交账目不全，而会计所的这一结论是其依照其自身具有的业务能力、专业知识等所作出的，其对此尽到了应有的注意义务，并且在其评估报告中对此

---

① Schofield. The Principle of Lumely v. Gye, and Its Application. 2 Harv. L. Rev. 19, 1888: 22-23. 转引自［美］G·爱德华·怀特. 美国侵权行为法：一部知识史. 王晓明，李宇，译. 北京：北京大学出版社，2014：47。

② 王文钦. 论第三人侵害债权行为//梁慧星. 民商法论丛. 北京：法律出版社，1997：788-789.

作出了特别说明，以提醒委托人对此注意。"[1] 这说明，如果第三人根据业务能力等尽到了应有的注意义务，不宜被认定为有重大过失。

一般过失举证的特殊性，在于债权人需要举证证明通过登记等公权力的方式公示债权，已经获得了最大范围的推定知悉。在此基础上，第三人应当合理地预见到债权人会因此而遭受损失。此时第三人违反一般的注意义务，未查询登记或者未查看公告等信息即构成对债权的侵权。

此外，第三人否认构成债权侵权时，可以对过错要件进行反证。反证成立的，第三人不构成债权侵权；反证不成立的，第三人仍应承担债权侵权责任。反证的内容是：（1）债权人主张第三人故意侵害债权时，第三人可证明自己不具备侵害债权的目的，不满足故意的要求，因而不构成故意侵害债权。（2）债权人主张第三人出于重大过失侵害债权时，第三人可证明自己是依照专业知识实施行为的，已经尽到了谨慎的注意义务，因而不构成重大过失侵害债权。（3）债权人主张第三人出于一般过失侵害债权时，第三人可以证明债权未于行为前通过公权力的方式公示，不符合一般过失侵害债权的前提条件，因而不构成一般过失侵害债权；债权已通过公权力的方式公示时，第三人可以证明自己已经尽到了合理的注意义务，进行了基本的审查，因而不构成一般过失侵害债权。

（二）债权侵权责任的其他构成要件

债权侵权责任的承担，除需要具备主观要件外，还需要具备以下三个要件。

1. 客体是合法有效的债权

首先，违法的债权债务关系不受保护，因此，第三人侵害不法债权无须承担责任。其次，侵害尚未成立的债权时，可以通过缔约过失责任进行救济，避免侵权责任法的过度扩张。最后，第三人所侵害的债权形式多种多样，可以是专属性的债权，例如，某晚报发布"毛阿敏不来"的虚假消息，致使演唱会遭受重大损失，法院判决某晚报侵害债权，造成重大损失，应当承担赔偿责任[2]；也可以是具有人身性质的债权，比如《劳动合同法》第91条规定，用人单位招用与其他用人单位尚未解除或者终止劳动合同的劳动者，给其他用人单位造成损失的，应当承担连带赔偿责任。

---

[1] 郭某江、颜某设与东营市德正会计师事务所有限责任公司债权侵害赔偿纠纷案，山东省东营市中级人民法院（2005）东民四终字第53号民事判决书。北大法宝网，2018-08-28.

[2] 杨立新. 推动中国侵权法发展十大经典案例//杨立新. 民商法前沿：第1辑. 北京：法律出版社，2003.

2. 主体是债的关系以外的知悉债权存在的第三人

首先，债务人不能成为侵害债权的主体，其侵害债权的行为属于债的不履行，通过合同法予以规制。但债务人与第三人恶意串通侵害债权人债权的，债务人可以与第三人成为共同侵害债权的主体。① 其次，第三人应当是知悉债权的存在的第三人。不知悉债权存在，不构成侵权。正如有学者所言，凡当事人知晓（包括推定知晓）的权利就不得侵犯，不知晓（包括推定不知晓）则可以侵犯。②

3. 客观方面是侵害债权的行为

首先，根据是否直接作用于债权，可以将侵害行为划分为直接侵害行为与间接侵害行为。直接侵害行为指的是直接针对债权本身的侵害行为，间接侵害行为指的是作用于债务人或者债的标的物的行为。③ 其次，侵害债权的行为需导致损害后果的发生，即使债权消灭或者使债权的实现受到影响。最后，侵害行为与损害后果之间具有因果关系，即直接侵害债权的行为与损害后果的发生具有直接的因果关系，间接侵害债权的行为与损害后果的发生具有间接的因果关系。

（三）债权侵权责任的具体承担

符合债权侵权责任的全部构成要件时，需要明确第三人与债权人的责任分担方式、责任承担方式以及损害赔偿的范围。

1. 第三人与债务人的责任分担方式

第三人侵害债权行为的具体形式包括诱使违约、阻止债务履行、干扰他人接受赠与、债权准占有人主张债权、代理人超越代理权限免除被代理人的债务人对被代理人的债务、第三人与债务人通谋妨害债权实现等。④ 针对第三人行为时是否与债务人有通谋，存在双层责任机制：一是当第三人与债务人通谋妨害债权实现时，二者具有共同侵害债权的故意，因此第三人与债务人是共同侵权人，承担连带责任。二是第三人单独故意或者出于重大过失、一般过失侵害债权时，第三人与债务人是竞合侵权行为人，第三人与债务人承担不真正连带责任。债务人丧失清偿能力，是导致债权受到损害的直接原因；第三人侵害债权，是导致债权受到损害的间接原因。因而，二者根据不同的事实对造成的全

---

① 王荣珍. 关于在民法典中确立侵害债权制度的构想. 现代法学，2004（5）.
② 冉昊. 论中间型权利与财产法二元架构：兼论分类的方法论意义. 中国法学，2005（6）.
③ J. G. Fleming. The Law of Torts. 7th ed.. Law Book Co. Ltd. 1987：656，转引自王荣珍. 关于在民法典中确立侵害债权制度的构想. 现代法学，2004（5）：248-249.
④ 杨立新. 侵权责任法. 2版. 北京：法律出版社，2018：362.

部损害承担责任,这属于不真正连带责任。但由于第三人侵害债权时,债权已经难以实现,找寻债务人已经无法获得救济,因此,第三人须对造成的全部损害承担责任。

2. 损害赔偿是第三人的责任承担方式

债权侵权的主要责任承担方式是损害赔偿。这在比较法上有据可查,例如,第三人侵害债权责任制度雏形中的古罗马《阿奎利亚法》第2章规定:"凡副债权人未经主债权人同意而擅自免除债务人给付的,应赔偿主债权人因此遭受的损失,包括本金和利息;如副债权人被控而仍否认其事的,败诉时除赔偿损失外,另处以与损害额相等的罚金。"① 《美国侵权行为法重述(第二次)》第766A条规定:"故意且不当干扰他人与第三人间之契约(婚约除外)之履行,而以阻碍该他人之履行契约义务或致其履行契约义务花费更多或更增麻烦者,行为人就该他人所致之金钱损失,应负责任。"② 《德国民法典》第826条也规定,其他以违反善良风俗之方法故意施加损害之人,对受害人均有赔偿损害义务。因此,第三人故意侵害债权的责任承担方式主要是损害赔偿,举重以明轻,第三人出于重大过失、一般过失侵害债权时更应如此。

3. 债权人未实现的预期利益损失是第三人损害赔偿的范围

债权侵权的损害赔偿范围是债权没有实现造成的债权预期利益损失。③ "民法规范不仅仅想要追求使个人的利益尽可能达到尽可能美的平衡;更重要的是,它必须使其规范的总和——同时还要与其他法律规范的总和一起——形成一个能够运行的整体。"④ 侵害债权作为侵犯财产权的行为,同样应当遵循侵权责任法中的损害赔偿规则,对第三人所受到的损害完全赔偿,使之恢复到如同侵权行为没有发生时受害人应处的状态。⑤ 因此,其赔偿范围应是债权人在正常情况下实现债权所能得到的预期利益。值得注意的是,可预期利益损失的赔偿必须有充分的依据,避免造成不合理的赔偿问题。

值得注意的是,《民法典》第1173条规定:"被侵权人对同一损害的发生或者扩大有过错的,可以减轻侵权人的责任。"因此,债权人对债权不能实现有过错的,可以根据案件的具体情事情酌减轻第三人的责任。

---

① 周枏. 罗马法原论:下册. 北京:商务印书馆,1994:860.
② 美国法律整编侵权行为法. 刘兴善,译. 台北,司法周刊杂志社,1986:617.
③ 杨立新. 侵权责任法. 2版. 北京:法律出版社,2018:362.
④ [德]迪特尔·施瓦布. 民法导论. 郑冲,译. 北京:法律出版社,2006:9.
⑤ 王利明. 侵权责任法研究:上卷. 北京:中国人民大学出版社,2010:609.

六、对本案认定担保公司构成债权侵权责任的分析

按照上述分析论证可以看出，对于本案，最高人民法院的二审判决对债权侵权责任的认定，是符合债权侵权责任的发展方向的，也与我国《民法典》的立法意图相合。在知悉规则的基础上，根据不同的条件，第三人故意、出于重大过失或者一般过失，都有构成债权侵权责任的可能。本案判决确认的是第二种情况，即第三人重大过失构成债权侵权责任。

（一）担保公司知悉长城公司对华星公司享有合法债权

担保公司经由书面文件知悉长城公司对华星公司享有合法债权，无论其是故意还是有重大过失而侵犯债权，均应承担侵权责任。第一，国有资产监督管理会发布的《企业国有产权无偿划转管理暂行办法》第6条规定："企业国有产权无偿划转应当做好可行性研究。无偿划转可行性论证报告一般应当载明下列内容：……（三）被划转企业的财务状况及或有负债情况；……"华星公司在划转股权时，应当列明本公司的财务状况。因此，担保公司应当知悉华星公司所列明的财务状况以及负债状况，具体知悉事项包括长城公司在内的其他公司对华星公司享有合法债权。第二，担保公司通过书面文件（可行性报告）获知长城公司与华星公司的债权债务状况，需要通过调查等投入较多的成本来避免对他人债权的侵害，因此担保公司在存在故意或者重大过失时，都承担侵权责任。

（二）担保公司因重大过失侵害债权应承担侵权责任

担保公司因重大过失侵害长城公司对华星公司的债权，应当承担侵权责任，具体理由是：

第一，长城公司对华星公司享有合法债权。从1997年至2001年，华星公司为高特公司、创伤医院、半导体分公司及龙鼎集团在吉林分行的债务承担连带责任保证。2005年7月吉林分行将债权转让给东方公司。2009年5月，东方公司将债权转让给国资公司。2011年1月4日，国资公司起诉华星公司承担担保责任。2011年3月15日，国资公司将债权转让给长城公司。因此，长城公司是担保债权的最终受让人，对华星公司享有合法债权。

第二，担保公司知悉长城公司对华星公司享有合法债权。根据前述内容，案涉股权划转时，华星公司作为划出方应当制定债务处置、划转方案，担保公司作为接收方应当研究审议并形成书面决议，因此，担保公司应当知悉长城公

司对华星公司享有合法债权。

第三，担保公司的行为侵害了长城公司的债权。长城公司对华星公司的债权历经主张担保债权、申请破产债权、行使债权人撤销权，均无法实现债权。而案涉股权划转时，担保公司未能提供证据证明其支付了合理的对价，无偿接收的行为客观上导致了华星公司的债务清偿能力大幅度降低，与案涉担保债权不能实现具有直接的因果关系。

第四，担保公司存在重大过失。首先，担保公司作为市场经济中的组织体，本身的认识能力较高，需要在交易中尽到更为合理的谨慎义务。根据华星公司所列明的财务状况，担保公司应当预见到华星公司已经资不抵债。其次，华星公司无偿划转股权的行为不符合一般的交易习惯。案涉股权为2 000万股法人股，价值巨大。根据市场交易的一般规则，双方案涉股权划转的行为应当等价有偿。华星公司无偿划转股权，存在逃避债务的可能。再次，担保公司无偿接收的行为客观上导致华星公司的清偿能力大幅下降甚至丧失。担保公司应当预见华星公司濒临破产仍然无偿接收案涉股权划转，客观上加速了华星公司的破产，使其丧失偿债能力。最后，案涉股权无偿划转是在政府的指导和批准下完成的，难以认定担保公司有侵害债权的主观故意。

综合上述内容，结合案件的具体事实，担保公司符合第三人出于重大过失侵害债权的构成要件，担保公司应当对长城公司承担侵权责任。

（三）担保公司承担相应的赔偿责任

担保公司重大过失侵害长城公司的债权，理应在2 000万股股权受益范围内承担赔偿责任。但债权转让人东方公司以及国资公司对损害的发生具有一定过错，债权受让人长城公司应承担其法律效果，且长城公司需要承担债权不能受偿的风险，因此适用过错相抵原则，判决担保公司在1 600万股股权受益范围内承担赔偿责任是适当的。理由是：

第一，担保公司与华星公司不承担连带责任。案涉股权无偿划转时，华星公司已经濒临破产，其行为严重侵害债权人的利益，具有逃避债务的主观故意。而担保公司作为国有出资设立的企业，接受案涉股权划转是在政府主管部门的指导和批准下完成的，具有一定被动性的因素，不存在与华星公司共同侵犯债权的故意。因而，担保公司与华星公司不在债务范围内承担连带清偿责任。

第二，担保公司与华星公司承担不真正连带责任。案涉股权无偿划转时，华星公司丧失清偿能力是导致长城公司的债权不能实现的直接原因，担保公司受让股权是导致长城公司的债权不能实现的间接原因。二者多因一果，属于不真正连带责任。但由于华星公司已经丧失偿债能力，因而由担保公司对所造成的损害承担责任。

第三，担保公司在无偿接收的 1 600 万股股权受益范围内承担赔偿责任。案涉 2 000 万股股权无偿划转，客观上导致华星公司的偿债能力降低，长城公司的债权难以获得实现，因此，担保公司赔偿的范围限于案涉 2 000 万股股权受益范围。又因案涉股权划转时，东方公司以及国资公司未密切关注华星公司的重大资产变动情况，加大了债权实现的困难，对于损害的发生具有一定的过错，其法律后果由债权受让人长城公司承担。此外，长城公司作为收购不良债权的法人，理应了解不良债权本身即存在难以实现的风险，因而，根据过错程度、原因力、财产状况等综合考虑，担保公司酌定承担 80% 的责任，即在无偿接收的 1 600 万股股权受益范围内承担赔偿责任。

规则总结

债权作为侵权法保护的客体，以过错责任的一般条款作为规范基础，第三人故意或者出于过失时均应当承担债权侵权责任。虽然债权公示性有所突破，但传统的理论仍将债权侵权限于故意这一原则奉为圭臬。为体现与现实社会的互动，法学理论也应当有所精进，故追根溯源，以财产法哲学下的知悉规则作为债权侵权责任的正当性基础，兼为第三人侵害债权制度理论基础的哲学来源与主观过错的判断标准。据此，以公权力方式公示债权时，第三人于故意或者有过失时承担侵权责任；以私人方式公示债权时，第三人于故意或者有重大过失时承担侵权责任。由此可知，故意、重大过失、一般过失情形下均有构成债权侵权责任的可能。最值得强调的是，第三人的过失也构成债权侵权责任的过错要件，但是，为维护第三人的行为自由、保护受害人的利益，这仅限于债权通过公权力的方式公示的情形。

在司法实务中认定侵害债权的侵权责任，应当掌握的要点是：

1. 涉执行司法赔偿解释第 17 条确认错误执行债权构成侵害债权的国家赔偿责任，对确认债权是《民法典》第 1164 条规定的侵权责任保护对象具有重要价值，法官不应当受到否定债权侵权责任见解的影响，对符合《民法典》第 1165 条第 1 款要求的侵害债权的侵权责任应当大胆地认定。

2. 要特别掌握构成债权侵权责任的主观要件的基本规则是"知悉规则"，第三人知悉或者应当知悉合法债权而实施侵害行为的，其主观要件具备。

3. 具体掌握知悉规则的方法是，债权以私人方法公示的，第三人故意、重大过失构成侵害债权；债权以公权力方法公示的，第三人故意、过失均构成侵害债权。

4.构成债权侵权责任的其他要件是:客体是合法有效的债权,主体是债的关系以外的知悉债权存在的第三人,客观方面是侵害债权的行为,行为与债权损害之间具有因果关系。

第四章 《民法典》第1165条第1款增加规定"造成损害"是否对侵权责任构成有重大影响

——侵权责任一般条款及其具体适用规则

实务指引要点

1. 侵权责任一般条款是概括一般侵权行为与责任的条款，即《民法典》第1165条第1款。
2. 侵权责任一般条款包含一般侵权行为的请求权基础，适用过错责任原则。
3. 《民法典》第1165条第1款增加规定"造成损害"，表明侵权责任请求权主要是损害赔偿请求权，也包括恢复原状和部分返还原物请求权。
4. 一般侵权责任的构成要件是违法行为、损害事实、因果关系和过错，一般由原告承担举证责任。
5. 一般侵权责任的责任形态主要是自己责任，不包括替代责任。

《民法典》第1165条第1款规定的是侵权责任一般条款，与《侵权责任法》第6条第1款的规定相比较，增加了"造成损害"的构成要件。《民法典》这一修改，对我国侵权责任一般条款的理解和适用有哪些重要影响，应当引起注意。本章对此进行说明。

一、侵权行为一般条款概述

成文的民事立法规定侵权行为及责任，通常采用一般化方法，在民法典债编或者财产法规定侵权行为一般条款,通过侵权行为一般条款确定一般侵权行为,如《法国民法典》第 1382 条、《德国民法典》第 823 条、《日本民法典》第 709 条等。

对界定侵权行为一般条款的概念有两种意见:一种意见认为,侵权行为一般条款是在成文法中居于核心地位,作为一切侵权请求之基础的法律规范。① 所有的基于侵权行为的请求权都要符合这一条文的要求,换言之,侵权行为一般条款就是一个国家民法典调整侵权行为全部请求权的请求基础;在这个条文之外,不存在另外任何侵权行为请求权的基础,这个条文一统天下。② 大陆法系侵权法基本上都存在这样的侵权行为一般条款。另一种意见则认为,将侵权行为一般条款理解为对所有侵权行为的全面概括,是对侵权行为一般条款作了扩大解释,侵权行为一般条款就是规定一般侵权行为的条款。③

这两种意见的分歧在于:前者认为侵权行为一般条款规定的是全部侵权行为、一切侵权行为,其公式为"侵权行为一般条款=全部侵权行为";而后者认为,侵权行为一般条款不过是概括了一般侵权行为,概括的是多数侵权行为,而其他侵权行为则由特殊侵权行为这一概念来概括,作这种理解的侵权行为一般条款的公式为"侵权行为一般条款+特殊侵权行为特别列举=全部侵权行为"。

事实上,这样两种不同类型的侵权行为一般条款都存在。

《欧洲统一侵权行为法典(草案)》采用前一种意见规定侵权行为一般条款。其第 1 条规定的就是基本规则(一般条款):"(1) 任何人遭受具有法律相关性的损害,有权依据本法之规定请求故意造成损害的人、因违反义务而造成损害的人或者对损害依法负有责任的其他人赔偿。(2) 损害的发生处于紧急情势时,将遭受损害的人享有本法赋予的防止损害发生的权利。(3) 为了本法的目的:具有法律相关性的损害指的是本法第二章所规定的具有法律相关性的损害;故意和违反义务的判定以本法第三章第一节以及第四章所规定的特殊情形下所造成的具有法律相关性的损害为依据。(4) 本条所指权利由本法其他条款予以规定。"《埃塞俄比亚民法典》第 2027 条也是这样的侵权行为一般条款。这两种规定采纳的显然是规定全部侵权行为请求权的主张,是概括全部侵权行为的条款。

多数成文法国家的侵权法规定侵权行为一般条款时采后一种意见,其侵权

---

① 张新宝. 侵权行为法的一般条款. 法学研究, 2001 (4).
② 张新宝. 侵权行为法的一般条款. 中国人民大学民商事法律科学研究中心民商法前沿系列讲座的 22 讲. [2023-08-08]. http://www.civillaw.com.cn/article/default.asp?id=8102.
③ 杨立新. 论侵权行为一般化和类型化及我国侵权行为法立法模式的选择. 河南政法管理干部学院学报, 2003 (1).

行为一般条款只概括一般侵权行为。提出侵权行为一般条款概括了全部侵权行为的依据之一，是《法国民法典》的侵权行为一般条款。该法规定侵权行为的有三个条文，即第 1382 条、第 1383 条和第 1384 条。将这三个条文都作为侵权行为一般条款，是将侵权行为一般条款扩大化了。实际上，《法国民法典》关于侵权行为一般条款的规定是第 1382 条，第 1384 条是对准侵权行为即特殊侵权行为的概括性规定，统管以下的第 1385 条和第 1386 条。如果说《法国民法典》的这三个条文是侵权行为的一般条款，那就等于说《法国民法典》的全部侵权行为规定，即 5 个条文，都是侵权行为一般条款。这显然说不通。因此，《法国民法典》的基本结构是，前两条规定的是一般侵权行为，后三条规定的是准侵权行为，将这两个部分放在一起，都称为侵权行为一般条款的理解，是不够准确的。

侵权行为一般条款按照不同的规定有两种模式：一种模式是，侵权行为一般条款规定全部侵权行为，即大的一般条款；另一种模式是，侵权行为一般条款仅规定一般侵权行为，而不是规定全部侵权行为，即小的一般条款。各国关于侵权行为一般条款的立法分别采用这两种不同模式，多数采用后一种模式规定侵权行为一般条款，少数国家采用前一种模式规定侵权行为一般条款。

二、各国和地区侵权法中侵权行为一般条款的比较

（一）各国和地区侵权法的侵权行为一般条款

1. 法国侵权法中的侵权行为一般条款

法国侵权法的侵权行为一般条款，为《法国侵权法》第 1382 条："人的任何行为给他人造成损害时，因其过错致该行为发生之人应当赔偿损害。"是成文法国家侵权法中出现的第一个侵权行为一般条款，在大陆法系侵权法中是具有划时代意义的条文，这个条文的结构是"行为→损害＋过错＝侵权行为"，调整的范围是一般侵权行为，不包括准侵权行为。准侵权行为规定在《法国侵权法》第 1384 条："任何人不仅因其行为造成的损害负赔偿责任，而且对应由其负责之人的行为或由其照管之物造成的损害负赔偿责任。"该条调整的准侵权行为包括对人的替代责任和对物的替代责任。《法国侵权法》第 1382 条是侵权行为一般条款的经典表述，对后世影响极大。[①]

[①] 对于《法国侵权法》第 1382 条规定的是侵权行为一般条款，还是第 1382 条加上第 1384 条一起是侵权行为一般条款，有不同看法。张新宝教授的意见是后者，本书的看法是前者。

2. 德国侵权法中的侵权行为一般条款

《德国民法典》规定的侵权行为一般条款是第 823 条加上第 826 条。两个条文加到一起，被认为是侵权行为一般条款[①]，但在习惯上通常都只称第 823 条为侵权行为一般条款。第 823 条规定："故意地或者有过失地以违法的方式侵害他人的生命、身体、健康、自由、所有权或者其他权利的人，负有向他人赔偿由此发生的损害的义务。""违反以保护他人为目的的法律的人，负有同样的义务。根据法律的内容，没有过错也可能违反法律的，只在有过错的情况下，赔偿义务才发生。"第 826 条规定："故意地以违反善良风俗的方式加损害于他人的人，负有向他人赔偿损害的义务。"这两个条文首先列举侵害的权利，是限定侵权法保护范围的规定，即保护生命权、身体权、健康权、自由权、所有权以及其他权利。另外，对其他利益的保护，则采取"违反以保护他人为目的的法律"和"故意地以违背善良风俗的方法侵害他人"的方法进行限定。这是《德国民法典》关于侵权行为一般条款的规定，是典型的违法性三段论的表述。

3. 日本侵权法中的侵权行为一般条款

《日本民法典》第 709 条规定："因故意或者过失侵害他人权利或受法律保护的利益的人，对于因此发生的损害负赔偿责任。"这一侵权行为一般条款非常简洁，保护的范围一个是权利，另一个是受法律保护的利益，凡是造成损害的，都要承担赔偿责任。其结构是"故意或者过失＋权利或受保护的利益＋损害"。这个侵权行为一般条款关于"侵害他人权利"的规定并没有明确要求违法性，但是，在日本的学说上和实践中的解释，构成侵权行为须具有违法性要件，因而其结构是"故意或者过失＋权利与法益＋不法行为→损害"。这个侵权行为一般条款只调整一般侵权行为，并不调整特殊侵权行为，与《法国民法典》第 1382 条比较接近。

4. 埃塞俄比亚侵权法上的侵权行为一般条款

《埃塞俄比亚民法典》的侵权行为一般条款是大的一般条款。其第 2027 条规定："（1）任何人应对因过犯给他人造成的损害承担责任，而不论他为自己设定的责任如何。（2）在法律有规定的情形，一个人应对因其从事的活动或所占有的物给他人造成的损害承担责任。（3）如果某人根据法律应对第三人负责，他应对该第三人因过犯或依法律规定发生的责任负责。"这个侵权行为一般条款的写法，是目前各国侵权行为一般条款中最为特别的，分为三段：一是

[①] 对此，看法没有分歧，但对其调整范围的看法则分歧较大，张新宝教授认为这两个条文加在一起构成的侵权行为一般条款，调整所有的侵权行为，本书认为它所调整的仅仅是一般侵权行为。

任何人应就自己的过犯的行为对他人承担责任，这规定的是过错责任原则调整的侵权行为；二是在法律有规定的情形下，一个人应对其从事的活动或者占有的物给他人造成的损害承担责任，这规定的是过犯阙如，也就是无过错责任的侵权行为；三是如果某人根据法律应对第三人负责，应对该第三人因过犯或因法律规定发生的责任负责，这规定的是替代责任。这个一般条款的内容是"过错责任＋无过错责任＋替代责任＝全部侵权行为"。埃塞俄比亚侵权法中的具体侵权行为类型就是按照这三种基本类型规定的。

5. 欧洲侵权法上的侵权行为一般条款

《欧洲侵权法基本原则（草案）》第1：101条规定的是基本规范："（1）给他人造成的损害由法律上被归责者负损害赔偿之责任。（2）损害特别是可以被归责于以下人：a）其构成过错的行为引起损害者；b）或者从事异常危险活动的行为引起损害者；c）或者其附属者在其职权范围内引起损害者。"这一规定的基本结构与《埃塞俄比亚民法典》第2027条的结构相似。

（二）分析比较

各国和地区侵权法规定的侵权行为一般条款分为三种：法国式、德国式和埃塞俄比亚式。德国式和法国式的侵权行为一般条款尽管表现形式有所不同，但概括的都是一般侵权行为而不是全部侵权行为，是小的一般条款；而埃塞俄比亚式的侵权行为一般条款则是概括全部侵权行为的一般条款，是大的一般条款。

三、我国侵权法中的侵权行为一般条款

（一）《民法典》第1165条第1款规定对侵权行为一般条款的改进

《侵权责任法》规定的侵权行为一般条款，采用的是大小搭配的模式，既有第2条第1款规定的大的一般条款，又有第6条第1款规定的小的一般条款，二者分别发挥不同的作用。两个侵权行为一般条款相互搭配，各自起到不同的作用，形成了《侵权责任法》的特点，有别于其他任何国家的侵权责任法。这种对侵权行为一般条款的规定比较烦琐，《民法典》对其进行了改进。

1. 文字变化

《民法典》改变《侵权责任法》对侵权行为一般条款采用大小搭配的双重模式，回归传统民法的侵权行为一般条款立法模式，即《民法典》第1165条第1款："行为人因过错侵害他人民事权益造成损害的，应当承担侵权责任。"

第四章 《民法典》第1165条第1款增加规定"造成损害"是否对侵权责任构成有重大影响

这个侵权行为一般条款与《侵权责任法》第6条第1款规定近似,但是内容有所不同。

《民法典》第1165条第1款与《民法通则》第106条第2款规定的差别:一是将"公民、法人"表述为"行为人",与《侵权责任法》第6条第1款规定的行为人相一致;二是将《民法通则》规定的"国家的、集体他人"改变为"他人",与《侵权责任法》规定的"他人"相一致;三是将"财产、人身"改变为"民事权益",与《侵权责任法》规定相一致;四是增加规定"损害"要件,《民法通则》和《侵权责任法》都没有规定这个要件;五是将"民事责任"改变为"侵权责任",与《侵权责任法》的规定相一致。

2. 内容的改变

《民法典》规定侵权行为一般条款的上述文字变化,导致我国侵权行为一般条款的内容发生以下改变。

一是侵权行为和责任的主体变为"行为人",不再区分行为人的种类。这与《侵权责任法》第6条第1款规定相一致,优势在于不论自然人、法人还是非法人组织,都能成为侵权行为主体即行为人。

二是将被侵权人定位为"他人",也与《侵权责任法》的规定相一致。"他人"包括一切民事主体,包括自然人、法人、非法人组织。只要其权益受到侵害,就是侵权行为的被侵权人。

三是规定侵权行为所侵害的客体是"民事权益",也与《侵权责任法》规定相一致,更重要的是与第1164条规定的侵权责任保护范围为民事权益相一致。

四是增加规定"损害"要件,《民法通则》和《侵权责任法》都没有规定这个要件。《民法典》规定构成一般侵权行为须具备损害的要件,没有损害,就没有侵权损害赔偿责任。

五是将侵权行为的后果规定为"侵权责任",与其他民事责任区别开。

3. 改变的意义

《民法典》第1165条第1款的上述改变,只有增加规定"造成损害"要件是实质性改变,其他的变革在制定《侵权责任法》时已经解决。《侵权责任法》第6条第1款之所以没有规定"造成损害"的要件,是因为该法第15条规定了八种侵权责任方式,其中有些责任方式如停止侵害、排除妨碍、消除危险、消除影响、恢复名誉、赔礼道歉等,并不须具备损害的要件,因而只规定了"行为人因过错侵害他人民事权益"的要件,没有规定损害的要件。

这一改变存在一个重大问题,就是要将侵权法界定成什么性质的救济法。

如果侵权法仍然是无所不包的救济法，不规定损害要件是没有问题的；但是，侵权责任法是损害赔偿的救济法，与固有请求权是有严格区别的，规定一般侵权行为的责任构成而没有规定损害要件，就是不能原谅的错误。制定《侵权责任法》就是依照前一种思路进行的，该法之定位是"一统天下"的民法救济法，因此没有规定损害要件。

《民法典》使侵权责任回归债法，界定侵权责任的性质为侵权损害赔偿的救济方法，因此，侵权行为一般条款规定损害要件，就是顺理成章、必须如此的了。加之《民法典》"侵权责任编"第二章的章名就界定为"损害赔偿"，更加明确了侵权责任法的性质为损害赔偿法。因而，本条第1款就必须规定"损害"要件。

《民法典》第1165条第1款通过以上修改和完善，使我国的侵权行为一般条款的内容更加规范、更加准确，突出了侵权法是侵权损害赔偿法的重点，准确调整一般侵权行为的责任，更能够发挥侵权行为一般条款的作用。

(二) 我国侵权行为一般条款的特性及法律功能

《民法典》第1165条第1款规定的侵权行为一般条款具有极大的概括性，将全部一般侵权行为都概括在其中，法官可以创造性地发挥主观能动性，将任何具备侵权行为一般条款规定的构成要件的民事违法行为，都认定为侵权行为，对行为人予以侵权损害赔偿的制裁，对受害人受到的损害进行救济。其法律功能如下。

1. 侵权行为一般条款的特性是具有高度概括性

侵权行为一般条款容量极大，把所有的一般侵权行为都概括在其中。法官在审理侵权案件时，须准确掌握侵权行为一般条款的这一价值，充分发挥它"与时俱进"的创造功能，不管出现什么样的新型案件，都能准确适用法律。

2. 侵权行为一般条款确定一般侵权行为的法律适用基本规则

侵权行为一般条款确定侵权责任适用过错责任原则。其基本功能是：第一，对一般侵权行为适用过错责任原则调整，以行为人存在过错为基本构成要件，除非法律规定适用过错推定责任和无过错责任原则的侵权行为，无过错者无责任。第二，一般侵权责任的规制范围是一般侵权行为，"侵权责任编"第三章至第十章规定的特殊侵权行为以外的侵权行为，都适用过错责任原则确定侵权责任。第三，适用过错责任原则的一般侵权行为的构成要件，一是违法行为，二是损害事实，三是因果关系，四是过错。第四，一般侵权行为的举证责任由被侵权人承担，须证明违法行为、损害事实、因果关系和过错要件；侵权人原则上不承担举证责任。

3. 侵权行为一般条款包含一般侵权行为的请求权基础

侵权行为一般条款包含侵权损害赔偿请求权，只要是一般侵权行为，不是《民法典》"侵权责任编"第三章至第十章规定的特殊侵权行为，被侵权人都可以直接依照第 1165 条第 1 款的规定起诉，提出侵权损害赔偿请求，法院须依据第 1165 条第 1 款作出判决，确认侵权责任。

（三）我国侵权行为一般条款的立法价值

我国《民法典》规定第 1165 条第 1 款作为侵权行为一般条款，其立法价值是：

1. 简化立法

在《民法典》中应尽量用最简单的条文规定最丰富、最大量的侵权责任法的内容，而不应在有千条以上条文的《民法典》中再构建一个复杂的侵权责任法，使《民法典》更为庞大、复杂。

2. 高度浓缩内容

侵权行为一般条款将一般侵权行为高度浓缩，形成了弹性极大的、与时俱进的法条，能够包容任何符合这一条款要求的侵权行为。这一条文是对一般侵权行为的高度概括，故对一般侵权行为无须再一一作出具体规定。

3. 赋予法官高度的自由裁量权

法官在这一条文面前享有高度的自由裁量权，可依据这一侵权行为一般条款，对所有的一般侵权行为作出判决。在这样的条文下，法官可以充分发挥自己的司法创造性，对新型的案件作出符合侵权行为一般条款的判决。法官应当认识到，《民法典》第 1165 条第 1 款作为侵权行为一般条款，仍然起着调整一般侵权责任的作用，统领一般侵权责任。法官在一般条款面前，可以创造性地发挥主观能动性，将任何具备这样的构成要件的民事违法行为都认定为侵权行为，对行为人予以侵权损害赔偿的制裁，对受害人受到损害的民事权益进行救济。

第一，法官应当掌握侵权行为一般条款的基本含义，其是将全部的一般侵权行为概括在一起，从而具有高度概括性，具有极强的包容性。法官在办理侵权案件时，充分发挥其"与时俱进"和创造性功能，准确适用。

第二，法官应当掌握一般侵权责任的基本规则，也就是侵权行为一般条款的基本规则。一个行为只要具备这些要件，就认定构成一般侵权责任，法官可以适用侵权行为一般条款作出判决。

第三，法官应当敢于依照侵权行为一般条款裁判，而不能遇到不熟悉或者以前没有遇到的新型侵权行为，就要找法律的明文规定，没有明文规定就不敢办理。一定要明确，凡是具备侵权行为一般条款要件的侵权行为，就适用侵权行为一般条款来调整，依其确定侵权责任。

规则总结

《民法典》第1165条第1款是我国的侵权行为一般条款，其作用是：

1. 侵权责任一般条款是概括一般侵权行为与责任的条款，《民法典》第1165条第1款就是这样的一般条款，具有高度的概括性和浓缩型，规制所有的一般侵权行为。

2. 侵权责任一般条款包含一般侵权行为的请求权基础，凡是不属于特殊侵权行为的一般侵权行为，都要依照侵权行为一般条款的规定认定是否构成侵权责任，提出主张，进行判决。

3. 第1165条第1款增加规定"造成损害"的要件，表明侵权责任请求权主要是损害赔偿请求权，也包括恢复原状和部分返还原物请求权，不包括停止侵害、排除妨碍、消除危险、消除影响、恢复名誉、赔礼道歉请求权。

4. 一般侵权行为的责任构成要件是违法行为、损害事实、因果关系和过错，举证责任由被侵权人承担，侵权人原则上不承担举证责任。

5. 一般侵权责任的责任形态主要是自己责任，不包括为他人的行为负责和为自己管领下的物件造成损害负责的替代责任。

第五章 《民法典》规定共同侵权的被侵权人可否选择连带责任人承担责任

——被侵权人对侵权连带责任人的选择权及保障

> **实务指引要点**
>
> 1. 共同侵权责任是连带责任，被侵权人是损害赔偿权利人，对连带责任人享有选择权。
> 2. 损害赔偿请求权人可以根据自己的利益，选择全部连带责任人或者部分连带责任人承担全部赔偿责任，实行当事人主义。
> 3. 非有必要，法官不得强制干预请求权人对连带责任人行使选择权。
> 4. 请求权人选择部分连带责任人承担的赔偿责任是中间责任，承担了中间责任的连带责任人享有追偿权，可以向未承担连带责任的连带责任人追偿。

在侵权责任理论研究和司法实践中，忽略了被侵权人对侵权连带责任人享有选择权的现实，在民事实体法和程序法以及理论研究中和司法实践操作上都有不同的见解，形成理论研究中和司法实务操作上的差异，进而导致不能正确适用《民法典》关于侵权连带责任的规则，形成了对被侵权人实现赔偿权利的障碍，违背了立法设立侵权连带责任保护被侵权人利益的初衷。因而，有必要就此问题进行专门研究，统一实体法与程序法、理论研究与司法实践的认识，实现《民法典》规范共同侵权连带责任的权利保护目的，保障被侵权人的合法权益。

一、被侵权人对侵权连带责任人的选择权及其重要价值

（一）我国民法关于被侵权人对侵权连带责任人选择权的规定

在侵权损害赔偿法律关系中，被侵权人对共同侵权行为的侵权连带责任人享有选择权，可以选择其中全部或者部分连带责任人作为赔偿义务主体，被选择的侵权连带责任人应当承担全部赔偿责任，以保障被侵权人损害赔偿请求权的实现。1949年以来，有一段时间的立法空白，自1986年4月12日《民法通则》起，才开始有了有关的法律规定，并且不断发展起来。

《民法典》对《侵权责任法》第13条和第14条规定予以充分肯定，并且将侵权连带责任规则进一步完善，在第178条第1、2款，将其规定为适用于所有连带责任的规则，即："二人以上依法承担连带责任的，权利人有权请求部分或者全部连带责任人承担责任。连带责任人的责任份额根据各自责任大小确定；难以确定责任大小的，平均承担责任。实际承担责任超过自己责任份额的连带责任人，有权向其他连带责任人追偿。"这就是《侵权责任法》第13条和第14条的升华版，规定的是民事连带责任的基本规则，完全符合连带责任"两权""两责任"的要求。

不仅如此，《民法典》将侵权责任规定为债的性质，为侵权之债，因而不仅适用第七编"侵权责任"的规定，而且也适用第三编"合同"通则分编的有关规定，合同编通则分编关于连带之债的规定也适用于侵权连带责任。

《民法典》第518条至第520条规定了连带债务的具体规则。其中第518条第1款第二分句规定的是连带债务人的中间责任，包括债权人对连带债务人的选择权，即："债务人为二人以上，债权人可以请求部分或者全部债务人履行全部债务的，为连带债务。"第519条规定的是连带债务的最终责任，比较复杂，第1款规定的是最终责任份额的确定方法，第2款规定的是承担了中间责任的债务人的追偿权，第3款规定的是连带债务的再次分配规则。[①] 这三个规定是："连带债务人之间的份额难以确定的，视为份额相同。""实际承担债务超过自己份额的连带债务人，有权就超出部分在其他连带债务人未履行的份额范围内向其追偿，并相应地享有债权人的权利，但是不得损害债权人的利益。其他连带债务人对债权人的抗辩，可以向该债务人主张。""被追偿的连带债务人不能履行其应分担份额的，其他连带债务人应当在相应范围内按比例分担。"第520条规定的是连带债务履行中部分债务履行、抵销、提存、免除、

---

① 黄薇. 中华人民共和国民法典解读：合同编. 北京：中国法制出版社，2020：188-194.

第五章 《民法典》规定共同侵权的被侵权人可否选择连带责任人承担责任

混同、受领迟延后果的具体规则,即:"部分连带债务人履行、抵销债务或者提存标的物的,其他债务人对债权人的债务在相应范围内消灭;该债务人可以依据前条规定向其他债务人追偿。部分连带债务人的债务被债权人免除的,在该连带债务人应当承担的份额范围内,其他债务人对债权人的债务消灭。部分连带债务人的债务与债权人的债权同归于一人的,在扣除该债务人应当承担的份额后,债权人对其他债务人的债权继续存在。债权人对部分连带债务人的给付受领迟延的,对其他连带债务人发生效力。"

《民法典》的这些规定,都可以适用于共同侵权的连带责任,其中有关债权人对连带债务人的选择权、部分连带义务人承担义务之后对其他连带债务人的追偿权,以及连带责任的中间责任、最终责任的规则,都与侵权连带责任的规则相同;另外规定的"被追偿的连带债务人不能履行其应分担份额的,其他连带债务人应当在相应范围内按比例分担"的部分连带义务的再次分配,也属于追偿权的范围,是连带债务人债务份额的二次分担规则[①],是最终责任二次分担的追偿权。

《民法典》关于"债务人为二人以上,债权人可以请求部分或者全部债务人履行全部债务"的规定,规定的就是债权人对连带债务人的选择权。

(二)被侵权人对侵权连带责任人选择权的概念界定

就被侵权人对侵权连带责任人选择权的概念,尚未见学者对其进行准确定义。本书认为,被侵权人对侵权连带责任人的选择权,是指在共同侵权行为中,被侵权人对应当承担连带责任的共同加害人享有的请求其部分或者全部承担损害赔偿责任的选择权。

被侵权人享有的这一选择权的基本特征是:

第一,该选择权的权利人是共同侵权行为的被侵权人,其因共同侵权行为权利受到侵害遭受损失,而成为侵权损害赔偿的赔偿权利主体,故被侵权人是该选择权的权利人,也是损害赔偿请求权的权利主体。

第二,该选择权产生的要件是,被侵权人的民事权益受到共同侵权行为的侵害,遭受损失,数个共同侵权人应当依照法律规定承担连带责任。没有数个连带责任人的存在,就失去了选择权产生的客观基础,就不会发生这个选择权。可见,不仅数个侵权人的行为构成共同侵权行为,权利人产生侵权请求权,而且数个侵权人应当承担侵权连带责任,被侵权人才享有对侵权连带责任人的选择权。

第三,该选择权的选择目标是承担侵权连带责任的责任主体。其是对侵权

[①] 黄薇.中华人民共和国民法典解读:合同编.北京:中国法制出版社,2020:193.

连带责任人的选择权,而不是选择之债对债务标的的选择权。既然共同侵权行为使其权利遭受侵害造成损失,而共同侵权人为数人,构成侵权连带责任,被侵权人享有的选择权就是对该数个连带债务人中由谁承担赔偿责任的选择。被侵权人可以根据自己的利益进行选择,选择的内容是由部分或者全体连带责任人承担全部赔偿责任。

第四,行使选择权选择的连带责任人承担的是一个侵权损害赔偿请求权。不论被侵权人选择的是部分还是全部侵权连带责任人承担责任,行使的都是同一个侵权损害赔偿请求权,而不是对请求权的赔偿标的的部分或者全部进行选择,该选择权对侵权损害赔偿请求权本身不能选择。如果赔偿权利人只请求共同侵权连带责任人中的部分连带责任人承担他们应当承担的赔偿责任(最终责任),则是对侵权损害赔偿请求权部分的放弃,而不是选择权的选择后果。

第五,该选择权的属性是形成权。被侵权人已经选择侵权连带债务人中的部分(包括一人或者数人)作为承担损害赔偿责任的责任人,被选择的连带责任人就须承担全部赔偿责任,不应当再通过其他程序或者办法强令被侵权人选择全体侵权连带责任人承担责任。至于该选择权是实体权利还是程序权利,笔者认为应当是兼而有之:作为权利人对损害赔偿请求权的责任主体的选择,应当是实体权利;选择部分或者全部侵权连带责任起诉,则是程序性的选择权利。两种权利属性中以实体权利为主要方面。

为进一步说明被侵权人对侵权连带责任人选择权的特征,还须说明《侵权责任法》第13条的形成过程。《侵权责任法(草案)(第三次审议稿)》第13条的内容是:"法律规定承担连带责任的,被侵权人有权要求其中一人或者数人连带责任人承担全部责任。"[1] 按照这个条文的内容,被侵权人对侵权连带责任人的选择权就只局限在一个或者数个侵权连带责任人之间,而不得选择全体侵权连带责任人作为共同被告承担连带责任。2009年11月,向全国人大常委会法工委负责人提出该条文存在的这个问题,建议修改,全国人大常委会法工委接受了这个建议,将其改为"被侵权人有权请求部分或者全部连带责任人承担责任",成为《侵权责任法》第13条的正式规定。[2]《侵权责任法》第13条从草案到正式法律的这一改变,恰好说明了被侵权人对侵权连带责任人选择权客观存在,以及该选择权在共同侵权连带责任中的重要地位和主要内容。

---

[1] 何勤华,李秀清,陈颐. 新中国民法典汇览:下卷. 增订本. 北京:北京大学出版社,2018:2214.

[2] 杨立新. 侵权责任法:条文背后的故事与难题. 2版. 北京:法律出版社,2018:69.

（三）《民法典》规定被侵权人对侵权连带责任人选择权的价值

《民法典》第178条确认《侵权责任法》第13条和第14条的规则，其中包括被侵权人对侵权连带责任人的选择权。该条第1款关于"权利人有权请求部分或者全部连带责任人承担责任"的规定具有重要价值，是不能忽视的，在诉讼中必须予以充分保障，从而使被侵权人享有的侵权损害赔偿请求权完满实现。被侵权人对侵权连带责任人选择权的重要价值表现在以下几个方面。

第一，保障被侵权人实现侵权损害赔偿请求权的利益最大化。被侵权人是侵权责任着力、刻意保护的民事主体，其权利受到侵害，需要通过损害赔偿责任的承担而使受到损害的权利得到恢复，以保持其受到侵害的权利的完满状态。《民法典》之所以规定连带责任和连带债务，就是为了保障权利人权利实现的利益最大化。试想，在所有的民事责任形态中，连带责任是最重的责任。其之所以责任最重，是因为每一个连带责任人或者连带债务人都须对全部责任或者债务负责。如果多数人侵权行为承担的是按份责任，则每一个按份责任人只承担自己应当承担的责任份额，不对超出其应当承担的份额之外的任何部分承担责任。如果是数人承担连带责任，每一个连带责任人都须对全部责任负责，如此一来，就比按份责任人只对自己的责任份额负责要重得多，而且连带责任人越多，被侵权人的赔偿权利实现就越有保障，被侵权人的损害赔偿请求权实现得就更充分，其就可以取得其应当取得的最大利益。

第二，保障被侵权人实现损害赔偿请求权的诉讼负担最小化。任何权利的实现都须付出成本，通过诉讼、仲裁等方式实现权利更要付出诉讼或者仲裁成本，增加权利人的财产支出。尽管实现权利的某些财产负担可以转嫁给责任人承担，例如将律师代理费判归责任人承担，但是，仍然会有不能转嫁给对方当事人的财产负担需要自己承受。保障被侵权人对侵权连带责任人的选择权，使其能够按照自己的利益选择部分或者全部侵权连带债务人承担责任，就会使被侵权人在行使侵权损害赔偿请求权时诉讼负担实现最小化。例如，五个连带责任人应当对被侵权人承担连带责任，如果被侵权人起诉全部五人为共同被告，其不仅需要证明五名被告的侵权事实和责任构成，并且要面对五个被告以及五个被告的代理人进行辩论和质证等。如果被侵权人只选择其中一个或者数个最有赔偿能力的侵权连带责任人承担全部责任，将其作为被告起诉，则只要证明这一个或者数个连带责任人的侵权事实和责任构成及赔偿责任就足够，在法庭上面对的也仅是这一个或者数个侵权连带责任人。这显然会使其诉讼成本大大降低。这不仅是保障被侵权人实现权利的最有效的措施，而且正是立法的宗旨所在。

第三，保障全面实现侵权责任分担的矫正正义。古希腊哲学家亚里士多德将正义分为分配正义、矫正正义和回报正义。分配正义涉及财富、荣誉、权利等有价值的东西的分配。在该领域，对不同的人给予不同对待，对相同的人给予相同对待，即为正义，即给每个人以其应得。与之对应，矫正正义则涉及对被侵害的财富、荣誉和权利的恢复和补偿。在该领域，不管谁是伤害者，也不管谁是受害者，伤害者补偿受害者，受害者从伤害者处得到补偿，即为正义。① 对于连带责任人，本应当由全体责任人承担一个完整的责任，只有每一个责任人按照份额承担，似乎才符合正义的要求。但是，由于共同侵权行为人具有共同的意思联络、造成同一个损害、每一个人的行为都与损害存在共同因果关系，因而其对被侵权人承担的应当是连带责任而不是按份责任，即每一个连带责任人对造成的损害都负有赔偿全部损失的责任，被侵权人不因某个或者某些连带责任人赔偿的无资力而侵权损害赔偿请求权得不到全面保护。因此，法律牺牲部分连带债务人分担责任的公平性，而保障被侵权人的损害赔偿请求权的全面实现，体现的正是矫正正义的要求。

所以，为了保障被侵权人实现侵权损害赔偿请求权的利益最大化、诉讼负担的最小化以及侵权责任法的矫正正义，被侵权人对侵权连带责任人的选择权必须得到完全的保障，不能以任何理由加以限制。

二、司法解释对被侵权人对侵权连带责任人选择权的态度

2020年12月23日，《最高人民法院关于修改〈最高人民法院关于在民事审判工作中适用中华人民共和国工会法若干问题的解释〉等二十七件民事类司法解释的决定》对2004年人身损害赔偿司法解释进行了修订，于2021年1月1日与《民法典》同日实施，作为法院贯彻实施《民法典》适用侵权责任规定的司法解释依据。2020年人身损害赔偿司法解释与2004年人身损害赔偿司法解释的内容进行比较，绝大多数保留或者修订的内容都是妥当的，其中第2条关于共同侵权行为人承担连带责任的规定，却违反了《民法典》第178条的规定，不能保障被侵权人对侵权连带责任人的选择权，使共同侵权行为的被侵权人享有的损害赔偿请求权受到损害。

（一）最高人民法院相关司法解释的发展

为了说明这个问题，对最高人民法院相关司法解释的发展变化进行整理，

---

① ［古希腊］亚里士多德. 尼各马可伦理学. 廖申白，译注. 北京：商务印书馆，2003：147-154.

分为以下三个阶段。

1. 司法解释未对共同侵权连带责任作出规定的阶段

最高人民法院曾经于1963年8月28日颁发《关于贯彻执行民事政策几个问题的意见》,于1979年2月2日颁发《关于贯彻执行民事政策法律的意见》。这两部司法解释,都没有关于侵权责任的规定,更没有关于共同侵权行为及连带责任的规定,与1950年代到1970年代没有侵权行为的立法相一致,彼时对民事权利的保护属于无法可依时期。在司法实践中,判案参照的是《中华人民共和国民法基本问题》的说明,确认共同侵权人承担连带责任。[①] 笔者在1981年发表的文章中提出了共同侵权行为承担连带责任的规则,即在确定共同致人损害的责任范围时,一是各个加害人应按各自的过错程度和行为轻重,分别按比例分担;二是各个加害人之间应负连带责任。不能只考虑各个加害人的按份分担,而在某一加害人因经济困难无力赔偿时,使受害人的财产得不到全部赔偿。一个加害人无力偿还,其他加害人就应共同负起他对受害人所负的那一份责任。[②] 这种说法是当时司法实践经验的真实写照,大体上符合侵权连带责任规则的要求。

2. 司法解释对共同侵权连带责任作出初步规范的阶段

1984年8月30日,最高人民法院颁布《关于贯彻执行民事政策法律若干问题的意见》。其中第73条规定:"两个以上致害人共同造成损害的,应根据各个致害人的过错和责任的大小,分别承担各自相应的赔偿责任。教唆或者帮助造成损害的人,应以共同致害人对待,由其承担相应的赔偿责任。部分共同致害人无力赔偿的,由其他共同致害人负连带责任。"这曾经是在司法实践中指导侵权案件审判、确定共同侵权连带责任的基本规则,尽管连带责任的规则还不够精准,但是,关于共同侵权连带责任的中间责任、教唆人和帮助人的身份和责任、共同致害人连带承担责任的基本规则都是正确的。

1986年4月,立法机关制定《民法通则》,将共同侵权行为及其连带责任规定于第130条和第87条,与《关于贯彻执行民事政策法律若干问题的意见》第73条规定的规则相比,有了重大进步。该意见第73条规定的连带责任的中间责任确定依据,其他共同致害人承担连带责任的规则,以及侵权连带责任的中间责任、追偿权、最终责任承担规则等,都不够清晰。但是,《民法通则》第87条明确规定:"债权人或者债务人一方人数为二人以上的……负有连带义

---

① 中央政法干部学校民法教研室. 中华人民共和国民法基本问题. 北京:法律出版社,1958:330.
② 杨立新,韩东海,王士琦. 关于处理民事损害赔偿案件的几个问题. 法学研究,1981(5):18-23.

务的每个债务人，都负有清偿全部债务的义务，履行了义务的人，有权要求其他负有连带义务的人偿付他应当承担的份额。"该条文明确规定了：第一，每一个负有连带义务的债务人，都负有清偿全部债务的义务，概括了连带责任的中间责任；第二，履行了义务的人，对其他负有连带义务的人享有权利，即追偿权；第三，既然如此，有"履行了义务的债务人"的存在，就有了权利人向部分债务人请求履行债务的选择权；第四，连带责任的最终责任应当分配给每一个连带责任人，通过追偿权的实现，每一个连带责任人承担他应当承担的最终责任份额。这是完整的连带债务、连带责任的基本规则。

3. 否定被侵权人对侵权连带责任人选择权的阶段

最高人民法院在《民法通则》实施之后，于1988年出台《关于贯彻执行〈中华人民共和国民法通则〉若干问题的意见（试行）》，对共同侵权行为只规定了第148条，即："教唆、帮助他人实施侵权行为的人，为共同侵权人，应当承担连带民事责任。""教唆、帮助无民事行为能力人实施侵权行为的人，为侵权人，应当承担民事责任。""教唆、帮助限制民事行为能力人实施侵权行为的人，为共同侵权人，应当承担主要民事责任。"这一司法解释认为《民法通则》第130条和第87条的规定，对于确定共同侵权连带责任规则是够用的，故而只是规定了《民法通则》第130条没有规定的教唆、帮助人的地位和责任确定的规则，补充立法的不足。①

进入2000年，最高人民法院总结侵权责任法律适用的审判实践经验，于2001年制定了《关于确定民事侵权精神损害赔偿责任若干问题的解释》后，开始制定《关于审理人身损害赔偿案件适用法律若干问题的解释》。毫无疑问，对于侵权责任类型、人身损害赔偿具体规则的规定都是特别重要的，具有重要适用价值。而对共同侵权连带责任的规则，2004年人身损害赔偿司法解释草案做了新的尝试，其中就包含否定被侵权人对侵权连带责任人选择权的内容。对此，专家在对草案的数次讨论中，都提出了尖锐的批评意见，建议不要作这样违反《民法通则》第87条关于连带债务规定的解释，但是，没有被接受，2004年人身损害赔偿司法解释第5条继续坚持这样的意见："赔偿权利人起诉部分共同侵权人的，人民法院应当追加其他共同侵权人作为共同被告。被侵权人在诉讼中放弃对部分共同侵权人的诉讼请求的，其他共同侵权人对被放弃诉讼请求的被告应当承担的赔偿份额不承担连带责任。责任范围难以确定的，推定各共同侵权人承担等同责任。人民法院应当将放弃诉讼请求的法律后果告知

---

① 这一部分的不足，在于没有区分教唆、帮助无民事行为能力人或者限制民事行为能力人在承担最终责任上的不同。杨立新. 侵权责任法：条文背后的故事与难题. 2版. 北京：法律出版社，2018：52-55.

第五章 《民法典》规定共同侵权的被侵权人可否选择连带责任人承担责任

赔偿权利人,并将放弃诉讼请求的情况在法律文书中叙明。"

在该司法解释出台后,笔者之一撰文对该条文否定被侵权人对侵权连带责任人选择权的规定进行了批评,主要的依据是:第一,被侵权人起诉部分共同侵权人的,法院应当追加其他共同侵权人作为共同被告的规定,等于剥夺了共同侵权的被侵权人对侵权连带责任人的选择权,而使法院可依据职权主义,强制追加没有被原告起诉的其他侵权连带责任人作为共同被告参加诉讼,确定侵权责任;第二,法院决定追加共同被告,被侵权人如果不同意,就有可能被认为放弃对其他侵权连带责任人的诉讼请求;第三,既然被侵权人放弃对其他侵权连带责任人的诉讼请求,其他侵权连带责任人对被放弃诉讼请求的侵权连带责任人应当承担的赔偿份额不承担连带责任,被侵权人就不能实现全部赔偿权利;第四,法院应当将放弃诉讼请求的法律后果告知被侵权人,并将放弃诉讼请求的情况在法律文书中叙明,确认被侵权人不能全部实现赔偿权利,并非法院的过错,而是被侵权人自己的选择行为所致,从而完全阻却了法院错误适用法律的责任。[1]

可见,2004年人身损害赔偿司法解释第5条的规定违反了《民法通则》第130条和第87条规定的规则,规定了错误的法律适用意见,不能保障被侵权人对侵权连带责任人的选择权。

(二)立法对司法解释错误规定的纠正与司法解释的固执

2009年制定的《侵权责任法》第13条和第14条对共同侵权责任规则的规定,纠正了2004年人身损害赔偿司法解释第5条的错误规定。

2004年人身损害赔偿司法解释第5条规定的核心错误在于,要求被侵权人只起诉部分共同侵权人的,法院应当追加没有被起诉的其他共同侵权人作为共同被告,使被侵权人享有的对侵权连带责任人的选择权落空。应当质疑的是,一个被侵权人对侵权连带责任人不享有选择权的连带责任,还能叫连带责任吗?不过,由于《侵权责任法》第13条和第14条规定了完整的共同侵权连带责任的规则,因此,2004年人身损害赔偿司法解释第5条在司法实践中的影响越来越小,被侵权人对侵权连带责任人的选择权得到了较好的尊重和保障。

编纂《民法典》时,对《侵权责任法》第13条和第14条的规定予以充分肯定,经过完善,将这一规则规定在第178条,表达更为精准,适用范围更宽。

---

[1] 杨立新. 应当维护侵权连带责任的纯洁性:《关于审理人身损害赔偿案件适用法律若干问题的解释》规定的连带责任研究. 判解研究,2004 (6):57-76.

可以说，经过《侵权责任法》，特别是《民法典》的规定，连带责任包括侵权连带责任的规则已经十分明确、十分具体了，没有需要进行解释的问题。可是，最高人民法院在清理民法司法解释时，却将2004年人身损害赔偿司法解释第5条原封不动地放在对《民法典》第1167条规定的侵权连带责任的解释中，成为2020年人身损害赔偿司法解释的第2条。这一规定，作为原来对《民法通则》规定的侵权连带责任的解释，尽管存在错误，但还是情有可原，毕竟《民法通则》第130条和第87条的规定尚有不明确之处。但是，在《侵权责任法》，特别是《民法典》已经对侵权连带责任作出了明确、具体的规定之后，还作这样不当的解释，就很难让人理解了。

三、司法解释剥夺被侵权人对侵权连带责任人选择权的错误所在

（一）人身损害赔偿司法解释错误规定侵权连带责任规则的理论根据

司法解释起草者认为，2004年人身损害赔偿司法解释第5条主要规定和解决了以下四个问题：（1）对共同侵权人提起的损害赔偿诉讼的性质，采纳《民事诉讼法》以及民事诉讼法理论界观点，确定为必要的共同诉讼。根据《民事诉讼法》第119条的规定，必须共同进行诉讼的当事人没有参加诉讼的，法院应当通知其参加诉讼。赔偿权利人起诉部分共同侵权人的，法院应当追加其他共同侵权人作为共同被告。（2）对被侵权人免除部分共同侵权人责任的效力，综合审判实践和国内民法、民事诉讼法学界的多数意见，借鉴大陆法系国家和地区的立法经验，采纳相对效力说的观点，以充分尊重被侵权人对自己权利的处分自由，并平衡共同侵权人之间的利益。（3）对共同侵权人之间具体赔偿份额的确定，采纳以数个行为人按照过错程度或者原因力大小确定按份责任为原则，以承担同等责任为例外的立场。（4）法院对于被侵权人放弃对部分侵权人的诉讼请求，应当就该后果向赔偿权利人进行释明，并在法律文书中阐释清楚。[①] 2020年人身损害赔偿司法解释第2条内容未变，所包含的内容仍如上述。

司法解释起草者进一步说明，共同诉讼是指当事人一方或者双方为两个或者两个以上的诉讼。诉讼法承认这种诉讼形态的目的在于，通过数个当事人同时收集诉讼资料并同时进行审理，节省法院与当事人的时间和劳动，避免不同

[①] 最高人民法院民事审判第一庭. 最高人民法院人身损害赔偿司法解释的理解与适用. 北京：人民法院出版社，2004：76-77.

第五章 《民法典》规定共同侵权的被侵权人可否选择连带责任人承担责任

法院作出的判决相互抵触。共同诉讼的概念和制度起源于德国,后世中各国逐渐形成了必要的共同诉讼和普通的共同诉讼两种基本的共同诉讼形态。在前者,各个争议的诉讼标的是同一的;在后者,各个争议的诉讼标的属于同一种类。必要的共同诉讼又分为固有的必要共同诉讼和类似的必要共同诉讼,固有的必要共同诉讼中,所有的利害关系人必须被一同起诉或者被起诉,否则当事人即为不适格;类似的必要共同诉讼中,当事人可以选择一同或者分别起诉或者应诉,选择一同起诉或者应诉,须对全体共同诉讼人的诉讼标的予以合一确定,由法院对其作出统一的裁判。在我国《民事诉讼法》将共同诉讼分为两种,诉讼标的同一的,就属于必要的共同诉讼,当事人必须一同起诉或者应诉,法院必须合并审理。如果被侵权人仅起诉部分共同侵权人,必要的共同诉讼不可分之诉的性质就要求法院应当追加其他共同侵权人作为共同被告。[①] 对2020年人身损害赔偿司法解释第2条规定,起草人未作出说明,应当还是以这样的理论作为解释基础。

(二) 对违反《民法典》规定的被侵权人对侵权连带责任人选择权解释的理论分析

在上述司法解释中,通过将侵权连带责任诉讼解释为必要的共同诉讼,通过民事诉讼法的理论否定被侵权人对侵权连带责任人的选择权,似乎是有道理的。但是,这些说法是不符合《民法典》第178条和第518条的要求。

1. 不能把共同侵权连带责任之诉解释为固有的必要共同诉讼

上述司法解释否定被侵权人对侵权连带责任人选择权的主要理论依据是,侵权连带责任诉讼是固有的必要共同诉讼。本书认为这个命题是错误的原因如下:

第一,必须追加全部连带责任人参加诉讼违反连带责任的实体法规则的要求。在民法的基本法律关系中,所有的连带债务或者连带责任,都是多数人之债或者多数人责任,债务人或者责任人均为二人以上。无论是《民法典》第518条至第520条关于连带债务的规定,还是第178条关于连带责任的规定,债权人或者被侵权人都对连带债务人、连带责任人享有选择权,行使该选择权,可以选择部分或者全部连带债务人、连带责任人承担责任。只要选择权人选择了部分连带债务人、连带责任人承担全部债务或者责任,不论选择的是一人还是数人,都不会由全体连带债务人或者连带责任人参加诉讼。因此,不论

[①] 最高人民法院民事审判第一庭. 最高人民法院人身损害赔偿司法解释的理解与适用. 北京:人民法院出版社,2004:78-79.

债权人或者被侵权人是选择一个还是选择数个连带债务人、连带责任人作为被告起诉，都符合《民法典》关于连带债务、连带责任的上述规定。如果债权人或者被侵权人能够证明一人或者数人承担的责任构成连带债务或者连带责任，就没有必要追加其他连带债务人或者连带责任人参加诉讼。反之，如果债权人或者被侵权人只起诉一个或者数个连带债务人、连带责任人为被告，并主张被起诉的债务人、责任人承担全部债务或者赔偿责任，法院就应当依法准许。如果法院依照职权追加没有起诉的连带债务人、连带责任人参加诉讼，使之作为固有的必要共同诉讼的共同被告被一并确定责任，就必然限制甚至剥夺了被侵权人对侵权连带责任人的选择权，进而损害被侵权人的利益，增加其诉讼成本，直接违反矫正正义的要求。

第二，侵权连带责任诉讼不是固有的必要共同诉讼。固有的必要共同诉讼的基本特点是，共同被告人必须同时被起诉，同时到庭，确定当事人之间的权利义务争议，侵权连带责任诉讼不具有这样的特点。

《民法典》第518条第1款第二分句中规定："债务人为二人以上，债权人可以请求部分或者全部债务人履行全部债务"。可以请求部分或者全部债务人履行全部债务，就是债权人的选择权，选择部分债务人承担全部债务，直接就可以确认其承担全部债务，当然不是必须将其他连带债务人一并起诉或者追加。第178条第1款规定："二人以上依法承担连带责任的，权利人有权请求部分或者全部连带责任人承担责任。"这一条文说得更清楚，即权利人的选择权具有形成权的属性，一经权利人选择，被选择的连带责任人就须承担连带责任，无须追加其他没有被起诉的连带责任人参加诉讼，直接确定连带责任的承担。

由此可以得知，连带债务或者连带责任的本质就是，每一个连带债务人、连带责任人都须对全部债务、全部责任负有全部清偿义务、责任。正因为如此，连带债务、连带责任才成其为"连带"的债务或者责任，而不是"按份"的债务或责任。依照实体法的这种规定，侵权连带责任诉讼就不是固有的必要共同诉讼，而是类似的必要共同诉讼。

有的学者认为，侵权连带责任是固有的必要共同诉讼，只有连带责任人全部参加诉讼，才能够查清事实，确定责任的承担，包括中间性责任和最终责任。至于连带承担责任则可以放在判决的执行程序中处，赔偿权利人可以请求其中一个或者数个或者全部连带责任人承担赔偿责任，然后他们之间再进行追偿。[①] 这样的意见本末倒置：既然法院已经确认了连带责任及每一个连带责

---

① 陈现杰.《最高人民法院关于审理人身损害赔偿案件适用法律若干问题的解释》的若干理论与实务问题解析.法律适用，2004（2）：3-8.

第五章 《民法典》规定共同侵权的被侵权人可否选择连带责任人承担责任

任人的责任份额，何不就依此强制执行，还搞什么执行上的连带责任呢？若如此进行，《民法典》对于权利人的利益最大化、诉讼负担的最小化及其选择权的保障，就完全化为乌有，受到侵害的只能是被侵权人。《民法典》第130条规定了自我决定权，即"权利主体按照自己的意愿依法行使民事权利，不受干涉"。司法解释以民事诉讼法理为依据，干涉被侵权人行使对侵权连带责任人的选择权，侵害了民事主体的自我决定权。

2. 如何理解被侵权人放弃对其他连带责任人请求权的解释

2020年人身损害赔偿司法解释第2条第1款第二句规定："赔偿权利人在诉讼中放弃对部分共同侵权人的诉讼请求的，其他共同侵权人对被放弃诉讼请求的被告应当承担的赔偿份额不承担连带责任。"什么是被侵权人在诉讼中放弃对部分共同侵权人的诉讼请求呢？

民事权利，是实现某种民事利益的可能性，民事主体可以在权利范围内自由地行为。[①] 对是否行使某种民事权利实现该种民事利益，权利人有权决定，可以行使、实现，也可以不行使、不实现。被侵权人对应当承担侵权连带责任的人放弃赔偿权利，其实是免除数个连带责任人中的一个连带责任人的责任，是合法的、有效的。这正是《民法典》第520条第2款关于"部分连带债务人的债务被债权人免除的，在该连带债务人应当承担的份额范围内，其他债务人对债权人的债务消灭"规定的主旨。

但是，一个被侵权人放弃请求某一个连带责任人承担赔偿责任，应当有其内在的原因。须知，被侵权人只要不起诉某一个或者数个连带责任人而只起诉其他连带责任人就可以请求承担全部赔偿责任，何必一定要放弃对不起诉的连带责任人的赔偿权利呢？唯一的解释，就是按照前述司法解释第2条的内在逻辑推论，法院应当追加没有被起诉的其他侵权连带责任人作为共同被告，只要被侵权人不同意追加，就视为其放弃对其他侵权连带责任人的诉讼请求。司法解释还规定法官有释明权，可以将被侵权人不起诉其他侵权连带责任人的利害关系告知原告，原告如果坚持不追加其他侵权连带责任人，就是在行使自己的选择权，却被认定为放弃对该侵权连带责任人的请求权，其他共同侵权人对被放弃诉讼请求的连带责任人应当承担的赔偿份额就不再承担责任。因而，被侵权人起诉谁，就判决被起诉的侵权连带责任人仅对其应当承担的最终责任份额承担责任，对没有被起诉或者追加的共同侵权人的赔偿责任不仅不能判令他们承担，而且被起诉的共同侵权人也不承担——这就是"放弃"诉讼请求的后果。对于被侵权人放弃诉讼请求的后果不仅要告知，并且还要在法律文书中叙

[①] 王利明. 民法总则研究. 3版. 北京：中国人民大学出版社，2018：402.

明，让被侵权人对法院要追加而被侵权人不追加侵权连带责任人的后果"背锅"。这样的强势规定，是置《民法典》第518条和第178条的规定于不顾，法院可以背其规定而为之。

3. 不追加即为放弃请求权能够平衡共同侵权人之间的利益关系吗？

有的法官认为，解释共同侵权连带责任是必要共同诉讼，不起诉、不追加连带责任人就是被侵权人放弃对其行使请求权的目的，是平衡共同侵权人之间的利益关系。① 这样的说法是不对的。

所有的连带债务、连带责任，义务人、责任人之间的利益关系本来就是不平衡的，特别是在中间责任的承担上更不平衡。法律认可这种连带债务人、连带责任人之间的利益不平衡，正是为了区别连带责任与按份责任之间的不同，以更好地保护债权人、被侵权人的权利，保障其权利实现的利益最大化和诉讼负担最小化。须知，连带债务的本质在于互为担保，旨在便于债权实现，非为行使权利设置障碍。实体法尚且如此规定，倘若法院对共有财产涉讼的当事人适格问题置若罔闻，一意孤行，强令共同诉讼，何以实现实体法的制度趣旨？② 反之，按份责任才是义务人、责任人之间利益关系平衡的典范；通过连带债务和连带责任的债务人、责任人之间利益关系的不平衡，实现的却是债权人、被侵权人与连带债务人、连带责任人之间的利益平衡。没有这样的利益平衡，就不存在连带债务、连带责任的价值，债权人、被侵权人的权利保障就无法实现。2020年人身损害赔偿司法解释第2条追求连带责任人之间的利益平衡，却以牺牲被侵权人与连带责任人之间的利益平衡为代价，违背了《民法典》规定侵权连带责任的宗旨，最终的结果是将连带责任等同于按份责任。

（三）2020年人身损害赔偿司法解释第2条违反《民法典》之规定的关键

基于以上的分析，2020年人身损害赔偿司法解释第2条违反《民法典》第518条和第178条之规定的错误是明显的。再进一步分析，这个错误的关键表现为以下两点。

1. 解释的要害是剥夺被侵权人对侵权连带责任人的选择权

该解释将侵权连带责任诉讼确定为固有的必要共同诉讼，继而规定被侵权人不起诉全部侵权连带责任人，法院就"应当"追加没有被原告起诉的侵权连

---

① 陈现杰.《最高人民法院关于审理人身损害赔偿案件适用法律若干问题的解释》的若干理论与实务问题解析. 法律适用，2004（2）：3-8.

② 段文波. 德日必要共同诉讼"合一确定"概念的嬗变与启示. 现代法学，2016（2）：149-165.

第五章 《民法典》规定共同侵权的被侵权人可否选择连带责任人承担责任

带责任人参加诉讼,以实现"全案全审"的目的。而《民法典》第178条和第518条的规定是"权利人有权请求部分或者全部连带责任人承担责任"或者"可以请求部分或者全部债务人履行全部债务"。在前述解释下,被侵权人的对侵权连带责任人的选择权被完全剥夺,没有选择的余地,剩下的就是全体侵权连带责任人全部到案,实现"全部债务人履行全部债务"或者"全部连带责任人承担责任",使法律规定的被侵权人对连带债务人利益的倾斜保护目的丧失殆尽。如果被侵权人不同意追加某个或者某些侵权连带责任人参加诉讼,则认为其放弃了对这些侵权连带责任人的请求权,使自己的赔偿权利不能全部实现。

2. 使实体法服从于程序法的要求

该解释之所以敢于剥夺被侵权人对侵权连带责任人的选择权,其基本理论就在于使实体法服从程序法,实现程序法对实体法的掣肘。

毫无疑问,程序法在司法实践中的重要价值和重要意义是不能否认的,不能"重实体而轻程序",因为程序权利是实现实体权利的保障。但是,任何"轻实体而重程序"的做法更是错误的,因为实体权利不是实现程序权利的保障。

将侵权连带责任诉讼的属性界定为固有的必要共同诉讼,进而造成剥夺被侵权人对侵权连带责任人选择权的后果,就是"重程序而轻实体"的典型表现。应当看到,共同侵权责任诉讼确实是必要共同诉讼,但是,由于《民法典》第178条和第518条规定被侵权人对侵权连带责任人享有选择权,有权起诉部分连带责任人承担全部责任,也有权起诉全体连带责任人承担责任,并且将起诉部分连带责任人排列在前,就是要被侵权人在侵权连带责任的保障下,用最简捷、最方便、最有利于本人的方法实现其侵权损害赔偿请求权。基于该选择权,这样的侵权连带责任诉讼就不是固有的必要共同诉讼,而是类似的必要共同诉讼,所有的连带责任人是否都应当参加诉讼接受审判,由被侵权人决定,而不是由法官决定,实行的是当事人主义而不是法官职权主义。

程序法应当保障实体法的适用。《民事诉讼法》第2条规定:"中华人民共和国民事诉讼法的任务,是保护当事人行使诉讼权利,保证人民法院查明事实,分清是非,正确适用法律,及时审理民事案件,确认民事权利义务关系,制裁民事违法行为,保护当事人的合法权益,教育公民自觉遵守法律,维护社会秩序、经济秩序,保障社会主义建设事业顺利进行。"其中"保护当事人行使诉讼权利"的目的,是"保证人民法院查明事实,分清是非,正确适用法律,及时审理民事案件,确认民事权利义务关系,制裁民事违法行为,保护当事人的合法权益"。这就明确了实体法与程序法的关系。2020年人身损害赔偿司法解释第2条将侵权连带责任诉讼强制装进固有的必要共同诉讼里,不惜牺性被侵权人的选择权，摆错了程序法和实体法的正常关系。这样做，或许可以"保证人民法院查明事实，分清是非"，但是不能"正确适用法律，及时审理民事案件，确认民事权利义务关系，制裁民事违法行为，保护当事人的合法权益"。

四、保障被侵权人对侵权连带责任人选择权的具体措施

为了保障被侵权人对侵权连带责任人选择权的享有和行使，还应当说明在司法实践中和理论上应当采取的必要措施。

（一）废止 2020 年人身损害赔偿司法解释第 2 条

应当立即废止 2020 年人身损害赔偿司法解释第 2 条。《民法典》关于连带责任、连带债务的规定已经十分完备，没有必要再作烦琐的、不正确的，甚至违反《民法典》规定的司法解释。2004 年人身损害赔偿司法解释第 5 条作出这样的解释就是错误的。由于《侵权责任法》的纠正，该司法解释不再发挥作用。在《民法典》对此规定了更加详细、准确的规则之后，2020 年人身损害赔偿司法解释第 2 条继续坚持这样的错误解释，是错上加错，违反了《民法典》的规定，剥夺了被侵权人的选择权，使《民法典》的规定不能正确施行。因此，应当尽早将这一条司法解释予以废止，以保障《民法典》的规定正确实施。

（二）侵权连带责任诉讼的属性为类似的必要共同诉讼

侵权连带责任诉讼的属性不是固有的必要共同诉讼，而是类似的必要共同诉讼。

《民事诉讼法》第 52 条规定："当事人一方或者双方为二人以上，其诉讼标的是共同的，或者诉讼标的是同一种类、人民法院认为可以合并审理并经当事人同意的，为共同诉讼。共同诉讼的一方当事人对诉讼标的有共同权利义务的，其中一人的诉讼行为经其他共同诉讼人承认，对其他共同诉讼人发生效力；对诉讼标的没有共同权利义务的，其中一人的诉讼行为对其他共同诉讼人不发生效力。"共同诉讼是诉讼主体的合并[①]，其意义在于简化诉讼程序，避免法院在同一事件处理上作出矛盾的判决。

有学者认为，必要共同诉讼分为固有的必要共同诉讼和类似的必要共同诉

---

① 王胜明. 中华人民共和国民事诉讼法释义. 2 版. 北京：法律出版社，2012：93.

讼。① 德国和日本民事诉讼法的理论，也是把必要共同诉讼分为固有的必要共同诉讼和类似的必要共同诉讼。②

类似的必要共同诉讼是指数人对作为诉讼标的的法律关系，虽然不要求必须一同起诉或者应诉，当事人有选择是一同起诉或者应诉，还是分别起诉或应诉的权利，但是，一旦选择共同诉讼，则必须对共同诉讼人的诉讼标的合一确定。如果选择单独诉讼，在法律上当事人有单独实施诉讼的权能。但是，法院对其中一人的起诉或应诉的诉讼作出的判决，其效力及于可以作为共同诉讼的其他人，虽然这些人并未提起诉讼和参加诉讼。之所以称之为类似的必要共同诉讼，是因为此种诉讼在某种情况下仍必须合一确定，但又不完全等同于固有的必要共同诉讼，并不要求必须一同起诉或应诉。其特点是：第一，共同诉讼人各自具有独立实施诉讼的权能，可以单独起诉或者应诉；第二，在单独实施的诉讼中，法院所作出的确定判决，对其他没有参与诉讼的利害关系人有拘束力，也就是发生既判力扩张的情形；第三，其他人作为共同诉讼人参加诉讼时，共同诉讼人的地位与固有的必要共同诉讼相同，同样适用固有的必要共同诉讼人相互关系的处理原则。③

最高人民法院有关人员解释认为，从是否需要合并审理出发，必要的共同诉讼包括三类情形：一是固有的必要共同诉讼，诉讼标的同一，诉讼标的必须合一确定，否则，构成诉讼主体不适格，如处于同一顺序的遗产继承人为多个的情形，又如涉及多个共有权人诉讼的情形；二是类似的必要共同诉讼，诉讼标的是共同的，但是共同诉讼人一方不必全体一致参加诉讼，当事人可以选择是共同诉讼还是单独提起诉讼，但是，一旦选择参加共同诉讼，法院就要对全体共同诉讼人作出一致的判决，如股东派生之诉、撤销股东会议决议之诉等；三是牵连性的必要共同诉讼，是指虽诉讼标的不同一，但是由于当事人间存在事实或法律上的牵连关系，而有必要作为共同诉讼处理，如共同侵权等连带之债。以上三类共同诉讼中，只有第一类属于不可分之诉，第二类和第三类情形实属可分之诉，应当遵循不告不理原则。④

上述民事诉讼法学权威学者和最高人民法院有关人员，对共同侵权连带责任诉讼的属性，都一致认为不属于固有的必要共同诉讼，而属于类似的必要共同诉讼或者牵连的必要共同诉讼。这正说明，类似的必要共同诉讼制度之所以有确立的必要，其基本的根据就在于实体法向诉讼法发出了"指令"，要求诉

---

① 张卫平. 民事诉讼法. 4版. 北京：法律出版社，2016：145-148.
② 段文波. 德日必要共同诉讼"合一确定"概念的嬗变与启示. 现代法学，2016（2）：149-165.
③ 张卫平. 民事诉讼法. 4版. 北京：法律出版社，2016：148.
④ 杜万华. 最高人民法院民事诉讼法司法解释实务指南. 北京：中国法制出版社，2015：115.

讼法在必要共同诉讼制度上实现与时俱进。有学者进一步指出，类似的必要共同诉讼的意义在于，缓解了固有的必要共同诉讼要求所有的共同诉讼人必须一并起诉和应诉所带来的紧张关系。设立类似的必要共同诉讼形态，有助于强化当事人的程序选择权，控制法院在罗列当事人上的职权膨胀倾向，确保司法公正在确定当事人这个诉讼程序的源头上得到实现。[①]

本书认为，共同侵权连带责任诉讼的特征更符合类似的必要共同诉讼的特征，而不是牵连的必要共同诉讼。理由是：第一，共同侵权连带责任诉讼的诉讼标的是共同的，而不是不同一；第二，共同诉讼人一方不必全体一致参加诉讼，当事人可以选择是共同诉讼还是单独提起诉讼，这正与《民法典》第178条关于"权利人有权请求部分或者全部连带责任人承担责任"的规定相一致；第三，被侵权人一旦选择了部分连带责任人参加共同诉讼，法院就要对全体侵权连带责任人作出一致的判决，该判决对所有的共同侵权人发生法律效力。

上述关于类似的必要共同诉讼的说明如此清晰且具有说服力，不能不予以借鉴。既然共同侵权连带责任诉讼不属于固有的必要共同诉讼，而是类似的必要共同诉讼，那么2020年人身损害赔偿司法解释第2条强行要求追加没有被起诉的侵权连带责任人参加诉讼，剥夺被侵权人对侵权连带责任人的选择权，就是完全没有道理的。

（三）被侵权人是否行使选择权实行当事人主义

被侵权人行使对侵权连带责任人的选择权，应当实行当事人主义，由当事人决定，不能实行法官职权主义，法官不能为被侵权人选择哪些侵权连带责任人作为被告作出决定。这一选择权是《民法典》赋予的形成权，一经权利人行使，应当承担全部赔偿责任的连带责任人就已经确定。对此，法官如果认为审理不便，可以释明，也可以建议原告追加其他没有被起诉的连带责任人为共同被告，如果原告坚持不同意追加就不能追加，法官不能强制干预被侵权人行使选择权。一旦强制进行干预，就不仅剥夺了被侵权人的选择权，还侵害了《民法典》第130条规定的权利人的自我决定权。

（四）被侵权人放弃对部分侵权连带责任人的请求权须自愿而非强制

被侵权人放弃对部分侵权连带责任人的请求权，与被侵权人不起诉部分侵权连带责任人为被告，完全是两回事。被侵权人不起诉部分侵权连带责任人，是行使对连带责任人的选择权，其后果是，没有被起诉的侵权连带责任人应当承担的责任份额被已经起诉的侵权连带责任人连带承担，其承担的是连带责任

[①] 汤维建. 类似必要共同诉讼适用机制研究. 中国法学，2020（4）：240-260.

第五章 《民法典》规定共同侵权的被侵权人可否选择连带责任人承担责任

的中间责任。已经承担了连带责任的责任人有权向没有被起诉的连带责任人行使追偿权进行追偿,实现最终责任的分担。被侵权人放弃对部分连带责任人的请求权,是对该部分连带责任人的最终责任份额的放弃,使其永远不再承担该责任,并且影响到其他连带责任人对该责任的连带承担,即同时也应当免除其他连带责任人对这一部分的连带责任,实际上就是被放弃的连带责任份额在实体上永久消灭,不复存在。

但是,选择权既然是被侵权人所享有的权利,因而放弃必须由权利人明示作出,即以书面或者口头形式作出放弃该权利的意思表示,而不是凡是不起诉某个侵权连带责任人,法官对其释明之后,就可以推定其放弃了对该侵权连带责任人的请求权,继而,被侵权人的选择权就会被剥夺,其实体的赔偿权利就不能全部实现。

因此可以说,2020年人身损害赔偿司法解释第2条规定的所谓赔偿权利人放弃对侵权连带责任人的赔偿权利的规则,是不正确的,是违反《民法典》第518条和第178条的规定的。

规则总结

关于被侵权人对侵权连带责任人享有的选择权,《民法典》第178条和第518条都有明确规定,法律应当予以保障,不能采用任何借口予以限制,更不能予以剥夺。2020年人身损害赔偿司法解释第2条规定违反《民法典》的上述规定,将侵权连带责任诉讼界定为固有的必要共同诉讼,适用固有的必要共同诉讼规则,使被侵权人对侵权连带责任人的选择权无法正常行使,等同于被无端剥夺。将侵权连带责任诉讼定性为类似的必要共同诉讼,不仅符合《民事诉讼法》的基本法理和规定,而且也符合《民法典》第178条和第518条的要求。同时,认定放弃对侵权连带责任人享有的损害赔偿请求权,被侵权人必须有放弃损害赔偿请求权的明示表示,不能以不同意追加未被起诉的侵权连带责任人的行为推定其放弃,进而损害被侵权人的选择权和实体赔偿权利,损害被侵权人的合法权益。

坚持共同侵权的被侵权人对侵权连带责任人的选择权的正确规则是:

1. 共同侵权责任是连带责任,被侵权人是侵权损害赔偿请求权的权利人,对于究竟是起诉全部还是部分连带责任人承担全部赔偿责任,享有选择权。

2. 行使选择权,被侵权人作为侵权损害赔偿请求权的权利人,可以根据自己的利益考量,选择全部连带责任人、部分连带责任人或者一个连带责任人承担全部赔偿责任,实行当事人主义,完全尊重被侵权人对侵权连带责任人的选择权。

3. 非有必要，法官不得强制干预请求权人对连带责任人行使选择权，不能将自己的意志强加于被侵权人，替被侵权人进行选择，更不能武断地宣称被侵权人放弃对没有起诉的连带责任人的损害赔偿请求权。

4. 请求权人选择部分或者单一的连带责任人承担的赔偿责任是中间责任，承担了中间责任的连带责任人对其他没有承担赔偿责任的连带责任人享有追偿权，可以向未承担连带责任的连带责任人追偿，实现侵权连带责任的最终分担。

第六章 《民法典》规定的分别侵权行为在实务中应当如何适用

——分别侵权行为的类型与责任承担

> **实务指引要点**
>
> 1. 《民法典》第1171条和第1172条规定的是两种分别侵权行为,即叠加分别侵权行为和典型分别侵权行为,两者之间还存在半叠加分别侵权行为。
> 2. 叠加分别侵权行为的表现形式是每一个单独侵权行为的原因力叠加在一起,即"100%＋100%＝100%",原因力完全重合,行为人承担连带责任。
> 3. 典型分别侵权行为的表现形式是每一个单独侵权行为须结合在一起才能造成全部损害,即"50%＋50%＝100%",每一个行为人按照行为的原因力比例承担按份责任。
> 4. 半叠加分别侵权行为的表现形式是有的单独侵权行为造成全部损害,有的单独侵权行为造成部分损害,即"100%＋50%＝100%",其责任形态是部分连带责任,每一个行为人就叠加的部分承担连带责任,不叠加部分的责任由造成该损害的行为人自己负担。

我国的侵权责任法理论和实践通常把分别侵权行为称作无过错联系的共同加害行为或者无意思联络的数人侵权行为。依照《民法典》第1171条和第1172条的规定,本书主张将其改称为分别侵权行为,并与共同侵权行为、竞合侵权行为等一道,构成多数人侵权行为体系。

一、我国侵权责任法的分别侵权行为概念的发展

1949年以来，我国侵权责任法对于分别侵权行为概念的发展，归纳起来，可以分为以下四个阶段。

(一)"无名"侵权行为阶段

1949年以来至1980年，我国侵权责任法理论没有分别侵权行为的概念。由于这个概念与共同侵权行为概念紧密相关，因而在研究共同侵权行为的理论中涉及分别侵权行为的概念。

在中央政法干部学校民法教研室编著的《中华人民共和国民法基本问题》一书中，有过对于分别侵权行为的描述，即"那些不具备共同致人损害的特征的几个违法行为，它们之间虽有联系，但也不能作为共同致人损害案件处理，不能让行为人负连带赔偿责任。例如，某企业因会计员擅离职守，被小偷偷去现款二百多元。会计员的擅离职守，固然是给小偷造成了便利条件，与损害事实的发生有连系（应为联系—作者注），但会计员与小偷之间并无共同偷窃现款的意思联络，因此令会计员和小偷对企业负连带赔偿责任，显然是不合理的。会计员的擅离职守与小偷的偷窃行为应根据具体情节分别处理"[①]。这里所述的侵权行为，显然是分别侵权行为，与共同侵权行为相异。此外，在1989年出版的《债权法》一书中也有类似的表述。[②]

在1980年代初，在讨论共同侵权的构成要件时，有的学者否定意思联络为共同侵权行为的本质要件，承认客观的"共同行为"为共同侵权行为[③]，认为共同侵权行为的"客观特征"是"各主体的行为在客观上必须构成一体，并成为损害后果的统一原因"，并主张，"多因一果和偶然相合的侵权行为，各行为主体只根据自己的过错，分别承担，而不承担连带责任"[④]。另一些学者则坚持意思联络说，认为如无主体间的意思联络，则各人的行为就无法在实质上统一起来，因而也不构成共同侵权行为，行为人之间虽有联系，但不应被视作共同致人损害行为而加以处理。例如某干部出差携带差旅费300元，在旅社洗澡时，麻痹大意，将300元现金压于枕头下，门不闭、锁不上就出门了。结果其所带300元全部被小偷偷走。在这里，某干部的麻痹大意，固然给小偷造成

[①] 中央政法干部学校民法教研室. 中华人民共和国民法基本问题. 北京：法律出版社，1958：331.
[②] 覃有土，王亘. 债权法. 北京：光明日报出版社，1989：591-593.
[③] 邓大榜. 共同侵权行为的民事责任初探. 法学季刊，1982 (3).
[④] 沈幼伦. 试析共同侵权行为的特征. 法学，1987 (1).

了便利条件,与损害事实的发生有联系,但某干部与小偷之间并没有共同偷窃现款的意思联络。因此,某干部应对自己行为的过错负一定责任,赔偿一定的损失,但是,如令其和小偷对单位负连带赔偿责任,即全部由某干部赔偿损失,显然是不合理的。① 这个见解显然不当,因为这个案件的性质不是共同侵权行为,也不是分别侵权行为,而是与有过失。② 不过,否定共同过失是共同侵权行为的本质要件,使分别侵权行为的范围大大扩展,这个意见倒是对的。

1986年《民法通则》颁布之后,通说认为共同过错是共同侵权行为的本质要件,共同故意构成共同侵权行为,共同过失也构成共同侵权行为。《民法原理》一书对"共同致人损害"进行了分析③,《民法教程》④、《中国民法教程》⑤ 等著作都对共同侵权行为(共同过错)有深入的讨论,但对分别侵权行为则基本没有论及。这样的做法,与大陆法系通行的做法相同,即从逻辑上推论,不符合共同侵权行为本质要件的数人侵权就是分别侵权行为。不过,在这一时期还没有人这样论述。

(二)提出"无意思联络的数人侵权"阶段

在1990年代初,学界提出了"无意思联络的数人侵权"这一概念⑥,认为"无意思联络的数人侵权,是指数人行为事先并无共同的意思联络,而致同一受害人共同损害"⑦,对于共同侵权行为与无意思联络的数人侵权之间的区别已经开始形成初步认识。有学者认为,由于数人在主观上无意思联络,只是因为偶然因素使各无意思联络人的行为偶然结合而造成同一损害结果。使各行为人的行为结合在一起的因素,不是主观因素而是行为人所不能预见和认识的客观的、外来的、偶然的情况⑧,个别行为偶然聚合而成为损害的原因,每个人的行为只不过是损害产生的一个条件。对无意思联络的数人侵权,依过错程度确定责任,意味着根据案件的具体情况确定各行为人在损害发生时所具有的不同程度的过错,使过错程度重的行为人承担较重的责任,过错程度轻的行为人承担较轻的责任,而没有过错的人则应被免除责任。⑨

---

① 伍再阳. 意思联络是共同侵权行为的必要要件. 法学季刊,1984(2).
② 这个意见错误的根源在于,将干部出差所带的费用作为单位的所有物对待。须知,货币是动产,干部借公款出差,该公款的所有权已经转移为干部享有,单位对干部的权利是债权,而不是物权。
③ 佟柔. 民法原理. 2版. 北京:法律出版社,1986.
④ 江平. 民法教程. 北京:中国政法大学出版社,1988.
⑤ 马原. 中国民法教程. 北京:人民法院出版社,1989.
⑥ 王利明. 侵权行为法归责原则研究. 北京:中国政法大学出版社,1992:293.
⑦ 王利明,杨立新. 侵权行为法. 北京:法律出版社,1996:199.
⑧ 王利明. 民法、侵权行为法. 北京:中国人民大学出版社,1993:366.
⑨ 王利明,杨立新. 侵权行为法. 北京:法律出版社,1996:201.

(三) 使用"无过错联系的共同致害"或者"无过错联系的共同加害行为"阶段

进入21世纪，学者开始普遍使用"无过错联系的共同致害"或者"无过错联系的共同加害行为"等概念，认为无过错联系的共同致害是指数个行为人事先既没有共同的意思联络，也没有共同过失，只是由于行为的客观上的联系，而共同造成同一个损害结果。① 这样，就避免了将共同侵权行为界定在意思联络的狭窄领域，限缩无过错联系的共同加害行为概念的外延。

2004年人身损害赔偿司法解释第3条第2款规定了既无共同故意又无共同过失的共同加害行为。这是我国司法解释第一次肯定这个概念，其中使用了"分别"一词，等于确认了分别侵权行为的概念。其内容是："二人以上没有共同故意或者共同过失，但其分别实施的数个行为间接结合发生同一损害后果的，应当根据过失大小或者原因力比例各自承担相应的赔偿责任。"这是当时最权威的无过错联系的共同加害行为的规定。2009年《侵权责任法》第11条和第12条使用"分别实施"的侵权行为这一概念，对此作出肯定的规定。在学说上，就将这种侵权行为称为无过错联系的共同侵权行为②，或者无意思联络的共同侵权行为中的原因力可分的侵权行为。③ 这些概念都比较冗长，使用起来不够方便，也不够简洁。

(四) 提出"分别侵权行为"概念的阶段

《侵权责任法》公布实施之后，对无过错联系的共同加害行为的研究有了新的发展。2011年，有学者使用了"分别侵权"的概念。④ 2012年，笔者使用了分别侵权行为的概念，认为"分别侵权行为就是无过错联系的共同加害行为"。将《侵权责任法》第12条规定中的"分别实施"概念提炼出来，确定无过错联系的共同加害行为就是分别侵权行为，是非常贴切的。按照《侵权责任法》第12条的规定，分别侵权行为的后果是发生按份责任，每个行为人只对自己的行为后果承担侵权责任，不存在连带责任的问题。⑤ 2013年，笔者再次使用这个概念，认为分别侵权行为在表现形式上，行为人在主观上不关联，在

---

① 杨立新. 侵权法论：上册. 长春：吉林人民出版社，2000：325-328.
② 杨立新.《中华人民共和国侵权责任法》条文释解与司法适用. 北京：人民法院出版社，2010：66.
③ 张新宝. 侵权责任法立法研究. 北京：中国人民大学出版社，2009：245-246.
④ 竺效. 论无过错联系之数人环境侵权行为的类型：兼论致害人不明数人环境侵权责任承担的司法审理. 中国法学，2011 (5).
⑤ 杨立新. 多数人侵权行为及责任理论的新发展. 法学，2012 (7).

客观上也不关联,仅仅是损害后果相关联,其后果是按份责任。① 在此基础上,建立多数人侵权行为与多数人侵权责任之间的对应关系,即共同侵权行为对应连带责任,分别侵权行为对应按份责任,竞合侵权行为对应不真正连带责任,第三人侵权行为对应第三人责任,形成了严密的逻辑关系体系。② 至此,分别侵权行为概念被推到侵权责任法理论的前台,接受理论和实践的检验。

二、对分别侵权行为概念的比较法研究

为了进一步准确揭示分别侵权行为概念的内涵和外延,应当对这个概念进行比较法研究,为确立这一概念的论证提出法理基础。

(一) 德国法

传统的德国侵权法对数人侵权行为以连带责任为基础。于 1887 年公布的《德国民法典》(第一草案)第 714 条规定,数个行为人通过共同行为,如教唆人、实行行为人、辅助人,造成一项损害的,他们作为连带债务人负责。当数个行为人造成了损害,虽然他们没有实施共同行为,但是各自损害的份额无法查明时亦同。③ 反之,依逻辑推论,数个行为人既不是共同行为人,各自的损害份额亦能够查明,就不应认为是共同侵权行为,当然就不必承担连带责任。这种侵权行为其实就是分别侵权行为。

于 1900 年实施的《德国民法典》第 830 条规定了共同侵权行为,学说和判例通常认为该条中的"共同",系指主观的共同,即有共同意思联络④,因而共同侵权行为的范围较窄,不利于救济受害人。近几十年来,德国法从扩大责任范围、及时填补受害人的损失出发,也认为数人虽无意思联络,但若各人对损害所产生的部分无法确定者,应负共同侵权的连带赔偿责任。⑤ 但是,值得重视的是,近年来出现了在多家企业的经营活动造成的大规模损害案件中适用按份责任的讨论。这类产品责任、环境污染责任案件之所以不同于《德国民法典》第 830 条第 1 项第二句规定的对"关系人"课以连带责任的情形,是因

---

① 杨立新. 论竞合侵权行为. 清华法学,2013 (1).
② 杨立新. 多数人侵权行为及责任理论的新发展. 法学,2012 (7).
③ Haben mehrere durch gemeinsames Handeln, sei es als Anstifter, Thäter oder Gehülfen, eien Schaden verschuldet, so haften sie als Gesammtschuldner. Das Gleiche gilt, wenn im Falle eines von mehreren verschuldeten Schadens von den mehreren nicht gemeinsam gehandelt, der Antheil des Einzelnen an dem Schaden aber nicht zu ermitteln ist.
④ 王泽鉴. 民法学说与判例研究:第一册. 北京:北京大学出版社,2009:47.
⑤ 王泽鉴. 民法学说与判例研究:第一册. 北京:北京大学出版社,2009:47.

为大规模侵权案件中被告企业往往只是造成损害的部分侵权行为主体，出于公平原则的考虑，由其承担全部责任不利于企业成长和经济的发展。此外，《德国民法典》第830条第1项第二句规定的情形主要是规范复数"关系人"与单个被害人之间的关系，在大规模侵权案件中，由于侵权人和受害人均规模庞大，具有较明显的特殊性，参考美国于1980年代出现的"市场份额原则"，德国理论界也出现了较多针对连带责任的反思。在医疗过失领域中适用按份责任的主张也引发了关注，讨论基于医生的过失责任与患者的个人体质等差异性以及医学发展水平的限制之间的关系，按照因果关系及原因力理论进行责任的划分。对于事先没有意思联络的多人同时或先后利用某一机会从事侵权行为，而各个侵权行为并不能导致全部后果的，例如哄抢、打砸行为，虽无法查明每个参与侵权人所造成的具体损害份额，但能够确定每个侵权人都只是造成最后损害后果的一部分，适用《德国民事诉讼法》第287条的规定[1]，即法官通过自由裁量可以确定参与共同侵权人具体承担损害赔偿的份额。[2] 这显然与分别侵权行为有关。

共同侵权行为范围的扩大，后果是分别侵权行为范围的缩小。尽管德国侵权法没有分别侵权行为的概念，但实际情况确是如此。

（二）法国法

《法国民法典》在关于侵权行为和准侵权行为的规定中，没有规定共同侵权行为和不构成共同侵权行为的数人侵权。但是，法院的司法实践认可共同责任人的整体（in solidum）债务。1970年4月29日，最高法院第二民事庭认为，同一损害的每一个责任人均应被判处赔偿全部损害，而没有必要考虑本案法官在不同的责任人之间进行的责任分割。这种责任分割仅涉及不同责任人之间的相互关系，而不涉及他们对受害当事人的债务的范围。[3] 可见法国的共同侵权行为范围比较宽泛。同样，《法国民法典》也没有对分别侵权行为作出规定，依据逻辑推理，不符合共同侵权行为的数人侵权，应当是分别侵权行为。

法国法系的其他各国民法差不多都采取法国法的这种做法，但源自法国法系的《魁北克民法典》第1478条规定："数人引起的损害，依他们各自过错的严重程度的比例分担责任。"同样，其第1480条规定："数人共同参与了导致损害的过错行为或分别犯有可以导致损害的过错的，在这两种情形，如不能确

---

[1] 《德国新民事诉讼法》第287条第1款第一句规定："当事人对于是否有损害、损害的数额以及应赔偿的利益额有争论时，法院应考虑全部情况，经过自由心证，对此点作出判断。"
[2] 朱岩. 当代德国侵权法上因果关系理论和实务中的主要问题. 法学家，2004（6）.
[3] 法国民法典. 罗结珍，译. 北京：法律出版社，2005：1091.

定损害实际上由他们中的何人或诸过错中的何过错引起,则他们就赔偿此等损害负连带责任。"按照这样的规定,在多数人侵权行为中,原则上是分别侵权行为,由行为人分担责任,在共同参与的共同侵权行为和共同危险行为中,行为人才承担连带责任。从立法逻辑上观察,这样的做法与通常规定共同侵权行为,将分别侵权行为作为例外的做法相反,不仅与法国法系的做法有所区别,与德国法系的做法也不相同,值得认真研究。

(三)日本法

《日本民法典》对共同侵权行为的规定基本与《德国民法典》一致,而学界的解释论深受法国因果关系理论的影响。《日本民法典》第719条[①]只规定了复数原因行为人引发损害中的三种情况,即第一项前段的狭义共同侵权行为,第二项的教唆、帮助行为,以及第三项的加害人不明的情形,并没有像《德国民法典》第830条或日本旧民法第378条那样,设立一般性的复数原因行为人引发损害的规定。《日本民法典》虽然通过第719条规定共同侵权行为人应当承担连带赔偿责任,但是对共同侵权行为的定义并不明确。对于该条第1项前段的共同侵权行为的成立要件,立法者认为有必要存在共同的意思,但判例采纳了存在客观的关联共同性的认定标准,如山王川诉讼(最高裁判所判决,1968年4月23日判例时报519·17)、四日市诉讼(津地四日市支判,1972年7月24日判例时报672·30)等判决结果,认为不需要侵权行为人之间存在意思联络或共同的认识,只需要客观上共同侵害了他人权利即可。但认为山王川诉讼是单独的侵权行为的观点也不在少数,近些年来学说中主张只有客观性要素并不充分,还应当存在某些主观性要素的观点,认为客观性要素和主观性要素应当并用的观点,以及应当重视共同行为人的实质性关系的观点,都是较为有力的主张。[②] 可见,日本侵权法尽管没有直接规定和特别研究分别侵权行为,但是,不符合共同侵权行为要求的数人侵权就是分别侵权行为的见解,则是一致结论。

(四)英国法

普通法国家没有共同侵权行为和分别侵权行为的概念,但是,通过大量的判例形成了一系列裁判规则。英国学者约翰·萨尔曼德认为,英国侵权法对此

---

① 《日本民法典》第719条规定,共同不法行为人的责任:(1)数人因共同不法行为对他人施加损害时,各自连带负损害赔偿责任。不能知晓共同行为人中的何人施加时,亦同。(2)教唆或者帮助行为人的人视为共同行为不适用前款规定。

② 日本民法典:2017年大修改. 刘士国,牟宪魁,杨贺瑞,译. 北京:中国法制出版社,2018:176.

问题的观点是，"数人若没有共同实施不法行为，但造成共同的损害结果，应对此结果在法律上和事实上负责"，但只应"分别对同一损害负责，而不是共同对同一损害负责"①。这一意见特别鲜明地表明了分别侵权行为的存在和地位。英国法学家帕特里克·阿蒂亚则总结了英国法中两种连带责任的情形，即"协同行动的数侵权人对全部损害负责，即使可以确定每个人对最终损害的贡献，协助或鼓励他人请求的也是如此"，以及"对于数人虽非协同行动，但因过错行为相结合导致损害的，全体须对全部损害负责，只要无法区分个人的贡献"。这一主张区分了协同行动致害与偶然结合致害，认为前者承担连带责任，而后者在可以区分出不同行为导致之损害时，不承担连带责任。② 帕特里克·阿蒂亚的这个论述，区分了共同侵权行为与分别侵权行为的基本界限。

（五）美国法

美国侵权法上的连带责任适用范围，经历了近代扩张和现代萎缩的起伏历史。近 30 年来，美国各州的侵权法呈现了倾向对连带责任废除与限制的趋势。2000 年美国法学会《侵权法重述（第三次）》责任分担编第 11 条规定了单独责任的效力③，第 17 条规定了独立侵权行为人的连带责任或单独责任④，第 18 条则是关于数个侵权行为人对不可分伤害的责任的规定。⑤ 由于损害的不可分性是适用连带责任的关键，而除了数个被告单独造成的损害，如下情况也被认为是可分损害：(1) 一被告造成了全部损害，而另一被告只造成了部分损害；(2) 被告造成了部分损害，而合法行为造成了其他损害；(3) 数个被告相继造成损害；(4) 受害人自己行为造成的可分损害。⑥ 如果属于可分损害，则先不考虑其侵权责任分担的问题，而是将可分损害分割为数个不可分损害后再讨论责任的分担。这在一定程度上限制了连带责任的广泛应用。单独责任的概

---

① 王利明. 侵权行为法归责原则研究. 北京：中国政法大学出版社，1992：357.

② Patrick Atiyah, Peter Cane. Atiyah's Accidents, Compensation and the Law. 4th. London：Weidenfeld and Nicholson，1980：140 - 141. 转引自叶金强. 共同侵权的类型要素及法律效果. 中国法学，2010（1）。

③ 第 11 条规定："当依据适用的法律，某人对受害人的不可分损害承担单独责任时，该受害人仅可以获得该负单独责任者在该受害人应得赔偿额中的比较责任份额。"

④ 第 17 条规定："如有两人或多人的独立侵权行为构成某一不可分损害的法律原因，将由该案司法管辖区的法律确定这些侵权人应否承担连带责任、单独责任或连带责任与单独责任的某种混合责任形态。"

⑤ 第 18 条规定："如果两个或两个以上人的独立侵权行为均构成一不可分损害的法律原因，每个人均对事实调查人分配给该人的原告损害赔偿的比较责任份额承担单独责任，适用本重述第 12 条例外规定的除外。"

⑥ 王竹. 侵权责任分担论：侵权损害赔偿责任数人分担的一般理论. 北京：中国人民大学出版社，2009：17 - 23.

念，就是按份责任的概念。美国侵权法关于数人侵权的单独责任的规定，就是分别侵权行为承担按份责任的规则。

值得重视的是美国侵权法提出的市场份额规则。美国加利福尼亚州上诉法院于1980年审理的辛德尔诉阿伯特制药厂案（Sindell v. Abbott Laboratories）：被告为制造安胎药之药商，该药物名为 diethylstilbestrol，简称DES，行销多年后被发现其中含有致癌物质，服用该药之孕妇日后产出之女婴易罹患癌症。原告辛德尔（Sindell）的母亲曾于怀孕期间经由医师处方服用了该种药物，致使原告在成年后患有癌症。原告以生产该药且市场占有率共计九成以上之五家制药商为共同被告（实际制药商约有二百家）起诉，请求损害赔偿。一审（事实审）法院驳回原告之诉。上诉审法院判决辛德尔胜诉，认定五家制药商均有过失，每家制药商须为损害之发生负全部之赔偿责任（连带责任）。阿伯特制药厂上诉至加州最高法院，要求废弃原判决，判决各制药商不须负全部之赔偿责任，仅需依其产品之市场占有率比例分担之（按份责任）。[①] 加州最高法院确定五家制药商对同一损害须负责任，但以按份责任确定，独具新意，引发了前述讨论。

（六）比较结论

1. 立法例

通过上述比较法的研究可以看到，各国（地区）规范分别侵权行为，主要采取以下方式进行：

一是间接承认分别侵权行为。这种做法是通过立法规定共同侵权行为，确定不符合共同侵权行为要件的数人侵权行为的数个行为人各自承担侵权责任的方式，间接承认分别侵权行为，即非共同侵权行为。有些地区司法实务关于各行为人既无意思联络，其行为又无客观关联共同者，非共同侵权行为，分别负赔偿责任的观点，特别具有典型性。

二是直接确认分别侵权行为。这种立法例是直接承认分别侵权行为，并将共同侵权行为的连带责任作为特例规定。对此，《魁北克民法典》第1478条和第1480条的规定最具有特色。第1478条直接规定分别承担侵权责任的数人侵权即分别侵权行为，其中符合连带责任条件的，方承担连带责任。

三是判例法普遍承认单独责任的分别侵权行为。在英美法系侵权法中，对于承担单独责任的数人侵权行为，尽管没有界定其称谓，但明确认为数人没有共同实施不法行为，但造成共同的损害结果的，应对此结果在法律上和事实上负责，是分别对同一损害负责，而不是共同对同一损害负责这是极为明确的。

[①] 该案参见潘维大．英美侵权行为法案例解析：上．台北：瑞兴图书股份有限公司，2002：270．

英美法上的单独责任,其实就是大陆法系侵权法的按份责任,承担按份责任的侵权行为当然就是分别侵权行为。

2. 立法发展趋向

经过比较法的分析可以看出,在立法上,英美法系侵权法是确认承担单独责任的数人侵权的,而在大陆法系侵权法,一方面,在更多的领域采用按份责任的方法,限制共同侵权行为的连带责任范围,例如市场份额规则的适用;另一方面,出现单独规定承担按份责任的多数人侵权的直接的立法例,对分别侵权行为的间接立法例似乎也在变化中。

三、分别侵权行为概念的内涵界定

(一) 称谓的选择

关于对《民法典》第1171条和第1172条规定的、带有"分别"二字的多数人侵权行为类型,究竟应当如何称谓,我国学界有无意思联络的数人侵权责任[1]、无意思联络的数人侵权行为[2]、数人承担按份的侵权责任[3]、无过错联系的共同加害行为[4]以及分别侵权行为[5]等概念的不同主张。究竟应当用何种概念称谓这种侵权行为形态为妥,分析如下。

第一,凡是用"无意思联络"字样的概念,都不能界定这种侵权行为的特征,也不能以其与共同侵权行为相区别。所谓无意思联络,就是指数行为人之间不具有共同故意。问题是,我国《民法典》第1168条规定的共同侵权行为并非以共同故意为界限,而是包括客观共同侵权行为在内。其中"共同"的含义,一是共同故意,二是共同过失,三是故意行为与过失行为相结合,并非只包括共同故意。[6] 既然如此,将这种侵权行为形态称为"无意思联络",就会与第1168条规定中的共同过失、故意行为与过失行为相结合的形态相混淆,无法区分其界限,因此不宜使用。

第二,"数人承担按份的侵权责任"这种概念也有不当。一是这个概念过于冗长,不适宜使用;二是"按份的"侵权责任不能包含《民法典》第1171

---

[1] 王利明. 侵权责任法研究:上卷. 北京:中国人民大学出版社,2010:569;程啸. 侵权责任法. 北京:法律出版社,2011:270.
[2] 王成. 侵权责任法. 北京:北京大学出版社,2011:117.
[3] 张新宝. 侵权责任法. 2版. 北京:中国人民大学出版社,2010:47.
[4] 杨立新. 侵权责任法. 2版. 北京:法律出版社,2012:123.
[5] 杨立新. 多数人侵权行为及责任理论的新发展. 法学,2012 (7).
[6] 王胜明.《中华人民共和国侵权责任法》条文理解与立法背景. 北京:人民法院出版社,2010:47.

条规定的情形,将承担连带责任的分别侵权行为排斥在外,只能包含第1172条规定的情形。

第三,无过错联系的共同加害行为或者无过错联系的数人侵权这两个概念都比较准确,与分别侵权行为的内涵基本相等,但其缺陷是冗长,不如分别侵权行为这个概念简洁、准确。

基于以上分析,对于《民法典》第1171条和第1172条使用"分别实施"一词规定的侵权行为形态,直接称为分别侵权行为,既符合这两个条文的内容,又直接使用了条文中的"分别"概念,应当是最好的选择。

(二)分别侵权行为概念的内涵

对分别侵权行为概念的界定,学者的意见各不相同。有的认为,所谓无意思联络的数人侵权,是指数个行为人并无共同的过错而因为行为偶然结合致受害人遭受同一损害。① 有的认为,数人承担按份的侵权责任,是指数个责任主体承担共同侵权责任之情形,每一个责任主体只对其应当承担的责任份额负清偿义务,不与其他责任主体发生连带关系的侵权责任。② 有的认为,无过错联系的共同加害行为是指数个行为人事先既没有共同的意思联络,也没有共同过失,只是由于行为在客观上的联系而共同造成同一个损害结果。③ 有的认为,无意思联络的数人侵权是指数个行为人并无共同的过错,但由于数个行为的结合而导致同一损害后果的侵权行为。④

上述这些概念的定义在基本问题上是一致的,都有道理,但应注意的是,定义分别侵权行为不能特别强调按份责任,因为《民法典》第1171条规定承担的责任不是按份责任而是连带责任,强调按份责任就将其排斥在分别侵权行为之外了。

本书采用下述定义:分别侵权行为是指数个行为人分别实施侵权行为,既没有共同故意,也没有共同过失,只是各自行为在客观上的联系造成同一个损害结果的多数人侵权行为。

分别侵权行为具有以下法律特征。

1. 两个以上的行为人分别实施侵权行为

分别侵权行为最基本的特征是行为人为两人以上。这符合多数人侵权行为的要求,因此,分别侵权行为属于多数人侵权行为的范畴。

---

① 王利明. 侵权责任法研究:上卷. 北京:中国人民大学出版社,2010:569.
② 张新宝. 侵权责任法. 2版. 北京:中国人民大学出版社,2010:47.
③ 杨立新. 侵权责任法. 2版. 北京:法律出版社,2012:123.
④ 王成. 侵权责任法. 北京:北京大学出版社,2011:117.

两个以上的行为人实施的行为是分别进行的。所谓"分别",与《民法典》第1168条规定的"共同"相对应,含义是:第一,数个行为人各自进行、自己实施自己的侵权行为,客观上没有关联;第二,各个行为人在各自实施侵权行为时,没有主观上的联系,既没有共同故意,也没有共同过失。分别侵权行为人实际上对其他人各自实施造成他人损害的行为不知情,如果数个行为人有主观上的联系,就不构成分别侵权行为。

2. 数个行为人实施的行为在客观上针对同一个侵害目标

分别侵权行为的数个行为人在实施侵权行为时,尽管没有主观上的联系,但是在客观上,每一个行为人实施的侵权行为实际上都针对同一个侵害目标。

所谓同一个侵害目标,一是指受害人是同一主体,二是指受到损害的是同一主体的民事权利,通常是同一个权利,也有特例。在数个行为人分别实施侵权行为时,受到侵害的是同一主体的同一个权利,当然是同一个侵害目标;受到侵害的是同一主体的不同权利,例如有的行为人侵害的是同一主体的人身权利,有的行为人侵害的是同一主体的财产权利,由于受到侵害的权利的性质不同,不能构成分别侵权行为,而是不同的侵权行为;在数个行为人实施的侵权行为侵害的是同一主体且性质相同的不同权利时,例如数个行为侵害了同一受害人的姓名权、名誉权,构成分别侵权行为。

所谓的"实际上",是说数个行为人实施的行为在客观上目标一致。数个行为人在实施行为时,针对同一个侵害目标并非出自行为人的本意,而是每一个行为人自己的主观选择,或者客观地针对这个侵害目标。主观选择,是指行为人故意实施侵权行为或者过失实施侵权行为(懈怠),对于侵害目标是有选择的、有明确的目的,或者存在侵害该目标的意向。客观地针对该侵害目标,是指在实施过失行为(疏忽)或者在无过错责任原则情形下,侵权行为针对该侵害目标。不论是故意还是过失,数个行为人之间对于同一个侵害目标不是共同选择,而是分别针对,在主观上没有关联。

3. 每一个人的行为都是损害发生的共同原因或者各自原因

分别侵权行为的数个行为人的行为都作用于同一侵害目标,是损害发生的共同原因,或者说是损害发生的各自原因。共同原因,是指数个行为人的行为结合在一起,共同作用于受害人的权利,集中地造成了受害人的同一个损害。各自原因,是指数个行为人的行为分别作用于受害人的权利,造成了受害人同一权利的损害后果。前者例如,有缺陷的淋浴热水器与有缺陷的漏电保护器两件产品结合在一起,共同造成洗浴的人的死亡后果。[①] 后者例如,数个行为人

---

① 王利明. 侵权责任法研究:上卷. 北京:中国人民大学出版社,2010:569-570.

中有的进行诽谤，有的进行侮辱，使同一个受害人受到名誉损害。

在分别侵权行为中，就数个侵权行为对于损害发生的原因力而言，有两种情形：一是，数个行为人行为的原因力相加等于100%（50%＋50%＝100%）；二是，数个行为人行为的原因力相加超过100%，但是损害结果还是一个，即100%（100%＋100%＝100%）。前者如淋浴器与漏电保护器的结合。后者如两个行为人先后向他人饲料中投毒，均有100%的原因力，相加为200%。在分别侵权行为中，前者的原因力比例对于分担责任具有决定性作用，原因力决定责任份额；后者的原因力将导致责任的连带承担，内部份额的确定应当按照原因力相加并除以行为人人数所得比例确定。

4. 造成了同一个损害结果且该结果可以分割

分别侵权行为的一个本质特点是，虽然造成了一个损害结果，但该结果可以分割。在对物的损害中，这种特点尤为明显。例如，甲用汽车运送的现金因肇事撒落，数人争抢，每个人对受害人造成的损害就是可分的。如果受害人所受到的损害不能分割，就有可能属于客观关联共同的共同侵权行为，不构成分别侵权行为。

上述关于分别侵权行为概念的法律特征的分析，都比较抽象。如果从司法实践的角度进行研究，实际上数人实施的侵权行为在排除了竞合侵权行为和第三人侵权行为之后，分为四个等级：（1）主观的共同侵权行为；（2）客观的共同侵权行为；（3）分别侵权行为；（4）各行为人的单独侵权行为。对于那些不符合客观的共同侵权行为要求的二人以上的行为人实施的侵权行为，又不是各个行为人单独实施的侵权行为的，就是分别侵权行为。

（三）和其他多数人侵权行为的联系与区别

1. 分别侵权行为与共同侵权行为

分别侵权行为与共同侵权行为都是多数人侵权行为，其行为主体都是复数即二人以上，都是造成同一个损害结果。分别侵权行为与共同侵权行为的主要区别是：第一，行为人实施侵权行为的性质不同，前者为分别实施，后者为共同实施。分别者，为各自实施，行为人之间在主观上没有相互联系。共同者，为共同实施，数个行为人或者在主观上相联系，具有主观的意思联络，或者在客观上有联系，数个行为结合在一起，造成同一个损害结果。第二，造成的同一个损害后果是否可分。损害后果可分的，一般是分别侵权行为；损害后果不可分的，一般是共同侵权行为，通常是客观共同侵权行为。主观共同侵权行为不作此区分，因为主观方面已经能够将分别侵权行为和共同侵权行为相区别。

2. 分别侵权行为与竞合侵权行为

竞合侵权行为是指两个以上的民事主体作为侵权人，有的实施直接侵权行为，与损害结果具有直接因果关系，有的实施间接侵权行为，与损害结果的发生具有间接因果关系，行为人承担不真正连带责任的多数人侵权行为形态。[①] 分别侵权行为与竞合侵权行为尽管都是多数人侵权行为，行为人都是二人以上，也都是造成同一个损害结果，但是二者的主要区别是：首先，分别侵权行为的数个行为人实施的行为都是直接侵害被侵权人的权利的行为，不存在具有间接因果关系的间接行为人；而在竞合侵权行为的数个行为人中，有的行为人实施的行为是直接行为，有的行为人实施的行为是间接行为。其次，在竞合侵权行为中，有的行为是损害发生的全部原因，具有100%的原因力，有的行为仅是损害发生的间接原因，属于提供必要条件或者提供机会的性质；而分别侵权行为的数个行为人的行为都是损害发生的直接原因，都具有直接的原因力。最后，竞合侵权行为造成的损害结果就是直接行为引发的，直接行为是损害发生的全部原因，造成的损害结果不存在可分不可分的问题，与分别侵权行为的同一损害结果须为可分的情形完全不同。

3. 分别侵权行为与第三人侵权行为

第三人侵权行为是指第三人由于过错，通过实际加害人的直接行为或者间接行为，造成被侵权人民事权利损害，应当由第三人承担侵权责任、实际加害人免除责任的多数人侵权行为。第三人侵权行为的主要特点是实际加害人造成损害，第三人的过错是损害产生的全部原因，造成损害的行为只有这一个，只由第三人承担责任，实际加害人不承担责任；实际加害人的行为尽管是造成损害的原因，但其对损害的发生毫无过错。而分别侵权行为中的每一个行为人都是造成实际损失的加害人，每一个行为人对于损害的发生都有过错，每一个行为人都是责任人。因此，第三人侵权行为与分别侵权行为尽管都是多数人侵权行为，但在性质上有原则性区别。

四、分别侵权行为概念的外延

《民法典》规定的分别侵权行为究竟包括哪些内容？学者的意见并不相同。

一种意见认为：分别侵权行为只包括《民法典》第1172条规定的内容，即只有承担按份责任的分别侵权行为；第1171条规定的情形属于叠加的共同侵权

---

① 杨立新. 论竞合侵权行为. 清华法学，2013（1）.

第六章 《民法典》规定的分别侵权行为在实务中应当如何适用

行为,不属于共同侵权行为。① 这种意见的基础是,凡是分别侵权行为都承担按份责任,将承担连带责任的第1171条规定的情形放在共同侵权行为概念之中,使多数人侵权行为的类型以责任形态为标准,划分比较整齐,逻辑更加清晰。

另一种意见认为,将《民法典》第1171条和第1172条作为同一种类型的侵权行为形态划分,都是无意思联络的数人侵权,分别称之为"累积因果关系的无意思联络数人侵权"和"聚合因果关系的无意思联络数人侵权"②,也有学者称之为"多数人无过错联系但承担连带责任的分别侵权"与"多数人无过错联系但承担按份责任的分别侵权"③。

这两种不同意见的焦点在于,将《民法典》第1171条规定的侵权行为认定为共同侵权行为还是分别侵权行为。依据第1171条,其对侵权行为的表述是"分别实施侵权行为",对后果责任的表述是"连带责任"。如果依据责任后果的规定将其界定为共同侵权行为,没有特别的错误;依据对侵权行为的表述将其界定为分别侵权行为,则更为准确。将其界定为共同侵权行为的好处是,责任后果与共同侵权行为同属于一个类型,都承担连带责任,且与规定共同侵权行为、教唆帮助行为和共同危险行为相衔接,似乎顺理成章;同时,共同侵权行为增加一个类型,分别侵权行为减少一个类型。如果将其界定为分别侵权行为,则分别侵权行为的外延比较复杂,将有两种不同的分别侵权行为,分别承担按份责任或者连带责任;同样,共同侵权行为减少一个类型,分别侵权行为增加一个类型。

经过比较分析,将《民法典》第1171条规定的侵权行为界定为共同侵权行为还是分别侵权行为的利弊相差无几。不过,有一个重要的问题促使立法者下决心,那就是,既然《民法典》第1171条对侵权行为的表述是"分别实施侵权行为",第1172条对侵权行为的表述也是"分别实施侵权行为",那么从行为形态的角度进行界定,应当认定第1171条和第1172条规定的侵权行为类型是同一种侵权行为形态,即分别侵权行为,并且与第1168条规定的"共同实施侵权行为"的概念相对应。因此,应当采用两种分别侵权行为的见解。

对《民法典》第1171条规定的分别侵权行为究竟应当怎样称谓?有的称之为"累积的"④,有的称之为"叠加的"⑤,有的称之为"承担连带责任的"⑥。

---

① 杨立新.侵权责任法.2版.北京:法律出版社,2012:124、113.
② 王利明.侵权责任法研究:上.北京:中国人民大学出版社,2011:572.
③ 竺效.论无过错联系之数人环境侵权行为的类型:兼论致害人不明数人环境侵权责任承担的司法审理.中国法学,2011(5).
④ 王利明.侵权责任法研究:上.北京:中国人民大学出版社,2011:535.
⑤ 张新宝.侵权责任法.2版.北京:中国人民大学出版社,2010:45.
⑥ 王成.侵权责任法.北京:北京大学出版社,2011:117.

本书认为,"累积的"只表述了行为原因重合的形式,属于定性表述,而不是定量表述。"承担连带责任"的表述则过于直白,没有将这种侵权行为称谓固定。"叠加"一词,既有定性表述,又有定量表述,因此,称之为叠加分别侵权行为,更明确、更准确。

至于《民法典》第1172条规定的分别侵权行为,由于过去只将分别侵权行为界定为这一种,因此不存在命名的问题。[①] 将叠加分别侵权行为并入分别侵权行为之后,对此必须重新命名,以与叠加分别侵权行为相区别。对此,有的称为"数人承担按份的"[②],有的称为"承担按份责任的"[③],有的称为"聚合的"或者"以部分因果关系表现的"[④]。这些表述都对,但称作典型分别侵权行为可能会更好,因为在通常情况下,对分别侵权行为就应当承担按份责任,而叠加分别侵权行为是分别侵权行为的非典型形态。不过,"典型"表述与"聚合"、"承担按份责任"或者"以部分因果关系表现"等表述都没有实质的区别。

据此,分别侵权行为概念的外延包括典型分别侵权行为和叠加分别侵权行为。不过,在分别实施侵权行为的数人中,一人的侵权行为足以导致全部损害的发生,而另一人的侵权行为却仅能造成部分损害的[⑤],究竟是属于叠加分别侵权行为,还是属于典型分别侵权行为?有的归之于典型分别侵权行为[⑥],有的归之于叠加分别侵权行为。[⑦] 本书认为,对这种情形《民法典》没有明确规定,其应当属于两种分别侵权行为类型的中间状态,更侧重于原因力的叠加,应当属于部分叠加或者半叠加分别侵权行为。

故分别侵权行为的外延可以被界定为:(1)典型分别侵权行为;(2)叠加分别侵权行为;(3)半叠加分别侵权行为。

(一)典型分别侵权行为

1. 典型分别侵权行为的概念和特点

典型分别侵权行为,是指数个行为人分别实施侵权行为,既没有共同故意,也没有共同过失,只是由于行为人各自行为在客观上的联系而造成同一个损害结果,应当承担按份责任的分别侵权行为。

---

① 杨立新. 多数人侵权行为与责任理论的新发展. 法学,2013 (1).
② 张新宝. 侵权责任法. 2版. 北京:中国人民大学出版社,2010:47.
③ 王成. 侵权责任法. 北京:北京大学出版社,2011:117.
④ 王利明. 侵权责任法研究:上卷. 北京:中国人民大学出版社,2010:572、576.
⑤ 程啸. 侵权责任法. 北京:法律出版社,2011:274.
⑥ 程啸. 侵权责任法. 北京:法律出版社,2011:274.
⑦ 杨立新. 侵权责任法. 2版. 北京:法律出版社,2012:113.

典型分别侵权行为与共同侵权行为最为相似，二者相比较，显著区别有以下四点：

第一，在主观上，分别侵权行为人没有共同过错，既不存在主观上的意思联络，也不可能对自己的行为会与他人的行为发生结合造成被侵权人的同一损害有事先的预见，即既没有共同故意也没有共同过失。而共同侵权行为在主观方面或者具有共同的意思联络，或者具有客观的关联共同，包括共同过失。

第二，在客观上，分别侵权行为的数个行为人的行为是分别实施的，尽管造成了同一个损害结果，但该损害结果是可以分割的，而不是不可分割的。而客观共同侵权行为中的数个行为人虽然也没有共同故意或者共同过失，但是他们的行为紧密关联，构成了一个侵权行为，造成了同一个损害，而且该损害结果是不可以分割的。

第三，在行为的表现形式上，分别侵权行为的每一个行为人实施的行为都是一个单独行为，分别侵权行为是行为人分别实施的数个侵权行为，只是行为在客观上造成了同一个损害结果。而共同侵权行为是一个侵权行为，即使数人实施，该数个行为也在主观上关联共同，或者在客观上关联共同，构成完整的、单独的、独立的侵权行为，在行为的数量上只是一个侵权行为。

第四，在后果上，分别侵权行为承担的法律后果是按份责任，每一个行为人只对自己的行为引起的损害后果承担按份责任，而不是对整体的行为后果承担连带责任。而共同侵权行为承担的法律后果是连带责任，每一个共同侵权人都对整体的损害后果承担全部的赔偿责任，实行对外连带对内也连带。

综合起来，典型分别侵权行为的构成要件是：第一，行为人为二人以上；第二，数个行为人分别实施了侵权行为；第三，数个行为人的行为不构成引起损害的同一原因，而是各个行为对损害后果的发生分别产生作用，具有原因力①；第四，数人的行为造成同一个损害结果，损害结果具有同一性。符合这些要件要求的，构成典型分别侵权行为。可以得出一个结论，即数人侵权，行为人有共同故意的，对于损害后果不存在可分不可分的问题，都属于共同侵权行为；对于客观共同侵权行为与典型分别侵权行为，因无主观上的关联，因而通常认为，同一损害后果不可分的为客观共同侵权行为，同一损害后果可分的②为典型分别侵权行为。

2. 典型分别侵权行为的按份责任

对于分别侵权行为的赔偿责任应当如何承担，历史上曾经有过不同主张，

---

① 张新宝. 侵权责任法原理. 北京：中国人民大学出版社，2005：82.
② 美国侵权法关于单独责任的规则，实际上就是采用这样的标准。

例如有的认为:"数人主观上无意思联络,仅因行为偶合导致损害后果发生,若各人的加害部分无法单独确定,则应以共同侵权论,各人对损害应承担连带赔偿责任。"[1] 这是说,对无过错联系的数人致害,能确定各人的损害部分的,就单独承担责任;如果各人的加害部分无法单独确定,则承担连带责任。有的认为,各人的损害部分能够单独确定行为人的,行为人只对自己行为的后果负责;如果各行为人的加害部分无法单独确定,则应按公平原则,由法院根据案件的具体情况,令行为人分担适当的责任。[2] 这些不同意见,经过讨论和实践,后来都统一了,都认为既然构成分别侵权行为,就应当各自承担按份责任,不实行连带责任。理由是:无过错联系的各行为人没有共同过错,其行为不具备共同侵权行为的本质特征,因而各行为人也就不应当承担共同侵权行为的民事责任。共同侵权行为的责任以连带责任为特点,如果令无过错联系的共同加害行为人承担连带责任,则是将其作为共同侵权行为处理了。反之,依照按份责任处理,则既考虑了这种行为与共同侵权行为的区别,也体现了这种行为本身对其责任形态的要求。《民法典》第1172条采纳了这种意见,确定典型分别侵权行为承担按份责任。

因而,确定典型分别侵权行为的责任,应当依照以下规则处理:第一,各个分别侵权行为人对各自的行为所造成的后果承担责任。典型分别侵权行为属于单独侵权而非共同侵权,各行为人的行为只是单独行为,各行为人只能对其行为所造成的损害后果负责。在损害结果单独确定的前提下,应当责令各行为人就其行为所造成的损害承担赔偿责任。这是按份责任的体现。第二,依照分别侵权行为人各自行为的原因力确定责任份额。在无法确定共同损害结果中自己的行为所造成的后果时,按照各行为人所实施行为的原因力,按份额各自承担责任。分别侵权行为的多数情况是有一个共同的损害结果,因此应当将赔偿责任确定为一个整体责任,依据各行为人的行为对损害后果的原因力划分责任份额,由各行为人按照自己的份额承担责任。第三,无法区分原因力的,各行为人应当平均承担责任,确定各自应当承担责任份额。第四,不实行连带责任,各个行为人只对自己的行为承担责任,不对他人的行为后果负责。

(二) 叠加分别侵权行为

1. 叠加分别侵权行为的概念和特点

叠加分别侵权行为是指数个行为人分别实施侵权行为,既没有共同故意,

---

[1] 蓝承烈. 连带侵权责任及其内部求偿权. 法学实践,1991 (1).
[2] 王利明. 侵权行为法归责原则研究. 北京:中国政法大学出版社,1992:296.

也没有共同过失,每一个行为都足以引起损害结果,因行为叠加而造成同一个损害结果,各个行为人应当承担连带责任的分别侵权行为。

叠加分别侵权行为与共同侵权行为相比较,最突出的特点是行为人是分别实施侵权行为,存在数个侵权行为的结合,而不是一个侵权行为。共同侵权行为中,不论是主观共同侵权行为还是客观共同侵权行为,都是由于行为人的主观意思联络,或者因共同过失,或者因客观关联共同,数人实施的行为成为一个侵权行为,因此构成是一个完整的连带责任。例如,前一个肇事司机将行人撞成致命伤后逃逸,后一个肇事司机将该行人轧死,两个行为人的行为都足以造成该行人死亡的后果。又如,一个人将他人的内脏刺伤,另一个人又刺伤其内脏,两处刺伤均为致命伤,造成死亡结果。这两种情形都构成叠加分别侵权行为,都与共同侵权行为不同。

《民法典》第1171条规定的叠加分别侵权行为,与典型分别侵权行为的主要区别在于,典型分别侵权行为是每一个行为人实施的侵权行为的原因力相加,刚好等于100%的原因力。而叠加分别侵权行为的每一个行为人实施的侵权行为的原因力都是100%的原因力,都足以造成全部损害。

2. 叠加分别侵权行为承担连带责任

叠加分别侵权行为的数个行为人承担连带责任。其基本规则如下。

(1) 对外的中间责任。

连带责任的对外效力是一个侵权责任。被侵权人可以向数个行为人中的任何一个行为人请求承担全部赔偿责任,每一个分别侵权行为人都应当就全部损害承担赔偿责任。对此,侵权人应当依照《民法典》第187条规定的规则承担中间责任。

(2) 对内的最终责任。

连带责任的内部效力,是对数个连带责任人确定最终责任,应当按照份额确定。对此,应当按照《民法典》第187条规定的规则进行:一是连带责任人根据各自责任大小确定相应的赔偿数额,难以确定责任大小的,平均承担赔偿责任。二是承担中间责任超过自己赔偿份额的连带责任人,有权向其他连带责任人追偿,实现最终责任。

在确定份额上,叠加分别侵权行为的连带责任与共同侵权行为的连带责任的责任份额确定有所不同。构成共同侵权行为,其确定责任份额的基本方法是按照每一个共同侵权人的过错程度和行为原因力大小确定比例。事实上,每一个共同侵权人的过错比例和原因力比例是多少,其就承担多大的份额责任。由于叠加分别侵权行为的每一个侵权人的行为原因力都是100%,因此不能依照过错比例和行为的原因力确定责任份额,只能将每一个人的行为的原因力相加，再按照行为人的数量相除，按照原因力的平均比例确定每一个行为人的责任份额。

叠加分别侵权行为是两个以上的行为人分别实施的行为，每一个行为人对于损害的发生都具有全部的即100%的原因力，每个人都应当承担全部赔偿责任。而每一个加害人的行为都构成侵权行为，其都对被侵权人承担全部赔偿责任，被侵权人的损害只有一个，每一个侵权人都承担全部责任，将会使受害人得到超出损害的不当赔偿，这不符合大陆法系侵权法填补损害的基本规则，因此只要一个全部赔偿责任被承担，就能够保证被侵权人的损害赔偿请求权得到满足。只有按照连带责任确定数个侵权人的责任最为适当。每个行为人的行为的原因力均为100%，但责任份额不能都是100%，如果是两个侵权人则每个人的责任份额均应当为50%，在此基础上实行连带责任。

（三）半叠加分别侵权行为

1. 半叠加分别侵权行为的概念

半叠加分别侵权行为，是指在分别实施侵权行为的数人中，一个人的行为具有100%的原因力，另外的人的行为只具有不足100%的原因力。

《民法典》没有规定半叠加分别侵权行为，但是有的司法解释已经规定了半叠加分别侵权行为。于2015年颁布、2020年修订的《最高人民法院关于审理环境侵权责任纠纷案件适用法律若干问题的解释》第3条完整地规定了三种不同的分别侵权行为，其中第3款规定："两个以上侵权人分别实施污染环境、破坏生态行为造成同一损害，部分侵权人的污染环境、破坏生态行为足以造成全部损害，部分侵权人的污染环境、破坏生态行为只造成部分损害，被侵权人根据民法典第一千一百七十一条规定请求足以造成全部损害的侵权人与其他侵权人就共同造成的损害部分承担连带责任，并对全部损害承担责任的，人民法院应予支持。"这里规定的就是环境侵权行为的半叠加分别侵权行为，以及承担侵权责任的方式。

2. 半叠加分别侵权行为的责任承担

由于半叠加分别侵权行为叠加的原因力不是全叠加，其后果责任既不是典型的连带责任，也不是典型的按份责任，而是部分连带责任。

按照半叠加分别侵权行为的原因力的情形，确定部分连带责任的方法有两种。

第一种是按照原因力的比例承担连带责任的份额。例如，一个行为的原因力是50%，另一个行为的原因力是100%，将两个原因力相加，除以行为人的人数，得到的责任份额即为33.3%和66.7%，即为各自应当承担的责任份额。这种计算方法的结果不是十分公平。

第二种是采用部分连带责任规则分担责任，即原因力重合的部分承担连带责任，不重合的部分承担按份责任。例如：一个分别行为人的行为原因力是50%，另一个行为的原因力是100%；其中重合的部分是50%，就此，全体分别侵权行为人承担连带责任；原因力不重合部分的损失，由单独行为人单独承担责任。因此，承担连带责任的一方行为人的中间责任为50%，最终责任为25%；不承担连带责任的50%由单独造成该部分损害的行为人单独承担，为按份责任。

两种责任承担方法相比较，后一种更为妥当。这也正是上述司法解释第3条第3款确认的环境侵权半叠加分别侵权行为的责任承担方法。在司法实践中，法官审理半叠加分别侵权行为纠纷案件，可以参照这一司法解释规定的规则，在分别侵权行为人分配侵权损害赔偿责任。

规则总结

尽管对《民法典》第1171条和第1172条规定的侵权行为类型有不同的称谓，但是用分别侵权行为来概括是妥当的。

分别侵权行为是指数个行为人分别实施侵权行为，既没有共同故意，也没有共同过失，只是各自行为在客观上的联系造成同一个损害结果的多数人侵权行为。分别侵权行为分为典型分别侵权行为、叠加分别侵权行为和半叠加分别侵权行为三种类型。

分别侵权行为的法律适用规则是：

1. 《民法典》第1171条和第1172条规定的是两种分别侵权行为，即叠加分别侵权行为和典型分别侵权行为，半叠加分别侵权行为夹在这两种分别侵权行为之间，但不可否认其为一种单独的类型，对此，环境侵权司法解释已经确认。

2. 叠加分别侵权行为的表现形式是每一个单独侵权行为的原因力叠加一起，即"100%＋100%＝100%"，每一个侵权行为的原因力完全重合，由于数个分别侵权行为造成的结果只有一个，依照侵权责任填平原则，每一个行为人应当承担的责任形态是连带责任。

3. 典型分别侵权行为的表现形式是每一个单独侵权行为须结合在一起才能造成全部损害，即"50%＋50%＝100%"，每一个分别侵权行为的行为人应当按照自己行为的原因力比例，各自承担按份责任，不存在连带责任的问题。

4. 半叠加分别侵权行为的表现形式是有的单独侵权行为造成全部损害，

有的单独侵权行为造成部分损害,即"100%+50%=100%",其责任形态是部分连带责任,每一个行为人就原因力叠加的损害部分承担连带责任,原因力不叠加的损害部分由造成该损害的行为人自己负担;对此,应当参照环境侵权司法解释第3条第3款的规定处理。

第七章 《民法典》没有规定的竞合侵权行为一般规则实务中应当怎样操作

——竞合侵权行为概念与类型化规则整理

> **实务指引要点**
>
> 1. 《民法典》规定了较多的竞合侵权行为和不真正连带责任,但是没有规定竞合侵权行为的概念和不真正连带责任的一般规则;
> 2. 竞合侵权行为与共同侵权行为、分别侵权行为和第三人侵权行为一起,构成了多数人侵权行为的形态体系;
> 3. 不真正连带责任与连带责任、按份责任以及第三人原因免责,构成了多数人侵权责任的形态体系;
> 4. 竞合侵权行为分为四种类型,分别对应不同表现形态的不真正连带责任。

在《民法典》具体特殊侵权责任中,规定了产品责任等侵权行为适用不真正连带责任的责任分担方法,但侵权责任编的一般规定中,却没有规定不真正连带责任针对的侵权责任类型和具体责任分担规则。这涉及多数人侵权行为中的竞合侵权行为,以及其对应的不真正连带责任,另外,前述行为的类型和责任分担规则存在较多的类型。本章将对此进行研究,提出竞合侵权行为的概念及其类型,并说明其在多数人侵权行为类型体系中的地位以及与侵权责任形态体系的关系。

一、竞合侵权行为的概念及意义

(一) 我国侵权法的侵权行为形态与侵权责任形态对接的空白

多数人侵权行为发生共同责任。共同责任是在侵权人为多人的情况下,侵权责任在不同的当事人之间进行分担的不同形态。这个概念与大陆法系侵权法中的多数人之债概念[①]，以及英美侵权法特别是美国侵权法的责任分担概念[②]，是基本相同的。

共同责任分为按份责任、连带责任、不真正连带责任和第三人责任。按照现行侵权法理论构造，多数人侵权行为与共同责任的对应关系是：分别侵权行为对应按份责任（包括叠加分别侵权行为与连带责任），共同侵权行为对应连带责任，第三人侵权行为对应第三人责任，而不真正连带责任对应的侵权行为形态类型没有理论上的概括，形成了侵权行为形态与侵权责任形态对接中的空白。不能否认的事实是，如果一种侵权责任形态类型没有一种可以对接的侵权行为形态类型，其是不符合逻辑要求的，在侵权法理论的构造上存在错误。

不真正连带责任是一个相当复杂的体系，我国《民法典》规定了大量的侵权责任形态，都属于不真正连带责任的特殊表现形式。例如，在第1198条第2款和第1201条规定的补充责任，在第1204条、第1252条第2款和第1253条规定的先付责任，与第1202条至第1203条、第1223条和第1250条规定的典型不真正连带责任的规则均不相同[③]，但在本质上又基本相同，属于不真正连带责任的特殊类型。因此笔者提出：不真正连带责任表现为四种类型，即典型不真正连带责任、先付责任、补充责任和并合责任。这四种责任类型构成一个完整的不真正连带责任体系。[④]

依照侵权法的逻辑要求，不同的侵权责任形态应当与不同的侵权行为形态相对应。具有四种不同类型的不真正连带责任，究竟与何种侵权行为形态相对应？侵权法理论没有很好地回答这个问题。这表明我国侵权法理论对侵权行为形态类型的概括是不完善的，还不能对应所有的侵权责任形态类型，存在新的侵权行为形态类型没有被概括出来。

多数人侵权行为形态与侵权责任形态对接的逻辑空白可如下所示：

共同侵权行为→连带责任
分别侵权行为→连带责任/连带责任
　　？　　　→不真正连带责任
第三人侵权行为→第三人责任

[①] 邱聪智. 新订民法债编通则：下. 北京：中国人民大学出版社，2004：389.
[②] 肯尼斯·S. 亚伯拉罕，阿尔伯特·C. 泰特. 侵权法重述：纲要. 许传玺，石宏，等译. 北京：法律出版社，2006：321.
[③] 《物权法》第21条规定的不动产物权登记错误的损害赔偿责任形态属于典型的不真正连带责任。
[④] 杨立新. 侵权责任法：条文背后的故事与难题. 北京：法律出版社，2011：158-159.

对此，应当深入研究，提出新的多数人侵权行为形态的类型，以填补侵权法理论上的逻辑空白。

（二）知识产权间接侵权行为概念提供的思路

间接侵权行为是知识产权法中经常使用的概念，有专门研究知识产权间接侵权行为的专著。① 这个概念分别用于专利权间接侵权、商标权间接侵权和著作权间接侵权。学者认为，为了加强对知识产权的保护，许多国家的立法或判例确立了知识产权间接侵权规则：即使第三人没有直接实施受知识产权专有权利控制的行为，但只要其引诱、教唆或有意帮助他人进行直接侵权，其行为也被认为构成间接侵权，第三人应当与直接侵权者承担连带责任。这就使得权利人能够通过起诉更具经济实力或在法院管辖范围内的间接侵权者及时获得救济。这对保护权利人的合法利益十分有利。②

知识产权间接侵权行为为研究侵权行为形态与侵权责任形态对接中存在的逻辑空白提供了一个有益的思路：与不真正连带责任对接的侵权行为形态肯定与间接侵权行为有关。

（三）侵权法广泛使用的"间接"概念与间接侵权行为的关系

与知识产权法领域相反，在侵权法的立法、司法以及理论研究中，并不使用间接侵权行为的概念。侵权法理论使用"间接"概念主要有以下几种情况。

1. 直接受害人和间接受害人

直接受害人是侵权行为损害后果的直接承受者，是因侵权行为民事权利受到侵害的人。③ 侵权人实施的侵权行为直接作用在受害人身上，造成了受害人的权利损害和利益损失，这种类型的受害人就是直接受害人。

侵权行为造成直接受害人的损害，进而使与直接受害人有密切关系的人的权利受到损害、利益受到损失，尽管侵权人的侵权行为没有直接造成该人的损害，但间接地使其受到损害，因而该人被称为间接受害人。④ 例如：侵权行为造成直接受害人死亡或者丧失劳动能力，其被扶养人的扶养来源受到损害的，该被抚养人就是间接受害人；侵权行为造成夫妻一方的性功能损害，受害方配偶的配偶利益受到侵害的，构成间接侵害夫妻关系，没有直接受到损害的配偶

---

① 王迁，王凌红. 知识产权间接侵权研究. 北京：中国人民大学出版社，2008.
② 王迁. 商标间接侵权研究. 知识产权年刊，2006（1）.
③ 杨立新. 侵权法论. 4版. 北京：人民法院出版社，2011：230.
④ 杨立新. 侵权法论. 4版. 北京：人民法院出版社，2011：231.

一方是间接受害人。① 对此,有学者以专门著述阐释间接受害人,对间接受害人的广义概念和狭义概念作出了界定。②

2. 直接损失和间接损失

在财产损失的场合,财产损失的类型分为直接损失和间接损失。直接损失是现有财产的减少,间接损失是可得利益的丧失。③

3. 直接行为和间接行为

笔者在侵权法著述中使用直接行为和间接行为的概念④,直接行为是行为人自己实施的损害他人民事权益的行为,构成侵权责任的,应当承担自己责任。间接行为是为他人的行为负责或者为物的损害没有尽到监督、管领义务的行为,例如:被监护人实施的行为造成他人损害,监护人未尽监护义务的行为;对自己管领下的物没有尽到管领义务致使该物造成他人损害的行为,都是间接行为。间接行为发生的侵权责任形态是替代责任。自己责任与替代责任相对应。

4. 直接因果关系和间接因果关系

在侵权责任构成要件的因果关系理论中,曾经区分必然因果关系和偶然因果关系⑤,使用直接因果关系和间接因果关系概念。这种说法受到了批评⑥,代之而起的是,相当因果关系的理论和规则成为我国侵权法因果关系判断的核心理论和规则。⑦ 不过,直接因果关系和间接因果关系的区分在某些侵权行为中仍然具有意义,例如:在违反安全保障义务的侵权责任中,第三人的侵权行为是损害发生的直接原因,而违反安全保障义务人的不作为行为则是损害发生的间接原因⑧;在产品责任等适用不真正连带责任的侵权行为形态类型中,最终责任人的行为与损害之间的因果关系是直接因果关系,中间责任人的行为与损害之间的因果关系则为间接因果关系。

在侵权法理论这些使用间接概念的场合,多数不涉及间接侵权问题。例如,间接受害人说的是受到损害的人的类型,并不是说侵权行为是间接侵权行为。间接损失说的是财产损害的类型,也不涉及间接侵权行为。作者在著述中

---

① 美国法学会. 美国法律整编·侵权行为法(美国侵权法重述第二次)第693条. 刘兴善,译. 台北:司法周刊杂志社,1986:588-589.
② 姚宝华. 间接受害人研究. 北京:法律出版社,2011:15.
③ 张新宝. 侵权责任法. 2版. 北京:中国人民大学出版社,2010:105.
④ 杨立新. 侵权责任法:条文背后的故事与难题. 北京:法律出版社,2011:111-112.
⑤ 刘信平. 侵权法因果关系理论之研究. 北京:法律出版社,2008:123-124.
⑥ 梁慧星. 雇主承包厂房拆除工程违章施工致雇工受伤感染死亡案评释. 法学研究,1989(4).
⑦ 朱岩. 侵权责任法通论:总论. 北京:法律出版社,2011:202.
⑧ 杨立新. 侵权责任法:条文背后的故事与难题. 北京:法律出版社,2011:251.

使用的间接行为概念,也不是间接侵权行为所要研究的问题,与间接侵权行为无关,而与替代责任相对应。[①]

间接因果关系的概念包含间接侵权行为,因为间接侵权行为发生的场合就是一个具有直接因果关系的侵权行为在实施中,另有一个具有间接因果关系的侵权行为加入其中,对具有直接因果关系的侵权行为的实施和损害发生起到了一种间接的作用。在这种情形下,具有间接因果关系的侵权行为,其实就是间接侵权行为。

传统侵权法没有重视间接侵权行为概念的研究,均视间接侵权行为为知识产权侵权行为的概念,因而轻视乃至于排斥对间接侵权行为的研究和借鉴。

(四) 承担不真正连带责任的侵权行为中包含间接侵权行为

侵权法理论在研究侵权责任形态时,分为自己责任和替代责任、单方责任和双方责任、单独责任和共同责任。[②] 自己责任和替代责任的划分,自罗马法起至《法国民法典》颁布实施一脉相承,与间接侵权行为基本上无关。单方责任和双方责任是说在分配侵权责任时,是由一方当事人承担责任还是由双方当事人承担责任,主要是研究过失相抵和公平分担损失规则的适用。这些也与间接侵权行为无关。

研究侵权行为形态与侵权责任形态对应关系中存在的逻辑空白时,利用知识产权间接侵权行为概念和理论来观察,就会发现对应不真正连带责任的侵权行为类型中存在一个间接侵权行为。在这种侵权行为中,行为人都是两个以上,但二人的侵权行为既不构成共同侵权行为,也不构成分别侵权行为。在两个以上的行为人中,一个行为人实施的是直接侵权行为,与其他侵权人没有任何区别,完全是自己独立实施侵权行为造成了受害人的损害。但在直接侵权人实施侵权行为的同时,另外一个侵权人的行为对直接侵权人实施侵权行为起到了间接作用,如果没有间接侵权人的这个作用,直接侵权人实施的侵权行为就不具备成立条件,或者不会那么容易实现。例如,在《民法典》第1202条和第1203条规定的产品责任中,生产者制造出了缺陷产品,销售者将其出售给使用者,造成了使用人的损害,生产者是直接侵权人,承担最终责任;销售者仅仅是一个中间的商品流转的媒介,但如果没有销售者的行为,生产者的行为就不会造成使用人的损害结果,因而销售者的行为与损害之间具有间接因果关系,是造成损害的间接侵权行为。可见,间接侵权人所实施的侵权行为就是间接侵权行为,与专利权、商标权、著作权的间接侵权行为原理大致相同。

---

① 杨立新. 侵权责任法:条文背后的故事与难题. 北京:法律出版社,2011:111-112.
② 杨立新. 侵权法论. 4版. 北京:人民法院出版社,2011:640.

（五）竞合侵权行为对解决侵权行为形态与侵权责任形态对接空白的重要意义

应当看到，间接侵权行为这个概念界定的只是适用不真正连带责任的侵权行为形态中的一个行为，也就是间接侵权人所实施的侵权行为。如果只有这样一个侵权行为，并不能造成受害人的损害。这个间接侵权行为与直接侵权人实施的直接侵权行为结合在一起，造成同一个损害结果，才能成为与不真正连带责任相对接的侵权行为形态。定义这个直接侵权行为与间接侵权行为结合在一起，并与不真正连带责任对接的这种侵权行为形态的概念，仅靠间接侵权行为的概念是不够的，必须还要建立一个侵权行为形态类型的概念，就是竞合侵权行为。使用竞合侵权行为这个概念，能够弥补多数人侵权行为中，共同侵权行为、分别侵权行为以及第三人侵权行为这三种侵权行为形态划分的不足，形成共同侵权行为对接连带责任、分别侵权行为对接按份责任/连带责任、竞合侵权行为对接不真正连带责任以及第三人侵权行为对接第三人责任，使侵权行为形态在对接侵权责任形态上，构成完整、完美的体系。因此，将竞合侵权行为作为侵权行为形态类型之一，成为侵权法的基本概念，与共同侵权行为、分别侵权行为和第三人侵权行为概念一起，构成完整的多数人侵权行为形态体系，可以实现与侵权责任形态体系的完美对接。

二、竞合侵权行为的概念定义与类型

（一）知识产权法界定间接侵权行为概念的启发

知识产权法对间接侵权行为概念的界定，对界定竞合侵权行为概念有一定的借鉴意义。

无论英美法系国家抑或大陆法系国家，知识产权领域的间接侵权行为的概念及规则均主要来源于一般侵权行为法上的一项基本原则：在明知某种行为构成侵权，仍然教唆、引诱他人去实施这种行为的，或者对他人的这种侵权行为提供实质性帮助的，应当对侵权后果承担责任。显然，在明知特定行为构成侵权的情况下对这种行为实施教唆、引诱或予以帮助，行为人主观上的过错是明显的，而且其行为与损害结果之间存在因果关系，因此，要求行为人承担责任是合理的。[1]

知识产权法学界对间接侵权行为存在多种界定，诸如：间接侵权行为是第

---

[1] 王迁. 商标间接侵权研究. 知识产权年刊, 2006.

三者未经专利权人同意，为向无权利用该项专利的人提供或供应其中关键部分的中间产品而故意怂恿和唆使其实施该项专利的行为[①]；间接侵权行为是第三者未经专利权人同意，为向无权利用该项专利的人提供或供应其中关键部分的中间产品而故意怂恿和唆使其实施该项专利的行为；等等。[②]

按照知识产权法对间接侵权行为的界定，知识产权间接侵权行为中的绝大部分都不是间接侵权行为，而是共同侵权行为。例如，其中故意教唆、帮助他人实施侵权行为，完全符合《民法典》第1169条第1款规定的教唆、帮助行为的共同侵权行为，应当适用连带责任规则确定赔偿责任。应当看到的是，教唆、帮助实施侵权行为的人，在知识产权法领域被叫作间接侵权行为。在传统侵权法理论中，教唆或者帮助行为并不是间接侵权行为，而是共同侵权行为，原因在于，教唆人和帮助人实施的行为，是与实行人的行为结合在一起的，共同引起了损害结果的发生，教唆人和帮助人实施的行为是共同行为，是直接行为而不是间接行为。在研究间接侵权行为和竞合侵权行为时，不应当将教唆行为和帮助行为作为间接侵权行为，其仍为共同侵权行为，与间接侵权行为无关。

（二）侵权法理论对竞合侵权行为概念的定义

依靠知识产权法界定间接侵权行为概念的方法，创立竞合侵权行为概念是做不到的，因为知识产权法认可的间接侵权行为的绝大部分都由侵权责任法理论中的共同侵权行为规则调整，要承担的责任也不是由间接侵权人直接承担，而是其与直接侵权人承担连带责任。解决侵权行为形态与侵权责任形态对接之间的逻辑空白只有一条途径，就是自主创立侵权法的竞合侵权行为概念。

《日本侵权法》将这种侵权行为称为竞合的不法行为，即竞合侵权行为。潮见佳男教授认为，竞合侵权行为适用的情形是产生同一损害的数个侵权行为出现竞合时，不作为共同侵权行为处理的情况。竞合侵权行为分为两种情形，分别是要件相同的数个侵权行为的竞合以及要件不同的数个侵权行为的竞合。《日本民法典》第709条意义上的侵权行为[③]出现竞合的属于前种情形，而第709条的侵权行为与第717条规定的建筑物责任的竞合则属于后种情形。《日本侵权法》认为，对竞合侵权行为可以进行以下几种判断：一是根据对每个行为人责任要件充足与否的判断，确定对谁成立什么样的损害赔偿请求权（对个

---

① 吴观乐. 浅议间接侵权//中国知识产权研究会专利委员会. 专利的理论研究与实践探索. 北京：专利文献出版社，1996：45.
② 尹新天. 专利权的保护. 北京：专利文献出版社，1998：111-112.
③ 即一般侵权行为，在日本也叫作"基本型侵权行为"。

别行为的归责);二是如何判断被认定成立的数个损害赔偿请求权之间是否存在竞合关系;三是在竞合关系得到确认的情况下,应当如何看待各行为人的损害赔偿请求权之间的关系;四是是否应当承认关于侵权行为的个别的成立要件的请求、举证责任的转换等请求。学者指出,竞合侵权行为的特征是:(1)被指向相同的权利、法益的侵害的存在;(2)对于个别行为的侵权责任的成立要件的补充;(3)与贡献度相应的责任(分割责任"比例性责任")。①

日本学者对竞合侵权行为的界定值得借鉴。在日本学者观点的基础上,可以认为,竞合侵权行为是指两个以上的民事主体作为侵权人,有的实施直接侵权行为,与损害结果具有直接因果关系,有的实施间接侵权行为,与损害结果的发生具有间接因果关系,行为人承担不真正连带责任的侵权行为形态。

竞合侵权行为的主要法律特征有以下四点。

1. 行为的主体为二人以上

竞合侵权行为的行为主体必须是二人以上,既可以是两个以上的自然人,也可以是两个以上的法人、非法人组织,还可以是两个以上的自然人和法人、非法人组织。在通常情况下,竞合侵权行为的主体是两人。在这一点上,竞合侵权行为与分别侵权行为和共同侵权行为是一样的,其行为主体均为复数,即为多数人侵权,而非单独一人侵权,以此与单独侵权行为相区别。

2. 行为人实施的侵权行为的性质不同

竞合侵权行为与共同侵权行为、分别侵权行为均不同,两个以上的行为主体对受害人实施的侵权行为的性质并不相同,换言之,竞合侵权行为的两个以上的行为人,有的对受害人实施直接侵权行为(也叫主行为),有的为直接侵权行为的实施提供了条件或者方便,但并不构成教唆、帮助行为的间接侵权行为(也叫从行为)。而共同侵权行为的每一个行为人都是共同加害人,都是直接侵权人,即使教唆、帮助行为,也对损害的发生起到了直接作用,具有直接的原因力。至于分别侵权行为,每一个行为人的行为均为损害发生的直接原因,不存在提供条件和创造机会的问题,不存在间接侵权行为。

3. 对发生竞合的两个以上的行为通常视为一个行为

在竞合侵权行为中,尽管是两个以上的行为人实施的行为竞合在一起,但通常的观念认可其为一个行为,而不是像共同侵权行为那样就是一个行为,也不像分别侵权行为那样就是两个行为。因此,竞合侵权行为介于共同侵权行为和分别侵权行为之间,是一种两个以上的侵权行为竞合在一起的侵权行为形

---

① [日]潮见佳男. 不法行为法Ⅱ. 2版. 东京:信山社出版株式会社,2011:196-197. 贡献度的概念与我国侵权法的原因力概念相同。

态。竞合侵权行为不是单指间接侵权行为，而是指直接侵权行为和间接侵权行为的竞合，因而才属于多数人侵权行为，才发生共同责任。这是竞合侵权行为与知识产权间接侵权行为概念的根本区别。

4. 不同的行为人对受害人承担不真正连带责任

竞合侵权行为的行为人对受害人承担共同责任而不是单独责任。与共同侵权行为和分别侵权行为不同的是，竞合侵权行为的行为人承担的是不真正连带责任，而不是连带责任或者按份责任。在竞合的侵权人之间，各自承担的侵权责任应当根据行为人对受害人实施的侵权行为的性质不同而不同，对受害人实施直接侵权行为的行为人承担的责任是最终责任，而对受害人实施间接侵权行为的行为人承担的责任是中间责任，双方责任的联系是形式上连带而实质上不连带，即：在形式上，受害人可以直接起诉其中的任何一个行为人承担侵权责任，是具有连带性质的责任；在实质上，最终责任是落在直接侵权人的身上，由直接侵权人承担全部的最终责任，间接侵权人不承担或者只承担较少的最终责任。

（三）竞合侵权行为的性质和地位

竞合侵权行为的性质是侵权行为形态的一种类型。侵权行为形态分为单独侵权行为和多数人侵权行为，多数人侵权行为分为共同侵权行为、分别侵权行为、竞合侵权行为和第三人侵权行为。竞合侵权行为是多数人侵权行为中的一种类型。

在侵权行为形态中，单独侵权行为与多数人侵权行为相对应。单独侵权行为是侵权行为的行为人为一人的侵权行为，该人应当承担侵权责任，即单独责任。多数人侵权行为是数个行为人实施行为，并对同一损害后果承担责任的侵权行为，其行为主体为二人或者二人以上，数人对同一损害后果承担侵权责任。数人承担侵权责任的方式即数个责任主体与被侵权人一方的请求权之间的联系具有多样性。[①]

在多数人侵权行为中，竞合侵权行为占有重要地位。

根据行为人之间的主观关联、客观关联和后果关联等情形，多数人侵权行为分为四种情形。

1. 共同侵权行为

行为人的主观关联或者客观关联，造成同一损害后果形成后果关联，是构成共同侵权行为的基础。行为人在主观上有关联或者在客观上有关联，符合

---

① 张新宝. 侵权责任法. 2版. 北京：中国人民大学出版社，2010：44.

《民法典》第1168条规定的共同侵权行为要件的，构成共同侵权行为。某些不构成共同侵权行为，但法律也视为共同侵权行为的，为准共同侵权行为，包括《民法典》第1170条规定的共同危险行为和规定为连带责任但并不具有共同侵权行为特征的侵权行为，如《民法典》第1214条、第1241条、第1242条的规定。

行为人在主观上有关联，在客观上没有关联的，构成交叉的共同侵权行为，发生的后果是单向连带责任。在单向连带责任中，由于一个侵权人承担连带责任、另一个侵权人承担按份责任，尽管仍然将其称为连带责任，但其实是从一个侵权人的角度观察是共同侵权行为，从另一个侵权人角度观察时不过是按份责任。这种情况的典型形式是《民法典》第1169条第2款规定的教唆、帮助无民事行为能力人或者限制民事行为能力人实施侵权行为，教唆人或者帮助人应当承担连带责任，但无民事行为能力人或者限制民事行为能力人的监护人未尽监护职责的，应当承担相应责任即按份责任。从行为的结合上教唆人与监护人构成共同侵权行为，仍然是连带责任。这种行为不是竞合侵权行为，而是共同侵权行为和分别侵权行为的结合，其主要特征是共同侵权行为，应当将其归于共同侵权行为当中。

可以看到的是，《民法典》第1209条规定的租车、借车的损害责任中，当事人在主观上并没有关联，在客观上具有一定关联，因而将这种侵权行为规定为单向连带责任，有一定问题，确定为补充责任反倒是比较切合实际。

2. 分别侵权行为

分别侵权行为也叫作无过错联系的共同加害行为。在表现形式上，行为人在主观上不关联，在客观上也不关联，只是损害后果相关联，其后果是按份责任。

3. 第三人侵权行为

第三人侵权行为是指《民法典》第1175条规定的第三人原因，是指除受害人和加害人之外的第三人，对受害人损害的发生具有过错的情形。第三人原因的主要特征是主体上的特殊性，即第三人的过错致使加害人造成了受害人的损害。其中，造成损害的一方也是数人，属于多数人侵权行为，基本特点为承担责任的主体是第三人而不是加害人。

4. 竞合侵权行为

竞合侵权行为的数个行为人在主观上没有关联，在客观的行为和损害后果上有关联，发生不真正连带责任的侵权责任形态，与上述三种侵权行为形态类型均不相同。

可见，竞合侵权行为不属于单独侵权行为，而属于多数人侵权行为；在多数人侵权行为中,是共同侵权行为、分别侵权行为和第三人侵权行为之外的另一种侵权行为形态类型。其构成的特点是:直接侵权人对于其所造成的他人损害构成侵权责任,间接侵权人实施的行为对于直接侵权人实施的行为在客观上起到了间接作用,使直接侵权人便于实施侵权行为,或者为直接侵权人实施侵权行为提供了方便,等等,从而使直接侵权行为造成了受害人的损害。这两种行为即直接侵权行为和间接侵权行为竞合到一起,作为侵权行为类型的一种,就是竞合侵权行为。例如:饭店对住店客人负有安全保障义务,未尽该安全保障义务,给实施侵权行为的行为人实施侵权行为提供了方便,侵害了受害人的合法权益。该侵权行为对损害的发生具有100%的原因力,实施侵权行为的行为人承担全部责任是理所当然的。但是,饭店未尽安全保障义务,与侵权后果的发生具有间接因果关系,也构成侵权责任。在这种情况下,《民法典》第1198条第2款规定:实施侵权行为的人为侵权人,应当承担侵权责任;由于未尽安全保障义务的行为与该损害结果具有间接因果关系,因而安全保障义务人应当承担相应的补充责任。这就是典型的竞合侵权行为。

这样,就能为《民法典》规定的不真正连带责任形态类型找到对应的侵权行为形态类型,即竞合侵权行为。将侵权行为分为共同侵权行为、分别侵权行为、竞合侵权行为以及第三人侵权行为这样四种类型,实现了对侵权行为类型的完全划分。四种侵权行为形态类型对应的是连带责任、按份责任、不真正连带责任和第三人责任。这就构成了侵权行为形态体系和侵权责任形态体系的完美的逻辑关系。

(四)竞合侵权行为的类型

1. 法律规定的竞合侵权行为

《民法典》和最高人民法院有关司法解释等对竞合侵权行为作出以下规定。

(1) 承担典型不真正连带责任的侵权行为。

《民法典》第1202条至第1203条规定的产品责任,第1223条规定的医疗产品损害责任,第1233条规定的第三人过错的环境污染、生态破坏责任,第1250条规定的第三人过错致使动物损害责任,都是竞合侵权行为,间接侵权人实施的侵权行为是直接侵权行为造成损害的必要条件。《民法典》第222条规定的物权错误登记的赔偿责任是典型的不真正连带责任。这些承担典型的不真正连带责任的侵权行为,都是竞合侵权行为。

(2) 承担先付责任的侵权行为。

《民法典》第1204条规定的产品责任中的第三人责任,第1253条规定的其他责任人的建筑物等损害责任,第1252条第1款规定的建筑物倒塌中其他责任人的侵权责任,都是承担先付责任的竞合侵权行为。

(3) 承担相应的补充责任的侵权行为。

《民法典》第1188条第2款规定的违反安全保障义务的侵权行为,第1201条规定的第三人造成学生伤害的学校责任,前述条文中的侵权行为都是承担相应的补充责任的竞合侵权行为。[①]

2. 竞合侵权行为的类型划分

日本学者潮见佳男教授把竞合侵权行为分为要件相同的数个侵权行为的竞合和要件不同的数个侵权行为的竞合这两种类型[②],有一定道理,但不符合我国《民法典》对这种侵权行为的规定,因此,无法借鉴这种方法划分我国竞合侵权行为的类型。

《民法典》和其他法律以及最高人民法院有关司法解释中规定的上述承担各种不同的不真正连带责任的侵权行为,针对的都是竞合侵权行为。既然都是竞合侵权行为,还要规定如此多的不真正连带责任的形态的原因在于,这些不同的竞合侵权行为的行为竞合方式各不相同,政策考量因素也不相同。可以发生竞合的不同原因为标准,将这些不同的竞合侵权行为分为三类。

(1) 必要条件的竞合侵权行为。

必要条件的竞合侵权行为,是指两个行为中的从行为与主行为竞合,从行为为主行为的实施提供了必要条件,没有从行为的实施,主行为不能造成损害后果的竞合侵权行为类型。换言之,间接侵权人的从行为是直接侵权人的主行为完成的必要条件。这种竞合侵权行为就是必要条件的竞合侵权行为。

《民法典》第1202条至第1203条规定的产品责任,第1233条规定的第三人过错的环境污染责任,第1250条规定的第三人过错致使动物损害责任,以及《民法典》第222条规定的物权错误登记的赔偿责任等,前述条文的侵权行为都是必要条件的竞合侵权行为。在这些竞合侵权行为中,主行为是生产者的生产行为、第三人的过错行为或者有过错的登记申请人的行为,他们的行为是造成损害的直接原因;而销售者的行为、污染者的行为、动物饲养人管理人的行为以及物权登记机构的登记行为,都是为直接侵权行为的实施提供了必要条件,符合"but for test"规则要求的行为。

(2) "必要条件+政策考量"的竞合侵权行为。

"必要条件+政策考量"的竞合侵权行为,是指符合必要条件的竞合侵权

[①] 《民法典》第1188条第2款还规定了一种完全的补充责任,即有财产的无民事行为能力人、限制民事行为能力人造成他人损害的,从本人财产中支付赔偿费用;不足部分,由监护人赔偿。监护人赔偿的部分,就是完全的补充责任。不过这种责任形态只此一例,且不典型,故本文不作论述。

[②] 潮见佳男. 不法行为法Ⅱ. 2版. 东京:信山社出版株式会社,2011:196.

行为的要求，但是基于政策考量，规定间接侵权人先承担中间责任，之后向直接侵权人追偿以转移最终责任的竞合侵权行为。《民法典》第1204条规定的第三人过错造成产品缺陷致人损害的，由本无最终责任的生产者、销售者先承担侵权责任，之后向有过错的第三人追偿，第1253条和第1252条第1款规定的建筑物等所有人、管理人或者使用人先承担赔偿责任，建设单位、施工单位先承担赔偿责任，承担赔偿责任之后，再向其他责任人追偿，都是间接侵权人先承担责任，之后再向直接侵权人追偿的竞合侵权行为。这些侵权行为的竞合，原本与必要条件的竞合侵权行为并无两样，但是立法者基于保护受害人的需要，规定应当承担中间责任的间接侵权人先承担责任，以保障受害人的权利尽早得到实现。间接侵权人的从行为是直接侵权人的主行为造成损害后果的必要条件，但出于政策考量，法律规定间接侵权人承担先付责任，而直接侵权人作为受追偿的最终责任人，并不直接对受害人承担赔偿责任。

（3）提供机会的竞合侵权行为。

提供机会的竞合侵权行为，是指存在两个竞合的行为，从行为为主行为的实施提供了机会，使主行为的实施能够顺利完成的竞合侵权行为。从发挥的作用上考察，提供机会的竞合侵权行为与必要条件的竞合侵权行为有所不同，这就是，间接侵权人的从行为给直接侵权人的主行为造成损害结果提供了机会，但从行为并不是必要条件。《民法典》第1198条第2款规定的违反安全保障义务的侵权行为，第1201条规定的第三人造成学生伤害的侵权行为，都是这种竞合侵权行为。

三、竞合侵权行为的法律规则

（一）两个行为竞合

竞合侵权行为的基本特点是，两个以上的行为发生竞合。在传统侵权法理论中，竞合的概念通常用在责任上，即责任竞合，而不是用在行为上。而竞合侵权行为是两个以上的行为发生竞合，造成同一个损害结果，竞合的两个以上的行为对损害的发生都有原因力。

在竞合侵权行为中，两个竞合的行为必然存在一主一从的关系。主行为是直接侵权行为，从行为是间接侵权行为。如果两个行为都起主要作用，那就不是竞合侵权行为，而是共同侵权行为或者分别侵权行为，有关联共同的是共同侵权行为，不存在关联共同的是分别侵权行为。例如：二人以上既没有共同故意，也没有共同过失，行为间接结合造成同一个损害结果的，两个行为是结合而不是竞合，没有主从关系，因此是分别侵权行为；二人以上共同实施侵权行为，即使教唆人教唆、帮助人帮助行为人实行侵权行为，也因为具有共同故意，两个行为结合成为一个行为而构成共同侵权行为。竞合侵权行为则是两个行为没有主观关联，也不构成客观关联，行为发生竞合，是从行为竞合于主行为。

竞合侵权行为的主从关系主要表现在行为与损害结果之间的因果关系上。竞合侵权行为中的主行为是对损害发生具有完全原因力的侵权行为；从行为也构成侵权行为，但其对损害的发生所起的作用仅仅是提供条件、创造机会，而不是提供直接原因力。因此可以说，从行为对损害发生的直接原因力几乎等于零。在潮见佳男教授看来，在竞合侵权行为中，存在行为的参与度的问题，并且依据行为的参与度来确定责任的比例。[①] 我国《民法典》的规定与之不同。略举数例：在产品责任中，生产者生产缺陷产品造成他人损害，销售者所起的作用仅仅是将缺陷产品转让给使用人，生产行为与销售行为发生竞合，但缺陷产品造成使用人损害具有100%的原因力，销售者的销售行为仅仅是提供了损害发生的条件，不具有直接的原因力。在这种情况下，从行为对损害发生的直接原因力几乎不存在，因此才存在中间责任和最终责任的区别，即销售者承担了赔偿责任之后，对生产者可以请求全额追偿，而不是部分追偿。同样，《民法典》第1252条第1款规定的建筑物等倒塌损害责任，建设单位和施工单位承担连带责任，如果损害的发生不是建设单位和施工单位的责任，而是另有设计单位、勘测单位、监理单位、有关机关等其他责任人，是他们的过错造成的损害结果，规则是先由建设单位和施工单位承担赔偿责任（中间责任人先付），然后中间责任人再向其他责任人追偿。这种情形中更为明显，即其他责任人是直接责任人，行为的原因力是100%，而建设单位和施工单位并没有责任，直接原因力是零，只是存在间接原因力。对于上述情形，法律认可他们的行为发生竞合，构成竞合侵权行为。在违反安全保障义务的补充责任场合，违反安全保障义务的人未尽安全保护义务的不作为行为，并未直接作用到受害人身上，而是第三人的行为造成了受害人的全部损害，尽管违反安全保障义务的人应当承担相应的补充责任，其行为对损害的发生也不具有直接的原因力，因而仍然是竞合关系而不是结合关系。

（二）归责原则

竞合侵权行为本身并不决定其适用何种归责原则。这是因为竞合侵权行为只是以多数人作为侵权责任主体的不同情形作为标准划分的侵权行为类型，而不是依据不同归责原则确定的侵权行为类型。在竞合侵权行为中，适用何种归

---

① ［日］潮见佳男. 不法行为法Ⅱ. 2版. 东京：信山社出版株式会社，2011：212.

责原则取决于法律对不同侵权责任的规定，既有适用过错责任原则的竞合侵权行为，也有适用过错推定原则或者无过错责任原则的竞合侵权行为。例如，违反安全保障义务的侵权行为适用过错责任原则，产品责任适用无过错责任原则，建筑物构筑物以及其他设施脱落坠落倒塌致人损害责任适用过错推定原则。甚至对同一种竞合侵权行为的不同行为人确定责任的归责原则都不相同，例如，产品责任中的生产者承担最终责任的归责原则是无过错责任原则，销售者承担最终责任的归责原则是过错责任原则，只有在特别情形下才适用无过错责任原则。

尽管如此，对于适用不同的归责原则的竞合侵权行为，归责原则的选择对竞合侵权行为的后果具有决定性的影响。例如，在环境污染、生态破坏责任和饲养动物损害责任中，第三人过错引起损害的行为，本应是第三人侵权行为，应当适用《民法典》第1175条规定免除污染者和饲养人的赔偿责任，但由于这两种侵权行为类型适用无过错责任原则，因而其成为竞合侵权行为，适用不真正连带责任的规则。

（三）构成要件

1. 因果关系要件的确定

竞合侵权行为的因果关系要件的表现特殊，主要是竞合的行为与损害结果之间具有两个因果关系：一个是直接因果关系，另一个是间接因果关系。直接侵权人实施的主行为与损害结果之间具有直接因果关系，间接侵权人实施的从行为与损害结果之间具有间接因果关系。

对于直接因果关系的认定适用相当因果关系规则。具有直接因果关系的行为是直接侵权人实施的侵权行为即主行为。该行为引起损害的发生，只要存在相当因果关系，即成立直接侵权人的因果关系要件。

对于间接因果关系的认定适用"条件说"[①]，从行为构成损害发生的条件，即认为存在构成竞合侵权行为的因果关系要件。英美侵权法中的"but for test"规则即"若无法则"，以及《欧洲侵权法基本原则（草案）》第3：101条规定的"若无此行为或活动，损失就不会发生，则该行为（作为或者不作为）被认为是造成损失的原因"规则，都可以作为认定间接因果关系的规则。在竞合侵权行为中，从行为与损害之间的关系是，从行为是主行为造成损害的条件，应用but for test规则测试：若无产品销售者的行为，缺陷产品就不会造成受害人的损害，既然缺陷产品通过销售者的行为造成了受害人的损害，那

---

① 朱岩. 侵权责任法通论：总论. 北京：法律出版社，2011：343.

么，销售者的行为与生产者的行为就构成行为竞合。同样，如果没有安全保障义务人的不作为行为，第三人造成的受害人损害就不会发生。不过，作为损害发生条件的"从行为"对损害的发生要求不会这样高，若无此"从行为"，损害就可能不会发生，就可以认定具有间接因果关系。

应当区分行为结合的因果关系和行为竞合的因果关系。行为结合的因果关系公式是"甲行为＋乙行为＝全部原因力"。行为竞合的因果关系公式为"甲行为＝全部原因力→乙行为"。换言之，在行为结合的因果关系中，每一个行为结合在一起，构成一个损害结果，各个行为具有不同的原因力，加在一起等于100%的原因力。在行为竞合的因果关系中，主行为对损害的发生具有百分之百的原因力，从行为从直接因果关系上观察并不具有原因力，但从间接因果关系上观察具有100%的原因力，因为违反安全保障义务人如果尽到了安全保障义务，损害就不会发生，起码不会在安全保障义务人保障的范围内发生。如果从行为对损害的发生具有直接原因力，那就肯定不是竞合侵权行为，而是共同侵权行为或者分别侵权行为。

2. 其他侵权责任构成要件

竞合侵权行为的违法行为要件已经提到，其是两个违法行为而不是一个行为，两个违法行为发生竞合，造成了同一个损害。两个违法行为必然存在一主一从的关系，而不是两个并列的行为。

竞合侵权行为的损害事实是同一个损害事实，而不是两个损害事实；也就是两个竞合侵权行为只造成了一个侵权损害结果。如果两个侵权行为造成了两个损害结果，那就不构成侵权行为的竞合，而是两个独立的侵权行为。

竞合侵权行为的过错要件，必须是两个侵权人各自具有过错。其一，直接侵权人具有过错，或者是故意或者是过失，或者是依照无过错责任原则不问过错。对此的判断应当依照法律规定，确定过错要件的存在，或者确立构成无过错责任。其二，间接侵权人的过错必须依照《民法典》以及其他法律或者司法解释的特别规定要求，具备特别的主观要件。所谓"特别规定的要求"，例如：在第三人的过错造成产品缺陷致人损害责任中，生产者、销售者作为间接侵权人承担先付责任，须第三人具有过错且是造成损害的直接原因；在提供条件的竞合侵权行为中，间接侵权人承担补充责任的条件是自己存在过失。

（四）抗辩事由

由于竞合侵权行为是一种侵权行为的竞合，因而其抗辩事由分为共同的抗辩事由和各自的抗辩事由。

共同的抗辩事由是竞合侵权行为所有的行为人都可以主张的抗辩事由。这种抗辩事由是对抗所有的侵权责任请求权的抗辩，如产品责任中的产品不存在缺陷或者发展风险的抗辩成立，各个行为人均不承担侵权责任。

直接侵权人的抗辩事由应当依照法律规定确定，凡是法律规定的抗辩事由均可以对抗当事人的侵权诉讼请求，例如第三人故意、不可抗力等。但法律有特别规定的则不得以《民法典》第1175条规定的第三人责任作为抗辩，而应当以法律对第三人责任的特别规定确定侵权责任。

间接侵权人的抗辩事由主要针对直接侵权人的责任。最主要的抗辩是行为人的行为不构成竞合。如果间接侵权人的行为不构成侵权行为竞合，则间接侵权人的行为与直接侵权人的行为没有关联，不能依照法律规定承担不真正连带责任。在补充责任场合，间接侵权人以检索抗辩权对抗直接侵权人，或者受害人要求其承担责任的请求时，如果直接侵权人并不具有不能赔偿或者不能全部赔偿的情形，则可以主张抗辩，由直接侵权人承担侵权责任。但是，在下列情形下，间接侵权人不得对直接侵权人主张抗辩：一是按照《民法典》第1204条、第1252条第1款和第1253条规定承担先付责任的间接侵权人，不得主张作为最终责任人的直接侵权人应当先承担侵权责任。二是在并合责任情形下，无论是直接侵权人还是间接侵权人，都不得以相对人先承担侵权责任为由进行抗辩；三是在典型的不真正连带责任情形下，中间责任人不得主张由最终责任人承担侵权责任而拒绝履行赔偿责任。

（五）竞合侵权行为向共同侵权行为的转化

竞合侵权行为有可能向共同侵权行为转化。转化的条件是：数个行为人所实施的行为不再是主从关系，且数个行为人在主观上均具有过错，构成主观的关联共同或者客观的关联共同，竞合侵权行为就转化成了共同侵权行为。例如：在产品责任中，生产者生产的产品有缺陷，销售者对该产品缺陷的形成也有过错，双方造成使用人损害的行为构成共同侵权行为；医疗产品的生产者生产的医疗产品有缺陷，医疗机构在使用中有过错，造成患者损害的，二者的行为也由竞合侵权行为转化为共同侵权行为。

竞合侵权行为转化为共同侵权行为，其法律后果就由不真正连带责任转化为连带责任，数个行为人承担的责任不仅在形式上连带，而且在实质上也连带。

四、多数人侵权行为形态与侵权责任形态的对接

在讨论了竞合侵权行为之后，对侵权行为形态与侵权责任形态的对应关系

进行整理，就形成了完整的对应关系。可以说，确立了竞合侵权行为的形态之后，单独侵权和多数人侵权的侵权行为形态体系就与侵权责任形态体系形成了严密的对接。

单独侵权行为对应的是单独责任，这是最简单的对应关系。

多数人侵权行为对应的共同责任有四种。

（1）共同侵权行为对应的是连带责任形态。由于共同侵权行为体系比较庞杂，并非只有《民法典》第1168条规定的一种，还应当包括：1）共同危险行为；2）法律没有规定为共同侵权行为但规定承担连带责任的侵权行为，可以叫作准共同侵权行为；3）《民法典》第1169条第2款和第1209条规定的交叉的共同侵权行为。相对应的侵权责任形态是连带责任，又区分为典型的连带责任和单向连带责任，交叉的共同侵权行为适用单向连带责任。

（2）分别侵权行为中，典型分别侵权行为的责任形态是按份责任，叠加分别侵权行为对应连带责任，半叠加分别侵权行为对应部分连带责任。

（3）竞合侵权行为对应不真正连带责任。四种不同的竞合侵权行为类型，分别对应不同的不真正连带责任类型：1）必要条件的竞合侵权行为→典型的不真正连带责任；2）"必要条件＋政策考量"的竞合侵权行为→先付责任；3）提供机会的竞合侵权行为→补充责任；4）定有保险关系的竞合侵权行为→并合责任。

（4）第三人侵权行为对应第三人责任，加害人不承担责任，法律另有规定的除外。

规则总结

1.《民法典》规定了较多的竞合侵权行为和不真正连带责任，但没有规定竞合侵权行为的概念和不真正连带责任的一般规则。应当确认竞合侵权行为是多数人侵权行为形态的类型之一，不真正连带责任是多数人侵权责任形态体系的类型之一，二者是多数人侵权行为和多数人侵权责任的基本类型。

2. 多数人侵权行为与单独侵权行为相对应，是侵权人为二人以上的侵权行为形态。竞合侵权行为、共同侵权行为、分别侵权行为和第三人侵权行为构成了多数人侵权行为的形态体系，其中共同侵权行为、分别侵权行为和竞合侵权行为是典型的多数人侵权行为，第三人侵权行为作为广义的多数人侵权行为，由《民法典》按照免责事由作出规定。

3. 多数人侵权责任对应的是多数人侵权行为。多数人侵权责任形态体系包括不真正连带责任、连带责任和按份责任，以及作为免责事由规定的第三人原因。

第七章 《民法典》没有规定的竞合侵权行为一般规则实务中应当怎样操作

4. 竞合侵权行为分为四种类型，对应不同的不真正连带责任表现形态：(1) 必要条件的竞合侵权行为→典型的不真正连带责任；(2) "必要条件＋政策考量"的竞合侵权行为→先付责任；(3) 提供机会的竞合侵权行为→补充责任；(4) 定有保险关系的竞合侵权行为→并合责任。

第八章 《民法典》中的多数人侵权责任追偿权规定应当怎样理解和适用

——侵权责任追偿权的"背锅"理论及法律关系展开

实务指引要点

1. 《民法典》在总则编和侵权责任编规定了很多追偿权,其理论基础,可以通俗地解释为"背锅"理论,即间接责任人为直接责任人应当承担的责任"背锅"。
2. 正因为间接责任人承担责任是为直接责任人的责任"背锅",因而其在承担赔偿责任后,享有对直接责任人的追偿权。
3. 追偿权的种类包括:连带责任的追偿权、不真正连带责任的追偿权、替代责任的追偿权和补偿责任的追偿权。
4. 包含追偿权的侵权法律关系有三次责任分配,分别是第一次责任分配、第二次责任分配和第三次责任分配。
5. 连带责任追偿权、典型不真正连带责任追偿权、高空抛物补偿责任追偿权规定的规则都是正确的,学界没有争论;学界对侵权的相应补充责任的追偿权虽有不同意见,但规则基本稳妥。
6. 用人单位承担赔偿责任后对具有故意或者重大过失的工作人员的追偿权的规定,适用范围略窄,应当注意总结经验,时机适当时应当对其进行修改。

《民法典》在有关侵权责任的条文中,规定了诸多有关追偿权的规范,内容相当复杂,司法实务反映掌握相关规范实在困难,因而应当对之进行梳理,研究其法理基础,分析应当进一步研究的问题,以保障侵权责任规范的正确适用，依法制裁侵权行为，分配好侵权人之间的责任，保护好受害人的民事权益。

一、《民法典》规定的不同侵权责任类型中的追偿权

《民法典》规定侵权责任追偿权的规范，一是总则编有关民事责任的规定，二是侵权责任编的规定，共有13个条文，分别是第62条、第178条、第1191条第1款、第1192条第1款和第2款、第1198条第2款、第1201条、第1203条、第1204条、第1223条、第1233条、第1250条、第1252条和第1254条，共规定了15种追偿权。这些侵权责任的追偿权分属于不同的侵权责任类型。

（一）连带责任的追偿权

侵权责任的连带责任包含追偿权。这也是连带责任与按份责任之间的主要区别，即按份责任承担的都是自己责任，不存在追偿权的问题，因为数个行为人分别实施侵权行为，造成一个人受损害的，每一个加害人都承担按份责任，承担的都是自己责任。[①]

连带责任的基础是共同侵权行为，每一个行为人的行为都是同一个损害结果发生的共同原因，受害人要求哪一个或者哪一些连带责任人承担全部责任，其都须承担全部赔偿责任。由于部分连带责任人的行为只是损害发生的部分原因，若其承担了全部赔偿责任，意味着对于自己的行为对损害发生没有原因力的其他连带责任人的份额也承担了责任，超出了自己的责任份额，因而对没有承担责任的连带责任人产生了追偿权。《民法典》第178条第2款规定的连带责任人承担超过自己份额的赔偿责任后，对其他连带责任人享有的追偿权，是连带责任的追偿权。

（二）不真正连带责任的追偿权

侵权责任的不真正连带责任也包含追偿权。大陆法系与英美法系侵权法不同，区分连带责任和不真正连带责任的规则不同。中国侵权法规定的不真正连带责任表现得更加丰富多彩，有四种不同类型，每一种不真正连带责任的类型都包含追偿权。[②]

---

① 典型分别侵权行为是按份责任，即《民法典》第1172条规定的分别侵权行为，适用《民法典》第177条规定的规则。

② 杨立新.侵权责任法.4版.北京：法律出版社，2020：108-109.

1. 典型不真正连带责任的追偿权

典型不真正连带责任是传统意义上的不真正连带责任，典型代表是产品责任。

《民法典》第1203条规定："因产品存在缺陷造成他人损害的，被侵权人可以向产品的生产者请求赔偿，也可以向产品的销售者请求赔偿。产品缺陷由生产者造成的，销售者赔偿后，有权向生产者追偿。因销售者的过错使产品存在缺陷的，生产者赔偿后，有权向销售者追偿。"这里规定的两个追偿权的性质是一样的，都是典型的不真正连带责任的追偿权。缺陷产品造成消费者损害，产生中间责任和最终责任。生产者的最终责任是无过错责任，销售者的最终责任是过错责任，而在承担中间责任时，生产者和销售者都承担无过错责任。因此，销售者承担了中间责任，就对生产者产生追偿权；生产者承担中间责任时，则对产品缺陷产生有过错的销售者产生追偿权。这种追偿权与连带责任的追偿权不同，是100%的追偿权，而不是部分份额的追偿权。此外，第1223条规定的医疗产品责任中医疗机构的追偿权，第1233条规定的环境污染生态破坏责任中侵权人对第三人的追偿权，第1250条规定的动物饲养人或者管理人对第三人的追偿权，第1252条规定的建设单位和施工单位对第三人的追偿权，都是典型不真正连带责任的追偿权。

2. 补充责任的追偿权

对侵权责任的补充责任，《侵权责任法》规定了三种，《民法典》删除了一种，还有两种，即：第1198条第2款规定的第三人造成他人损害，违反安全保障义务的人承担相应的补充责任后的追偿权；第1201条规定教育机构就第三人损害在校的未成年学生承担赔偿责任后，对第三人的追偿权。《侵权责任法》第34条第2款规定的劳务派遣责任中的"相应的补充责任"，改成了"相应责任"，不再有追偿权。

我国侵权责任中的相应的补充责任，产生于银河宾馆案。王某出差到上海，住进银河宾馆，罪犯仝某宝在宾馆的房间里将其杀害，抢走财物。仝某宝犯杀人罪被判处死刑，附带民事诉讼中将其随身携带的1万余元判决给王某的父母。王某的父母向法院提起民事诉讼，主张银河宾馆违反安全保障义务，法院判决该宾馆承担补充的赔偿责任。[①] 2004年人身损害赔偿司法解释第6条将其称为相应的补充责任，规定补充责任人享有追偿权。

认为我国民法以往没有规定过补充责任的主张，是不对的。补充责任源于保证责任中的一般保证责任。在保证责任中，连带责任保证的保证人承担的是

[①] 参见《最高人民法院公报》，2001（2）。

第八章 《民法典》中的多数人侵权责任追偿权规定应当怎样理解和适用

不真正连带责任，债权人主张保证人承担清偿债务的，保证人就要承担清偿责任，之后找债务人追偿。这不是补充责任，而是典型的不真正连带责任。一般保证则不同，债权人请求清偿债务，必须先找债务人，一般保证人享有检索抗辩权，只有在债务人的责任财产不能完全清偿债务时，一般保证人才承担清偿不足部分的债务。这种补充性的清偿责任就是补充责任。

侵权责任的补充责任来源于一般保证中保证人承担的享有检索抗辩权的补充责任，是不真正连带责任的一种变形的特殊表现形式。

3. 先付责任的追偿权

在多数人侵权责任形态中，有一种叫先付责任①，即《民法典》第1204条规定的运输者、仓储者与第三人对产生产品缺陷有过错造成他人损害，本应该由第三人承担赔偿责任，立法者却规定生产者、销售者先承担赔偿责任，原因就在于：基于政策考量，第三人隐藏在产品责任法律关系背后，消费者不易证明，为了保护消费者的权益，就规定生产者、销售先承担赔偿责任。他们当然知道并且能够知道第三人及其过错，承担了责任后就产生追偿权。

先付责任也是不真正连带责任的一种变形。补充责任和先付责任都是不真正连带责任的变形体，规则却相反，补充责任由没有直接原因力的行为人后承担责任，先付责任是由不负有最终责任的人先承担赔偿责任，但都享有追偿权。

4. 附条件的不真正连带责任的追偿权

《民法典》没有规定附条件的不真正连带责任。《消费者权益保护法》第44条以及《电子商务法》第38条规定的网络交易平台提供者的侵权责任是附条件的不真正连带责任。在网络交易平台购买商品或者接受服务受到损害的，责任人是在网络交易平台上进行交易的销售者和服务者，他们应当承担赔偿责任。网络交易平台提供者承担赔偿责任的条件：一是不能提供销售者、服务者的真实名称、地址、有效联系方式。如果能够提供销售者、服务者的真实名称、地址、有效联系方式，网络交易平台提供者不承担赔偿责任。二是网络交易平台提供者承诺先行赔付的，受害消费者可以直接向网络交易平台提供者主张赔偿。在上述两种情形下，网络交易平台提供者承担赔偿责任后，都对销售者、服务者享有追偿权。② 所谓附条件不真正连带责任，主要是其适用不真正连带责任规则时须附条件，符合条件要求后，承担不真正连带责任的规则是一

---

① 杨立新. 多数人侵权行为及责任理论的新发展. 法学，2012（7）：41-49.
② 这一部分的法律依据没有直接规定在《民法典》中，但是包含在《民法典》第1194条关于"法律另有规定的，依照其规定"的规定之中。黄薇. 中华人民共和国民法典侵权责任编释义. 北京：法律出版社，2020：91-92.

样的。

上述四种不真正连带责任中都包含追偿权,都是先承担了中间赔偿责任的一方责任人对应当承担最终责任的责任人享有追偿权,区别在于有的是全额追偿权,有的是限额追偿权。

(三) 替代责任的追偿权

替代责任,就是为他人的行为造成的损害后果承担赔偿责任,《民法典》第1191条第1款规定的用人单位责任就是典型的替代责任。用人单位承担替代责任有很多理论模型作为支撑,其核心理论是"钱包理论",即谁的"钱包大"就应当由谁先来承担赔偿责任。用人单位赔偿能力强,其工作人员造成他人损害,用人单位应先承担赔偿责任。

替代责任产生于罗马法的准私犯规则。在罗马法中,马厩的主人要为其雇工造成的损害承担赔偿责任,家父要对家子造成他人的损害承担赔偿责任等,这是替代责任的最早形态。[①] 不过,罗马法准私犯不包含追偿权。近现代的替代责任与罗马法不同,雇主承担了替代责任后,对造成损害的有过错的雇员享有追偿权。追偿权的价值在于,雇主承担赔偿责任之后,对雇员享有追偿权,可以向有过错的雇员追偿,对其他雇员以及社会会产生警示作用,起到阻吓其他员工的一般预防作用。这是替代责任产生追偿权的基本原理。

除了《民法典》第1191条第1款规定的追偿权,替代责任的追偿权还有:《民法典》第62条规定的法人的法定代表人执行职务期间造成他人损害,法人承担赔偿责任后,对有过错的法定代表人享有追偿权;第1192条第1款规定,提供劳务一方因劳务造成他人损害,接受劳务一方在承担了赔偿责任后,对有故意或者重大过失的提供劳务一方享有追偿权。

(四) 高空抛物补偿责任的追偿权

对高空抛物损害责任《侵权责任法》规定在第87条,《民法典》规定在第1254条。《侵权责任法》第87条没有规定追偿权。《民法典》第1254条对这一规则作了彻底改造,其规定,即使由有可能造成损害的人承担了补偿责任,其仍对高空抛物的侵权人享有追偿权后,行使这一追偿权后,也能够将最终责任归于真正的加害人。

---

① [意] 彼得罗·彭梵德. 罗马法教科书. 黄风,译. 北京:中国政法大学出版社,2018:115.

第八章 《民法典》中的多数人侵权责任追偿权规定应当怎样理解和适用

二、《民法典》规定部分多数人侵权责任中包含追偿权的必然性

（一）侵权责任追偿权理论中的"背锅"理论

在研究侵权责任追偿权的理论依据时，有很多不同的追偿权责任理论作为基础。这些理论上的分析和说明都是对的。不过，笔者提出一个更通俗的理论来作为支持，就是追偿权的"背锅"理论。

在数人的行为对损害的发生都有因果关系时，如果有的行为人存在赔偿能力的限制或者因其他原因难以承担赔偿责任时，规范通常会把目光指向另外那些或者那个与损害发生具有某种因果关系的人，由他们（或者他）来承担侵权赔偿责任，以满足被侵权人的损害赔偿请求权，使其合法权益得到保障。其实，这就是在为侵权责任的承担寻找一个"背锅人"，找到这个可以"背锅"的人，该人与该侵权人实施的侵权行为具有某种关联，就要他承担连带责任、中间责任、补充责任或者替代责任等。

"背锅"的人应当为侵权人的侵权行为造成的后果"背锅"的关联性，一个是主观上的过错，另一个是客观上的原因力。其中，更直接的关联性是原因力，找到了一个人对另一个实施侵权行为的人造成的后果有一定的原因力，例如违反安全保障义务的人，就让他承担补充责任，他就是《民法典》第1198条第2款规定中的"背锅人"：原本侵权行为是由第三人实施的，该第三人应当承担侵权赔偿责任，实施侵权行为的第三人赔偿不足，就须找个"背锅人"，由于负有安全保障义务的人未尽安全保障义务，因而使侵权人得以实施侵权行为，造成了受害人的损害，违反安全保障义务的行为在客观上与损害的发生有一定的原因力，未尽安全保障义务的人在主观上还有过失，那就由他承担相应的补充责任，为第三人的侵权行为"背锅"。

还是以银河宾馆案为例。第三人仝某宝是直接侵权人，杀死王某具有100%的原因力，被判处死刑后无法承担全部赔偿责任。为保障受害人的权益，要找到"背锅"的人。银河宾馆在店堂告示中承诺"本饭店设有24小时保安服务，绝对保证客人的人身财产安全"，其没有尽到保障顾客人身财产安全义务，其行为对损害结果的发生有原因力，其主观上又有过错，因而法院判决其承担补充的赔偿责任。

我国的违反安全保障义务的侵权责任即相应的补充责任，就是这样产生的。2004年人身损害赔偿司法解释第6条规定："因第三人侵权导致损害结果发生的，由实施侵权行为的第三人承担赔偿责任。安全保障义务人有过错的，

应当在其能够防止或者制止损害的范围内承担相应的补充赔偿责任。安全保障义务人承担责任后，可以向第三人追偿。"

既然违反安全保障义务承担相应补充责任的人是一个"背锅"的人，他的行为就不是损害发生的直接原因，既然如此，尽管"背锅人"在主观上有一定的过错，但是，由于其只是一个"背锅人"，法律规定其享有追偿权，使其在为侵权人"背锅"而承担补充责任后，对侵权人享有追偿权；能够实现追偿权的，就能将这个为人"背锅"的赔偿责任归于真正的侵权人。因此，"背锅"的理论基础正是追偿权"甩锅"的正当理由，侵权追偿权的实质就是"甩锅"。尽管《侵权责任法》第37条否认了补充责任人的追偿权，但是，《民法典》第1198条又规定了这个追偿权，就是一个最好的说明。

这就是规定违反安全保障义务人承担补充责任后享有追偿权的原因。不过，追偿权是有风险的，"背锅"的责任人可能实现追偿权，也可能无法实现追偿权。无法实现追偿权，"背锅"的责任人就只能自己承担责任，因为其在主观上毕竟还是有过错的。

再来分析一下其他侵权责任形态中的追偿权，其也是在"背锅"的理论基础上形成的。

连带责任的基本规则分为中间责任和最终责任。中间责任是原告请求哪个连带责任人赔偿，哪个连带责任人就要对全部损害负责赔偿，而非以应当承担的连带责任份额为限。最终责任是以每一个连带责任人应当承担的赔偿责任份额为准，由其承担自己应当承担的那一份赔偿责任。正因为承担中间责任的连带责任人承担了超出自己份额的赔偿责任，超出的部分是为其他连带责任人"背锅"，因而其才对超出自己份额的责任部分享有追偿权。

不真正连带责任其实与补充责任的规则一样，不应当承担最终责任的人承担了全部责任或者部分责任，而这些责任是最终责任人应当承担的，中间责任是为最终责任人"背锅"，因此，中间责任人承担了中间责任之后，对最终责任人享有追偿权，将不应由自己承担的最终责任归于应当承担最终责任的责任人。

尽管替代责任的责任人承担的责任基础与连带责任和不真正连带责任不完全一致，但是，由于工作人员对于执行职务致害他人有过错，用人单位等责任人承担赔偿责任，也是在为工作人员的过错"背锅"，因此其也享有追偿权，通过行使追偿权而将最终责任归于有过错的工作人员。只是有一点，关于这个追偿权，《民法典》规定的是"有故意或者重大过失的工作人员"，用人单位才可以对其行使追偿权。

《民法典》第1254条规定高空抛物损害责任中有可能造成损害的建筑物使

用人承担的补偿责任,更是为真正的侵权人"背锅",当找到真正的侵权人之后,当然有权向其行使追偿权,将责任全部归于侵权人。

(二)侵权责任追偿权的"背锅"理论基础

可以说,《民法典》之所以规定侵权责任的追偿权,基础就在于责任人只要是为他人造成的损害承担责任,而自己并非真正的、具有100%原因力的侵权人,就对造成损害应当承担最终责任的他人享有追偿权。基于"背锅"理论承担的责任是中间责任,追偿权所追偿的责任是最终责任。

追偿权背锅理论的具体内容如下。

1. 享有追偿权的权利人与义务人都是侵权人,均应当承担侵权责任

毫无疑问,无论基于何种原因以及何种侵权责任形态,追偿权的权利人与义务人都是侵权人。他们实施的侵权行为都属于多数人侵权中的共同侵权行为或者竞合侵权行为,或者存在于替代责任之中。在多数人侵权行为中,应当承担连带责任的共同侵权行为和应当承担不真正连带责任的竞合侵权行为,都存在追偿权,都有追偿权的权利人和义务人。在替代责任中,实施造成损害行为的是行为人,而应当承担赔偿责任的却是责任人,尽管这不属于严格意义上的多数人侵权责任,也与连带责任、不真正连带责任的赔偿责任承担的规则有异,但是,同样存在责任人对行为人的行为背锅的属性,因而都存在产生追偿权的客观基础,存在追偿权的权利人和义务人。

2. 追偿权的权利人与义务人之间具有逻辑上的关联性

追偿权利人与追偿义务人之间的追偿权关系,产生于权利人与义务人之间在逻辑上的关联性。这种关联性表现在:第一,权利人与义务人都有造成损害的可归责性,或者在主观上有过错,或者运用无过错责任原则;第二,权利人的行为与义务人的行为在客观上对于损害的发生都具有原因力,不论是直接原因力还是间接原因力,均须有相当的原因力。这些关联性就使追偿权利人产生了应当承担中间责任的基础,具有了法律上的可责难性,因而其须为追偿义务人"背锅",承担中间性责任。

3. 追偿权的权利人承担的责任具有中间性而非终局性

然而,尽管承担中间责任的追偿权利人在承担中间责任时具有可归责性,但是,追偿权利人的行为对于损害结果的发生却不具有全部的原因力,或者只具有间接的原因力;而不具有全部原因力的行为人不应当承担全部赔偿责任,只应当承担与自己的原因力相适应的责任份额;只具有间接原因力的行为人不应当承担最终赔偿责任。因而,责任人基于连带责任、不真正连带责任或者替代责任承担的中间责任,就是非终局性的责任,是为了保障损害赔偿权利人的

索赔权利而为最终责任人"背锅";为保证行为与损害之间的平衡,实现分配正义,使承担中间责任的责任人享有追偿权,有权向最终责任人追偿,将应当归于最终责任人的责任归于追偿权的义务人。可见,追偿权就是中间责任人与最终责任人之间利益关系的平衡器、调整器。

4. 追偿权的义务人是应当承担最终责任的人

既然在追偿权的法律关系中,追偿权利人承担中间责任是为义务人的最终责任"背锅",那么,为了实现追偿权利人与义务人之间确定责任分担关系的平衡,就必然将中间责任转化为最终责任。这种责任性质的转化中介就是追偿权,通过行使追偿权,追偿权利人将最终责任转嫁给追偿义务人,使其承担最终责任。正因为如此,"背锅"的间接侵权人为什么就不能把"锅"甩给直接侵权责任人呢!

三、侵权责任追偿权法律关系及追偿规则体系的展开

(一) 侵权责任追偿权法律关系的主体

侵权责任追偿权法律关系的基础,是行为人实施的行为构成侵权责任。由于追偿权法律关系发生在侵权人的内部,因此,侵权责任追偿法律关系似乎应是侵权人内部的法律关系。其实不然,在存在追偿权法律关系的侵权责任法律关系中,存在外部关系和内部关系。

追偿权法律关系的外部关系,是以所有的侵权人作为损害赔偿义务主体,与受到侵害的被侵权人作为损害赔偿权利主体,他们之间构成的侵权法律关系。在这样的法律关系中,所有的侵权人都是损害赔偿义务主体,都应当承担损害赔偿责任。

在追偿权法律关系内部,由于数个损害赔偿义务主体之间的责任形态是连带责任、不真正连带责任或者替代责任,甚至纯粹就是基于政策考量,使数个损害赔偿义务主体之间发生责任分配的法律关系,应当按照公平性、合理性、科学性的要求,对侵权责任在数个损害赔偿义务主体之间进行分配,实现侵权责任的矫正正义。这就是,已经承担了责任的义务主体成为追偿权的权利主体,享有追偿权;未承担责任的义务主体成为追偿权的义务主体,负有满足追偿权利人权利请求的义务。

(二) 侵权责任追偿权法律关系的构造

侵权责任追偿权的法律关系,存在侵权损害赔偿责任的二次分配过程;有的还会存在三次分配过程,如连带责任。

1. 侵权责任追偿权法律关系的第一次责任分配

侵权责任追偿权法律关系的损害赔偿责任的第一次分配，是中间责任的承担。在这时，着重考虑的是侵权受害人即被侵权人的损害赔偿权利实现的保障，因而在不同的责任人之间，不论是应当承担中间责任还是最终责任，只要是对被侵权人损害赔偿权利的实现有利，就可以选择该责任人作为索赔对象，责令其承担中间责任。在第一次责任分配中，基本不考虑各个不同的责任人之间的利益关系，因此，在责令某些责任人承担中间责任时，肯定存在责任分配的不公平性、不合理性。然而，这种对侵权责任人责任分配不合理和不公平的"背锅"，就保障损害赔偿权利人的权利实现而言，却是公平的、合理的，甚至也是科学的。

2. 侵权责任追偿权法律关系的第二次责任分配

第二次责任分配，全部考虑的是对不同的责任人之间责任分配的公平性、合理性，体现了侵权责任分担规则的科学性。这就是，将应当承担的损害赔偿责任最终分配给应当承担这个责任的责任人，以保障责任分担规则的公平。这是实现侵权责任分配的公平性、合理性、科学性的最后一次机会，必须体现侵权责任的矫正正义。

3. 连带责任法律关系的第三次责任分配

在侵权责任分配中，偶尔也会出现第三次责任分配。对此，《民法典》总则编和侵权责任编都没有规定，而是在合同编在关于连带之债的规则中加以规定。《民法典》第519条第3款规定："被追偿的连带债务人不能履行其应分担的份额的，其他连带债务人应当在相应范围内按比例分担。"对于这一规则，学说解释认为，基于公平考虑，规定：被追偿的连带债务人不能履行其应分担的份额的，其他连带债务人应当在相应范围内按照比例分担。该规定的"其他连带债务人"，是指除不能履行其应分担份额的连带债务人之外的其他所有连带债务人，包括实际承担债务后行使追偿权的连带债务人。[①] 这是因为，追偿权的实现是以各连带债务人能够承担最终责任为前提，如果其没有承担责任的能力，就需要由各连带债务人按照各自份额分担损失。这种做法避免了履行债务的连带债务人因其他债务人的原因而无从追偿，有利于鼓励连带债务人积极履行债务。该损失如果不能由其他债务人分担，则将完全由追偿权人也就是消灭债务的连带债务人承担。这将不利于连带债务人积极履行全部清偿义务，从而不利于债权的实现。而且按照份额比例分担，也体现了公平原则。这里所言的不能偿还，不仅包括其没有资力偿还，也包括债务人行踪不明，追偿存在困

---

① 黄薇. 中华人民共和国民法典合同编释义. 北京：法律出版社，2020：129.

难等情形。① 如果先行对外履行债务的连带债务人在内部行使追偿权时，只能依照内部的份额逐一追偿，就意味着一旦某个债务人缺乏履行能力（甚至破产），那么，在先对外履行债务的债务人就需要单独承担追偿不了的风险。② 例如：甲乙丙丁四人承担连带责任，甲承担全部赔偿责任后，向乙丙丁追偿，其中丁不能履行追偿义务，应当在不能履行的范围内，由甲乙丙按照每一个人的比例分担，即甲乙丙三人分别分担三分之一。原本甲向乙丙丁各自追偿四分之一，改成各追偿三分之一，风险由该三人分担。就此产生的后果，虽然也是为不能清偿的连带责任人"背锅"，存在不公平的问题，却是合理的，体现了矫正正义，因而履行主体不能再主张追偿。③

（三）侵权责任追偿权产生的基本原因

在侵权责任追偿权的产生中，最基本的原因就是行为的原因力。

1. 连带责任追偿权产生于每一个连带责任人行为的原因力

连带责任的追偿权就是基于行为的原因力产生的。例如，两个人打伤了一个人，每个人的原因力是50%，受害人请求其中一个加害人承担了全部的连带责任，即100%。在这个加害人向另一个没有承担责任的加害人行使追偿权时，基于自己行为的原因力只有50%，另外的50%损害就是另一个没有承担责任的侵权人的行为造成的，因此，承担责任的责任人享有追偿权，追偿权的份额是50%，超过50%的部分不可以追偿，应当由自己承担。所以，连带责任的追偿权是天经地义的，没有人会怀疑连带责任追偿权的合理性。

2. 不真正连带责任的追偿权也是基于行为的原因力

典型不真正连带责任中造成损害的直接原因只有一个，就是直接造成损害的那个侵权人实施的行为。承担了赔偿责任的侵权人的行为并不是造成损害的直接原因，而是间接原因，具有的只是间接原因力。由于应当承担最终责任的侵权人造成损害的直接原因行为的原因力为100%，因而最终责任须由他承担，具有间接原因力的行为人就享有全部的追偿权。最典型的是产品责任规则：生产者生产的产品有缺陷，造成消费者损害，不是销售者的过错所致，消费者请求销售者赔偿，销售者基于无过错责任原则应当承担赔偿责任。销售者经过自己的手把由生产者制造的有缺陷的产品卖给了消费者，对于缺陷产品造成的损害虽然不是具有直接原因力的加害人，但是其销售行为对造成损害起到

---

① 王利明，朱虎. 中国民法典释评：合同编通则. 北京：中国人民大学出版社，2020：278.
② 龙卫球. 中华人民共和国民法典合同编释义：上册. 北京：中国法制出版社，2020：174.
③ 王利明，朱虎. 中国民法典释评：合同编通则. 北京：中国人民大学出版社，2020：278.

第八章 《民法典》中的多数人侵权责任追偿权规定应当怎样理解和适用

了辅助性的作用,因而销售者行为的原因力就是损害发生的间接原因。真正造成损害的直接原因100%是生产者的行为,销售者只是给生产者造成损害提供了条件,即把缺陷产品卖给了销售者,消费者因此受到损害。销售者承担了赔偿责任,是为生产者背锅,当然可以向生产者行使追偿权。因此,典型不真正连带责任的中间责任人对最终责任人的追偿权,就是100%的追偿权。

附条件的不真正连带责任与典型的不真正连带责任的规则是一样的,只是承担不真正连带责任时须符合所要求的条件,其他的规则没有区别。

3. 补充责任追偿权的产生原因也是行为的原因力

违反安全保障义务人要承担相应的补充责任,是因为安全保障义务人的疏忽,使第三人有了实施侵权行为的条件。如:银河宾馆案中,银河宾馆疏于对侵权行为防范和制止,使加害人有机可乘,造成了住宿客人的损害,实际加害人行为的原因力是100%,是直接原因力。从直接原因观察,银河宾馆连1%的直接原因力都没有。之所以宾馆要承担违反安全保障义务的"背锅"责任,一是因为其主观上有过失,二是因为这一过失的不作为行为对损害的发生起到了间接作用,使侵权人有了机会实施侵权行为。因此,对直接侵权人没有能力赔偿的那一部分赔偿责任,这个实施不作为行为的责任主体承担相应的补充责任。这个追偿权规则,是从最高人民法院2004年人身损害赔偿司法解释第6条确定的。在制定《侵权责任法》时,追偿权规则由于意见不统一而被删除;在修改《消费者权益保护法》时又把它加了进来。《民法典》第1198条第2款还是把追偿权规定进来,就是因为这个追偿权的设置具有正当性。追偿权的基础不仅是未尽安全保障义务的人的行为是不作为,更重要的是未尽安保义务的行为只是间接原因,仅具有间接原因力。

4. 替代责任追偿权的产生原因包括原因力和利益归属

替代责任的追偿权的设置目的,是要把损害赔偿责任归于真正的加害人,归于有过错的行为人。《民法典》第1191条第1款规定的用人单位责任,立法机关一直坚持它是无过错责任[1],实际上将其确定为过错推定责任更为稳妥。[2] 如果认为用人单位责任是无过错责任,在追偿权的问题上就会一直存在疑问,从而认为追偿权是一把"双刃剑",其不利之处在于:一是侵权责任法主要解决对外责任的问题,用人单位和工作人员的内部关系可以通过协议等方式约定;二是确定用人单位追偿权的方法比较困难;三是我国工作人员工资低,在

---

[1] 王胜明. 中华人民共和国侵权责任法释义. 2版. 北京:法律出版社,2013:188;黄薇. 中华人民共和国民法典侵权责任编释义. 北京:法律出版社,2020:84.

[2] 杨立新. 侵权责任法. 4版. 北京:法律出版社,2020:178.

经济上处于劣势，用人单位可能会利用该规定转嫁责任。① 不过，这些理由只看到了问题的一面，没有全面观察用人单位责任的形成原因。既然工作人员是用人单位的员工，工作人员创造的利益归属于用人单位，用人单位的经济实力又比个人强，让用人单位来承担责任，可以保护受害人的利益，保障其损害赔偿请求权的实现。

在保障了受害人损害赔偿请求权的实现之后，还要考虑过错和原因力以及赔偿责任的警示作用。工作人员在执行职务中过失造成他人损害，用人单位对受害人承担了赔偿责任后，如果不享有追偿权，其他员工就都会效仿，从而出现履行职责的疏忽和懈怠。如果用人单位承担了赔偿责任后，让有过错的员工哪怕承担10%的责任，其他员工都会受到阻吓和警示，在工作中勤勉、谨慎地完成自己的工作任务。

《民法典》第1191条第1款第二句规定：“用人单位承担侵权责任后，可以向有故意或者重大过失的工作人员追偿。”第1192条第1款第二句规定："接受劳务一方承担侵权责任后，可以向有故意或者重大过失的提供劳务一方追偿。"之所以改变不规定追偿权的做法，是因为以重大过失作为责任承担与否的分界线，合理地强化了工作人员的注意义务，也会促使工作人员在工作时的认真负责，从而有效地减少工作人员在工作中造成损失的情形，也有利于用人单位与工作人员之间公平分配责任。②

可以看到的是，替代责任的责任人"背锅"，与一般的"背锅"还是有区别的，因为虽然有原因力的问题，但是还存在利益归属理论：由于工作人员是为用人单位提供劳务，为用人单位创造利益，因而在追偿权上有所区别。不过，其区别不在于故意或者重大过失才承担追偿责任，还是一般过失就可以承担追偿责任，而在于承担追偿责任的范围，即承担多大份额的追偿责任。由于我国的工资政策以及利益归属基础，有些医疗机构对造成医疗损害责任的有过失的医务人员追偿30%左右的责任，是比较可行的；重大过失应当承担更高的责任比例；故意致人医疗事故损害的，则应当承担全部赔偿责任。

5. 高空抛物追偿权的产生原因在于有可能造成损害的建筑物使用人不是加害人

《民法典》第1254条规定，高空抛物致人损害由于找不到真正的加害人，为了使受害人获得一定的补偿，因而由不能证明自己不是加害人的有可能造成损害的建筑物使用人予以补偿。这完全是由没有造成损害的人给造成损害但逃

---

① 王胜明. 中华人民共和国侵权责任法释义. 2版. 北京：法律出版社，2013：191.
② 黄薇. 中华人民共和国民法典侵权责任编释义. 北京：法律出版社，2020：84.

避责任的人"背锅"。让有可能造成损害的建筑物使用人予以补偿，是因为找不到真正的加害人，待找到真正的侵权人后，承担补偿责任的"背锅人"当然有追偿权。这种追偿权的产生，是因为承担补偿的人本来就不是加害人，没有实施加害行为，完全没有原因力。

关于侵权责任的追偿权问题，我国的侵权责任法理论论证得过于复杂。依据过错和原因力的规则，以及有些情形下的利益归属基础，确定"背锅"的中间责任人的追偿权，就是最简明的办法。

四、对《民法典》规定的侵权责任追偿权规则的检视

《民法典》规定了较多的侵权责任追偿权规则，绝大多数没有问题，在理论上也没有大的争论。不过，有的规定还有一定问题。

（一）没有争论的侵权责任追偿权的规则

首先，关于连带责任的追偿权规则，学界没有争论。这个追偿权规则规定在《民法典》总则编第178条，地位比较特殊，适用时应当注意。要说明的是，侵权责任追偿权可以适用《民法典》合同编关于连带之债的规则，因为侵权责任就是侵权之债。对此，在适用中要特别注意《民法典》第519条第3款规定的侵权责任追偿权的第三次责任分配规则。在侵权连带责任分担出现类似情形时，应当适用这一规定。

其次，对典型的不真正连带责任、附条件的不真正连带责任以及先付责任的追偿权规则，学界也没有不同见解。对此，在司法实践中依照规定进行追偿即可。这些侵权责任的追偿权都不存在第三次分配责任的问题。

最后，《民法典》第1254条规定的高空抛物损害责任中有可能造成损害的建筑物使用人的追偿权也没有问题，只是实现追偿权的机会较少而已。

（二）有争论的两个侵权责任追偿权规则

1. 侵权补充责任追偿权的规则

对于侵权责任补充责任追偿权的规则，《民法典》规定了两个条文，即第1198条2款和第1201条。这两个规定"相应的补充责任"的追偿权，对追偿权的构成都没有其他限制，只要违反安全保障义务的人或者教育机构有过失，就要承担相应的补充责任，承担了责任之后就可以向第三人追偿。

对此的不同意见是，既然违反安全保障义务的人或者教育机构对造成的损害有过失，为什么还要给有过失的补充责任人以追偿权呢？其中的道理前文已

经说明，即：尽管他们对于损害的发生有过失，但是，他们的行为是不作为的消极行为，对损害的发生不具有直接原因力，只具有间接原因力，而第三人的行为才是造成损害的直接原因，具有100％的原因力。因此，对100％要承担赔偿责任的第三人，在其不能完全承担全部侵权责任时，补充责任人对受害人承担补充责任后，就一定享有追偿权。

应当说明的是，这两个补充责任都是"相应的"补充责任。所谓"相应"，就是与补充责任人的过失程度相适应，因而，相应的补充责任就不是全额补充，而是限额补充。即使是限额补充，补充责任人由于没有直接原因力，也应当对侵权人享有追偿权。这个规则已经在实践中适用20年了，尽管《侵权责任法》曾将其删除，但是最终《民法典》还是规定了追偿权，使补充责任追偿权又回归到2004年人身损害赔偿司法解释第6条规定的最初规则。

要说明的还有两点：一是条文列举的宾馆、饭店等，其实是没有必要的。既然是饭店、宾馆、商场等的管理者、经营者、组织者，就包括了所有经营者在内，前文的列举就没有价值了。二是规定所有的经营者都对消费者负有安全保障义务。2004年人身损害赔偿司法解释第6条规定的补充责任主体是经营者。《侵权责任法》对其进行限缩，规定的是"公共场所的管理者和社会活动组织者"，经营者对消费者不负有安全保障义务。这是不正确的。《消费者权益保护法》修订时，仍然坚持所有的经营者对消费者都负有安全保障义务，都要承担违反安全保障义务的侵权责任，因而形成了《消费者权益保护法》与《侵权责任法》规定之间的冲突。《民法典》将承担补充责任的主体改成"经营者、管理者、组织者"，是完全正确的。

2. 用人单位责任的追偿权规则

用人单位的追偿权，是关于追偿权最有争议的重要问题。

《民法典》第1191条规定了用人单位的追偿权，这是《侵权责任法》第34条没有规定的规则。问题是，这一条文把追偿权限制在仅当工作人员具有"故意或者重大过失"的主观要件时，用人单位才享有追偿权，如果工作人员只有一般过失，用人单位就不能对其追偿。

与此相关的是《民法典》第62条，规定的是法人的法定代表人执行职务造成他人损害，法人承担赔偿责任后，须具备"依照法律和法人章程的规定，可以向有过错的法定代表人追偿"的要件：其一是要依照法律规定和法人章程的规定；其二是法定代表人有过错，包括故意、重大过失和过失。

《民法典》这两个条文所调整内容是一样的。法人的法定代表人也是法人的工作人员，用人单位的工作人员也包括法人的法定代表人。但是，承担追偿责任的条件为什么不一样呢？显然不能说法定代表人就不是法人的工作人员，也不能说《民法典》第1191条规定的是除法定代表人之外的其他工作人员。如果这样去理解，两个条文之间似乎就没有矛盾，法人的法定代表人被追偿时，有过失就要追偿，责任更重；对其他工作人员，例如包括副总经理在内的"高管"等工作人员，只有具有故意或者重大过失才可以进行追偿，其责任就要轻得多。真的是这样的道理吗？

此外，两个条文还有其他区别。《民法典》第62条规定对法定代表人的追偿要依照法律的规定和章程的规定：依照法律规定的"法律"，最相关的还是第1191条，除了这一条之外，没有其他的法律规定；如果章程没有规定可以追偿，法人承担赔偿责任后，就不用向法定代表人追偿，难道意味着法定代表人执行职务可以胡来，造成多大的损害都是法人赔偿，法人赔偿了还无法追偿吗？这显然不符合侵权法的基本法理。

所以，《民法典》第62条和第1191条之间是不协调的，需要统一追偿权行使的主观要件，或者都要求有过错即可，或者均须具备故意或者重大过失。

其实，在用人者责任中，工作人员在执行职务中的故意加害行为，是构成单独的违法行为或者犯罪行为的。1980年代有一个案例，上海一个外科医生是被告，一个在西北工作的女士想要调回上海，因为没有上海户口而不成。有人给她介绍认识了这位医生，双方结婚，该女士的户口也办回来了。结婚不久，女方就要离婚，男方很气愤却不得不离婚，因此怀恨在心。后来，该女士患阑尾炎到该医院治疗，正好是这位医生当班，在给该女士手术时，其趁机将该女士双侧卵巢全部切除。这就是工作人员利用执行职务之机故意伤害他人，构成犯罪行为。该外科医生因刑事犯罪被判刑，医院在承担赔偿责任之后可以向有故意的医生追偿。

有关方面在解释中说，劳动者对用人单位负有忠实和勤勉的义务。劳动者在执行职务中未尽到基本的注意义务造成他人损害的，应当承担适当的责任，但追偿比例应根据过错程度的因素综合考虑，而不应由劳动者承担所有的损失后果。建议以重大过失作为责任承担与否的分界线。这合理地强化了工作人员的注意义务，也会促进工作人员在工作时的认真负责态度，从而有利于减少工作人员在工作中造成损失的情形，也有利于在用人单位与工作人员之间公平分配责任。[1] 这样的解释没有说服力。如果要考虑工作人员的实际情况，尽量减少他们因追偿而承担较重的责任，可是这样选择的后果是警示作用效果不好，用人单位对具有故意或者重大过失的工作人员才可以追偿，存在一般过失的就不可以追偿，用人单位的其他工作人员就会认为一般过失是可以谅解的，仍然不利于用人单位的管理和效益。从这一点上来说，《民法典》第1191条第1款有关追偿权

---

[1] 黄薇. 中华人民共和国民法典侵权责任编释义. 北京：法律出版社，2020：84.

的规定不稳妥。对此，应当进一步积累经验，等待时机成熟时再对其修正。

规则总结

侵权责任追偿权的法理基础在于"背锅"理论，正因为责任人对行为人造成的损害承担赔偿责任的基础是"背锅"，"背锅"的责任人在承担了赔偿责任后，应当对造成损害的行为人享有追偿权，将"锅"甩给应当承担责任的人。凡是基于"背锅"理论而承担责任者，都有权对有故意、重大过失或者过失的行为人追偿；至于追偿多少，则可以根据实际情况确定，而不是在主观要件上进行区分。

具体适用《民法典》规定的追偿权，应当注意以下要点：

1. 《民法典》总则编和侵权责任编规定的追偿权，其理论基础都是"背锅"理论，即间接责任人为直接责任人应当承担的责任"背锅"。这是侵权责任追偿权的理论基础，没有"背锅"，就没有"甩锅"的追偿权。

2. 追偿权的实质就是"甩锅"，是间接侵权人在为直接侵权人"背锅"后的"甩锅"，正因为间接责任人承担责任是为直接责任人的责任"背锅"，因而其承担赔偿责任后，享有对直接责任人的追偿权，把"锅"甩回给直接责任人，撇清间接责任人的责任。

3. 追偿权的种类包括：连带责任的追偿权、不真正连带责任的追偿权、替代责任的追偿权和补偿责任的追偿权，其中不真正连带责任的追偿权比较复杂，包括典型不真正连带责任的追偿权、补充责任的追偿权、先付责任的追偿权和附条件不真正责任的追偿权。

4. 包含追偿权的侵权法律关系有三次责任分配，分别为：第一次责任分配是中间责任的承担，让谁赔谁就得赔；第二次责任分配是行使追偿权，将责任归于最终责任人；第三次责任分配是有的最终责任人不能承担自己份额的，在其他责任人中再进行一次责任分配，其中，第一次责任分配是"背锅"，后两次责任分配都是"甩锅"。

5. 关于连带责任追偿权、典型不真正连带责任追偿权、高空抛物补偿责任追偿权的规则都是正确的，学界没有争论；对侵权相应补充责任的追偿权，学界虽有不同意见，但规则基本稳妥，这些追偿权在行使和法律适用中没有大的困难。

6. 用人单位承担赔偿责任后对具有故意或者重大过失的工作人员的追偿权，适用范围略窄，应当修正为有过错就追偿，只是在追偿范围上有所区别，由于《民法典》已经作了规定，因而在司法实践中应当注意总结经验，争取在时机适当时进行修改。

第九章 《民法典》规定相应补充责任时为什么增加了追偿权

——相应补充责任与追偿权的断裂与衔接

实务指引要点

1. 《民法典》将相应的补充责任与追偿权相衔接,依据的是间接责任人的行为、原因力和过错三个要素,使间接责任人享有追偿权具有充分且正当理由。
2. 补充责任人承担补充责任的范围是有限范围,即在与自己的过错程度和造成损害的原因力的范围内,承担直接责任人不能承担的损害赔偿部分。
3. 《民法典》第 1198 条和第 1201 条规定的侵权责任,在补充责任人承担了补充责任后,有权行使追偿权,向直接责任人全额追偿。

在讨论了侵权责任追偿权的基本理论和规则之后,再进一步深入讨论相应补充责任的追偿权问题。这是从一般走向特别,通过对侵权责任相应补充责任的深入讨论,全面展开对侵权责任追偿权的分析,同时也说明补充责任的追偿权的行使规则。

一、问题的提出

补充责任人承担补充责任后能否向第三人追偿,是一个颇有争议的话题。这一争议主要来源于 2004 年人身损害赔偿司法解释第 6 条第 2 款与《侵权责任法》第 37 条第 2 款之间的冲突。两者均规定了第三人侵权的情况下,未尽到安全保障义务人所负的责任是补充责任。不同的是,前者对安全保障义务人的追偿权作出了明确的规定，后者则未对此作出回应。单从文义解释上，尚且无法窥清《侵权责任法》第 37 条第 2 款的立场，由此引发了补充责任人追偿权存否之辩。

在实务界，前述潜在的立法冲突在《侵权责任法》正式施行后表现得更为明显。尽管针对第三人侵权行为，各地法院仍旧普遍性地适用《侵权责任法》第 37 条第 2 款、第 40 条判令安全保障义务人、教育机构承担补充责任，但是涉及追偿权时，却并未摒弃 2004 年人身损害赔偿司法解释第 6 条第 2 款的立场，依旧以此为依据肯定了补充责任人的追偿权。对此，我们难以直接判定各地法院是有意绕开《侵权责任法》第 37 条第 2 款、第 40 条的规范，还仅仅是因为该条文未对此作出规定，所以当然地适用或者类推适用 2004 年人身损害赔偿司法解释第 6 条第 2 款。

长期以来，我国法学界对于追偿权的讨论甚多。肯定者[①]与反对者[②]分庭抗礼。新近学说的观点是，补充责任人的追偿权的适用情境应有所限制。换言之，只有在第三人故意侵权的情况下，该行为人才承担的是补充责任，有权向第三人追偿。在第三人过失侵权情况下，该行为人应当与第三人承担按份责任，没有权利向第三人追偿。[③]

2020 年 5 月 28 日，《民法典》经第十三届全国人民代表大会第三次会议审议正式通过。与《侵权责任法》相比，《民法典》第 1198 条第 2 款、第 1201 条规定新增了补充责任人的追偿权。这一规定终结了 2004 年人身损害赔偿司法解释第 6 条第 2 款与《侵权责任法》第 37 条第 2 款隐形的立法冲突，对上述问题作出了一个立法层面的决断。这对于相关侵权责任规则的完善，统一司法裁判，解决立法冲突具有重要意义。至此，如果按照"走下去"的逻辑，本文所应探讨的是追偿权行使的具体规则，诸如构成要件、法律后果等。然而，如果"回头看"，可以发现，就追偿权存废这一问题而言，立法多有摇摆，实务上多有顾忌，理论上多有争议。究其实质，是因为补充责任和追偿权之间依旧存在着一条尚未弥合的裂缝。尽管这并不影响补充责任人依据《民法

---

① 张新宝. 侵权责任法原理. 北京：中国人民大学出版社，2005：284；王竹. 侵权责任分担论：侵权损害赔偿责任数人分担的一般理论. 北京：中国人民大学出版社，2009：194-195；张平华，王洪礼. 侵权补充责任的独立地位及其体系化. 烟台大学学报（哲学社会科学版），2015（6）.

② 郭明瑞. 补充责任、相应的补充责任与责任人的追偿权. 烟台大学学报（哲学社会科学版），2011（1）；程啸. 侵权责任法. 北京：法律出版社，2011：468；王道发. 电子商务平台经营者安保责任研究. 中国法学，2019（6）；王利明，周友军，高圣平. 中国侵权责任法教程. 北京：人民法院出版社，2010：37；纪红心. 对安全保障义务人因第三人侵权所承担责任的再探讨. 法学论坛，2008（8）；刘召成. 违反安全保障义务侵权责任的体系构造. 国家检察官学院学报，2019（6）.

③ 持这一观点的文章有：李中原. 论违反安全保障义务的补充责任制度. 中外法学，2014（3）；谢鸿飞. 违反安保义务侵权补充责任的理论冲突与立法选择. 法学，2019（2）.

典》第 1198 条、第 1201 条的规定行使追偿权，但却对补充责任人追偿权的正当性基础构成威胁。

为了稳固追偿权的正当性基础，本文拟以相关规定为基础，结合司法实践中的案例以及现有的理论研究成果，从补充责任与追偿权断裂的本质出发，探索补充责任与追偿权之间断裂的根源并寻求弥合二者之间裂缝的方案，以服务于司法实务与理论精进。

二、补充责任与追偿权断裂的本质

多数人侵权行为中，侵权责任形态是多样的。其中，连带责任以及不真正连带责任均与追偿权制度相配套。按份责任则因各自承担自己的份额而与追偿权并无关联。唯有疑惑的是，补充责任作为不真正连带责任的特殊形式，与追偿权形成了割裂的状态，其本质是因为补充责任的制度安排与追偿权内在根植的特质相抵牾。

1. 自己责任与替代责任冲突

一般认为，自己责任与替代责任是对应的概念。① 二者主要在三方面存在不同：第一是客观行为方面，自己责任中，违法行为人自己实施了违法行为造成了他人的损害；替代责任中，责任人并未实施违法行为造成他人的损害，而是他人行为造成了损害。第二是主观状态方面，自己责任往往具有严格的要求，即一般情形下违法行为人须存在主观上的过错；替代责任则有所不同，其往往采取的是无过错责任，不考虑责任人是否具有过错。第三是主体方面，主要区别在于行为人与责任人是否具有同一性，前者必须具有同一性，后者不具有同一性。

具体到《民法典》第 1198 条第 2 款、第 1201 条规定的补充责任形态，从本质上看，其为自己责任，而非替代责任。首先，从客观上来看，损害发生的可能性之所以增加，就是因为安全保障义务人、教育机构没有做到应尽的注意义务。也就是说，二者之间存在因果关系。鉴于安全保障义务人、教育机构之行为往往是不作为的侵权行为，其因果关系主要表现为未切断第三人的侵权行为与损害发生之前的因果链条。其次，从主观状态来看，安全保障义务人、教育机构没有尽到应尽的注意义务，主观上存在过错，应当为此负责。最后，从主体上来看，替代责任的典型代表是，工作人员在执行职务时，用人单位对其

---

① 自己责任是指违法行为人对自己的过错造成他人人身损害和财产损害的后果自己承担的侵权责任形态。替代责任是指责任人为他人的行为和为人的行为以外的自己管领下的物件所致损害承担法律后果的侵权赔偿责任形态。杨立新. 侵权责任法. 3 版. 北京：法律出版社，2018：93-95.

行为承担侵权责任。在这一责任形态中，用人单位作为责任人与违法行为人——工作人员之间存在用工关系，具有控制、管领、监督工作人员的义务，而与受害人之间没有特殊的关系。与此相反，安全保障义务人、教育机构与受害人之间具有特殊的关系。或者基于合同关系，或者基于法定关系，安全保障义务人、教育机构对受害人负有避免其受第三人损害的义务。安全保障义务人、教育机构与违法行为人之间则没有任何特殊关系，也就无须替其承担责任。安全保障义务人、教育机构是自负其责，行为人与责任人具有同一性，因而，此种补充责任是自己责任，而非替代责任。

需要注意的是，尽管第三人赔偿不足是补充责任人承担补充责任的重要前提之一，但这并不会影响到自己责任作为补充责任的本质，原因是，补充责任人之所以承担补充责任，是根植于其在为自己的行为负责这一理念。补充责任本质是自己责任，这一点是无法反驳的。

至于追偿权，一般指的是"由一人取代另一人的地位而对第三人依法请求给付或主张权利、要求补救或担保等"①，往往与"替代责任"相关联。这并不因法系而存在差异。即使在英美法系国家，追偿权也是通过替代责任来构建其理论基础的。替代责任既存在不可以追偿的情形，也存在可以追偿的情形。前者是替代责任的例外，就我国的侵权责任法而言，特指监护人与被监护人之间的关系。也就是说，当监护人替代被监护人承担责任后，不能向被监护人追偿。后者则是替代责任的常态，不论是用人单位对工作人员的职务行为所造成的损害承担责任，还是接受个人劳务的人对提供劳务人的行为所造成的损害承担责任，均有权在承担替代责任后向行为人追偿。比如，《民法典》第1191条第1款就规定了用人单位或者接受劳务一方的人承担侵权责任后，可以向有故意或者重大过失的工作人员追偿；《民法典》第1192条第1款就规定了接受劳务方承担侵权责任后，可以向有故意或者重大过失的提供劳务方追偿。即使是在连带责任、不真正连带责任中，债务人享有追偿权也是因为替代其他债务人先行承担了责任。比如：连带责任中，连带债务人在先行替代其他债务人承担其应当承担的部分后，享有追偿的权利；不真正连带责任中，非终局债务人在替代终局债务人承担了债务后，享有向终局债务人追偿的权利。

因此，可以说，补充责任与追偿权之间的断裂，深层次的本质就在于自己责任与替代责任之间的潜在冲突。

2. 最终责任与中间责任冲突

前文已经述及，最终责任是以每一个连带责任人应当承担的赔偿责任份额

---

① 薛波. 元照英美法词典. 北京：法律出版社，2003：1302.

第九章 《民法典》规定相应补充责任时为什么增加了追偿权

为准,承担自己应当承担的那一份赔偿责任;中间责任是原告请求哪个连带责任人赔偿,哪个连带责任人就要对全部损害负责赔偿,而非以应当承担的连带责任份额为标准。尽管终局责任是自己责任"逻辑的延长",但是中间责任与自己责任并不冲突。这是因为,他人承担中间责任本身就是对该人行为的一种否定性评价。基于此,界定某种责任性质究竟是最终责任还是中间责任时,就不能够单纯地以是属于自己责任还是属于替代责任来考虑,而是需要更为精细的观察。

补充责任究竟是最终责任还是中间责任,要结合补充责任的要件来认定。此种情况下承担补充责任的前提有二:一是补充责任人未尽到注意义务;二是第三人未全部赔偿。就前者而言,此种情况下的补充责任实际上是对自己的份额承担终局责任。就后者而言,补充责任人是在受害人无法从第三人处获得全额赔偿时承担赔偿责任,其责任建立在第三人的赔偿能力之上。此时补充责任的承担,实际上是补足直接侵权人的赔偿能力。一般认为,当其所需补足的是第三人所有未能赔偿的部分时,与其自身所承担的责任部分之间的差额就属于中间责任。但是,由于《民法典》第1198条第2款、第1201条明文规定,补充责任人承担的并非所有的补充责任,而是部分补充责任,即与其没有尽到保护义务的范围相对应的责任,故其补足的这一部分责任属于终局责任,而非中间责任。因此,此种情况的补充责任实际上是最终责任。

追偿权的性质,一般学理将其认定为让与请求权。而请求权让与所对应的就是中间责任。在各种形式的民事责任形态中,之所以债务人承担的连带责任、非终局责任人承担的不真正连带责任抑或保证人承担的保证责任都具有可追偿性,就是因为他们承担的都是中间责任。

因此,补充责任与追偿权之间的断裂,本质还在于最终责任与中间责任之间的潜在冲突。诚然,当认定补充责任属于中间责任,而不属于终局责任时,这一冲突自然得以消弭。然而,因立法就补充责任人作出了特殊的安排,将补充责任限定为部分补充责任,故难以将其认定为中间责任。这就形成了补充责任与追偿权之间的冲突。

三、补充责任与追偿权断裂的根源

一般认为,只有当事人之前存在的数项义务之间具有内在联系的共同关系时,才有可能确立追偿权制度。[①] 所谓数项义务具有内在联系,至少包括以下情形:(1)法律关系的天然属性决定了数项义务具有内在联系;(2)当事人的

---

① [德]迪特尔·梅迪库斯. 德国债法总论. 杜景林,卢湛,译. 北京:法律出版社,2004:609.

约定使得数项义务具有内在联系；（3）除此之外的关系，出于利益衡量或特殊领域的特别要求，立法政策决定制定法"硬性"地拟制数项义务具有内在联系。①

补充责任之所以无法与追偿权衔接起来，就是因为第三人与补充责任人之间无法搭建起内在的共同关系。首先，基于"相应的补充责任"的天然属性，其本身与追偿权具有本质上的冲突，无法搭建起内在联系。其次，基于侵权责任的特性，第三人与补充责任人无法通过事先的意思表示的合意形成内在联系，再加上直接侵权人与补充责任人具有天然的利益冲突，也无法通过事后的合意形成内在联系。最后，由于立法的模糊与偏狭，立法所拟制的补充责任人追偿权不具备充分且必要的正当理由。

（一）事物本然之法理：相应的补充责任决定了无法搭建二者的内在联系

补充责任的基本特征是从属性。② 第一，责任成立上具有从属性。补充责任人承担补充责任的前提是，第三人构成侵权。也就是说，只有当第三人的行为满足侵权责任构成要件，构成侵权时，补充责任人才承担补充责任。如果第三人的行为不满足侵权责任的构成要件，第三人便不负侵权之责。此时，补充责任人所负的责任也就不是补充责任，而是单独责任。第二，责任承担顺序上具有从属性。只有当第三人的实际赔偿未能对受害人的损害实现全部填补时，补充责任人才需要出场。如果第三人已经对受害人的损害实现了全部的救济，补充责任人只需要继续在幕后即可。

以补充的范围为划分的依据，补充责任可以被分为完全的补充责任与相应的补充责任。前者指的是对于受害人未获得赔偿的部分，补充责任人须全部进行填补；后者指的是，对于受害人未获得赔偿的部分，补充责任人只需部分进行填补，部分的范围往往限定于其过错的范围。

完全的补充责任具有强烈的从属性。在完全补充责任中，补充责任人就超出自己应当承担的责任差额部分，有权向第三人追偿，自不待言。也就是说，当补充责任人所负担的是"完全补充"责任时，向第三人追偿是完全没有问题的。一般保证人所承担的保证责任之所以能够向主债务人全额追偿，是因为此

---

① 崔建远. 混合共同担保人相互间无追偿权论. 法学研究，2020（1）：87-88.
② 一般认为，补充责任指的是，"两个以上的行为人违反法定义务，对一个被侵权人实施加害行为，或者不同的行为人基于不同的行为而致使被侵权人的权利受到同一损害，各个行为人产生同一内容的侵权责任，被侵权人享有的数个请求权有顺序的区别，首先行使顺序在先的请求权，该请求权不能实现或者不能完全实现时，再行使其他请求权的责任形态"。杨立新. 侵权责任法. 3版. 北京：法律出版社，2018：297.

种补充责任为全额补充责任。

相应的补充责任兼具从属性与独立性。从属性同样体现在责任成立与责任承担顺序上，独立性则体现在责任承担的范围上，即囿于自己行为的过错程度等因素的影响，补充责任人所承担的责任范围是有限的。该责任范围的确定独立于第三人责任范围的确定。这种独立性就意味着，补充责任人最终承担的责任是自己责任、终局责任。这与追偿权所关联的替代责任、中间责任相互冲突。因此，当相应的补充责任存在时，补充责任无法与追偿权之间形成内在的联系。

《民法典》第1198条第2款、第1201条规定的补充责任人所应当负的责任就是相应的补充责任。首先，这一责任的成立具有从属性。只有当第三人的行为满足了侵权责任的各项构成要件时，行为人才会承担共同责任中的补充责任。如果第三人的行为不满足侵权责任的任一构成要件，补充责任人对自己未尽保护义务的行为负单独责任，而非多数人侵权行为中的共同责任。其次，这一责任的顺序具有从属性。只有当直接侵害人无法使受害人获得全部赔偿时，补充责任人才需担责，补足直接侵害人的赔偿能力，救济受害人的损害。最后，这一责任的范围具有独立性，即其实质是在未尽到保护义务的范围内担责。①

"相应的补充责任"意味着补充责任人是自己责任，也是终局责任。从本质上来看，这就与追偿权所关联的替代责任、中间责任形成了相互冲突的关系。况且，"相应的补充责任"实际上就具有了按份责任的某些特征，更是与追偿权无法对应。因此，可以说，基于事物本然之法理，"相应的补充责任"作为特有的立法制度安排，与追偿权的内在秉性本就是相互抵牾。这直接决定了此种情形下安全保障义务人的补充责任与追偿权之间无法搭建起内在的联系。

（二）意思表示之思忖：侵权责任的特性决定了无法达成一致的意思表示

"追偿"这一内容不论是在合同法还是在侵权法中，都占有一席之地。但是在合同法与侵权法的不同境域中，追偿权的面向也有所不同。合同法视角下的追偿权存废问题，是任意性规范的设计问题，可以由当事人事先自由设置。基于意思自治的基本原则，当事人之间完全可以通过约定达成一致的意思表示，建立起双方之间的追偿关系。无论法律是否有明确的规定，意思表示的结果均应当得到法律充分的尊重。比如混合共同担保中，尽管物权法未明文规定混合共同担

---

① 王胜明. 中华人民共和国侵权责任法释义. 2版. 北京：法律出版社，2013：225-226；全国人大常委会法制工作委员会民法室. 中华人民共和国侵权责任法条文说明、立法理由及相关规定. 北京：北京大学出版社，2010：161，170-171；梁慧星. 中国侵权责任法解说. 北方法学，2011 (1)：17；王利明. 侵权责任法研究：下卷. 北京：中国人民大学出版社，2011：190-191、221-222；张新宝. 侵权责任法. 2版. 北京：中国人民大学出版社，2010：187.

保人之间的内部追偿权,但是抵押人、保证人等可以达成合意,约定一方承担担保责任后有权利向对方追偿。侵权法视角下的追偿权,则完全相反。侵权法视角下的追偿权之存废,是强制性规范的设计问题,由法律直接确定二者之间的损失分配机制,当事人无法通过事先约定建立内部的责任分担机制。

具体到第三人介入型的侵权行为中,所关涉的是补充责任人偿付责任后,由何者来承担受偿不能的风险。因侵权责任是法定的责任,立法已经明确规定了侵权行为承担责任的方式,不具有事先约定的可能性,无法通过事先约定建立起内部的责任分担机制。至于事后,法律关系双方也因天然的利益冲突无法达成合意。第三人、补充责任人分别作为直接侵权人、间接侵权人,均负有向受害人赔偿的义务。根据现有的制度设计,直接侵权人全额赔偿后,补充责任人就无须进行赔偿。从赔偿这一角度来说,第三人与补充责任人之间存在天然的利益冲突关系。第三人、补充责任人在本性上都追求自己能够不赔或者少赔,而此人所追求的同时也是彼人所追求的,这便形成了利益冲突。二者之间因利益冲突形成了相互对立的关系,不可能就赔偿达成一致的意思表示,自然也就无法通过约定建立起赔偿义务之间的内部联系。

(三)内在价值之决断:立法决策的模糊与偏狭导致了价值的冲突与偏颇

诚如前述,在无法通过法律关系的天然属性或者当事人之间的约定形成内部的追偿关系时,可以通过立法决策拟制二者之间的内在联系。

回溯追偿权论争的背景可以看出,2004年人身损害赔偿司法解释第6条第2款对追偿权作出了规定,而《侵权责任法》第37条第2款未予以保留。因而,判断立法是否对二者之间的内在联系进行了拟制,最为关键的就是对我国《侵权责任法》第37条第2款的理解。法律解释的方法包括文义解释、历史解释、体系解释以及目的解释等。从文义解释层面上来看,新法对于旧法的规定未予以保留,可以被解释为是否定,也可以被解释为是默许。这一点在混合共同担保人之间的追偿权中,也可见一斑。[①] 具体到本文提及的情形,《侵权责任法》第37条第2款究竟是对2004年人身损害赔偿司法解释第6条第2款规定的废弃还是默许,难以从文义解释中得出直接的结论。就历史解释而言,全国人大常委会法工委的观点暧昧不明。就体系解

[①] "新颁布的法律对既有规则的沉默并不必然意味着是对原有规则的否定。换言之,旧的规则在新颁布法律上的缺位既可以被解释为是对旧规则的否定,也可以被理解为是对旧规则的默许:究竟最终应当作何种解释,则非经实质的考量与分析而不能轻易下断。"黄忠. 混合共同担保之内部追偿权的证立及其展开:《物权法》第176条的解释论. 中外法学, 2015 (4).

第九章 《民法典》规定相应补充责任时为什么增加了追偿权

释而言,《侵权责任法》第 34 条第 2 款、第 40 条第二分句也未作出承认追偿权的规定。不过这是为了体系的完整统一而作出的立法规范表达,还是为了否定补充责任人的追偿权,难以得出确切的结论。依照反对解释,可以当然地得出结论,认为这是对追偿权的否定。[①] 然而,反对解释自然会得到相反的答案,在没有其他解释方法予以佐证时,依此得出的结论难免有失偏颇。当通过上述一系列解释方法都无法得出唯一且肯定的结论,并且通过反对解释所得出的结论有所偏颇时,解决问题的关键就落在了目的解释之上。目的解释虽然在形式上属于法教义学,但是其已经触及了价值判断的问题。因此,在价值判断尚未明确时,《侵权责任法》第 37 条第 2 款究竟是否对追偿权作出了拟制,无法得出直接的答案。

纯粹的法教义学分析无法得出究竟是肯定还是否定抑或是限定补充责任人追偿权的结论。最终的落脚点是进行价值判断,即否定、限定或者肯定追偿权之间,何者在价值层面更为合理。对此,每个人都有自己的内心确信,所得出的结论自然有所不同、相互冲突。在这样的前提下,《侵权责任法》第 37 条第 2 款文义上的模糊,导致无法确定立法是否拟制了二者之间的追偿权。

能够终结价值冲突的方法就是立法。

《民法典》第 1198 条第 2 款、第 1201 条新增了补充责任人的追偿权,就是在价值层面上对此作出了直接的决断。需要注意的是,这两条规定从立法决策方面拟制补充责任人与第三人之间的追偿关系,是单向追偿关系,即只有前者向后者追偿的权利,后者并没有向前者追偿的权利。

面对承认追偿权的种种障碍,《民法典》第 1198 条第 2 款、第 1201 条仍然硬性地拟制直接侵权人的赔偿义务与安全保障义务人的赔偿义务具有内在联系,人为地搭建起二者的共同关系,需要具备充分且必要的理由。[②]

不同于补充责任主要涉及的是直接侵权人、补充责任人与受害人之间的外部关系,追偿权所涉及的仅是补充责任人与直接侵权人之间的内部关系。补充责任已经是立法层面对三者作出的利益平衡。相较于西方国家的侵权责任制度,《侵权责任法》表现出特别的价值取向,就是为受害人提供充分的救济。《侵权责任法》广泛存在的"补充责任"就是这方面的直接表现。[③] 因我国侵

[①] 程啸. 侵权责任法. 北京:法律出版社,2011:347.

[②] 这是因为,"通过法定所拟制的追偿关系,不得是立法者的肆意妄为,而必须是充分尊重各项法律制度及规则乃至判例和学说,立足于各项法律制度及规则之间的相互衔接、配合,尽可能地自洽,基于公平正义,衡平各个主体之间的利益关系,才能够承认和设计追偿权规则"。崔建远. 混合共同担保人相互间无追偿权论. 法学研究,2020 (1):85.

[③] 薛军. 走出监护人"补充责任"的误区:论《侵权责任法》第 32 条第 2 款的理解与适用. 华东政法大学学报,2010 (3):119.

权责任法所特有的"救济受害人"的"焦虑",在补充责任的利益平衡过程中,往往是以避免受害人求偿不能,填补受害人损失为目的。内部关系所注重的是安全保障义务人与第三人之间的利益平衡。因不受到救济受害人指导思想的禁锢,考量的因素更为单一,主要看重二者之间谁更应当受到保护以及受到保护的程度。安全保障义务人所负的补充责任是自己责任。自己责任是基于自身的违法行为所承担的责任。自己责任原则,根植于人的理性、社会伦理、人类尊严和社会价值的深厚土壤,正当性不言自明。[①] 但是在补充责任人与第三人的关系中,补充责任人有权向第三人追偿,这就改变了自己责任原则,对补充责任人提供了更高程度的保护。因此,判断《民法典》第 1198 条第 2 款、第 1201 条所拟制的追偿关系是否有充分且必要的正当理由,核心在于围绕补充责任人与第三人之间的内部利益关系进行细致考量,探索补充责任人是否相较于第三人更加应当受到保护。

原则上讲,如果没有第三人实施侵权行为,损害必然不会发生。而如果没有安全保障义务人未尽安全保障义务的行为,损害并不会必然发生。[②] 从这一个层面来讲,相较于第三人而言,补充责任人更应当受到法律的保护。然而,如果进行更为精细的观察可以发现,并非任何时候都可以一概而论地认为补充责任人更应当受到法律的保护。

当第三人实施故意侵权行为,对损害的发生具有直接原因力时,补充责任人未尽到保护义务的行为,可以说是为第三人的侵权行为提供了机会,即让有意行为之人"钻了空子"。比如在"郝某池诉马某成等违反安全保障义务责任纠纷案"[③] 中,案发当天,大虞祥悦居宾馆(瑞兴宾馆)前台无人。案外人聂某伟在大虞祥悦居宾馆(瑞兴宾馆)一楼徘徊停留一个多小时后,放火点燃了遗漏在座椅上的床单,致使宾馆着火,原告受伤。诚然,大虞祥悦居宾馆(瑞兴宾馆)未尽安全保障义务,使宾客受有损害。但是,本案中大虞祥悦居宾馆(瑞兴宾馆)未尽安全保障义务的行为为聂某伟提供了实施犯罪行为的机会。与聂某伟蓄意放火相比,不论是其主观可归责性还是原因力,大虞祥悦居宾馆(瑞兴宾馆)都与其相差甚远。此时,安全保障义务人相较于直接侵权行为人而言,自然更应当受到法律的保护。

当第三人的行为是出于过失而为的侵权行为,补充责任人未尽到保护义务

[①] 王泽鉴. 民法学说与判例研究: 第二册. 北京: 北京大学出版社, 2009: 106.

[②] "补充责任的责任基础在于,行为人的过错是损害发生的或然性原因。虽然补充责任人对损害的发生存在一定的过错,但是该过错并不必然导致损害的发生。"孙晋,袁野. 论平台经营者的民事法律责任:《电子商务法》第 38 条第 2 款的解释论. 财经法学, 2020 (1): 61.

[③] "郝某池诉马某成等违反安全保障义务责任纠纷案",参见山东省潍坊市奎文区人民法院 (2013) 奎民一初字第 808 号民事判决书。

的行为为损害的发生提供了不可少的原因力时，情况就发生了变化。比如，在我国台湾地区曾有这样一起案例，托儿所受托照顾一名未满5周岁的幼儿，因保育员疏忽，幼儿跑出了托儿所的大门。该幼儿行走在马路上时，被一辆超速驾驶的汽车撞伤。最后法院判决，托儿所承担60%的责任，机动车交通事故肇事者承担40%的责任。① 这是因为，这一损害事实是因托儿所未尽到安全保护义务的行为与第三人的行为相结合而发生的。其中，前者的行为为损害的发生提供了更大的作用力，主观上更具有可谴责性。如果类似的情况发生在我国大陆，试问托儿所作为安全保障义务人，与机动车交通事故肇事者相比，是否具有倾向保护的正当性？答案不言自明。尽管托儿所未尽到保护义务的行为是损害发生的间接原因，但是正是托儿所未尽到保护义务的行为使该幼儿处于极度危险的状态，此时没有优先保护托儿所的必要。

因此，从全局的角度可以看出，于第三人故意，甚至实施犯罪行为时，承认追偿权有充分且必要的正当理由；于第三人过失时，承认追偿权的理由尚不充分且必要。出现这一问题的原因是，我国有关补充责任的规定尚缺乏更为细致全面的考虑。②

一言以蔽之，《民法典》第1198条第2款、第1201条在价值判断层面拟制构建起了二者之间的内在联系，本无不当。但是，忽略了第三人过失的情境下，安全保障义务人的不作为行为具有更大的主观可归责性、更大的原因力。这一忽略动摇了追偿权的正当性基础，进而导致《民法典》第1198条第2款、第1201条所拟制的补充责任与追偿权的内在联系在价值层面存在偏颇之处，使二者无法形成良好的对接关系。

四、补充责任与追偿权的衔接

补充责任和追偿权之间，存在着罅隙。欲缝合二者之间的裂缝，必须从其产生的根源中寻求解决方式。

前述已经提及，基于事物本然之法理，"相应的补充责任"的制度安排决定了无法搭建补充责任和追偿权之间的内在关联；基于意思表示之思忖，第三

---

① 王千维. 连带债务与不真正连带债务：兼评高法院89年台上字第1734号判决. 月旦法学杂志, 2016 (137): 259-261.

② 有学者就明确提到："由于实践中遇到的典型案例，尤其是《最高人民法院公报》公布的案例，都涉及第三人的犯罪行为或者故意侵权，而这样的行为原则上能够中断因果关系。以此类行为作为抽象的基础，则确实能够得出这样的结论：损害结果是由第三人造成的，由第三人承担侵权责任。但是，实践中必然还存在大量第三人的行为只是具有过失或者根本无过错的情形。忽略了此类实践基础，立法的抽象必然是失之于偏狭。"冯珏. 安全保障义务与不作为侵权. 法学研究, 2009 (4).

人与补充责任人之间承担责任分担的特性决定了二者无法达成一致的意思表示，同样无法构建起补充责任和追偿权的联系；基于内在价值之决断，立法拟制追偿权的决策存在模糊性与偏狭之处，致使所构建的关联关系存在价值上的冲突与偏颇。这三个方面相互缠绕，最终导致了补充责任与追偿权之间的断裂。其中，前两个原因都属于现实层面的范畴，是无法避免且无法克服的。最后一个原因属于超验层面的范畴，可以通过价值的调和来缝合补充责任与追偿权的裂缝。

价值调和的方式包括立法创造与法律解释。《民法典》第1198条第2款、第1201条已经概括性地规定了补充责任人的追偿权。为了保持法条的稳定性，体现对立法的尊重，不宜再次修改条文的内容。适当的做法是，运用解释学的张力，对补充责任与追偿权的裂缝进行缝合。是故，本书不揣冒昧，试图对补充责任与追偿权的缝合思路一陈浅见。

补充责任是典型的侵权责任形态之一。侵权责任形态主要针对的是如何在不同侵权行为人之间分配侵权责任。可见，侵权责任形态首先要与侵权行为对接。有鉴于此，缝合的出发点就是确定补充责任所对接的侵权行为。在此基础上，将第三人和补充责任人围绕原因力与过错的不同，进行不同程度的限定。一言以蔽之，通过对补充责任中侵权行为、原因力以及过错三方面的限定，有效地将补充责任和追偿权衔接起来。

（一）补充责任中侵权行为的厘定

以人数是单数还是多数作为划分依据，侵权行为能够归为两种类型：一是单独侵权行为，二是多数人侵权行为。多数人侵权行为，以不同侵权行为之间联系程度的不同为划分依据，可以划分为分别侵权行为、共同侵权行为以及竞合侵权行为三种类型。补充责任所对接的侵权行为不应当是单独侵权行为，而应当是多数人侵权行为。这样才能对补充责任人归责。而且，补充责任所对接的侵权行为应当是多数人侵权行为中的竞合侵权行为，分别侵权行为与共同侵权行为对接的是按份责任或者连带责任。如果进行更为精细的划分，补充责任应当对接的是竞合侵权行为中的消极竞合侵权行为。

1. 补充责任中的侵权行为是多数人侵权行为

一般认为，单独侵权行为与多数人侵权行为相对应。[①] 二者的区别在于：第一，行为主体方面。单独侵权行为中，只有一个行为人；多数人侵权行为

[①] 单独侵权行为指的是，由一个行为人实施，造成了一个损害结果，行为人为自己所造成的损害承担责任的侵权行为。多数人侵权行为指的是，由数个行为人实施，造成了同一个损害后果，各侵权人对同一损害后果承担不同形态的责任的侵权行为。杨立新. 侵权责任法. 3版. 北京：法律出版社，2018：106.

中，有多个行为人。第二，因果关系方面。单独侵权行为既包括自己的侵权行为，也包括第三人侵权行为。在这两种类型中，只有一个行为是损害发生的全部原因，其他人的行为对损害的发生未提供任何作用力。多数人侵权行为中，不同行为人的违法行为都对损害发生起到了作用力，只不过作用力的程度有所不同。比如，可能会存在部分侵权行为为损害的发生提供了全部作用力，也可能会存在部分侵权行为为损害的发生提供了部分作用力。

补充责任中的侵权行为应当属于多数人侵权行为，而非单独侵权行为，原因是：第一，行为主体的数量是多人，不仅包括了未尽注意义务的补充责任人，也包括了实施侵权行为的第三人，属于两人及两人以上。第二，每个人的行为都对损害的发生具有贡献度。如果是单独侵权行为，则只有一人的行为对损害的发生提供了作用力，另一人则可以因此而免责，承担的责任形式将是单独责任，而非共同责任，更不会是补充责任。如果是多数人侵权行为，则说明了无论是第三人的介入行为，还是补充责任人未尽或者未充分尽到义务的行为，都对损害的发生作出了一定程度的"贡献"，符合补充责任的要求。

2. 补充责任中的侵权行为是竞合侵权行为

补充责任所对接的多数人侵权行为，既不是共同侵权行为，也不是分别侵权行为，而是竞合侵权行为。

第一，补充责任对接的侵权行为不是共同侵权行为。如果补充责任人与第三人之间具有主观上的意思联络，或者共同故意，或者共同过失，构成了主观上的关联共同，就属于共同侵权行为，应当承担连带责任，而不是补充责任。既然承担补充责任，就说明无法与共同侵权行为相对接。

第二，补充责任所对接的侵权行为不是分别侵权行为。在分别侵权行为中，每个人的违法行为在客观上形成了联系，所造成的损害也具有同一性。最为重要的是，分别侵权行为中每个行为都对损害的发生都具有直接的原因力。补充责任中的侵权行为则不然。一般是补充责任人未尽义务的行为在前，第三人利用这个机会实施侵权行为在后，可以看出，对于损害结果的发生而言，第三人的侵权行为和补充责任人的侵权行为所提供的原因力是不同的，前者是直接的，后者是间接的。因此，第三人的侵权行为与补充责任人的侵权行为并不能与分别侵权行为相对接。

第三，补充责任所对接的侵权行为是竞合侵权行为。[1] 竞合侵权行为的特殊性在于，对于损害的发生，不同性质的侵权行为提供了不同程度的原因力。

---

[1] 竞合侵权行为指的是，两个以上的民事主体作为侵权人，有的实施直接侵权行为，与损害结果具有直接因果关系，有的实施间接侵权行为，与损害的发生具有间接因果关系的侵权行为形态。杨立新. 侵权责任法. 3版. 北京：法律出版社，2018：121.

具体而言，某个侵权行为可能直接作用于损害的发生，而其他侵权行为则间接地作用于损害的发生。补充责任中，第三人的侵权行为是主行为，补充责任人的不作为是为第三人侵权行为的实施提供了机会，使第三人的侵权行为得以能够完成。可见，第三人的行为是直接作用于损害；而未尽义务的侵权行为则是间接作用于损害。因而，补充责任所对接的侵权行为属于竞合侵权行为。

3. 补充责任中的侵权行为是消极竞合侵权行为

消极竞合侵权行为是新近学者所提出的一个概念。[1] 笔者认为，这一概念的提出打破了补充责任与侵权行为之间的壁垒，实现了二者之间的对接。

补充责任中，第三人的行为与补充责任人的行为应当属于消极竞合侵权行为。其中，第三人应当是"为"，即其行为应当属于积极作为，补充责任人应当是"不为"，即其行为应当属于消极不作为。一般来说，"积极作为"比"消极不作为"更具有可责难性，"它们会引起……那些不作为未能避免的损害或者未能消除的损害风险"[2]。因而，当第三人作为，补充责任人不作为时，对补充责任人进行保护更为充分且必要。

（二）补充责任中原因力的限定

对补充责任中的原因力应当有所区分，即第三人的"为"直接作用于损害结果，补充责任人的"不为"间接作用于损害结果。

所谓原因力，一般是指在产生同一损害结果的数个行为中对损害发生作出的贡献度，也可以将其理解为作用力。

原因力的有无受到可预见性规则的限制。只有具有合理的可预见性时，行为人客观上才有极大的可能性尽到合理的注意义务，进而避免损害的发生。一般而言，第三人实施加害行为时，启动了损害结果发生的进程，由第三人承担侵权责任。如若某人具有防范第三人实施加害行为的义务，并且可以预见到如不履行防范义务将造成损害时，未能积极作为或者其所实施的积极作为未对该因果关系起到中断的效果，某人仍然对损害的发生提供了原因力，仍然需要就第三人的行为承担责任。不过，如若第三人的行为不在某人所能防范的注意义务范围内，就不需要对第三人的行为承担责任。

---

[1] 消极竞合侵权行为指的是存在两个以上的侵权人，其中第三人实施侵权行为，具有高度主观可归责性，是损害发生的实质原因，对损害发生具有全部的原因力；消极关联人未尽到注意义务，具有轻度主观可责难性，是损害发生的形式原因，对损害发生没有原因力，两者竞合为一体，共同造成损害的侵权行为。郑志峰.论消极竞合型第三人侵权行为：安全保障义务下补充责任一般化之出路//西北政法大学.东亚侵权法学会2018年年会暨《东亚侵权法示范法》理论研讨会会议论文集.

[2] ［澳］彼得·凯恩.侵权法解剖.汪志刚.译.北京：北京大学出版社，2010：72-73.

第九章 《民法典》规定相应补充责任时为什么增加了追偿权

依据原因力的作用程度，可以将其分为直接原因与间接原因两种类型。[①] 两者原因力具有质的区别。当第三人侵权时，第三人的行为对损害的发生所产生的作用力就是直接的，必然的，属于损害发生的近因；未尽到注意义务的行为人对损害的发生所产生的作用力是间接的、或然的，属于损害发生的远因。因此，当侵权人的行为对损害的发生具有更强的原因力时，其应当承担更重的责任；当侵权人的行为对损害的发生具有更弱的原因力时，其应当承担更轻的责任。

具体到补充责任中，首先需要明确的是，需要遵循可预见性规则的限制要求。也就是说，补充责任人应当尽到的义务的范围是可以预见的第三人侵权行为，第三人的侵权行为必须是补充责任人所要避免的特定现实危险。[②] 如果对这一现实危险，补充责任人无法预见，也就不对此负有义务。比如，对于银行来说，其所负有的安全保障义务，往往是恪尽职守，防范第三人通过盗窃、抢劫或者信息技术手段掠取客户的银行存款这属于可以预见的范围。

至于第三人侵权行为和补充责任人的侵权行为为损害结果的发生所起到的原因力大小，应当是：前者为损害的发生提供了直接且必然的作用力，属于直接的原因；后者为损害的发生提供了间接且或然的作用力，属于间接的原因。这是因为，前者的行为属于积极作为行为；后者的行为属于消极不作为行为。在作为行为中，该行为人启动了损害发生的因果链条；在不作为行为中，该行为人则未中断损害发生的因果链条。[③] 与启动因果链的行为相比，未中断因果链的行为对损害的作用力更弱；相对而言，更应当受到法律的保护。

（三）补充责任中过错要素的限定

补充责任中，对于第三人与补充责任人的保护程度的判断也需要讨论二者的主观状态。如果抛开二者的主观状态来谈论补充责任与追偿权的衔接，不免有些泛泛。只有讨论二者的主观状态，才能进行更为精细化的考量，充分完成补充责任与追偿权之间的价值调和。

---

① 直接原因指的是造成损害发生的行为，对损害的发生提供了直接的而且必然的作用力，属于损害发生的近因；间接原因指的是，造成损害发生的行为，对损害的发生提供了间接的而且或然的作用力，是损害发生的远因。张新宝，明俊.侵权法上的原因力理论研究.中国法学，2005（2）：94.

② 正如有学者所言："从原因力上，如果第三人实施的行为是一种独立的侵权行为，该侵权行为只是非常偶然地与安全保障义务人所管领之风险领域结合在一起，则第三人的行为切断了安全保障义务人与受害人损害间的因果链条。当第三人的行为与安全保障义务人所管领之风险的结合是一种社会常态而非偶然时，即使该风险是第三人的故意行为所导致，安全保障义务人也负有防范避免的安全保障义务。"刘召成.违反安全保障义务侵权责任的体系构造.国家检察官学院学报，2019（6）：63.

③ ［德］克雷斯蒂安·冯·巴尔.欧洲比较侵权行为法：下卷.2版.焦美华，译.北京：法律出版社，2004：261.

过错一般采用二分阶层法，区分为故意和过失。① 不论是在侵权责任的构成方面还是在效果方面，故意与过失的区分都具有举足轻重的地位。譬如，在侵权责任的构成方面，故意是构成第三人侵害债权的必备要件；在侵权责任的效果方面，相较于过失而言，故意更加具有可谴责性，因而惩罚性赔偿的主观构成要件往往被限定为故意。如果进行更为精细的划分，过错可划分为五个阶层：故意可分为直接故意和间接故意，过失则包含重大过失、一般过失和轻微过失；依据主观可归责性轻重程度的不同，依次为，直接故意＞间接故意＞重大过失＞一般过失＞轻微过失。

在过错阶层化的过程中，对于不同程度的过错，其是否承担责任以及承担责任份额的顺位与大小会有所不同。本次民法典编纂过程中，多处体现了过错阶层化的思想。比如，《民法典》第1176条规定自甘风险规则时，受害人只得请求对损害的发生有故意或者重大过失的参加者承担责任；《民法典》第1183条规定精神损害赔偿时，被侵权人只能针对他人故意或者重大过失侵害自然人具有人身意义的特定物所造成的精神损害请求精神损害赔偿；《民法典》第1217条规定好意同乘时，机动车使用人有故意或者重大过失，不减轻其赔偿责任。前两个条文主要体现的是不同程度的过错要素对于责任构成的影响，后一个条文体现的是不同程度的过错要素对于责任大小的影响。

之所以过错阶层化会影响到责任承担的有无、大小以及顺位，其实就是因为不同程度的过错具有不同程度的主观可归责性，法律对不同程度的过错要素作出了轻重不同的价值判断，倾斜保护主观可归责性更弱的一方。

具体到补充责任中，承认补充责任人的追偿权，实质上就是认同补充责任人更应当受到保护。对应到过错要素中去，就意味着第三人与补充责任人的过错之间有阶层化区分，换言之，只有二者的主观可归责性处于不同的阶层且前者的主观可归责性强于后者的主观可归责性时，补充责任人才更应当受到保护，其享有追偿权的理由才足够正当且充分。

至于各方过错的程度，本书认为，第三人应当具有高度主观可归责性，补充责任人应当具有轻度主观可归责性，即对过错要素进行阶层化时，应当认定第三人的过错为故意或者重大过失，补充责任人的过错为一般过失或者轻微过失。

1. 第三人主观上为故意或重大过失

一般认为，第三人主观上为故意时，处于最高程度的过错，应当承担全部

---

① 有学者认为，区分故意与过失意义不大，作此区分有意义的场合仅包括混合过错、共同过错、受害人有故意或者重大过失、侵害人格权的情况。马俊驹，余延满. 民法原论. 北京：法律出版社，1998：1046.

第九章 《民法典》规定相应补充责任时为什么增加了追偿权

的责任。这是因为，相较于过失侵权而言，故意侵权更加具有道德上的可非难性。故意侵权更加具有绝对责任的性质，因而不能因他人的过失就减轻故意侵权人的责任。而在他人故意侵权的情况下减轻过失侵权人的责任，在情理上是说得通的，这是因为过失侵权具有相对责任的性质。① 补充责任中，就是如此。尽管补充责任人的不作为行为既在主观上有过错又导致损害发生，但是与故意侵权人相比，其可谴责性较弱。此时承认补充责任人的追偿权，虽然与自己责任产生了冲突，但是更加符合惩罚故意侵权行为的必要。有学者在提到承认电商平台经营者追偿权时，也表达了类似的观点。②

除故意之外，未尽到补充责任中，第三人的主观过错要件还可以扩大至重大过失。③ 有学者认为，这一责任仅适用于第三人故意的情形。第三人如果是过失，则应当按照分别侵权行为的规定与补充责任人承担按份责任。因第三人与补充责任人在过失轻重程度的区分上，后者的过错有可能大于或者等于前者，如果此时后者仍然只需要承担相应的补充责任，不仅缺乏理论基础，也是对公平原则的违背。对此，笔者不敢苟同。如果采用这样的观点，则会忽略前者过错程度大于后者过错程度的情形。此时，后者承担按份责任，同样违背了公平原则。因此，笔者认为，第三人的主观过错要件可以适当扩大至重大过失。重大过失的严重漠视态度，与故意存在极其相似之处。可见，重大过失的可谴责性与故意不存在鸿沟性的区别，将其认定为同一阶层，同样对待，正当且合理。

2. 补充责任人主观上为一般过失或轻微过失

在过错阶层化的要求下，补充责任人的主观过错阶层必须低于第三人的主观过错阶层。也就是说，当后者已经界定为故意或者重大过失时，前者只能是一般过失或者轻微过失。此时，根据《民法典》第1198条第2款、第1201条的规定，第三人基于故意或者重大过失侵权行为，对受害人全部损害负赔偿责

---

① 正如耶林所言："源自故意的赔偿责任是一种绝对责任，也就是说在任何情况下都不能排除或降低……相反，过失的本质是建立在其相对性、灵活性之上的，通过其灵活性，它才能适应千变万化的法律关系。" [德] 鲁道夫·冯·耶林. 罗马私法中的过错要素. 柯伟才，译. 北京：中国法制出版社，2009：97.

② 陈晓敏. 论电子商务平台经营者违反安全保障义务的侵权责任. 当代法学, 2019 (5)：34. 该学者认为，承认电商平台经营者追偿权时，其主要障碍在于无法处理追偿权与自己责任的冲突。当追偿权限定为第三人故意侵权时，对这一问题的解决就转化为对自己责任和惩罚故意侵权这两种价值的协调。

③ 冯·巴尔指出："如果行为人在极不合理的程度上疏忽了交往中应有之谨慎，未采取任何人在特定情形下都会采取的措施，体现出严重的不以为然（漠不关心），即对极其简单和思之即然的问题亦未加以考虑，出现超常的错误，未施加一个漫不经心的人在通常情况下也会施加的注意力，以伦理上可指责的方式明显和实质性地偏离了有效主义标准，则都构成重大过失。" [德] 克雷斯蒂安·冯·巴尔. 欧洲比较侵权行为法：下卷. 2版. 焦美华，译. 北京：法律出版社，2004：319-320.

任。赔偿不足则由一般过失或轻微过失的行为人承担补充赔偿责任，其有权向第三人追偿。这样一来，不仅平衡了补充责任人与第三人之间的利益关系，既不过分偏向于第三人，也不过分偏向于补充责任人，还对二者的主观过错进行了不同程度的评价，即：对于直接侵权人而言，要求其对损害承担全部责任体现了法律的完全否定性评价；对于补充责任人而言，对其过失的不作为行为，其承担着受偿不能的风险，体现了法律对此的部分否定性评价。

必须强调的是，补充责任人在主观上不能是重大过失。如果是重大过失，其不能请求行使追偿权。这是因为，补充责任人主观上存在重大过失时，具有强烈的可谴责性。比如在"张某与牛某山、苗某园、吕某倩等健康权纠纷案"[①]中，原告在被告的儿童乐园玩耍。儿童乐园的蹦床上只能容纳5人，但是被告允许15个人涌上去，导致原告被他人撞伤。在本案中，被告未安排合理的防范措施，过分增加人数，作为安全保障义务人就具有重大过失。而原告之所以被他人撞伤，就是因为被告的重大过失使其处于极度的危险状态。与第三人过失撞伤原告的行为相比，被告的重大过失行为更具有可谴责性。如果此时承认被告的追偿权，无异于变相激励被告继续放任、严重漠视他人的生命健康安全。因此，补充责任人主观上不能是重大过失。

因此，总的来说，在过错方面，补充责任与追偿权有效衔接的前提是，补充责任人与第三人的主观过错不属于同一阶层，而且补充责任人的主观过错阶层必须低于第三人的主观过错阶层。

需要注意的是，如果二者属于同一阶层或者补充责任人的主观过错阶层高于第三人的主观过错阶层，承担的责任将不再是补充责任，自然也不存在补充责任和追偿权之间如何进行衔接的问题。申言之，当二者同属于故意且具备共谋要件时，是主观共同侵权行为，二者承担连带责任。[②] 此时，如若行为人负了全部的赔偿责任后，就其承担的超过自己责任份额的部分，能够向第三人追偿以弥补自己的损失。当二者同属于故意、重大过失、一般过失、轻微过失或者行为人的主观过错阶层高于第三人的主观过错阶层时，二者的侵权行为属于分别侵权行为，应当根据各自原因力的大小和过错程度承担按份责任，自然也不问其是否享有追偿权。

---

① "张某与牛某山、苗某园、吕某倩等健康权纠纷案"，参见河南省鹤壁市淇滨区（2010）淇滨民初字第1052号民事判决书。

② "随着安保义务人的主观状态从一般过失发展为严重过失，甚至出现放任、期望乃至恶意时，其与直接侵权的第三人之间基于可责性的比较权重上升，则可能超越补充责任的界限而进入连带责任的区域。"姚海放.网络平台经营者民事责任配置研究：以连带责任法理为基础.中国人民大学学报，2019（6）：98.

五、结论

当满足上述行为、原因力、过错三个要素时，在补充责任人与第三人之间的内部关系中，补充责任人具有相对于第三人而言更值得保护的需要。此时，《民法典》第 1198 条第 2 款、第 1201 条所拟制的补充责任人与第三人之间的追偿关系就具备了充分且正当的理由。因此，当满足上述三个要素，补充责任人行使追偿权时，其正当性不会受到威胁，补充责任与追偿权之间形成了良好的对接。

规则总结

1. 关于侵权责任的相应补充责任，《民法典》认为在补充责任人与第三人之间的内部关系中，补充责任人具有相对于第三人更值得保护的需要，故在第 1198 条第 2 款、第 1201 条拟制了补充责任人与第三人之间的追偿关系。

2. 《民法典》第 1198 条规定的违反安全保障义务损害责任和第 1201 条规定的第三人造成未成年学生损害责任中，补充责任人承担补充责任的范围是有限范围，而不是全额补充，仅在与自己的过错程度和造成损害的原因力相对应的范围内，承担第三人即直接责任人不能承担的那一部分损害的赔偿责任，在第三人能够全部赔偿的情况下，补充责任人不承担赔偿责任，对超出补充责任的行为、原因力和过错程度相适应而第三人不能赔偿的损害，也不承担赔偿责任。

3. 补充责任人在承担了补充责任后，有权向第三人即直接责任人行使追偿权，进行全额追偿；第三人对补充责任人的追偿权负有满足的义务，应当承担责任。补充责任人行使追偿权也有风险，即第三人没有赔偿能力或者下落不明的，其追偿权无法实现或者无法全部实现，在超过诉讼时效期间后，该追偿权将面临抗辩权的威胁。

第十章 《民法典》规定的侵权责任免责事由应当怎样理解和适用

——侵权责任免责事由的体系构造与适用范围

实务指引要点

1. 侵权责任免责事由有五重结构，即：《民法典》总则编规定的免责事由，侵权责任编"一般规定"规定的免责事由，侵权责任编在特殊侵权责任中规定的免责事由，人格权编规定的免责事由，以及其他民法特别法规定的免责事由。
2. 侵权责任免责事由体系分为三种类型，即：通用免责事由、专用免责事由和具体免责事由。
3. 通用免责事由是总则编规定的免责事由，适用于所有的侵权责任领域。
4. 专用免责事由是侵权责任编"一般规定"规定的免责事由，适用于所有侵权责任领域。
5. 侵害人格权的具体免责事由适用于侵害人格权的一般侵权行为，不适用于其他侵权责任领域。
6. 特殊侵权责任的具体免责事由适用于侵权责任编第三章至第十章以及其他法律规定的特殊侵权责任。

《民法典》就侵权责任免责事由规定了复杂的内容，形成了完整的体系，对划清民事主体行使权利的行为自由与构成侵权责任之间的界限，保护好民事主体的合法权益，具有重要价值。由于《民法典》规定的侵权责任免责事由的层次较多，加之民法特别法也规定了较多侵权责任免责事由，形成了复杂的结构和类型。免责事由适用范围各不相同，具有了"5.3.4"的构造特点。本章对此进行整理，在理论上予以完善，使司法实务工作者能够更好地掌握，也使其更好地在社会生活和司法实践中发挥作用，实现构建侵权责任免责事由体系的立法目的。

一、《民法典》构建侵权责任免责事由体系的五重结构和三种类型

侵权责任免责事由，虽然也被称为侵权责任抗辩事由[①]，但是二者具有显著区别。免责事由只包括免除侵权责任的法定事由，而抗辩事由则包括免责事由和减轻责任的法定事由，相当于"抗辩事由＝免责事由＋减责事由"。免责事由的功能是依照法律的规定破坏侵权责任的构成，进而免除行为人对造成损害的侵权责任；而抗辩事由包含的减责事由，其功能并非对抗侵权责任的构成，而是在行为人的行为构成侵权责任的基础上，对抗被侵权人主张的全部赔偿数额并予以减少。本章讨论的是侵权责任免责事由，不研究侵权责任的减责事由，因而不使用抗辩事由这一概念。

依照《民法典》第 11 条的规定，我国不仅有《民法典》这一民法基本法，还存在大量的民法特别法，两者构成完整的民法体系。这正是《民法典》第 1178 条关于"本法和其他法律对不承担责任或者减轻责任的情形另有规定的，依照其规定"确立侵权责任免责事由体系的主旨。在研究《民法典》规定的侵权责任免责事由体系及其适用时，不仅要研究《民法典》的规定，还要研究民法特别法规定的相关内容。《民法典》及民法特别法对免责事由的规定分为五重结构和三种基本类型，构成了我国的侵权责任免责事由体系。

（一）《民法典》构建侵权责任免责事由的五重结构

1.《民法典》总则编规定可以适用于侵权责任的免责事由

《民法典》规定侵权责任免责事由的第一重结构，是总则编"民事责任"一章规定的四种适用于民法领域的免责事由，都可以适用于侵权责任，并且主要适用于侵权责任。一是，《民法典》第 180 条规定的不可抗力，具有不能预见、不能避免以及不能克服的属性。因不可抗力而不能履行民事义务的，不承担民事责任，除非法律另有规定。二是，第 181 条规定的正当防卫，具有正当性、合法性。实施正当防卫造成损害的不承担民事责任；防卫造成超过必要限

---

① 张新宝. 侵权责任法原理. 北京：中国人民大学出版社，2005：109.

度的损害即构成防卫过当的，承担适当的民事责任。三是，第182条规定的紧急避险，也具有正当性、合法性。避险人造成损害的，一般由引起险情的人承担民事责任，避险人不承担责任；危险是由自然原因引起的，避险人不承担民事责任，可以给予受害人适当补偿；避险过当造成不应有的损害的，避险人承担适当的民事责任。四是自愿实施紧急救助行为造成受助人损害的，救助人不承担民事责任。

2.《民法典》侵权责任编"一般规定"中规定的侵权责任免责事由

《民法典》规定侵权责任免责事由的第二重结构，是侵权责任编"一般规定"中规定的免责事由。一是，第1174条规定的受害人故意，即损害是受害人故意造成的，行为人不承担责任。二是，第1175条规定的第三人原因，即损害是因第三人造成的，第三人应当承担侵权责任。三是，第1176条规定的自甘风险，内容比较复杂。四是，第1177条规定的自助行为，内容也比较复杂。

至于《民法典》第1173条规定的过失相抵，立法机关认为其是减责事由[1]。这一观点是不正确的，因为过失相抵与损益相抵一样，都是损害赔偿的计算规则[2]，不属于抗辩事由的范畴。

3.《民法典》侵权责任编规定的特殊侵权责任的免责事由

《民法典》侵权责任编规定特殊侵权责任，有些规定了免责事由，是《民法典》规定侵权责任免责事由体系的第三重结构，主要有四种。

（1）网络侵权责任的免责事由。

《民法典》第1194条至第1197条规定的是网络侵权责任的基本规则，包括网络侵权一般责任规则和避风港规则、红旗规则。第1195条规定的避风港规则的通知规则中，要求网络服务提供者在网络用户利用其网络实施侵权行为时，对侵权信息及时采取必要措施，以免除其侵权责任。在第1197条规定的红旗规则中，网络服务提供者虽然知道或者应当知道网络用户利用其网络实施侵权行为，但只要采取了必要措施，也不承担侵权责任。

（2）医疗损害责任的免责事由。

《民法典》侵权责任编规定了医疗损害责任，第1224条规定了三项免责事由：一是患者或者其近亲属不配合医疗机构进行符合诊疗规范的诊疗；二是医务人员在抢救生命垂危的患者等紧急情况下已经尽到合理诊疗义务；三是限于

---

[1] 王胜明. 中华人民共和国侵权责任法释义. 2版. 北京：法律出版社，2013：149；黄薇. 中华人民共和国民法典侵权责任编释义. 北京：法律出版社，2020：29.

[2] 杨立新. 侵权责任法. 4版. 北京：法律出版社，2020：90-94.

当时的医疗水平难以诊疗。存在第一种免责事由的，如果医疗机构或者医务人员也有过错，应当承担相应的赔偿责任。这其实是实行过失相抵。[①]

（3）高度危险责任的免责事由。

《民法典》规定高度危险责任的免责事由时是在各种具体高度危险责任中分别作出规定。第一，第1237条规定，民用核设施损害责任的免责事由：一是不可抗力中的战争、武装冲突、暴乱等；二是受害人故意造成损害。第二，第1238条规定，损害是由受害人故意造成的，是民用航空器损害责任的免责事由。第三，第1239条规定，损害是由受害人故意或者不可抗力造成的，是高度危险物损害责任的免责事由。第四，第1240条规定，损害由受害人故意或者不可抗力造成的，是高度危险活动损害责任免责事由。第五，第1242条规定，管理人能够证明已经采取足够的安全措施并尽到充分警示义务，可以作为高度危险区域损害责任的免责（或减责）事由。

（4）饲养动物损害责任的免责事由。

《民法典》第1245条关于饲养动物损害责任的一般条款规定了在该领域普遍适用的免责事由，即损害由被侵权人的故意或者重大过失造成的，侵权人可以不承担或者减轻责任，应当将其理解为：受害人故意是免责事由；受害人重大过失的原因力为100%的，为免责事由，原因力不足100%的，为减责事由。[②]

值得注意的是，对饲养动物损害责任，《民法典》第1246条规定，被侵权人故意造成损害是减责事由，而不是免责事由。这是因为，《侵权责任法》第79条规定违反规定饲养动物损害责任是绝对条款，不得减轻或者免除饲养人的赔偿责任。随后的司法实践显示这样的规定过于严苛[③]，因此，《民法典》规定受害人故意造成损害的为减责事由，改变了该绝对责任条款的性质。[④]

4.《民法典》人格权编规定的侵权责任免责事由

《民法典》人格权编的立法宗旨是保护民事主体享有的人格权，其中也规定了部分侵权责任免责事由。这是侵权责任免责事由体系的第四重结构。

（1）侵害人格权的一般免责事由。

《民法典》第999条规定，为公共利益实施新闻报道、舆论监督等行为，合理使用民事主体的姓名、名称、肖像、个人信息等是免责事由。本规则可以

---

① 最高人民法院民法典贯彻实施工作领导小组.中华人民共和国民法典理解与适用：侵权责任编.北京：人民法院出版社，2020：480.
② 杨立新.侵权责任法.4版.北京：法律出版社，2020：632.
③ 王崇华.再议饲养动物损害责任的归责原则.法学论坛.2013（4）：158-159.
④ 王胜明.中华人民共和国侵权责任法释义.2版.北京：法律出版社，2013：442-443；黄薇.中华人民共和国民法典侵权责任编释义.北京：法律出版社，2020：232-236.

适用于新闻媒体侵害人格权的领域。

(2) 侵害肖像权的免责事由。

《民法典》规定了两种侵害肖像权的免责事由：第一，第1019规定未经肖像权人同意，不得制作、使用、公开肖像权人的肖像。该条从反面规定，肖像权人的同意，是制作、使用、公开肖像权人肖像的免责事由。第二，第1020条规定了制作、使用、公开他人肖像行为的免责事由：一是为个人学习、艺术欣赏、课堂教学或者科学研究，在必要范围内使用肖像权人已经公开的肖像；二是为实施新闻报道不可避免地制作、使用、公开肖像权人的肖像；三是为依法履行职责，国家机关在必要范围内制作、使用、公开肖像权人的肖像；四是为展示特定公共环境，不可避免地制作、使用、公开肖像权人的肖像；五是为维护公共利益或者肖像权人的合法权益，制作、使用、公开肖像权人的肖像的其他行为。

(3) 侵害名誉权的免责事由。

《民法典》第1025条规定，行为人为公共利益实施新闻报道、舆论监督等行为，影响他人名誉的，构成法定的免责事由，能够对抗受害人的侵权主张。

(4) 侵害隐私权的免责事由。

《民法典》第1033条规定，除法律另有规定或者权利人明确同意外，任何组织或者个人不得实施法律所列的侵害肖像权行为，其中规定的权利人明确同意使用个人隐私，是侵害隐私权的免责事由。

(5) 侵害个人信息权的免责事由。

《民法典》第1036条规定了侵害个人信息权的免责事由：其一，在自然人或者其监护人同意的范围内合理实施的行为；其二，合理处理该自然人自行公开的或者其他已经合法公开的信息，但是该自然人明确拒绝或者处理该信息侵害其重大利益的除外；其三，为维护公共利益或者该自然人的合法权益，合理实施的其他行为。

5. 民法特别法规定的侵权责任免责事由

侵权责任免责事由体系的第五重结构，是民法特别法规定的侵权责任免责事由。

(1)《产品质量法》规定的产品责任免责事由。

《民法典》没有规定产品责任的免责事由，《产品质量法》第41条第2款规定："生产者能够证明有下列情形之一的，不承担赔偿责任：（一）未将产品投入流通的；（二）产品投入流通时，引起损害的缺陷尚不存在的；（三）将产品投入流通时的科学技术水平尚不能发现缺陷的存在的。"符合上述规定的事由之一的，免除生产者的赔偿责任。

(2)《道路交通安全法》规定的机动车交通事故责任免责事由。

《民法典》对机动车交通事故责任也没有规定免责事由,《道路交通安全法》第76条规定了机动车驾驶人的免责事由,即行人或者非机动车驾驶人故意碰撞机动车造成损害的,机动车一方不承担责任。

(3)《医师法》对医疗损害责任增加规定的免责事由。

《医师法》第27条第3款规定:"国家鼓励医师积极参与公共交通工具等公共场所急救服务;医师因自愿实施急救造成受助人损害的,不承担民事责任。"这一规定显然来源于《民法典》第184条的规定,普通人自愿实施紧急救助行为造成受助人损害都不承担民事责任,医师自愿实施急救造成受助人损害的当然也适用免责事由。

(4)《环境保护法》规定的环境污染和生态破坏责任的免责事由。

《民法典》对环境污染和生态破坏责任没有规定免责事由。1989年《环境保护法》第41条第3款规定了免责事由,即"完全由于不可抗拒的自然灾害,并经及时采取合理措施,仍然不能避免造成环境污染损害的,免予承担责任",2015年修订《环境保护法》时删除了这一规定。目前,环境污染和生态破坏责任的免责事由由环境保护单行法规定。例如,《海洋环境保护法》第89条第1款第二分句规定,"完全由于第三者的故意或者过失,造成海洋环境污染损害的,由第三者排除危害,并承担赔偿责任",污染者不承担赔偿责任;第91条规定:"完全属于下列情形之一,经过及时采取合理措施,仍然不能避免对海洋环境造成污染损害的,造成污染损害的有关责任者免予承担责任:(一)战争;(二)不可抗拒的自然灾害;(三)负责灯塔或者其他助航设备的主管部门,在执行职责时的疏忽,或者其他过失行为。"这三种情形中,海洋环境污染行为人免责。

(5)民法特别法对高度危险责任免责事由的规定。

对民用核设施损害责任的免责事由,除《民法典》第1237条规定之外,《核安全法》第90条还规定:一是因核事故造成他人人身伤亡、财产损失或者环境损害,能够证明损害是战争、武装冲突、暴乱等情形造成的除外。这与《民法典》的规定相一致。二是为核设施营运单位提供设备、工程以及服务等的单位不承担核损害赔偿责任。这是根据国际原子能机构的规定设置的免责条款,发生民用核设施损害,只由核设施营运单位承担赔偿责任,为核设施营运单位提供设备、工程和服务的单位免除责任。

对民用航空器损害责任的免责事由,《民法典》第1238条只规定了受害人故意是免责事由。《民用航空法》规定了复杂的免责事由,主要包括四点。

第一,《民用航空法》第157条规定,因飞行中的民用航空器或者从飞行中的民用航空器上落下的人或者物,造成地面(包括水面,下同)上的人身伤亡或者财产损害的，所受损害并非造成损害的事故的直接后果，或者所受损害仅是民用航空器依照国家有关的空中交通规则在空中通过造成的，受害人无权要求赔偿。

第二，《民用航空法》第 160 条规定，损害是武装冲突或者骚乱的直接后果，依照本章规定应当承担责任的人不承担责任。这在《民法典》第 1238 条规定的范围之内。

第三，《民用航空法》第 161 条规定，应当承担责任的人证明损害是完全由受害人或者其受雇人、代理人的过错造成的，免除其赔偿责任；应当承担责任的人证明损害是部分由受害人或者其受雇人、代理人的过错造成的，相应减轻其赔偿责任。

第四，《民用航空法》第 164 条规定，经营人、所有人和本法第 159 条规定的应当承担责任的人，以及他们的受雇人、代理人，对于飞行中的民用航空器或者从飞行中的民用航空器上落下的人或者物造成的地面上的损害不承担责任，但是故意造成此种损害的人除外。

民法特别法规定的特殊侵权责任免责事由的内容较多，不再一一列举。

(二)《民法典》规定侵权责任免责事由的三种基本类型

《民法典》五重结构的侵权责任免责事由体系，可以分为三种不同的基本类型。

1. 通用免责事由

《民法典》总则编规定的能够适用于所有民事责任的免责事由，都可以适用于侵权责任。因此，侵权责任免责事由的第一种类型，为通用免责事由。是可以适用于侵权责任的民事责任免责事由。不可抗力、正当防卫、紧急避险和自愿救助他人，后三种主要适用于侵权责任。

2. 专用免责事由

《民法典》侵权责任编"一般规定"中规定的免责事由，是侵权责任的专用免责事由，适用于所有的侵权责任领域。在所有的侵权责任中，凡是构成专用免责事由的都应当予以适用，如受害人故意、第三人原因、自甘风险和自助行为。其中在第三章至第十章有关特殊侵权责任的规定中有排除性规则的，属于特别法规范，应当适用优先适用，例如产品责任、污染环境和破坏生态责任、饲养动物损害责任中的第三人过错[①]，就不是免责事由。

---

① 杨立新，赵晓舒. 我国《侵权责任法》中的第三人侵权行为. 中国人民大学学报，2013 (4)：77-78.

3. 具体免责事由

在侵权责任免责事由体系中，《民法典》人格权编、侵权责任编和民法特别法规定的免责事由，都是具体免责事由。其基本功能是针对具体侵权行为，依照具体规定予以适用，超出法律规定范围的不能适用。侵害人格权的行为是一般侵权行为，《民法典》侵权责任编没有对其作出具体规定，人格权编却规定了较多侵害人格权的免责事由，有的是针对一般性的人格权侵权责任，有的是针对具体人格权的侵权责任，属于侵权责任的具体免责事由。

侵权责任的具体免责事由，是针对具体的特殊侵权责任规定的免责事由，只有在该种侵权责任中才能适用。其中，有的特殊侵权责任适用侵权责任编规定的免责事由，如医疗损害责任；有的特殊侵权责任适用特别法规定的免责事由，例如机动车交通事故责任；有的特殊侵权责任既适用侵权责任编规定的免责事由，也适用特别法规定的免责事由，二者构成对该种特殊侵权责任免责事由的双重规范，例如高度危险责任中的民用核设施损害责任和民用航空器损害责任，既适用《民法典》侵权责任编规定的免责事由，也适用《核安全法》和《民用航空法》等规定的免责事由。

对此，应当说明以下几个问题。

（1）《产品质量法》规定的免责事由，是《民法典》规定的产品责任的有机组成部分。因为《产品质量法》规定了产品责任的免责事由，《侵权责任法》和《民法典》才不再规定，从而形成了《民法典》规定的 产品责任一般规则与《产品质量法》规定的免责事由以及规定产品、产品缺陷定义等内容的双重结构。

（2）关于机动车交通事故责任，在制定《侵权责任法》时，《道路交通安全法》已经对机动车交通事故责任的基本规则作了规定，因而《侵权责任法》对机动车交通事故的一般规则不再规定，主要规定机动车所有人和使用人相分离的损害责任。由于免责事由在《道路交通安全法》第76条中已经规定，因此，《侵权责任法》不再规定，《民法典》仍循此例。

（3）《医师法》规定的医师履行急救职责造成损害的免责事由，是在《民法典》实施之后新增加的规定，补充了《民法典》第1224条规定的免责事由体系。

（4）关于环境污染和生态破坏责任的免责事由，由于《环境保护法》曾经对此规定了一般规则，环境保护特别法的单行法规定了具体规则，内容复杂，《侵权责任法》制定时就没有对其作出规定，《民法典》也仍然依照此例不作规定。

（5）特殊情形是民用核设施损害责任的免责事由，既在《民法典》特殊侵权责任中规定了具体免责事由，又在民法特别法中规定了其他免责事由，形成了双重规范的免责事由。在《侵权责任法》规定了民用核设施损害责任免责事由之后，又制定了《核安全法》，须对民用核设施损害责任的免责事由，特别是国际原子能机构确定的免责事由作出规定，因此超出了《侵权责任法》规定的范围。《民法典》仍循原例，没有改变《侵权责任法》的做法，只是对免责事由作了展开性的规定。

（6）对民用航空器损害责任，《民用航空法》规定了复杂的免责事由。在制定《侵权责任法》时，其草案三审稿原本规定了第71条："民用航空器造成他人损害的，民用航空器的经营人应当承担侵权责任，但能够证明损害是因受害人故意造成的除外。法律另有规定的，依照其规定。"[①] 其中的法律另有规定，主要说的是免责事由的规定。审议中认为，《民用航空法》规定的免责事由比较复杂，不敢肯定都是正确的，因此，最后审议的草案四审稿第71条删除了"法律另有规定的，依照其规定"的内容[②]，形成了《民用航空法》规定的免责事由比较复杂，《侵权责任法》规定得比较简单，亦没有规定特别法准用规则的特点。《民法典》仍然按照这个方法规定了第1238条，形成了民用航空器损害责任免责事由的双重结构。

《民法典》对某一种侵权责任规定的免责事由也有一定的区别，有的免责事由是对这一类侵权责任都适用，有的免责事由是针对其中某种情形才可以适用，例如饲养动物损害责任中，《民法典》第1245条规定的是这一类特殊侵权责任都适用的免责事由和减责事由，第1246条又规定了违反管理规定饲养动物损害责任的减责事由。

二、侵权责任免责事由的四种适用范围与适用的基本要求

《民法典》中侵权责任免责事由的法律适用，分为四种不同范围，分别适用于不同类型的具体免责事由。在具体适用中，第一，掌握《民法典》规定的基本要求；第二，《民法典》规定的各种侵权责任免责事由虽然基本上是完善的，但也还存在需要进一步解决的问题，在具体适用中应当加以注意。

（一）侵权责任通用免责事由的适用范围和要求

《民法典》规定的侵权责任通用免责事由，在司法实践中适用时须特别注意一些具体问题。

[①] 何勤华，李秀清，陈颐. 新中国民法典草案总览：下卷. 北京：北京大学出版社，2017：2234.
[②] 何勤华，李秀清，陈颐. 新中国民法典草案总览：下卷. 北京：北京大学出版社，2017：2274.

1. 不可抗力

不可抗力是侵权责任的通用免责事由，在不同的民事责任领域适用该免责事由有不同的要求。例如，《民法典》第590条对合同领域适用不可抗力作出具体规定。将不可抗力适用于侵权领域，也需要有特别的要求。

《民法典》第590条规定，在违约责任中适用不可抗力须遵循"根据不可抗力的影响，部分或者全部免除责任"的要求，在侵权责任领域也同样适用。侵权责任适用不可抗力，也要根据不可抗力对造成损害的影响程度，确定免责的范围。例如地震，以震中为中心，其破坏力向外逐渐衰减最终到没有破坏力，表现在地震与其造成损害的因果关系上，则有不同的原因力。笔者在对汶川地震的考察中看到：一是，在震中与地震影响的边缘地带，地震造成的损害截然不同；二是，同样是震中，地震对于建筑物的损害也因建筑物的质量不同而完全不同，因而对地震造成的损害适用不可抗力免责规则，须对地震造成损害的原因力进行准确判断。在符合《建筑法》要求的建筑物损坏中，地震对损害的原因力为100%，对于那些破败的、不符合《建筑法》要求的建筑物的损坏，地震的原因力不过在50%左右，甚至更低，其中有地震的原因力，也有其他原因的原因力。自然灾害造成损害的原因力为100%的，应当免除责任；不足100%的，应当根据原因力的比例减轻责任。

2. 正当防卫

对构成正当防卫的要求，我国以往的法律规定过严，总是强调防卫行为与侵害行为相适应，实践对正当防卫把控过严，损害了行为人的合法权益。例如，于某救母防卫过当案中，一审和二审刑事判决完全不同，甚至关于二审判决的社会舆论也并不好。民法对正当防卫适用较少，《民法典》规定的正当防卫基本沿用了《民法通则》《侵权责任法》的规定，没有体现我国法律对正当防卫行为规范态度的变化。

在侵权责任司法实践中适用正当防卫，须把握以下几点。

第一，准确划分正当防卫和防卫过当的界限。这个尺度应当放宽，不能将以往认定为防卫过当、实际却符合正当防卫要求的行为认定为防卫过当。防卫人的行为只要为防卫不法侵害所需，就应当认定为正当防卫。其中应当特别注意运用举证责任的规则，正当防卫应当由防卫人举证；对于防卫过当的证明责任则由不法侵害人负担，不法侵害人不能证明防卫行为造成不应有损害的，仅以防卫人采取的反击方式和强度与不法侵害不相当为由主张防卫过当的，不能认定为防卫过当。

第二，能够认定正当防卫超过必要限度的，可以判令防卫人在造成的不应有的损害范围内承担部分赔偿责任；造成的不应有的损害较小的，也可以判决不承担责任。对不法侵害人请求正当防卫人承担全部损失的，不予支持。

第三，防卫过当的赔偿范围，应当是超出防卫限度的那部分损害。对此，应当综合不法侵害的性质、手段、强度、危害程度和防卫的时机、手段、强度、损害后果等情节，考虑双方的力量对比，立足于防卫人防卫时所处的情境，结合社会公众的一般认知作出判断。

3. 紧急避险

在侵权责任领域适用紧急避险，主要是混淆避险过当的赔偿和自然原因引起紧急危险的补偿问题，与刑法的要求并不相同。紧急避险规则的适用要求有四点。

第一，有引发险情的人的，应由引发险情的人承担民事责任，紧急避险人不承担责任。

第二，紧急避险的危险是由自然原因引起，受害人请求给予适当补偿的，应当按照下列情形处理：其一，避险人与受益人不是同一人，受害人请求受益人予以适当补偿的，应予支持；受害人请求避险人予以适当补偿的，不予支持。其二，避险人与受益人是同一人，受害人请求避险人予以适当补偿的，应予支持，可以根据受害人所受损失的情况、受益人受益的多少及受害人与受益人经济条件等因素，确定补偿数额。

第三，对《民法典》第182条规定的"紧急避险采取措施不当或者超过必要的限度"的认定，应当按照一般人的判断能力，根据危险的性质和程度，结合避险行为的保护结果和损害后果等因素进行。能够认定紧急避险采取措施不当或者超过必要限度的，可以判令紧急避险人在造成的不应有的损害范围内承担部分责任；如果造成的不应有的损害较小，也可以判令不承担责任。受害人请求紧急避险人承担全部责任的，不予支持；但是，紧急避险人引起险情或者紧急避险人是受益人的，应当对全部损失承担责任。

第四，既没有第三者的过错，也没有紧急避险行为人的过错，遭受损害的人与受益人又不是同一个人的，受益人应当适当补偿受害人的损失。

4. 善意救助行为

《民法典》第184条规定善意救助行为全部免责，与通常的好撒马利亚人法关于故意或者重大过失不免责的规则有一定的差别[①]，在社会生活和司法实践中应当注意避免第194条的副作用。

---

① 杨立新，王毅纯. 我国善意救助者法的立法与司法：以国外好撒马利亚人法为考察. 求是学刊，2013 (3)：74-76.

(二) 侵权责任专用免责事由的适用范围和要求

1. 侵权责任编规定的四种侵权责任免责事由的适用要求

（1）受害人故意。

对受害人故意，学界自始就有不同意见，因为这是适用无过错责任原则如高度危险责任确定侵权责任时适用的免责事由。在一般侵权行为中，只要受害人的故意或者过失是损害发生的全部原因，行为人就应当免责。[1] 可见，受害人故意和受害人过错是完全不同的概念。在《侵权责任法》立法时，立法机关没有采纳学者的意见；《民法典》仍然采取同样方法作出规定并不适当。

司法实践适用这一规定应当有所变通，损害只要是由受害人的故意或者过失引起，具备100%原因力的，就应当免除行为人的侵权责任。

（2）第三人原因。

司法实践适用第三人原因免除行为人的责任，应当注意三个问题：一是在过错责任原则和过错推定原则的情形下，第三人原因都适用《民法典》第1175条的原则性规定。二是在适用无过错责任原则的特殊侵权责任中，第三人原因不是免责事由，而是采取不真正连带责任的规则，受害人可以向第三人请求赔偿，也可以直接向行为人请求赔偿，行为人承担赔偿责任之后，向第三人追偿，与合同领域第三人原因的规则相似。例如，《民法典》第1204条规定的产品责任的第三人规则，第1233条规定的环境污染和生态破坏责任中的第三人规则，第1250条规定的饲养动物损害责任中的第三人规则，都适用这样的规则。高度危险责任中的规定不明确，只有第1241条关于高度危险物损害的规定中，所有人将高度危险物交由管理人管理造成损害的，管理人承担责任，如果所有人也有过错，则与管理人承担连带责任，规则有所不同。三是侵权责任领域的第三人原因是免除责任，在合同领域却是当事人先承担违约责任再向第三人进行追偿，规则是相反的。

（3）自甘风险。

在司法实践中适用自甘风险规则，应当注意以下两点。

第一，《民法典》第1176条规定的自甘风险规则，主要集中在受害人被其他具有一定风险的文体活动参与人伤害的免责。这当然是正确的，此外，对于参与具有较高风险的文体活动的观众，例如参观棒球比赛的观众，也应当采取同样的规则。《埃塞俄比亚民法典》第2068条规定："在进行体育活动的过程中，对参加同一活动的人或在场观众造成伤害的人，如果不存在任何欺骗行为

---

[1] 杨立新. 侵权责任法. 4版. 北京：法律出版社，2020：173.

或者对运动规则的重大违反，不承担任何责任。"① 这是因为，参加观赏具有较高风险的文体活动，也受到自甘风险规则的拘束，只要参与者造成观众损害不是出于故意或者重大过失，也应当予以免责。

第二，《民法典》第1176条对具有一定风险的文体活动组织者的责任，采用第1198条规定的违反安全保障义务损害责任以及第1199条至第1201条规定的教育机构损害责任的规则，也不妥当。因为，自甘风险是免责事由，自愿参加具有一定风险的文体活动，参与者对可能造成自身损害是有预估的，按照《民法典》第1176条第2款的规定，自甘风险参与者受到损害，组织者只要有过失，就要承担赔偿责任，就不再适用免责事由的规则，而适用承担责任的规则。② 从这个意义上说，这一规则与《民法典》第1198条至第1201条重合，是没有必要存在的条款。既然规定自甘风险是免责事由，就同样应当对组织者有免责的规定。因此，自愿参加具有一定风险的文体活动，参加者造成损害，组织者只对其故意或者重大过失造成的损害承担责任，参加者只有一般过失的，应对组织者免责。

(4) 自助行为。

《民法典》第1177条规定自助行为，社会反应较好。不过，我国对这一免责事由的适用要求过于严苛，使自助行为适用的范围非常狭窄，应当在司法实践中注意把握。

第一，自助行为的方式有两种，只规定了采取扣留侵权人的财物，没有规定可以对侵权人的人身予以适当拘束，将后者隐藏在"等"字之中，淹没了后一种自助行为。③ 在司法实践中，对侵权人的人身予以适当拘束但没有超过必要限度的，应当适用自助行为规则予以免责。

第二，有些要求过于苛刻。例如，规定在实施了自助行为后，应当立即请求有关国家机关处理，如果自助行为人采取了自助行为后，侵权行为即已终止，有什么必要立即请求有关国家机关处理呢？只有在实施了自助行为后发生争议，或者侵害了对方当事人合法权益的，才应当立即请求有关国家机关处理④，否则没有必要。在司法实践中，对于这种情形应当区分是否必要，如果并不必要，不必苛求行为人。

---

① 徐国栋. 埃塞俄比亚民法典. 薛军，译. 北京：中国法制出版社，2002：378.
② 曹权之. 民法典"自甘风险"条文研究. 东方法学，2021 (4)：121-138.
③ 武腾.《民法典》的权利实现规定与司法程序配置. 吉林大学社会科学学报，2022 (1)：184-185；杨立新，李怡雯. 中国民法典新规则要点. 修订版. 北京：法律出版社，2021：610.
④ 武腾.《民法典》的权利实现规定与司法程序配置. 吉林大学社会科学学报，2022 (1)：184-185.

2. 侵权责任编应当规定而未规定的侵权责任免责事由

《民法典》应当规定而没有规定的侵权责任免责事由主要是以下三种。

(1) 职务授权行为。

侵权责任领域中最普遍适用的免责事由是职务授权行为。职务授权行为也称依法执行职务，是指依照法律授权或者法律规定，在必要时因行使职权而损害他人的财产和人身利益却不承担侵权责任的行为。[①] 确认职务授权行为为免责事由，是为了保护社会公共利益和自然人的合法权益。国家工作人员依照法律规定执行职务，在必要时损害他人的财产和人身利益，是合法行为，对造成的损害不负赔偿责任。此外，消防队为了制止火灾蔓延而将临近火源的房子拆除，外科医生对患者做必要的截肢手术，公安人员依法开枪打伤逃犯等，都属于这种情况。行为人执行职务不正当而造成他人损害的，应当负赔偿责任。

《民法典》应当规定这种免责事由。司法实践应用这一免责事由，可以依照职务授权行为阻却违法，认定其因不符合《民法典》关于侵权责任构成须具有违法性要件的要求，而不构成侵权行为，免除行为人的侵权责任。

(2) 受害人承诺。

受害人承诺也是侵权责任免责事由，是受害人允许他人侵害自己的权益，自愿承担损害后果，不违背法律和公序良俗的一方意思表示。[②] 认可这种免责事由的原因，是权利人有权处分自己的权利，只要不违反法律和善良风俗，就是行使权利的合法行为；法律在一般情况下并不禁止权利人允许他人侵害自己的权利，这就是英美法系的"自愿者无损害可言"原则。

《侵权责任法》没有规定受害人承诺，一个原因是《合同法》第53条规定了当事人事先免责条款无效规则，认为这一规定可以解决受害人承诺本应解决的问题。[③] 其实，《合同法》第53条、《民法典》第506条是从合同事先免责条款无效规则的反面来规定的规范，《民法典》应当从正面规定受害人承诺为免责事由，构成一个问题的两个方面。同时，只用《民法典》第506条规定解决这个问题，还是不全面的。另一个原因是，既然规定了自甘风险，其实就包括了受害人承诺。只是这两种免责事由虽然在内容上有所重合，却不是同一个免责事由，受害人承诺的适用范围要比自甘风险宽得多。

---

① 张新宝. 侵权责任法原理. 北京：中国人民大学出版社，2005：124 - 125；杨立新. 侵权责任法. 4版. 北京：法律出版社，2020：180 - 181.

② 张新宝. 侵权责任法原理. 北京：中国人民大学出版社，2005：125；杨立新. 侵权责任法. 4版. 北京：法律出版社，2020：181 - 182.

③ 王利明. 侵权责任法研究：上卷. 北京：中国人民大学出版社，2010：466 - 467.

(3) 意外。

意外是指非因当事人的故意或者过失，而是由于当事人意志以外的原因而偶然发生的损害。①《民法典》尽管没有规定意外为侵权责任免责事由，但是在司法实践中，意外是应当免除侵权责任的。由于意外是偶然发生、是外在于当事人的意志和行为的事件，表明行为人对损害的发生没有过错，因而应使其免责。罗马法法谚认为，不幸事件只能由被击中者承担，就包含了意外作为免责事由的要求。《侵权责任法》和《民法典》没有规定意外，主要原因是因意外而造成的损害，可以适用过错责任原则的规定解决，不必再加以规定。实际上，直接规定意外是侵权责任免责事由，会使侵权责任免责事由体系更加完整，也会使民事主体在行使权利时如何规避违法的规则与后果更加清晰。

对于上述三种《民法典》没有规定的侵权责任专用免责事由，在司法实践中适用并不妨碍大局。这是因为在侵权责任法的适用上，除非有法律特别规定，一般不适用无过错责任原则，都属于过错责任调整范围。既然如此，涉及职务授权行为、受害人承诺和意外的诉讼，如果行为人一方的主张能够证成，都可以认定行为人没有过错而不承担侵权赔偿责任。

（三）侵害人格权一般侵权行为具体免责事由的适用范围和要求

侵权责任具体免责事由在适用中应当分为两部分，即：一般侵权行为的具体免责事由和特殊侵权行为的免责事由。究其原因，一是侵害人格权的侵权责任属于一般侵权责任；二是侵害人格权的侵权责任免责事由是《民法典》规定的免责事由，与另一种适用于特殊侵权责任且有特别法规定的具体免责事由相区别。这两种具体免责事由在适用范围上不同，具体适用的要求也不同。

首先，侵害人格权的具体免责事由分为两个层次《民法典》第999条规定的侵害人格权的免责事由可以适用于较广泛的侵害人格权的领域，是人格权的一般免责事由；在具体人格权的规定中列举的免责事由，只适用于特定的具体人格权被侵害的领域。

其次，人格权编规定的具体免责事由都是比较明确、具体、完善，具体适用依照其规定即可。

最后，人格权编规定的具体免责事由部分存在不够完整的问题，实际列举的免责事由不够。例如媒体实施新闻报道、舆论监督，可以适用的免责事由并不局限于所列举的那些，还包括公正评论、不具名报道等多种行为造成损害②，都可以用

---

① 杨立新. 侵权责任法. 4版. 北京：法律出版社，2020：182-183.
② 杨立新. 媒体侵权和媒体权利保护的司法界限研究：由《媒体侵权责任案件法律适用指引》的制定探讨私域软规范的概念和司法实践功能. 法律适用，2014（9）：41-48.

以免除媒体的侵权责任，以使媒体有更大的"喘息空间"，能够更好地发挥舆论监督作用。①

（四）特殊侵权责任具体免责事由的适用范围和要求

侵权责任的具体免责事由，是《民法典》侵权责任编和特别法对特殊侵权责任规定的免责事由，在法律适用中应当注意以下要求。

1. 具体免责事由来自不同的法律规定

《民法典》规定的特殊侵权责任的具体免责事由，最大的特点是来自不同法律的规定，不仅有《民法典》侵权责任编的特别规定，还有特别法的特别规定，因而在法律适用上更有难度。应当把握的要点是：

第一，法官的法律视野要宽，应当熟知的法律必须掌握。在适用《民法典》时，尽管其条文有1260条之巨，但是毕竟还是规定在同一部法律中，比较容易掌握。特别法规定的具体免责事由范围广泛，即使很难完全掌握，也应尽量熟悉。对于那些应当掌握和直接适用于特殊侵权责任的免责事由，例如《产品质量法》规定的产品责任免责事由、《道路交通安全法》规定的机动车交通事故责任免责事由等，必须把握好，准确适用。

第二，由于侵权责任免责事由都由被告主张，因此，被告负有举证证明免责事由存在的责任。尽管法官不能把法律作为事实要求被告举证，但是，既然被告及其代理律师主张特别法上规定的免责事由，法院可以要求其提供相应的法律规定，以确定被告要求免除责任的法律基础。这样可以弥补法官对某些特别法规定的免责事由不熟悉的缺陷。

第三，对于特别法规定的免责事由，应当注意其是否违反《民法典》的基本要求。特别法虽然是由全国人大常委会以及全国人民代表大会审议通过的，但通常是先由行业部门提出法律草案，其中难免带有部门利益。起草《侵权责任法》时之所以最后删除第71条关于"法律另有规定的，依照其规定"的内容②，就是因为担心有关行业特别法规定的免责事由可能存在损害他人利益的问题。对于判断难度大的问题，法院应当通过司法解释或者立法解释解决，避免造成错判。

2. 具体免责事由都是针对具体的侵权责任适用

《民法典》和特别法规定的侵权责任具体免责事由，都是针对具体的侵权

---

① 杨立新. 我国的媒体侵权责任与媒体权利保护：与张新宝教授"新闻（媒体）侵权否认说"商榷. 中国法学，2011（6）：178-188.
② 杨立新. 侵权责任法：条文背后的故事与难题. 2版. 北京：法律出版社，2018：243.

责任作出的"一对一"规定，适用于法律规定的特殊侵权责任。将适用于特定的特殊侵权责任的具体免责事由适用于其他特殊侵权责任或者一般侵权责任，会造成法律适用错误。例如，《民法典》第1224条规定的医疗损害责任的三种免责事由，针对的就是医疗损害责任，其他任何特殊侵权行为都不适用。对这种免责事由，应当特别注意医疗机构承担相应责任的规定，即患者或者其近亲属不配合医疗机构进行符合诊疗规范的诊疗，本来是免责事由，如果医疗机构或者医务人员也有过错，应当承担相应的责任，说的是只有医疗机构进行的符合诊疗规范的诊疗，患者或者其近亲属不配合治疗造成损害后果的，医疗机构才不承担责任，如果医疗机构也有过失就构成过失相抵，医疗机构应当在自己过错的范围内承担赔偿责任。应当注意的是，这里所说的过错其实都是指过，而非故意，因为一旦出现故意，故意一方就应当承担全部赔偿责任。

在这方面，《民法典》规定的高度危险责任的四个免责事由最有说服力。第1236条规定高度危险责任的一般条款中，并没有规定高度危险责任一般适用的侵权责任免责事由，而是在该条以下的具体条文中，针对高度危险责任的具体情形一一规定免责事由。例如，第1237条规定，民用核设施造成损害的免责事由，是能够证明损害是由战争、武装冲突、暴乱等情形或者受害人故意造成的；第1238条规定，民用航空器造成他人损害的免责事由，是能够证明损害是受害人故意造成的；第1239条规定占有或者使用高度危险物造成他人损害的，免责事由是能够证明损害是受害人故意或者不可抗力造成的；第1240条规定，从事高度危险活动造成他人损害的免责事由，是能够证明损害是受害人故意或者不可抗力造成的。这四种免责事由，只有后两种是相同的，前两种完全不同。

3. 《民法典》和特别法都对特殊侵权责任具体免责事由有规定时的适用

《民法典》和特别法对某种特殊侵权责任都规定了免责事由，有以下三种情形。

(1) 《民法典》与特别法作出相同规定的免责事由。

《民法典》对特殊侵权责任规定的免责事由与特别法规定的免责事由相同的，特别法关于免责事由的同一规定就不再是特别规定，而成为一般性规定，因为作为特别法应当具备的要件，一是形式要件的"另有"，二是实质要件的"特别"，只具备"另有"而不具有"特别"的要件，就不是特别法，不具有优先适用的效力①，适用哪一个规定的效果都是一样的。例如《民法典》第1237

---

① 王胜明. 中华人民共和国侵权责任法释义. 2版. 北京：法律出版社，2013：40-41；杨立新. 论侵权特别法及其适用. 河北法学，1989 (5)：27-31；杨立新. 侵权责任法：条文背后的故事与难题. 2版. 北京：法律出版社，2018：36.

第十章 《民法典》规定的侵权责任免责事由应当怎样理解和适用

条规定的"战争、武装冲突、暴乱等情形",与《核安全法》第 90 条规定的"战争、武装冲突、暴乱等情形"是一样的,《核安全法》对此的规定失去了特别法的地位和优先适用效力。

(2)《民法典》与特别法作出不同规定的免责事由。

同样是《核安全法》第 90 条,规定:另外规定的免责事由具有特别法的地位和效力,即为核设施营运单位提供设备、工程以及服务等的单位不承担核损害赔偿责任,而由核设施营运单位承担赔偿责任。对于为核设施营运单位提供设备、工程以及服务等的单位,本应依照产品责任规则承担不真正连带责任,但是,在民用核设施损害责任中该单位就不承担这种依据产品责任产生的不真正连带责任。《核安全法》的这一规定,就是特别法对特别侵权责任规定的具体免责事由,具有特别法的地位和优先适用的效力,不能因为《民法典》第 1237 条对此没有规定而拒绝适用。

同样,《民法典》第 1238 条规定民用航空器损害责任,即使没有规定"法律另有规定的,依照其规定"的内容,《民用航空法》规定的诸多免责事由也并非不能适用,只是应当斟酌其具体规定是否有损害他人利益的因素。

(3)特别法规定免责事由与《民法典》规定基本责任规范的衔接。

《民法典》对有些特殊侵权责任没有规定免责事由,是在特别法中规定免责事由的,例如《产品质量法》和《道路交通安全法》规定的免责事由。对此,原则上应当适用特别法规定的免责事由,适用时应当特别注意两点。

第一,特别法规定的特殊侵权责任具体免责事由,应当与《民法典》规定的特定责任规范相衔接。例如,《民法典》第 1206 条规定,产品投入流通后发现存在缺陷的,生产者、销售者应当及时采取停止销售、警示、召回等补救措施;未及时采取补救措施或者补救措施不力造成损害扩大的,对扩大的损害也应当承担侵权责任。这一关于产品跟踪观察缺陷损害责任的规定,是与《产品质量法》第 41 条第 2 款第 3 项"将产品投入流通时的科学技术水平尚不能发现缺陷的存在的"的发展风险免责事由相衔接的。依照产品责任免责事由的规定,生产者销售者对发展风险造成的损害不承担侵权责任;但是,属于发展风险的产品缺陷被发现后,生产者、销售者依照跟踪观察义务,应当采取补救措施,未及时采取补救措施或者采取补救措施不力,造成损害扩大的,对扩大的损害不能免责,应当承担赔偿责任,然而,也仅就扩大的损害部分承担责任,初次发现缺陷造成的损害仍然应当免责。[①]

第二,特别法规定的特殊侵权责任免责事由不够规范的,应当采取必要的

[①] 贺琛. 我国产品责任法中发展风险抗辩制度的反思与重构. 法律科学(西北政法大学学报),2016(3):135-144.

补救方法。例如，《道路交通安全法》第76条规定行人或者非机动车驾驶人故意碰撞机动车造成损害为免责事由，规定得不够规范，因为并非只有行人或者非机动车驾驶人故意碰撞机动车造成损害才应当免除责任，而是在所有行人或者非机动车驾驶人故意实施引起机动车造成自己损害的行为时，都应当免除机动车一方的责任。这里，《道路交通安全法》没有修改前的第76条的规定是正确的，修订时，纠正了原第76条中的其他错误，却将原来正确的免责事由缩小了适用范围，造成该免责事由不周延的后果。对此，在法律适用中必须注意。

4. 规定免除或者减轻责任的具体适用方法

特别值得研究的是，在特殊侵权责任适用的具体免责事由中，有的把免责事由与减轻责任事由规定在一起。《民法典》第1245条规定："饲养的动物造成他人损害的，动物饲养人或者管理人应当承担侵权责任；但是，能够证明损害是因被侵权人故意或者重大过失造成的，可以不承担或者减轻责任。"在高度危险责任中，第1243条规定："未经许可进入高度危险活动区域或者高度危险物存放区域受到损害，管理人能够证明已经采取足够安全措施并尽到充分警示义务等，可以减轻或者不承担责任。"这种规定比较复杂：一是，前者规定被侵权人故意或者重大过失造成损害时两个条件择一适用，是从被侵权人的方面规定的，后者规定管理人能够证明已经采取足够安全措施并尽到充分警示义务等，是从行为人的方面规定的，两个条件须同时具备；二是，前者规定的是可以免责或者减责，后者规定的是可以减责或者免责，顺序并不相同；三是，规定的条件具备时，但究竟是减责还是免责，并不确定，需要根据实际情况确定。

应当看到的是，这两个免责或者减责事由针对的都是适用无过错责任原则的特殊侵权责任，与适用过错责任原则和过错推定原则的侵权责任都不一样。当适用无过错责任原则的侵权责任没有符合免责条件时，行为人无论有无过错都要承担责任，通常是对被侵权人故意引起损害的，免除行为人的赔偿责任。在这两种情况下：第一，被侵权人对损害的发生有故意，通常应当免除行为人责任，在饲养动物损害责任中，原则上应当故意免责，重大过失减责，不过，也还要看被侵权人故意或者重大过失的原因力。[①] 第二，被侵权人未经许可进入高度危险区域并非都是故意，特别是并非故意引起损害。究竟应当减责还是免责，要看管理人一方的管理行为是否有过失，能够证明已经采取足够安全措施并尽到充分警示义务的，即为无过失；还要看被侵权人未经许可进入高度危险区域的主观状态。如果被侵权人进入高度危险区域是明知高度危险而为之，

[①] 杨立新. 侵权责任法. 4版. 北京：法律出版社，2020：632.

应当免除管理人责任；被侵权人不知道高度危险而进入，应当考虑减轻管理人责任。被侵权人是成年人还是未成年人也具有重要意义，被侵权人是未成年人的，即使明知高度危险而为之，也应当减轻管理人责任而不是免除责任。对这种免责或者减责事由的规定作这样的理解，还是比较准确的。

5. 应当特别注意《民法典》人格权编规定的免责事由

《民法典》人格权编规定了很多免责事由，原因在于，侵害人格权的侵权行为属于一般侵权行为，直接适用第1165条规定确定侵权责任，侵权责任编不再作具体规定，因而无法在债权责任规定中确定免责事由，只能在人格权编条文中规定。对此，在确定侵害人格权的侵权责任时，应当依照人格权编规定的免责事由确定免除行为人的赔偿责任。

（1）关于免责事由的一般规定。

《民法典》第999条是一个重要规定，是对新闻媒体侵害人格权责任的一般性免责事由，几乎可以适用于所有的人格权侵权领域。[①] 当具体人格权中没有规定该免责事由时，如姓名权和名称权没有规定具体免责事由，就应当适用这一一般性免责事由。

（2）关于免责事由的具体规定。

第一，关于制作、使用、公开肖像权人肖像的免责事由。凡是经过肖像权人的同意，制作、使用、公开肖像权人肖像的行为都不构成侵权行为。对《民法典》第1020条规定的侵害肖像权的免责事由，只要符合其规定，免除行为人的赔偿责任。

第二，关于名誉权的规定的免责事由。依照《民法典》第1025条的规定，行为人为公共利益实施新闻报道、舆论监督等行为，影响他人名誉的，不承担民事责任。这是法定的免责事由。其实这一规定是包含在第999条的适用范围内的，具体适用时还是要适用第1025条。

第三，在隐私权的规定中，依照《民法典》第1033条，权利人明确同意是一般免责事由。只要有隐私权人的同意，就可以免除行为人责任。

第四，对于个人信息权的保护，应当依照《民法典》第1036条规定的免责事由确定，同时也要适用《个人信息保护法》的具体规定。

三、《民法典》规定构造复杂的侵权责任免责事由体系的优势

《民法典》规定的"5·3·4"侵权责任免责事由结构体系，具有以下优势。

---

① 杨立新.《民法典》对媒体行为及责任的规范. 河南财经政法大学学报，2021 (2)：1-12.

（一）五重结构的侵权责任免责事由体系实现构造的完整性

侵权责任免责事由事关重大，最重要的价值在于划清构成侵权责任与保障行为自由之间的界限。在民事主体实现权利的过程中，法律规定了两条明确的界限：一是过错责任，二是免责事由。越过过错责任界限的，就构成侵权责任；具备法律规定的免责事由，即使其行为造成他人损害，也不能认为行为人的行为有过错，行为人不承担侵权责任。这样，就给民事主体行使权利留出了自由空间，可以依照《民法典》第130条规定的自我决定权，自由行使权利，而不必担心遭受民事责任的惩治。即使在适用无过错责任原则的侵权领域，确定侵权责任失去了过错的判断标准，但是，只要具备法定的免责事由，也能够免除侵权责任。因此，侵权责任免责事由不仅是判断行为人是否有过错的法律界限，还是在适用无过错责任的场合用以确定行为人是否承担侵权责任的标准。其最终结果都是通过对抗侵权责任的过错（包括违法行为）要件，而保障民事主体行使权利的行为自由。

事实证明，一部民法典，对侵权责任免责事由规定得越完善，民事主体行使权利的行为自由范围就越宽广，其权利的实现就越有保障。我国《民法典》在编纂中，追求建立完善的侵权责任免责事由体系，使民事主体行使权利的行为自由能够得到更充分的保障。因此，规定侵权责任免责事由体系采用五重结构的复杂构造，就是要实现构建完善的、完备的侵权责任免责事由体系的立法目标，完成保障民事主体行为自由的立法目的。就目前《民法典》规定的侵权责任免责事由体系结构而言，我国基本上实现了这样的立法追求。

（二）三种类型的侵权责任免责事由体系能够保证内容的完备性

《民法典》规定侵权责任免责事由体系，不仅在结构上符合完善性的要求，在内容上也实现了完备性的要求。在编纂《民法典》过程中，立法者对有关侵权责任免责事由的调整和补充是独具匠心的。首先，将《民法通则》和《侵权责任法》规定的不可抗力、正当防卫、紧急避险都规定在总则编，增加规定了自愿救助他人的免责事由，使上述规定都可以适用于所有的民事责任。其次，在侵权责任编中，增加了自甘风险和自助行为。这两种侵权责任免责事由都大量存在于社会生活中，由于立法没有进行规范，因而在法律适用中存在同案不同判的问题。例如，同样都是自愿参加有风险的文体活动，有的判决适用过失相抵，有的判决适用公平分担责任，有的判决免除责任。《民法典》侵权责任编补充规定了自甘风险，对此就有了统一的适用标准，避免出现在法律规定同样免责事由规范的前提下，民事主体行使权利的行为自由不能得到统一保障的

第十章 《民法典》规定的侵权责任免责事由应当怎样理解和适用

问题。

《民法典》通过调整、补充原来的法律规定的侵权责任免责事由，建立起三种类型构成的免责事由体系，使不同层次、不同类型的侵权责任免责事由的内容更加完备，能够适应民事主体行使权利、保障行为自由的不同要求。

（三）分门别类规定不同侵权责任免责事由，明确适用范围的针对性

《民法典》规定构造复杂的侵权责任免责事由体系，是在实现侵权责任免责事由立法上的类型化。侵权责任免责事由通过类型化立法，来确定侵权责任免责事由的适用范围，具有更强的针对性，可以明确不同类型的侵权责任免责事由适用的不同领域。例如，不可抗力可以适用于侵权责任领域，同时在全部民事责任领域（如合同责任）都可以适用。自甘风险和自助行为只适用于侵权责任领域，不适用于合同责任等其他民事责任领域，适用范围有明确的针对性。侵权责任的具体免责事由的适用范围的针对性更加强烈，只适用于特殊侵权责任的，不得主张以此对抗该种侵权责任之外的其他侵权责任。

在侵害人格权的侵权责任领域，其免责事由也具有同样的适用范围上的针对性。这些免责事由不是在总则编和侵权责任编规定的，但也是《民法典》侵权责任免责事由体系的具体内容，在适用范围上具有鲜明的针对性，在具体人格权的侵权范围可以对抗侵权责任的主张，保障权利主体行使人格权的行为自由。

《民法典》及民法特别法规定的侵权责任免责事由体系，形成了特别复杂的构造，不仅具有五重复杂结构，还分为三种不同类型，适用于四种不同的侵权责任范围。在审理侵权责任纠纷的司法实践中，应当熟练掌握侵权责任免责事由体系的结构、类型以及不同的适用范围，准确理解和把握其内容，特别应当注意不同免责事由规定的具体内容在适用时应当予以纠正的问题，以便正确适用，保护好民事主体行使权利的行为自由。

规则总结

《民法典》规定的侵权责任免责事由是一个"5·3·4"的结构体系，包括《民法典》规定的侵权责任免责事由和《民法典》以外的民法特别法规定的侵权责任免责事由，是一个整体。在适用中应当掌握的规则是：

第一，侵权责任免责事由有五重结构，即：《民法典》总则编规定的免责事由，侵权责任编"一般规定"规定的免责事由，侵权责任编特殊在侵权责任规定中规定的免责事由，人格权编规定的免责事由，以及其他民法特别法规定的免责事由。

第二，侵权责任免责事由体系分为三种类型，即通用免责事由、专用免责事由和具体免责事由，分别适用于不同的侵权责任。

第三，第一种适用范围，通用免责事由是《民法典》总则编规定的免责事由，包括不可抗力、正当防卫、紧急避险和善意救助，依照规定，适用于所有的民事责任领域，但主要还是适用于侵权责任领域。

第四，第二种适用范围，专用免责事由是《民法典》侵权责任编"一般规定"规定的免责事由。包括受害人过错、第三人原因、自甘风险和自助行为，适用于所有侵权责任领域。

第五，第三种适用范围，侵害人格权的具体免责事由是人格权编规定的免责事由，在"一般规定"中规定了一般的免责事由，在具体人格权中规定了具体的免责事由。这些都是具体免责事由，适用于侵害人格权的一般侵权行为，不适用于其他特殊侵权责任领域。

第六，第四种适用范围，特殊侵权责任的具体免责事由是除一般侵权行为之外的侵权责任适用的具体免责事由，只适用于《民法典》侵权责任编第三章至第十章以及其他法律规定的具体的特殊侵权责任，具有适用范围的独特性。

第十一章 《民法典》规定的自甘风险规则应当如何适用

——自甘风险：本土化的概念、类型结构与法律适用

实务指引要点

1. 《民法典》第1176条规定的免责事由是自甘风险，与国外的自甘风险规则有所不同。
2. 本土化的自甘风险，是指受害人自愿参加具有一定风险的活动，因其他参加者或者活动组织者的行为等造成损害，受害人不得请求只具有一般过失的其他参加者，或者不具有过失的活动组织者承担侵权责任的免责事由。
3. 自甘风险包括的类型有活动风险、活动伤害、活动组织过失和活动意外。
4. 适用法律的规则是：对文体活动其他参加者造成损害的活动风险直接适用《民法典》第1176条规定，对文体活动中发生的其他活动风险类推适用第1176条，对具有风险的非文体活动的活动风险类推适用第1176条，对活动伤害适用第1176条但书规定和第1165条，活动组织过失责任适用第1176条第2款和第1165条规定，对活动意外任何人不承担赔偿责任。

《民法典》第1176条首次规定我国本土化的自甘风险规则。对这一侵权责任免责事由的概念、类型结构以及法律适用，学者多有不同解释，各见解颇有差异。2021年5月22日，甘肃省白银市举办的"黄河石林山地马拉松百公里越野赛"[①]

---

① 以下简称"白银马拉松赛"。

发生体育事故，造成了 21 位参赛运动员死亡的严重后果。在舆论上，对该项体育事故与自甘风险有无关系，究竟由何方承担民事责任，见解颇异。本书认为，以白银马拉松赛体育事故为视角，对我国《民法典》第 1176 条关于自甘风险本土化的规定进行准确阐释，将对我国侵权责任法在保障民事主体行为自由与权利损害救济的利益关系平衡上，以及司法实务中对自甘风险规则适用上，具有重要价值。

一、白银马拉松赛发生的体育事故与自甘风险的关系

（一）白银马拉松赛发生的体育事故概况

白银马拉松赛的比赛地在甘肃省白银市景泰县黄河石林风景区，已连续举办了四届，曾获得中国田协"铜牌赛事"和特色赛事"自然生态"奖项。2021 年的比赛设有 5 公里健康跑、21 公里越野赛和 100 公里越野赛项目，事故发生在 100 公里越野赛中。越野跑的距离长，沿途路面和环境更复杂。本次 100 公里越野赛的赛道整体海拔在 2 000 米左右，出景区后的赛道几乎都在无人区，比赛整体爬升累计在 3 000 米以内。

该次 100 公里越野赛在 5 月 22 日上午 9：00 时开始，共有 172 人参赛。前一日，当地天气预报未对比赛日的极端天气做出预警。当天中午 1 时许，高海拔赛段 20 公里到 31 公里处，受突变极端天气影响，局地出现冰雹、冻雨、大风等灾害性天气，气温骤降，参赛人员出现身体不适、失温等情况，部分参赛人员失联，经过赛会组织者紧急救援，有 21 人在找到时已失去生命体征。

比赛主办单位是白银市委、市政府，承办单位是白银市体育局以及景泰县委、县政府，执行单位是黄河石林大景区管理委员会、甘肃晟景体育文化发展有限公司。参赛保险事宜规定：本次比赛主办单位为所有参赛者和工作人员投保人身意外险，保单以报名信息为准，任何错误报名信息将导致无法投保，责任自负。比赛及相关活动期间，赛事裁判、医护人员、志愿者及工作人员有权对身体状况不适宜继续参赛的参赛选手判定终止比赛，参赛选手强硬继续参赛所导致的任何后果，均由参赛选手自行承担，组委会概不负责。

（二）白银马拉松赛发生的体育事故是否与自甘风险有关

白银马拉松赛发生体育事故引发广泛关注，有关《民法典》的适用集中在以下几个问题上。

1. 体育赛事组织者的责任

白银马拉松赛体育事故发生后，舆论比较一致，都认为组织者难辞其咎。

对于本次赛事活动，主办方、承办方、执行方以及组成的组委会，在赛前准备、赛中组织、事故救援等方面都存在重大过失，应当对事故的受害人承担赔偿责任。对此，是应当适用《民法典》第1198条规定的违反安全保障义务损害责任的规定，还是适用第1176条第2款关于自甘风险中组织者责任的规定，存在选择的问题。

2. 参赛者的自甘风险责任

也有意见认为，体育活动本身就存在风险，尤其是在西北高海拔地区举办的百公里越野赛更具风险，自愿参加有高风险的文体活动，风险发生，酿成体育事故，造成参加者人身损害，应当自担风险。这涉及《民法典》第1176条第1款规定的自甘风险规则的适用，即白银马拉松赛的参赛者在此次体育事故中受到损害，是否属于自甘风险的调整范围，受害人是否应当自担风险活动造成的损害后果，亦有异见。

3. 突发极端天气是否属于体育意外

组织具有风险特别是高风险的体育赛事活动，在赛事活动中发生意外，组织者是否应当免责，也是一个值得讨论关注的问题。尽管我国《民法典》没有规定意外是免责事由，但是，如果高风险的赛事活动组织者没有过失，天气突变出乎组织者的意料，从而造成参赛者损害，是否可以体育意外为由而免责，也是《民法典》适用的一个重要问题。

4. 体育赛事人身意外损害保险

本次比赛的组织者为所有参赛者和工作人员投保人身意外险，保单以报名信息为准。投保人身意外险的体育意外发生了造成损害，应当理赔。保险理赔后可否减免赛事组织者的赔偿责任，也是重要的民法问题。

5. 事先免责条款是否有效

赛事活动组织者在赛前规定诸多免责条款，如参赛选手在比赛过程中因服用兴奋剂或其他违禁药品，受有人身伤害或死亡的，由此产生的一切法律责任及后果组委会概不负责。这样的规则是否有效，也值得讨论。

白银马拉松赛体育事故涉及的上述问题，都与《民法典》第1176条规定的自甘风险有关。以此为视角，深入讨论我国《民法典》规定的自甘风险规则的相关问题，界定本土化自甘风险的概念、类型结构以及法律适用等问题，认识立法存在的不足，提出法律适用的具体措施，具有特别重要的价值。

二、《民法典》规定的本土化自甘风险的概念

（一）传统民法与《民法典》对自甘风险概念的不同界定

自甘风险的概念界定，一般认为，是指受害人已经意识到某种风险的存在，或者明知将遭受某种风险，却依然冒险行事，致使自己遭受损害[①]；或者认为是指被害人原可以预见损害之发生而又自愿冒损害发生之危险，而损害结果真不幸发生[②]；或者是指受害人事先了解为某项行为可能伴随着风险、损失或事故，但自愿为此行为，并同意自行承担可能的后果。[③] 对此，有的学者将《美国侵权法重述（第二次）》中的自甘风险翻译为"危险之（自愿）承担""鲁莽弃置不顾行为"[④]，并非没有道理。

将上述有关自甘风险的概念与《民法典》第1176条的规定相比较，显然有较大的差别。第1176条第1款规定："自愿参加具有一定风险的文体活动，因其他参加者的行为受到损害的，受害人不得请求其他参加者承担侵权责任；但是，其他参加者对损害的发生有故意或者重大过失的除外。"传统民法的自甘风险，并没有须自愿参加具有一定风险的"文体活动"要件的限制，更没有"因其他参加者的行为受到损害"要件的限制，因此，《民法典》规定的本土化自甘风险显然与国外传统民法的自甘风险的概念有显著不同。

反之，侵权责任编二审稿关于自甘风险的规定，与传统民法自甘风险概念比较吻合。侵权责任编二审稿第954条之一第1款规定："自愿参加具有危险性的活动受到损害的，受害人不得请求他人承担侵权责任，但是他人对损害的发生有故意或者重大过失的除外。"[⑤] 其构成要件及适用范围与《民法典》第1176条第1款的规定明显存在不同。

在《民法典》编纂过程中，侵权责任编二审稿关于自甘风险的上述规定在征求意见时，各方面提出了很多意见，主要是建议自甘风险的适用范围不宜过

---

① [德] 克雷斯蒂安·冯·巴尔. 欧洲比较侵权行为法：下卷. 2版. 焦美华，译. 北京：法律出版社，2004：636.

② 曾世雄. 损害赔偿法原理. 北京：中国政法大学出版社，2001：261.

③ 最高人民法院民法典贯彻实施工作领导小组. 中华人民共和国民法典理解与适用：侵权责任编. 北京：人民法院出版社，2020：111.

④ 美国法律整编侵权行为法. 刘兴善，译. 台北：司法周刊杂志社，1986：397. 该章名翻译为"危险之（自愿）承担"，第496A、496B条分别使用了"鲁莽弃置不顾行为"的概念。

⑤ 该条同时规定，"活动组织者应就未尽到安全保障义务承担侵权责任"。从上述规定可以看出，立法机关对"自甘风险"原则入法持谨慎态度，仍然坚持"活动组织者的安全注意义务"，亦即"自甘风险"原则不构成对违反安全保障义务损害责任的免责。李磊. 论共享单车平台公司对低龄骑行人的安全注意义务. 东方法学，2020（1）.

宽，应当限定为体育比赛等具有一定风险的文体活动。① 学者认为，民法典侵权责任编应当进一步限缩自甘风险作为免责事由的要件，提出的主要见解不是建议将自甘风险限于体育比赛等活动，而是受害人必须完全意识到特殊活动的异常风险，受害人自愿参与了极有可能造成损害后果的危险活动，受害人的损害与过错之间存在一定的因果关系，行为人并非出于故意或者重大过失造成了受害人的损害。②

用传统民法关于自甘风险的定义，对《民法典》第1176条规定的自甘风险概念进行界定，显然是不准确的。按照该条文的规定，我国《民法典》规定的本土化自甘风险，是指受害人自愿参加有一定风险的文体活动，因其他参加者的行为而受有损害，受害人不得请求其他参加者承担侵权责任，其他参加者对损害的发生有故意或者重大过失除外的侵权责任免责事由。③ 这个定义，才是对我国《民法典》规定的本土化自甘风险概念的准确界定。

可以说，《民法典》第1176条规定的自甘风险概念与侵权责任编二审稿对自甘风险规定的差别，就是我国本土化自甘风险与传统民法自甘风险概念的基本区别。

（二）《民法典》本土化自甘风险概念的特点

比较上述对自甘风险概念的不同界定，可以明显地看到，传统民法自甘风险概念与本土化自甘风险概念存在差别的具体表现如下。

1. 受害人自愿参加的具有风险的活动限定在"文体活动"中

传统民法认为，适用于自甘风险的活动，是"被害人原可以预见损害之发生而又自愿冒损害发生之危险"的活动，或者"受害人事先了解为某项行为可能伴随着风险、损失或事故"的活动。按照这样的概念，适用自甘风险的活动就是存在某种风险的活动，而不仅仅限于具有风险的文体活动。《民法典》第1176条规定的自愿参加"具有一定风险的文体活动"，是指合法的文体活动，至少是不为法律、行政法规和管理规定所禁止的活动；对风险程度的判断，以通常参加此等活动、对其有充分且全面了解的"理性人"之认知为判断依据，其认知的基础，往往包括但是不限于：活动的性质、周围环境对安全的影响、对抗的激烈程度、发生事故特别是人身损害的概率、发生人身损害的严重程度、防范措施、救助和救济手段能力等。④"存在某种风险的活动"，显然是泛

---

① 黄薇. 中华人民共和国民法典侵权责任编释义. 北京：法律出版社，2020：36.
② 王利明. 论受害人自甘冒险. 比较法研究，2019 (2).
③ 杨立新，李怡雯. 中国民法典新规则要点. 修订版. 北京：法律出版社，2021：609.
④ 张新宝. 中国民法典释评：侵权责任编. 北京：中国人民大学出版社，2020：44-45.

指一切有风险的活动；而"具有一定风险的文体活动"，则单指文体活动并且须具有一定风险。因此，《民法典》规定的本土化自甘风险远远窄于传统民法中的自甘风险。

这样的限制究竟对不对，值得讨论。由于有《民法典》第1176条的规定，对除文体活动以外的其他具有风险的活动，就不能直接适用这一条文的规定，只能类推适用，甚至法官会因无明文规定而不敢适用这一规定。就白银马拉松赛体育事故而言，按照这一规定当然可以构成自甘风险，因为马拉松是具有一定风险的文体活动。但是，具有一定风险的非文体活动造成损害，难道就不是自甘风险了吗？不类推适用该条规定，还有什么办法处理该类民事纠纷呢？

2. 造成受害人损害的不是一般的风险而是"其他参加者"

传统民法对自甘风险造成损害要件的要求，是活动中某种风险的发生，使自愿参加者遭受损害，或者自愿冒损害发生之危险不幸发生，或者伴随着活动的风险、损失或事故在实际上已经发生。这样的损害原因，绝不仅是文体活动其他参加者的行为，而是活动包含的某种特定风险造成损害的原因，既可能是其他参加者，也可能是活动组织者，还可能是活动本身包含的自然原因。传统法谚"同意不生违法（volenti non fit injuria）"[①] 中所包含的，绝不仅指其他参加者造成的损害，当然包含着其他风险原因造成的损害。如此可见，《民法典》规定的本土化自甘风险的适用范围过窄。就此而言，白银马拉松赛体育事故中21位参赛者丧生的风险发生，并不属于其他参加者造成的损害，不能适用《民法典》第1176条第1款的规定。即使要适用该规则，也必须采用类推方法，而不能直接适用。

3. 割裂活动组织者与自甘风险的联系而适用其他损害责任的规则

在传统民法中，自甘风险也适用于风险活动的组织者，并不局限于其他参加者。甚至可以说，自甘风险主要适用于风险活动的组织者，用以确定他们对风险发生受到损害的受害人是否承担责任。例如《美国侵权法重述（第二次）》第496A条规定："原告就被告之过失或鲁莽弃置不顾行为而致伤害之危险自愿承担者，不得就该伤害请求赔偿。"[②] 其中的被告，主要是指风险活动组织者。《民法典》第1176条单独规定第2款，即"活动组织者的责任适用本法第1198条至第1201条的规定"。《民法典》第1198条规定的是违反安全保障义务的损害责任，第1199条至第1201条规定的是教育机构损害责任，包括无民事行为能力学生在学校等教育机构受到损害，限制民事行为能力学生在

---

① 郑玉波. 法谚（一）. 北京：法律出版社，2007：95.
② 美国法律整编侵权行为法. 刘兴善，译. 台北：司法周刊杂志社，1986：397.

第十一章 《民法典》规定的自甘风险规则应当如何适用

学校等教育机构受到损害,以及无民事行为能力或者限制民事行为能力学生在学校受到第三人损害的责任规则。因此,有学者将《民法典》第1176条第2款规定称为指引性规定[1],第1198条至第1201条规定称为被指引性规定。

《民法典》第1176条第1款规定适用于具有一定风险的文体活动的其他参加者,明确规定不适用于文体活动的组织者。有关组织者的侵权责任问题,适用《民法典》第1198条至第1201条关于违反安全保障义务承担侵权责任的规定。[2] 这样规定风险活动组织者的责任,看似有道理,实则割裂了自甘风险规则的体系,将自甘风险主要规范的责任主体的地位降低,作为一般的安全保障义务人对待;而突出风险活动其他参加者的责任主体地位,倒置了本末,"拾起了芝麻而丢掉了西瓜",失去了自甘风险规范的主要价值。学者认为,第1176条第2款规定的这种大而化之的简单处理,显然忽视了自风险适用场合的特殊背景,在活动参加者因其他活动参加者的行为受损害时,始终只要由有过错的活动组织者承担补充责任,这无疑对活动组织者过于宽容,相应地必然会导致对其他参加者过于严格,因为责任总要有人分担。[3] 当然,这种见解也有不当,因为第1198条规定的违反安全保障义务的损害责任中,只有第2款规定的是"相应的补充责任",第1款规定的是直接责任。对此,有的著述说明:"曾有意见认为本款实际上是规定了安全保障义务人和学校、幼儿园等承担补充责任的规定,实际上不尽然。因为依据《民法典》第1198~1201条的规定,这里既有上述有关主体的直接责任的内容,也有符合相应条件时承担补充责任的规定。"[4]

本书认为,既然第1176条第2款是第1176条的内容之一,那么风险活动组织者的责任仍然在自甘风险的体系之内,是自甘风险的基本类型,只不过是要适用其他条文的规定确定其责任而已,适用的具体规则是:第一,组织者未尽安全保障义务造成受害人损害的,应当承担赔偿责任;组织者违反安全保障义务致使第三人造成受害人损害的,承担相应的补充责任,承担责任后可以向第三人追偿。第二,无民事行为能力人或限制民事行为能力人在幼儿园、学校或者其他教育机构学习、生活期间受到人身损害,教育机构未尽教育、管理职责的,适用过错推定原则或者过错责任原则确定应当承担的侵权责任;第三人造成上述损害的,第三人承担责任,承担责任不足的,教育机构承担补充责

---

[1] 最高人民法院民法典贯彻实施工作领导小组. 中华人民共和国民法典理解与适用:侵权责任编. 北京:人民法院出版社,2020:118.
[2] 张新宝. 中国民法典释评:侵权责任编. 北京:中国人民大学出版社,2020:47.
[3] 邹海林,朱广新. 民法典评注:侵权责任编. 北京:中国法制出版社,2020:136.
[4] 最高人民法院民法典贯彻实施工作领导小组. 中华人民共和国民法典理解与适用:侵权责任编. 北京:人民法院出版社,2020:118-119.

任，承担了补充责任后也享有追偿权。① 按照这样的规则要求，白银马拉松赛体育事故的责任承担，应当依照《民法典》第 1176 条第 2 款的指引，适用第 1198 条规定。就事论事，这样处理并非不当，但是如果出现更复杂的情况，诸如赛事活动遭遇第三人侵扰而致自愿参加者损害，适用该条规定由组织者承担相应的补充责任，将会出现分配责任不当的后果。

（三）《民法典》规定本土化自甘风险的基础和概念局限

一般认为，自甘风险源自罗马法"同意不生违法"的历史思想基础。19 世纪 50 年代，自甘风险的萌芽和发展，主要基于第一次工业革命中雇佣关系的拓展，在雇主-雇工关系中产生和运用，雇员参与工作就意味着要承担事故发生的风险，风险转化成的损害应由雇员承担。在第二次工业革命中，自甘风险规则的适用涤除了身份性，突破了雇佣关系的限制，在铁路与乘客关系等场合也适用。19 世纪末 20 世纪初，自甘风险成为一项独立的抗辩事由，体现出侵权法对意志自由的重视保护甚于对受害人的损害赔偿。20 世纪 30 年代之后，法律现实主义兴起，对高度个人主义的法律概念进行批判，意外损害不仅是原、被告双方的问题，原告的不幸遭遇更是社会正义问题，侵权行为法更强调损害赔偿与损害分散，自甘风险规则的发展受到限制。20 世纪后期，反映时代的基调，法律的经济分析优先于社会福利和分配正义，个人主义倾向明显的自甘风险规则重新受到重视。21 世纪初期，批评自甘风险规则的观点仍然很流行，但至现今，美国的大多数司法管辖区已经在最公平和最合理的迭代中支持这一原则：明示的和主要的默示的自甘风险规则是完全抗辩，而次要的默示自甘风险规则不是完全抗辩，应将其纳入比较过失规则进行处理。② 《欧洲侵权法基本原则（草案）》第 7：101 条第 4 款规定，受害人同意承受承担受损害的风险，可导致行为人被免责。这是欧洲法对自甘风险的基本态度。

在《民法典》之前，我国法律没有规定过自甘风险。最早规定自甘风险规则的是 2002 年教育部《学生伤害事故处理办法》第 12 条第 5 项："因下列情形之一造成的教育机构损害责任，学校已履行了相应职责，行为并无不当的，无法律责任……（五）在对抗性或者具有风险性的体育竞赛活动中发生意外伤害的……"这是明显的自甘风险规则。③ 在制定《侵权责任法》时，学者主张

---

① 杨立新，李怡雯. 中国民法典新规则要点. 修订版. 北京：法律出版社，2021：610.

② 以上说明，参见石记伟. 民法典中自甘风险规则之解释//中国法学会民法学研究会编. 中国法学会民法学研究会 2020 年年会论文集（第三分册）. 2020：1275-1278.

③ 笔者作为这一行政规章的起草人之一，确定在制定该规章时该规则的订立体现的就是这一指导思想。

规定这一规则，立法机关没有采纳①，但是在第 76 条规定，未经许可进入高度危险活动区域或者高度危险物存放区域受到损害，管理人已经采取安全措施并尽到警示义务的，可以减轻或者不承担责任。这是在高度危险责任领域确立了自甘风险的规则。② 2011 年最高人民法院《全国民事审判工作会议纪要》第 49 条规定："对于在体育活动中发生的人身损害，考虑到受害人对参加体育活动所可能发生的风险具有合理的预见、该损害发生在体育运动场合、行为人的手段和行为方式等因素，对其请求行为人分担损失的，原则上不予支持；但如果行为人在体育活动中严重违背运动规则且损害后果特别严重的，对受害人要求行为人适当补偿的请求，应予支持。"这明确了在体育活动中可以适用自甘风险规则。

在上述法律实践的基础上，《民法典》第 1176 条规定的本土化自甘风险存在明显的局限性，具体表现为：一是适用范围较窄，只适用于具有一定风险的文体活动，不包括具有风险的非文体活动；二是造成损害的原因只限于风险文体活动的其他参加者，不包括其他风险原因造成的损害；三是风险活动组织者分配风险责任没有应当适用的规则，转致适用违反安全保障义务损害责任和教育机构损害责任的规则。因此，《民法典》规定的本土化自甘风险确有就事论事之嫌，很难应对社会生活中其他自甘风险的责任分配问题。

本土化自甘风险规则存在这些问题的原因有：一是立法思想保守，过于担心在自甘风险规则适用中可能出现的其他问题，因而在立法设计规则上表现得谨小慎微；二是以往对自甘风险的实践仅局限于体育活动以及教育机构体育活动发生的活动事故，使立法囿于原有经验而拒绝对本土经验之外的立法例的借鉴；三是长期对自甘风险的法理基础认识不足，很多人对其采取拒绝、排斥态度，因而不敢广泛适用这一规则以保护行为人的行为自由。

本土化自甘风险存在的局限性，导致在保障风险活动参加者的权益和行为自由与活动组织者正当组织活动权益方面，会有所折扣，需要对本土化自甘风险的概念重新定义，将自甘风险的立法精神和法律保障贯彻到我国社会生活中去，既要保护受害人的合法权益，也要保护民事主体的行为自由。

（四）本土化自甘风险概念的准确定义

其实，对本土化自甘风险概念的准确定义也很简单，就是在笔者原来对《民法典》第 1176 条规定的自甘风险的概念定义中，一是删掉"文体"二字，

---

① 黄薇. 中华人民共和国民法典侵权责任编释义. 北京：法律出版社，2020：35 - 36.
② 最高人民法院民法典贯彻实施工作领导小组. 中华人民共和国民法典理解与适用：侵权责任编. 北京：人民法院出版社，2020：112.

二是增加活动组织者责任即可。

因此，我国本土化的自甘风险，应是指受害人自愿参加具有一定风险的活动，因其他参加者或者活动组织者的行为等受有损害，受害人不得请求只具有一般过失的其他参加者，或者不具有过失的活动组织者承担侵权责任的免责事由。

本章以对本土化自甘风险概念的上述定义为基础，进一步确定本土化自甘风险的类型结构和法律适用。

三、本土化自甘风险的类型结构

法律制度的类型结构，其实就是对法律概念外延的界定，明确概念构成的具体类型。通过对白银马拉松赛体育事故的分析，可以看到，在具有风险的体育活动中造成人身损害的体育事故，是适用自甘风险规则的主要领域，无论是我国的实践还是他国的立法，都是如此。[1] 风险体育活动引发的体育事故主要类型包括体育风险、体育伤害、赛事组织过失、体育意外。借鉴这样的思路，构建本土化自甘风险的类型结构，应当是：风险活动引发活动事故，主要类型结构为活动风险、活动伤害、活动组织过失和活动意外。

（一）自甘风险发生的条件

自甘风险发生的前提条件，是风险活动引发活动事故。

1. 风险活动

风险活动，是对自甘风险发生的客观活动条件的概括。当一项活动，具有相当的风险发生的可能性，就是风险活动，就有了自甘风险适用的客观活动要件。只要在具有风险的活动中，就有可能产生自甘风险的适用条件，所以，《民法典》第1176条将自甘风险局限为"具有一定风险的文体活动"过于狭窄，应当将其扩展为"具有一定风险的活动"，才能够使自甘风险适用于应当适用的范围。

不过，将"具有一定风险的活动"作为法律概念略显冗长，因而可以将之概括为"风险活动"。组织者组织的具有"基于双方之间的特殊关系而产生的风险，而不是社会生活中的一般性风险"[2] 的活动，就是风险活动，因而也就是自甘风险适用的场合。

---

[1] 例如，《埃塞俄比亚民法典》第2068条的规定。
[2] 满洪杰，陶盈，熊静文.《中华人民共和国民法典·侵权责任编》释义. 北京：人民出版社，2020：33.

2. 活动事故

活动事故，是指在风险活动的过程中突然发生，违反风险活动组织者和参加者意志，迫使风险活动暂时或者永久停止，主要表现为人身损害后果的事件。风险活动没有发生活动事故，就不存在适用自甘风险的问题；只有风险活动发生了活动事故，才存在自甘风险适用的可能。因此，活动事故是发生自甘风险的直接的客观原因。

所谓事故，伯克霍夫认为，是人（个人或集体）在为实现某种意图而进行的活动过程中，突然发生的、违反人的意志的、迫使活动暂时或永久停止或迫使之前存续的状态发生暂时或永久性改变的事件。[1] 可见，活动事故是事故中的一种，其特征是：第一，活动事故是发生在组织者所组织的具有风险的活动中的特殊事件，在组织者组织的任何具有风险的活动过程中都可能发生事故。第二，活动事故是在活动过程中突然发生的、出乎人们意料的意外事件。导致活动事故发生的原因复杂，包括许多偶然因素，因而活动事故的发生具有随机性，在活动事故发生前，无法准确地预测在什么时候、什么地方、发生什么样的活动事故。第三，活动事故是迫使正在进行着的活动暂时或永久停止的事件，是违背人们意志的事件，是组织者和参加者都不希望发生的事件。第四，活动事故是在风险活动进行的过程中，所具有的风险实际发生，造成人员伤害、死亡或其他损害的意外事件。

（二）自甘风险的具体类型

活动事故的发生，方产生自甘风险法律规定的适用。因而在活动事故的基础上，才可以确定自甘风险的类型结构，包括活动事故、活动风险、活动伤害、活动组织过失和活动意外。

1. 活动风险

《民法典》第1176条规定的"具有一定风险的文体活动"所发生的风险，就是文体活动风险，为活动风险的具体类型之一。不过，活动风险是指风险活动中所具有的风险已经实际发生，并且造成了自愿参加者的人身损害或者其他损害的活动事故，应当适用自甘风险免责的事实。换言之，活动风险就是风险活动中的风险已经现实发生，构成活动事故，受害人应当自负其责。这是自甘风险的基本类型。

对于活动存在的风险，《美国侵权法重述（第二次）》认为，是被告之行

---

[1] 王凯全，邵辉，等. 事故理论和分析技术. 北京：化学工业出版社，2004：1.

为或被告之土地或动产之情况,致其自身或其物受到损害之危险。①借鉴这一经验,活动中存在的可能导致其自身或者物受到损害的危险,就是活动中存在的风险。有学者认为,这种具有危险性的活动应当具有的特点有:一是应当为极易发生的危险,具有内在的固有的危险性;二是这种固有的危险造成人身损害的可能性极大;三是此种危险活动造成损害,可以为社会一般人所认知。②另有学者指出,对风险程度的判断,以通常参加此等活动、对其有较充分全面理解的"理性人"之认知为依据。③对于风险的认定,上述三个特点的概括比较实用。对于风险的认知,究竟是以社会一般人为准,还是以理性人为准,是有差别的。本书认为,前者更为实际,因为参加具有风险的活动,并非要求参加者须达到理性人的标准,社会一般人的认知是最实用的标准。

作为活动风险中的风险,是已经发生的风险损害,即活动事故的损害,应当界定为来自活动本身的风险,而不是活动以外的风险。例如,拳击比赛被对方运动员击伤,就是体育风险。北京石景山某中学未成年学生自发组织足球活动,前锋射门,守门员扑球失手,致自己眼伤,就是足球运动本身的风险,属于体育风险④,依照自甘风险规则,当然应当自负其责,不能将赔偿责任强加给射门的学生,也不得适用《民法典》第1186条关于公平分担损失的规定分担损失,因为双方分担损失须"依照法律的规定",而法律没有对此作出规定,不能"根据实际情况"确定分担损失。⑤

《民法典》第1176条规定的"其他参加者"造成"自愿参加者"损害的,就是活动风险。当风险活动存在的风险为人所认知,参加者自愿参加该风险活动时,其他参加者造成其人身损害的,构成活动风险。某些活动具有对抗性、冲撞性等特点而使活动存在风险,并导致风险转化为损害,其他参加者可以依据自甘风险规则免责。

不过,这一界定还是偏窄,下述两种情况也属于活动风险。一是活动风险造成自愿参加者损害的因素并不限于其他参加者。在体育活动中,参加者因自己的过失受到损害,例如单杠、双杠、高低杠等杠上运动中的运动员失手,造成自己人身损害等,不是其他参加者造成的损害,但都是活动风险,都适用自甘风险而使活动组织者免责。二是受到损害的也不限于自愿参加活动的人,还

---

① 美国法律整编侵权行为法. 刘兴善,译. 台北:司法周刊杂志社,1986:398.
② 王利明. 论受害人自甘冒险. 比较法研究,2019(2).
③ 张新宝. 中国民法典释评:侵权责任编. 北京:中国人民大学出版社,2020:45.
④ 这是石景山区人民法院判决的案例,见杨立新. 学生踢球致伤应否承担侵权责任//杨立新. 侵权司法对策:第3辑. 长春:吉林人民出版社,2003:100. 相关表述还可参见赵毅. 体育侵权中受害人同意和自甘风险的二元适用:"石景山足球伤害案"引发的思考. 武汉体育学院学报,2014(4).
⑤ "根据实际情况"由双方分担损失,是《侵权责任法》第25条规定的规则。

包括自愿观赏风险活动的人。例如，观赏棒球比赛的观众被打到观众席上的"好球"击伤，也不得主张损害赔偿，因为这是"好球"，本身就是观赏棒球运动存在的风险。

2. 活动伤害

活动伤害是指在风险活动中，参加者的人身损害不是活动风险所致，而是其他参加者故意或者重大过失的原因所致，具有故意或者重大过失的其他参加者应当承担损害赔偿责任的活动事故。活动伤害不是自甘风险免责的事由，却是自甘风险类型结构的组成部分。《民法典》第1176条但书关于"其他参加者对损害的发生有故意或者重大过失的除外"规定的，就是典型的活动伤害。

活动伤害的构成，须加害人作为其他参加者在造成损害时，在主观上具有故意或者重大过失。虽然在侵权法法理上一般认为重大过失等同于故意，但是，这是就构成侵权责任的过错要件而言，在认定活动事故责任时，重大过失并非等同于故意。

活动伤害中的重大过失，是风险活动的其他参加者在活动中基于过于自信或者重大疏忽，本应尽到高度注意义务，超出了一般人的认知范围而行为，却连一般人的注意义务也未尽到，造成自愿参加者的人身损害。这种情况，仍然是活动本身具有风险，因其他参加者的重大过失而实际发生；如果其他参加者履行适当的注意义务，就能够避免风险的发生，其没有尽到这种谨慎的注意，致使本应当能够避免的风险转化为损害，就构成重大过失。因此，活动伤害中的重大过失仍然属于活动风险的范畴，只是其他参加者能够避免却因重大过失未能避免，因而构成活动伤害。

活动伤害中的故意，是风险活动的其他参加者在活动中故意侵害自愿参加者。这就超出了活动风险的范畴，而构成故意伤害。例如，1997年6月28日在拉斯维加斯举行的WBA重量级拳手争霸战，当比赛进行到第三回合时，挑战者泰森竟猛然对卫冕者霍利菲尔德的耳朵狠咬一口。尽管泰森主张在近身相搏时，霍利菲尔德以搂抱的消极战术让泰森无法出拳，故愤而将其咬伤，但泰森因咬人犯规，被取消比赛资格，霍利菲尔德赢得本场比赛，卫冕成功。这就是典型的故意所致体育伤害，因泰森具有伤害霍利菲尔德的故意而致其伤害，不能以自甘风险为由而免责。[①] 对此，应以构成活动伤害为由确定损害赔偿责任。

活动伤害的法律后果是"除外"。何为除外？《民法典》第1176条但书规定的"除外"，是相对于前文"受害人不得请求其他参加者承担侵权责任"而

[①] 互动百科话历史. 揭秘拳王泰森"咬耳朵"内幕. (2016-06-28) [2021-05-30]. https://www.sohu.com/a/86707357_446696.

言，"除外"意味着受害人可以请求致害的其他参加者承担侵权责任。对此，应当依照《民法典》第1165条规定的过错责任原则，确定损害赔偿责任。

应当研究的是，活动伤害的故意和重大过失，在确定侵权责任上是否有所区别。对此，分为两种情况。

第一，对于一般的侵权责任构成，故意或者过失作为主观要件并没有区别，不论是故意还是重大过失，都构成活动伤害的损害赔偿责任；但是，其他参加者因一般过失致害自愿参加者，不构成活动伤害责任；至于其他参加者无过失造成参加者的损害，在自甘风险的范围之内，属于活动风险，当然应当免除责任。即使在马术比赛中，一名骑马者因其他参赛者的马匹冲撞而受伤，而该参赛者并无过错，自甘风险规则也可以适用①，这仍为活动风险，不构成活动伤害。

第二，故意或者重大过失在确定损害赔偿责任中的作用，有所区别。对于人身损害赔偿，因其以实际损失为赔偿标准，故加害人的故意或者重大过失并无原则性的影响，只不过重大过失致害时损害的发生有风险的因素，因而可以适当减轻责任。在确定精神损害赔偿数额中，故意加害应当承担更重的精神损害赔偿责任；对重大过失造成的损害，承担的精神损害赔偿数额应当低于故意所致损害的赔偿数额。

3. 活动组织过失

活动组织过失，是指风险活动的组织者对活动事故发生造成的损害后果具有过失，对受害人应当承担损害赔偿责任的自甘风险类型。

对于活动组织过失的法律后果，《民法典》第1176条规定适用第1198条至第1201条的规定，即适用违反安全保障义务损害责任和教育机构损害责任的规则。其实，这也是一个就事论事的规定，实则不必这样规定，直接规定有过失的组织者应当承担赔偿责任即可。有人将第1176条认定为转致条款或者指引性条款，其实也并非如此。《民法典》规定的典型的转致条款是第1208条，即"机动车发生交通事故造成损害的，依照道路交通安全法和本法的有关规定承担赔偿责任"，将机动车发生交通事故造成损害的责任承担，完全转致到《道路交通安全法》等法律，不适用《民法典》的一般规定。而活动组织者的活动组织过失，本身就是自甘风险规则体系中的一种类型，只是适用违反安全保障义务损害责任和教育机构损害责任的规则来确定赔偿责任，因而不是完全转致条款。只有这样理解，才能维护自甘风险类型结构的完整性，且能够正

---

① 最高人民法院民法典贯彻实施工作领导小组. 中华人民共和国民法典理解与适用：侵权责任编. 北京：人民法院出版社，2020：132.

确分配活动事故的责任。

事实上,对活动组织过失责任的法律适用,并非一定要依照《民法典》第1198 条至第 1201 条的规定进行。

适用《民法典》第 1198 条的前提是组织者要负有安全保障义务,宾馆、商场、银行、车站、机场、体育场馆、娱乐场所等经营场所、公共场所的经营者、管理者或者群众性活动的组织者,未尽到安全保障义务,造成他人损害的,应当承担侵权责任。第三人的行为造成他人损害的,由第三人承担侵权责任;经营者、管理者或者组织者未尽到安全保障义务的,承担相应的补充责任,承担补充责任后可以向第三人追偿。按照这样的规则,确定风险活动的组织者是否应承担活动组织过失责任,首先要确定其是否负有安全保障义务,再确定其安全保障义务是否尽到,最后确定其对没有尽到安全保障义务、造成被保障的人损害是否存在过失。这个确认责任的过程太复杂了。在风险活动过程中发生活动事故造成参加者损害,应当直接确定组织者是否有过失,有过失就承担责任,无过失就不承担责任,岂不是更加简单?例如,白银马拉松赛体育事故发生后,组织者是否承担责任,就要看组织者是否有过失。有一个简单的比照标准,当地牧羊人都知道这样的天气是常见的,上山牧羊时要携带羽绒服,可是组织者对这样的极端天气却没有预见到,也没有准备相应的预案。据此就能够确认组织者的重大过失,应当承担赔偿责任,还用得着先判断组织者是否负有安全保障义务吗?完全不用。另外,违反安全保障义务损害责任分为直接责任和补充责任,只要对造成自愿参加者损害存在组织过失,即使为第三人造成的损害,组织者也应当承担直接责任,原则上不适用补充责任。

适用《民法典》第 1199 条至第 1201 条的前提是,其责任主体为教育机构。幼儿园、学校和其他教育机构对学习、生活在其中的无民事行为能力人造成损害,承担过错推定的责任;对于限制民事行为能力人造成损害,承担过错责任;第三人造成无民事行为能力人或者限制民事行为能力人损害,第三人承担责任,教育机构有过错的,承担相应的补充责任,亦享有追偿权。相对而言,已经成年的在校学生受到损害,不适用这些规定,而适用第 1198 条。这些规定,除对无民事行为能力人的保护比较有利之外,对其他学生也没有特别保护的规则。只是说,未成年学生在教育机构学习、生活期间受到的人身损害的责任承担,依照这一规定处理即可。其中也存在教育机构组织的风险活动中的第三人损害,组织者因组织过失承担补充责任这一有所不妥的问题。

对此,建议在风险活动中发生活动事故造成损害,应当依照《民法典》第1198 至 1201 条规定确定组织者的责任;如果适用上述规定存在对受害人保护不周的问题，则直接适用《民法典》第1165条关于过错责任的规定，确定活动组织过失责任。不过，值得研究的问题是，自甘风险本身就是免责事由，而第1176条第2款规定的活动组织者责任为有过错即有责任，这就不是免责事由，应当修正为如果自愿参加有风险的活动，即使活动组织者存在一般过失，也应当免除活动组织者的责任，只有故意或者重大过失造成参加者损害的，才应当承担赔偿责任。

活动组织者构成活动组织过失时，如果其设置事先免责条款，对这种事先免责条款，应当适用《民法典》第506条关于"合同中的下列免责条款无效：（一）造成对方人身损害的；（二）因故意或者重大过失造成对方财产损失的"的规定，确定其无效。白银马拉松赛组织者规定了两种免责事由：一是任何错误报名信息将导致无法投保的责任自负；二是赛事裁判、医护人员、志愿者及工作人员对身体状况不适宜继续参赛的选手判定终止比赛后，参赛人员强硬继续参赛所导致的任何后果由其自行承担，组委会概不负责。这两种免责条款均有特定原因，不属于事先免责条款的范围，不能认为一律无效。

4. 活动意外

活动意外，是指在风险活动中存在的风险属于组织者、自愿参加者意志以外的其他原因，例如意外极端天气、意外事件等，导致自愿参加者人身损害活动事故的自甘风险类型。例如南宁"驴友"自愿发起的野外自助探险游，遭遇山洪，造成其中一人死亡[①]，就是典型的活动意外。

活动意外中的意外应当是完全意外，即风险活动的组织者无法预料，例如在风险活动的过程中发生地震而致活动事故。组织者应当预料而因为疏忽或者懈怠对风险发生没有预料到，构成活动组织过失，不属于活动意外。

以白银马拉松赛体育事故为例：举办地点为高海拔地区，气候多变，容易发生极端天气，可能导致赛事自愿参加者的损害。如果完全超出组织者的意料，构成体育意外。以救助了六位参赛者的牧羊人的行为为例，其去赛事活动举办地牧羊，五月天穿着羽绒服，就说明极端天气存在的可能性是能够预料的。赛事活动的组织者对此没有预料，构成组织过失，而不属于活动意外。如果该地区确实不存在该种极端天气的可能性，天气预报部门也没有作出相应预报，发生百年不遇的极端天气，就可能构成活动意外。

其实，白银马拉松赛的自愿参赛者也应当知晓高海拔地区100公里越野赛的天气变化风险，确实是自愿参加该赛事活动，为什么没有人主张构成自甘风险，就是因为这不构成活动意外。不过，在活动组织过失责任和活动风险责任

---

① 对于该案的介绍，参见杨立新. 侵权责任法. 4版. 北京：法律出版社，2020：177-178。

发生竞合时，有可能发生过失相抵的适用，对此不再详细讨论。

活动意外并没有被写在《民法典》第1176条之中，但是活动意外也包括在自甘风险的范围之内，为自甘风险的类型之一。自愿参加风险活动，发生活动意外造成活动事故，应当适用第1176条第2款的规定，因组织者没有过失而免除其责任。

总之，活动风险、活动伤害、活动组织过失和活动意外，是风险活动造成活动事故的四个基本类型，是自甘风险规则的类型结构，都应当在《民法典》第1176条规定的范围内解释并适用。对这四种活动事故，《民法典》第1176条的规定不够周延，在适用时，应当允许适当扩展，以更好地保护风险活动自愿参加者的合法权益，同时也保护好没有故意或者重大过失的其他参加者，以及没有活动组织过失的组织者的合法权益。

四、本土化自甘风险规则的要点

（一）适用《民法典》第1176条自甘风险与相关规定的要点

《民法典》第1176条是我国民法第一次规定本土化自甘风险规则，由于存在上述局限，在我国司法实践中适用应当掌握以下要点。

1. 对文体活动其他参加者造成损害的活动风险直接适用第1176条

在具有一定风险的文体活动中，自愿参加者受到其他参加者的侵害，应当适用该条。只要符合《民法典》第1176条第1款规定的要件，就应免除其他参加者的责任，由自愿参加者自负损害。

有的学者解释，自甘风险规则适用的条件是：（1）所从事的行为具有不确定的危险，即从事的行为具有导致冒险行为人遭受损害的可能性。（2）冒险行为人对于危险和可能的损害有预见或认知。（3）行为人默示同意，即行为人对于可能发生但不确定是否发生之损害，表示有意一赌其不发生，并于损害不幸发生时愿意承受其不利。（4）行为人自甘冒险行为，并非出于尽法律或者道德上的义务。（5）行为人自甘冒险是为了获得如无偿、重赏或特殊期待等非常规利益。[1]

也有学者解释，自甘风险须符合以下构成要件：一是受害人适格，某项具有一定风险的文体活动对参加者的条件或资格有一定要求，受害人是符合此等

---

[1] 这是最高人民法院民法典贯彻实施工作领导小组主编的《中华人民共和国民法典理解与适用·侵权责任编》在解释第1176条的规定时引用的曾世雄的《损害赔偿法原理》的观点。最高人民法院民法典贯彻实施工作领导小组. 中华人民共和国民法典理解与适用：侵权责任编. 北京：人民法院出版社，2020：116-117. 曾世雄. 损害赔偿法原理. 北京：中国政法大学出版社，2001：90-91.

条件和资格的参加者；二是受害人知晓风险；三是受害人自愿参加。[1]

前一个解释不符合《民法典》第1176条第1款的要求，后一个解释的内容不够完整。本书认为，《民法典》第1176条第1款规定的自甘风险的构成要件有：一是组织者组织的活动是具有一定风险的文体活动；二是受害人对该种文体活动具有的一定风险有认识，但是自愿参加；三是受害人参加此活动时因其他参加者的行为受到损害，该文体活动参与者的行为与受害人的损害之间有因果关系；四是文体活动的其他参加者没有故意或者重大过失。[2] 凡是符合这样要求的，就应当免除其他参加者对损害的赔偿责任，由自愿参加者自负损害。

2. 文体活动中发生的其他活动风险类推适用第1176条

所谓文体活动中发生的其他活动风险，是指非因其他参加者的行为所致，而因其他风险原因自愿参加者受到损害的活动风险。这样的活动风险，除在造成损害的原因为非因其他参加者的行为以外，在其他方面的构成要件，与文体活动的活动风险责任是一样的。因此，在具有一定风险的文体活动中，因其他原因发生活动风险造成自愿参加者人身损害时，类推适用《民法典》第1176条规定，受害人不得请求其他人承担侵权责任。例如，在观赏棒球比赛等时，运动员击球造成观众席上的观众人身损害，应当类推适用该条规定的自甘风险规则处理，受害人不得请求他人承担侵权责任，也不能请求活动组织者承担侵权责任，因为这是最典型的自甘风险，虽然不是作为运动员自愿参加风险活动，但是自愿观赏风险活动，也可以解释为"自愿参加具有一定风险的文体活动"，因而构成免责事由。

3. 具有风险的非文体活动的活动风险类推适用第1176条

其他具有一定风险的非文体活动，发生活动风险，造成损害的，尽管《民法典》第1176条没有规定，但是，由于《民法典》没有相应的规定，该活动风险与文体活动的活动风险规则相同，因此，也应当类推适用第1176条确定赔偿责任。

4. 对活动伤害适用第1176条但书规定和第1165条规定

活动伤害，既有活动风险的因素，又有其他参加者的重大过失甚至故意的因素，因此，应当依照《民法典》第1176条但书规定，适用除外条款的规定，从而直接适用第1165条关于过错责任的规定，确定损害赔偿责任。对于重大过失造成的损害，由于有活动风险的因素，可以适当减轻赔偿责任；对于故意

---

[1] 张新宝. 中国民法典释评：侵权责任编. 北京：中国人民大学出版社，2020：45.
[2] 杨立新，李怡雯. 中国民法典新规则要点. 修订版. 北京：法律出版社，2021：609.

造成的损害,则无须考虑活动风险的因素,直接适用全部赔偿原则,由造成损害的其他参加者承担全部损害赔偿责任。在精神损害抚慰金的赔偿上,应当适当区分重大过失与故意,确定轻重相宜的精神损害赔偿数额。

5. 活动组织过失责任适用第 1176 条第 2 款和第 1165 条

对于风险活动的组织者,应当全面适用自甘风险规则,因为这是自甘风险的基本类型。依照《民法典》第 1176 条第 2 款,对活动组织者适用第 1198 至 1201 条确定责任,如果适用这些规定确定的赔偿责任对受到损害的参加者的权益保护不力,可以直接适用第 1165 条规定的过错责任规则确定赔偿责任,全面保护受害人的权益。这里主要指的是第三人造成风险活动参加者的损害,如果活动组织者构成活动组织过失,就确定其承担直接责任,而非承担相应的补充责任。

应当进一步考虑的是,对于活动组织者的一般过失是否应当免责,在第 1176 条第 2 款的规定并不是免责事由,而是承担责任的事由,因而,活动组织者不因一般过失而免责。

6. 对活动意外类推适用第 1176 条予以免责

如前所述,对于活动意外,《民法典》没有规定相应的规则。在制定《侵权责任法》时,曾经认为意外应为侵权责任免责事由,只是立法机关没有采纳这一意见。[①] 在编纂《民法典》过程中,讨论侵权责任编的免责事由时也曾讨论过意外的规则,立法机关也没有采纳这个意见。当然,也有不必规定意外规则的理由,即侵权责任法通行的是过错责任原则,除非是法律规定适用无过错责任原则的场合,有过错就有责任,无过错就无责任。同样,活动意外中的其他参加者或者组织者对于损害的发生都没有过错,当然也就没有归责的事由,不应当承担损害赔偿责任。依照罗马法的法谚,"不幸事件只能落在被击中者头上",损害自应由受到损害的人承担,可以类推适用第 1176 条第 1 款的规定"受害人不得请求其他参加者(包括组织者)承担侵权责任",其他参加者或者组织者不承担损害赔偿责任,受害人应当自负损害。

7. 风险活动的人身意外损害保险

其实,对于风险活动发生的活动事故,组织者都应当投保人身意外损害保险。这样,就可以分散组织者应当承担的损害赔偿责任。

民法讨论这个问题,主要不是投不投保的问题,而是人身意外损害保险理赔后,是否可以充抵组织者或者其他参加者赔偿责任的问题。对此,禁止同一来源规则可以适用,即保险所得基于损益相抵规则,可以相应减轻赔偿责任,

---

① 杨立新. 侵权责任法:条文背后的故事与难题. 2 版. 北京:法律出版社,2018:106-108.

因为保险所保的正是投保人自己的责任。

（二）对白银马拉松赛活动事故责任承担的分析

对于白银马拉松赛发生活动事故造成的人身损害后果，依照上述法律适用规则，显然符合活动组织过失责任的构成要件，构成活动组织过失责任，风险活动组织者应当承担赔偿责任。

首先，白银马拉松赛活动确实存在风险，是具有一定风险的文体活动，对此不能否认。在西北的高海拔地区，气候多变，难免出现极端天气。这就是风险活动中存在的风险。如果该风险已经被预料到，组织者有充分的应对预案，且履行了足够的警示义务，就没有组织过失，即使损害发生，活动风险应由自愿参加者自己承担。

其次，本次赛事活动组织者显然对可能发生的极端天气缺少足够的预判，存在重大过失。赛区内的牧羊人在牧羊时都带好羽绒服以便应对极端天气，足以说明赛区发生极端天气的可能性较大，组织者理应有足够的预判。但是，很显然，赛事组织者并未预判到可能发生的极端天气，亦未作出应对极端天气的预案，因而对于损害的发生具有重大过失。

再次，对于赛事活动的风险，组织者事先没有足够的准备，赛中没有足够的应对措施，事故发生后没有妥善的救助办法，因而造成严重的损害后果，应当依照《民法典》第1176条第2款、第1198条和第1165条的规定，承担侵权损害赔偿责任。

最后，关于赔偿责任的承担，一是赛事的所有组织者都应当承担赔偿责任；二是确定赔偿责任的数额，据网络传闻，此案对每一个死亡受害人的近亲属赔偿92万元。这个赔偿数额是2011年3月11日在浙江发生的D301与D3115动车追尾事故最终确定的赔偿数额。在那次事故中，曾经有赔偿15万元、30万元、50万元的意见，最终请全国人大常委会法工委组织专家测算，确定赔偿数额为92万元，包括了《侵权责任法》第16条、第17条、第22条规定的所有赔偿项目。因此，应当参照这一计算办法，确定适当的赔偿数额。

规则总结

《民法典》第1176条规定的本土化自甘风险规则，基本上是正确的，也存在明显的局限，不足以应对所有的风险活动发生活动事故的责任分配，应当有所扩展。《民法典侵权责任编（草案二审稿）》第954条之一关于"自愿参加具有危险性的活动受到损害的，受害人不得请求他人承担侵权责任，但是他人对损害的发生有故意或者重大过失的除外"的规定更为适当。当然，《民法典》

已经发生法律效力，应当依照《民法典》第1176条规定适用法律。对于该条文规定存在的不足，应当依照类推适用的法律方法予以补充。在司法实践中，应当区分风险活动造成活动事故的不同类型，包括活动风险、活动伤害、活动组织过失以及活动意外采取不同的方法适用《民法典》第1176条以及相关规定，对风险活动中发生的活动事故正确分配责任，保护好所有自愿参加风险活动的人以及风险活动组织者的合法权益。

《民法典》第1176条规定的自甘风险具体适用规则如下。

(1)《民法典》第1176条规定的免责事由是自甘风险，与国外的自甘风险规则有所不同，我国的自甘风险的适用范围较窄，只适用于具有一定风险的文体活动，只限于该种活动的其他参与者造成的损害。

(2) 对本土化的自甘风险概念应当适当扩张，即应包含受害人自愿参加具有一定风险的活动，因其他参加者或者活动组织者的行为等受到损害，受害人不得请求只具有一般过失的其他参加者或者不具有过失的活动组织者承担侵权责任的免责事由。

(3) 自甘风险的类型有活动风险、活动伤害、活动组织过失和活动意外。

(4) 活动风险是造成伤害的人没有过失或者只具有过失，对文体活动其他参加者造成损害的活动风险直接适用第1176条规定，对文体活动中发生的其他活动风险可以类推适用第1176条，对具有风险的非文体活动的活动风险也可以类推适用第1176条。

(5) 活动伤害是造成伤害的人具有故意或者重大过失，对活动伤害适用第1176条但书规定和第1165条规定，承担损害赔偿责任。

(6) 活动组织过失是活动组织者对活动参与人受到伤害具有过失，活动组织过失责任适用第1176条第2款和第1165条规定。

(7) 活动意外是造成伤害出乎活动组织者的意料，组织者对伤害没有过失，任何人不承担赔偿责任。

第十二章 《民法典》规定的第三人原因免责即例外规定在司法实务中应当怎样适用

——我国侵权责任中的第三人侵权行为

实务指引要点

1. 《民法典》规定第三人原因是免责事由,同时也规定了第三人侵权行为承担其他责任形态的规则。
2. 第三人侵权行为是广义多数人侵权行为中的一种,行为人分为实际加害人和第三人,损害是实际加害人造成的,但是全部过错却在第三人。
3. 在适用过错责任原则和过错推定原则情况下,第三人原因是免责事由,构成第三人侵权行为时,免除实际加害人的赔偿责任,由第三人承担赔偿责任。
4. 在适用无过错责任原则领域,第三人侵权责任由法律特别规定,基本的责任形态是不真正连带责任,应当适用《民法典》的特别规定确定责任分担规则,而不是免责。

我国《民法典》在很多条文中使用了第三人的概念,还有一些条文使用了"其他责任人"的概念,实际上也是指第三人。这些概念指代的究竟是一种侵权行为形态,还是不同的侵权行为形态,立法没有明确说明,司法没有确定的解释,学理也没有深入讨论。本章将探讨如何理解和适用《民法典》第三人原因的规则,提出具体的适用规则。

一、《民法典》有关第三人的规定

（一）《民法典》有关第三人侵权行为的一般性规定

我国《民法典》有关第三人侵权的一般规定是第1175条，内容为："损害是因第三人造成的，第三人应当承担侵权责任。"

学者对该条规定的基本内容是什么，有不同认识。全国人大常委会法工委的工作人员在解释这一条文时，认为规定的是第三人过错，即原告（受害人）起诉被告以后，被告提出的该损害完全或者部分由第三人的过错造成，从而提出免除或者减轻自己责任的抗辩事由。① 王利明认为这规定的是第三人原因，即除原告和被告之外的第三人，对原告损害的发生或扩大具有过错，此种过错包括故意和过失。因第三人的原因造成损害的发生和扩大，既可能导致因果关系中断，使行为人被免除责任，也可能因为第三人的原因导致损害的发生或扩大，而使行为人被减轻责任。② 张新宝认为这是第三人原因，且只有损害完全是由第三人的过错行为造成的，第三人才承担全部侵权责任，行为人不承担侵权责任。③ 程啸同样采纳第三人原因的观点。④ 最高人民法院法官编著的侵权责任法释义认为这是第三人造成损害。尽管这些观点有所区别，但有一点是肯定的，这一条文是对第三人侵权行为的一般性规定。

（二）《民法典》有关第三人的其他规定

在第1175条之外，《民法典》还在第1198条第2款、第1201条、第1204条、第1233条、第1250条、第1252条第2款分别使用了"第三人"的概念，在第1252条第1款、第1253条使用了"其他责任人"的概念，这个"其他责任人"的概念与第三人的概念相同。

《民法典》第1198条第2款规定的是第三人在经营场所、公共场所或者群众性活动中实施侵权行为造成他人损害，经营者、管理者或者组织者未尽安全保障义务的，应承担相应的补充责任。这里规定的第三人是直接侵权人，他的行为造成被侵权人损害，经营者、管理者或者组织者未尽安全保障义务的不作为行为为直接侵权行为的实施提供了机会。这种第三人与《民法典》第1175条规定的第三人概念有所区别。

---

① 王胜明. 中华人民共和国侵权责任法释义. 北京：法律出版社，2010：143.
② 王利明. 侵权责任法研究. 北京：中国人民大学出版社，2011：433.
③ 张新宝. 侵权责任法. 2版. 北京：中国人民大学出版社，2010：78.
④ 程啸. 侵权责任法. 北京：法律出版社，2011：229.

《民法典》第 1201 条规定，无民事行为能力人或者限制民事行为能力人在幼儿园、学校或者其他教育机构学习、生活期间，受到幼儿园、学校或者其他教育机构以外的"第三人"人身损害的，由侵权人承担侵权责任；幼儿园、学校或者其他教育机构未尽到管理职责的，应承担相应的补充责任。"教育机构以外的第三人"仍然是第三人，与第 1198 条第 2 款规定的第三人概念完全一致，承担的责任形态也完全一致，并不因为使用了"以外的"修饰而有所不同。

《民法典》第 1204 条规定的是产品责任的第三人责任。运输者、仓储者等第三人由于过错使产品存在缺陷造成他人损害的，产品的生产者、销售者在承担了赔偿责任后，可以向第三人追偿。这里规定的第三人与第 1175 条规定的第三人概念比较接近，但是承担责任的规则有重大差别。第 1204 条中"第三人"之前的列举并非完全列举，还包括很多第三人，如原材料提供者等。

《民法典》第 1233 条和第 1250 条规定，因第三人过错污染环境破坏生态造成损害、因第三人过错致使动物造成他人损害的，被侵权人可以向污染者或者动物饲养人、管理人请求赔偿，也可以向第三人请求赔偿。污染者或者动物饲养人、管理人赔偿后，有权向第三人追偿。这两个条文规定的第三人原本与第 1175 条规定的第三人是一样的概念，但是，因为政策的考量和无过错责任原则的适用，《民法典》将其规定为不真正连带责任，对这种第三人责任规定了不同规则。

《民法典》第 1252 条第 2 款规定的是第三人，《侵权责任法》第 85 条第 2 款规定的是其他责任人，由于这个其他责任人与第 1252 条第 1 款规定的其他责任人的概念完全不同，实际上就是第三人。因此，因所有人、管理人、使用人或者第三人的原因，建筑物、构筑物或者其他设施倒塌、塌陷造成他人损害的，由所有人、管理人、使用人或者第三人承担侵权责任。依据这个规则的表述，起诉哪一个责任人都可以，权利人可以进行选择。

《民法典》在以下条文中使用的"其他责任人"的概念，也属于第 1175 条中第三人的概念。

一是第 1252 条第 1 款规定，建筑物、构筑物或者其他设施倒塌造成他人损害的，由建设单位与施工单位承担连带责任。建设单位、施工单位赔偿后，有"其他责任人"的，有权向"其他责任人"追偿。这个概念与第 1204 条规定的第三人的含义也完全相同。有的学者将第 1252 条第 1 款规定的其他责任人的规则理解为免责事由中的第三人原因[①]，其中解释为第三人是对的，而解释为免除第三人的责任则不正确，因为这个条文规定的不是免责事由，而是说

---

① 程啸. 侵权责任法. 北京：法律出版社，2011：231.

明被建设单位和施工单位追偿权追偿的对象。

二是第 1253 条规定，建筑物、构筑物或者其他设施及搁置物、悬挂物发生脱落、坠落造成他人损害，所有人、管理人或者使用人不能证明自己没有过错的，应当承担侵权责任。所有人、管理人或者使用人赔偿后，有"其他责任人"的，有权向"其他责任人"追偿。这个其他责任人的概念，与第 1204 条规定的第三人的含义完全相同。

（三）《民法典》侵权责任编关于第三人侵权行为之规定的基本规律

《民法典》侵权责任编在第 1175 条规定了第三人侵权行为的一般规则之外，还规定了大量的第三人侵权的特殊责任规则，是由侵权行为形态中多数人侵权行为的复杂性决定的。

在侵权行为中，除单独侵权行为（一个侵权人对被侵权人实施的侵权行为）之外，还存在多种形式的多数人侵权行为形态。相对于单独侵权行为，凡是在侵权人一方存在两个以上的主体，或者作为侵权人，或者作为与该侵权行为有特定关系的人，应当对被侵权人承担不同责任形态的侵权行为，都是多数人侵权行为。例如，共同侵权行为和分别侵权行为都是多数人侵权行为，行为人不论是连带责任人还是按份责任人，都是侵权人，不能把这些侵权人中的一部分人叫作第三人或者其他责任人。在这两种多数人侵权行为中，不存在使用第三人概念的可能。

在多数人侵权行为中的竞合侵权行为中，除了存在主要的侵权人，即直接侵权人，还存在起到辅助作用的间接侵权人，其中起主要作用的直接侵权人的地位和作用与第三人的地位与作用非常相似，因此，《民法典》也把这两种侵权人中的一种称为第三人或者其他责任人。

相对而言，第三人侵权行为也是多数人侵权行为中的一种。由于第三人侵权行为中的第三人所起的作用是直接的、主要的作用，而实际造成损害但没有过错的实际加害人所起到的作用是间接的、辅助的，因此，才对第三人侵权行为中的实际加害人免责。不过，第三人侵权行为中的第三人的行为与竞合侵权行为中的直接侵权人的行为并非截然不同，不存在根本的界限，因此，立法有时会通过政策考量而确定实际加害人与第三人承担不真正连带责任，将其认定为竞合侵权行为。这也是《民法典》在使用第三人和其他责任人概念上不够严谨的原因。

即便如此，《民法典》侵权责任编在使用第三人概念时也有比较明确的规律可循。

第一，当实际加害人的行为是间接原因，对损害结果的发生仅起到辅助作用,且实际加害人没有过错,而第三人的行为是直接原因,对损害结果的发生起到直接作用时,法律认为这是第三人侵权行为,适用第三人侵权行为的一般规则,免除实际加害人的侵权责任。

第二,当实际加害人的行为是间接原因,尽管对损害结果的发生或者扩大起到辅助作用,但实际加害人具有过错,而第三人的行为是直接原因,对损害的发生所起到的作用是直接作用时,法律规定适用特别规则,将之认定为竞合侵权行为,实际加害人承担补充责任,不适用第三人侵权行为的一般规则。

第三,在第一种情形下,有些本应认定为第三人侵权行为,但有特别原因,例如实际加害人没有过错,但因适用无过错责任原则或基于政策考量,法律将其规定为竞合侵权行为,由不同的侵权人承担不真正连带责任,不适用第三人侵权行为的一般规则而适用特别规则。

二、第三人侵权行为的历史发展

(一)国外侵权法对第三人侵权行为的规定

1. 两种不同时期的第三人侵权行为立法

笔者检索了20部外国民法典关于侵权责任的规定,发现较多的民法典没有对第三人侵权行为作出特别规定。经过整理,笔者将各国侵权法(包括草案和《欧洲侵权法基本原则(草案)》)规定第三人侵权行为的基本情况概括如下:

(1)早期民法典规定第三人侵权行为的三种立法例。

在早期的民法典关于侵权行为的规定中,有三种第三人侵权行为的立法例。

一是《法国民法典》,没有明确规定第三人侵权行为,在具体的司法实践中,对于第三人侵权行为,实际加害人可以主张自己没有过错而免除责任。

二是《德国民法典》,该法第840条第2款规定:"第三人与依照第833条至第838条负有损害赔偿义务的人一起,就损害负责任的,在他们的相互关系中,该第三人单独负有义务。"第833条至第838条分别规定的是动物饲养人的责任、动物看管人的责任、土地占有人的责任、建筑物占有人的责任和建筑物维护义务人的责任。在上述情形下,第三人负有责任,免除行为人的责任。这是典型的第三人侵权行为,有特定的适用范围,不是一般性规定。

三是规定第三人侵权行为,但其法律后果不是免除实际加害人的侵权责任,而是运用不真正连带责任规则,实际加害人承担侵权责任之后,有权向第三人追偿。《日本民法典》第717条第3款规定:"于前两款情形,就损害发生另有责任者时,占有人或所有人可以对其行使求偿权。"前两款规定的是土地工作物损害责任。这种规定显然是针对第三人的行为，而不是免除实际加害人的责任，行为人与第三人承担不真正连带责任。《韩国民法典》第758条第3款关于"前两款规定的情形，占有人或所有人可向对发生损害有责任的人行使求偿权"的规定，与《日本民法典》的上述规定相同。

（2）新兴民法典多数规定第三人侵权行为的免责条款。

与早期民法典规定第三人侵权行为的做法不同，新兴民法典基本上都规定第三人侵权行为为免责条款。这是随着民法典规定侵权行为的类型化、系统化而逐渐改变的。在这些新兴民法典中，基本上都规定了侵权责任的抗辩事由或免责事由，其中规定了第三人侵权行为。例如，1994年加拿大《魁北克民法典》第1481条规定："如损害由数人引起，他们中的一人根据特别法令的明示规定免除所有责任，该人应承担的责任份额由其他损害责任人平均分担。"这个条文包含第三人侵权行为的适用。2015年《越南民法典》第603条第2款规定："完全是因为第三方的过错致使牲畜给他人造成损害的，则第三方必须赔偿损失；如果第三方和所有者都有过错则必须承担连带赔偿责任。"这一条文的第一分句规定的是动物损害责任中的第三人侵权行为，免除实际加害人的侵权责任；第二分句规定的是第三人和动物所有人的共同侵权行为。

2002年4月15日生效的《荷兰民法典》第6：178条e款规定："损害完全是由于第三人故意致害之作为或不作为造成的，而且不影响第170条和第171条之规定的适用"，不依第175条、第176条和第177条承担责任。第170条和第171条是雇主责任中造成第三人损害的责任，第175条是危险物责任，第176条是废弃物污染责任，第177条是采矿致使矿物质外泄造成损害责任，这些都是第三人应当承担责任的情形。因此，第三人造成损害，除上述情形之外，免除实际加害人的责任。

规定最明确的是《阿尔及利亚民法典》《欧洲侵权法基本原则（草案）》。具体而言，《阿尔及利亚民法典》第127条规定："除非法律另有规定，行为人如能证明损害系由受害人或者第三人的过错以及意外事件或不可抗力等不可归咎于自己的原因造成的，不承担损害赔偿责任。"其中第三人过错造成损害，行为人不承担侵权责任，规定得十分明确，而且是一般性规定。《欧洲侵权法基本原则（草案）》第7：102条第1款规定："如损害是由以下不可预见和不可抗拒的原因引起的，则可减免严格责任：（a）自然力（不可抗力）；或（b）第三者的责任。"这一规定明确了第三人侵权行为的法律后果是减免行为人的责任。

值得注意的是，欧洲国家侵权法改革法草案的一些规定，对第三人侵权行为规定得更为明确。《瑞士债法典》（改革草案）第47a条第2款规定："因不可归责于某人的事实，即不可抗力、第三人或者受害人本人的行为或者应归责于第三人或受害人本人的典型风险,以明显高度可能的方式导致损害出现或者扩大的,其不承担各种责任义务。"①《法国民法典2005年债法改革草案》第1349条第2款规定:"外界原因可能来源于偶然事件、受害人或第三人的行为,而被告无须承担责任。"② 这样的立法草案,体现了侵权法普遍规定第三人侵权行为的趋势。

2. 第三人侵权行为立法的发展

归纳起来,各国侵权法规定第三人侵权行为的历史可以分为三个阶段。

(1) 不作具体规定时期。

这个时期以《法国民法典》为代表,以不规定第三人侵权行为为基本特点。在这个时期,由于侵权法具有抽象性、一般性规定的立法特点,法律内容简洁,通常没有规定免责事由或者抗辩事由。1857年1月1日生效的《智利民法典》也采纳这种立法例,没有规定第三人侵权行为。这种立法选择原因,主要是大陆法系侵权法一般不规定免责事由或者抗辩事由。

(2) 规定为特定的免责事由时期。

这个时期以《德国民法典》为代表,将第三人侵权行为规定在特殊侵权责任中,而不是将其规定为一般的免责事由,例如《日本民法典》《韩国民法典》《越南民法典》等。原本没有规定第三人侵权行为条款的某些民法典,通过修订法律,也增加了部分特殊侵权责任适用第三人侵权行为免责的条款。在这个时期,民法规定第三人侵权行为条款的责任形态分为两种:一是免除责任;二是两个主体承担不真正连带责任。

(3) 普遍规定为一般免责事由时期。

在20世纪后期至21世纪初,新兴民法典开始重视对侵权责任抗辩事由的规定,普遍规定了第三人侵权行为条款,例如《加拿大魁北克民法典》《荷兰民法典》《阿尔及利亚民法典》《欧洲侵权法基本原则(草案)》等。

3. 各国侵权法规定第三人侵权行为的基本规律

各国第三人侵权行为立法发展的基本规律是,随着社会的不断发展,侵权法现代化的程度越来越高,对侵权责任免责事由或者抗辩事由的规定越来越重视,第三人侵权行为作为侵权责任的基本抗辩事由越来越受到关注,因此,在20世纪与21世纪更替的前后,侵权法规定第三人侵权行为条款已经成为通例。这有利于坚持过错责任原则,准确确定侵权责任,体现公平、科学地确认

---

① [德] 布吕格迈耶尔,朱岩. 中国侵权责任法:学者建议稿及其立法理由. 北京:北京大学出版社,2009:302.

② [德] 布吕格迈耶尔,朱岩. 中国侵权责任法:学者建议稿及其立法理由. 北京:北京大学出版社,2009:311.

侵权责任的原则，体现侵权法的矫正正义，保障行为人的行为自由。因此，规定第三人侵权行为免责条款标志着侵权法的现代化，代表了人类社会的文明和进步。

（二）我国近现代侵权法对第三人侵权行为的规定

在近现代中国民事立法（包括《大清民律草案》《民国民律草案》《中华民国民法》）中，侵权法使用的"第三人"概念包括两种含义：一是行为人中的第三人，与本文研究的第三人侵权行为的概念相同；二是受害人中的第三人，多数是指替代责任中的责任人与行为人之外的受害人，承揽人与定作人之外的受害人或者扶养损害赔偿中的间接受害人。

《大清民律草案》使用的"第三人"和"别有任责人"两个概念，都是第三人的概念。第973条第2款规定："依第954条至第956条之规定负损害赔偿之义务者，于第三人亦负损害赔偿之义务时，其相互间之关系，仅第三人负义务。"这种立法对第三人侵权行为采用免责规则。

《民国民律草案》侵权法使用"第三人"的条文是第258条："以前三条之规定，应负损害赔偿责任之人，于第三人亦应负其责任时，其相互间之关系，仅第三人负其责任。"条文中的"前三条"分别是动物加损害于他人责任、土地工作物损害责任、土地工作物损害责任的前后相续者的责任，当有第三人应负损害赔偿责任时，第三人承担责任，行为人免除责任。这是典型的第三人侵权行为免责条款。

《中华民国民法》规定第三人责任的条文有两个，一是第190条第2款，"动物系由第三人或他动物之挑动，致加损害于他人者，其占有人对于该第三人或该他动物之占有人，有求偿权"；二是第191条第2款，"前项损害之发生，如别有应负责任之人时，赔偿损害之所有人，对于该应负责者，有求偿权"。这两个条文都用求偿权的规定，而不是免责，借鉴的是《日本民法典》的做法。

归纳起来，上述三部民法或者草案规定第三人的概念，集中在动物损害责任和工作物损害责任。《大清民律草案》和《民国民律草案》采第三人侵权行为为免责事由的做法，而《中华民国民法》采不真正连带责任规则的做法。

（三）中国当代侵权法对第三人侵权行为的规定

1. 不规范时期

自1949年至1985年，我国只有《婚姻法》而无其他民法规范，立法上当然没有第三人侵权行为的规定。司法解释也没有关于第三人侵权行为的规定。

2. 初步规范时期

1986年4月12日通过的《民法通则》没有规定第三人侵权行为的一般规则，但是在两个条文中提到了相关概念：一是1986年《民法通则》第122条：产品责任中"运输者、仓储者对此负有责任的，产品制造者、销售者有权要求赔偿损失"。其中运输者、仓储者的概念类似于第三人的概念，在《侵权责任法》中将其规定为第三人，《民法典》第1204条规定为"运输者、仓储者等第三人"。二是1966年《民法通则》第127条中的"由于第三人的过错造成损害的，第三人应当承担民事责任"。这是对第三人责任的明确规定，限于饲养动物损害责任中的第三人，动物饲养人或者管理人免责。

此外，在其他法律中也规定了第三人侵权行为条款。1984年制定的《水污染防治法》第41条第3款："水污染损失由第三者故意或者过失所引起的，第三者应当承担责任。"1999年《海洋环境保护法》第90条第1款第二分句规定："完全由于第三者的故意或者过失，造成海洋环境污染损害的，由第三者排除危害，并承担赔偿责任。"1995年《电力法》第60条第3款规定："因用户或者第三人的过错给电力企业或者其他用户造成损害的，该用户或者第三人应当依法承担赔偿责任。"

这些关于第三人侵权行为的规定都是针对具体的特殊侵权责任作出的，集中在产品责任、动物损害责任、水污染责任、海洋环境污染责任和电力损害责任。后果主要是免除实际加害人的责任，由第三人承担责任，也有少数适用不真正连带责任规则。

在这个时期，最高人民法院的司法解释规定了较多的第三人规范，但多数规定适用不真正连带责任规则。2004年人身损害赔偿司法解释多处使用了第三人的概念，其第6条第2款规定："因第三人侵权导致损害结果发生的，由实施侵权行为的第三人承担赔偿责任。安全保障义务人有过错的，应当在其能够防止或制止损害的范围内承担相应的补充赔偿责任。安全保障义务人承担责任后，可以向第三人追偿……"这个规定的第一句是对违反安全保障义务的第三人责任的规定。第7条第2款规定的第三人责任也是相应的补充责任。第11条和第12条分别规定了工伤事故责任中的第三人适用不真正连带责任和并合责任。第14条规定帮工人因第三人侵权遭受人身损害的，由第三人承担赔偿责任。

3. 完善时期

制定《侵权责任法》时，专家建议稿基本上都提出了第三人行为的立法建议。王利明主持的建议稿第1853条提出："因第三人的过错造成损害的，应当由该第三人承担民事责任。但法律另有规定的除外。"① 杨立新主持的建议稿第31条提出："因第三人的过错和原因造成损害的，应当由该第三人承担责任，但法律另有规定的除外。"② 梁慧星和张新宝教授的建议稿第1562条提出："损害是由于第三人的过错行为造成的，由该第三人承担民事责任。第三人的过错行为与加害人的行为竞合导致损害发生的，适用本法第1550条规定。"③ 第1550条是关于按份责任的规定。被称为"西南立场"的侯国跃的建议稿第21条提出："损害是由于第三人的原因造成的，由第三人承担民事责任，法律另有规定的除外。第三人的行为与加害人的行为都是损害发生的原因的，适用本法关于原因竞合的规定。"④

《侵权责任法》的第一次审议稿和第二次审议稿都没有规定第三人侵权行为的条文，从第三次审议稿开始加入了第28条，直至最后通过，成为我国对第三人侵权行为的法律规范。《民法典》继续坚持这样的立场，我国第三人侵权行为立法进入完善时期。

三、第三人侵权行为的概念、性质和地位

（一）第三人的概念

1. 第三人用法的不同含义

各国法律和我国侵权法对第三人的概念通常在四个方面使用：（1）本文使用的范围，是指侵权人与被侵权人之外的第三人，如我国《民法典》第1175条规定的第三人。（2）替代责任中行为人和责任人之外的受害人，即被侵权人，如《大清民律草案》第951条关于"因未成年或因精神、身体之状况需人监督者，加损害于第三人时，其法定监督人负赔偿之义务"中的第三人，就是被侵权人。（3）侵权行为的间接受害人，如侵害生命权直接受害人生前所扶养的人，因扶养丧失而受到的损害，《大清民律草案》第968条第1款规定："被害人于其生命被害时，于法律规定，对第三人负扶养义务，或有应负扶养义务之关系并因其被害，至第三人失扶养请求权者。"（4）本人与非法侵害人之外的第三人，如"伪满洲国民法"第741条规定："对于他人之不法行为，为防卫自己或第三人之权利不得已而为加害行为之人，不任损害赔偿之责，但不妨

---

① 王利明. 中国民法典学者建议稿及立法理由. 侵权行为编. 北京：法律出版社，2005：56-57.
② 杨立新. 中华人民共和国侵权责任法草案建议稿及说明. 北京：法律出版社，2007：10.
③ 梁慧星. 中国民法典草案建议稿附理由：侵权行为编·继承. 北京：法律出版社，2004：30.
④ 侯国跃. 中国侵权法立法建议稿及理由. 北京：法律出版社，2009：52.

被害人对于为不法行为之人请求损害赔偿。"

在第三人的各种不同含义中,本书使用的是第一种含义,即侵权人和被侵权人之外的人。在具体称谓上使用与第三人相似概念的有其他责任人、别有任责人、另有责任者、别有应负责任之人,这些都属于第三人的概念。

2. 对第三人概念的界定

根据以上分析可以看到,第三人的概念泛指侵权法律关系中两个当事人之外的其他人。在侵权法的立法和理论中,第三人概念有多重含义,在多种场合中使用。界定第三人概念,应当分清三种不同含义。

(1) 最宽泛的第三人概念。

最宽泛的第三人概念,是侵权法广泛使用的,泛指侵权双方当事人之外的其他人:一是侵权人与被侵权人之外的第三人;二是替代责任中行为人和责任人之外的受害人;三是正当防卫中本人与非法侵害人之外的第三人即受益人;四是间接受害人。

(2) 广义的第三人概念。

广义的第三人概念,是指侵权人与被侵权人之外的,与侵权人一方有关联的其他人,包括:1) 竞合侵权行为的第三人;2) 第三人侵权行为的第三人。

(3) 狭义的第三人概念。

狭义的第三人概念是本书研究的第三人,是指在侵权法律关系中,在实际加害人和被侵权人之外,因自己的过错,通过实际加害人造成被侵权人的权利损害,应当由其承担侵权责任的侵权人。

(二) 第三人侵权行为的概念和法律特征

第三人侵权行为是指第三人由于过错,通过实际加害人的直接行为或者间接行为,造成被侵权人的民事权利损害,应当由第三人承担侵权责任,实际加害人免除责任的多数人侵权行为。

第三人侵权行为具有以下法律特征。

1. 造成损害的是实际加害人的行为,但造成损害的过错在第三人

在第三人侵权行为中,实际加害人和第三人既有区别也有关联。区别在于,第三人与实际加害人不存在主观上的意思联络,也没有共同过失,双方在主观上没有任何关联。关联在于,第三人的行为通过实际加害人而造成被侵权人的权利损害。例如,甲驾车缓慢通过行人较多的路口,乙驾车高速驶来,刹车不及撞上甲的车辆,导致甲的车辆突然向前冲出,撞伤前面正常穿越马路的行人丙。虽然丙的伤害是甲的车辆直接造成的,但在整个事件中,甲只是乙侵权行为的媒介,丙受损害的真正原因是乙实施的过错侵权行为。在这里使用媒

介这一概念比较形象,完全说明了第三人行为与实际加害人行为之间的关系。只有实际加害人的行为是损害发生的媒介,实际加害人才对自己造成的损害不承担赔偿责任。

2. 造成被侵权人损害的全部原因是第三人的过错

构成第三人侵权行为,第三人的过错须是造成损害的全部原因,而不是部分原因。有的学者主张,《民法典》第1175条规定的"第三人造成的",既包括损害完全是由第三人造成的,也包括第三人行为是造成损害的部分原因。[①] 这种看法是不正确的,原因在于:首先,第三人侵权行为的后果是免除实际加害人的侵权责任,由第三人承担侵权责任;其次,如果第三人和实际加害人对于损害的发生或者扩大都有过错,就形成了不同于第三人侵权行为的共同侵权行为或者分别侵权行为,也可能构成竞合侵权行为,不会是第三人侵权责任。只有第三人的行为是损害发生的全部原因(或者称之为"唯一原因")[②],或者"只有损害完全是由于第三人的过错行为造成的"[③],才能成立第三人侵权行为。

3. 第三人承担侵权责任而实际加害人免责

在多数人侵权行为中,共同侵权行为承担连带责任,分别侵权行为承担按份责任,竞合侵权行为承担不真正连带责任,数个行为人都须直接或者间接地承担责任。但是,在第三人侵权行为中,第三人是侵权人,自己承担侵权责任;造成损害的实际加害人并不是侵权人,后果是免除侵权责任。这是第三人侵权行为与多数人侵权行为的其他三种类型都不相同的特点。

4. 被侵权人的侵权请求权直接针对第三人

在第三人侵权行为中,被侵权人的请求权只针对第三人,第三人是侵权法律关系的责任主体,被侵权人应当直接向第三人请求赔偿。在通常情况下,被侵权人可能会向实际加害人请求赔偿,实际加害人主张以第三人侵权行为抗辩并成立的,法院判决免除实际加害人的侵权责任,驳回被侵权人的诉讼请求,另诉第三人;或者直接追加第三人为被告,判决免除实际加害人的侵权责任,判之第三人承担侵权责任。

(三)第三人侵权行为的法律地位

第三人侵权行为属于侵权行为形态的范畴,其性质是多数人侵权行为。

多数人侵权行为与单独侵权行为相对应。单独侵权行为是单独一个人实施

[①] 王利明. 侵权责任法研究:上卷. 北京:中国人民大学出版社,2010:438-439.
[②] 王胜明. 中华人民共和国侵权责任法释义. 北京:法律出版社,2010:143.
[③] 张新宝. 侵权责任法. 2版. 北京:中国人民大学出版社,2010:78.

的侵权行为，侵权人包括单独一个自然人、法人或者非法人组织。两个以上的行为人实施的侵权行为是多数人侵权行为，即"数个独立的责任主体对同一损害后果承担不同类型的共同责任"[①] 的侵权行为形态。

多数人侵权行为分为两种基本类型：一是多数行为人都应当承担共同责任的多数人侵权行为，包括多数人应当承担连带责任、按份责任或者不真正连带责任，这样的多数人侵权行为分别是共同侵权行为、分别侵权行为和竞合侵权行为三种类型。二是多数行为人有的承担侵权责任，有的不承担侵权责任。这种多数人侵权行为只有一种，就是第三人侵权行为。

（四）第三人侵权行为的范围

第三人侵权行为的范围包括以下两个方面。

1. 适用过错责任原则和过错推定原则的第三人侵权行为

在适用过错责任原则和过错推定原则的侵权行为类型中，第三人侵权行为具有重要意义。适用过错责任原则和过错推定原则的侵权行为类型中，构成侵权责任须具备过错要件，换言之，在过错责任原则和过错推定原则适用的场合，谁有过错，谁就要承担侵权责任。实际加害人对损害的发生没有过错，而第三人对损害的发生具有全部过错，当然就要由第三人承担侵权责任，实际加害人没有责任。同样，在过错推定原则适用的场合，尽管首先推定实际加害人具有过错，但加害人能够证明损害由第三人的过错造成，自己没有过错，就构成第三人侵权行为，可以免除实际加害人的责任。

这种类型的第三人侵权行为的基本条件是，损害是由第三人的过错引起的，第三人的过错是损害发生的全部原因，实际加害人对损害的发生没有过错。

2. 适用无过错责任原则的第三人侵权行为

在适用无过错责任原则的情形下，第三人侵权行为的适用具有特别要求。在适用无过错责任原则的侵权行为类型中，法律将有些第三人侵权规定为不真正连带责任：（1）环境污染和生态破坏责任的第三人侵权适用不真正连带责任（《民法典》第1233条）；（2）饲养动物损害责任的第三人侵权适用不真正连带责任（《民法典》第1250条）。

在适用无过错责任原则的其他场合，《民法典》没有明确规定第三人侵权行为是否适用免责条款，对此，应当进行探讨。

在产品责任中，第三人的过错引起产品缺陷造成损害的，不适用《民法

---

① 张新宝. 侵权责任法. 2版. 北京：中国人民大学出版社，2010：44.

第十二章 《民法典》规定的第三人原因免责即例外规定在司法实务中应当怎样适用

典》第 1175 条，而适用第 1204 条，责任形态为先付责任。[①] 有的学者将第 1204 条归纳为免责事由中的第三人原因[②]，有明显错误。这种情形不属于第三人侵权行为。在高度危险责任中，《民法典》没有规定第三人侵权行为，第三人故意引起高度危险责任损害的，或者一般危险活动的行为人能够证明受害人遭受的损害完全由第三人的过错行为造成的[③]，有可能存在第三人侵权行为。有的学者提出，"根据危险程度的不同，对于一些超常危险的活动，即使受害人的损害完全是由第三人的过错行为造成的，法律规定必须首先由危险活动的行为人或者高度危险物的持有人承担责任"[④]。本书认为，高度危险责任中的第三人侵权行为适用类似于《民法典》第 1233 条和第 1250 条的规则，缺少法律依据，因为《民法典》侵权责任编第八章并没有作出这样的规定。

本书认为，以下三种情形应当是无过错责任原则下的第三人侵权行为。

（1）没有缺陷的产品致害由第三人过错所引起。

受害人使用没有缺陷的产品，第三人因过错致使产品造成受害人损害的，属于产品责任的第三人侵权行为，应当适用《民法典》第 1175 条规定，免除产品生产者、销售者的赔偿责任。例如产品存在合理危险，已经充分警示说明，但第三人错误指令使用人不按照产品警示说明的要求，使用错误方法造成受害人损害的，构成第三人侵权行为，受害人主张生产者、销售者承担侵权责任的，法院应当判令被告无责任，由第三人承担赔偿责任。

（2）第三人故意或者重大过失引起损害的高度危险责任。

在环境污染和生态破坏责任、饲养动物损害责任中，第三人无论是故意还是过失，都应当认定为竞合侵权行为，适用不真正连带责任规则。推而论之，《民法典》侵权责任编第八章没有规定高度危险责任的第三人侵权行为，就可以参照适用第 1233 条和第 1250 条规定吗？如果是这样，为何《民法典》不作此规定呢？本书认为，根据《民法典》侵权责任编第八章的规定精神，应当区别具体情况确定。

一是，凡是规定受害人故意可以免除责任，高度危险活动和高度危险物造成他人损害是由第三人故意造成的，高度危险活动和高度危险物的占有人不承担赔偿责任。理由是：如果第三人故意利用高度危险物和高度危险活动造成他人损害，高度危险活动和高度危险物就成了第三人的侵权工具，在这种情况下，让高度危险活动或者高度危险物的占有人承担赔偿责任是不公平的。

[①] 杨立新. 论不真正连带责任的体系与规则. 现代法学，2012（3）.
[②] 程啸. 侵权责任法. 北京：法律出版社，2011：231.
[③] 王胜明. 中华人民共和国侵权责任法释义. 北京：法律出版社，2010：144.
[④] 王胜明. 中华人民共和国侵权责任法释义. 北京：法律出版社，2010：144.

二是，凡是规定被侵权人对损害的发生具有重大过失可以减轻责任，第三人因重大过失或者过失行为造成被侵权人损害的，应认定为第三人侵权行为，免除行为人侵权责任。例如，《民法典》第 1239 条规定的占有或者使用易燃、易爆、剧毒、高放射性、强腐蚀性、高致病性等高度危险物造成被侵权人损害，第三人具有重大过失的，以及第 1240 条规定的从事高空、高压、地下挖掘活动和使用高速轨道运输工具造成他人损害，第三人具有重大过失，且第三人的行为是损害发生的全部原因的，应当免除实际加害人的侵权责任。

（3）法律有特别规定的。

1995 年《电力法》第 60 条第 3 款规定："因用户或者第三人的过错给电力企业或者其他用户造成损害的，该用户或者第三人应当依法承担赔偿责任。"《民法典》侵权责任编第八章没有对第三人责任作出特别规定，《电力法》与《民法典》侵权责任编第八章关于高度危险责任的规定没有冲突，与《民法典》第 1175 条规定相合，被告可以"第三人过错"造成损害为由，对原告（受害人）进行抗辩。[①] 这样的解释与前文的主张一致。

（五）第三人侵权行为的类型

第三人侵权行为究竟应当分为何种类型，提出意见者不多。目前能看到的是王利明的两种分法。一是根据第三人的过错程度将第三人侵权行为分为三种不同类型：（1）第三人具有故意的第三人侵权；（2）第三人具有重大过失而被告没有过错的第三人侵权；（3）第三人引起险情的第三人侵权。[②] 二是从另一个角度将第三人侵权分为第三人造成全部损害的第三人侵权和第三人的行为是造成损害的部分原因的第三人侵权。[③]

后一种分类方法是不正确的，因为第三人的行为如果是损害发生的部分原因，就一定不是《民法典》第 1175 条规定的第三人侵权行为，有可能是共同侵权行为、分别侵权行为或者竞合侵权行为，其法律后果分别是连带责任、按份责任或者不真正连带责任，不会是免除实际加害人责任。

在前一种分类方法中，第三种类型其实不是第三人侵权行为，因为"若第三人引起某种危险，被告为避免危险可能引起的损害而实行紧急避险，造成了对原告的损害"，则应根据《民法典》第 182 条规定[④]，构成紧急避险，适用紧急避险规则，当然不是第三人侵权行为。将第三人侵权行为分为第三人故意

[①] 王胜明. 中华人民共和国侵权责任法释义. 北京：法律出版社，2010：145.
[②] 王利明. 侵权责任法研究：上卷. 北京：中国人民大学出版社，2010：437.
[③] 王利明. 侵权责任法研究：上卷. 北京：中国人民大学出版社，2010：435，438.
[④] 王利明. 侵权责任法研究：上卷. 北京：中国人民大学出版社，2010：437.

第十二章 《民法典》规定的第三人原因免责即例外规定在司法实务中应当怎样适用

或者第三人重大过失两个类型，不是没有道理，而是没有意义，原因在于：确定是否构成第三人侵权行为的关键问题是，第三人的过错是否为损害发生的全部原因。至于是第三人故意、重大过失抑或是一般过失，都不重要，只要第三人的过错是造成损害的全部原因，就构成第三人侵权行为；不属于全部原因的，不构成第三人侵权行为。

本书认为，根据实际加害人行为和第三人行为之间关系的不同，将第三人侵权行为分为介入型第三人侵权行为和借用型第三人侵权行为，对适用法律是有价值的。

1. 介入型第三人侵权行为

介入型第三人侵权行为是指在实际加害人的行为实施过程中，加入了第三人的行为，造成被侵权人损害的第三人侵权行为。例如，被告违法在路上挖掘了一个坑，第三人故意将原告推入该坑中而使其遭受人身损害。[①] 被告在路上挖坑属于违法，但未直接造成损害。第三人故意伤害被侵权人，是损害发生的全部原因。在这种第三人侵权行为类型中，实际加害人的行为虽然违法，但只是为第三人实施侵权行为提供了条件，实际加害人的行为并不构成侵权，第三人的行为构成侵权行为。

行为人实施侵权行为致伤受害人，在受害人住院期间医院失火，受害人被烧死。这种情形是否属于介入型第三人侵权行为？本书认为，行为人致伤他人构成侵权行为，医院失火致死患者亦构成侵权行为。这是两个侵权行为，而不是一个侵权行为，更不是第三人侵权行为。其中一因果关系中断非常明显，受害人的近亲属起诉造成伤害的行为人，只能请求其承担造成伤害的赔偿责任，对死亡的损害赔偿只能起诉医院。这是两个侵权行为，不属于多数人侵权行为。又如，甲车追尾乙车，乙车撞伤行人，就是介入型第三人侵权行为，甲车驾驶人承担赔偿责任，乙车免责。

2. 借用型第三人侵权行为

借用型第三人侵权行为是指第三人借用实际加害人的物件实施侵权行为，造成被侵权人权利损害的第三人侵权行为。例如，被告在菜园中的灌水井已经关闭，第三人未经同意擅自打开该水井，不仅将被告的菜园淹没，而且也将相邻原告的菜园淹没，造成财产损失。这种情形中，实际加害人不具有违法性，第三人借用实际加害人的物件实施侵权行为，造成受害人的权利损害，故第三人应当承担侵权责任，尽管实际加害人的物件造成受害人损害，但实际加害人对于损害的发生没有任何过错，应当免责。

[①] 朱岩. 侵权责任法通论：总论. 北京：法律出版社，2011：225.

四、第三人侵权行为的法律适用规则

(一) 对当事人的称谓

目前对第三人侵权行为当事人的称谓并不一致,在学说、立法及司法上应当统一起来。

对第三人的称谓是明确的,就称为第三人,只是应当注意,这个第三人是狭义第三人。

对受害人的称谓不一致,统一称为被侵权人比较合适,与《民法典》的称谓相一致,也不会有争议。

对实际加害人,《民法典》第1175条没有明确规定。将其叫作被告[1]是不准确的,因为被告是程序法概念;将其称为加害人[2]有一定道理,但容易与一般情形下的加害人混淆,因为一般的加害人是指被侵权人;使用行为人的概念[3]也有一定道理,但由于在有些第三人侵权行为中加害人并没有实施侵权行为,称行为人有可能不周延。比较起来,使用"实际加害人"的概念比较稳妥。在"加害人"之前加上"实际"的修饰语,能区别不是侵权人的加害人与是侵权人的加害人。

(二) 第三人侵权行为的归责原则

在第三人侵权行为中考虑归责原则的适用,分为两个方面:一是确定第三人侵权行为的不同类型;二是确定是否构成第三人侵权行为。

1. 确定第三人侵权行为类型的归责原则

如前所述,第三人侵权行为的范围可以根据适用不同归责原则的侵权责任类型来确定。凡是适用过错责任原则和过错推定原则的侵权责任类型,第三人过错是损害发生的全部原因的,都构成第三人侵权行为;在适用无过错责任原则的侵权责任类型中,《民法典》第1204条、第1233条和第1250条除外,只有少数第三人的过错是损害发生的全部原因的,才构成第三人侵权行为。

---

[1] 王胜明. 中华人民共和国侵权责任法释义. 北京:法律出版社,2010:143;最高人民法院侵权责任法研究小组.《中华人民共和国侵权责任法》条文理解与适用. 北京:人民法院出版社,2010:213.

[2] 高圣平. 中华人民共和国侵权责任法立法争点、立法例及经典案例. 北京:北京大学出版社,2010:355;程啸. 侵权责任法. 北京:法律出版社,2011:229.

[3] 张新宝. 侵权责任法. 2版. 北京:中国人民大学出版社,2010:78.

2. 确定第三人是否构成侵权责任适用的归责原则

确定第三人的行为是否构成侵权责任，通常适用过错责任原则，但也不排除适用过错推定原则或者无过错责任原则。第三人实施适用过错推定原则的侵权行为，致使实际加害人的行为造成被侵权人的损害，因为亦系第三人原因，实际加害人当然应当免责。第三人实施适用无过错责任原则的侵权行为，致使实际加害人的行为造成被侵权人损害，例如饲养动物的所有人或管理人、污染环境破坏生态的侵权人、高度危险责任的占有人等作为第三人，致使他人的行为造成被侵权人损害，也应当由第三人承担侵权责任，除《民法典》已经规定为不真正连带责任者外，实际加害人可以免除责任。正因为如此，《民法典》第1175条将其称为"是因第三人造成的"，即第三人原因，而不是第三人过错。

确定第三人侵权行为应当采取以下规则：

第一，对于造成的损害，如果第三人没有过错和原因力，第三人就不承担责任。这是因为，第三人有过错和原因力是实际加害人主张免责的基础，如果不能证明第三人对于损害的发生具有过错和原因力，则实际加害人不能主张这一免责事由。① 这是通说，几乎没有反对的意见。

第二，第三人过错和原因力的证明责任，并非由第三人证明，而应由实际加害人或者被侵权人证明。在通常情况下，被侵权人主张实际加害人承担侵权责任，实际加害人欲主张损害是由第三人的过错和原因力引起的，不仅要证明自己没有过错，还要证明第三人的过错和因果关系：能够证明的，免除实际加害人的赔偿责任，由第三人承担赔偿责任；实际加害人不能证明或者证明不足的，不能免除实际加害人的赔偿责任。如果实际加害人只能证明自己没有过错，并不能证明第三人有过错和原因力，被侵权人主张第三人承担侵权责任的，则应当由被侵权人证明第三人的过错和因果关系，采用侵权责任的一般证明方法予以证明。

（三）第三人侵权行为的构成要件

1. 违法行为

在第三人侵权行为中，违法行为要件的特殊性是，在造成损害的行为中，既有第三人的行为，也有实际加害人的行为。

实际加害人的行为是直接造成被侵权人损害的行为，第三人的行为对造成

---

① 高圣平. 中华人民共和国侵权责任法立法争点、立法例及经典案例. 北京：北京大学出版社，2010：353.

损害有过错和原因力,两个行为相互结合,或者是前后相续,或者是第三人的行为作用于实际加害人的行为之上,造成被侵权人的损害。在两个行为中,第三人的行为应当具有违法性,实际加害人的行为可以是有违法性的行为,也可以是不具有违法性的行为。在前述两个案例中,前一个案例的实际加害人的行为具有违法性,后一个案例的实际加害人的行为没有违法性。判断实际加害人的行为是否具有违法性,对于确定第三人侵权行为并无重要意义,关键在于实际加害人如果能够证明自己的行为没有违法性,就可以免除自己的责任。如果实际加害人只能证明第三人的行为具有违法性,不能证明自己的行为不具有违法性,也不能证明自己的行为存在因果关系中断的事由,而被侵权人能够证明实际加害人的行为具有违法性,则可能不会成立第三人侵权责任,而构成共同侵权行为、分别侵权行为或者竞合侵权行为。

2. 损害事实

《民法典》对第三人侵权行为的损害事实要件没有特别要求,只要符合侵权责任构成的损害事实要件的基本要求即可。唯一的要求是损害事实只有一个,即被侵权人的民事权权益受到损害,符合《民法典》第1165条第1款规定的范围。如果造成了两个以上的损害,就要研究是一个侵权行为还是两个侵权行为。

一个损害事实的要求是侵权行为所造成的直接后果,也可能是一个单独的人身损害、财产损害或者精神损害,也可能是一个包括人身损害、财产损害和精神损害的损害事实。

3. 因果关系

判断构成第三人侵权行为的关键要件是因果关系。确定第三人侵权行为的因果关系要件,应当明确以下两个问题。

(1) 第三人行为与损害事实之间的因果关系性质。

确定第三人行为与损害结果之间因果关系的标准是相当因果关系。第三人的行为是损害发生的适当条件的,即可认定有因果关系。如果第三人的行为是损害发生的原因,即高于相当因果关系的"适当条件"标准,则更符合因果关系要件的要求。因此,判断因果关系的标准为,第三人的行为按照一般社会智识经验,能够引起该损害结果的发生,而事实上该行为确实引起了该损害结果的发生。

(2) 第三人的行为是否构成因果关系中断。

诚然,在第三人侵权行为中,实际加害人的行为与损害后果之间也存在因果关系,问题在于,构成第三人侵权行为须有第三人的行为介入实际加害人与被侵权人之间的因果关系链条,构成因果关系中断。只有符合这个要求,才能构成第三人侵权行为。

因果关系中断，是指在特定原因将会引发特定结果的正常锁链中，因其他因素的介入而改变了此种因果关系的正常锁链，改变了原本应当出现的结果。① 如果被告实施某种侵权行为后，第三人的行为独立造成了损害结果的发生，从而切断了被告的行为与原告的损害之间的因果联系，使被告的行为不能发挥原因力，则应由第三人对损害结果负责。② 符合这样的要求，就符合第三人侵权行为的因果关系要件。

不过，这只是介入型第三人侵权行为的因果关系的要求，即实际加害人的行为加入了第三人的行为，造成受害人损害的第三人侵权行为。如果第三人借用实际加害人的物件而加损害于被侵权人（借用型第三人侵权行为）的，则通常不是因果关系中断，而是实际加害人的物件在形式上是损害发生的全部原因，第三人的行为是实质上的损害发生的全部原因，例如第三人放水浇园的行为。在这种情况下，实际加害人主张第三人侵权行为作为免责事由，更重要的是证明自己无过错、自己的行为与损害没有因果关系，以及第三人的行为是损害发生的实质性原因。

4. 过错

第三人侵权行为构成要件中的过错要件应当符合两个要求：一是实际加害人自己无过错；二是过错在于第三人。实际加害人主张自己无过错而免责的，证明应当符合前一个要求；实际加害人主张第三人承担责任的，证明应当符合后一个要求。

实际加害人无过错，通常并不要求由实际加害人自己证明，因为举证责任在被侵权人。但是，如果被侵权人在起诉中已经证明实际加害人有过错，或者适用过错推定原则推定实际加害人有过错，实际加害人在主张第三人侵权行为为免责事由时，应当证明自己没有过错；能够证明自己没有过错，推翻被侵权人证明的，就能免除自己的责任。

实际加害人可以证明第三人有过错的，第三人的过错可以是故意，也可以是过失。有的学者主张第三人故意或者重大过失才构成第三人侵权行为并予以免责③，并不准确。如果第三人虽具有过失但不具有故意或者重大过失，该过失行为是损害发生的全部原因，也构成第三人侵权行为，免除实际加害人责任。

---

① 朱岩. 侵权责任法通论：总论. 北京：法律出版社，2011：224.
② 王利明. 侵权责任法研究：上卷. 北京：中国人民大学出版社，2010：435-436.
③ 王利明. 侵权责任法研究：上卷. 北京：中国人民大学出版社，2010：437.

(四) 实际加害人不得主张免责的情形

在以下情形,实际加害人属于第三人侵权行为以外的行为人的,不得主张构成第三人侵权行为而免除自己的责任。这种情形在一些学者的著述中都有阐述,因而简要说明如下:

实际加害人是共同侵权人的,不得以第三人侵权行为作为抗辩而主张免除责任。只要实际加害人是共同侵权行为人、共同危险行为人或者教唆人、帮助人,就不得主张第三人侵权行为而免除自己的责任。

实际加害人是分别侵权行为人即无过错联系的共同加害行为的行为人的,应当依照《民法典》第1172条规定承担按份责任,不得主张第三人侵权行为而免责。

竞合侵权行为,是两个以上的民事主体作为侵权人,有的实施直接侵权行为,与损害结果具有直接因果关系,有的实施间接侵权行为,与损害结果的发生具有间接因果关系,行为人承担不真正连带责任的侵权行为。在竞合侵权行为中,立法和司法解释直接使用"第三人"的概念,例如《民法典》第1198条第2款、第1204条、第1233条、第1250条等。事实上,竞合侵权行为与第三人侵权行为之间的界限很难界分,原因在于立法在政策考量上,会在某种情形下把第三人侵权行为认定为竞合侵权行为而使当事人承担不真正连带责任。对此,有一个最简洁的方法就是,凡是立法或者司法解释规定使用"第三人"概念,且规定了与《民法典》第1175条不同规则的,就是竞合侵权行为;凡是《民法典》对第三人未特别规定责任形态的,就直接适用《民法典》第1175条认定为第三人侵权行为。就实际加害人而言,如果《民法典》或者其他法律、司法解释对此没有作出特别规定,就可以主张第三人侵权行为而免责;如果对于第三人侵权行为及责任有特别规定,则不得主张以第三人侵权行为抗辩。

实际加害人是替代责任中的行为人的,不能以责任人是第三人而主张第三人侵权行为免除自己的责任,而应当追加第三人承担替代责任。在替代责任(为他人的行为负责的侵权行为)中,造成实际损害的是行为人,承担责任的是责任人,被侵权人起诉行为人为被告,被告不能主张第三人侵权行为免责,而应当主张替代责任由责任人承担侵权责任。

(五) 第三人侵权行为的责任承担

构成第三人侵权行为,其法律后果就是第三人承担侵权责任,免除实际加害人的赔偿责任。至于第三人承担侵权责任的规则,适用侵权损害赔偿的一般

第十二章 《民法典》规定的第三人原因免责即例外规定在司法实务中应当怎样适用

规则即可,并无特别之处。

在一些学者的论述中,将第三人侵权责任的承担规则弄得比较复杂,原因在于将第三人侵权行为与竞合侵权行为混在一起,或者与共同侵权行为甚至与分别侵权行为混在一起。这样不妥。必须分清第三人侵权行为与共同侵权行为、分别侵权行为和竞合侵权行为的界限,分清第三人侵权责任与连带责任、按份责任和不真正连带责任的界限。凡是第三人的行为不是损害发生的全部原因的,就不是第三人侵权行为,就不适用第三人承担侵权责任、实际加害人免责的规则,而应当分别按照不同的责任形态承担不同的责任。其规则是:

共同侵权行为→连带责任;

分别侵权行为→按份责任;

竞合侵权行为→不真正连带责任;

第三人侵权行为→第三人责任,实际加害人免责。

规则总结

广义的多数人侵权行为包括共同侵权行为、分别侵权行为、竞合侵权行为和第三人侵权行为,前三种是狭义多数人侵权行为,分别对应的是连带责任、按份责任和不真正连带责任,后一种则为免责事由,但是有例外。具体规则如下。

1.《民法典》在侵权责任编"一般规定"的第1175条,规定第三人原因是免责事由,同时也在特殊侵权责任中特别规定了例外规则,即第三人侵权行为承担其他责任形态,例如第1204条、第1233条和第1250条等。

2.第三人侵权行为是广义多数人侵权行为中的一种,行为人分为实际加害人和第三人,损害是实际加害人造成的,但是全部过错在第三人。第三人侵权行为分为两种:一是介入型第三人侵权行为,是指在实际加害人的行为的实施过程中,加入了第三人的行为,造成被侵权人损害的第三人侵权行为;二是借用型第三人侵权行为,是指第三人借用实际加害人的物件实施侵权行为,造成被侵权人权利损害的第三人侵权行为。

3.在适用过错责任原则和过错推定原则情况下,第三人原因是免责事由,构成第三人侵权行为时,免除实际加害人的赔偿责任,由第三人承担赔偿责任(适用过错推定原则时有个别例外,如《民法典》第1252条第1款);被侵权人主张实际加害人承担责任的,如果实际加害人主张第三人原因而免责,应当证明自己没有过错,也可以举证证明第三人构成侵权行为,证明成立的,即应免责,应当追加第三人或者由被侵权人另诉第三人。

4.在无过错责任原则领域,第三人侵权责任由法律特别规定,基本的责任形态是不真正连带责任,应当适用《民法典》的特别规定确定责任分担,而不是直接免责。例如,第1204条规定的是先付责任,由生产者、销售者承担赔偿责任后,向第三人追偿;第1233条和第1250条则规定可以向实际加害人或者第三人请求赔偿,实际加害人承担赔偿责任后,有权向第三人追偿。

5.《民法典》第1252条第1款规定的"其他责任人"是第三人,适用不真正连带责任规则;第2款规定的"第三人"不是真正意义上的第三人,而是其他责任人,不适用第三人侵权行为的规则。

第十三章 《民法典》第1173条规定的过失相抵是减责事由还是赔偿原则

——与有过失和过失相抵的适用规则

实务指引要点

1. 过失相抵不是减责事由,而是损害赔偿规则,是损害赔偿规则中的重要规则之一。
2. 过失相抵的前提是与有过失,即侵权或违约损害事实的发生或扩大,不仅赔偿义务人有过错,赔偿权利人也有过错,就是与有过失,其法律后果都是过失相抵。
3. 确定过失相抵的构成,赔偿责任人的责任构成应按构成损害赔偿责任的要件确定。赔偿权利人承担责任,须具备三要件:一是赔偿权利人的行为是损害发生或者扩大的共同原因,二是被侵权人的行为须为不当,三是被侵权人须有过错。
4. 过失相抵的后果是对双方责任进行分担,分担方法:一是过错比较,二是原因力比较。

《民法典》第1173条规定了侵权责任的过失相抵规则,但不是以损害赔偿规则的角度规定,而是从减责事由角度规定的。这是因为,在侵权责任法的发展历史上,过失相抵就是与损益相抵一道,构成侵权损害赔偿的一般性规则,将其作为减责事由是对其性质的一种误解。本章对损害赔偿规则做一般介绍,之后讨论过失相抵的性质与具体适用方法。

一、过失相抵在侵权损害赔偿规则体系中的地位

侵权责任的损害赔偿规则体系,包括全部赔偿规则、财产赔偿规则、损益相抵规则、过失相抵规则和衡平规则。过失相抵是最重要的损害赔偿规则之一。

(一)过失相抵是最重要的侵权损害赔偿规则之一

侵权损害赔偿规则体系是由五个规则构成的。除了过失相抵和损益相抵之外,其他三个规则是分述如下。

1. 全部赔偿规则

全部赔偿是侵权损害赔偿的基本规则,是指侵权人承担赔偿责任的大小,应当以行为所造成的实际财产损失的大小为依据,全部予以赔偿。换言之,就是赔偿以造成的实际损害为限,损失多少,赔偿多少。

全部赔偿是由损害赔偿的功能决定的。损害赔偿基本功能是补偿损害,以全部赔偿作为确定损害赔偿责任大小的基本原则,是十分公平、合理的。

适用全部赔偿规则应当特别强调以下几个问题。

(1)确定损害赔偿数额以实际损害作为标准全部予以赔偿。

在一般情况下,确定损害赔偿责任不能以加害人过错程度的轻重作为依据,也不能以行为的社会危险性大小作为标准,只能以财产的实际损失作为赔偿责任大小的标准。例外的是,对于确定精神损害赔偿责任的大小,加害人的主观过错程度则起重要作用,加害人故意或者重大过失,是承担较重的精神损害赔偿责任的根据。

(2)全部赔偿包括直接损失和间接损失。

全部赔偿要求不仅赔偿直接损失,对确定的间接损失也要予以赔偿。对间接损失如果不能予以全部赔偿,受害人的权利就得不到全面的保护,加害人的违法行为也不会得到应有的制裁。对间接损失,只要是当事人已经预见或者能够预见的利益,并且可以期待、必然得到的,就应当予以赔偿。

(3)全部赔偿包括受害人为恢复权利减少损害而支出的必要费用损失。

受害人因权利受侵害,为恢复权利、减少损害而支出的费用,是侵权行为造成的损害,也应当予以赔偿。但是,在司法实务中多数不赔偿这种损失,没有体现全部赔偿的要求。2019年《反不正当竞争法》第17条规定:"经营者违反本法规定,给他人造成损害的,应当依法承担民事责任。……赔偿数额还应当包括经营者为制止侵权行为所支付的合理开支……"在实务中,应当参照

第十三章 《民法典》第1173条规定的过失相抵是减责事由还是赔偿原则

这一规定，将受害人为恢复权利、救济损害、减少损害必要费用的支出，列入赔偿范围，予以全部赔偿。

(4) 全部赔偿的只能是合理的损失。

对于受害人的不合理损失，不应予以赔偿。对于受害人借故增加开支，扩大赔偿范围的做法应当谴责，同时对于故意扩大的赔偿开支也不应当予以赔偿。

2. 财产赔偿规则

财产赔偿规则是指侵权行为无论是造成财产损害、人身损害还是精神损害，均以财产赔偿作为唯一方法，不能以其他方法为之。

确立财产赔偿规则的范围有以下三点：

一是对于财产损害应以财产的方式赔偿。对于财产损害只能以财产的方式赔偿，不能以其他方式赔偿。这是因为，财产损失以财产赔偿符合民法的等价有偿原则。以支付劳务、人身拘禁等方式偿付财产损失或者其他损害，有人身制裁的性质，是不被允许的。现代侵权法也不主张损害投役，因为物的损害投役有可能不符合全部赔偿规则的要求，而人的损害投役则因限制加害人的人身，对人身进行强制，违反民法原则，因而被严格禁止。[①]

二是对于人身损害应以财产的方式予以赔偿。对于人身损害也只能以财产的方式予以赔偿，不能用其他方式赔偿。这是因为：首先，人身损害不能用同态复仇的方式进行补偿，以此与同态复仇相区别；其次，人身损害不能用金钱计算其价值，既不能用金钱计算出受害人损伤器官的价格，也无法用金钱补偿人身损害本身；最后，对人身损害，如致死、致伤、致残，应以财产的方式补偿因医治伤害所造成的财产损失，损失多少财产，就应当赔偿多少财产，不但公平合理，而且容易计算。人身损害引起的痛苦，应适用精神损害赔偿方法，以财产方式予以赔偿。

三是对于精神损害无论是否造成经济损失都应当以财产赔偿。对于纯粹的精神利益损害和精神痛苦损害，也只能以财产的方式予以赔偿，没有其他更合适的救济方式。精神损害并不仅仅指精神痛苦的损害，还包括精神利益损害。

确认财产赔偿规则就是明确侵权行为造成的一切损害都须以财产的方式予以赔偿。从这一规则出发，处理一切侵权损害赔偿案件，都须公平、合理，体现等价有偿的原则。受害人因损害而得到的赔偿恰好能够填补实际损害，不能赔偿不足，也不能使之不当得利。判令加害人承担赔偿责任也与其造成的损害

[①] 损害投役是罗马法的侵权责任方式，动物造成他人损害即将动物所有权转移给受害人，人造成他人损害则将加害人交由受害人强制役使。前者称为物的损害投役，后者称为人的损害投役。

相适应,不能让其负担过重的赔偿责任。

3. 衡平原则规则

作为赔偿规则的衡平原则是指在确定侵权损害赔偿范围时,必须考虑诸如当事人的经济状况等因素,使赔偿责任的确定更公正。例如,加害人的经济状况不好,全部赔偿以后将使其本人及家属的生活陷入极度困难时,则可依据具体情况适当减少赔偿数额。

适用衡平原则,应当强调以下几点。

(1) 适用前提。

适用衡平原则,须在已确定赔偿责任的基础上,确定赔偿责任大小时适用。如果不具有这个前提,赔偿责任尚未确定,就不能适用这一原则。

(2) 适用顺序。

衡平原则的适用,应当在适用全部赔偿、财产赔偿、损益相抵和过失相抵等规则之后,最后考虑。没有依据其他赔偿规则确定赔偿的基本范围之前,就适用衡平原则,是不正确的。

(3) 综合考虑各种因素。

适用衡平原则应综合考虑各种因素,主要是当事人的经济情况。应考察当事人的经济收入、必要的经济支出以及富裕程度等。此外还应当考虑其他因素,如社会风俗、习惯、舆论、当事人身份、特殊需求等,综合判断是否可以减少赔偿。考虑这些状况时,不仅要考虑加害人的情况,也要考虑受害人的情况。

(4) 保障必要的生活费。

适用衡平原则,应当为加害人及其家属留下必要的生活费用。适用衡平原则的结果是减轻赔偿责任,降低加害人的负担,本身就对加害人有利。加害人承担责任的极限在于承担责任后还能够保留本人及家属的必要生活费用,不能因负担赔偿责任而使生活陷入极度贫困。必要生活费用的标准,应当根据当地实际情况而定,但又不能像确定生活救济标准那样准确,原则上是让加害人在承担责任之后还能够正常生活。其家属范围应以有扶养关系的近亲属为限。

(二) 过失相抵规则的重要地位

在上述侵权损害赔偿的赔偿规则体系中,还应包括过失相抵规则和损益相抵规则。《民法典》第1173条规定的过失相抵规则在其中的地位十分重要,体现的是侵权损害赔偿责任矫正正义的实现,也是民法的公平原则对侵权损害赔偿责任分担的基本要求。

第十三章 《民法典》第1173条规定的过失相抵是减责事由还是赔偿原则

二、与有过失与过失相抵是损害赔偿规则

(一) 与有过失与混合过错

我国侵权责任法以往适用的混合过错概念，不只是侵权责任法的概念，也包括违约损害赔偿的混合过错，是指对侵权或者违约所造成的损害结果的发生或者扩大，不仅义务人有过错，而且权利人也有过错。《民法通则》规定混合过错的有两个条文。一是第131条："受害人对于损害的发生也有过错的，可以减轻侵害人的民事责任。"二是第113条："当事人双方都违反合同的，应当分别承担各自应负的民事责任。"第一个条文规定的是侵权损害赔偿的混合过错，第二个条文规定的是违约损害赔偿的混合过错。

混合过错的概念来源于苏联民法理论。苏联民法理论把混合过错也称为混合责任。侵权的混合过错规定在《苏俄民法典》第458条："如果受害人自己的重大过失促成了损害的发生或扩大，在苏联立法没有其他规定的情况下，应当根据受害人过错的程度（在造成损害的人有过错时，也应当考虑他的过错程度），减少赔偿的数额或者免除赔偿损害的责任。"违约损害赔偿的混合过错规定在第224条："如果不履行债或不适当履行债是由于双方的过错所致，法院、仲裁署或公断法庭应当适当减轻债务人的责任。如果债权人故意或者由于过失促使了不履行或不适当履行债所致损失的增大，或者没有采取措施减轻损失，则法院、仲裁署或公断法庭也有权减轻债务人的责任。"

苏联民法理论认为，受害人的过错是民事法律过错的一种。受害人的过错和致害人的过错一样，只有当受害人的行为具备违法性时，才能成立。这种过错可以表现为故意或过失，但应当考虑的只有故意和重大过失，受害人的普通过失不影响赔偿数额。受害人的过错的法律后果是，或者全部免除致害人的责任，或者减少对加害人损害的赔偿数额。苏联最高法院的司法解释认为，在任何情况下，受害人在造成损害时的故意，都免除致害人赔偿损害的义务。受害人促使损害发生或扩大的重大过失，可以成为减少损害赔偿数额和全部拒绝赔偿损害的根据。致害人的过错程度和受害人的过错程度都应当予以考虑。如果损害是由高度危险来源的所有人所造成，则只考虑受害人的过错程度。由于无行为能力人的行为不视为是有过错的行为，所以也就谈不上考虑作为受害人的无行为能力人的过错；限制行为能力人的过错是减少赔偿数额或免除责任的根据。受害组织的任何一个工作人员在执行公务时有促使损害发生或扩大损害数额的故意或重大过失，都是受害组织的过错。[①]

---

① ［苏］B.Л.格里巴诺夫，C.M.科尔涅耶夫.苏联民法：下册.中国社会科学院法学研究所民法经济法研究室，译.北京：法律出版社，1986：413-415.

大陆法系民法将混合过错称为与有过失,采两种形式,一为合一制,一为分立制。《德国民法典》第 254 条规定:"损害的发生,被害人如与有过失,赔偿义务和赔偿范围,应根据情况,特别是根据损害主要是由当事人的一方还是他方造成的,来确定。"《瑞士债法》第 44 条规定:"被害人对于发生损害之行为已予同意或因可归责于被害人之事由对于损害之成立或扩大予以助力,或因而增加赔偿义务人地位之困难者,审判官得减缩赔偿义务或免除之。"这是合一制,侵权、违约均可适用。日本采用分立制,《日本民法典》第 418 条规定违约与有过失:"债权人就债务不履行有过失时,则由法院斟酌其情事,确定损害赔偿的责任及金额。"第 722 条第 2 款规定了侵权与有过失:"受害人有过失时,法院可以斟酌其情事,确定损害赔偿额。"

大陆法系民法理论认为,与有过失适用范围比较广泛,既包括侵权行为和债务不履行,也及于其他法律规定所生之损害赔偿,义务人纵应负无过失责任的赔偿责任,亦非例外。[①] 与有过失的构成要件包括:(1)须被害人之行为与赔偿义务人之行为为损害之共同原因;(2)须被害人于其行为亦有过失。[②] 与有过失的效力是过失相抵,法院得不待当事人之主张,以职权减轻赔偿额或免除赔偿。[③]

英美法系民法称混合过错为共同过失,英国于《1945 年法律改革(共同过失)法》中确立该法律制度。这种共同过失并不是我国民法理论上的共同过错。虽然过失意味着负有防止损害发生的法定义务,但共同过失并非如此,共同过失是指对自己有疏忽,或对自己缺乏应有的注意,这种情况构成了原告所受伤害或损害的促发因素或部分原因。共同过失的法律后果,是减少损害赔偿数额。普通法原先规定并不是这样,而是只要能证明原告本人由于某种过失而助成了其所受的伤害,则不问过失程度如何,被告即可全部免责。共同过失责任确立之后,如果原告有部分过错,不再驳回其全部请求,而是由法院或陪审团参照原告本人对损害应负的责任,按照其认为公平合理的标准,减少损害赔偿的数额。[④]

总之,不论是混合过错、与有过失还是共同过失,不论是合一制还是分立制,都是表明这样的一种情况,即对侵权或违约损害事实的发生或扩大,不仅赔偿义务人有过错,赔偿的权利人也有过错;其法律后果都是过失相抵。

《民法典》第 1173 条虽然没有使用与有过失和过失相抵的概念,但在民法

[①] 史尚宽. 债法总论. 台北:荣泰印书馆,1978:293.
[②] 胡长清. 中国民法债编总论:上册. 北京:商务印书馆,1935:261.
[③] 史尚宽. 债法总论. 台北:荣泰印书馆,1978:297.
[④] 牛津法律大词典. 中文版. 北京:光明日报出版社,1988:207.

第十三章 《民法典》第1173条规定的过失相抵是减责事由还是赔偿原则

理论上都接受了大陆法系的传统,不再使用混合过错的概念,而使用与有过失和过失相抵的概念,因为在适用无过错责任原则的场合不存在混合过错,无法概括这一领域的与有过失。

(二) 过失相抵及其构成

过失相抵是与有过失减轻赔偿责任的法律后果。"所谓过失相抵,不过为形容之语。其实为就义务者之过失与权利者之过失,两相较量,以定责任之有无及其范围,并非两者互相抵销,是以有仅称为被害人之自己过失者。"[1]

确立过失相抵是基于赔偿制度的公平分担,亦是诚信原则的具体表现,即不得将因自己的过失所产生的损害转嫁于他人。这正是过错责任原则的体现。

与有过失不仅存在于侵权行为和违约行为之中,而且存在于其他法律规定的损害赔偿之债中。例如,侵害相邻权造成损害的赔偿中,当受害一方有过错时,亦构成与有过失,应当过失相抵。义务人即使应负无过错责任,构成与有过失时也适用过失相抵,只要受害人有过错,就应当减轻加害人的赔偿责任。只是《民法典》有时规定了实行过失相抵的具体要求,而非一般过失也实行过失相抵,例如,《民法典》第1239条和第1240条规定的高度危险物和高度危险活动,被侵权人对损害的发生具有重大过失的,才实行过失相抵,第1246条规定,损害是由被侵权人故意造成的,实行过失相抵。

确定过失相抵的构成,应分两个方面考察。对于赔偿责任人的责任构成,应按照构成损害赔偿责任的要件确定,无须赘言。确定赔偿权利人的责任,须具备三项构成要件。

(1) 赔偿权利人的行为系损害发生或扩大的共同原因。

《侵权责任法》第26条规定过失相抵时只规定了被侵权人对损害发生的过失相抵,没有包括损害扩大。《民法典》第1173条对此作了修改,规定被侵权人对损害的发生或者扩大有过错的,实行过失相抵。被侵权人的行为是损害发生或扩大的共同原因的,就具备过失相抵的第一个要件。

共同原因是指被侵权人的行为与侵权人的行为共同作用,促成了一个损害结果的发生,或者使该损害扩大。对于损害结果的发生或者扩大,被侵权人的行为都具有原因力的,就构成过失相抵的共同原因。

被侵权人的行为是损害结果发生的原因事实之一的,也构成过失相抵。损害发生的原因,不单包括损害本身发生的原因,也应包括损害原因事实发生的助成原因,都是共同原因。

---

[1] 史尚宽. 债法总论. 台北:荣泰印书馆,1978:292.

(2) 被侵权人的行为须不当。

构成过失相抵，被侵权人的行为无须违法，为不当即可。所谓不当行为，是为自己利益或在伦理的观点上为不当，所以阻却违法的行为如正当防卫、紧急避险等行为，不得适用过失相抵的规定。不当行为既可以是积极作为，也可以是消极不作为。我国台湾地区关于"重大之损害为债务人所不及知，而被害人不预促其注意或怠于避免或减少损害者，为与有过失"的规定，就是被侵权人消极不作为，分为三种情况：一是重大损害未促其注意，二是怠于避免损害，三是怠于减少损失，都是过失相抵的构成要件。

(3) 被侵权人须有过错。

虽然被侵权人的行为是损害发生或扩大的共同原因，但如果被侵权人在主观上无过错，也不构成过失相抵。被侵权人的过错，理论上有观点认为其并非固有意义上的过失，而是赔偿权利人对于自己的过失。《民法典》并未作这样的区分，仍为一般的故意或过失。判断的标准是被侵权人对于危险应有预见或可得预见，即就其行为可发生权利侵害或债务不履行或可发生损害的扩大，必须有预见，或者以善良管理人的注意应当预见。前者为故意，后者为过失。如果被侵权人的行为对损害的发生或扩大为共同原因，但非出于故意或者过失，不构成过失相抵。

被侵权人的代理人对于损害的发生或扩大有过失时，可视为被侵权人的过失。被侵权人如果是无民事行为能力人，虽无法确定其有无过失，但仍可确定其监护人对此有过失，监护人的过失也可构成过失相抵。

对适用无过错责任原则的侵权行为，受害人有过错亦构成过失相抵，但须依照《民法典》关于特殊侵权责任的特别规定，如第1237条至第1240条等；没有特别规定可否适用过失相抵的，则应参照2020年人身损害赔偿司法解释第2条第2款的规定，受害人具有重大过失的，可以过失相抵。

(三) 过失相抵的责任分担

过失相抵的效力，在于过失相抵要件具备时，法院可以不待当事人的主张，而依职权减轻赔偿义务人的赔偿责任，即将损害赔偿责任在双方当事人之间进行分担。

关于确定减轻赔偿责任的标准，有过错程度说、原因力程度说和综合说三种见解。我国民事审判实务中一般采过错程度说，大致以双方过错程度的不同确定减轻的幅度，对于原因力的轻重考虑不多。这种做法主要源于苏联民法理论。本书采纳综合说，即既考虑过错程度，也考虑行为的原因力，根据二者的程度,决定怎样在侵权责任的双方当事人之间进行责任分担。

过失相抵的责任分担方法包括两个步骤:一是比较过错,二是比较原因力。

1. 比较过错

比较过错亦称比较过失,是指在与有过失中,通过确定并比较加害人和受害人的过错程度,来决定责任的承担和责任的范围。

比较过错的方法是,将双方当事人的过错程度具体确定为一定的比例,从而确定责任范围。对损害后果应负主要责任者,其过错比例为51%～95%;对损害后果应负同等责任者,其过错比例为50%;对损害后果应负次要责任者,其过错比例为5%～49%;过错比例为5%以下的,免除其赔偿责任,不适用过失相抵。其中5%的考虑,就是对受害人的轻微过失不减轻侵权人的赔偿责任。

在与有过失中,判定双方的过错程度通常采用的标准是:根据注意义务的内容和注意标准确定过失的轻重。首先要确定双方当事人所负有的注意内容,如果一方当事人在损害发生时应负有特殊的注意义务,而该当事人不仅没有履行此种特殊的注意义务,连一般人所应尽的注意义务都没有达到,其过失就比一般过失严重。如果双方当事人并不应负有特殊的注意义务,就应按照"合理人"的标准衡量双方的行为,把双方的行为与一个合理的、谨慎的人的行为比较,以决定双方的过失和过失程度。如果行为与一个合理的、谨慎的人的标准相距较远,则过失较重;相距较近,则过失较轻。

通常掌握的过失轻重标准如下:(1)受害人具有故意或重大过失,加害人只有轻微过失,加害人的过错比例为5%以下;(2)受害人具有故意或重大过失,加害人有一般过失,加害人的过错比例为5%～25%;(3)受害人具有故意,加害人有重大过失者,加害人的过错比例为25%以上不足50%;(4)受害人和加害人均具有故意或者重大过失,且程度相当者,加害人的过错比例为50%;(5)受害人具有重大过失,加害人有故意者,加害人的过错比例为51%～75%;(6)受害人具有一般过失,加害人有故意或者重大过失者,加害人的过错比例为75%以上至95%;(7)受害人只有轻微过失,加害人有故意或重大过失者,加害人的过错比例为95%以上。

50%的过错比例,为同等责任;5%～49%的过错比例,加害人应承担次要责任;51%～95%的过错比例,加害人应承担主要责任;5%以下的过错比例或95%以上的过错比例,通常可以考虑免除加害人赔偿责任或者由其承担全部的赔偿责任,因为在这种情况下,可以不作为与有过失实行过失相抵。

2. 比较原因力

确定与有过失责任范围，过错程度起决定作用，但是，原因力的影响亦须重视，比较原因力是确定过失相抵责任范围的重要一环。

原因力，是指在构成损害结果的共同原因中，每一个原因行为对于损害结果发生或扩大所发挥的作用力。与有过失中的损害结果，是由加害人和受害人双方的行为造成的。对于同一个损害结果来说，这两种行为是共同原因，每一个作为共同原因的行为，都对损害事实的发生或扩大具有自己的原因力。

原因力对于责任范围的影响具有相对性。这是因为，虽然因果关系在侵权责任的构成中是必要要件，具有绝对的意义，不具备则不构成侵权责任，但与有过失责任分担的主要标准，是双方过错程度的轻重；双方当事人行为的原因力大小，尽管也影响与有过失责任范围的大小，但其受双方过错程度的约束或制约。

原因力对于与有过失责任范围的相对性决定作用，主要表现在以下方面：

第一，当双方当事人的过错程度无法确定时，应以各自行为的原因力大小确定各自责任的比例。如在适用无过错责任原则归责时，可依受害人行为的原因力大小，确定减轻加害人的责任范围。在双方当事人过错程度难以确定比例时，也可依双方行为原因力大小的比例，确定责任范围。

第二，当双方当事人的过错程度相等时，各自行为的原因力大小对赔偿责任起"微调"作用。双方原因力相等或不悬殊的，双方仍承担同等责任；双方原因力悬殊的，应当适当调整责任范围，赔偿责任可以在同等责任的基础上适当增加或减少，成为不同等的责任。

第三，当加害人依其过错应承担主要责任或次要责任时，双方当事人行为的原因力对过失相抵的确定起"微调"作用：原因力相等的，依过错比例确定赔偿责任；原因力不等的，依原因力的大小相应调整主要责任或次要责任的责任比例，确定赔偿责任。

三、对过失相抵典型案例和司法解释的解说

（一）典型案例和司法解释

刘某兰在榆次市粮店街储蓄所四次定期存款共 8 000 余元，存单由刘某兰自己保管，其中两张存款单预留印鉴，凭印鉴支取。1985 年 8 月 22 日，有人持该四张存单及刘某兰的户口簿到粮店街储蓄所要求提前全部支取。储蓄所因该人未带刘的印鉴，只核对刘某兰的户口簿而未验证代领人的身份证件，支付了两张未预留印鉴的存单存款，另外两张预留印鉴的存单未办支付。该人第二

天又持刘某兰的图章来取款,因与预留印鉴不符而未予支付。第三天,该人持一张经过涂改的证明公文来取款,储蓄所予以支付。储蓄所前后共支付本息1万余元。1985年11月15日,刘某兰发现存单丢失,即到储蓄所挂失,方知存款已被冒领。刘某兰报案未破,向法院起诉。受诉法院逐级向上级法院请示,最高人民法院对此作出了司法解释。

1990年8月28日《最高人民法院关于刘某兰诉工商银行榆次市支行赔偿存款纠纷一案复函》(以下简称"1990年复函")称:"你院晋法民报字(1990)第2号《关于刘某兰诉工商银行榆次市支行赔偿存款纠纷》一案的请示报告收悉。经研究认为:由于工商银行榆次市支行粮店街储蓄所违反《中国人民银行储蓄存款章程》和《中国工商银行储蓄会计出纳核算制度》中关于印鉴挂失和提前支取的有关规定,致使刘某兰的一万余元存款(包括利息)被冒领,依照《民法通则》第一百零六条和第一百三十一条的规定,粮店街储蓄所对刘玉兰存款的损失应承担主要赔偿责任。刘某兰对户口本、存单保管不善,丢失后,未及时发现、挂失,对造成存款损失有过失,亦应承担一定责任。"

(二) 本案和该司法解释的指导意义

最高人民法院根据该案例作出的上述复函,依据与有过失和过失相抵的法理,在《民法通则》的适用中,较好地解决了过失相抵适用的具体问题。这个案例和司法解释虽然时间较早,但是对于适用《民法典》第1173条仍然具有指导意义。概括起来,主要有以下规则。

1. 被侵权人的行为对原因事实的助成也是损害发生的共同原因

刘某兰存款被冒领的损害事实的发生基于两个原因:一是储蓄所的过错行为,二是刘某兰对存单和印章的保管不当行为。刘某兰的行为为储蓄所的过错行为提供了条件,储蓄所的过错行为才直接导致刘某兰的存款被冒领的损害后果。刘某兰的行为是对发生损害的原因事实的助成。在现在的审判实践中,对这一问题也没有统一的理解和做法,有的法院是不自觉地这样操作,有的法院则对此拒绝适用。上文提到的1990年复函确认:"刘某兰对户口本、存单保管不善,丢失后,未及时发现、挂失,对造成存款损失有过失。"这就通过司法解释,确认了对原因事实助成的过失行为,也确认为过失相抵构成的共同原因,为审判实践确定了判断的准则,统一了认定的标准。

2. 被侵权人的不当行为亦构成过失相抵的行为要件

被侵权人的行为并非只由违法行为构成,不当行为亦成立其构成要件。在理论上和实践中,有人主张与有过失的被侵权人一方的行为也须达到违法的程度,方可适用过失相抵,在本案中,刘某兰的行为只是对自己的户口本、存单保管不善，并无违法可言，只是在伦理观点上看显属不当。最高人民法院通过 1990 年复函，确认其行为构成与有过失，适用过失相抵，统一了认识上的分歧，确立了判断的标准。

3. 正确适用原因力对赔偿责任作用的规则

就本案来说，储蓄所对他人支取未到期的定期存款，未查对代领人的身份证件，未判明有伪造明显痕迹的证明文件（介绍信加盖的印章是党支部印章），违反了《中国人民银行储蓄存款章程》和《中国工商银行储蓄会计出纳核算制度》关于印鉴挂失和提前支取的规定，致使刘某兰的存款被冒领，显然具有重大过失。而刘某兰在 8 月至 11 月近 3 个月的时间里，未发现自己的存款单被盗，并让冒领人能连续三天持其户口本和印章去冒领存款，亦有重大过失。双方当事人对损害结果的发生均有重大过失，过失程度相当。对此，按照实务界的通常做法，应各半分担损失。但是，从双方行为对于损害发生所起的原因力来看，则不相同。刘某兰的行为只是为储蓄所的行为提供了条件，而储蓄所工作人员违反银行的规定，直接实施了错误支付存款的行为，造成了存款被冒领的损害后果。储蓄所的行为对于损害结果的发生是主要原因，刘某兰的不当行为只是次要原因，双方行为的原因力程度显然不同。在这种情况下，最高人民法院在 1990 年复函中确认储蓄所承担主要赔偿责任，刘某兰承担一定责任，显然是考虑了原因力对赔偿责任发生的作用。对此，特别值得理论界和实务界重视。

（三）1990 年复函中还没有解决的过失相抵的问题

最高人民法院 1990 年复函由于案情所限，没有解决与有过失与过失相抵的所有问题，主要有以下两个问题。

1. 过失相抵的适用范围

我国《民法典》对过失相抵分别规定在违约责任和侵权责任之中，对于其他场合的损害赔偿是否适用，并不明确，1990 年复函也未涉及这个问题。不过，在理论上这个问题是明确的，即过失相抵是损害赔偿之债的规则，适用于一切损害赔偿的领域。虽然《民法典》在其他损害赔偿的问题上没有规定过失相抵，但是在实务上操作是没有问题的。

2. 扩大损害的行为应否适用过失相抵

对于扩大损害的过失相抵，《民法通则》没有规定，《侵权责任法》也没有规定。在理论上，学者承认对扩大损害的行为应当适用过失相抵，只是在实务上认识不统一。《民法典》第 1173 条增加了这个内容，因此不再存在问题。

第十三章 《民法典》第1173条规定的过失相抵是减责事由还是赔偿原则

规则总结

《民法典》第1173条规定了与有过失和过失相抵的规则,具有重要价值。这一损害赔偿规则适用于侵权责任领域,体现的是侵权责任的矫正正义和公平原则。具体适用的规则如下。

1. 侵权损害赔偿规则体系包括全部赔偿规则、财产赔偿规则、衡平原则规则、过失相抵规则和损益相抵规则。因此,过失相抵不是减轻责任的事由,而是损害赔偿规则,且为损害赔偿规则中最重要的规则之一。

2. 过失相抵的前提是与有过失,即对侵权或违约损害事实的发生或扩大,不仅赔偿义务人有过错,赔偿权利人也有过错。与有过失也叫作混合过错、共同过失,其中与有过失的称谓最准确。与有过失的法律后果是过失相抵,无论是侵权损害赔偿还是违约损害赔偿或其他损害赔偿之债,构成与有过失的,都实行过失相抵。

3. 确定过失相抵的构成,赔偿责任人的责任构成应依照构成损害赔偿责任的要件确定,适用的归责原则不同,构成要件也不同,须根据不同情形确定;赔偿权利人的责任须具备:一是赔偿权利人的行为是损害发生或者扩大的共同原因,二是被侵权人的行为须为不当,三是被侵权人须有过错。

4. 过失相抵的效力,在于过失相抵要件具备时,法院可以不待当事人主张,而依职权减轻赔偿义务人的赔偿责任,即将损害赔偿责任在双方当事人之间进行分担;分担责任的步骤:一是比较过错,二是比较原因力,通过以上比较,确定责任人应当承担的具体责任。

第十四章 《民法典》没有规定的损益相抵在司法实务中可以适用吗

——损益相抵规则的具体适用方法

> **实务指引要点**
>
> 1. 损益相抵是指赔偿权利人基于发生损害的同一原因受有利益的,应于损害额内扣除利益,由赔偿义务人就其差额赔偿的损害赔偿规则。
> 2. 损益相抵是损害赔偿规则,《民法典》对此不加规定是交由实务解决,适用时实行法官职权主义。
> 3. 损益相抵的构成要件:一是须有损害赔偿之债成立;二是须有受害人受有利益;三是须有构成损害赔偿之债的损害事实与所得利益间的因果关系。
> 4. 损益相抵的方法:一是直接扣减;二是退还新生利益;三是退还差价;四是返还消极利益;五是扣减预付赔偿金的利息。

损益相抵规则是债法理论中的一个重要问题,在债法审判实务中具有重要价值,在侵权责任的审判实务中当然也要适用。《民法典》对此没有规定,因此有人怀疑在侵权责任中是否可以适用损益相抵规则,以及怎样在侵权责任司法实务中适用这一规则。本章结合具体案例和最高人民法院的有关批复,讨论损益相抵的概念、理论依据、构成和具体的计算方法,并对在实务中如何适用损益相抵规则提出可行性意见。

一、适用损益相抵规则的典型案例与司法解释

无论是《侵权责任法》还是《民法典》侵权责任编,尽管都在较早的草案

第十四章 《民法典》没有规定的损益相抵在司法实务中可以适用吗

中规定过损益相抵的条文，但是最后都删掉了，都没有规定侵权损害赔偿的损益相抵规则。但侵权责任法与债法理论中，都认为损益相抵不仅是侵权损害赔偿的规则，也是违约损害赔偿以及其他损害赔偿之债的规则。对此，在1990年的某个案例和相关司法解释中，曾经有过明确的说法，确认了损益相抵规则的适用。

（一）典型案例

被侵权人赵某系3岁男孩。侵权人尹某惠，女，职员，40岁。赵、尹两家居于同一宿舍区，相距不远。1989年11月26日下午，尹某惠到开水房用水桶打开水，当将两只装满开水的水桶提到赵家门口通道与公共通道交叉路口时，因提不动，便放在该处路旁，另去借扁担。这时，赵某外出玩耍后倒退着回家，走到水桶旁时，被水桶的耳子剐住毛线裤，跌入开水桶内，左背部、臀部及双下肢烫伤，面积为28％，深度为Ⅱ度。赵某经转院治疗后，创面瘢痕愈合出院，花费医疗费、护理费等共5 693.40元。赵某烫伤前，在该县托儿所统一办理了幼儿托育意外伤害保险，受益人为赵某之父赵某华，烫伤后接受保险费金额1 000元；赵某之母在该县茶厂工作，依据劳动保险条例，该厂补助报销赵某医疗费的35％为438元；赵某已付的医疗费为1 411.42元。

一审法院判决认为，赵某已付的医疗费已由保险费和工厂核销的医疗费全部冲销，已无实际损失，尹某惠不再赔偿；其他损失及继续治疗费用，按过失相抵原则，尹某惠承担60％。

双方当事人上诉后，二审法院在上述损益可否抵销问题上意见不一致，逐级向上级法院请示。

（二）司法解释

1991年8月9日《最高人民法院关于赵正与尹发惠人身损害赔偿案如何适用法律政策的函》（以下简称"1991年复函"）认为：尹某惠因疏忽大意行为致使幼童赵某被烫伤，应当承担侵权民事责任；赵某的父母对赵某监护不周，亦有过失，应适当减轻尹某惠的民事责任。尹某惠应赔偿赵某医治烫伤所需的医疗费、护理费、生活补助费等费用的主要部分。保险公司依照合同付给赵某的医疗赔偿金可以冲抵尹某惠应付的赔偿数额，保险公司由此获得向尹某惠的追偿权。赵某母亲所在单位的补助是对职工的照顾，因此，不能抵销尹某惠应承担的赔偿金额。二审法院遂依该复函的意见判决此案。

该案既涉及过失相抵规则的适用，也涉及损益相抵规则的适用。最高人民法院1991年复函的前一部分解释的是过失相抵规则，后一部分解释的是损益

· 245 ·

相抵规则。

二、损益相抵的概念及理论依据

（一）损益相抵的概念

对损益相抵这一概念的称谓，有两种不同的主张：一是称为损益相抵，二是认为此种情景并非债权间之相互抵销，并不依当事人之意思表示而发生效力，因而称为损益相抵不甚恰当，应称为损益同销。① 不过，损益相抵与损益同销为同一概念，并无疑义，且习惯上都称为损益相抵，将之称为损益相抵更准确。

对损益相抵的界定，学者的表述不甚一致。本书认为，以龙显铭的定义最准确、精炼，即："被害人基于发生损害之同一原因受有利益者，应由损害额内扣除利益，而由赔偿义务人就其差额赔偿，学者称之为损益相抵。"② 对这一定义，还应稍加一点改动，即：损益相抵是指赔偿权利人基于发生损害的同一原因受有利益者，应由损害额内扣除利益，由赔偿义务人就其差额赔偿的损害赔偿规则。

损益相抵的法律特征如下。

1. 损益相抵是损害赔偿规则

损益相抵是损害赔偿的规则，适用于损害赔偿之债的场合，既包括侵权损害赔偿，也包括违约损害赔偿。举凡确定损害赔偿责任的场合，都可以适用这一规则。

2. 赔偿权利人所受损害和受有利益须出于同一原因

损益相抵要求同一原因，既给受害人造成损害，又使受害人受有利益，即造成损害和受有利益出于同一原因，否则不成立损益相抵。

3. 赔偿标的应是损害额内扣除利益额之差额

损益相抵的标的，应当是受到损害的数额与受有利益的数额重合之外的部分，即二者的差额，而非全部损害额。例如，房屋因爆炸而震塌，又留下部分建筑材料，房屋震塌对房屋所有权人而言为损害，房屋所有权人当然可以请求赔偿，但因倒塌而新生的废旧建筑材料，对房屋所有权人而言，是一种利益。③ 损益相抵就是要求受害人在请求损害赔偿时，须从房屋损害数额中扣除因此所得建筑材料之利益额，仅将该差额作为实际损失数额，行使损害赔偿的

---

① 史尚宽. 债法总论. 台北：荣泰印书馆，1978：278.
② 龙显铭. 私法上人格权之保护. 北京：中华书局，1949：116.
③ 曾世雄. 损害赔偿法原理. 台北：三民书局，1986：188.

第十四章 《民法典》没有规定的损益相抵在司法实务中可以适用吗

请求权。

（二）损益相抵规则的历史发展

通说认为，损益相抵规则在罗马法即已存在，但是并未提供相应的证据。在查士丁尼《法学总论》中，关于一切善意诉权的诉讼，审判员享有全权根据公平原则决定返还原告之数的权力规定[①]，含有损益相抵的内容，所以通说并非没有根据。德国普通法时代也承认损益相抵规则。

在我国古代法律中，损益相抵的适用更为明确。在《唐律疏议》《宋建隆重详定刑统》《大明会典》《大清律例》中，都规定了"偿所减价"制度，即在原物受损之后，以其物的全价扣除所残存价值的差额，作为赔偿数额，适用的范围是牛马等畜产遭受损害的赔偿。如《唐律疏议·厩库》"故杀官私马牛"条规定："诸故杀官私马牛者，徒一年半。赃重及杀余畜产，若伤者，计减价，准盗论，各偿所减价；价不减者，笞三十。其误杀伤者，不坐，但偿其减价。"偿所减价，就是赔偿损失额是扣除所受利益后的差额，完全符合损益相抵的基本原理；而价不减者，就是没有新生利益，依照损失数额赔偿。

现代民事立法，民法典一般对损益相抵均不作明文规定。《德国民法典》立法理由明确指示，将该相抵问题委由学说与判例研讨解决，故德国判例学说一再予以确认。法国亦采判例学说确认的方法。[②]《日本民法典》对此也没有明文规定，但是认为损害赔偿请求权人由于发生损害的同一原因也受有利益时，应从损害中扣除其利益，这在损害赔偿的性质上也可以说是当然的。[③]

我国《民法通则》对此也未设明文，最高人民法院1991年复函所作的司法解释，确认了损益相抵规则在司法实务中的适用，自无疑义。

（三）损益相抵规则的地位和适用范围

损益相抵位于民法何种地位，并无异议，即为债法的损害赔偿规则，也就是侵权损害赔偿之债和违约损害赔偿之债的赔偿规则。在传统理论上，损益相抵与过失相抵为同一法律地位上的两个相关的赔偿规则，但我国民法受苏联民法理论影响日久，在较长时间里接受了混合过错的概念，只将过失相抵作为混合过错的后果对待，对损益相抵不甚重视。自《侵权责任法》颁布实施后，这种观念已经有所改变，不再使用混合过错，而使用与有过失和过失相抵，由于

---

① [古罗马]查士丁尼. 法学总论. 张企泰，译. 北京：商务印书馆，1989：213.
② 曾世雄. 损害赔偿法原理. 台北：三民书局，1986：189.
③ 我妻荣. 新版新法律学辞典. 中文版. 北京：中国政法大学出版社，1991：611.

法律没有规定损益相抵,因而仍然对其有所忽视。本书认为,过失相抵与损益相抵是同一地位、同等重要的两个损害赔偿规则,不可偏废其一,与全部赔偿规则、财产赔偿规则和衡平原则规则一道,构成我国的损害赔偿之债的赔偿规则体系。

损益相抵规则适用的范围原则上是损害赔偿之债,包括侵权损害赔偿和违约损害赔偿等。但是有两点值得注意:一是对其他损害赔偿,如相邻关系引起的损害赔偿,无因管理和不当得利中形成的损害赔偿,继承权、监护权等纠纷中形成的损害赔偿,均可适用这一规则,因而损害赔偿之债的概念是广义的。二是损害赔偿也是广义的,因而,损益相抵规则"不独适用于赔偿之金钱利益,对于原状恢复,亦有适用。惟其方法不如金钱之易扣除"①。因而在适用时更应加以注意,在确定适用恢复原状或者返还原物的责任时,防止出现不公平的后果。

(四)适用损益相抵规则的理论基础

确立损益相抵规则以何种理论为依据,大致分为两种情况。

1. 利益说

德国立法采利益说,基于利益说而确认损益相抵规则,认为损害就是受害人对于损害事故所感受的利害关系,也就是其因损害事故遭受的不利益,而利益的计算,应以受害人的财产状况的差额为准。所谓财产状况,一是指损害事故如果未发生,受害人财产应有的状况,二是指损害事故发生后,受害人财产实有的状况,其计算应将受害人所受损害与所得利益全部计列相抵,才可以得出。既然如此,如果受害人因同一损害原因而受有利益,该利益亦应列入扣除。

2. 禁止得利说

法国法和英国法接受的学说与上述利益说不同,基于禁止得利的思想而确认损益相抵规则,因此也把损益相抵称为禁止同一来源规则。其认为损害赔偿旨在填补损害,故赔偿应与损害大小一致,不可少亦不可多,基于此原则,赔偿损害后,受害人不得较无损害事故发生时更为优越。准此,凡因一损害原因受损害并受有利益的,则所谓损害仅存于损害与利益二者间的差额。利益大于或等于损害时,即无损害可言;利益小于损害时,计算损害应扣除利益额。②

上述两种学说的主要区别在于确认损益相抵的理论着眼点不同,前者主要

---

① 史尚宽. 债法总论. 北京:中国政法大学出版社,2000:315-316.
② 以上两种理论的论述,请参见曾世雄. 损害赔偿法原理. 台北:三民书局,1986:190.

着眼于损害致利益的实际减损,后者主要着眼于禁止受害人额外得利。两者相比,第二种理论更符合公平原则,所以为多数国家所接受。

至于我国对损益相抵规则采用何种理论依据,大体可以认为,古代侵权法的"偿所减价"相当于利益说,是以被害人的财产状况的差额作为利益丧失的范围,可以请求赔偿损失;民国民法基本上主张第二种理论。至于我国当代的民法理论和实务界对损益相抵采取何种理论,未见明确主张,在学者的著述中,两种主张都有踪迹。最高人民法院关于这一规则的前述司法解释(1991年复函),未阐述其确认的理论依据。本书主张,应采用禁止得利的理论作为损益相抵的依据。这是因为,该理论不仅为大多数国家所接受,符合民法的公平、正义原则,而且完整地体现了侵权法补偿功能的要求,符合侵权法设立的基本宗旨,易于为人们所接受,且在实务中也便于理解、掌握和操作。

三、损益相抵的构成及其计算

(一)损益相抵的构成

构成损益相抵,须具备以下要件。

1. 须有损害赔偿之债成立

构成损益相抵,须以损害赔偿之债的成立为要件。其成立的要件,各依其性质而定;均具备者,始成立此要件。如前所述,对于这一要件中的损害赔偿应作广义理解。应注意的是,不构成损害赔偿之债的所得利益,均不构成损益相抵。本书试举例如下。

(1)合同履行中受有利益。学说认为,债权人请求履行契约时,损益相抵因专属于损害赔偿问题,无适用的余地。如买卖合同订立后,因买卖的标的物的货物价格上涨,买受人受有利益,当买受人请求履行债务时,虽然该项所得利益系因买卖合同的缔结使然,然而出卖人不得请求扣除买受人所得利益。又如即使工人受雇清洁水沟,在工作中寻获一枚金戒指,受雇人请求雇佣人依合同的约定给付报酬时,雇佣人也不得主张扣减拾得金戒指的利益。[①] 上述情况,均不构成损害赔偿之债,只是正常的履行合同,不属于损益相抵的必备要件,不得适用损益相抵。

(2)特殊的请求返还行为。一般的返还原物,可以适用损益相抵。如无因管理,其要求返还原物并给付管理费用,就是损益相抵。特殊的返还原物,如盗窃耕牛予以使用,盗窃汽车用来运输,虽然盗者于使用时损失了草料喂养之

---

① 曾世雄. 损害赔偿法原理. 台北:三民书局,1986:191-192.

费，或者损失汽车维护、保养甚至修理费，当失主请求返还，盗者于返还原物时，不得以失主节省草料喂养之费或维护、保养甚至修理费等主张其为失主所得利益而适用损益相抵。同样，某人发掘得一珍贵文物，国家作为所有者，自得请求返还，发掘者不得就发掘的花费主张其为国家所得利益而适用损益相抵，国家只得依法给予奖金鼓励。这些返还原物行为，与一般的返还原物如侵权、合同无效的返还原物不同，国家另有法律规定，与损害赔偿之债无相同之处，自不得适用损益相抵。

（3）请求减少价金行为。如甲售给乙一批货物，品质与约定相比较劣，乙请求减少价金，但是，将此物售给丙时，价格并未受影响。对此，甲在酌定减少价金时，不得主张乙因转卖得利适用损益相抵。[①] 其原因也是上述情形不具备损害赔偿之债成立的要件。

2. 须受害人受有利益

这是损益相抵的必备要件，如受害人未因受损害而受有利益，则无适用损益相抵的余地。这种利益包括积极利益和消极利益。前者为受害人现有财产的增加，如财产保险投保后遭损害的索赔金额、房屋被毁所遗建筑材料的价值等。后者为应减少的财产未损失，如旧车使用的修理费、耕牛使用的饲养费等。在实务中，对于积极利益中的诸如房屋被毁所遗建筑材料价值，往往认为是尚未损失的利益，因而不计算在损失之中。这种看法只是观念上的问题。如果将房屋的损害计算为一个完整的损失额，再计算所遗建筑材料的利益额，二者实行损益相抵，不仅使损失价值更为准确，从说理上也更为有利。

一般认为，应当扣减的利益有：

（1）物之毁损而发生的新生利益。例如我国古代律法中的"偿所减价"制度下，杀死一头牛，牛死为损失的数额，剩的牛肉、牛骨、牛皮等即为新生利益，应予扣除。即使在今天，亦应如此。

（2）实物赔偿新旧相差的利益。适用于实物赔偿的场合，如损毁或灭失某物，该物为五成新，义务人以同种类物（全新）予以赔偿，新旧相折，权利人多得价款的一半，应返还给义务人；盖因新旧之间的差额为超过实际损害的部分，自应予以扣除。

（3）原应支出因损害事实之发生而免予支出的费用。这种利益为消极利益，如致伤后住院治疗，住院的伙食费已计入赔偿费用者，其原日常在家的伙食费应扣除。我国台湾地区的司法实务就是这样计算，我国大陆并非如此，并不考虑住院伙食费及日常伙食费的差额的赔偿，而是考虑住院治疗应予以适当的伙食补

---

① 曾世雄. 损害赔偿法原理. 台北：三民书局，1986：194.

第十四章 《民法典》没有规定的损益相抵在司法实务中可以适用吗

助。这两种不同的做法意旨相同。前述偷牛后产生的饲料费、盗车后产生的修理费虽系消极利益，但属不应扣除的利益。应扣除的此种利益如因迟延交付买卖标的之牛，虽应赔偿迟延交付的损失，但迟延期间牛的饲料之开支，属于消极利益，应予扣除。

（4）原无法获得因损害的发生而获得的利益。[1] 如日本判例认为，因杀害他人使其妻子或子女丧失扶养来源，但同时使其得有法律上的救济金，为所得利益，应予扣除[2]；又如德国判例认为，赛马时骑手为赢得奖金，违反惯例鞭马致死，马匹所有人因马死而受有损害，但是却因此获得奖金，该项奖金为所得利益，如无损失则不能获得，应予扣除。[3]

（5）将来的赔偿给付改为现在的一次性给付的中间利息等。[4] 如伤害致人死亡或丧失劳动能力的，前扶养人因丧失扶养而获损害赔偿，当把将来的多年给付改为现在一次性给付时，其将来给付的逐年中间利息，应按法定利率予以扣除。

3. 须有构成损害赔偿之债的损害事实与所得利益间的因果关系

对于损害与所得利益的因果关系，学说曾经经历了三种不同的变化。

首先提出损益相抵的根据是损益必须同源，认为损害与利益之间应相折算，以该二者系因同一事故发生为必要，否则，不得进行折算。

其次出现的理论依据为相当因果关系，认为损益相抵的观念过窄。部分利益的发生，虽外观似由独立事实而引发，损益非同源，但以其相抵为宜的，不无有之，因而损益相抵的标准有扩充的必要。当时正值相当因果关系理论兴旺时期，据此认为，判断何种利益足以影响应填补损害并予以扣除，以损害事故与利益间有无相当因果关系为准，有之则构成，无之则不应予扣减，不构成损益相抵。

最后，由于相当因果关系标准的出入弊病甚大，相当因果关系说在决定损害赔偿范围问题上所保持的权威地位开始动摇，损益相抵的标准渐由相当因果关系为法规意旨所取代。[5] 但是，尽管损益相抵不以相当因果关系为绝对标准，因果关系作为构成损益相抵的要件之一，却为判例和学说所公认。

在具体判断因果关系的构成时，一是基于同一赔偿原因所生直接结果之损益，成为不可分离或合一关系的，二是基于同一赔偿原因所生间接结果，彼此

---

[1] 曾世雄. 损害赔偿法原理. 台北：三民书局，1986：210 – 212.
[2] 史尚宽. 债法总论. 台北：荣泰印书馆，1978：300.
[3] 曾世雄. 损害赔偿法原理. 台北：三民书局，1986：212.
[4] 此种情况应适用霍夫曼计算法扣除之，可参见杨立新. 侵权损害赔偿. 长春：吉林人民出版社，1990：340.
[5] 曾世雄. 损害赔偿法原理. 台北：三民书局，1986：195 – 197.

之间或与直接结果为不可分离或合一关系的，均为有相当因果关系。前者如公职人员因铁路意外事故丧失劳动能力，但是因此而取得劳保退休金，即同一损害原因所生直接结果为不可分离的关系。后者为无论基于赔偿权利人之行为，还是基于赔偿义务人之行为，有相当因果关系，同其彼此之间为不可分离或合一关系，如违约为海上运送，因途中船舶沉没而受损害，他方为海运而节省的费用，即为利益与直接结果不可分离。①

通常认为不具有相当因果关系者，为损害与利益无适当关系，因此不得适用损益相抵。主要情形有四种。

（1）赠与和补助。第三人向受害人赠与的财产、受害人所受慈善机构的救治或者国家、单位予以的补助。这种受害人所受利益，并非损害事实的直接结果，而是由第三人的意思所决定，与损害无适当关系，不应相抵。

（2）因继承而得的利益。例如，甲被害，其妻和子女丧失扶养，可以向加害人请求扶养损害赔偿，但是，其妻与子女因甲的死亡而继承甲的遗产，即因损害事故的发生而得利益。遗产的继承系因被继承人所有权的延伸关系而发生，与损害无适当关系，不得相抵。

（3）退休金、抚恤金。这是国家给予公务人员、公职人员或其家属的福利，其目的并非在于填补被害人所受损害，因而也不存在适当关系，不能予以扣抵。②

（4）慰问金。对受害人的慰问金，一般认为应分清慰问金是由谁所送。非加害人所送的，不得抵销。如果是加害人所送，又非一般数额的水果、用品的，应予扣抵。

具备以上三个要件，即构成损益相抵，应在损害额中扣除所得利益额。

（二）损益相抵的计算方法

损益相抵的计算及折抵方法，主要有以下五种。

1. 直接扣减

侵害权利造成的损失与利益均可以金钱计算时，直接相减，扣除利益，赔偿该差额即可。对此，公式如下：

损失价值＝原有价值－（原有价值/可用时间）×已用时间－残存价值③

这一公式用于财产损害的损益相抵，其中"原有价值－（原有价值/可用时

---

① 史尚宽.债法总论.台北：荣泰印书馆，1978：300，301.
② 曾世雄.损害赔偿法原理.台北：三民书局，1986：204.
③ 杨立新.侵权损害赔偿.长春：吉林人民出版社，1990：80.

间)×已用时间"即为被损害之物的损失价值;残存价值即为新生之利益,应予扣减;损失价值即为已扣除利益的差额,即赔偿数额。

至于人身损害的损益相抵,直接相减得出损害与利益的差额,即实行了损益相抵。

2. 退还新生利益

对于损害造成的损失已经予以全额赔偿者,应当由赔偿权利人将新生利益退还给赔偿义务人,实行损益相抵。例如,毁损他人汽车或房屋,汽车损毁所余汽车零件为新生利益,房屋被损所遗建筑材料为新生利益。如果对该汽车或房屋的损失全额赔偿,则所余残存零件或材料应当归赔偿义务人所有,否则违背公平原则。

3. 退还差价

进行实物赔偿的,新旧物的差价应由赔偿权利人退还赔偿义务人,否则权利人对差价为不当得利。如甲损害乙一辆五成新自行车,折旧后为500元,甲赔偿其一辆新的自行车,价格为1 000元,为此,乙应返还给甲500元,否则,乙将得双重利益。

4. 退还消极利益

返还原物时,对所得的消极利益应退还返还义务人。如买卖菜牛合同中,双方已交付标的物,后发现合同无效,买牛方负有返还原物的义务,卖方因未饲养而受有消极利益,返还原物时,卖牛方应退还该消极利益。

5. 扣减预付赔偿金的利息

在人身损害致残、致死的场合,赔偿义务人对丧失劳动能力的人或其他间接受害人应定期给付生活补助费的,如果要把将来的多次给付变成现在一次性给付,应当扣除中间利息。具体计算时,可依据霍夫曼计算法或莱布尼茨计算法,扣除中间利息。[①]

四、对典型案例和司法解释的释评

重新审视最高人民法院1991年复函,在肯定损益相抵规则上,是有重要意义的。对1991年复函所涉及的两种具体利益,即人身保险金和职工单位对职工子女就医补助费是否可以相抵,应当进行深入讨论。这对于在司法实践中如何适用损益相抵规则具有重要价值。

---

① 杨立新. 侵权损害赔偿. 长春:吉林人民出版社,1990:80.

(一) 确认损益相抵规则的重要价值

最高人民法院是第一次就损益相抵规则的适用作出司法解释，其重要意义在于以下几个方面：

第一，肯定了损益相抵适用的价值。我国在长期的司法实践中，只强调要准确确定损失数额，尽管在实践中实行损益相抵规则，但是，没有在理论和观念上自觉接受损益相抵要求的指导。这与我国立法和规范性司法解释没有明确规定损益相抵规则有关。最高人民法院的 1991 年复函有助于损益相抵规则的正确理解和适用。

第二，推动损害赔偿之债的理论研究。目前在理论上，由于长期以来侵权责任与债法的分离，学界和实务对侵权法和合同法共性问题的研究没有给予必要的注意。《民法典》实施后，进一步讨论 1991 年复函，可以引起对损害赔偿之债共性的研究和适用的更大兴趣。

第三，对于损益相抵，尽管《民法通则》、《合同法》、《侵权责任法》以及《民法典》都没有明文规定，但是它确实是损害赔偿之债的赔偿规则，必须予以重视，将其作为所有的损害赔偿之债的共同规则。

第四，损益相抵规则的适用实行法官职权主义，即使当事人没有主动提出损益相抵，但是能够证明确有损害所生新生利益的，法官即可在确定损害赔偿数额的时候予以扣减。

(二) 扣减利益的检讨

1. 人身保险金可否作为扣减的利益

在我国，对财产保险金是主张可以抵销的。我国财产保险的原则是权益转让原则，含义是被保险人因财产受损而取得保险人的赔偿后，将其原应享有的向他方（责任方）索赔的权益转让给保险人。保险人取得该项权益，自己即可处在被保险人的地位，向责任方追偿。[①] 基于该原则，如果被保险人投保的财产因侵权行为而毁损灭失，获得保险人的赔偿后，即构成因同一侵权行为而获得利益，自不得请求加害人赔偿，而应将求偿权转让给保险人，由保险人代被保险人（受害人）之位，向加害人行使追偿权。可见，我国不采用财产保险金系因保险费支付而取得的对价关系的理论，因而财产保险金可适用损益相抵。

对于人身保险金，我国采取分情况处理的办法：一是基本保险金，承认其与保险费的对价关系，不应予以损益相抵；二是医疗保险金，属于同一损害事

[①] 林增余. 财产保险. 北京：中国金融出版社，1987：51.

实所生之利益，适用权益转让原则，赔偿之后，受害人应将追偿权转让给保险人，由保险人向加害人追偿。最高人民法院1991年复函所称"保险公司依照合同付给赵某的医疗赔偿金可以冲抵尹某惠的追偿权，保险公司由此获得向尹某惠的追偿权"，正是依据这样的原则作出的司法解释。

这样解释是否正确不无疑问：一是此种原则与国际通说相悖，二是基本保险金与医疗赔偿保险金很难区分。以赵某案为例，该保险合同规定保险赔偿最高金额为1 000元，但何为基本保险金，何为医疗赔偿保险金，二者占何种比例，并不明确，保险人理赔时也弄不清楚，因此很难确定可抵销的部分。对这种情况，应当继续研究探讨，尤其应在《保险法》中明确规定。实务中确能证明为医疗保险金的，可相抵扣减；不能证明为医疗保险金的，应视为基本保险金，不得视为可得利益而扣减之。

2. 职工单位补助是否可以作为扣减的利益

首先，应当弄清该种补助的性质。1991年复函对此称："赵某母亲所在单位的补助是对职工的照顾。"这种说法不准确。该"补助"是职工家属依照《劳动保险条例》的所得利益。政务院1953年1月2日修正发布的《劳动保障条例》第13条"戊"规定："工人与职员供养的直系亲属患病时，得在该企业医疗所、医院、特约医院或特约中西医师处免费诊治，手术费及普通药费，由企业行政方面或资方负担二分之一。"该条例尽管在适用中内容有所变通，但在实际生活中仍有效力。依此规定，该补助的性质是劳动保险，而非所谓的"照顾"。

其次，劳动保险也称劳工保险，职工因伤亡致死致残给付的保险金，通说认为不得适用损益相抵，其理由是，雇主为劳工缴纳保险费，原意是填补损害，但雇主以外的第三人的侵权行为导致伤残死亡者的，因劳工保险无代位行使赔偿请求权的规定，故不得由损害赔偿额中扣抵。我国目前劳动保险，关于职工伤病、医药费等金额按比例由行政报销，职工直接供养的直系亲属患病，按比例由单位行政部分核销。这些措施，并非给付保险金，而是按照公费医疗保险办法处理。尽管如此，但由于法规没有规定给付公费医疗的单位核销医疗费等费用后对加害人的代位追偿权，因而不宜采用损益相抵的办法。正如1991年复函所指出的那样：该种公费医疗核销的医疗费，"不能抵销尹某惠应承担的赔偿金额"。司法解释的态度是明确的。

不过，在今天再研究职工单位补助的问题已经没有实际意义了，只有在讨论应当扣减新生利益范围上具有价值。类似的新生利益是否应当扣减，可以借鉴这样的思路来考虑。

通过以上讨论，可以看到，该典型案例和最高人民法院1991年复函确定的基本规则是正确的,对司法实践和理论研究具有重要指导意义。在应当进行损益相抵的新生利益的具体判断上,确有值得斟酌之处,其缺陷在于就事论事,缺少原则的高度,缺乏精炼的说明。

规则总结

本章讨论的赵某诉尹某惠损害赔偿案,是适用损益相抵规则的典型案例,虽然时间较早,但最高人民法院依此案作出了适用损益相抵的司法解释,也是最高人民法院对损益相抵作出的唯一一个司法解释,具有重要价值。归纳损益相抵的规则,主要有以下几点。

1. 损益相抵,是指赔偿权利人基于发生损害的同一原因受有利益者,应由损害额内扣除利益,而由赔偿义务人就其差额赔偿的损害赔偿规则。损益相抵在英美法被称为禁止同一来源规则,同样适用于侵权损害赔偿的数额计算。

2. 损益相抵规则的性质是损害赔偿规则,侵权责任法将其作为五种损害赔偿规则中的重要规则之一。以往的民法单行法以及《民法典》对此不加规定,而是采用德国法的方法,交由实务解决。在实务上,当事人可以主张,但是我国实行法官职权主义,只要能够证明造成损害的同时产生了新生利益,即可进行损益相抵。

3. 损益相抵的构成要件:一是须有损害赔偿之债成立;二是须有受害人受有利益;三是须有构成损害赔偿之债的损害事实与所得利益间的因果关系。不能扣减的,一是赠与和补助;二是因继承而得的利益,三是退休金、抚恤金,四是慰问金。

4. 损益相抵的方法:一是直接扣减,损失和利益以金钱计算的,即可适用;二是退还新生利益,适用于对损害造成的损失已经予以全额赔偿者;三是退还差价,适用于实物赔偿新旧差额明显者;四是返还消极利益,适用于返还原物尚有消极利益应退还者;五是扣减预付赔偿金的利息,对于未来损害的赔偿改为当下一次性赔偿,应当依照霍夫曼计算法扣减预付赔偿金的利息。

第十五章 《民法典》第1179条和第1180条规定的死亡赔偿金是"同命同价"赔偿吗

——死亡赔偿金的统一标准以及其与残疾赔偿金的区别

实务指引要点

1. 依照民法的平等原则，任何自然人的生命权都是平等的，生命权受到侵害获得的侵权损害赔偿救济，不应当有计算上的差别。
2. 《民法典》第1179条和第1180条规定死亡赔偿金，并没有"同命不同价"的立法意图。
3. 2022年人身损害赔偿司法解释第15条规定城乡居民的死亡赔偿金采用统一标准的计算方法，是正确的。
4. 残疾赔偿金和死亡赔偿金在性质上有所区别，能否完全适用相同的计算标准仍然值得研究。

《民法典》第1179条和第1180条规定的是人身损害赔偿的基本规则，其中规定了残疾赔偿金和死亡赔偿金，但都没有规定具体的计算方法。在司法实践中，都是按照2004年人身损害赔偿司法解释规定的办法进行。在中央提出缩小城乡差别的要求中，主张取消死亡赔偿金"同命不同价"的做法，法院对此进行了试点。2022年人身损害赔偿司法解释已经作出了明确规定，告别了死亡赔偿金"同命不同价"的历史。本章将说明死亡赔偿金确定统一标准的理由，顺便说明死亡赔偿金与残疾赔偿金之间的区别，二者用统一方法计算并不准确。

一、死亡赔偿金和残疾赔偿金计算方法采取同一标准是不对的

（一）死亡赔偿金与残疾赔偿金计算方法的演变过程

在《民法通则》实施之后的 30 多年里，关于死亡赔偿金和残疾赔偿金的规定一直是在不断变化的。

最初，《民法通则》人身损害赔偿的条文中没有规定，第 119 条规定："侵害公民身体造成伤害的，应当赔偿医疗费、因误工减少的收入、残废者生活补助费等费用；造成死亡的，并应当支付丧葬费、死者生前扶养的人必要的生活费等费用。"引起的后果是，侵权行为造成死亡的，赔偿数额太少，远远低于造成残疾的赔偿数额。

《道路交通事故处理办法》为了改变这种状况，规定了死亡补偿费，也规定了残疾补偿费。后来，2001 年民事侵权精神损害赔偿责任若干问题的解释将死亡补偿费和残疾补偿费改为死亡赔偿金和残疾赔偿金，开始作为精神损害赔偿加以规定和适用。2004 年人身损害赔偿司法解释将死亡赔偿金和残疾赔偿金定性为人身损害赔偿，对于侵害物质性人格权造成精神损害的赔偿，改为精神损害抚慰金，理顺了人身损害赔偿和精神损害赔偿之间的关系。

《侵权责任法》确认了上述司法实践经验，在人身损害赔偿中，分别规定死亡赔偿金和残疾赔偿金，同时规定精神损害赔偿责任。《民法典》继续坚持《侵权责任法》规定的方法，《民法典》第 1179 条和第 1180 条规定了死亡赔偿金和残疾赔偿金，另有第 1183 条规定精神损害赔偿。

（二）2020 年人身损害赔偿司法解释对死亡赔偿金和残疾赔偿金规定的做法

《民法典》只规定了残疾赔偿金和死亡赔偿金的赔偿项目，没有规定具体的计算方法。2020 年人身损害赔偿司法解释第 12 条规定："残疾赔偿金根据受害人丧失劳动能力程度或者伤残等级，按照受诉法院所在地上一年度城镇居民人均可支配收入或者农村居民人均纯收入标准，自定残之日起按二十年计算。但六十周岁以上的，年龄每增加一岁减少一年；七十五周岁以上的，按五年计算。受害人因伤致残但实际收入没有减少，或者伤残等级较轻但造成职业妨害严重影响其劳动就业的，可以对残疾赔偿金作相应调整。"第 15 条规定："死亡赔偿金按照受诉法院所在地上一年度城镇居民人均可支配收入或者农村居民人均纯收入标准，按二十年计算。但六十周岁以上的，年龄每增加一岁减

少一年；七十五周岁以上的，按五年计算。"

从上述规定可以看出，在残疾赔偿金和死亡赔偿金的赔偿上，采取的计算标准是一样的，都是区分城镇居民人均可支配收入和农村居民人均纯收入两个不同的标准。这个关于死亡赔偿金的规定，在社会上备受指责，被斥为"同命不同价"的死亡赔偿。

（三）死亡赔偿金与残疾赔偿金应否适用同一赔偿标准

应当看到的是，死亡赔偿金和残疾赔偿金并不是同一回事，适用同一种赔偿计算标准是不正确的。

残疾赔偿金是对被侵权人劳动能力丧失或者部分丧失的损害赔偿。当侵权行为作用于被侵权人的健康权，造成被侵权人的身体残疾，丧失或者部分丧失劳动能力时，被侵权人就会面临劳动收入减少以至于丧失，造成财产的损失。因此，人身损害赔偿的残疾赔偿金在计算时，应当以被侵权人的收入损失作为计算标准。通常的标准：一是按照实际收入的减少或者丧失计算，损失多少赔偿多少；二是以受害人当地的平均水平作为标准计算，赔偿平均值的收入损失。我国采取的是后者，赔偿的标准是平均值，没有依照被侵权人实际收入损失进行赔偿。应当说，即使如此，确定残疾赔偿金的二分法赔偿标准，也有比较充分的道理，不存在城乡差别对待乃至于歧视的问题。

但是，死亡赔偿金则不同。被侵权人受到侵权行为侵害，造成死亡的结果，丧失的是生命，受到侵害的是生命权，赔偿是对死亡的救济。人的生命只有一次，丧失生命的损害事实不可逆转，因此，侵权人必须予以赔偿。对于生命权受到侵害造成死亡结果，赔偿的对象应是被侵权人的余命，就是应当生存的期限被剥夺，提前造成死亡的结果。对此的赔偿，绝不是对其收入损失的赔偿，而是对丧失生命的价值的赔偿。在这里，起到绝对作用的，不是死者生前收入的多少，而是对人的地位、人格尊严、生命尊严的赔偿。例如，在"十三五"期间，中国人均预期寿命从76.3岁提高到77.3岁，提高了1岁。以此为标准，被侵权人30岁被侵权致死，其余命为47.3年，以此为标准，才是赔偿生命权损害的正确做法，不论城乡居民，这一标准应当是相同的，不应当有差别。如果采取残疾赔偿金的计算方法计算死亡赔偿金，区分城乡居民的收入差别，造成的后果肯定是差别巨大，导致城乡居民的人格、地位的不平等。对此，民间指责死亡赔偿金"同命不同价"，是有道理的。

最高人民法院司法解释采取这样具有城乡歧视性的死亡赔偿金计算方法，理由是如果采取城乡统一标准，当农村居民为侵权人时，赔偿标准太高，事实上执行不了，会造成更多的问题。这样的理由不能不说有一定的根据，但是不适当。因为过多地迁就农村的侵权人的赔偿能力，而放弃了自然人的地位、人格的平等性，造成的后果就是扩大城乡差别，导致死亡赔偿金的城乡差别和事实上的不平等。

（四）2022年人身损害赔偿司法解释的统一赔偿标准

2022年2月15日最高人民法院审判委员会第1864次会议通过，自2022年5月1日起施行的《最高人民法院关于修改〈最高人民法院关于审理人身损害赔偿案件适用法律若干问题的解释〉的决定》第1条规定，第12条修改为："残疾赔偿金根据受害人丧失劳动能力程度或者伤残等级，按照受诉法院所在地上一年度城镇居民人均可支配收入标准，自定残之日起按二十年计算。但六十周岁以上的，年龄每增加一岁减少一年；七十五周岁以上的，按五年计算。受害人因伤致残但实际收入没有减少，或者伤残等级较轻但造成职业妨害严重影响其劳动就业的，可以对残疾赔偿金作相应调整。"第2条规定，第15条修改为："死亡赔偿金按照受诉法院所在地上一年度城镇居民人均可支配收入标准，按二十年计算。但六十周岁以上的，年龄每增加一岁减少一年；七十五周岁以上的，按五年计算。"

至此，我国的死亡赔偿金终于实现了统一赔偿标准，告别了"同命不同价"的历史，体现了生命权保护的平等原则。

二、死亡赔偿金的性质与立法

（一）死亡赔偿金的性质与理论基础

死亡赔偿金的性质，是指死亡赔偿金究竟是对谁、对何种损害给予的赔偿。这关系到死亡赔偿金的确定、计算、给付等。死亡赔偿金是不法致人死亡时特有的财产损害赔偿项目，是对造成死亡的被侵权人的近亲属的损害赔偿。对于死亡赔偿金，世界各国法律存在共识，即死亡赔偿金并不全部是对死者财产损害的赔偿，还包括对死者有关的亲属的赔偿。

对于死亡赔偿金计算的理论基础，有两种不同的学说，即"扶养丧失说"与"继承丧失说"。

1. 扶养丧失说

这种学说认为，被侵权人死亡导致其生前依法定扶养义务供给生活费的被扶养人，丧失了生活费的供给来源，受有财产损害，对此损害，加害人应当予以赔偿。在这种立法例下，被侵权人赔偿的范围，就是被扶养人在被侵权人生前从其收入中获得的或者有权获得的扶养费的份额。至于因被侵权人的死亡而使得被侵权人法定继承人从被侵权人处将来所能继承的财产的减少，不属于赔偿之列。① 另外，在赔偿时，如果被侵权人没有受其供养的被扶养人，不存在损害，侵权人就不承担该项赔偿责任。

2. 继承丧失说

这种学说认为，侵害他人生命致人死亡，不仅生命利益本身受到侵害，而且被侵权人余命年岁内的收入"逸失"，使得这些原本可以作为被侵权人的财产为其法定继承人继承的未来可得收入，因加害人的侵害行为而丧失，对于这种损害应当予以赔偿。实际上，在这种立法例下，赔偿义务人应当赔偿的范围为因被侵权人死亡而丧失的未来可得利益。

我国对死亡赔偿金的性质始终存在争论。②《民法通则》第119条没有规定死亡赔偿金。《消费者权益保护法》第49条、《国家赔偿法》第34条第1款第3项、《产品质量法》第44条对"死亡赔偿金"作了规定，性质属于精神损害赔偿。除《国家赔偿法》的规定外，实际上其他规范采纳的都是"扶养丧失说"。《最高人民法院关于审理涉外海上人身伤亡案件损害赔偿的具体规定（试行）》（已失效）第4条关于"死亡赔偿范围和计算公式"的规定中，收入损失是指根据死者生前的综合收入水平计算的收入损失，计算公式是：收入损失＝（年收入－年个人生活费）×死亡时起至退休的年数＋退休收入×10，死者年个人生活费占年收入的25%～30%，采取的是"继承丧失说"。2001年《最高人民法院关于确定民事侵权精神损害赔偿责任若干问题的解释》（以下简称"2001年精神损害赔偿司法解释"）规定的死亡赔偿金被明确归为精神损害抚慰金；2004年人身损害赔偿司法解释规定的死亡赔偿金接近"继承丧失说"。

以"扶养丧失说"作为我国死亡赔偿金制度的理论基础存在不足，司法实务中也出现了困境。③ 为此，2004年人身损害赔偿司法解释放弃过去的立场，以"继承丧失说"解释我国有关法律规定中的死亡赔偿金制度。按照这一新的解释立场，死亡赔偿金的内容是对收入损失的赔偿，其性质是财产损害赔偿，而不是精神损害赔偿。这一改变是有道理的，对保护被侵权人的合法权益有益，应当肯定。但是，对于死亡赔偿区分城镇居民与农村居民，采用不同标准计算赔偿金，造成赔偿数额悬殊，歧视农民人格的后果，是不正确的。

---

① 王利明. 人身损害赔偿疑难问题：最高法院人身损害赔偿司法解释之评论与展望. 北京：中国社会科学出版社，2004：567.

② 最高人民法院民事审判第一庭. 最高人民法院人身损害赔偿司法解释理解与适用. 北京：人民法院出版社，2004：355.

③ 最高人民法院民事审判第一庭. 最高人民法院人身损害赔偿司法解释理解与适用. 北京：人民法院出版社，2004：359-363.

（二）立法的做法

起草《侵权责任法》时，立法者曾经立意要改变"同命不同价"的做法，草案曾经提出过方案，明确规定"同命同价"，废除"同命不同价"的规定，不分城市居民和农民，统一适用标准。其中，具体数额的确定，则根据被侵权人的年龄、收入状况等因素，在法律规定的中间线的基础上，适当增加或者减少。其中关于地区的差异问题，概括在"收入"一项内容中。关于死亡赔偿金与精神损害赔偿的关系问题，草案提出的方案是"一揽子"赔偿，死亡赔偿金中包括精神损害赔偿。关于死亡赔偿的计算方法，采取国家上年度城镇职工年平均工资乘以15年。计算的结果是，死亡赔偿金的中间线在40万至50万元之间，再加上按照不同年龄和收入等情况，在这个中间线的上下增加或者减少，数额比较适当，因此比较可行。

专家基本上接受了这个意见。但在最后，《侵权责任法》没有采纳这样的意见，只规定了在同一事故中死亡赔偿金采取统一标准，即第17条规定《民法典》编纂中，仍然坚持了这样的做法。

在这种情况下，2020年修订人身损害赔偿司法解释，并未改变死亡赔偿金的赔偿方法，继续坚持"同命不同价"的赔偿标准。

（三）区分城乡不同的死亡赔偿金标准的错误所在

死亡赔偿金的规定在标准上存在问题，就是区分城镇人口和农村人口，造成对农民人格的歧视。

城乡赔偿标准不同，不是一点道理没有，城乡之间的收入和支出确实存在不同。既然农民与城里人的收入和支出有所不同，那么，在死亡赔偿金的确定上也体现出不同，似乎理所当然。但是，问题的实质并不是如此。在人身损害赔偿上，赔偿的是人的身体的损伤乃至于生命的丧失。如果造成的是身体健康的损害，赔偿的是由此造成的财产损失，损失多少财产就应当赔偿多少。在生命权损害的赔偿上，死亡赔偿金并不只是赔偿被侵权人的收入损失，还包括死亡人没有享受生命的损失。死亡赔偿金坚持城乡差别，城市居民与农村居民的赔偿就要相差三、四倍之巨，显然是不尊重农村居民的生命权，蔑视农民居民的生命，实际上体现了生命权的不同价值。这样的结果，是大家都不愿意看到的。因此，应当坚持人身损害赔偿的同等标准，不能有人格歧视，特别是不能歧视农民。

（四）《侵权责任法》和《民法典》解决这个问题的办法

《侵权责任法》最终没有解决死亡赔偿金的计算问题，是一个遗憾。不过,按照该法第 17 条规定中,关于"因同一侵权行为造成多人死亡的,可以以相同数额确定死亡赔偿金"的规定反推,则可以得出结论,确定死亡赔偿金,应当考虑年龄、收入状况等因素。这也是《民法典》继续坚持这个条文的基础。

对于这种做法,有不同意见。有的予以支持,有的坚决反对。对此,笔者采取赞成态度,理由是,在不能做到死亡赔偿金"同命同价"的情形下,做到在同一侵权行为中,用同一数额标准确定死亡赔偿金,还是比较稳妥的。在过去,这类侵权行为有的采取同一标准赔偿,有的采取差额标准赔偿,同一标准赔偿的结果较好,不同标准赔偿的效果不好。例如,在綦江彩虹桥垮塌造成的群体损害事故中,采取城乡差别、成年人和未成年人的差别赔偿标准,引起较为强烈的反应,是值得注意的。采用同一标准赔偿就可以避免这个问题。

适用相同数额确定死亡赔偿金的规则是:第一,同一个侵权行为造成受害人死亡;第二,死亡人数为二人以上;第三,这里规定的"可以",带有一定的强制性,就是在没有极为特殊的情况下,都应当以相同数额确定死亡赔偿金。

在具体操作中,法官应当根据确定死亡赔偿金的计算方法,计算出具体数额,采取最高标准或者中上标准,统一确定死亡赔偿金数额。

(五)统一死亡赔偿金计算方法的试点和结果

2019 年 4 月 15 日,中共中央、国务院发布《关于建立健全城乡融合发展体制机制和政策体系的意见》,明确提出改革人身损害赔偿制度,统一城乡居民赔偿标准。2019 年 8 月,最高人民法院印发《关于授权开展人身损害赔偿标准城乡统一试点的通知》,授权各省高院在辖区内开展人身损害赔偿纠纷案件统一城乡居民赔偿标准试点,并要求年内启动。

截至 2020 年 3 月,已有包括上海、湖北、安徽、山西、广东在内的十六个省份启动了人身损害赔偿标准城乡统一试点。其中,上海、湖北、安徽、山西、广东、广西、陕西、河南、天津九个省份是在全省范围内启动试点,湖南、新疆、四川、福建、湖南、江苏、浙江七地则未在全省统一实行,而是以在省内部分地区先行试点的方式进行。[①] 2019 年 12 月 24 日,广东省高级人民法院发布《关于在全省法院民事诉讼中开展人身损害赔偿标准城乡统一试点工作的通知》,打破了目前存在的城乡差异局面,明确了统一标准,告别"同命不同价",实现"一视同仁"。广东省高级人民法院在文件中明确,2020 年 1

[①] 南方都市报. 告别城乡人身损害赔偿 "同命不同价" 全国 16 省份试点破冰. (2020 - 02 - 16). [2021 - 01 - 10]. https://new.qq.com/rain/a/20200110A0OGDH00.

月1日以后发生的人身损害,在民事诉讼中统一按照有关法律和司法解释规定的城镇居民标准计算残疾赔偿金、死亡赔偿金、被扶养人生活费,其他人身损害赔偿项目计算标准保持不变。① 这样的规定是正确的,应当在全国的范围内,实行"同命同价"的死亡赔偿金制度。

在经过大面积的试点后,2021年12月3日最高人民法院发布《关于修改〈最高人民法院关于审理人身损害赔偿案件适用法律若干问题的解释〉的决定(征求意见稿)》,之后又经过修改,终于出台修改后的人身损害赔偿司法解释,这就是人身损害赔偿司法解释的第三版。

应当看到的是,2022年人身损害赔偿司法解释还是将死亡赔偿金和残疾赔偿金捆绑在一起。对于死亡赔偿金,这样的计算方法满足了"同命同价"的要求;但是,对于残疾赔偿金采取这样的赔偿方法并不十分妥当,原因是,残疾赔偿金赔偿的是被侵权人劳动能力丧失或者部分丧失造成的收入损害,城乡居民当然存在差别的,完全采取一样的标准计算残疾赔偿金,会使农村居民作为被侵权人,获得超出其损失的赔偿,而侵权人承担的赔偿会超出其应当承担的赔偿范围。

三、死亡赔偿金的具体赔偿规则

《民法典》第1181条规定:"被侵权人死亡的,其近亲属有权请求侵权人承担侵权责任。被侵权人死亡的,支付被侵权人医疗费、丧葬费等合理费用的人有权请求侵权人赔偿费用,但侵权人已支付该费用的除外。"这一条文实际上规定的是被侵权人死亡以及组织在侵权损害赔偿法律关系中作为赔偿权利人的处理方法。依照这一规定,以及最高人民法院的相关司法解释,死亡赔偿金的具体赔偿方法有以下内容。

(一)赔偿权利主体(被侵权人)

在侵权损害赔偿法律关系中,被侵权人是赔偿权利主体,如果进行诉讼,则为原告,即诉讼请求的提出者。除被侵权人以外,还有被侵权人的利害关系人、死者的近亲属,也是赔偿权利主体。

1. 直接被侵权人

侵害生命权,有双重直接被侵权人,即被致死的被侵权人和为死者送葬、

---

① 同命不同价以后成历史. 深圳商报. 2019-12-25(A01)[2020-02-16]. https://szsb.sznews.com/PC/layout/201912/25/node_A01.html.

治疗而遭受财产损失和精神损害的近亲属。前者已经死亡，不能行使请求赔偿的权利；后者可以依法行使请求赔偿财产损失和精神损害的权利。

被侵权人如果是组织，该组织当然是被侵权人，为损害赔偿请求权人。该组织分立、合并的，承继权利的组织有权请求侵权人承担侵权责任。单位分立，通常应当明确该损害赔偿请求权归何方享有，有此规定的，享有请求权的一方有权行使这个权利。如果被侵权人的组织分立，分立为两个以上的组织，各组织都享有该损害赔偿请求权，则成为连带债权，可以共同行使损害赔偿请求权。至于其中的权利份额，有约定的按照约定确定；没有约定的，按平均份额享有。

2. 间接被侵权人

间接被侵权人是指侵权行为造成直接被侵权人死亡或者残疾丧失劳动能力，因而人身权益受到间接损害的被侵权人。

行为人实施的侵害生命权和健康权行为造成直接被侵权人劳动能力丧失，原依靠直接被侵权人扶养，因直接被侵权人死亡或丧失劳动能力，而丧失扶养来源的人，是间接被侵权人。间接被侵权人是侵权行为的非直接被侵权人，须是直接被侵权人生前或丧失劳动能力之前扶养的人，这种扶养权利因直接被侵权人受害而受到侵害，因而其享有法定的扶养损害赔偿请求权。间接被侵权人的扶养损害赔偿请求权是独立的赔偿请求权；间接被侵权人可以和其他直接被侵权人一并提起诉讼，也可以独立提起扶养损害赔偿诉讼。对此，2022年人身损害赔偿司法解释第17条修改为："被扶养人生活费根据扶养人丧失劳动能力程度，按照受诉法院所在地上一年度城镇居民人均消费支出标准计算。被扶养人为未成年人的，计算至十八周岁；被扶养人无劳动能力又无其他生活来源的，计算二十年。但六十周岁以上的，年龄每增加一岁减少一年；七十五周岁以上的，按五年计算。被扶养人是指受害人依法应当承担扶养义务的未成年人或者丧失劳动能力又无其他生活来源的成年近亲属。被扶养人还有其他扶养人的，赔偿义务人只赔偿受害人依法应当负担的部分。被扶养人有数人的，年赔偿总额累计不超过上一年度城镇居民人均消费支出额。"

（二）死亡赔偿金的计算方法

对死亡赔偿金采取"同命同价"的赔偿方法，应当按照2022年人身损害赔偿司法解释第15条的规定办理。

有疑问的是，该解释与《民法典》第1179条特别是第1180条规定是否有冲突。

其实，《民法典》第1179条和第1180条并没有对死亡赔偿金实现"同命同价"构成障碍,甚至第1180条规定的"因同一侵权行为造成多人死亡的,可以以相同数额确定死亡赔偿金",原本就是为纠正司法实务中的不当做法而设,并没有限制在一般场合适用统一标准确定死亡赔偿金。因此,最高人民法院作出修改死亡赔偿金的计算标准的司法解释,不违反《民法典》第1180条的规定,相反倒是贯彻了这一规定。

因此,自2022年5月1日开始,法院确定死亡赔偿金,应当统一适用2022年人身损害赔偿司法解释第15条的规定。

规则总结

1. 依照《民法典》第4条规定的平等原则和第1002条关于生命尊严的规定,任何自然人的生命权都是平等的,任何自然人都享有生命尊严。一个自然人的生命权受到侵害,在获得侵权损害赔偿救济时,不应存在"同命不同价"的问题,不应当在计算死亡赔偿金的标准和方法上有所区别。如果有差别,就有人格歧视的嫌疑。

2. 《民法典》第1179条和第1180条规定死亡赔偿金,并没有规定具体的计算方法。其中,第1180条关于同一侵权行为造成多人死亡应当适用相同的赔偿计算方法的规定,是对司法实践实行"同命不同价"做法的矫正,并没有对实现死亡赔偿金适用统一赔偿标准和方法构成障碍。

3. 2022年人身损害赔偿司法解释第15条规定,对城乡居民的死亡赔偿金适用统一的赔偿计算方法,是正确的。在司法实践中应当统一实施,不得再有死亡赔偿金"同命不同价"的做法。

4. 残疾赔偿金和死亡赔偿金在性质上有所区别。2022年人身损害赔偿司法解释第17条对残疾赔偿金适用的计算标准和方法与死亡赔偿金完全相同,不是一个完全妥当的方法。不过,既然司法解释已经实施,司法实践就应当执行,但是其在理论上仍然值得深入研究。

第十六章 《民法典》第1183条第2款规定在实务中应如何适用

——侵害具有人身意义的特定物的精神损害赔偿

实务指引要点

1. 《民法典》规定侵害具有人身意义的特定物的精神损害赔偿的基础是2001年精神损害赔偿司法解释第4条，法理依据充分。
2. 《民法典》第1183条第2款在2001年精神损害赔偿司法解释的基础上有所改变。
3. 将具有人格象征意义的特定纪念物品改为具有人身意义的特定物，扩大了精神损害赔偿的适用范围。
4. 规定故意或者重大过失侵害具有人身意义的特定物才可以请求精神损害赔偿，具有局限性，应当适当扩展。

《民法典》第1183条第2款在最高人民法院2001年精神损害赔偿司法解释第4条关于"具有人格象征意义的特定纪念物品，因侵权行为而永久性灭失或者毁损，物品所有人以侵权为由，向人民法院起诉请求赔偿精神损害的，人民法院应当依法予以受理"的规定的基础上，明确规定："因故意或者重大过失侵害自然人具有人身意义的特定物造成严重精神损害的，被侵权人有权请求精神损害赔偿。"这在我国精神损害赔偿责任救济人身权益损害的立法上，又前进了一步。在司法实践中怎样适用这一规定，对侵害具有人身意义的特定物造成严重精神损害的如何适用精神损害赔偿责任，应当提出具体的意见。

一、司法解释对确立侵害财产权精神损害赔偿责任的贡献

(一) 精神损害赔偿责任的原本适用范围

精神损害赔偿责任,是救济人格权和身份权损害的民事责任,简言之,是对人身权益的法律保护方法。这一责任从产生之时起,就具有这种性质。

在侵权法的发展历史上,精神损害赔偿原本不具有救济财产损害的功能。绝大多数国家的侵权法中,对侵害财产权的侵权行为不适用精神损害赔偿方式来救济受害人财产的损害。在所有权、用益物权、担保物权、占有等权利受到侵权行为的侵害时,受害人可以就财产的损失请求金钱赔偿,不得请求财产损失以外的无形损害的金钱赔偿。即使对侵害债权、知识产权的行为,受害人也只能就其财产的损失请求赔偿,不得超出财产损失的范围请求精神损害赔偿。

形成这样局面的原因在于精神损害赔偿制度的基本功能是救济人身权益的损害。最早的侵权法中,救济权利的损害,只能请求财产上的损失赔偿,不能请求财产损失之外的非财产的损害赔偿。即使受害人的人身权益受到损害,也只能请求赔偿其人身损害引起的财产损失;对超出财产利益的损失,受害人不能请求损害赔偿。这是拘泥于损害赔偿的财产补偿性原则而产生的结果。

侵害人身权益不得请求精神损害赔偿,存在补偿不充分的弊病。侵权行为对人身权益的侵害,不仅仅给受害人造成财产上的损失,还给受害人及其近亲属造成严重的精神创伤和损害,使其遭受精神上的打击和痛苦。加害人只赔偿受害人的财产损失,并不能完全使受害人的精神创伤和损害得到抚慰和慰藉,不能抚平其精神痛苦。因此,对被侵害人身权利并造成精神痛苦和精神创伤的受害人,应准许其在请求财产损失的基础上,请求精神损害赔偿,才能完全补偿受害人的损害。在侵害精神性人格权的场合,大多数受害人没有遭受财产损失,而只是遭受了精神利益的损失,如果不准许其请求精神损害赔偿,受害人的精神利益损害就无法得到救济。

正因为如此,精神损害赔偿责任应运而生,成为当今世界通行的侵权责任,担负着重要的、其他法律责任无法替代的作用。

(二) 侵害财产权适用精神损害赔偿责任的产生与必要性

侵害财产权不适用精神损害赔偿制度,曾经是一个通行的惯例,各国法律不约而同地作出规定,不准许财产权利的受害人请求精神损害赔偿。

不过,还是出现了例外。日本战后修订民法时,更注重对人的权利的保护,尤其是对人格权利的保护,因此,在更广泛的领域中,准许受害人请求精

第十六章 《民法典》第1183条第2款规定在实务中应如何适用

神损害赔偿。《日本民法典》第一次打破了大陆法系民法典在规定侵权行为的精神损害赔偿责任适用范围时的惯例，例举精神损害赔偿请求权的具体适用范围，明确规定适用精神损害赔偿责任的范围是"权利"，而不是传统民法典规定的"身体权、健康权、生命权、自由权"等人身权利。

《日本民法典》第709条规定："因故意或过失侵害他人权利时，负因此而产生损害的赔偿责任。"第710条规定："不问是侵害他人身体、自由或名誉情形，还是侵害他人财产权情形，依前条规定应负赔偿责任者，对财产以外的损害，亦应赔偿。"特别强调"侵害他人财产权情形"可以请求精神损害赔偿，是《日本民法典》的一个创举。尽管在实际应用上还有很多限制，财产权受到损害适用抚慰金赔偿的判例并不多[①]，这个历史性的突破，开辟了精神损害赔偿适用的新领域。

最高人民法院2001年制定精神损害赔偿责任司法解释，规定了侵害具有人格象征意义的特定纪念物品的精神损害赔偿责任，使我国司法实践出现了侵害财产权适用精神损害赔偿责任的情形。确立这种精神损害赔偿责任是完全必要的。

第一，对侵害财产权的侵权行为完全排斥精神损害赔偿制度的适用，是不适当的。

从原则上说，对于侵害财产权的侵权行为，不必适用精神损害赔偿制度进行救济。这是因为侵害财产权的侵权行为侵害的就是财产本身，造成的损害就是财产利益的损失。适用财产损害赔偿制度进行救济，完全可以覆盖受害人所遭受的实际损失，使其受到损害的权利恢复到原来的状况。可是，任何事物都不是绝对的，对侵害财产权的侵权行为完全排斥精神损害赔偿的适用，不能概括对财产权损害救济的全部情况。因此，适当地在侵害财产权中扩大精神损害赔偿的适用，具有一定程度的灵活性，可以适应纷繁复杂的社会生活现象，更好地发挥精神损害赔偿责任的作用，对侵害财产权的侵权法律关系进行更全面的调整。

第二，对某些受到财产权侵害的被侵权人予以适当精神损害赔偿，可以更好地保护受害人的合法权益。

侵害财产权，虽然在形式上只是对受害人的财产利益造成损失，但是，由于受侵害的财产的性质不同，有些财产对于权利人而言，有着超出财产价值本身的更为重要的精神价值。如果侵害这样的财产权，使具有人身价值的特定物毁损灭失，造成受害人的严重精神损害，只按照财产损失的赔偿原则，"填平"受害人减少的财产，对受害人的救济就是不全面的。全面保护受害人的合法权

---

① 于敏. 日本侵权行为法. 北京：法律出版社，1998：355.

益,对受到这样损害的受害人,就不仅要赔偿财产损失,也要采用精神损害赔偿的方法救济受害人的精神损害,对受害人进行精神抚慰,使受害人的合法权益得到全面保护。

第三,对某些财产损害运用精神损害赔偿救济,有利于保护人身权益。

精神损害赔偿通常赔偿的是人身权益的损害,不是财产利益的损失。但是,由于部分受侵害的财产中凝聚着人身权益,受害人的这些财产受到损害后,会造成受害人的精神损害,因而适用精神损害赔偿来救济能够起到一般财产损害赔偿不能起到的精神补偿作用,可以对受害人受到的精神损害进行抚慰,对人身权益损害进行完全的救济。正因为对这些财产损害适用精神损害赔偿救济补偿的是受害人的人身权益的损害,所以,这种精神损害赔偿并没有脱离精神损害赔偿责任的基本宗旨,发挥了其应当发挥的保护人身权益的作用。

下面的这个案例,清晰地体现阐释了上述侵害财产权的行为人承担精神损害赔偿责任的必要性。

1976年唐山大地震中有一个幸存的孩子,她的父母都在地震中丧生,唯一留存下来可以作为怀念的是父母的一张结婚照,这张珍贵的照片是她寄托对父母哀思的唯一纪念物。她到照相馆翻新放大父母遗留的这张照片,照相馆却将这张珍贵照片丢失,给她造成了无法弥补的严重精神损害。她向法院提出起诉,法院支持了她的精神损害赔偿请求。

该案当事人之间的法律关系是合同关系,加害人对受害人的财产保管不善造成损失,构成违约责任和侵权责任的竞合,受害人有理由选择侵权责任起诉。该侵权行为侵害的权利是照片的所有权,受害人遭受的财产损害几乎微不足道,按照财产损害赔偿规则,受害人得到的赔偿不会多。然而,这一侵权行为对受害人造成的精神损害却十分严重,是无法弥补的。对此,仅赔偿财产利益损失不能填平受害人的全部损害,而精神损害赔偿发挥了极为重要的精神抚慰作用,使受害人的合法权益得到比较全面的保护。

由此可见,对某些侵害财产权的侵权行为适用精神损害赔偿,是完全必要的。正因为如此,2001年精神损害赔偿司法解释第4条规定了侵害具有人格象征意义的特定纪念物品造成精神损害的,受害人可以请求精神损害赔偿。

二、《民法典》第1183条第2款对司法解释规定的修改

编纂民法典,决定对精神损害赔偿责任的适用范围进行扩展。除了对违约行为造成的精神损害赔偿,《民法典》第996条作出"因当事人一方的违约行为,损害对方人格权造成严重精神损害,受损害方选择请求其承担违约责任

第十六章 《民法典》第 1183 条第 2 款规定在实务中应如何适用

的,不影响受损害方请求精神损害赔偿"的规定外,第 1183 条第 2 款肯定最高人民法院上述司法解释的规定,作出了对侵害具有人身意义的特定物的精神损害赔偿责任的新规范。

《民法典》第 1183 条第 2 款规定对 2001 年精神损害赔偿司法解释作出的改变:一是,将具有人格象征意义的特定纪念物品,改为"自然人具有人身意义的特定物"。二是,将因侵权行为而永久性灭失或者毁损,改为"造成严重精神损害"。三是,将"因侵权行为"改为"因故意或者重大过失"。

上述三个改变中,第一个扩展了适用范围,具有人身意义的特定物,要比具有人格象征意义的特定纪念物品的范围要宽;第二个强调的是造成严重精神损害,而不是着眼于物的灭失或者毁损,也是对的;问题出在第三个改变上,"因侵权行为"的规定并未刻意强调构成这种侵权行为的主观要件,意味着凡是因过错而造成特定纪念物品的毁损、灭失的,受害人都可以请求精神损害赔偿,"因故意或者重大过失"的规定却强调只有因故意或者重大过失侵害自然人具有人身意义的特定物造成严重精神损害的,受害人才有权请求精神损害赔偿,限制了这种侵权行为的范围,豁免了因过失侵害具有人身意义的特定物的精神损害赔偿责任。

之所以这样规定,是"因为对侵权人而言,自己的行为侵害了被侵权人的物权,自己对此是非常清楚的。但是,除遗体、遗骨等极少数物品之外,法律不能一般性地期待侵权人认知该物对被侵权人具有人身意义。只有当侵权人明知是'具有人身意义的特定物'而故意加以侵害,且造成严重精神损害的,才能要求其承担精神损害赔偿责任"[①]。

本书认为,2001 年精神损害赔偿司法解释规定的规则是正确的,侵害具有人身意义的特定物造成受害人严重精神损害的,故意、重大过失当然可以构成精神损害赔偿责任,但是,过失同样可以构成精神损害赔偿责任,因为故意、重大过失或者过失造成具有人身意义的特定物损害没有实质性的区别。[②]

得出这一结论的根据是,行为人侵害财产所有人具有人身意义的特定物能够造成严重精神损害,并非基于行为人的主观过错的程度,而在于具有人身意义的特定物本身在被侵权人心里的价值。例如,照相馆灭失的纪念父母的照片,在他人眼中也就是一张照片,其价值仅此而已。但是,在受害人的心目中,这绝不是一般的照片,而是她的父母,寄托着她对父母的尊崇和怀念,属于包含了人身意义的特定物。当这样具有人身意义的特定物被照相馆灭失,照相馆的故意、重大过失或者过失的主观心态对被侵权人的严重精神损害是完全

[①] 黄薇. 中华人民共和国民法典侵权责任编释义. 北京:法律出版社,2020:62.
[②] 杨立新,李怡雯. 中国民法典新规则要点. 修订版. 北京:法律出版社,2021:616-617.

没有影响的，故意、重大过失或者过失都不会影响被侵权人受到严重精神损害的程度。

可见，对侵害具有人身意义的特定物的精神损害赔偿责任，立法的立场不同，就会有不同的规范选择。《民法典》第 1183 条第 2 款的立法立场在于侵权人的预见性，因而豁免侵权人过失造成损害的精神损害赔偿责任。而站在救济被侵权人的精神损害的立场，则必定不会作出这样的规定。侵权责任损害救济基于矫正正义的要求，更多的处于损害救济的立场，过多考虑侵权人的利益，必定会造成保护被侵权人合法权益的不周。如果强调"只有当侵权人明知是'具有人身意义的特定物'而故意加以侵害，且造成严重精神损害的，才能要求其承担精神损害赔偿责任"，实际上使重大过失造成这种损害也不承担精神损害赔偿责任。

三、侵害具有人身意义的特定物的精神损害赔偿责任的构成

（一）确定侵害具有人身意义的特定物的精神损害赔偿责任的一般原则

在确定侵害具有人身意义的特定物的精神损害赔偿责任一般原则时，既要肯定侵害财产权精神损害赔偿责任的必要性，又要坚持侵害财产权精神损害赔偿不得滥用的原则。这两个相互矛盾的要求，在确定侵害具有人身意义的特定物的精神损害赔偿责任时都是必须坚持的。如果仅仅强调一个方面而否定另一个方面，确定这种精神损害赔偿责任时，就会不能正确领会立法本意而出现偏差。

确定侵害具有人身意义的特定物的精神损害赔偿责任，应当把握好以下原则。

1. 必要原则

在确定侵害具有人身意义的特定物的精神损害赔偿责任时，一定要遵守必要原则。这一原则有两层含义：一是适用这种精神损害赔偿责任要认清其必要性；不能否认其存在的必要性；二是在审理这类案件时，要对确有必要的才给予赔偿。不是必须给予精神损害赔偿的侵害财产权的案件，只能按照一般的财产损害赔偿规则予以赔偿。

2. 严格原则

严格原则的含义，是在确认侵害具有人身意义的特定物的精神损害赔偿责任时，要严格坚持责任构成要件，要严格确定精神损害赔偿数额，不能判决过

高的赔偿数额。总之，对适用侵害具有人身意义的特定物的精神损害赔偿不能失之过宽，避免造成受害人滥用诉权，盲目追求高额赔偿的偏向，背离立法宗旨。

对侵害具有人身意义的特定物的精神损害赔偿：首先，要严格限制在应当适用的场合，所有权以外的财产权受到侵害，不得请求精神损害赔偿；其次，对所有权受到侵害的，也不能都予以精神损害赔偿，只有具有人身意义的特定物受到损害，才能请求精神损害赔偿；最后，确定侵害具有人身意义的特定物的精神损害赔偿责任，在责任构成和赔偿数额上都要严格把握，不能任意加以扩大。

（二）侵害具有人身意义的特定物的精神损害赔偿责任的构成

1. 构成侵害具有人身意义的特定物的精神损害赔偿责任的前提

构成侵害具有人身意义的特定物的精神损害赔偿责任的前提条件，就是某一违法行为构成侵害财产权的侵权责任。

侵害财产权责任的构成，应当按照侵权行为法关于侵害财产权侵权行为的责任构成要件把握。这就是，在适用过错责任原则归责的情况下，应当具备损害事实、违法行为、因果关系和主观过错四个要件。对这些要件的掌握，应当按照侵权行为法对侵权责任构成要件的基本要求处理。

2. 正确认定具有人身意义的特定物

确定一个物是否属于具有人身意义的特定物，具体要求有两点。

第一，侵权行为侵害的财产不是普通财产，须是具有人身意义的特定物。只有侵害这样的特定物，才能产生精神损害赔偿责任。

特定物，不仅对所有权人而言是特定物，而且须具有特别意义，也就是具有人身意义，即在该特定物中须具有人格利益和身份利益因素。在一般的财产中，财产就是财产，不具有人格利益和身份利益因素，因而侵害这样的财产不产生精神损害赔偿责任。但是，在具有人身意义特定物中存在人格利益、身份利益因素，侵害这样的财产就会产生侵害财产权的精神损害赔偿责任。只有侵害具有人身意义的特定物，才会产生侵害财产权的精神损害赔偿责任。

具有人身意义，是指特定物中包含了人的精神利益、人格价值或者身份利益，使这个特定物具有了不同寻常的人的意志或者人的品格，成为人的精神寄托、人格寄托或者人格化身。只有这样的财物受到损害后，才会给该物品的所有人造成精神损害，须用精神损害赔偿的方式进行救济。

第二，物所具有的这种人身意义来源于与其相对应的人的特定关系，双方当事人在这一特定关系中赋予了特定物以人身意义。

特定物中的人身意义不会凭空产生，必须依据一定的人与人的关系才会产生。当人与人之间具有这种特定的关系，并且将这种关系寄托于某一个特定物之上时，这种具体的特定物就具有了人身意义。例如，初恋时情人赠送的定情物，虽然价值不大，但是在当事人之间具有不同凡响的意义，成为某种人格象征，具有了人格利益的因素。有一个案件，一位在延安鲁艺学院毕业的老先生珍藏了14粒当年女友赠送的红豆，就这14粒红豆而言，双方当事人在特定的关系中赋予了它珍贵的人格利益因素。

如果只是所有权人对自己所钟爱的物品有深情，不会使这种物产生人身意义。例如，一个人珍藏一枚珍贵邮票，价值很高，极其珍视，视为镇家之宝。邮票被侵害之后，所有人极为痛苦，请求精神损害赔偿。但是，所有人对自己所有的任何物品都可以珍爱，如果仅仅由于自己珍爱，就可以视该物为具有人身意义因素，则任何侵害特定物的行为人都可以被要求承担精神损害赔偿责任，人人都可以以这种理由对任何财产权的侵害要求精神损害赔偿。这不仅对当事人而言无法判断，就是对于法官来说，也提出了极为艰难的课题。这显然不是创立侵害财产权精神损害赔偿制度的本意。

四、侵害具有人身意义的特定物的精神损害赔偿责任的实行

（一）精神损害赔偿请求权的提出

1. 请求权的性质

侵害具有人身意义的特定物的精神损害赔偿还是一种债权债务关系，受害人在具有人身意义的特定物受到侵害之后，产生了精神损害赔偿请求权，加害人应承担精神损害赔偿的义务。

侵害具有人身意义的特定物的精神损害赔偿，与任何侵权损害赔偿案件一样，必须由受害人提出精神损害赔偿的请求。之所以在这里这样强调这个问题，就是因为侵害具有人身意义的特定物的损害赔偿诉讼本身就是一种独立的民事诉讼，不能干预侵害具有人身意义的特定物的精神损害赔偿请求权。

2. 举证和抗辩

受害人在向法院提出侵害具有人身意义的特定物的损害赔偿诉讼请求时，应当按照民事诉讼的举证原则提供证据。在举证中，要特别证明侵权行为所侵害的物品是具有人身意义的特定物。对此，受害人应当按照前述关于侵害具有

人身意义的特定物的精神损害赔偿责任所具备的特别的构成要件的表述，提供证据证明。

当然，加害人对于受害人要求承担侵害具有人身意义的特定物的精神损害赔偿的请求和举证，可以提出事实、证据和理由进行抗辩。最好的抗辩理由就是证明所侵害的物品不是具有人身意义的特定物，只要能够证明这一点，就可以免除其侵害具有人身意义的特定物的精神损害赔偿责任，仅仅承担财产损害赔偿责任。

（二）赔偿数额的计算

侵害具有人身意义的特定物的精神损害赔偿责任的具体数额确定，应当遵循一般的侵害精神性人格权精神利益损害赔偿数额确定的方法，即由法官斟酌案件的具体情况，确定具体的赔偿数额。对此，可以依照2020年精神损害赔偿司法解释的规定，由法官决定具体的赔偿数额。

对侵害具有人身意义的特定物的精神损害赔偿数额的确定，要贯彻确定精神损害赔偿数额的三条原则，这就是：第一，能够对受害人的精神损害起到抚慰作用；第二，能够对加害人的违法行为起到制裁作用；第三，能够对社会起到一般的警示作用。符合这三项原则的赔偿数额，就是一个适当的赔偿数额，而不在于具体赔偿数额的大小。

（三）其他责任方式的适用

在侵害具有人身意义的特定物的精神损害赔偿中，还应当注意其他责任方式的应用。除对财产损害应当给予财产补偿和精神损害赔偿外，还可以考虑适用赔礼道歉、停止侵害等非财产性质的责任方式，达到救济损害、抚慰受害人精神创伤的目的。

规则总结

1. 精神损害赔偿责任原本不适用侵害财产权的领域，2001年精神损害赔偿司法解释规定侵害具有人格象征意义的特定纪念物品造成毁损灭失的，受害人可以请求精神损害赔偿救济，是对适用精神损害赔偿责任范围的突破，具有重要的价值。《民法典》规定侵害具有人身意义的特定物的精神损害赔偿的基础是2001年精神损害赔偿司法解释第4条，法理依据充分。

2. 《民法典》第1183条第2款在2001年精神损害赔偿司法解释的基础上有所改变：一是把侵害的对象由具有人格象征意义的特定纪念物品，改为具有人身意义的特定物；二是把物的毁损灭失改为造成严重精神损害；三是把过错的主观要件改为故意或者重大过失。

3. 将具有人格象征意义的特定纪念物品改为具有人身意义的特定物,使侵权行为侵害的客体范围有所扩大,不仅包括人格意义,还包括身份意义,凡是具有人身意义的特定物的损害,造成严重精神损害的,都能适用精神损害赔偿,扩展了精神损害赔偿的适用范围。

4. 规定故意或者重大过失侵害具有人身意义的特定物才可以请求精神损害赔偿,具有局限性:由侧重于保护被侵权人的人身权益转向侧重于保护侵权人的利益,对于保护被侵权人不利,应当适当扩展:凡是过失、重大过失、故意毁损灭失具有人身意义的特定物,造成被侵权人严重精神损害的,被侵权人都有权请求精神损害赔偿。

第十七章 《民法典》规定的多种惩罚性赔偿责任在实务中应当怎样适用

——我国侵权责任惩罚性赔偿的基本规则与具体适用

实务指引要点

1. 《民法典》规定侵权惩罚性赔偿时没有规定具体的计算方法,侵害知识产权惩罚性赔偿司法解释和生态环境侵权惩罚性赔偿司法解释规定的方法值得借鉴。
2. 计算侵权惩罚性赔偿首先应当确定赔偿基数。
3. 计算侵权惩罚性赔偿其次应当确定赔偿倍数。
4. 最后,计算侵权惩罚性赔偿数额应当综合考虑各种相关因素。

《民法典》第 179 条第 2 款规定的是侵权惩罚性赔偿的一般规则,第 1185 条、第 1207 条以及第 1232 条规定的是侵权惩罚性赔偿的适用场合规则。这四个有关侵权惩罚性赔偿条文的内容都比较抽象,需要结合《消费者权益保护法》《食品安全法》《著作权法》《商标法》《专利法》《反不正当竞争法》《电子商务法》关于侵权惩罚性赔偿的规定和有关司法解释,确定具体的适用规则。

一、《民法典》规定的侵权惩罚性赔偿规则及其理解

(一)《民法典》规定侵权惩罚性赔偿责任的内容

惩罚性赔偿又称报复性赔偿,是指由法院判决作出的赔偿数额超出实际损害数额,对侵权人具有惩罚功能的损害赔偿责任,分为侵权惩罚性赔偿和违约惩罚性赔偿。侵权惩罚性赔偿是加重赔偿,目的是在针对侵权人故意实施侵权

行为造成的损失进行填补性损害赔偿之外,再通过使侵权人承担超出损失的赔偿责任,惩罚恶意侵权行为人,发挥警示作用。所以,侵权惩罚性赔偿具有公私混合法的性质,既是国家维护市民社会秩序需要作出的强制性干预,具有公法的性质;又因其包含为受害人提供慰藉性救济的内容,主体双方本身地位平等,具有私法的性质。

正因如此,对于侵权惩罚性赔偿,大陆法系与英美法系的态度截然不同。英美法系民法坚持惩罚性赔偿;而大陆法系民法一般排斥侵权惩罚性赔偿的适用,理由是侵权惩罚性赔偿使私法具有了公法的功能,混淆了私法与公法的界限,且使被侵权人因侵权而获得超出其损害的不当利益,容易产生故意造成损害而索赔的不良社会效果。

在大陆法系成文法国家中,我国对待惩罚性赔偿的态度是一个例外。1993年我国制定《消费者权益保护法》,第49条规定了产品欺诈和服务欺诈的违约惩罚性赔偿,在规范市场经济秩序,保护当事人合法权益方面取得了较好效果。在制定《侵权责任法》时,专家认为适当规定侵权惩罚性赔偿是有积极意义的。[①] 立法机关采纳了这样的意见,在第47条规定了恶意产品侵权的惩罚性赔偿责任。随后,修订后的《消费者权益保护法》《食品安全法》《商标法》都规定了侵权惩罚性赔偿。2020年制定的《民法典》通过四个条文对侵权惩罚性赔偿进行规范,分别是第179条第2款、第1185条、第1207条以及第1232条。

(二) 对《民法典》规定的侵权惩罚性赔偿规则的具体理解

1. 对第179条第2款的理解

《民法典》第179条第2款规定:"法律规定惩罚性赔偿的,依照其规定。"该规定源自2017年《民法总则》第179条第2款。全国人大常委会法工委立法专家解释《民法总则》第179条第2款时,认为惩罚性赔偿的目的是通过对义务人施以惩罚,阻止其重复实施恶意行为,并警示他人不要采取类似行为。考虑到惩罚性赔偿是对损失的一种特别赔偿,因此惩罚性赔偿应当在法律有特别规定的情况下,依照法律的规定予以适用。[②]《民法典》保留了这一规定,惩罚性赔偿应当在法律有特别规定的情况下,依照法律的规定予以适用。[③]

对此还有其他理解:一是认为,这仅是对侵权惩罚性赔偿的原则性规定,在适用上还要以其他法律有明确规定为前提,有特别规定者可以直接适用法律

[①] 王胜明. 中华人民共和国侵权责任法释义. 2版. 北京:法律出版社,2013:271.
[②] 李适时. 中华人民共和国民法总则释义. 北京:法律出版社,2017:559-560.
[③] 黄薇. 中华人民共和国民法典总则编释义. 北京:法律出版社,2020:474.

第十七章 《民法典》规定的多种惩罚性赔偿责任在实务中应当怎样适用

的特别规定。① 二是认为，这是对侵权惩罚性赔偿的指引性规定。②

2. 对第1185条的理解

全国人大常委会法工委立法专家认为，为了切实加强对知识产权的保护，必须显著提高侵犯知识产权的违法成本，充分发挥法律的威慑作用，因此规定了对知识产权侵权的惩罚性赔偿，即《民法典》第1185条规定："故意侵害他人知识产权，情节严重的，被侵权人有权请求相应的惩罚性赔偿。"③

3. 对第1207条规定的理解

《民法典》第1207条规定："明知产品存在缺陷仍然生产、销售，或者没有依据前条规定采取补救措施，造成他人死亡或者健康严重损害的，被侵权人有权请求相应的惩罚性赔偿。"这一规定，是在《侵权责任法》第47条基础上修改而成的，增加了对产品流通后发现存在缺陷但没有及时采取补救措施的惩罚性赔偿。按照这一规定，在产品责任中适用惩罚性赔偿的条件是：第一，侵权人具有主观故意，即明知是缺陷产品仍然生产或者销售；第二，存在损害事实，即造成他人死亡或使他人健康受到严重损害；第三，具有因果关系，被侵权人的死亡或者健康严重受损是由侵权人生产或者销售的缺陷产品造成的，或者生产者、销售者没有依照规定采取有效补救措施。对于惩罚性赔偿的数额，为了防止滥用惩罚性赔偿，避免被侵权人要求的赔偿数额畸高，法律规定被侵权人有权请求相应的惩罚性赔偿。这里的"相应"，主要指被侵权人要求的惩罚性赔偿金的数额应当与侵权人的恶意相当，与侵权人造成的损害后果相当，与对侵权人的威慑相当，具体赔偿数额由法院根据个案判定。④

4. 对第1232条的理解

《民法典》第1232条新规定了环境污染和生态破坏惩罚性赔偿责任，即："侵权人故意违反国家规定污染环境、破坏生态造成严重后果的，被侵权人有权请求相应的惩罚性赔偿。"按照这一规定，环境侵权惩罚性赔偿的构成要件是：第一，侵权人实施了不法行为，即侵权人的环境污染和生态破坏行为违反了法律规定。第二，侵权人主观具有故意，司法机关可以总结审判经验，将故意的主观状态细化为具体行为，受害人只要证明侵权人有列举的几种情形，就可以认定其主观为故意，以减轻受害人的举证责任负担。第三，造成严重后

---

① 最高人民法院民法典贯彻实施工作领导小组. 中华人民共和国民法典理解与适用：总则编. 北京：人民法院出版社，2020：903.
② 张鸣起. 民法总则专题讲义. 北京：法律出版社，2021：533.
③ 黄薇. 中华人民共和国民法典侵权责任编释义. 北京：法律出版社，2020：67.
④ 黄薇. 中华人民共和国民法典总则编释义. 北京：法律出版社，2020：127.

果。对于惩罚性赔偿的数额，本条没有规定计算方式。在起草过程中，有关部门和学者提出很多方案，经研究，考虑到惩罚性赔偿数额的计算是一个综合过程，需要考虑多个因素，如侵权人的主观恶性程度，侵权人违法行为的严重性、频率，损害后果的严重性，侵权人的生产经营情况和执行能力，侵权人是否积极采取补救措施，侵权人受到刑事罚金、行政处罚、公益诉讼的情况等，很难用一个统一的公式来表达，故将这一点留待司法实践进一步探索。[①]

(三)《民法典》规定的四条侵权惩罚性赔偿规范的性质

《民法典》上述四条有关侵权惩罚性赔偿的规范的性质是不一样的。

《民法典》第 179 条第 2 款是关于侵权惩罚性赔偿责任适用的一般性规定，主要作用是：第一，确定惩罚性赔偿责任的合法性，即在民事法律关系中，为救济某些民事权利的严重损害，惩罚恶意的侵权人和违约人，令其承担超出实际损害的惩罚性赔偿是法律赋予被侵权人的权利，也是侵权人应当承担的民事责任。第二，确定惩罚性赔偿不是普遍适用的民事责任方式，须另有"法律规定"，依照其规定进行，故这一条款并不存在请求权基础，只有其他"法律规定"的条文才包含惩罚性赔偿的请求权基础。第三，规定惩罚性赔偿包含的范围，即《民法典》规定的惩罚性赔偿，既包括侵权惩罚性赔偿，也包括违约惩罚性赔偿。第四，惩罚性赔偿适用的具体范围和计算方法等，由包含惩罚性赔偿请求权基础的"法律规定"确定，而非该一般规则规定的内容。

《民法典》规定的其他三个侵权惩罚性赔偿规范，性质和功能互不相同。首先，第 1185 条既是一个具体规范，也是一个一般规则，包括授权知识产权法可以规定侵权惩罚性赔偿责任，一方面规定故意侵害他人知识产权情节严重的，可以适用侵权惩罚性赔偿，另一方面在《商标法》等知识产权单行法中可以规定侵权惩罚性赔偿的具体规则。其次，第 1207 条和第 1232 条是侵权惩罚性赔偿请求权的具体规范，对符合这两个条文规定的产品责任或者污染环境、破坏生态的侵权行为，被侵权人可以请求侵权人承担侵权惩罚性赔偿责任。

(四)《民法典》第 179 条与其他法律有关侵权惩罚性赔偿规定的关系

在《民法典》之外，《著作权法》第 54 条第 1 款第二句、《商标法》第 63 条第 1 款第二句、《专利法》第 71 条第 1 款第二句、《反不正当竞争法》第 17 条第 3 款第二句、《消费者权益保护法》第 55 条第 2 款、《食品安全法》第 148 条第 2 款、《电子商务法》第 42 条第 3 款也规定了侵权惩罚性赔偿。上述规定都属于《民法典》第 179 条第 2 款规定的"法律规定"，是《民法典》的特别

[①] 黄薇. 中华人民共和国民法典总则编释义. 北京：法律出版社，2020：188-189.

法。以下将详述《民法典》第 179 条第 2 款规定的惩罚性赔偿一般规则与其他"法律规定"的关系。

第一，与知识产权侵权惩罚性赔偿责任规范的关系是：

《民法典》第 179 条第 2 款→《民法典》第 1185 条→《著作权法》第 54 条第 1 款第二句、《商标法》第 63 条第 1 款第二句、《专利法》第 71 条第 1 款第二句、《反不正当竞争法》第 17 条第 3 款第二句、《电子商务法》第 42 条第 3 款等。

第二，与产品责任惩罚性赔偿规范的关系是：

《民法典》第 179 条第 2 款→《民法典》第 1207 条→《消费者权益保护法》第 55 条第 2 款、《食品安全法》第 148 条第 2 款。

应当注意的是，《民法典》第 179 条第 2 款规定中包括两种惩罚性赔偿：一是侵权惩罚性赔偿，如本章所研究的内容；二是违约惩罚性赔偿，如《消费者权益保护法》第 55 条第 1 款规定的产品欺诈和服务欺诈应当承担价金三倍、不足 500 元可以请求 500 元的惩罚性赔偿，《食品安全法》第 148 条第 2 款规定的生产、经营食品欺诈行为的价金十倍、不足 1 000 元应当承担 1 000 元的惩罚性赔偿。在司法实践中混淆二者区别的法律适用错误较多，应当特别加以区别，最基本的区分标准是行为是否造成损害。

第三，与环境侵权惩罚性赔偿责任规范的关系是：

《民法典》第 179 条第 2 款→《民法典》第 1232 条→环境保护法和生态保护法的相关规定（目前还没有）。

在上述关系中，《民法典》第 1185 条、第 1207 条和第 1232 条都包含独立请求权，能直接作为侵权惩罚性赔偿请求权的法律基础，也能作为民法特别法规定的侵权惩罚性赔偿规范的上位法。例如，其他知识产权单行法尚未规定惩罚性赔偿的，如果故意侵害其他知识产权，情节严重的，被侵权人可以直接依据《民法典》第 1185 条规定请求被侵权人承担惩罚性赔偿责任。

二、惩罚性赔偿司法解释对其他侵权惩罚性赔偿的借鉴意义

2021 年 3 月 3 日起开始施行的《最高人民法院关于审理侵害知识产权民事案件适用惩罚性赔偿的解释》（以下简称"侵害知识产权惩罚性赔偿司法解释"），对如何正确适用《民法典》第 1185 条规定作出解释。2022 年 1 月 20 日开始实施的《最高人民法院关于审理生态环境侵权纠纷案件适用惩罚性赔偿

的解释》(以下简称"生态环境侵权惩罚性赔偿司法解释")对如何适用《民法典》第1232条规定作出解释。这两部司法解释虽然是针对侵害知识产权惩罚性赔偿和生态环境侵权惩罚性赔偿纠纷案件适用法律作出的解释,但对其他领域侵权惩罚性赔偿责任的法律适用有重要借鉴意义。

(一) 侵害知识产权惩罚性赔偿司法解释规定的具体规则

1. 侵权惩罚性赔偿请求权及其行使规则

对侵害知识产权惩罚性赔偿请求权及其行使规则,侵害知识产权惩罚性赔偿司法解释主要规定了以下内容。

首先,该司法解释第1条第1款规定,原告主张被告故意侵害其依法享有的知识产权且情节严重,请求判令被告承担惩罚性赔偿责任的,法院应当依法审查处理。这一请求权的法律基础就是《民法典》第1185条规定。当行为人故意侵害被侵权人的知识产权,情节严重时,被侵权人获得侵权惩罚性赔偿请求权,侵权人承担侵权惩罚性赔偿责任。被侵权人行使该请求权,向法院起诉的,法院应当依法受理,依照法律规定审理。

其次,该司法解释第2条规定,被侵权人行使请求权,请求被侵权人承担侵权惩罚性赔偿责任的,在诉讼请求中应当提出明确的赔偿数额、计算方式以及所依据的事实和理由。这意味着,被侵权人行使知识产权侵权惩罚性赔偿请求权的,不仅要说明该请求权产生的事实和理由,还须明确提出具体的赔偿数额以及计算方式。只有这样,法院才能确定侵权惩罚性赔偿请求权是否成立,以及如果成立,侵权惩罚性赔偿的具体数额以及计算方式。

最后,被侵权人行使侵权惩罚性赔偿请求权的时间要求:一是在提起诉讼时提出;二是在提起诉讼时没有提出的,在一审法庭辩论终结前增加惩罚性赔偿请求的,法院应当准许,超出这个期限,例如在一审法庭辩论终结后主张行使侵权惩罚性赔偿请求权的,一审不再审理,可以在二审中提出;三是在二审中增加侵权惩罚性赔偿请求的,法院可以根据当事人自愿的原则进行调解,调解不成的,告知当事人另行起诉,当事人应当作为另案向法院专门提出侵权惩罚性赔偿的诉讼,按照程序法的要求进行审理。

2. 对被侵权人侵害知识产权的故意要件的认定

《民法典》第1185条规定,侵害知识产权惩罚性赔偿请求权构成要件,首先是被侵权人具有侵害知识产权的故意。这是构成侵害知识产权惩罚性赔偿请求权的主观要件,认定规则如下。

第一,对于侵害知识产权的故意要件,《商标法》和《反不正当竞争法》规定为恶意,《著作权法》和《专利法》规定的是故意。恶意也是故意,通常

第十七章 《民法典》规定的多种惩罚性赔偿责任在实务中应当怎样适用

认为，恶意是故意中的最恶劣者，是比一般故意更恶劣的故意。① 不过，在侵害知识产权的故意要件中，即使上述两部法律规定了恶意，也不能认为在侵害知识产权的行为中，行为人的故意尚未达到恶意者，就不构成惩罚性赔偿适用要件，恶意只影响惩罚性赔偿究竟应被确定为几倍的尺度。这是因为：一是新法优于旧法的法律适用原则；二是虽然《民法典》是基本法，《商标法》是特别法，但是，特别法违反基本法规定的规则的，不能适用特别法优先原则；三是《民法典》的立法目的在于扩大适用惩罚性赔偿的适用范围，以保护知识产权、惩罚故意侵权人，所以采用相对宽松的主观要件（故意）而不是采用更为严格的主观要件（恶意）来规范惩罚性赔偿的适用。②

第二，认定侵害知识产权的故意须确定一般标准。按照通常的看法，故意是指行为人预见自己行为的损害结果，仍然希望或放任结果的发生。③ 故意包括两种形态：一是希望损害结果的发生，二是放任结果的发生。如果被侵权人能够证明行为人侵害知识产权具备上述故意，即可认定构成故意。不过，侵害知识产权惩罚性赔偿司法解释特别强调，对于侵害知识产权的故意的认定，应当综合考虑被侵害知识产权客体类型、权利状态和相关产品知名度、被告与原告或者利害关系人之间的关系等因素。

第三，侵害知识产权惩罚性赔偿司法解释特别规定了可以认定为侵害知识产权故意的具体情形。这正是立法机关在立法中期望的结果。法院可以初步认定被告具有侵害知识产权的故意的情形：一是被告经原告或者利害关系人通知、警告后，仍继续实施侵权行为的；二是被告或其法定代表人、管理人是原告或者利害关系人的法定代表人、管理人、实际控制人的；三是被告与原告或者利害关系人之间存在劳动、劳务、合作、许可、经销、代理、代表等关系，且接触过被侵害的知识产权的；四是被告与原告或者利害关系人之间有业务往来或者为达成合同等进行过磋商，且接触过被侵害的知识产权的；五是被告实施盗版、假冒注册商标行为的；六是其他可以认定为故意的情形。凡是具有上述情形之一的，可以认定为行为人具有侵害知识产权的故意。这里提到的"初步"认定故意，应当是指这种证明是从客观事实上认定故意，并非已经证明了行为人主观方面的故意。对此，应当实行举证责任转换，行为人如果能够证明自己没有故意，推翻初步故意认定的，不能认定构成故意；不能证明并推翻的，认定为构成故意要件。

---

① 张新宝. 中国民法典释评：侵权责任编. 北京：中国人民大学出版社，2020：81.
② 张新宝. 中国民法典释评：侵权责任编. 北京：中国人民大学出版社，2020：81.
③ 王利明. 侵权任法研究：上卷. 北京：中国人民大学出版社，2019：341.

3. 对侵权行为情节严重的认定

侵害知识产权的侵权行为情节严重，是《民法典》第 1185 条规定的客观要件。应当怎样认定情节严重，侵害知识产权惩罚性赔偿司法解释第 4 条从两个方面作出规定。

首先，认定侵害知识产权情节严重的一般方法是，综合考虑侵权手段、次数，侵权行为的持续时间、地域范围、规模、后果，侵权人在诉讼中的行为等因素，例如公然手段、多次侵权，持续时间长、覆盖地域范围广，损害后果严重，以及被侵权人在诉讼中的具体态度等。

其次，侵害知识产权情节严重的具体情形包括：一是因侵权被行政处罚或者法院裁判承担责任后，再次实施相同或者类似的侵权行为；二是以侵害知识产权为业；三是伪造、毁坏或者隐匿侵权证据；四是拒不履行保全裁定；五是侵权获利或者权利人受损巨大；六是侵权行为可能危害国家安全、公共利益或者人身健康；七是其他可以认定为情节严重的情形。

符合上述要求的侵害知识产权的侵权行为，认定为符合《民法典》第 1185 条规定的侵害知识产权的情节严重。

4. 对惩罚性赔偿数额的确定方法

在适用侵权惩罚性赔偿法律规范时，确定具体的惩罚性赔偿数额是关键问题。对此，应当从两个方面着手。

(1) 确定侵权惩罚性赔偿的计算基数。

确定侵权惩罚性赔偿的计算基数，应当依照侵害知识产权惩罚性赔偿司法解释第 5 条规定进行，针对不同情形分别依照相关法律，按照三个标准计算：一是原告的实际损失数额；二是被告的违法所得数额；三是因侵权所获得的利益。这三个计算基数均难以计算，则依法参照该权利的许可使用费的倍数合理确定，并以此作为惩罚性赔偿数额的计算基数。计算基数原则上不包括原告为制止侵权所支付的合理开支；法律另有规定的，依照其规定。

计算基数的证明责任，由被侵权人即原告负担。在原告举证后，实行举证责任转换，对计算基数进行验证，法院依法可以责令被告提供其掌握的与侵权行为相关的账簿、资料，被告负有提供证据的义务。被告无正当理由拒不提供或者提供虚假账簿、资料的，法院可以参考原告的主张和证据确定惩罚性赔偿数额的计算基数。被告构成《民事诉讼法》第 111 条规定的妨害司法行为的，依法追究其法律责任。

(2) 确定侵权惩罚性赔偿数额的计算倍数。

计算侵权惩罚性赔偿数额，在确定了计算基数之后，还要确定计算倍数。依照侵害知识产权惩罚性赔偿司法解释的规定，确定惩罚性赔偿的计算倍数

第十七章 《民法典》规定的多种惩罚性赔偿责任在实务中应当怎样适用

时，应当综合考虑被告的过错程度、侵权行为的情节严重程度等因素。

由于适用侵害知识产权惩罚性赔偿的主观要件是故意，因此，被告的过错程度就是故意的程度。通常认为，故意分为直接故意和间接故意，在直接故意中又分为一般故意和恶意。可以说，故意的轻重程度是：间接故意＜一般故意＜恶意。在此基础上，再进一步考察的情节严重具体程度。行为的情节严重程度，也是在情节严重的范围内进一步确定情节严重的不同程度。根据这些具体情形，在法律规定的惩罚性赔偿倍数范围内，确定具体的惩罚性赔偿数额的倍数。例如《商标法》规定的惩罚性赔偿的倍数是一至五倍，根据侵权的具体情形，在一至五倍的范围内确定具体的赔偿数额。

在确定具体的惩罚性赔偿数额时，侵权人因同一侵权行为已经被处以行政罚款或者刑事罚金且执行完毕的，如果被告主张减免惩罚性赔偿责任，依照《民法典》第187条第一分句关于"民事主体因同一行为应当承担民事责任、行政责任和刑事责任的，承担行政责任或者刑事责任不影响承担民事责任"的规定，其主张不能成立，因此不予支持；但是，在确定惩罚性赔偿数额的倍数时，可以综合考虑，适当减少。这是因为，惩罚性赔偿不是补偿性赔偿，行政罚款和刑事罚金与惩罚性赔偿性质和功能相同，因而可以将其综合考虑，达到惩罚的目的即可，不必一律适用五倍的"顶格"倍数。

（二）生态环境侵权惩罚性赔偿司法解释规定的具体规则

生态环境侵权惩罚性赔偿司法解释对于适用惩罚性赔偿也作了具体规定。其中包括关于惩罚性赔偿的请求权、对生态环境侵权事实的认定、对惩罚性赔偿金数额的确定、惩罚性赔偿优先于行政责任和刑事责任但不优先于其他民事责任和国家作为赔偿权利人等。

（三）惩罚性赔偿司法解释对其他惩罚性赔偿的借鉴意义

在目前法律规定的侵权惩罚性赔偿的适用范围中，除知识产权和生态环境侵权的惩罚性赔偿外，其他惩罚性赔偿的具体规则尚不完善，不敷适用。虽然这两部司法解释规定的惩罚性赔偿的性质与其他侵权惩罚性赔偿的性质有所不同，但是，这两部司法解释规定的惩罚性赔偿的具体规则有重要借鉴意义。这主要表现在以下两个方面。

第一，适用惩罚性赔偿的要件认定具体规则的借鉴价值。《民法典》《消费者权益保护法》《食品安全法》《电子商务法》有关惩罚性赔偿的规范中，对侵权惩罚性赔偿构成要件的规定都是一般性规则，在司法实践中应当有具体的操作规则。这两部司法解释对《民法典》第1185条规定的故意侵害知识产权惩罚性赔偿和第1232条规定的生态环境侵权惩罚性赔偿责任的构成要件，即故意和情节严重，都规定了具体的认定规则，包括一般认定方法和具体表现情形，具有实际的可操作性。适用其他侵权惩罚性赔偿规范时可以借鉴这些规定，确定认定适用要件的具体规则。

第二，计算侵权惩罚性赔偿数额具体规则的借鉴价值。确定侵权惩罚性赔偿数额的要点，一是计算基数，二是计算倍数。《消费者权益保护法》《食品安全法》对其规定的惩罚性赔偿的计算基数和计算倍数都作了规定，《民法典》第1207条没有规定侵权惩罚性赔偿的计算基数和计算倍数。对此，这两部司法解释提出的确定方法可以提供参考，同时也可以借鉴相关规定确定其他侵权惩罚性赔偿数额的计算基数和计算倍数。

有了这两部司法解释提供的经验，在司法实践中确定侵权惩罚性赔偿责任，就会有比较准确、统一的计算方法，保障侵权惩罚性赔偿法律规范的统一实施。

三、对各种侵权惩罚性赔偿责任的构成要件的认定

除侵害知识产权和生态环境侵权惩罚性赔偿责任之外的其他侵权惩罚性赔偿责任，按照法律规定的构成要件，可以细分成以下六种类型。

（一）明知产品[①]存在缺陷仍然生产、销售的产品责任

《民法典》第1207条规定的恶意产品侵权案件分为两种类型：一是明知产品存在缺陷仍然生产、销售侵权责任，是《侵权责任法》第47条规定的惩罚性赔偿责任；二是编纂《民法典》新增加的惩罚性赔偿责任。[②]《消费者权益保护法》第55条第2款规定的明知产品有缺陷仍然生产、销售侵权责任，与《民法典》第1207条规定的第一种类型的侵权惩罚性赔偿重合，因此放在一起阐释。

明知产品存在缺陷仍然生产、销售惩罚性赔偿责任的构成要件如下。

1. 生产、销售的产品须存在缺陷

这一客观要件，是指生产者生产出来的产品存在缺陷，或者销售者销售的产品存在缺陷。对于缺陷的界定，应当依照《产品质量法》关于"缺陷是产品中存在的危及人身、他人财产安全的不合理的危险"的规定来界定[③]，包括设

[①] 本书中所说的"产品"包括商品。下同。
[②] 对此，参见本章下一节的说明，在此不赘述。
[③] 《产品质量法》第46条规定："本法所称缺陷，是指产品存在危及人身、他人财产安全的不合理的危险；产品有保障人体健康和人身、财产安全的国家标准、行业标准的，是指不符合该标准。"

计缺陷、制造缺陷、警示说明缺陷等。当生产、销售的产品存在设计上、制造上或者警示说明上的不合理危险时，这一要件成立。

2. 生产者、销售者对其生产、销售的产品存在缺陷须为明知

这是构成该种惩罚性赔偿责任的主观要件，即明知生产或者销售的产品存在缺陷。明知的内容是生产、销售的产品有缺陷，有造成他人损害的不合理危险，而不是明知生产、销售后必定造成他人损害。"明知"不包括应知，是确定的知道，证明责任在原告。对于明知的认定，应当综合考虑案件的具体情形，例如侵权人在被侵权人或者利害关系人通知、警告后，仍继续实施该种侵权行为，即可认定为明知。

至于明知商品有缺陷究竟构成何种过错，一般认为其主观要件的要求与一般的损害赔偿责任不同，即要求行为人主观上具有故意或者恶意。① 也有人认为，"明知"是指缺陷产品的生产者、销售者确实、明确知道产品存在缺陷。从过错角度看，侵权人存在故意或者重大过失。"明知"排除一般过失和轻微过失。② 立法专家认为，产品责任中惩罚性赔偿的适用条件是侵权人具有主观故意。③ 按照一般理解，明知产品有缺陷而继续生产、销售，其行为人的主观态度，一是希望，二是放任，三是轻信可以避免。如果是后两者，为重大过失而不是故意，因而适用惩罚性赔偿的主观要件包括重大过失似乎也有道理。不过，惩罚性赔偿惩罚的是恶意侵权，主张重大过失也构成侵权惩罚性赔偿责任，与立法目的不合。因此，确定明知产品有缺陷的主观要件是故意，不包括重大过失，更为妥当。

3. 生产者、销售者对有缺陷的产品仍然继续生产、销售

生产者、销售者明知产品存在缺陷，却仍然继续生产、销售，是构成惩罚性赔偿责任的行为要件。继续生产、销售的时间点为明知产品有缺陷之后，如果在明知有缺陷之前生产、销售，则构成一般的产品责任，只赔偿实际损失，不承担惩罚性赔偿责任。

4. 造成他人死亡或者健康严重损害

这是适用侵权惩罚性赔偿责任的损害后果要件。缺陷产品造成他人死亡的，是侵权惩罚性赔偿责任的构成要件。缺陷产品造成他人健康严重损害的，也构成侵权惩罚性赔偿责任。对此，全国人大常委会法工委《中华人民共和国侵权责任法释义》没有说明，《中华人民共和国民法典侵权责任编释义》也没

---

① 王利明. 侵权责任法研究：下卷. 北京：中国人民大学出版社，2019：281.
② 张新宝. 中国民法典释评：侵权责任编. 北京：中国人民大学出版社，2020：149.
③ 黄薇. 中华人民共和国民法典总则编释义. 北京：法律出版社，2020：126.

有说明，可以参照《最高人民法院、最高人民检察院关于办理生产销售假药、劣药刑事案件具体应用法律若干问题的解释》第 2 条第 1 款关于"生产销售的假药、劣药被使用后，造成轻伤以上伤害，或者轻度残疾、中度残疾，或者器官组织损伤导致一般功能障碍或者严重功能障碍，或者有其他严重危害人体健康情形的，应当认定为刑法第 141 条规定的'对人体健康造成严重危害'"的规定来确定。"对人体健康造成严重危害"与"造成健康严重损害"，是否为完全等同概念？二者主要的差别在于"危害"和"损害"。有的学者认为，健康受到严重损害并不仅指重伤或者残疾，也可能是轻伤以及器官功能障碍。① 也有学者认为，这里所称的造成健康严重损害，并不一定是导致残疾。如果确实造成残疾，则可以直接认定已经造成了健康严重损害。② 如果产品缺陷未造成严重的人身损害，而仅造成轻微的人身损害或者财产损害，则不适用本条规定的惩罚性赔偿。③ 这些意见比较起来，参照"对人体健康造成严重危害"的司法解释来确定，更为准确，即造成轻伤以上伤害，或者轻度残疾、中度残疾，或者器官组织损伤导致一般功能障碍或严重功能障碍，或者有其他严重危害人体健康情形的，构成"造成健康严重损害"。

（二）发现发展风险没有采取有效补救措施的产品责任

这种侵权惩罚性赔偿责任也被称为拒绝补救④，其构成要件如下。

1. 投入流通的产品存在缺陷

生产者生产的产品在投入流通时，由于当时的科学技术水平所限，还不能发现该产品是否存在缺陷。对此，即使造成损害，也不追究生产者的责任。这就是产品责任制度中的发展风险规则。⑤ 不过，在将这种产品投入流通后，法律要求生产者履行跟踪观察义务，发现缺陷后应当及时采取停止销售、警示、召回等补救措施，以制止损害扩大。这就是跟踪观察义务。⑥ 未及时采取补救措施或者采取的补救措施不力，造成损害扩大的，应当依照《民法典》第 1206 条的规定承担损害赔偿责任，不构成惩罚性赔偿责任。

---

① 最高人民法院民法典贯彻实施工作领导小组. 中华人民共和国民法典理解与适用：侵权责任编. 北京：人民法院出版社，2020：350.
② 王利明. 侵权责任法研究：下卷. 北京：中国人民大学出版社，2019：282.
③ 邹海林，朱广新. 民法典评注：侵权责任. 北京：中国法制出版社，2020：451.
④ 张新宝. 中国民法典释评：侵权责任编. 北京：中国人民大学出版社，2020：149.
⑤ 《产品质量法》第 41 条第 2 款规定："生产者能够证明有下列情形之一的，不承担赔偿责任：……（三）将产品投入流通时的科学技术水平尚不能发现缺陷的存在的。"
⑥ 杨立新. 侵权责任法. 4 版. 北京：法律出版社，2020：379 - 380.

2. 生产者未依照法律规定采取有效补救措施

生产者对投入流通的产品已经发现存在缺陷，负有及时采取补救措施的义务，却没有依照法律规定采取有效补救措施，是构成拒绝补救惩罚性赔偿责任的要件。这是行为的客观要件，包括没有采取有效补救措施的不作为行为，与采取了补救措施却不是有效的补救措施。停止销售、警示、召回的补救措施救济的内容不同。停止销售，是要求不得再将发现有缺陷的产品投入流通，杜绝发生新的损害。警示针对的是产品存在合理危险，通过警示和说明正确的使用方法就可以避免损害。召回是对存在不合理危险的产品，将产品召回消除缺陷，再返还或者更换给消费者使用。没有采取这些补救措施或者采取的补救措施没有针对缺陷的性质而没有发生应有的效果，例如该召回的只是采取了警示的方法，或者只是采取了停止销售的方法，就是没有采取有效补救措施。

3. 主观要件

产品生产者已经发现了投入流通的产品存在缺陷，也明确自己负有及时采取补救措施的义务，但是没有采取有效补救措施，因而在主观上存在放任损害后果发生的间接故意。生产者也可能存在重大过失，例如轻信损害可以避免，不过，惩罚性赔偿的着眼点在于惩罚故意侵权者，因而仍然应当以故意为主观要件比较稳妥，有明知即可认定为故意。

4. 造成他人死亡或者健康严重损害

这一损害后果要件，与明知产品存在缺陷仍然生产、销售侵权责任的同一要件的要求相同。在确定这种惩罚性赔偿责任时，应当看到发展风险、跟踪观察缺陷与没有采取有效补救措施造成严重损害三种情形在产品责任中的递进关系。一是发展风险规则，即依照《产品质量法》第41条第2款关于生产者能够证明将产品投入流通时的科学技术水平尚不能发现缺陷的存在情形的免责规定，不承担赔偿责任。二是《民法典》第1206条规定，即构成发展风险，生产者未及时采取补救措施或者采取补救措施不力造成的损害扩大，是基于发展风险所致损害而发生损失扩大的部分，生产者、销售者应当承担扩大部分的损害赔偿责任。三是出现发展风险事由，生产者没有采取有效补救措施，造成他人死亡或者健康严重损害，承担惩罚性赔偿责任。这三个部分紧密相连，根据三种不同的情形，分别适用免责、就扩大损失部分的损害赔偿和惩罚性赔偿三种不同的法律后果。

（三）明知服务存在缺陷仍然向消费者提供的侵权责任

在《消费者权益保护法》第55条第2款关于"经营者明知商品或者服务存在缺陷，仍然向消费者提供，造成消费者或者其他受害人死亡或者健康严重损害的，受害人有权要求经营者依照本法第四十九条、第五十一条等法律规定赔偿损失，并有权要求所受损失二倍以下的惩罚性赔偿"的规定中，明知商品存在缺陷仍然向消费者提供的惩罚性赔偿责任与《民法典》第1207条规定的规则重合，而经营者明知服务存在缺陷仍然向消费者提供的惩罚性赔偿责任，却不在《民法典》第1207条规定的范围内。因此，这是特别法规定的侵权惩罚性赔偿责任，属于《民法典》第179条第2款规定的"法律规定惩罚性赔偿"的范围，应当"依照其规定"确定其构成要件。

明知服务存在缺陷仍然继续向消费者提供的惩罚性赔偿责任的构成，除服务存在缺陷外，其他方面的构成要件都与明知商品存在缺陷继续提供的惩罚性赔偿责任的构成要件是一样的。因此，需要研究的就是明知服务存在缺陷的要件。对此，应当研究以下两个问题。

1. 服务的概念和特点

服务，一般是指服务者向消费者提供以特定的劳务为内容的作为或者不作为，消费者向服务者支付对价或者不支付对价的债权债务关系。[①] 服务具有以下特殊的属性：（1）信息不对称性，服务者与消费者对于特定服务的信息完全不对称，因此才存在接受服务的需求；（2）非库存性，服务的提供与消费同时进行，难以像商品那样进行贮藏和保存；（3）无形性，服务行为不能物型化，而是以劳务或者行为的方式提供，没有空间的有形性；（4）复原、返还的不可能性，正因为服务是劳务或者行为，一旦给付被对方受领，就不可能复原或者返还；（5）服务者特质的制约性，亲自履行是服务合同的基本特征；（6）受领人的协作性，服务者提供服务时，消费者须予以协作，受领服务行为的履行，否则无法实现服务义务的履行。[②] 学者对服务概念特殊属性的这些说明，大体上是正确的，只是关于服务行为不能物型化的意见，值得斟酌，因为物型服务也是服务合同的一种类型。

尽管服务是指不涉及或甚少涉及物质产品交换的市场交易形式，一方提供给另一方的不可感知且不导致任何所有权转移的活动或利益，在本质上是无形的，可以分为高接触性服务、中接触性服务和低接触性服务；但是，物型合同和非物型合同的划分，在确定明知服务有缺陷仍然予以提供的惩罚性赔偿构成中，却具有更重要的价值。

立足于服务过程中行为与物的关系，以及服务结果是否具备特定性这两个维度，可以将服务区分为物型服务、行为型服务和叠加型服务三种类型。物型

[①] 杨立新，杜泽夏，吴烨. 消费者保护中的服务及其损害赔偿. 法律适用，2016（5）：43.

[②] 周江洪. 服务合同研究. 北京：法律出版社，2010：16.

服务是指服务者将其劳务行为凝聚在特定的物中，使劳务物化，并将该物交付给消费者，消费者予以受领的服务，包括：服务者以自己的给付行为加工新物，以及服务者将给付行为凝结于特定物之中。行为型服务，是指服务者依照消费者的要求对消费者提供单纯的给付行为，消费者予以受领，满足自身需要的服务。叠加型服务是行为与物叠加，即在服务过程中，服务行为依赖特定的产品或物，将其作为行为的材料、设备或手段，完成特定给付行为的服务，包括"服务者携带服务之物＋服务者给付行为""消费者自备服务之物＋服务者给付行为"两种方式。[1] 物型服务与叠加型服务中，虽然所有权并未转变，但是物的交换却是客观存在的。行为型服务没有物的交换，是非物型服务合同，服务人员的技术、技能水平等会存在不符合服务标准的问题。

2. 服务缺陷的界定

通常认为，服务缺陷即服务具有安全上或卫生上之危险性。[2] 这一定义过于抽象，不完全符合服务类型的实际情况。[3]

物型服务中的物和叠加型服务中的服务之物，其缺陷与产品缺陷概念基本一致，即物存在的危及人身、财产安全的不合理危险，包括设计缺陷、制造缺陷、警示说明缺陷和跟踪观察缺陷。不同的是，物型服务之物的缺陷，不是原生产者、销售者所致的原发型缺陷，而是服务者在加工、修理中形成的继发型缺陷；而服务者因消费者定作而制作的新物为原发型缺陷，是因服务者的行为而发生的。叠加型服务之物的缺陷，是通常的产品缺陷，为原发型缺陷，是生产者、销售者的行为所致，与服务者的行为无关。

服务行为的缺陷，是指服务的给付行为具有的安全上或卫生上的不合理危险。这种不合理危险表现为，服务于其提供时，不具有通常可合理期待的安全性。所谓通常，是指符合当时的科技或者专业水准。参照我国台湾地区的经验，对服务缺陷的判断标准有三：服务的标示说明、服务可期待之合理接受以及服务提供之时期。其具体表现是：第一，对于已依科学、专业水准的合理期待可得认识的危险，却因科技、专业的水准而无法予以克服、回避时，服务者自有必要以科学、专业水准的要求予以标示、说明，使消费者知其危险性的存在，而采其他方法以求减轻损害，甚至因而有所回避。服务者违反此项标示警告，自应因此成立损害赔偿责任。第二，服务属于非可期待的合理接受，只要消费者系以服务者提供服务的方法接受服务并因而受有损害，对于消费者而

---

[1] 杨立新，杜泽夏，吴烨. 消费者保护中的服务及其损害赔偿. 法律适用，2016（5）：46-48.
[2] 李适时. 中华人民共和国消费者权益保护法释义. 北京：法律出版社，2013：227.
[3] 以下对服务缺陷的说明，请见杨立新，杜泽夏，吴烨. 消费者保护中的服务及其损害赔偿. 法律适用，2016（5）：53-54.

言,因为皆可属于可期待的合理接受服务,服务者自应有被论断成立责任的可能。第三,服务提供的时期,是指服务符合提供服务当时的科技或者专业水准的要求,即使其后有较佳之服务,亦不得认为该服务具有不合理危险,反之,即有缺陷。①

经营者提供的服务有缺陷仍然继续提供,造成消费者死亡或者健康严重损害的,构成侵权惩罚性赔偿责任。

(四)生产不符合食品安全标准的食品损害责任

食品涉及公众的健康安全,《食品安全法》第148条第2款对食品侵权惩罚性赔偿的构成要件要求偏低,不必达到一般的产品责任惩罚性赔偿要件的要求,即生产不符合食品安全标准的食品造成消费者损害的,就构成惩罚性赔偿责任。其要件是:

1. 生产不符合食品安全标准的食品

按照《食品安全法》第150条,食品安全,是指食品无毒、无害,符合应当有的营养要求,对人体健康不造成任何急性、亚急性或者慢性危害。食品安全标准就是关于食品无毒、无害,符合应当有的营养要求,对人体健康不造成任何急性、亚急性或者慢性危害的强制性标准。《食品安全法实施条例》第3条规定:食品生产经营者应当依照法律、法规和食品安全标准从事生产经营活动,建立健全食品安全管理制度,采取有效管理措施,保证食品安全。食品生产经营者对其生产经营的食品安全负责,对社会和公众负责,承担社会责任。食品安全标准包括:一是食品相关产品中的致病性微生物、农药残留、兽药残留、重金属、污染物质以及其他危害人体健康物质的限量规定。二是食品添加剂的品种、使用范围、用量。三是专供婴幼儿的主辅食品的营养成分要求。四是对与食品安全、营养有关的标签、标识、说明书的要求。五是与食品安全有关的质量要求。六是食品检验方法与规程。七是其他需要制定为食品安全标准的内容。八是食品中所有的添加剂必须详细列出。九是食品生产经营过程的卫生要求。食品生产者生产不符合食品安全标准的食品,就构成这一惩罚性赔偿要件。

2. 生产不符合食品安全标准食品的故意或者重大过失

生产不符合食品安全标准的食品是客观的行为要件,同时,这一行为还包含主观内容,亦即,既然是食品生产者,生产不符合食品安全强制性标准的食品,其主观上肯定是明知的。这是对食品生产者的一般性要求,明知而生产,

---

① 朱柏松. 消费者保护法论. 自版,2004:196.

在主观上就具有故意的心态。尽管对于生产不符合食品安全标准的食品造成损害并非故意而为，但是对生产不符合食品安全标准的食品具有故意。正因为生产者存在这样的故意心态，因此才应承担惩罚性赔偿责任。不过，这一条法律规范在规定经营不符合食品安全标准的食品而承担惩罚性赔偿责任时，要求的经营者构成"明知"，与生产者的"明知"是有区别的，即生产不符合食品安全标准的食品，明知应知也构成与生产者的"明知"。所以，故意或者重大过失生产不符合食品安全标准的食品，是这种惩罚性赔偿责任的主观要件。

3. 造成消费者损害

造成消费者损害的要件：首先，是生产者生产的不符合食品安全标准的食品造成消费者的人身损害；其次，这种损害不包括财产损害，尽管条文中没有这样明确规定，但是惩罚性赔偿主要保护的是生命权和健康权，一般不包括财产权的损害；最后，没有要求造成死亡或者健康严重损害的后果，而仅要求有人身损害，也和一般产品造成人身损害的要求不同，不必达到造成死亡或者健康严重损害的程度。

符合上述三个要件的要求，构成生产不符合食品安全标准的食品的惩罚性赔偿责任。

（五）经营明知是不符合食品安全标准的食品损害责任

经营明知是不符合食品安全标准的食品的惩罚性赔偿责任，是《食品安全法》规定的第二种食品损害惩罚性赔偿类型。构成这种食品惩罚性赔偿责任，与生产不符合食品安全标准惩罚性赔偿责任的区别，主要在以下两个要件。

1. 经营者经营不符合食品安全标准的食品

经营者经营食品，包括经营食品的成品以及经营自己制作的食品，因而经营者经营食品应当是销售食品或者提供食品服务。销售生产者生产的食品是经营食品；自己加工食品提供给消费者，主要存在于餐饮业，例如饭店、快餐、外卖等餐饮经营业。不论采上述何种形式，只要是经营的食品不符合食品安全标准，就构成这一要件。

2. 明知经营的食品不符合食品安全标准

经营者明知经营的食品不符合食品安全标准，是构成这种惩罚性赔偿责任的主观要件。其要求是，经营者须明知经营的食品不符合食品安全标准，不论是销售生产者生产的不符合食品安全标准的食品，还是经营自己制作的不符合食品安全标准的食品，在主观上应当对其明知。不符合食品安全标准的食品，就有可能造成消费者损害，经营者明知而为之，就构成故意。

具备上述两个要件，再加上具备造成消费者损害的后果要件，就构成经营明知是不符合食品安全标准的食品的惩罚性赔偿责任。

（六）电子商务平台上恶意通知损害责任

《电子商务法》第42条第3款规定："因通知错误造成平台内经营者损害的，依法承担民事责任。恶意发出错误通知，造成平台内经营者损失的，加倍承担赔偿责任。"这是电子商务平台损害责任，简称为恶意通知损害责任，其构成要件如下。

1. 发出通知的行为人是自称为知识产权权利人的人

在电子商务平台经营中，权利人对侵害其知识产权的平台内经营者可以行使通知权发出通知，要求电子商务平台经营者对平台内经营者的侵权行为采取删除、屏蔽、断开链接、终止交易或服务等必要措施，阻止侵权后果继续发生。恶意通知造成平台内经营者财产损失的惩罚性赔偿责任，其行为人是自称为知识产权人的，可能是知识产权人，也可能不是知识产权人，其对平台内经营者的经营行为请求平台经营者采取上述必要措施。

2. 电子商务平台经营者应行为人要求对平台内经营者采取必要措施

根据知识产权人的通知，电子商务平台经营者对平台内经营者采取了删除、屏蔽、断开连接、终止交易或服务等必要措施，使平台内经营者不能利用该平台进行经营活动。平台内经营者包括利用电子商务平台进行销售或者提供服务的销售者或者服务者。

3. 行为人发出的通知错误并造成平台内经营者的损失

行为人以平台内经营者实施侵害其知识产权的侵权行为为由发出通知，在对平台内经营者采取必要措施后，已经确定该平台内经营者没有侵害其知识产权，确认其行使通知权是错误的，平台因该错误通知而对平台内经营者采取了必要措施并造成了其损失。这种损失是经营损失，是因错误通知而使平台内经营者的经营活动受到的财产损失，不包括人身损害。

4. 行为人在主观上具有侵害平台内经营者合法权益的恶意

行为人实施错误通知的主观意图具有恶意，即故意用错误通知的方式侵害平台内经营者的合法权益，损害其经营活动。行为人不具有恶意，只是过失造成损害的，承担补偿性赔偿责任；具有恶意的，构成惩罚性赔偿责任。

四、侵权惩罚性赔偿数额的计算方法

确定侵权惩罚性赔偿数额的计算方法，参照侵害知识产权惩罚性赔偿司法

第十七章 《民法典》规定的多种惩罚性赔偿责任在实务中应当怎样适用

解释和生态环境惩罚性赔偿司法解释规定的规则，应当首先确定计算基数和计算倍数，其次在法定的计算倍数范围内裁量具体的赔偿数额。

（一）《民法典》及其他法律的相关规定

在《民法典》和其他法律中，有的规定了惩罚性赔偿的计算基数和倍数，有的没有规定，需根据实际情况确定。

1. 法律已经规定了计算方法的侵权惩罚性赔偿

对故意侵害知识产权的惩罚性赔偿计算方法，《民法典》第1185条虽然没有规定，但是《著作权法》第54条、《商标法》第63条第1款第二句、《专利法》第71条、《反不正当竞争法》第17条第3款、《电子商务法》第42条第3款有明确规定，应当按照上述规定，确定知识产权侵权中的惩罚性赔偿数额。

《消费者权益保护法》第55条第2款、《食品安全法》第148条第2款明确规定了消费者保护领域产品欺诈（服务欺诈）侵权以及食品侵权时惩罚性赔偿的计算方式，应当根据案件的具体情形，确定应当适用的法律，从而计算惩罚性赔偿数额。

2. 没有规定惩罚性赔偿数额计算方法的法律

《民法典》第1207条规定的恶意产品侵权责任的惩罚性赔偿，没有规定计算基数和计算倍数。立法机关专家对确定这种惩罚性赔偿的意见是，为防止滥用惩罚性赔偿，避免被侵权人要求的赔偿数额畸高，规定被侵权人有权请求相应的惩罚性赔偿。这里的相应，主要是指被侵权人要求的惩罚赔偿金的数额应当与侵权人的恶意相当，与侵权人造成的损害后果相当，与对侵权人威慑相当，具体赔偿数额由人民法院根据个案具体判定。[1]

（二）惩罚性赔偿计算基数的确定

1. 法律已经确定惩罚性赔偿计算基数的，依照法律规定

结合实际情况，法律规定的侵权惩罚性赔偿数额计算基数的方法如下。

（1）一般标准。

《消费者权益保护法》第55条第2款、《食品安全法》第148条第2款规定的惩罚性赔偿计算基数，是"实际损失"；《电子商务法》第42条第3款规定"加倍承担赔偿责任"的计算基数，也是实际损失。凡是这些法律对计算基数有明确规定，符合计算基数的一般标准要求的，直接依照法律规定确定惩罚性赔偿的计算基数。

---

[1] 黄薇. 中华人民共和国民法典总则编释义. 北京：法律出版社，2020：127.

(2) 选择标准。

在侵害知识产权惩罚性赔偿数额的计算基数上，法律规定虽然也是以损失数额作为计算基数，但规定的是选择性标准。尽管侵害知识产权惩罚性赔偿司法解释规定了可以选择的具体标准，但是不同的单行知识产权法规定的都不相同，因此，应当以法律的具体规定为准。

这些规定确定的计算基数是选择性的：一是权利人的实际损失，二是侵权人违法所得，三是侵权人所获利益，四是该权利的使用费。具体实践中应当根据法律的具体规定，按照选择例示的方法确定计算基数。适用上述标准还不能确定，权利人的损失、侵权人获得的利益和专利许可使用费均难以确定的，可以根据被侵害的权利类型、侵权行为的性质和情节等因素，确定给予500万元以下的赔偿。

值得注意的是，这些法律规定的选择标准都是递进式的，有先后顺序。不过，《民法典》第1182条规定侵害人格权造成财产损失的计算，已经把《侵权责任法》第20条规定的递进式改为选择式，更有道理。① 对此，应当借鉴。

(3) 特别标准。

对于生态环境侵权的惩罚性赔偿，生态环境赔偿侵权惩罚性司法解释规定以人身损害赔偿数额和财产损害赔偿数额为赔偿基数，没有规定其他的内容可以计算在赔偿基数之内。

(4) 酌定标准。

《著作权法》《商标法》《专利法》都规定了酌定的计算基数。权利人的实际损失、侵权人的违法所得、侵权人非法获利以及权利使用费难以计算的，由法院根据侵权行为的情节，判决给予赔偿。其中《著作权法》规定的上限是500万元，《专利法》规定的上限是300万元，《商标法》《反不正当竞争法》没有规定下限。在这样的范围内，法官根据实际情况，确定具体的赔偿数额。

2. 法律没有规定但有法律可以参照的惩罚性赔偿计算基数的确定

《民法典》第1207条规定的恶意产品侵权责任的惩罚性赔偿，没有规定惩罚性赔偿的计算基数。这种惩罚性赔偿比较容易找到可以参照的标准，即对恶意产品侵权责任的惩罚性赔偿，可以参照《消费者权益保护法》第55条第2款以及《食品安全法》第148条的规定，以实际损失作为计算基数。

3. 惩罚性赔偿数额计算基数的举证责任

法院为确定赔偿数额，在权利人已经尽力举证，而与侵权行为相关的账簿、资料主要由侵权人掌握的情况下，可以责令侵权人提供与侵权行为相关的

---

① 杨立新，李怡雯. 中国民法典新规则要点. 修订版. 北京：法律出版社，2021：614-615.

第十七章 《民法典》规定的多种惩罚性赔偿责任在实务中应当怎样适用

账簿、资料;侵权人不提供或者提供虚假的账簿、资料的,法院可以参考原告的主张和证据确定惩罚性赔偿数额的计算基数。

这里适用的是举证责任缓和规则。[①] 当原告承担举证责任达到较大可能性即盖然性标准的程度,基于其举证能力的限制不能达到高度盖然性即极大可能性的标准时,实行举证责任转换,由被告承担推翻原告证明的责任。如果被告不提供或者提供虚假的账簿、资料,就确定其不能完成应当承担的举证责任,原告的举证证明的主张成立,可以依照原告的主张和证据确定惩罚性赔偿数额的计算基数,从而确定惩罚性赔偿数额。

(三) 惩罚性赔偿计算倍数的确定

1. 法律已经确定惩罚性赔偿计算倍数的,依照法律规定

(1) 知识产权领域的法律规定。

《著作权法》第 54 条第 1 款第二句、《商标法》第 63 条第 1 款第二句、《专利法》第 71 条第 1 款第二句和《反不正当竞争法》第 17 条,都将故意侵害知识产权的惩罚性赔偿的计算倍数规定为一倍以上五倍以下。

知识产权人恶意通知造成平台内经营者损失的惩罚性赔偿的计算倍数,《电子商务法》第 42 条第 3 款规定为"加倍",即一倍。

尽管《民法典》第 1185 条没有规定故意侵害知识产权惩罚性赔偿的计算倍数,但是按照上述法律的规定,可以确定侵害知识产权以及知识产权人恶意侵害平台内经营者合法权益的惩罚性赔偿的计算倍数。

(2) 消费领域惩罚性赔偿数额的计算倍数。

产品欺诈或者服务欺诈造成损害惩罚性赔偿数额的计算倍数,《消费者权益保护法》第 55 条第 2 款规定为两倍。生产不符合食品安全标准的食品或者经营明知不符合食品安全标准的食品造成损害惩罚性赔偿计算倍数,《食品安全法》第 148 条第 2 款规定为三倍。

(3) 生态环境侵权惩罚性赔偿的计算倍数。

生态环境侵权惩罚性赔偿司法解释规定,生态环境侵权惩罚性赔偿的计算倍数是二倍以下。

2. 法律没有规定但有法律可以参照的惩罚性赔偿计算倍数的确定

《民法典》第 1207 条规定恶意产品侵权责任的惩罚性赔偿时没有规定其计算倍数,可以参照《消费者权益保护法》《食品安全法》的规定,一般产品为二倍以下,食品为三倍以下。

[①] 关于举证责任缓和规则的论述,参见杨立新. 侵权责任法. 4 版. 北京:法律出版社,2020:534-537。

(四) 确定惩罚性赔偿数额的考虑因素

依照生态环境侵权惩罚性赔偿司法解释和侵害知识产权惩罚性赔偿司法解释的规定，法院确定惩罚性赔偿的倍数时，应当综合考虑被告主观过错程度、侵权行为的情节严重程度等因素。因同一侵权行为已经被处以行政罚款或者刑事罚金且执行完毕，被告主张减免惩罚性赔偿责任的，法院不予支持，但在确定前款所称倍数时可以综合考虑。如果被侵权人承担了公益诉讼的赔偿责任，也可以作为综合考虑的因素。

对于知识产权单行法规定的依据选择性标准不能确定实际损失数额而可以在 500 万元以下确定的，是法官自由裁量权的范围，也应当依照上述综合考虑因素，合理确定损失数额。

五、结语

在《民法典》第 179 条第 2 款的规范下，我国法律规定了较多的侵权惩罚性赔偿规则。在具体适用侵权惩罚性赔偿的法律规范中，生态环境侵权和侵害知识产权惩罚性赔偿司法解释具有示范性的借鉴意义。应当以确定侵权惩罚性赔偿数额的计算基数和计算倍数的具体规定为基准，准确确定惩罚性赔偿数额，对于保护权利人的合法权益，惩罚恶意侵权人的侵权行为，维护正常的市场经济秩序，发挥立法预期的作用，取得良好的社会效果。

应当看到，在司法实践中，法官在适用侵权惩罚性赔偿责任的法律规范时，对违约惩罚性赔偿和侵权惩罚性赔偿多有混淆，须特别加以区分。例如，2015 年 8 月 29 日，原告黄某娣与被告美容店签订协议书，被告承诺用其所有的"一品莲特号祛痘液"为原告治疗面部皮肤，原告支付对价 4 000 元。原告一直予以配合，但是，其面部情况不仅没有好转，反而一步一步恶化，最后原告不仅没有得到治疗，而且因面部皮肤瘢痕毁容，构成六级伤残，故原告起诉请求判令被告承担侵权惩罚性赔偿责任。法院判令被告赔偿原告黄某娣购买化妆品、接受美容服务对价的三倍共 1.2 万元的惩罚性赔偿；对于原告的残疾，赔偿残疾赔偿金 31.786 万元。这个判决显然是误解了侵权惩罚性赔偿的计算基数和计算倍数。计算基数方面，法院不是以实际损失的数额作为计算基数，而是以商品和服务的对价作为计算基数，而这实际上是计算商品欺诈和服务欺诈的惩罚性赔偿的计算基数。计算的倍数也是如此，不是按照两倍以下来计算，而是错误地使用了违约惩罚性赔偿的计算倍数，按照三倍来计算。正确确定该案的侵权惩罚性赔偿金，应当以商品和服务造成的实际损失即残疾赔偿金

第十七章 《民法典》规定的多种惩罚性赔偿责任在实务中应当怎样适用

等作为计算基数,判令承担两倍以下的惩罚性赔偿。由是观之,这个判决在适用法律上显然是错误的。混淆侵权惩罚性赔偿与违约惩罚性赔偿计算基数和计算倍数的此案绝非孤例,必须提高警惕,防止错误适用法律。

规则总结

1. 《民法典》规定惩罚性赔偿时没有规定具体的计算方法,其中第179条第2款是一般性规定,不包含请求权。第1185条规定的侵害知识产权惩罚性赔偿,侵害知识产权惩罚性赔偿司法解释已经对计算方法、计算基数、计算倍数等作出了明确规定。第1232条规定的生态环境侵权惩罚性赔偿,生态环境侵权惩罚性赔偿司法解释也对计算方法、计算基数、计算倍数等作了规定。第1207条恶意产品和服务侵权的惩罚性赔偿,可以参照《消费者权益保护法》和《食品安全法》的规定确定惩罚性赔偿。

2. 计算惩罚性赔偿数额,首先应当确定计算基数。计算基数就是计算惩罚性赔偿的基本数额,对此,不同的侵权惩罚性赔偿确定计算基数的方法各不相同,应当以相关的法律和司法解释作为依据。

3. 计算惩罚性赔偿数额,其次应当确定计算倍数。惩罚性赔偿的倍数,就是惩罚性赔偿的力度,对不同的侵权行为,法律或者司法解释作了不同的规定,最高的是五倍以下,最低的是一倍,应当根据具体的规定确定赔偿倍数。

最后,计算惩罚性赔偿数额应当综合考虑各种相关因素,即确定惩罚性赔偿的倍数时,应当综合考虑被告主观过错程度、侵权行为的情节严重程度等因素。特别是法律规定了赔偿倍数是"N倍以下"的,应当在这个最高倍数之下,根据案件的具体情节确定具体数额。

第十八章 《民法典》第 1187 条规定的"分期支付"是定期金赔偿吗

——侵权损害赔偿定期金规则的欠缺与具体适用

实务指引要点

1. 《民法典》第 1187 条规定的"分期支付"不是定期金赔偿。
2. 2022 年人身损害赔偿司法解释第 19 条和第 20 条规定了定期金赔偿,但是存在受害人死亡的被扶养人生活费不能适用定期金赔偿的问题。
3. 适用定期金赔偿的范围应当包括残疾赔偿金、残疾辅助具费和被扶养人生活补助费的赔偿,这些都属于未来发生的损害赔偿。
4. 定期金赔偿的适用是赔偿权利人的权利,应当按照规定的办法确定赔偿期限和赔偿额度,并且提供相应担保。

《民法典》没有规定定期金赔偿规则,第 1187 条规定的只是损害赔偿的分期支付。2004、2021、2022 年的人身损害赔偿司法解释都规定了定期金,但也存在一定的欠缺。在司法实践中,我国对定期金赔偿规则适用较少,存在较多问题,使这一救济人身损害、赔偿权利人的重要赔偿方法没有更好地发挥应有作用。对此,应当深入研究,纠正现有规则存在的问题,确定正确的定期金赔偿的适用规则,以更好地保护人身损害赔偿权利人的合法权益,平衡好当事人之间的利益关系。

一、我国《民法典》第 1187 条规定的赔偿方法的真实含义

(一)《民法典》第 1187 条规定的分期支付不是定期金赔偿

提起侵权责任法中的定期金赔偿,一般会认为《民法典》第 1187 条已经

第十八章 《民法典》第1187条规定的"分期支付"是定期金赔偿吗

作出了规定,即:"损害发生后,当事人可以协商赔偿费用的支付方式。协商不一致的,赔偿费用应当一次性支付;一次性支付确有困难的,可以分期支付,但是被侵权人有权请求提供相应的担保。"这一条文来自《侵权责任法》第25条,即:"损害发生后,当事人可以协商赔偿费用的支付方式。协商不一致的,赔偿费用应当一次性支付;一次性支付确有困难的,可以分期支付,但应当提供相应的担保。"这两个条文的基本内容是一样的,只是改变了提供担保的方式,《侵权责任法》采法官主义,《民法典》规定的是当事人主义,即由被侵权人请求赔偿义务人提供担保。

这里规定的"分期支付",就是定期金赔偿吗?

立法机关认为《侵权责任法》第25规定的是定期金,在赔偿原则上有三种立法例:(1)绝对的一次性支付。(2)以一次性支付为原则,以定期金给付为例外,(3)以定期金支付为原则,以一次性给付为例外。采这种立法例的主要是德国、俄罗斯等,如《德国民法典》第843条的规定。我国侵权责任法借鉴有关国家和地区的立法经验,结合法律已有规定和司法实践的做法,对赔偿费用的支付方式作了三个层面的规定:一是由当事人协商确定赔偿费用的支付方法;二是协商一致的一次性支付;三是一次性支付确有困难的,可以分期支付,但应当提供相应的担保。[①] 按照这样的解释,这个条文规定的"分期支付"就是定期金赔偿。

再看对《民法典》第1187条的解释。立法机关专家在列举域外有关立法规定后,认为世界各国和地区在赔偿费用支付方式上有以下几种模式:一是绝对的一次性给付;二是以一次性支付为原则,以定期金给付为例外;三是以定期金支付为原则,一次性给付为例外;四是赔偿费用的支付方式由法官自由裁量。接着专家列举2004年人身损害赔偿司法解释第33条规定的定期金,认为实际上这一条文中规定的分期支付就是侵权责任法的定期金赔偿。[②] 对于上述四种立法模式,有学者概括为:第一种以英国、美国、丹麦、西班牙为典型,第二种以我国澳门地区民法典为例,第三种以德国、俄罗斯为代表,第四种的典型立法为荷兰。[③]

上述对《民法典》以及《侵权责任法》规定的分期支付的释义,都来源于《民法通则》第108条的规定,即:"债务应当清偿。暂时无力偿还的,经债权人同意或者人民法院裁决,可以由债务人分期偿还。有能力偿还拒不偿还的,由人民法院判决强制执行。"无论是《民法通则》《侵权责任法》的规定还是

[①] 王胜明. 中华人民共和国侵权责任法释义. 2版. 北京:法律出版社,2013:133-136.
[②] 黄薇. 中华人民共和国民法典侵权责任编释义. 北京:法律出版社,2020:70-73.
[③] 林剑锋. 既判力视角下定期金判决变更之诉的解释论展开. 现代法学,2017(6).

《民法典》的规定，"分期支付""分期偿还"都是关于赔偿具体支付方法的规定，而不是定期金赔偿。

（二）人身损害定期金赔偿的准确含义

无论是《民法典》第 1187 条还是《侵权责任法》第 25 条，都是规定赔偿金支付的两种不同的方法，而不是传统民法中赔偿将来的损害的一次性赔偿和定期金赔偿。对损害赔偿责任确定判决之后发生的损害赔偿，即将来的损害赔偿包括对扶养来源丧失的被扶养人生活费赔偿、残疾赔偿金赔偿和残疾辅助器具费赔偿等，才存在选择一次性赔偿还是定期金赔偿的可能。对这种将来发生的损害的定期金赔偿，我国民法从来没有规定过，只有司法解释规定过。[①] 前述关于定期金规定的解释，其实是一种对立法的误读，认为规定了损害赔偿的一次性支付和分期支付就是规定了定期金赔偿，是不正确的。

侵权法法理认为，在判决确定之前发生的损害赔偿，是侵权损害赔偿的常态。因为是判决确定之前发生的损害，这种损害赔偿不发生定期金赔偿问题，赔偿数额在判决确定时就固定下来，对这个确定的赔偿数额可以一次性支付，也可以分期支付，不适用定期金赔偿。《民法典》第 1187 条规定以一次性支付为原则，一次性支付确有困难的，可以分期支付，但应当提供相应的担保，这一规定的前提是"损害发生后"，意味着是对已经发生的损害的赔偿，可以一次性支付，也可以分期支付，不存在定期金的适用。这里的分期支付，与《民法通则》第 108 条规定的"分期履行"同义。对于适用定期金赔偿的判决确定后发生的将来损害的赔偿，并不在其中；如果将其解释为包括定期金赔偿，就必须对"损害发生后"进行扩大解释。

定期金给付是与一次性给付相对的一种赔偿支付方式，是指赔偿义务人在未来的一段时间按照一定的期限（如按年或者按季、月）向权利人支付赔偿金额的赔偿支付方式。[②] 定期金，其实就是在法院判决确定后的未来一段时间对发生的损害按照一定的期限向被侵权人支付的赔偿金额。[③] 简言之，定期金赔偿是赔偿将来发生的损害的方法之一，与将来发生的损害的一次性赔偿相对应。

在侵权法法理中，对于人身损害赔偿责任，以损害发生的时间在判决确定之前还是之后为标准，分为现在的损害赔偿和将来的损害赔偿。这就是以判决确定为时间节点，在判决确定之前发生的损害，是现在的损害或者已经发生的

[①] 《最高人民法院关于审理触电人身损害赔偿责任案件若干问题的解释》（已失效）第 5 条规定。
[②] 毋爱斌. 变更判决之诉的立法论：兼论定期给付制度的适用. 法律科学，2019（6）.
[③] 杨立新. 侵权责任法. 4 版. 北京：法律出版社，2020：264.

第十八章 《民法典》第1187条规定的"分期支付"是定期金赔偿吗

损害；在判决确定后发生的损害，是将来的损害或者未来发生的损害。以判决确定时间为界限，基于同一侵权的损害赔偿，可以分为债务履行期限已到来的损害赔偿与债务履行期限未到来的损害赔偿。[1] 对判决确定之前发生的损害的赔偿，是对现在的损害赔偿，或者称为已经发生的损害赔偿；对判决确定之后发生的损害的赔偿，是将来的损害赔偿，或者称为未来发生的损害赔偿。与此相对应，对于已经发生的损害赔偿，赔偿方法分为一次性支付和分期支付，对于将来发生的损害赔偿，赔偿方法分为一次性赔偿和定期金赔偿。

对将来发生的损害，其他国家和地区民法典将之称为"因身体或健康之侵害，被害人之职业能力丧失或减少，或发生其需要之增加者"[2]，"不法侵害他人之身体或健康者，对于被害人因此丧失或减少劳动能力或增加生活上之需要时，应负损害赔偿责任"；也表述为"受害人丧失劳动能力，还应当赔偿其未来的收入损失"，"因侵害身体而导致死亡，则不仅所有的相关费用必须得到赔偿，而且，死者根据法律规定应当扶养的亲属因扶养丧失而损失的利益也必须得到赔偿"[3]。被害人职业能力的丧失或减少，就是劳动能力的丧失和减少；发生上述情况后需要增加的赔偿，是对残疾辅助器具增加的费用和被扶养人的生活费赔偿。这些都是将来发生的损害。

综合起来，依照我国立法，将来发生的损害赔偿主要是人身损害赔偿中的以下三种赔偿：一是残疾赔偿金，赔偿劳动能力的损失。这种赔偿可以按照判决确定的标准，按年支付，可以使残疾的被侵权人在生活上得到保障。二是被扶养人的生活费，通常数额较大，具体数额与被扶养人的身体状况有密切关联，故被扶养人生活费赔偿采用定期金赔偿是较佳的赔偿方式，可以不必受上述时间的限制，直至赔偿权利人死亡或者成年时才终止，使被扶养人的利益得到更好的保护，消除赔偿与实际生活状况错位的弊端。[4] 三是残疾辅助器具费，对将来发生的残疾辅助器具费的赔偿也可以实行定期金赔偿，因为身体残疾的被侵权人需要辅助器具的辅助，不是余生只要一次赔偿就足够，可能需要多次更换。对此，采取定期金赔偿的方式，对保护残疾被侵权人的权益更为有利。总之，定期金适用于残疾赔偿金、被扶养人生活费、继续治疗费用、护理

---

[1] 林剑锋. 既判力视角下定期金判决变更之诉的解释论展开. 现代法学，2017（6）.

[2] 《德国民法典》第843条第1款，条文见：德国民法典. 台湾大学法律学院，台大法学基金会，译. 北京：北京大学出版社，2007：742.

[3] 《奥地利普通民法典》第1325、1327条，条文见：奥地利普通民法典. 周友军，杨垠红，译. 北京：清华大学出版社，2013：219.

[4] 这里所谓的"错位"，即赔偿权利人的实际生存期间往往长于或者短于一次性赔偿所预定的赔偿年限。

费用、更换辅助器具费等需要以后继续支付费用的场合[①]，其中继续护理费用也可以适用定期金赔偿，继续治疗费用则不适用定期金赔偿，应以赔偿实际发生的医疗费用为宜。

适用定期金赔偿的多是人身损害的终身赔偿，只有对未成年被扶养人生活费的赔偿是到其18周岁截止。对人身损害的终身赔偿适用定期金方式是最合理的：第一，定期金赔偿的期限不确定，是按照被侵权人的实际寿命，即生命延续多久就赔偿多久，而不是像一次性赔偿方式那样，按照平均寿命赔偿，可能出现有的赔偿权利人已经死亡，义务人却对死亡以后已经作了赔偿，有的赔偿权利人超过平均寿命还在继续生存却不能再获得赔偿等不合理现象。第二，把定期金赔偿改为现在的一次性赔偿，等于强令赔偿义务人现在立即执行若干年以后的赔偿义务，造成赔偿义务人在支付赔偿金上的利息损失，而定期金赔偿不会造成利息损失。正是由于这两方面的原因，德国等立法主张人身损害须终身赔偿的主要采用定期金赔偿方式，只有具有特别的情况或者重大原因的，才可以请求一次性终身赔偿。第三，尽管定期金赔偿存在赔偿责任人可能丧失赔偿能力而形成赔偿风险，但是可以采用担保的方式予以保障。因此，对将来发生的人身损害适用定期金赔偿是最好的方法，比现在一次性赔偿20年的方法要合理得多。

综上分析，《民法典》第1187条规定的分期支付，主要是指对已经发生的损害确定赔偿责任的支付方法，从字面上看不出其中包含对将来发生的损害的定期金赔偿。

二、我国司法解释对侵权责任定期金赔偿规则的补充及其不足

（一）我国司法解释对定期金赔偿规则规定的发展

最高人民法院以往的司法解释没有规定过定期金赔偿制度。最早使用定期金概念的是《最高人民法院关于审理触电人身损害赔偿责任案件若干问题的解释》（已失效），其第5条规定："依照前条规定计算的各种费用，凡实际发生和受害人急需的，应当一次性支付；其他费用，可以根据数额大小、受害人需求程度、当事人的履行能力等因素确定支付时间和方式。如果采用定期金赔偿方式，应当确定每期的赔偿额并要求责任人提供适当的担保。"这是侵权法专家在制定这部司法解释的过程中建议增加的内容，并最终写进了司法解释，是

[①] 刘竹梅. 论人身损害赔偿金的定期金给付方式. 中国人民大学学报，2005（2）.

第十八章 《民法典》第 1187 条规定的"分期支付"是定期金赔偿吗

我国侵权法司法解释第一次规定定期金赔偿。

2004 年人身损害赔偿司法解释第 33 条规定："赔偿义务人请求以定期金方式给付残疾赔偿金、被扶养人生活费、残疾辅助器具费的，应当提供相应的担保。人民法院可以根据赔偿义务人的给付能力和提供担保的情况，确定以定期金方式给付相关费用。但一审法庭辩论终结前已经发生的费用、死亡赔偿金以及精神损害抚慰金，应当一次性给付。"第 34 条规定："人民法院应当在法律文书中明确定期金的给付时间、方式以及每期给付标准。执行期间有关统计数据发生变化的，给付金额应当适时进行相应调整……"这两个条文规定了典型的定期金赔偿规则。不过，2009 年制定《侵权责任法》以及 2020 年编纂《民法典》都没有采纳这些意见，仍然坚持一次性支付和分期支付的赔偿方法，没有特别规定对将来发生损害的定期金赔偿规则。不过，也有学者认为《侵权责任法》第 25 条在法律层面对定期金赔偿制度作出了回应。[①] 这与前述立法机关专家的解释相似。

为了补充《民法典》没有明确规定定期金赔偿规则的缺漏，2021 年人身损害赔偿司法解释，第 16 条规定："被扶养人生活费计入残疾赔偿金或者死亡赔偿金。"第 20 条规定："赔偿义务人请求以定期金方式给付残疾赔偿金、辅助器具费的，应当提供相应的担保。人民法院可以根据赔偿义务人的给付能力和提供担保的情况，确定以定期金方式给付相关费用。但是，一审法庭辩论终结前已经发生的费用、死亡赔偿金以及精神损害抚慰金，应当一次性给付。"第 21 条规定："人民法院应当在法律文书中明确定期金的给付时间、方式以及每期给付标准。执行期间有关统计数据发生变化的，给付金额应当适时进行相应调整。定期金按照赔偿权利人的实际生存年限给付，不受本解释有关赔偿期限的限制。"其中第 16 条替换了原第 28 条规定的被扶养人生活费赔偿计算方法，第 20 条规定有所修改，第 21 条规定内容有所增加。2022 年人身损害赔偿司法解释关于定期金的规定没有变化。

（二）2022 年人身损害赔偿司法解释关于定期金赔偿规定存在的问题

2004 年和 2021、2022 年人身损害赔偿司法解释关于定期金赔偿的主要内容基本相同，差别在于：（1）原第 33 条规定定期金赔偿适用于给付残疾赔偿金、被扶养人生活费、残疾辅助器具费三种赔偿，现第 20 条规定定期金赔偿的适用范围为残疾赔偿金、辅助器具费的赔偿。（2）关于被扶养人生活费的赔偿，原来规定在第 16 条，即被扶养人生活费计入残疾赔偿金或者死亡赔偿金，计算方法规定在第 17 条，实际上致人残疾的还是可以适用定期金赔偿的。

---

① 林剑锋. 既判力视角下定期金判决变更之诉的解释论展开. 现代法学，2017（6）.

(3) 现第 21 条第 2 款增加了"定期金按照赔偿权利人的实际生存年限给付，不受本解释有关赔偿期限的限制"的内容，原来没有这样的规定。这样形成的结果是，将被扶养人生活费赔偿计入残疾赔偿金，可以适用一次性赔偿或者定期金赔偿；而将被扶养人生活费赔偿计入死亡赔偿金，只有适用一次性赔偿一种可能，不存在侵权行为造成受害人死亡的被扶养人生活费赔偿适用定期金赔偿的可能性，因为定期金赔偿排除了死亡赔偿金的适用。受害人死亡前扶养的间接受害人适用死亡赔偿金受到只赔偿 20 年的限制，超过 20 年后，该间接受害人仍需要生活费赔偿的，其请求就没有法律和司法解释的依据。而 2021、2022 年人身损害赔偿司法解释第 21 条第 2 款恰恰规定"定期金按照赔偿权利人的实际生存年限给付，不受本解释有关赔偿期限的限制"。两相对照，矛盾比较明显。①

上述问题的形成原因，在于《侵权责任法》第 16 条在规定人身损害赔偿责任范围时，遗漏了被扶养人生活费赔偿项目。立法原本的想法，是将被扶养人生活费的赔偿包含在残疾赔偿金或者死亡赔偿金中。这种想法是不现实的，因为残疾赔偿金赔偿的是造成残疾影响的收入损失，与被扶养人生活费存在实际上的区别；而死亡赔偿金不是对收入损失的赔偿，而是对死亡的赔偿金，死者生前扶养的人生活费赔偿与死亡赔偿金需要分别赔偿。这就是《民法通则》第 119 条第二分句规定"造成死亡的，并应当支付丧葬费、死者生前扶养的人必要的生活等费用"的原因。《最高人民法院关于贯彻执行〈中华人民共和国民法通则〉若干问题的意见（试行）》（以下简称"民法通则司法解释"）第 147 条补充规定："侵害他人身体致人死亡或者丧失劳动能力的，依靠受害人实际扶养而又没有其他生活来源的人要求侵害人支付必要生活费的，应当予以支持，其数额根据实际情况确定。"这将被扶养人生活费赔偿规定得十分清楚。在《侵权责任法（草案）》的立法讨论中，有过规定被扶养人生活费赔偿的动议；后来由于对死亡赔偿金和残疾赔偿金有过采取一揽子赔偿的方案，因而不再规定被扶养人生活费赔偿，统一计入一揽子赔偿范围。后来又否定了人身损害赔偿的一揽子赔偿方案，仍然规定死亡赔偿金和残疾赔偿金，却再也没有规定被扶养人生活费赔偿项目。

为了补充这一遗漏的赔偿项目，2010 年 6 月 30 日《最高人民法院关于适用〈中华人民共和国侵权责任法〉若干问题的通知》（以下简称"侵权责任法适用通知"）第 4 条规定："人民法院适用侵权责任法审理民事纠纷案件，如受害人有被抚养人的，应当依据《最高人民法院关于审理人身损害赔偿案件适

---

① 2022 年人身损害赔偿司法解释只是修改了死亡赔偿金、残疾赔偿金和被扶养人生活费赔偿的计算方法，没有改变定期金的赔偿方法。

第十八章 《民法典》第1187条规定的"分期支付"是定期金赔偿吗

用法律若干问题的解释》第28条的规定,将被抚养人生活费计入残疾赔偿金或死亡赔偿金。"这是司法解释对《侵权责任法》没有规定被扶养人生活费赔偿项目的补充。

《民法典》第1179条规定人身损害赔偿,仍然没有规定被扶养人生活费赔偿,而这一赔偿项目在人身损害赔偿纠纷案件的法律适用中是必需的,因此,2022年人身损害赔偿司法解释第16条根据实践所需,补充这一立法漏洞,作出关于"被扶养人生活费计入残疾赔偿金或者死亡赔偿金"的规定,这是沿袭解决《侵权责任法》立法漏洞的方法,作出相同的规定。

在《侵权责任法》颁布实施后,最高人民法院除颁布民法通则司法解释和侵权责任法适用通知,作了上述规定之外,并未制定新的侵权法司法解释,也没有修改2004年人身损害赔偿司法解释,其第33条规定定期金赔偿适用于被扶养人生活费赔偿项目,因此没有出现被扶养人生活费赔偿不能适用定期金赔偿的问题。在《民法典》颁布后,对于侵权责任编的实施,最高人民法院修改了2004年人身损害赔偿司法解释的定期金赔偿条款,从而形成了上述缺陷。

《民法典》第1179条没有规定被扶养人生活费赔偿项目,2022年人身损害赔偿司法解释仍然采用侵权责任法适用通知的办法弥补立法缺陷,略有不妥。这是因为,《民法典》第1179条在"侵害他人造成人身损害的,应当赔偿医疗费、护理费、交通费、营养费、住院伙食补助费等为治疗和康复支出的合理费用,以及因误工减少的收入。造成残疾的,还应当赔偿辅助器具费和残疾赔偿金;造成死亡的,还应当赔偿丧葬费和死亡赔偿金"中规定的赔偿项目,并非穷尽式列举,其中的"等"字就是最好的说明。修订人身损害赔偿司法解释以侵权责任法适用通知第4条的规定取而代之,却为了保持司法解释中第16条与第20条之间的协调,从2004年人身损害赔偿司法解释第33条明文规定的定期金赔偿的适用范围中删除了被扶养人生活费赔偿的规定,最终造成了被侵权人死亡时对被扶养人生活费不能适用定期金赔偿的后果。其实,由于《民法典》第1179条规定有"等"字,完全可以在2022年人身损害赔偿司法解释中继续保留被扶养人生活费赔偿,就不会出现这样的问题。对定期金赔偿规则的规定中存在的这些问题,在司法实践中具体操作的法官最有体会,对于2004年人身损害赔偿司法解释中设定担保、定期金赔偿的申请、定期金的变更等方面,法官认为都有改进的余地,需要不断探索改进,使之更趋合理和便于操作。[1]

对于上述问题,必须在适用法律上提出妥善的解决办法,能够真正让定期金赔偿制度在保障被侵权人合法权益中发挥作用。

---

[1] 郑汝伟. 定期金的应用及立法之不足. 人民司法,2006(7).

三、对未来的损害适用定期金赔偿的方法与具体规则

面对《民法典》第1179条和第1187条规定存在的问题，以及2022年人身损害赔偿司法解释规定定期金赔偿规则存在的不足，为保障人身损害赔偿权利人的权利实现，建议对我国侵权法的未来损害定期金赔偿制度作出全面规定，保障其正确适用。

（一）解决定期金赔偿司法解释不当规范的法律适用规则

1. 直接适用2022年人身损害赔偿司法解释确定定期金赔偿的方法

诚然，《民法典》第1187条规定的分期支付确实不是定期金赔偿制度，没有规定明确的定期金赔偿规范。可是在司法实践中，对人身损害赔偿纠纷案件救济因侵权行为丧失扶养来源的间接受害人应当适用定期金赔偿的，究竟应当采用何种法律规范作为其请求权基础，是值得研究的。

解决这个问题有两个方案：一是对第1187条规定进行扩张解释；二是直接适用现行司法解释的规定。

扩大解释《民法典》第1187条，将"分期支付"解释为包括定期金赔偿，是有可能性的。当立法出现缺陷，现有条文中没有相应的规范需要补充时，可以采用扩张解释的方法，弥补立法漏洞。这是因为与立法目的和立法意图相比较，法条的字面含义过于狭窄，通过解释使法条的字面含义扩张，以符合立法目的和立法意图。[①] 这样就能补充立法不足，满足司法的需要。《民法典》第1187条与定期金赔偿最为相近，且很多学理解释也将其解释为定期金赔偿制度，因而扩大解释存在现实的可能性。

最简洁的方法是第二种，即直接适用2022年人身损害赔偿司法解释第20条和第21条规定。这两个条文，前一条规定的是定期金赔偿的适用范围和方法，后一条规定的是定期金赔偿给付的时间、方式、标准及变更。两个条文存在的主要问题，只是在适用范围上缺少被扶养人生活费赔偿的内容。

我国的法律实践经验是，在立法存在欠缺时，通常并不采取扩张解释的方法，而是直接由法院作出司法解释，在司法操作中直接将司法解释作为法律依据。既然我国的司法解释已经对定期金赔偿作出了规定，因而不必绕弯子采取扩张解释法律的方法，即可解决定期金赔偿的立法欠缺问题。因此，这个问题的答案其实已经明确。

---

① 王利明. 法学方法论. 北京：中国人民大学出版社，2018：429.

第十八章 《民法典》第1187条规定的"分期支付"是定期金赔偿吗

2. 将《民法典》第1179条的不确定内容具体化为包括被扶养人生活费赔偿

《民法典》第1179条规定的是人身损害赔偿的具体方法和内容。这个条文具有开放性。该条文确实没有明文规定被扶养人生活费的赔偿项目,但是,由于该条文是开放性条文,因此,被扶养人生活费赔偿应当包含在"等"字之中,当然,可以包含在"等"字之中这一表达更准确。只要将被扶养人生活费赔偿明确概括在该条文的"等"字这个不确定内容中,问题就会迎刃而解。这不是对条文的扩张解释,而是将不确定条款的内容具体化。

2022年人身损害赔偿司法解释没有这样做,采取了更难操作的方法作出规定,即采用侵权责任法适用通知第4条规定的做法,"将被扶养人生活费计入残疾赔偿金或死亡赔偿金"。这种做法本来就是不适当的,放着更加便捷的法律适用方法不用,采用将不明确的赔偿"计入"与此不相干的残疾赔偿金或者死亡赔偿金的方法,使之变得更加难以操作。采用这种"计入"的方法,浪费了弥补立法不足的机会。在《侵权责任法》第16条规定和2004年人身损害赔偿司法解释的背景下,采用侵权责任法适用通知第4条规定,对被扶养人生活费赔偿还存在适用定期金赔偿的可能性,司法实践中操作还比较顺利,经过2021年和2022年人身损害赔偿司法解释对《民法典》第1179条解释的改造,就变成了现在这个样子。

3. 对2022年人身损害赔偿司法解释第20条扩张解释令其包含被扶养人生活费赔偿

目前,对2022年人身损害赔偿司法解释第16条、第20条和第21条规定中的被扶养人生活费赔偿不能适用定期金赔偿的弊病进行解释,存在较大的难度。第一,第16条规定被扶养人生活费计入残疾赔偿金或者死亡赔偿金的表述过窄,"计入"之前没有副词限制,因而使其没有其他选择,如果表述是"可以计入",就成为选择性规定,还有解决这个问题的余地。第二,第20条规定定期金赔偿的适用范围时没有规定"被扶养人生活费",也是规定得过窄,没有缓和余地。第三,被扶养人生活费赔偿是人身损害赔偿中最常见的将来发生的损害赔偿,可以适用定期金赔偿方法进行救济,比一次性救济效果更好,将这一种对损害的救济方法在司法适用上完全封闭,是不应该的。其后果是,死亡的受害人生前扶养人生活费赔偿只能先算出来,然后计入一次性赔偿的死亡赔偿金之中。被扶养人有两种:一是未成年人,应当赔偿到其18周岁为止;二是成年人,应当赔偿到其死亡或者恢复生活来源之时。这两种情形的特点是都具有时间的不确定性,一次性赔偿是不方便的做法。对于未成年人,尽管是赔偿到18周岁为止,但每一个被扶养人的年龄不同,因而赔偿的年限不同;

个案中能够计算出一次性的数额。对于成年被扶养人，其死亡时间不能确定，赔偿就只能按照20年计算，被扶养人没有生存20年或者在20年之后仍需赔偿的问题，无法解决，所以，有必要适用定期金赔偿，而不采用一次性赔偿方法。2021年和2022年人身损害赔偿司法解释对被扶养人生活费赔偿形成的这种"骑虎难下"的局面，是必须解决的。

解决问题的具体方法，首先是在2022年人身损害赔偿司法解释第16条规定的"计入"之前加上"可以"二字，在第20条中增加"被扶养人的生活费"赔偿项目。这样，就能解决问题了；其次是在人身损害赔偿司法解释没有作出上述修改之前，直接适用《民法典》第1179条，确认"等"字中包括被扶养人生活费赔偿项目，同时确认当事人请求依照定期金方法赔偿被扶养人生活费的，可以以适用2022年人身损害赔偿司法解释第16条规定不利于保护受害人合法权益为理由拒绝适用，参照适用该司法解释第20条规定，确定被扶养人生活费赔偿适用定期金方式。这样，在适用法律上也说得通。

（二）适用定期金赔偿的具体方法

依照上述方法和2022年人身损害赔偿司法解释的规定，适用定期金赔偿的具体方法，包括以下内容。

1. 赔偿权利人申请还是赔偿义务人申请

在我国，对将来发生的损害的赔偿方法是以一次性赔偿为主、定期金赔偿为辅，因而在司法实践中请求定期金赔偿的并不多，应用不广泛。通常情况下，对于被扶养人生活费等将来损害的赔偿权利人的请求，法院应按照一次性赔偿，计入死亡赔偿金或者残疾赔偿金；如果当事人有请求适用定期金赔偿的，可以适用定期金赔偿。

定期金赔偿究竟是由权利人请求，还是由义务人请求呢？2022年人身损害赔偿司法解释规定的是赔偿义务人请求。本书认为，定期金赔偿方法比较公允，对各方利益的协调比较均衡，应当是赔偿权利人的权利。如果赔偿权利人认为一次性赔偿被扶养人生活费对自己不利，主张以定期金赔偿的，应当予以支持；如果赔偿义务人请求定期金赔偿，则须征得赔偿权利人的同意；如果赔偿权利人不同意采用定期金的方式赔偿被扶养人生活费等，则应当以赔偿权利人的意见为准，不能采用定期金赔偿。同时，也不实行职权主义，法官不能自行决定适用哪种方法赔偿将来发生的损害。

2. 确定被扶养人生活费赔偿适用定期金赔偿方法是否适当

原则上，用定期金赔偿方法赔偿被扶养人生活费是适合的，主要因为被扶养人生活费赔偿的期限具有不确定性。例如，侵权行为造成被侵权人身体残疾

第十八章 《民法典》第1187条规定的"分期支付"是定期金赔偿吗

丧失或者部分丧失劳动能力,其扶养的未成年被扶养人的扶养来源丧失,可以确定赔偿至该未成年人18周岁,因而能够确定具体的赔偿期限,此种情形下,一次性赔偿并计入残疾赔偿金,是比较方便的;造成直接受害人死亡的,对未成年被扶养人的扶养来源丧失的赔偿,也存在一次性赔偿的便宜性。但是,如果丧失扶养来源的被扶养人是成年人,无论是计入残疾赔偿金还是计入死亡赔偿金,都只能将期限计算为20年;超过20年仍然在世的被扶养人,可以依照2022年人身损害赔偿司法解释第19条规定请求继续给付相关费用5至10年。但是,继续给付10年后被扶养人仍然在世的,难道被抚养人不能继续请求赔偿吗?何况适用计入死亡赔偿金的方法,本来就与应当赔偿的年限不相洽,因而存在适用定期金赔偿的便宜性。

不过,凡是未来发生的损害赔偿都适宜采定期金赔偿,只要符合要求的条件,当事人有适用定期金赔偿请求的,就可以适用定期金赔偿。如果采取定期金方式给付将会实际增加赔偿权利人的负担,法院则不应决定采取定期金方式给付。①

3. 责令赔偿义务人提供担保

采用定期金赔偿是有风险的,赔偿义务人在日后可能无能力赔偿,如赔偿义务人破产,会使赔偿权利人的权利无法实现。此外,实行定期金赔偿还存在一些困难,如定期金赔偿时日遥远,执行较为麻烦等。为此,在确定赔偿义务人的定期金赔偿责任后,应当责令赔偿义务人提供担保,避免赔偿义务人将来逃避赔偿责任或无法赔偿。

借鉴国外有关立法例,2022年人身损害赔偿司法解释也规定了定期金赔偿的担保。由于司法解释并未对具体的担保方式作出规定,在司法实践中应当以我国《民法典》及其司法解释的规定为依据,结合具体的情况作出规定。在人身损害赔偿的定期金赔偿中最主要的担保方式应当为保证和抵押。除此之外,也可以采取其他方式进行担保,如由银行代管、代发赔偿金等。②

4. 判决定期金赔偿的给付时间、方式、每一期给付标准

采取定期金赔偿方式的,必须将定期金的给付时间、方式及每期给付标准在法律文书中予以明确。

(1) 定期金赔偿的给付时间。

定期金赔偿的给付时间,是指定期在什么时候给付。定期金赔偿可以按

---

① 最高人民法院民事审判第一庭. 最高人民法院人身损害赔偿司法解释理解与适用. 北京:人民法院出版社,2004:407.

② 最高人民法院民事审判第一庭. 最高人民法院人身损害赔偿司法解释理解与适用. 北京:人民法院出版社,2004:403.

月、按季,也可以按年。但按月、按季赔偿支付的次数太多,过于烦琐,按年支付较为合理并容易执行。① 法院在法律文书中应当确定每年的赔偿数额,每年年终或者年初一次性赔偿一年应当赔偿的数额,直到执行完毕或者赔偿权利人死亡为止。

(2) 定期金赔偿的给付方式。

定期金赔偿的给付方式,是指采用什么方法给付,或者当面支付,或者通过特定机构给付等。在定期金赔偿中,可以采取由赔偿义务人定期送款的给付方式,也可以采取通过银行划拨、邮局汇款、微信支付、支付宝支付等方式。

(3) 定期金赔偿的每期给付标准。

定期金赔偿每期给付的标准,就是每次应当给付的数额。由于定期金赔偿的适用范围为残疾赔偿金、被扶养人生活费与残疾辅助器具费等,因此在确定定期金赔偿的每期给付标准的,应当按照2022年人身损害赔偿司法解释第12条、第13条和第17条规定的标准进行。

(4) 定期金赔偿的期限。

定期金赔偿的终期,按照赔偿权利人的实际生存年限给付,不受一次性赔偿期限的限制。对未成年被侵权人的抚养损害赔偿支付至其满18周岁;对其他的未来的损害赔偿,至被侵权人的终生。

5. 定期金执行期间的给付金额变化

由于定期金赔偿很多是在直至赔偿权利人死亡的期限内进行的,时间较长,涉及赔偿的统计数据标准会发生变化,因此,在执行期间有关统计数据发生变化的,给付金额应当适时进行相应调整。定期金赔偿的变化必须由法院确定,并体现在法律文件中。

这种"执行期间有关统计数据发生变化的,给付金额应当适时进行相应调整",是变更判决之诉,即定期金给付判决作出后,判决给付内容所依赖的基础事实发生显著变化,如依原判决继续履行显失公平,当事人有权提出新的诉讼,请求法院对原判决作出适当变更。依照学者的研究,认为司法解释规定"相应调整"时,尽管意识到定期金给付判决的变更问题,但并未从既判力(前诉和后诉关系)的角度来审视现有制度的合理性,相关立法和司法解释根本没有构建专门的变更判决之诉。因此,应当将定期金的相应调整与变更判决之诉有机地衔接起来,构建成完整的定期金判决变更之诉制度。在当前,可以将"相应调整"作为变更判决的基础,依照变更判决之诉的规则,确定定期金判决的相应调整。至于立法的制度构建,学者建议,面对德、日对定期金赔偿

---

① 毋爱斌. 变更判决之诉的立法论:兼论定期金给付制度的适用. 法律科学, 2019 (6).

第十八章 《民法典》第1187条规定的"分期支付"是定期金赔偿吗

变更适用变更判决之诉采取宽松与限制两种对立态度,我国应借鉴日本做法,以维护定期金判决之诉既判力为宗旨构建定期金赔偿变更条款,要求定期金赔偿变更依据的新情况、新理由必须发生在前诉口头辩论终结之后,客观上不可被预见并具有重大性[①],是很有道理的。

规则总结

1.《民法典》第1187条规定的"分期支付"不是定期金赔偿,是对赔偿金支付方式的规定。

2. 2022年人身损害赔偿司法解释第19条和第20条规定了定期金赔偿,但没有完全解决《民法典》第1187条没有明文规定定期金赔偿的问题,应当通过将《民法典》第1179条的不确定内容具体化,将第1187条规定的分期支付扩张解释为包含定期金赔偿制度,进而对2022年人身损害赔偿司法解释第16条、第20条的规定进行补充,形成完善的定期金赔偿制度,更好地实现对人身损害中被扶养人扶养来源损失的救济,平衡好双方当事人的利益关系。

3. 适用定期金赔偿的范围包括残疾赔偿金、残疾辅助具费和被扶养人生活补助费。这些都属于未来发生的损害赔偿。2022年人身损害赔偿司法解释规定的定期金赔偿只明文规定了残疾赔偿金和残疾辅助具费,计入残疾赔偿金的被扶养人的生活费赔偿也可以适用定期金赔偿,但是计入死亡赔偿金的被扶养人生活费赔偿无法适用定期金赔偿,只能适用一次性赔偿。对此,应当比照适用定期金赔偿的方法进行。

4. 定期金赔偿是赔偿权利人的权利,应当由赔偿权利人请求,按照规定的办法确定赔偿期限和赔偿额度,并且提供相应担保。致残情形下被扶养人生活费赔偿,未成年的赔偿至18周岁,成年的赔偿终身或者至其恢复劳动能力时止。

---

① 孟醒. 定期金变更之诉的建构:以德、日两国变更判决之诉为借鉴. 中南大学学报(社会科学版), 2017(2).

第十九章 《民法典》规定的不确定并列责任主体应当如何理解

——不确定并列责任主体的含义、类型、侵权性质

实务指引要点

1. 《民法典》侵权责任编有 10 个条文规定了并列责任主体。
2. 对并列责任主体实施的侵权行为性质以及承担的侵权责任形态没有明确规定,须对其进行解释,对不确定的立法予以确定。
3. 并列责任主体是指法律对特定的特殊侵权法律关系并列规定了两个以上应当承担责任的人,但并未确定其实施的侵权行为的性质,亦未规定责任分担方法的侵权责任主体。
4. 并列责任主体承担的责任形态,根据实际情况,可能是不真正连带责任、连带责任或者单独责任。

《民法典》侵权责任编第三章至第十章规定了较多并列的侵权责任主体(简称"并列责任主体"),但对并列责任主体的定义、并列责任主体实施的侵权行为性质、承担侵权责任的方式等,并未作明确规定。国外侵权法也有类似情形。本章对此进行分析,研究并列责任主体及其实施的侵权行为性质以及责任承担规则。

一、《民法典》侵权责任编规定并列责任主体的内容及立法比较

(一)《民法典》侵权责任编规定并列责任主体的内容

《民法典》侵权责任编第三章至第十章在规定特殊侵权责任时,大量规定

第十九章 《民法典》规定的不确定并列责任主体应当如何理解

了并列责任主体。对此,究竟应当怎样理解和适用,学者各说各话,没有进行专门的讨论,缺少科学的解释。

《民法典》侵权责任编共有10个条文规定了并列责任主体,占全部95条的10.5%,在71个规定特殊侵权责任的条文中占14.1%,数量很多,所占比例很大。下文将分析概括这10个条文的内容分别是:

第1204条规定产品责任的第三人责任,其侵权责任形态为先付责任,生产者、销售者先承担赔偿责任,承担了赔偿责任后向第三人追偿。[①] 其中规定的先承担赔偿责任的主体,即生产者、销售者,二者之间究竟应当怎样承担责任不能确定,也无法确定承担的责任是不真正连带责任还是单独责任。

第1242条第二句规定:"所有人、管理人不能证明对防止他人非法占有尽到高度注意义务的,与非法占有人承担连带责任。"其中关于所有人、管理人的表述,无法确定其究竟是共同与非法占有人承担连带责任,还是分别或者其中一人与非法占有人承担连带责任,以及该连带责任中是否还包括不真正连带责任也不确定。

第1245、1246、1247、1249、1250条这5个条文,都规定饲养动物损害责任的责任主体为动物饲养人(其中第1249条规定的是"原动物饲养人")或者管理人。这些条文都没有明确规定动物饲养人或者管理人应当怎样承担赔偿责任:是连带责任、不真正连带责任抑或是个人责任,并不确定。

第1252条第1款规定建筑物、构筑物或者其他设施倒塌损害责任的责任主体为建设单位、施工单位,承担的责任形态为连带责任。如果建设单位和施工单位对于损害的发生都有过错,当然是连带责任;但如果建设单位或者施工单位只有一方有过错,有可能承担的是不真正连带责任,而不是连带责任。

第1253条规定的建筑物、构筑物或者其他设施损害责任的责任主体为"所有人、管理人或者使用人"。三个并列责任主体之间用"或者"连接,含义似乎明确,或者为所有人,或者为管理人,或者为使用人。但在被侵权人索赔时,究竟起诉所有人还是管理人抑或是使用人,法院怎样确定责任主体,也不明确。

第1257条规定的林木损害责任的责任主体是"林木的所有人或者管理人"。林木所有人和管理人之间怎样承担侵权责任,似乎明确,或者为林木所有人,或者为管理人。[②] 这一规定与第1253条的规定相同,即在被侵权人索赔时,究竟起诉所有人还是管理人,法院怎样确定责任主体并不明确。

《民法典》侵权责任编第三章至第十章还有其他并列规定数个责任主体的

---

① 杨立新. 多数人侵权行为与责任理论的新发展. 法学, 2013 (7).
② 杨立新. 侵权责任法. 北京:法律出版社, 2015:366.

情形，例如，第1198条规定违反安全保障义务损害责任的责任主体为经营者、管理者或者组织者，是确定的直接责任主体。经营者是对经营场所而言；管理者是对公共场所而言，是公共场所的管理人；组织者是对群众性活动而言，是群众性活动的组织者。三者是并列规定的非并列责任主体。此类情形不属于本章研究的问题。[①]

（二）国外侵权法规定并列责任主体的情形

其他成文法国家中，由于侵权法局限在债法中，篇幅通常较小，内容不够丰满，因而规定并列责任主体的情形不多。下列三个国家的侵权法有两种形式规定了并列责任主体。

1. 间接规定并列责任主体

《日本民法典》第715条第1项规定事业使用他人的使用人为责任主体，第2项代使用人监督事业执行的人亦负前项责任；第718条第1项规定动物占有人责任，第2项规定代替占有人管理动物的人亦负前项责任。这两个条文用第2项规定的责任主体"亦负前项责任"的表述，实际上规定了两个并列责任主体，即使用人与代使用人监督事业执行人、动物占有人与动物管理人，但双方如何承担责任也不明确。

《韩国民法典》第759条第1款规定动物占有人的责任，第2款规定代替占有人看管动物者，亦负前款责任。这一规定与《日本民法典》前述两个条文的规定相同，存在同样的问题。

2. 直接规定并列责任主体

《越南民法典》第631条的规定与我国《民法典》第1252条基本相似："房屋、其他建筑物因发生倒塌、损坏或陷落造成他人损害的，房屋、其他建筑物的所有人、管理人或使用人必须赔偿损害。"其中"所有人、管理人或使用人"的规定与我国《民法典》第1152条存在同样的问题。

几乎看不到其他民法典规定并列责任主体，凡是并列规定了责任主体的，都明确规定了数个责任主体如何承担责任。例如《德国民法典》规定动物损害责任，并列规定动物饲养人的责任（第833条）和动物看管人的责任（第834条）；规定建筑物损害责任，分别规定建筑物占有人的责任（第837条）和建

[①] 还有类似规定，例如第1199条至第1201条规定的是教育机构损害责任，责任主体为幼儿园、学校或者其他教育机构；第1204条规定的第三人产品责任的责任主体是运输者、仓储者等第三人；第1223条规定医疗产品损害责任的责任主体为生产者或者血液提供机构；第1214条规定的非法转让拼装车或者报废车损害责任的责任主体为转让人和受让人承担连带责任，均能根据具体行为确定具体的责任主体，因而都不是本文研究的并列责任主体，而是并列规定的非并列责任主体。

第十九章　《民法典》规定的不确定并列责任主体应当如何理解

筑物维护义务人的责任（第838条）。①

比较上述立法可以发现，在侵权法立法中，凡是规定并列责任主体的，都存在实施的侵权行为性质不明确、承担责任的规则亦不明确的问题。大量规定并列责任主体的立法选择可以归结为立法技术不成熟，出现时应当作出科学的解释。

二、学说对并列责任主体实施的侵权行为及责任的解释

由于法律对并列责任主体实施的侵权行为性质以及承担的侵权责任形态没有明确规定，因而必须对其进行解释，以便对不确定的立法予以确定。下面列举的是我国立法机关专家对我国《侵权责任法》规定的并列责任主体的解释，以及有关学者对并列责任主体的学理解释。

（一）我国立法机关专家对并列责任主体的解释

对我国《民法典》侵权责任编规定的并列责任主体，立法机关专家在对法律条文释义时曾经提出一些解释。

对于《民法典》第1204条规定的并列责任主体，立法机关专家认为"为了充分保护被侵权人的利益，方便被侵权人请求赔偿，根据本条的规定，即使是运输者、仓储者等第三人过错使产品存在缺陷造成损害，被侵权人仍然可以先找产品的生产者或者销售者请求赔偿。生产者、销售者承担赔偿责任后，可以依据本条的规定，向造成产品缺陷的有过错的运输者、仓储者等第三人行使追偿权，要求其承担赔偿费用"②，没有解释生产者、销售者的责任关系。

对于《民法典》第1242条规定的非法占有高度危险物损害责任，责任主体为所有人、管理人，与非法占有人承担连带责任，立法机关专家认为"所有人、管理人不能证明对防止非法占有尽到高度注意义务的，与非法占有人承担连带责任。如果是所有人自己的原因导致他人非法占有高度危险物的，由所有人与非法占有人承担连带责任。如果所有人将高度危险物交由他人管理，因管理人的原因他人非法占有高度危险物的，由管理人与非法占有人承担连带责任。如果所有人和管理人都有过错，所有人、管理人和非法占有人一起承担连

---

① 其他可以列举的是：《埃塞俄比亚民法典》侵权法规定，建筑物的所有人（第2078条）与建筑物的占据人（第2080条）、机器和机动车所有人（第2081条）与机器和机动车的保管人或代理人；《魁北克民法典》第1468条第1款和第2款分别规定了动产制造商和经销商或供应商；新《荷兰民法典》第6：175条规定危险物品责任，按照款的顺序，分别规定从事营业的人、保管人、管道管理人等不同责任主体。

② 黄薇. 中华人民共和国民法典侵权责任编释义. 北京：法律出版社，2020：123.

带责任"①。解释得比较清楚。

对于《民法典》第1245、1246、1247、1249、1250条规定的饲养动物损害责任，责任主体为动物饲养人（原动物饲养人）或者管理人，立法机关专家认为"当动物的饲养人与管理人为不同人时，管束动物的义务由饲养人转移给管理人，这时的赔偿主体应为管理人"②；但是，如果被侵权人直接起诉动物饲养人，动物饲养人是否应当承担责任呢？

对于《民法典》第1252条规定的建筑物、构筑物以及其他设施倒塌损害责任，责任主体为建设单位与施工单位，立法机关专家认为"建设单位和施工单位应当承担连带责任"③。不过，这种情形可能存在不真正连带责任。

对于《民法典》第1253条规定的建筑物、构筑物以及其他设施损害责任规定的所有人、管理人或者使用人作为并列责任主体，立法机关专家认为所有人应当承担责任，管理人是有管理维护义务的人，包括国有资产管理；使用人承担责任的情形，一是有管理维护义务，二是管理维护不当④，没有确定的解释。

对于《民法典》第1257条规定的林木损害责任，责任主体为林木所有人或者管理人，具体由哪一方承担责任，承担什么样的责任，没有解释。⑤

（二）我国学者对并列责任主体的解释

我国学者对并列责任主体的解释多不相同。下面列举的是部分学者的主要观点。

对于《民法典》第1253条规定的"所有人、管理人或者使用人"，王利明认为，对受害人来说，其可以选择上述三个责任人中的一人或者数人承担责任。在实践中，所有人、管理人或者使用人并非总是同时承担责任，他们承担责任的前提是对建筑物等负有管理义务。在特殊情况下，也可能存在所有人、管理人或使用人中两人或两人以上同时负责。此时，数人之间究竟是连带责任，还是按份责任？原则上应当属于按份责任。⑥

对于《民法典》第1253条规定的所有人、管理人或者使用人，程啸认为"如果建筑物、构筑物或者其他设施上有使用人或者管理人的，则应由使用人或管理人承担侵权责任。没有使用人或管理人的，应由所有人承担侵权责任。

---

① 黄薇. 中华人民共和国民法典侵权责任编释义. 北京：法律出版社，2020：224.
② 黄薇. 中华人民共和国民法典侵权责任编释义. 北京：法律出版社，2020：231.
③ 黄薇. 中华人民共和国民法典侵权责任编释义. 北京：法律出版社，2020：243.
④ 黄薇. 中华人民共和国民法典侵权责任编释义. 北京：法律出版社，2020：149-250.
⑤ 黄薇. 中华人民共和国民法典侵权责任编释义. 北京：法律出版社，2020：261.
⑥ 王利明. 侵权责任法研究：下卷. 北京：中国人民大学出版社，2011：689-690.

他们之间并不发生连带责任的问题"。

对于《民法典》第1253条规定的并列责任主体，周友军认为："所有人和管理人是不可能并存的。问题是，如果所有人与使用人并存，或者管理人与使用人并存时，应当通过前述建造义务和维护义务的分配来认定责任主体。因为使用人只可能在工作物建造完毕以后才开始使用，所以，他只负有维护义务。如果工作物的倒塌或者脱落是因为维护义务的违反而造成的，应当由使用人负责。"①

通过以上列举可以看出，我国学界对并列责任主体的解释可谓"百花齐放"，见解存在分歧。

（三）日本和韩国民法学者对并列责任主体的解释

由于大多数国家民法典没有规定并列责任主体，因而不存在对这些国家学说考察的问题。仅就日本和韩国的学说进行考察。

对《日本民法典》第715条规定的事业使用人和代使用人监督事业执行的人，日本学者认为被用人的责任和使用人的责任的并存，是不真正连带责任。所谓的"代理监督者"，是指客观来看代替使用人现实地处于监督事业地位的人，只是公司的代表人。代理监督人的责任，是现实地监督被用人的人（进行具体的选任和监督的人），法定的监督义务者的责任和代理监督者的责任并不相互排斥，两者可并存成立（当代理监督人的选任存在过错的时候）。② 中国研究日本法的学者认为："被用人独立地负担一半的侵权行为责任。这种被用人的责任与使用人、代理监督者的责任是不真正连带债务。"③

对于《日本民法典》第718条并列规定动物之占有人和代占有人看管动物人，日本学者认为，直接占有者（保管者）是根据《日本民法典》第718条第2项，间接占有者（占有者）是根据第718条第1项负有责任，二者的责任可以认为是并存的（不真正连带责任）。尤其是第1项的占有者（间接占有者）在能够举证证明其已经根据动物的种类、性质具备相当的注意对保管者进行选任和监督时，可以免除责任。当动物的占有人和管理人并存时，二者的责任是可能重复地发生的，占有人选任代替自己保管动物的人，让其保管时，占有人如果能举证"依动物之种类与性质，已为相当注意之保管"，则不承担责任。④ 中国研究日本法的学者持的上述相似与观点。⑤

---

① 周友军. 侵权法学. 北京：中国人民大学出版社，2011：237.
② 潮见佳男. 不法行为法Ⅱ. 2版. 东京：信山社，2011：65-67.
③ 于敏. 日本侵权行为法. 北京：法律出版社，2006：244.
④ 小野健太郎. 民法718条の立法過程と判例. 国際関係学部研究年報，2014，35.
⑤ 于敏. 日本侵权行为法. 2版. 北京：法律出版社，2006：300.

对于《韩国民法典》第 759 条"动物占有人责任"规定的动物占有人以及代替动物占有人看管动物的人,学者认为:"占有人和看管人间的责任关系:属于直接占有人和间接占有人的关系,第 759 条的责任竞合,两者间成立不真正连带债务关系。"① 不同意见认为:759 条"指正在占有或看管中的动物对他人造成的损害(包括身体或财产)。与动物的种类无关,包括家畜在内。占有人或保管人应理解为事实上支配动物的人。对于间接占有人或帮助占有人是否与直接占有人同样需要承担责任这一点上,通说认为是不承担。但是,在判例和部分学说中有赞同间接占有人承担责任的观点。如果与通说一致地认为只有直接占有人才承担责任的话,那么直接占有人与间接占有人或占有帮助人间的责任是无法发生竞合的。"②

由于文献的缺乏,对于《越南民法典》规定的并列责任主体的解释不得而知。

(四)研究并列责任主体的意义和主要问题

我国《民法典》与日本、韩国、越南的民法典规定并列责任主体时,都没有明确规定其实施的侵权行为的性质和应当承担的责任形态,司法实践出现法律规定的情形时,无法确定究竟由哪个或者哪些责任主体承担责任,以及如何承担责任。这意味着规定并列责任主体的侵权法尚未最终确定这些情形,或者尚未发现应当怎样确定责任承担的规则,因而采取简单方法作出规定。立法上简单,在司法实践中就会出现问题。研究并列责任主体的意义,正在于确定并列责任主体的具体责任承担,依照侵权法的法理确定并列责任主体实施的侵权行为的性质以及相互之间怎样承担侵权责任。

因此,研究并列责任主体应当研究的主要问题是:第一,并列责任主体究竟是何种概念,应当怎样理解;第二,并列责任主体实施的侵权行为是何种性质;第三,并列责任主体承担的侵权责任应当是何种形态,连带责任、按份责任、不真正连带责任抑或单独责任?只有将上述三个问题界定清楚,有关并列责任主体的法律规定才能在实践中具体适用。

三、《民法典》规定并列责任主体的法律含义

(一)解释并列责任主体法律含义的基本方法

法律经常由不完全法条构成,他们与其他条文结合才构成一个完全的法

---

① 张在贤. 注释民法. 首尔:正林社,2010:779.
② 金亨培,金圭完,金明淑. 民法学讲义:理论·判例·事例. 11 版. 首尔:韩国新潮出版社,1680.

第十九章 《民法典》规定的不确定并列责任主体应当如何理解

条，或相互结合成一个"规整"。只有视其为规整的部分，方能获悉个别法条的意义，这种"促成个别法律规定间事理上的一致性"的解释方式自然具有其正当性。[1]

这是对不完全法条的解释方法，确定并列责任主体的法律含义也应当遵循这样的方法。

（二）关于并列责任主体概念的定义

我国侵权法理论上无人使用过并列责任主体的概念。本书的定义是，并列责任主体是指法律对特定的特殊侵权责任法律关系并列规定了两个以上应当承担责任的主体，但并未确定其实施的侵权行为的性质，亦未规定责任分担方法的侵权责任主体。

研究并列责任主体这个概念，应当特别注意以下几个基本问题：

第一，并列责任主体须为法律对侵权法律关系规定的两个以上的责任人。在并列责任主体出现的侵权法律关系中，都规定了两个以上应当承担侵权责任的责任人。侵权责任请求权人一方为两个以上的主体的，是多数侵权请求权人，不是并列责任主体，例如请求承担死亡赔偿金的数个受害人的近亲属。

第二，并列责任主体只能出现在特定的特殊侵权法律关系中。并列责任主体是特殊侵权法律关系中承担侵权责任的主体，而非其他法律关系的责任主体，亦非一般侵权行为的侵权责任主体。如果是一般侵权法律关系，其责任主体就是行为人，或者替代行为人承担责任的替代责任人；如果是特殊侵权法律关系，但责任主体只规定了一个，也不存在并列责任主体问题。并列责任主体存在于某种特定的特殊侵权法律关系中，而不是所有的特殊侵权法律关系都存在。

第三，并列责任主体实施的侵权行为，有的是多数人侵权行为，有的不是多数人侵权行为。尽管法律在某一特殊侵权法律关系中规定了并列责任主体，但并非所有的并列责任主体都是侵权人，只有符合多数人侵权行为法律特征的，才属于多数人侵权行为；有的并列责任主体并不符合多数人侵权行为的法律特征，因而属于单独侵权行为。

第四，并列责任主体承担的侵权责任并非都是共同责任，存在单独责任的情形。侵权责任有单独责任和共同责任之分，前者与单独侵权行为相对，后者与多数人侵权行为相衔接。尽管并列责任主体均被法律规定为侵权法律关系责任人，但这并不意味着并列责任主体承担的责任都是共同责任。特定的法律条文在规定侵权法律关系时规定了并列责任主体，但其是不是共同责任主体并不

---

[1] 蔡琳. 不确定法律概念的法律解释：基于"甘露案"的分析. 华东政法大学学报，2014（6）.

确定,应当根据并列责任主体实施的侵权行为的性质予以确定。有的并列责任主体就是共同责任主体,但有的并列责任主体根据其实施的侵权行为性质则构成单独责任主体。

(三) 并列责任主体的不同类型

我国《民法典》规定并列责任主体的条文数量较多,因而需要进行类型化整理。根据并列责任主体的不同特点,将并列责任主体分为以下类型。

1. 典型的并列责任主体和非典型的并列责任主体

以并列责任主体的典型性为标准,可以将并列责任主体分为典型的并列责任主体和非典型的并列责任主体。其意义在于,识别非典型的并列责任主体,有利于正确适用法律。

典型的并列责任主体是符合上述并列责任主体的法律特征,需要界定其相互之间应当承担何种责任形态的并列责任主体。例如,《民法典》第1253条规定的责任主体包括所有人、管理人或者使用人;该条文在规定这三种责任主体时,并没有规定其相互之间的责任形态,符合并列责任主体的法律特征,因而属于典型的并列责任主体类型。

非典型的并列责任主体是指尽管法律规定了数个责任主体的责任形态,但法律规定的责任形态还存在其他可能性的并列责任主体。例如,《民法典》第1252条第1款规定的"建筑物、构筑物或者其他设施倒塌、塌陷造成他人损害的,由建设单位与施工单位承担连带责任……",从形式上看,法律已经规定了建设单位与施工单位之间的责任形态为连带责任,因而并不具有责任形态不明确的特征,但该种特殊侵权责任并非只有连带责任一种形态,还存在不真正连带责任形态的可能性,因而属于非典型的并列责任主体。归入此类的原因是,如果建设单位与施工单位对于损害的发生,都有过失,都应当承担最终责任,那就是连带责任;如果造成损害的过失只存在于建设单位或者施工单位一方,另一方根本没有过失,尽管在承担中间责任时可以连带承担,但在最终责任承担上,必定是由有过错的一方当事人(建设单位或者施工单位)承担最终责任,因而是不真正连带责任,构成非典型的并列责任主体。

2. 表见并列责任主体与潜在并列责任主体

根据并列责任主体在法律中公开或者隐蔽规定的形式,可以将并列责任主体分为表见并列责任主体和潜在并列责任主体。这种划分的意义在于,识别潜在并列责任主体,对其正确适用法律。

表见并列责任主体是《民法典》的条文已经将该种侵权责任的责任主体规定为两个以上,并明确规定为并列责任主体。例如第1253条规定"所有人、管理人或者使用人"为责任主体。

在《民法典》关于责任主体的规定中,有些条文尽管列举的是单一责任主体,但是该单一责任主体的实质含义可以进一步解读为并列责任主体,符合这样要求的是潜在并列责任主体。例如,《民法典》侵权责任编第三章至第十章在特殊侵权责任的规定中多次使用"管理人"的概念,含义有所不同:一是单独规定管理人为责任主体,如第1189条违反安全保障义务责任中的管理人;二是规定管理人与其他责任主体并列,例如第1253条关于建筑物、构筑物损害责任规定的是所有人、管理人或者使用人等。将管理人与其他责任主体并列的方式,体现的是一个侵权法律关系中的数个责任主体都可以承担侵权责任,属于明示并列责任主体。单独规定管理人为责任主体的,原本应当由管理人单独承担侵权责任,但《民法典》在使用管理人概念时,有时特指单一的管理人,有时却含义广泛,例如第1258条第2款规定窨井等地下设施的管理人,就有可能是窨井等地下设施的所有人、使用人或者单纯的管理人,是指实际管理的人,而不问其究竟是所有人、使用人还是单一的管理人,这时就构成潜在并列责任主体。

3. 承担共同责任的并列责任主体与承担单独责任的并列责任主体

尽管法律对一个特定的特殊侵权责任规定了并列责任主体,但该种特殊侵权行为并非都是多数人侵权行为,也有可能属于单独侵权行为。根据并列责任主体实施的侵权行为的性质以及应当承担的责任形态,可以将并列责任主体分为承担共同责任的并列责任主体与承担单独责任的并列责任主体。并列责任主体实施的侵权行为属于多数人侵权行为,其承担责任的方式必定是共同责任;而并列责任主体实施的是单独侵权行为,只能由并列责任主体中的一人承担单独责任。

这种分类方法,对于法律适用最具重要意义。

(四) 并列责任主体形成的原因

侵权法规定并列责任主体,并非科学的立法方法,其属于不确定法律概念,需要进行解释方可适用。既然如此,立法为什么要规定并列责任主体呢?主要有以下原因:

第一,并列责任主体为侵权法律关系的复杂性所决定。在成文侵权法为侵权行为一般条款一统天下时,不需要对特殊侵权法律关系作出更多的规定,因而侵权责任主体在立法中并不体现为复杂的状况,而承担责任的主体的复杂性,存在于司法实践中,需要依靠法官的智慧解决。随着英美法系类型化侵权法对成文法产生影响,成文法侵权法开始大量增加特殊侵权法律关系的规定,特殊侵权法律关系的复杂性不断反映到侵权法的立法中。我国《民法典》坚持侵权责任一般化立法的大陆法系传统，但又大量借鉴英美法系侵权法的立法方法，规定了大量的特殊侵权责任法律关系，而且每一种特殊侵权责任法律关系都规定了不同的情形，责任主体的复杂性体现在立法中，形成了大量的需要并列规定的责任主体。其中能够确定责任形态的，就成为并列规定的非并列责任主体；不能确定责任形态的，就成为并列责任主体。如果没有特殊侵权责任法律关系的复杂性，并列责任主体就不会大量出现。

第二，保障被侵权人对承担责任的人有更多选择余地。我国《民法典》的立法意图之一，是让被侵权人有更多的救济途径，使其索赔的请求权尽可能得到满足。这样的立法意图无可指责。在特殊侵权法律关系中，多一个责任主体，被侵权人就会多一条可以选择的出路，赔偿请求权就会多一份保障。立法者力图将某一特殊侵权法律关系尽可能多的责任主体在法律中明确列出来，以保障被侵权人有更多的选择余地，因而出现了较多的并列责任主体的规定。

第三，立法时对并列责任主体怎样承担侵权责任尚不确定。应当承认，对于立法中规定的并列责任主体，由于立法理论没有准备，立法对并列责任主体实施的侵权行为的性质，以及如何承担侵权责任，还没有清晰的认识。作为一个立法亲历者，作者有亲身的体会，否则不必专门提出并研究这个问题。

第四，立法技术的限制。我国《民法典》存在较多的并列责任主体的规定，是立法技术的限制。尽管我国走向正常的立法轨道已经有40多年的时间，但是立法技术并未达到至臻完美的程度。

四、并列责任主体实施的侵权行为的性质与责任形态

（一）确定不同的并列责任主体实施的侵权行为的性质

根据法律规定并列责任主体的不同情形，采用不同的方法对其实施的侵权行为性质进行认定。

1. 利用法律在并列责任主体之间使用的连接方式确定侵权行为性质

《民法典》侵权责任编在规定10种并列责任主体时，在并列责任主体之间分别使用三种方法连接，即顿号、"或者"和"与"。可以利用三种不同的并列责任主体之间的连接方法，确定部分并列责任主体实施的侵权行为性质。

使用顿号连接并列责任主体的有：第1204条中的生产者、销售者，第1242条中的所有人、管理人。使用"或者"连接并列责任主体的有：第1245至1247条、第1249条和第1250条中的动物饲养人或者管理人，第1253条中的所有人、管理人或者使用人，第1257条中规定的林木所有人或者管理人。

第十九章 《民法典》规定的不确定并列责任主体应当如何理解

使用"与"字连接并列责任主体的,是第 1252 条第 1 款中规定的"建设单位与施工单位",在第二句又使用了"顿号"相连接。

使用"或者"连接的并列责任主体,在一般情况下,含义明确,应当是选择关系,并列责任主体实施的侵权行为大多属于单独侵权行为。

使用顿号连接的并列责任主体,相互之间通常是选择关系,如第 1204 条中的生产者、销售者,第 1242 条中的所有人、管理人。这两个条文规定的是产品责任和高度危险责任,都是无过错责任。按照无过错责任的要求,并列责任主体实施的侵权行为应当属于竞合侵权行为,承担的是不真正连带责任,因而与"或者"连接的并列责任主体的情形有所不同。

使用"与"字连接的并列责任主体,只有第 1253 条第 1 款,由于规定的是连带责任,行为属于多数人侵权行为,因而使用这种连接方法;即使承担不真正连带责任,也属于多数人侵权行为。

根据法律在并列责任主体之间所使用的不同连接方法,可以看到,使用顿号或者"与"字连接的并列责任主体,基本上是多数人侵权行为;使用"或者"连接的并列责任主体则不确定,有可能是单独侵权行为,也有可能是多数人侵权行为,需要进一步研究确定。

2. 利用归责原则的不同确定并列责任主体实施的侵权行为性质

借鉴《民法典》在规定无过错责任原则的侵权行为时,对数个责任主体通常界定为多数人侵权行为的做法,可以利用归责原则的不同,确定使用"或者"连接的并列责任主体实施的侵权行为的性质。

在适用无过错责任原则的动物损害责任中,应当认定动物饲养人或者管理人实施的是多数人侵权行为,受害人可以向饲养人主张权利,也可以向管理人主张权利。这样的意见借鉴的就是《民法典》第 1233 条和第 1250 条的立法经验。在生态环境侵权责任中,第三人的过错造成他人损害,以及在饲养动物损害责任中,第三人的过错造成他人损害,原本应当按照该法第 1175 条规定免除污染者和动物所有人、管理人的责任,由第三人承担侵权责任。但由于这两种侵权责任适用无过错责任原则,因而认定这种侵权行为是多数人侵权行为,承担不真正连带责任。借鉴这样的做法,令动物饲养人与管理人承担不真正连带责任,比较顺理成章,具有正当性。

而《民法典》第 1253 条规定的所有人、管理人或者使用人,第 1257 条规定的林木所有人或者管理人,如果采用不真正连带责任的责任形态,会存在不公平的后果。其形成的后果是,被侵权人任意选择所有人、管理人或者使用人,以及林木所有人或者管理人承担侵权责任,如果责任主体能够证明自己没有过错,在其承担了赔偿责任之后,可以向有过错的行为主体追偿,就可能使没有过错的主体在承担了侵权责任后，无法转嫁不应当由他承担的最终责任，结果产生了无过错责任原则的后果。这一后果的错误不仅在于使无过错的人承担责任不具有正当性，还在于其违背了《民法典》第1166条规定适用无过错责任原则须有"法律规定"的要求。因此，这两个条文规定的并列责任主体应当属于单独侵权行为，由有过错的行为人承担单独责任。

（二）对并列责任主体实施的侵权行为性质的具体认定

1. 认定并列责任主体实施的行为是单独侵权行为

根据立法的意图，《民法典》第1253条规定的所有人、管理人或者使用人，第1257条规定的林木所有人或者管理人，其实施的侵权行为性质是单独侵权行为。对此，立法机关专家作出的解释可以作证。① 既然并列责任主体实施的是单独侵权行为，其责任形态就一定是具体的一个行为人承担单独责任。

2. 并列责任主体实施的侵权行为中不存在分别侵权行为

有的学者认为在并列责任主体实施的侵权行为中，有的应当依照《民法典》第1172条规定承担按份责任。② 目前规定的并列责任主体实施的侵权行为，不存在分别侵权行为的可能性。即使建筑物等脱落、坠落造成损害，所有人、管理人或者使用人都有过错的，成立的也是客观关联共同的共同侵权行为，承担的责任形态是连带责任，不会构成分别侵权行为而承担按份责任。

3. 并列责任主体实施的少数侵权行为构成共同侵权行为

在并列责任主体实施的侵权行为中，一般不会存在共同侵权行为。原因在于，构成共同侵权行为须具备主观的关联共同或者客观的关联共同，通常情况下，不会存在这样的情形。只有在《民法典》第1153条和第1257条规定的并列责任主体中，出现了各方均有过失，符合客观的关联共同的法律特征，才能构成共同侵权行为，承担连带责任。

4. 并列责任主体实施的侵权行为多数是竞合侵权行为

可以确定，在并列责任主体实施的侵权行为中，构成多数人侵权行为的，性质属于竞合侵权行为。

在竞合侵权行为中，两个行为人对受害人实施的侵权行为，总是一个为主，一个为辅，前者是发生损害的直接原因，后者是发生损害的间接原因，尽管在中间责任上可以连带承担，但最终责任必定由其行为与损害结果之间具有

---

① 王胜明. 中华人民共和国侵权责任法释义. 北京：法律出版社，2010：415-416.
② 王利明. 侵权责任法研究：下卷. 北京：中国人民大学出版社，2011：689-690；程啸. 侵权责任法. 北京：法律出版社，2011：527.

直接因果关系的行为人承担。这种侵权行为是竞合侵权行为。并列责任主体实施的侵权行为，行为人为二人以上，行为人实施的行为与损害发生的因果关系性质不同，对被侵权人承担的责任是不真正连带责任，符合竞合侵权行为的法律特征，因而属于竞合侵权行为。

属于竞合侵权行为的并列责任主体实施的侵权行为，包括：《民法典》第1204条规定的产品责任中第三人责任的生产者、销售者的先付责任；第1250条规定的动物饲养人与管理人之间的侵权责任；第1252条第1款规定的建设单位与施工单位一方有过错他方没有过错的行为。这些都是竞合侵权行为，其承担的责任形态都是不真正连带责任。

（三）并列责任主体应当承担的侵权责任形态

1. 并列责任主体承担单独责任

《民法典》第1253条规定的建筑物等脱落、坠落损害责任的所有人、管理人或者使用人，以及第1257条规定的林木损害责任的林木所有人或者管理人，承担的是单独责任。单独责任，是指侵权责任是由一个行为人承担的侵权责任形态。建筑物等的所有人、管理人或者使用人中对于损害发生有过错的人，林木所有人或者管理人中对于损害发生有过错的人，就是单独责任人，承担单独责任。

诉讼中存在的问题是，被侵权人在选择并列责任主体之一起诉时，由于这两种侵权责任都适用过错推定原则，原告起诉并列责任主体中的一人，如果该被告能够证明自己对于损害的发生没有过错的，就不承担责任，因而应当驳回原告的诉讼请求；被侵权人要再选择其中之一起诉，直至找到应当承担责任的过错行为人。这样的诉讼方法，似乎对保护被侵权人的利益不当，但这符合立法的本意。如果被侵权人将所有的并列责任主体都作为被告起诉，凡是能够证明自己没有过错，或者能够证明真正的过错行为人的，当然也能够确定应当承担责任的单独侵权行为人。

2. 并列责任主体承担不真正连带责任

《民法典》第1204条规定产品责任中第三人责任的生产者、销售者的先付责任，第1242条规定的所有人、管理人与非法占有人之间一方存在过错而他方没有过错的，第1245条至第1250条（不含第1248条）规定的动物饲养人与管理人之间的侵权责任，第1252条第1款规定的建设单位与施工单位一方有过错他方没有过错的，这些并列责任主体实施的侵权行为都是竞合侵权行为，承担不真正连带责任。

不真正连带责任是不真正连带债务中的一种，本来是债法的概念，为多数债务人的一种形态[①]，王利明教授为其下过定义。[②] 不真正连带债务的具体形态表现为各种依法定或者推定而发生的请求转移案型，其共同特点在于多数债务人中存在某个债务人须承担终局责任，其他债务人承担的责任最终都可以向他追偿。[③]

侵权责任法中的不真正连带责任源于不真正连带债务。不真正连带责任是指多数行为人违反法定义务，对同一个受害人实施加害行为，或者不同的行为人基于不同的行为致使同一个受害人的民事权益受到损害，各个行为产生同一内容的侵权责任，各负全部赔偿责任，并因行为人之一的责任履行而使全体责任人的责任归于消灭，或者依照特别规定多数责任人均应当承担部分或者全部责任的侵权责任形态。[④]

对于不真正连带责任，有很多人主张予以废除，例如认为"不真正连带责任是德国法系特有的概念，并形成了不同的界定理论，但也存在难以克服的理论困境；在侵权法领域，不真正连带责任的理论基础是主观共同说，随着关联共同说的发展，该理论基础受到极大挑战；且其制度本身也存在明显的缺陷，难以承载其所该有的目的价值"[⑤]。但是，《民法典》侵权责任编大量规定了不真正连带责任，还规定了补充责任、先付责任等非典型的不真正连带责任。[⑥] 这说明，不真正连带责任在我国具有茁壮的生命力和广泛的适用性，是结合我国的国情及司法实践的具体情形作出的科学选择。

无论如何，《民法典》规定了诸多并列责任主体的客观现实，并且多数适用不真正连带责任，因而，不仅《民法典》规定了较多的不真正连带责任的适用领域，而且根据实际情况分析，规定诸多的并列责任主体实施的侵权行为的责任形态，也须承担不真正连带责任。

并列责任主体承担不真正连带责任的规则是：

（1）并列责任主体是不真正连带责任的中间责任人。在并列责任主体中，不论是何种类型的并列责任主体，只要承担不真正连带责任，就都是中间责任人。所谓的中间责任，就是承担了责任之后可以向最终责任人进行全部追偿的责任。例如《民法典》第1204条规定的生产者与销售者，在没有确定最终责

[①] 我妻荣. 我妻荣民法讲义：新订债法总论. 王焱，译. 北京：中国法制出版社，2008：393.
[②] 王利明. 中国民法案例与学理研究：债权篇. 修订本. 北京：法律出版社，2003：3.
[③] 李中原. 不真正连带债务的反思与更新. 法学研究，2011（5）.
[④] 杨立新. 侵权法论：下卷. 北京：人民法院出版社，2013：988.
[⑤] 程金洪. 一个尚未解决的问题：不真正连带责任的存与废. 广西政法管理干部学院学报，2011（4）.
[⑥] 关于补充责任与先付责任的概念和规则，请参见杨立新. 多数人侵权行为及责任理论的新发展. 法学，2012（7）.

第十九章 《民法典》规定的不确定并列责任主体应当如何理解

任之前,或者确定了最终责任人而被侵权人选择,都是中间责任人。

(2) 并列责任主体中的直接行为人为最终责任人。由于竞合侵权行为以及近似于竞合侵权行为的并列责任主体实施的侵权行为的特性,即多个并列责任主体中的一人为直接责任人,其他人为间接责任人,因而,只有并列责任主体中的直接责任人才是应当最终承担赔偿责任的最终责任人,即各个并列责任主体之间没有内部分担关系,即使发生求偿也非基于分担关系,而是基于终局责任的承担。[①]

(3) 被侵权人主张赔偿权利时可以向任何一个并列责任主体请求。对于都是中间责任人身份的多个并列责任主体,被侵权人的侵权请求权针对每一个人,即每一个并列责任主体都有义务满足被侵权人的赔偿权利实现的请求。被侵权人向其中任何一个并列责任主体请求,任何一个并列责任主体都须承担赔偿责任,除非其不具有赔偿能力。动物饲养人或者管理人都是并列责任主体,也都具有中间责任人的身份,即使管理人是最终责任人,被侵权人向动物饲养人主张赔偿权利的,动物饲养人不得以自己不是最终责任人或者不是直接责任人为由拒绝赔偿。

(4) 中间责任人承担了赔偿责任后有权向最终责任人追偿。并列责任主体中的任何一个人,在承担了中间责任之后,只要自己不是最终责任人,都可以向最终责任人主张追偿权,请求最终责任人承担最终的赔偿责任,将最终责任转嫁给最终责任人,完成不真正连带责任的最后形式。

规则总结

1. 《民法典》侵权责任编有 10 个条文规定了并列责任主体。没有明确规定并列责任主体实施的侵权行为性质以及承担的侵权责任形态,须对其进行解释,对不确定的立法予以确定,使不完全法条得到补充。

2. 并列责任主体是指法律对特定的特殊侵权责任法律关系并列规定了两个以上应当承担责任的主体,但并未确定其实施的侵权行为的性质,亦未规定责任分担方法的侵权责任主体。我国《民法典》侵权责任编规定较多的并列责任主体,存在的问题是并列责任主体实施的侵权行为的性质与承担的责任形态具有不确定性,因而会出现不同的解释,影响法律的严格实施。这表明立法技术不成熟,是侵权法立法中应当避免的问题。

3. 我国《民法典》侵权责任编规定并列责任主体的十个条文分为三种类型:一是并列责任主体实施的侵权行为性质是竞合侵权行为,承担的责任是不

---

① 李中原. 不真正连带债务的反思与更新. 法学研究,2011 (5).

真正连带责任，包括第 1204 条、第 1245 至 1247 条、第 1249 至 1250 条；二是法律规定并列责任主体承担的责任为连带责任，但其中存在竞合侵权行为的可能，一旦并列责任主体中出现一个主体实施为主的行为造成全部损害，另一个主体实施的行为仅仅是为辅的行为造成损害提供必要条件，就构成竞合侵权行为，承担的是不真正连带责任，包括第 1242 条和第 1252 条第 1 款；三是并列责任主体实施的侵权行为是单独侵权行为，由单独实施侵权行为的个人承担单独责任，包括第 1253 条、第 1257 条。

第二十章 《民法典》规定的监护人责任在适用中应当掌握哪些具体规则

——第 1188、1189 条规定的具体规则的适用方法

实务指引要点

1. 监护人责任是替代责任,行为人是被监护人,责任人是监护人。
2. 监护人责任适用过错推定原则,监护人未尽监护职责,即推定其有过失的,应当承担侵权责任,已尽监护职责的,应减轻其责任。
3. 监护人责任的承担规则是,被监护人有财产的,由被监护人支付赔偿费用,被监护人财产支付不足的,监护人承担全额补充责任。
4. 委托监护责任的承担规则是,由监护人承担赔偿责任,能够证明委托监护人有过失的,委托监护人承担相应的按份责任。

《民法典》第 1188 条规定的是监护人责任,第 1189 条规定的是委托监护责任。这两种监护责任在司法实务中应当怎样适用,本章将进行说明。

一、监护人责任概述

(一)监护人责任的概念

监护人责任,也称为无民事行为能力人或者限制民事行为能力人致人损害的侵权责任。由于无民事行为能力人或者限制民事行为能力人造成他人损害,是由其监护人承担责任,因此称其为监护人责任。《民法典》在第 1188 条的基础上,在第 1189 条规定了委托监护责任的规则。

监护人责任,是指无民事行为能力人或者限制民事行为能力人自己的行为

造成他人损害，由行为人的父母或者监护人等承担赔偿责任的特殊侵权责任。

监护人责任也称为法定代理人责任。对这种特殊侵权责任与其叫监护人责任，不如叫法定代理人责任更准确，理由有两点。

首先，我国立法关于监护人制度的设计存在缺陷。对于丧失或者部分丧失民事行为能力的成年人应设定监护人，以监护其人身和财产，保护其权益，也使其他人免受侵害。对于未成年人，主要以其亲权人即父母作为他的监护人，由监护人承担监护责任，因此，未成年人的父母作为亲权人不是监护人，亲权人不等于监护人。亲权人行使监护权，是亲权的内容，是依据亲权的权利而对未成年子女进行监护。只有亲权人无法行使亲权时，或者未成年人丧失亲权人之后，才可以对未成年人设立监护人，这时设立的监护人才是真正意义上的未成年人的监护人。我国《民法典》第27条第1款关于"父母是未成年子女的监护人"的规定，混淆了第26条第1款规定的未成年人的亲权人与监护人之间的区别。

其次，监护权并非全部产生于监护关系，还产生于亲权关系。监护人当然享有监护权，不论是不能辨认自己行为的成年人，还是没有亲权保护的未成年人，都需要设置监护人，由监护人进行监护。监护人享有监护权，但是，监护权并非全都由监护人享有，享有监护权的还有亲权人。亲权的内容之一，就是对未成年子女行使监护权，保护自己的未成年子女的人身和财产的安全。因此，未成年人的父母不是监护人，而是亲权人，他们的监护权不是产生于监护人的身份，而是产生于亲权人的身份。

因此，以监护人责任或者监护人侵权责任来称呼这一种特殊侵权责任，并不周延。形成这种错误的原因，是混淆了监护权与亲权的界限，将亲权混同于监护权。很多学者沿袭立法上的失误，把亲权归置于监护权的概念中，实际上取消了亲权的概念。亲权与监护权具有明显的界限，是两种不同的身份权，应当加以区别。[①]

上述这些分析意见，对于准确界定监护人责任的概念是有意义的。这是因为，对于无民事行为能力或者限制民事行为能力的成年人，应当设置监护人；未成年人的保护人是亲权人，不用另行设置；只有在亲权人已经死亡或者不能行使亲权、丧失亲权时，才要对未成年人设置监护人。因而将这种侵权行为称为监护人责任，只能涵括前一部分内容，不能涵括后一部分内容。而无论是监护人的侵权责任还是亲权人的侵权责任，都是依监护人身份产生的侵权责任。

《民法典》没有接受这样的意见，仍然将这种侵权责任称为监护人责任，因此，本书按照法律的规定，仍使用监护人责任的称谓。

---

① 对于这种区别，请参见杨立新. 人身权法论. 北京：人民法院出版社，2002：806-807。

（二）国外监护人责任制度的发展

监护人责任制度源于罗马法的"委付之诉"（actionesnoxalis）。委付之诉即损害投役，是被侵权人要求家父或所有人放弃对致害的家属、奴隶或牲畜的权利，而将它们交给受害人处理的诉权。这是从侵权责任的报复制到赎金制的演变过程中出现的制度，仍带有早期自力救济的痕迹，被侵权人既可以主张将家属、奴隶或者牲畜委付被侵权人处理，也可以由家父、家主或奴隶、牲畜的所有人赔偿所造成的损失。查士丁尼的《法学总论》规定了从楼房投掷或者倾注某物造成他人损害时，家父应当承担责任，因为即使是家子或者奴隶的过错所致，也是家父的责任，因此是准私犯。[①] 这里已经废止了损害投役，实行监护人责任。

中世纪的寺院法有"派遣他人行为，如同自己行为"的规定，认为未成年人不过是他人用来达到自己目的的一种工具[②]，因而家长应就家属的行为所致损害承担赔偿责任。

由于19世纪以来过错责任原则的确立，许多国家的立法认识到未成年人以及禁治产人不具备意思能力，不能被确定为有过错，因此其对造成的损害不负责任，而由对其负有责任的父母或监护人承担责任；如果父母或监护人证明其不能防止发生损害的行为，或者已尽监护义务，则免除其赔偿责任。

法国和德国都在民法典中规定了这种侵权责任。《日本民法典》对监护人责任也作了规定。

近几十年里，立法和司法实务将公平分担损失责任引入监护人责任制度中，为更好地保护被侵权人的合法权益，在监护人已尽监督义务仍不免造成损害时，不是免除其责任，而是由其与被侵权人公平分担损失，承担适当的补偿责任。

（三）我国监护人责任的发展

在中国古代法中，家族制度根深蒂固，家长作为一家之主，支配一个家庭所有成员的利益，也支配一个家庭的全部财产。未成年家属和其他家属致人损害的，家长应承担赔偿责任，从家庭共同财产中支付赔偿金。这是我国监护人替代责任的最早形态。

清末制定民律草案时，借鉴大陆法系的立法体例，始设监护人替代责任。《民国民律草案》以此为基础，也规定了这一种特殊侵权责任。

---

① ［古罗马］查士丁尼. 法学总论. 张企泰，译. 北京：商务印书馆，1989：204.
② 王利明. 民法·侵权行为法. 北京：中国人民大学出版社，1993：499-500.

国民政府制定民法,对监护人替代责任的侵权制度作了详细规定,其特点:一是区分无行为能力人或者限制行为能力人为有识别能力与无识别能力,无识别能力的实行替代责任,由监护人承担赔偿责任,识别能力的,实行连带责任,由监护人和行为人负连带赔偿责任;二是增加公平责任的适用,即监护人因已尽监督责任而免责的,如果被侵权人申请,法院可以斟酌当事人的经济状况,要求监护人予以适当赔偿;三是将无意识或精神错乱中所为的行为的责任,视为准监护人责任,准用监护人替代赔偿责任的规定。

1949年以来,在实务中适用监护人替代赔偿责任制度,认为无民事行为能力人和限制民事行为能力人因其不能或不完全能理解自己行为的性质和后果,缺乏审慎地处理自己事务的能力,不能对自己的行为及其后果负责或完全负责的,应由其父母或者监护人承担赔偿责任。

《民法通则》第133条建立了我国的监护人替代赔偿责任制度。民法通则司法解释中,详细解释了这一规定。

《侵权责任法》第32条规定了监护人责任。《民法典》第1188条基本上沿用了《侵权责任法》第32条规定,只是将原来使用的监护人"责任"改为"职责",并增加了第1189条规定委托监护责任。

(四) 我国监护人责任的特点

我国的监护人责任具有以下特点。

1. 监护人责任是对人的替代责任

首先,监护人责任是替代责任,而不是自己责任。无民事行为能力人或者限制民事行为能力人实施具体的侵害行为,造成了被侵权人的人身损害或者财产损害,侵害了被侵权人的权利,但承担侵权责任的不是造成损害的行为人,而是行为人的监护人,是监护人替代实施加害行为的行为人承担侵权责任,因此监护人责任是典型的替代责任。

其次,监护人责任的替代责任,是为他人的行为承担损害赔偿责任,是对人的替代责任,与为物件致人损害的对物的替代责任相区别。

2. 监护人责任是过错推定责任

首先,监护人责任是过错责任,是基于过错而产生的侵权责任,因此与无过错责任相区别。

其次,这种过错并没有体现在具体的加害行为人身上,而是体现在行为人的监护人身上。行为人因无民事行为能力或民事行为能力受限制,不能或不能完全判断行为的后果的,无法判断其主观状态是否有过失。因此,监护人替代责任的过错表现在监护人身上,是监护人对未成年人或者精神病人没有尽到监

第二十章 《民法典》规定的监护人责任在适用中应当掌握哪些具体规则

护责任的过错,并以此作为这种侵权责任构成的过错要件。

最后,监护人的过错不需要原告证明,是由行为人的侵害行为来推定其监护人具有未尽监护职责的过失,故过错的证明方法是推定,适用过错推定原则。

3. 监护人责任的承担受行为人财产状况的制约

各国的侵权法对监护人责任的确定,一般都依据行为人的责任能力,即没有民事责任能力的未成年人或者心智丧失之人,不承担侵权责任,由他们的监护人承担责任。我国立法确定监护人责任的承担受到行为人有无财产的制约。行为人自己有财产的,先从他自己的财产中支付赔偿金,赔偿不足部分,由其监护人承担补充赔偿责任。行为人的财产可以是受赠的财产、继承的财产,以及其他合法所得财产。行为人没有财产的,直接由其监护人承担赔偿责任。

4. 监护人责任以公平分担损失责任为补充

我国的监护人责任实行过错推定原则,在监护人能证明自己对被监护的行为人已经善尽监护职责时,即监护人自己无过错,并不免除监护人的侵权责任,而是"可以减轻其侵权责任"。这是公平分担损失责任的适用,是考虑平衡双方当事人的经济利益而采取的措施,有积极意义。

二、监护人责任的归责原则

(一)对监护人责任适用归责原则的不同主张

对监护人替代责任适用何种归责原则有不同主张。

过错责任说认为,监护人责任是基于监护人的监护义务产生的,是监护人因自己未尽监督义务承担的赔偿责任,因而应当适用过错责任原则。据此,过错的证明应当由被侵权人承担,即由原告承担举证责任。

无过错责任说认为,监护人不是就自己的侵权行为承担赔偿责任,因而无论其有无过错,只要被监督之人致人侵害,都应当承担赔偿责任。特别是法律规定了即使监护人没有过错的,也要承担一部分民事责任,更说明这种侵权责任是无过错责任。《荷兰民法典》规定了低龄儿童父母亲的严格责任,西班牙和葡萄牙的法律也可以被认为是基于无过错确定这种侵权责任的。[①]

推定过错责任说认为,监护人赔偿责任从主观条件上说是对自己的过错负

---

① [德]克雷斯蒂安·冯·巴尔. 欧洲比较侵权行为法:上卷. 2版. 张新宝,译. 北京:法律出版社,2004:184.

责任，但被侵权人一方无须证明监护人的过错，而是由法官直接推定监护人的过错。同时，监护人也可以证明自己已尽了监护责任而免责或者减轻责任，故其适用推定过错责任原则，是过错推定责任。在比利时、法国、德国、希腊、卢森堡等国，都将监护人责任确定为过错推定责任，都规定儿童的父母亲负有监护义务，如果被监护人造成他人损害，就推定其父母亲有过错，除非他们能够反证推定不成立，否则父母亲就被推定为没有履行其监督义务。[①]

多元归责原则说认为，监护人责任不是无过错责任，对于无民事行为能力人来说，其监护人责任适用过错责任原则；对于限制民事行为能力人来说，其监护人责任适用过错推定原则；二者均可适用公平责任原则减轻监护人的民事责任。

（二）我国监护人责任适用过错推定原则

1. 监护人责任不适用无过错责任原则

我国监护人责任不适用无过错责任原则。认为监护人不是就自己的行为承担责任，无论其有无过错，都应承担赔偿责任，因而适用无过错责任原则的观点，至少有两个方面的错误：第一，《民法典》第1188条第1款虽然没有明文规定监护人"有过错"的字样，但明文规定了"监护人尽到监护职责的，可以减轻其侵权责任"，因而，确定监护人承担赔偿责任须以其未尽监护职责为必要条件，未尽监护职责就是有过失。认为监护人责任适用无过错责任原则的主张，与这一立法本意相悖。第二，该条款的前后两句有明显区别，前句显然不适用无过错责任原则，后句分明是规定公平分担损失责任。如果只是笼统地认为条文规定的内容是无论有无过失都要承担赔偿责任，就忽略了它们的区别，也没有说明条文的真实含义。

2. 监护人责任不能用多元归责原则

就一种特殊侵权责任分别适用过错责任、无过错责任、过错推定责任和公平责任，显然是将这一特殊侵权责任复杂化了，且立法本意并非如此。如果按照多元归责原则主张处理案件，将使法官无所适从。

3. 监护人责任也不适用过错责任原则

对监护人责任不适用过错责任原则。特殊侵权责任的特殊之处之一，是归责原则特殊，一般不适用过错责任原则，而适用过错推定原则或者无过错责任原则。近现代民法确立监护人责任之始，就适用过错推定原则。坚持适用过错责任原则会使被侵权人处于不利地位，使其无法证明监护人未尽监督之责的过

[①] [德]克雷斯蒂安·冯·巴尔. 欧洲比较侵权行为法：上卷. 2版. 张新宝，译. 北京：法律出版社，2004：190.

失,因而不能获得应得的赔偿。

4. 监护人责任适用过错推定原则

我国监护人责任适用的归责原则是过错推定原则,并以公平分担损失责任作补充。

首先,确定监护人责任适用过错推定原则,即从行为人致人损害的事实中,推定其监护人有疏于监护职责的过失。监护人认为自己无过错,实行举证责任倒置,即监护人可以举证证明自己无过错;不能证明自己无过错的,监护人应当承担侵权替代责任。监护人无法证明自己已尽监督职责而无过错的,过错推定成立,应承担赔偿责任。

其次,以公平分担损失责任作为补充。监护人责任在适用过错推定原则的基础上,如果证明监护人确已尽监督职责,即监护人无过错,本应免除监护人的侵权责任,但为了平衡当事人之间的利益关系,适用公平分担损失责任进行调整,合理确定赔偿责任。

在无民事行为能力人、限制民事行为能力人致人损害时,行为主体并不是监护人,监护人只是法律规定的应负责任的责任主体,责任主体与行为主体是分离的。责任主体对行为主体的损害后果承担赔偿责任,体现了过错推定责任的要求。如果监护人证明自己没有过失,免除监护人的责任就会使行为人致害的被侵权人的损害无法得到赔偿。监护人无过错不承担责任,被侵权人对于损害的发生也没有过错,况且损害是由监护人监护之下的行为人所致,要由被侵权人承担全部损失的后果,显然更不合理。为了避免这种责任承担的不合理,规定对监护人责任以公平分担损失责任为补充,以维护被侵权人、监护人和被监护人的利益。

《民法典》第1188条规定的公平分担损失责任主要体现在以下几方面:

第一,监护人的适当责任。根据《民法典》第1188条规定,监护人尽到监护责任的,可以减轻其侵权责任。尽管监护人已尽监护之责,表明其没有过失,但从维护无辜的被侵权人的利益考虑,不允许监护人完全免责,但可以基于公平考虑而减轻其赔偿责任。

第二,有财产的被监护人的责任。被监护人致人损害虽无过错,但其行为与损害结果之间存在因果关系,如果他们有承担赔偿责任的财产,基于公平考虑,应以其财产支付赔偿责任,监护人只负补充责任。

第三,基于公平考虑的监护人的责任。夫妻离婚后,未成年子女侵害他人权益的,同该子女共同生活的一方应当承担民事责任;独立承担民事责任确有困难的,可以责令未与该子女共同生活的一方共同承担民事责任。上述规定基础在于:父母对于子女的亲权不因离婚而丧失;某个未与子女共同生活的监护人,虽难以实际履行其监护之责,但在与被监护人共同生活的监护人无力赔偿时,从公平考虑,对方应负适当的责任。

在依据公平分担损失责任确定当事人的责任时,应注重考虑当事人的财产状况、经济收入、必要的经济支出和负担、造成损害的程度等因素,公平合理地分担损失。

三、监护人责任的构成要件

构成监护人责任,须具备损害事实、违法行为、因果关系和过错这四个要件。其中,损害事实的要件没有特别之处,其他三个要件具有显著特点。

(一) 违法行为

监护人责任是替代责任,违法行为的要件必然是行为人与责任人相分离,责任人为行为人承担赔偿责任。

1. 无民事行为能力人或者限制民事行为能力人的违法行为

构成监护人责任首要的要件,是行为人须是无民事行为能力人或者限制民事行为能力人。

构成监护人责任的行为人的违法行为,是无民事行为能力人或者限制民事行为能力人自己实施的行为,而不是他人利用无民事行为能力人或者限制民事行为能力人实施的侵权行为。

关于行为人在实施致人损害的行为时应否具有识别能力,有的学者认为,并不是被监护人造成的所有损害都由监护人承担责任,只有当被监护人在没有识别能力时,侵犯他人权益造成实际损失的,监护人才承担责任。[1] 立法没有采纳这种意见。《民法典》第 1068 条规定:"父母有教育、保护未成年子女的权利和义务。未成年子女造成他人损害的,父母应当依法承担民事责任。"没有规定未成年子女有识别能力或者责任能力的特别要求。因此,按照《民法典》第 19 至 22 条规定,凡是未成年人,以及不能辨认自己行为和不能完全辨认自己行为的成年人,都适用《民法典》第 1188 条规定。

无民事行为能力人或者限制民事行为能力人实施的加害行为是否要具有违法性,也是有争议的问题。欧洲侵权法认为,孩子导致损害的行为必须是违反法律的行为,尽管不要求过失。这是欧洲各国法院和立法者都坚持的观点。[2]

---

[1] 潘同龙,程开源. 侵权行为法. 天津: 天津人民出版社,1995: 326.
[2] [德]克雷斯蒂安·冯·巴尔. 欧洲比较侵权行为法: 上卷. 2版. 张新宝,译. 北京: 法律出版社,2004: 199-200.

第二十章 《民法典》规定的监护人责任在适用中应当掌握哪些具体规则

本书也坚持这样的意见,行为人的行为应当具有违法性,否则不足以认定构成监护人责任。

2. 监护人的不作为违法行为

监护人在监护人责任中的行为,是未尽监护职责的行为,主要表现为不作为。法律规定,监护人对于无民事行为能力人或者限制民事行为能力人负有监护职责。这是作为义务,监护人必须履行。监护人没有履行监护义务,没有管教好被监护人,致使其造成他人损害,构成不作为违法行为。

(二) 过错

首先,监护人责任的过错要件主要特点是过错与行为人分离,即不是行为人的过错,而是对行为人负有监督之责的监护人的过错。这一点与其他替代责任不同。在用人者责任中,行为人可能有过错,也可能无过错,而监护人责任中却不要求行为人有过错或者无过错,因为无民事行为能力人或者限制民事行为能力人没有识别能力或者识别能力不足,无法确认他们是否具有过错。监护人责任的过错是监护过失。

其次,监护人的过错只能是过失,不能是故意。监护人过错的内容是未能善尽监护职责,具体表现为疏于教养、疏于监护或者疏于管理。这些都是监护人应当注意而未能注意,是过失的心理状态。假如监护人故意指使被监护人实施侵权行为,不构成监护人责任,而是监护人自己的侵权行为,应由自己承担侵权责任,被监护人实际上不过是监护人的侵权工具。

最后,监护人责任的过错要件不采证明形式,而采推定形式。如果监护人认为自己无过错,则举证责任倒置,由监护人自己举证,证明自己已尽监督责任。至于监护人如何证明自己已尽监督之责,应按监护人的性质及被监护人的种类并综合其他有关情事进行判断,如被监护人为未成年人或者是精神病患者,监督方法及程度依被监护人的年龄、性格、性别、健康情形、精神状况、所在环境、教育程度等因素的不同而不同,应为分别适当监督。不仅如此,即使就该加害行为的特别情事,亦应为必要的注意与监督,如可免疏懈之责,如行为的性质上有加害的危险,或有易启疏忽之虞者,应当予以特别细心的监督。而监护人的地位、资力,亦应加以考虑。[①] 监督是否疏懈,应以加害人行为之时为准,监护人于此时是否以善良管理人的注意尽其监督责任,过去因监督之不得其宜而养成不良之倾向,尚不能为对于第三人负责的原因。唯于行为时,对于有此不良倾向

---

① 耿云卿. 侵权行为之研究. 北京:中华书局,1948:67-68.

者,是否为其必要的特别注意,以定其疏懈之有无。[①] 这些意见可以参考。总之,监护人已尽监督之责要求严格,以更好地保护被侵权人的合法权益。

(三) 因果关系

监护人责任的因果关系具有双重关系。

首先,行为人的行为与损害事实之间须有因果关系,即损害事实须由行为人的行为引起,两者之间有引起与被引起的客观联系。判断应以相当因果关系理论衡量。

其次,监护人疏于监督职责行为与损害事实之间应有因果关系。这一因果关系在因果关系链上相距较远,不是直接因果关系,要求是,监护人疏于监护职责的不作为,是行为人实施加害行为的原因,行为人是因监护人疏于监护而实施加害行为,因此导致被侵权人的权利受到侵害。尽管这一因果关系不表现为直接因果关系,但不具备这样的因果关系就不构成监护人责任。

四、监护人责任法律关系与当事人

(一) 监护人责任的赔偿法律关系

1. 理论上的应然做法

监护人责任是替代责任,因而,这种赔偿法律关系的当事人是被侵权人和监护人。其中,被侵权人为侵权法律关系的赔偿权利主体,监护人为侵权法律关系的赔偿义务主体。监护人作为赔偿义务主体,是为他人的侵权行为承担责任的自然人。

如果致人损害的受监督人即无民事行为能力人或者限制民事行为能力人有财产,则该行为人亦为当事人,赔偿义务主体增加行为人作为被告,与监护人为共同被告。

2. 实务操作上的差别

我国多数法院的实务操作方法与上述规则相反。多数法院在判决书中首先确认无民事行为能力人或者限制民事行为能力人为被告,对监护人只列法定代理人的身份;在判决主文中,却判决法定代理人承担赔偿责任,被告不承担责任;只有在行为人有财产时,才判决行为人承担侵权责任或者判决行为人与监护人共同承担赔偿责任。

---

① 史尚宽. 债法总论. 台北:荣泰印书馆,1978:178.

对这种理论与实务相矛盾的状况，学者和专家早有论述，但一些法院始终沿袭上述操作。对此，应当继续强调替代责任，尽早纠正司法实践的错误做法。

（二）监护人责任的当事人

1. 责任人

监护人侵权法律关系中的赔偿责任主体是监护人。

（1）监护人的身份。

监护人的身份包括三种：一是未成年人的亲权人，二是丧失亲权监督的未成年人的监护人，三是丧失或部分丧失民事行为能力的成年人的监护人。

第一，未成年人致人损害的亲权人作为责任人。未成年人的父母是未成年人的亲权人，对未成年人负有全面监护义务。未成年人致人损害，其亲权人应当为其承担赔偿责任。父母一方死亡，另一方单独承担亲权人的义务，承担赔偿责任。父母离婚后，子女只能由一方抚养，抚养子女的一方是亲权人，另一方也享有亲权，只是亲权不能直接行使。未成年人致人损害的，应当由同该子女共同生活的一方承担赔偿责任；如果行使亲权的亲权人独立承担民事责任确有困难，可以责令未与该子女共同生活的一方共同承担赔偿责任，作为共同责任人。

第二，未成年人的监护人作为责任人。未成年人父母双亡，或者父母均丧失亲权，应当为该未成年人指定监护人；未成年人致人损害，由其监护人作为赔偿责任人。

第三，丧失或者部分丧失民事行为能力的成年人的监护人作为责任人。无论成年人是限制民事行为能力，还是无民事行为能力，都应当为其指定监护人；致人损害时，由该监护人作为赔偿责任人。

（2）监护人顺序的应用。

行为人致人损害时没有明确的监护人，应当按照监护顺序，指定由顺序在前的监护人承担赔偿责任。《民法典》第27条第2款和第28条规定了监护顺序。未成年人的监护顺序中，首位是父母，父母缺位时的监护顺序：一是祖父母、外祖父母；二是兄姐；三是其他愿意担任监护人的个人或者组织。丧失或者部分丧失民事行为能力的成年人的监护顺序：一是配偶；二是父母；三是成年子女；四是其他近亲属；五是其他愿意担任监护人的个人或者组织。依照这一顺序，由顺序在前的监护人作为赔偿责任人。

（3）行为人在学校、幼儿园或者精神病医院中致害的责任人。

《民法典》没有规定未成年学生在教育机构伤害他人的责任，也没有规定成年被监护人在精神病医院致人损害的责任。对此应当予以说明。

行为人在学校、幼儿园或精神病医院学习、生活、治疗期间致人损害，关于谁是赔偿责任人，原来的看法是监护权转移，学校、幼儿园、精神病医院应承担监护责任，原亲权人、监护人不负监督义务。如果行为人在学校、幼儿园、精神病医院里学习、生活、治疗时致人损害，上述单位不能证明自己已尽监护之责的，应承担赔偿责任。学校、幼儿园、医院对其监护下的未成年人或成年被监护人在其监护范围内遭受侵害的，承担赔偿责任。

但是，上述意见已经被否定。学校对未成年学生承担的是教育、管理、保护义务，不承担监护义务。如果学校或者幼儿园未尽教育、管理义务，使未成年学生在学校或者幼儿园致害他人，构成侵权责任，替代未成年学生承担赔偿责任的，依据是《民法典》第1165条第1款规定的过错责任。

成年精神病人在精神病医院治疗，精神病医院是监护人，应当承担监护人责任。监护不周，精神病患者伤害他人或者被他人伤害的，精神病医院应当承担侵权责任。例如，精神病人甲在住院治疗期间，因为耳朵发痒，请求另一精神病人乙为他掏耳朵。乙用吃饭的筷子插进甲的耳朵里，将甲的耳膜刺穿，造成伤害。该精神病医院没有善尽监护义务，使一精神病人伤害另一精神病人，应对被侵权人承担侵权责任，赔偿被侵权人的损失。

2. 行为人

监护人责任中的行为人，就是实际致人损害的未成年人和丧失或者部分丧失民事行为能力的成年人。

行为人是否合格，应当按照《民法典》的规定确认。对于未成年人，应当按照《民法典》第19条和第20条的规定，确认其是无民事行为能力人还是限制民事行为能力人。对已满16周岁不满18周岁的自然人，以自己的劳动收入为主要生活来源的，应视为完全民事行为能力人，不应再作为监护人责任的行为人，而应作为独立的侵权行为人。对成年人，应当按照《民法典》第21、22条规定，确认其民事行为能力。

区分行为人是无民事行为能力人还是限制民事行为能力人，在监护人责任的构成中没有特别的意义，只要行为人不具有完全民事行为能力，即为适格。对限制民事行为能力的精神病人，有的在致人损害前没有发病，在发病时造成损害的，确定行为人资格时，首先要进行精神病鉴定，确认其民事行为能力状况，决定是否设置监护人；在确定之后，再决定责任人如何承担责任。

有的行为人既是未成年人，又是精神病人，不必作精神病鉴定，直接按照监护人责任规则进行赔偿。

行为人致人损害时为无行为能力或限制行为能力，诉讼时已经具有完全行为能力，应由行为人的原监护人承担赔偿责任，如果行为人已经有负担能力，应当自己承担责任，不足部分由原监护人承担。

年满18周岁没有经济负担能力的人致人损害，应如何承担赔偿责任。这种情况，原则上应当由自己承担赔偿责任，不构成监护人责任。已满18周岁的人的父母愿意承担垫付赔偿责任的，应当允许。扶养人不予垫付的，可以判决行为人延期给付。

3. 被侵权人

在监护人侵权法律关系中，被侵权人是赔偿权利人，法律没有作特别规定，具备被侵权人的资格即可。

五、监护人的赔偿责任及承担

（一）监护人的赔偿责任

关于监护人侵权赔偿责任如何承担，实务上的做法比较一致，认为行为人与责任人应承担连带责任。这是不正确的，因为《民法典》第1188条规定的"由监护人承担侵权责任"，不是连带责任，而是替代责任。

监护人侵权赔偿责任有两种形式。

一是基本赔偿责任方式，由监护人承担替代责任，被监护的行为人不承担赔偿责任，也没有对行为人的追偿权利。

二是特别赔偿责任方式，是补充责任。当行为人本人有财产时，应由本人的财产支付赔偿费用；对赔偿不足的部分，由监护人负补充责任。这种责任不是连带责任，监护人不是就全部赔偿责任负责，只是对有财产的行为人赔偿不足的部分承担全额的补充赔偿责任。如果行为人的财产足以赔偿被侵权人的损失，就不用监护人承担赔偿责任。

这两种赔偿责任适用的标准就是行为人是否有财产。有财产的，可以采用第二种责任方式；没有财产的，由监护人单独负责。

（二）监护人赔偿责任的具体问题

1. 数个被监护人共同致人损害的赔偿责任

两个以上被监护人共同致人损害，符合客观关联共同的共同侵权行为构成要件的，为客观的共同侵权责任，应当由他们的监护人共同承担赔偿责任。这种责任是连带责任，这是为了满足保护被侵权人利益的需要；若实行按份责任，在监护人中的一人无力清偿时，被侵权人的这一份损害将无法得到补偿。数个被监护人共同致人损害也是共同侵权，应当承担连带责任。

2. 被监护人在侵权行为过程中死亡时应以谁为责任主体

未成年人实施的行为致人损害，其监护人是赔偿责任主体，应当承担赔偿责任。被监护人在实施侵权行为时死亡，监护人的法律地位不因未成年人的死亡而改变，应当承担侵权责任。

六、委托监护责任

（一）委托监护责任的概念

《民法典》第1189条规定："无民事行为能力人、限制民事行为能力人造成他人损害，监护人将监护职责委托给他人的，由监护人承担侵权责任；受托人有过错的，承担相应的责任。"这明确了在委托监护的情况下，被监护人造成他人损害的，监护人与委托监护人分担责任的规则。

委托监护责任，是指监护人将监护职责委托给他人，被监护的无民事行为能力人或者限制民事行为能力人造成他人损害，监护人与委托监护人分担责任的特殊侵权责任。根据目前存在较多的将监护责任委托他人的情形，《民法典》补充规定了委托监护的赔偿责任规则。

（二）委托监护责任的构成要件

委托监护责任的构成条件是：第一，委托监护是监护人将自己负有的对无民事行为能力人或者限制民事行为能力人的监护职责委托给他人承担；第二，无民事行为能力人或者限制民事行为能力人是在受托监护人的监护下，而不是在监护人的监护下；第三，被监护的无民事行为能力人或者限制民事行为能力人实施的行为，造成了被侵权人的损害；第四，对监护人推定其存在未尽监护职责的过失，委托监护人的过失则由被侵权人举证证明，或者由主张分担责任的监护人承担举证责任。

符合这四个要件的要求，构成委托监护责任，应当承担侵权赔偿责任。

从上述委托监护责任的构成要件来看，监护人的责任其实并无特别变化，尤其是仍实行过错推定原则，推定监护人存在违反监护义务的过失，与监护人责任规则基本相同。有区别的是，请求受托监护人承担侵权责任的，应当证明受托监护人的过失。一般情况下，被侵权人会向监护人主张赔偿责任，如果监护人认为自己没有过失，是受托监护人因过失造成的损害，应当由监护人承担举证责任。如果被侵权人直接向受托监护人主张承担侵权责任，则应当由被侵权人承担举证责任。根据"谁主张谁举证"的举证责任分配规则，监护人或者被侵权人主张受托监护人的过失，应当由主张者承担举证责任。

按照这样的规则，被侵权人向委托监护人请求承担赔偿责任，对自己实现赔偿权利是不利的。

（三）委托监护责任的责任分担规则

委托监护责任的主体有两个，一是监护人，二是受托监护人。监护人并未因其将监护职责委托给受托监护人而使自己免除责任，仍然是侵权责任人。

两种责任主体承担的责任是单向连带责任，即混合责任：监护人承担的是对全部损害的赔偿责任，并且是连带责任，只要被侵权人主张监护人承担全部责任，监护人就须承担全部赔偿责任。

不论是监护人还是被监护人，能够证明受托监护人存在未尽监护职责过失的，受托监护人应当在其过失造成损失的范围内，承担相应的赔偿责任。这种责任的性质不是连带责任，而是按份责任，被侵权人不能向受托监护人主张承担全部赔偿责任。这种单向连带责任与美国侵权法上的混合责任一样，都是数人中有的承担连带责任，如监护人，有的承担按份责任，如受托监护人。①

规则总结

1. 监护人责任是替代责任，性质是对人的替代责任，即致人损害的行为人是被监护人，责任人是监护人，监护人替代被监护人承担侵权责任。

2. 监护人责任的确定规则是：首先适用过错推定原则，监护人未尽监护职责的，即推定其有过失，监护人应当承担侵权责任；其次，如果监护人已尽监护职责，为无过失，但不能免除其责任，应适用公平分担损失规则，减轻监护人的责任。

3. 监护人责任的承担规则，是看被监护人是否有财产，而不是看其是否有责任能力。被监护人有财产的，由被监护人的财产支付赔偿费用（注意不是承担赔偿责任）；被监护人的财产对赔偿费用支付不足的，监护人承担全额补充责任，即不足部分应当全部补足。

4. 委托监护责任的承担规则中，仍然由监护人承担赔偿责任，并且应当承担全部责任。监护人或者被侵权人主张委托监护人应当承担责任的，应当承担举证责任，能够证明委托监护人有过失的，委托监护人承担相应的按份责任，不承担连带责任；委托监护人无过失的，则无责任。

---

① ［美］肯尼斯·S. 亚伯拉罕，阿尔伯特·C. 泰特. 侵权法重述：纲要. 许传玺，石宏，译. 北京：法律出版社，2006：346.

第二十一章 《民法典》规定的用人者责任的具体问题应当如何处理

——用人者责任的体系和法律适用的基本规则

实务指引要点

1. 用人者责任是一种特殊侵权责任,包括用人单位责任、劳务派遣责任、个人劳务责任和定作人指示过失责任。
2. 用人单位责任,是用人单位的工作人员执行工作任务致人损害,用人单位承担赔偿责任的用人者责任;《民法典》新增加了用人单位对故意或者重大过失致人损害的工作人员的追偿权。
3. 劳务派遣责任是在劳务派遣期间,被派遣的工作人员执行工作任务造成他人损害的,由接受劳务派遣的用工单位承担责任,劳务派遣单位承担补充责任的用人者责任;《民法典》把有过错的派遣单位的责任由相应的补充责任改为相应责任。
4. 个人劳务责任是在个人之间形成的劳务关系中,提供劳务一方因劳务活动造成他人损害,接受劳务一方应当承担替代责任的用人者责任,《民法典》增加规定了第三人造成提供劳务一方损害的责任规则。
5. 定作人指示过失责任,是指承揽人在执行承揽活动中,执行定作人有过失内容的定作或指示而不法侵害他人权利造成损害,由定作人承担损害赔偿责任的用人者责任。

《民法典》第1191条至第1193条规定的是用人者责任,包括用人单位责任、劳务派遣责任、个人劳务责任和定作人指示过失责任。对于《民法典》构建的这个用人者责任的体系应当怎样理解,在司法实务中应当怎样处理具体问题，本章将进行探讨。

一、用人者责任概述

（一）用人者责任的概念

用人者责任是一种特殊侵权责任类型，它包括用人单位责任、劳务派遣责任、个人劳务责任和定作人指示过失责任四种不同的类型。

在侵权法的发展历史上，没有用人者责任的概念，使用的是雇主责任。自《日本民法典》既规定了雇主责任，又规定了定作人指示过失责任后，出现了把雇主责任和定作人指示过失责任概括在一起，使用用人者责任的学说。

我国的侵权法较早使用用人者责任概念的，是潘同龙和程开源主编的《侵权行为法》，专设一章"用人者和监护人的侵权责任"，其中用三节的篇幅阐释用人者责任的侵权行为类型，认为"用人者的侵权责任，简称用人者的责任，是指用人者对劳动者在执行职务中致第三人损害应承担的民事赔偿责任"[1]。

起草侵权责任法时，学者使用这个概念，规定雇主责任和定作人指示过失责任。《中国民法典草案建议稿及说明》在侵权法编第三章"替代责任"的第二节"用人者的责任"规定了用人者的责任就是雇主责任，定作人指示过失责任也在其中。[2] 在此前的这个侵权法草案中，规定的用人者的责任，包含法人侵权、雇主责任和定作人指示过失责任。[3]

2022年人身损害赔偿司法解释将用人者责任规定为两种：一是法人侵权，二是雇主责任，二者区分的标准是用工形式：法人或者企业用工为法人侵权，私人雇工为雇主责任。事实上，将法人侵权和雇主责任规定为两种不同的侵权责任，并没有太多道理，我们建议将其归并在一起统一作出规定。[4] 《侵权责任法》接受这一意见，将两种责任规定在一起，统称为用人单位责任，同时增加了劳务派遣责任和个人劳务责任。《民法典》在此基础上，又增加规定了定作人指示过失责任，形成了完整的用人者责任体系。

---

[1] 潘同龙，程开源. 侵权行为法. 天津：天津人民出版社，1995：314.

[2] 这代表了王利明教授的思想. 王利明. 中国民法典草案建议稿及说明. 北京：中国法制出版社，2004：245-246.

[3] 杨立新. 中国民法典：侵权行为法草案建议稿//杨立新. 民商法前沿：第1辑，第2辑. 长春：吉林人民出版社，2002：18-19. 这种学术思想代表的是杨立新教授的观点，在他的《侵权法论》（第二版）中，把用人者的责任概括为一种侵权行为的基本类型，包括法人侵权、雇主责任和定作人指示过失责任三种具体的侵权行为类型，参见杨立新. 侵权法论：2版. 北京：人民法院出版社，2004：387.

[4] 杨立新. 侵权责任合并规定的利弊分析. 法制日报，2009-11-11.

(二) 用人者责任的历史发展

在国外，用人者责任的主要类型是雇主责任，是一种古老的特殊侵权责任。

罗马法准私犯规定："船长、客店主人或马厩主人对于在船舶上、客店内或马厩中，处于欺诈或由于失窃所发生的损害，视为根据准私犯负责，但以他本人并无不法行为，而是他所雇佣在船舶、客店或马厩内服务的人员所作不法行为者为限。对他所得行使的诉权，虽然不是根据契约而来，但是他雇佣坏人服务，在这一点上他确有过失，所以他被视为根据准私犯负责。有上述情形时，赋予被害人事实之诉的诉权，其诉权得由继承人继承，而不得向继承人提起。"[①] 这里所说的旅馆主人、马厩主人、船主都是雇主，其以金钱出资购买雇员的劳动力，雇员执行劳务活动造成他人损害的，由雇主承担责任。

《法国民法典》规定雇主责任，包含在替代责任的一般规定中，同时还规定了主人与雇佣人对仆人与提供劳务一方因执行受雇的职务所致的损害，应负赔偿责任。即根据《法国民法典》第1384条的规定，主人与雇佣人对仆人与提供劳务一方因执行受雇的职务所致的损害，应负赔偿的责任；但主人与雇佣人可以通过反证证明自己没有过错而免责。

《德国民法典》第831条规定，雇佣他人执行事务的人，对雇员在执行事务时不法地施加于第三人的损害，负赔偿的义务。雇主在雇员的选任，并在其应提供设备和工具器械或应监督事务的执行时，对装备和监督已尽相当注意，或纵然已尽相当的注意也难免发生损害者，不负赔偿责任。雇主的侵权责任系基于对提供劳务一方选任监督的过失推定而确立的，但雇主可基于反证推翻过失的推定而免责。[②]

尽管日本立法承认责任人可以通过没有选任或监督方面的过失来证明自己没有过错而不承担责任，但日本实务界从来不承认此种抗辩，可见日本的雇主责任接近无过错责任。[③]

苏联民法不承认私人雇员的合法性，因此不设置雇主侵权责任的规定，只规定法人侵权责任，我国的法人侵权就是受其影响。《俄罗斯联邦民法典》基于现实社会生活，把法人和公民的雇员统一规定在第1068条："法人或者公民对其工作人员在履行劳动（公务，职务）义务中所致损害，负损害赔偿责任。"

---

① ［古罗马］查士丁尼. 法学总论. 张企泰，译. 北京：商务印书馆，1989：204-205.
② 王泽鉴. 民法学说与判例研究：1. 北京：中国政法大学出版社，1998：5.
③ 于敏. 日本侵权行为法. 北京：法律出版社，1998：212.

法人侵权和雇主责任完全采取了一样的规则,是有道理的。[1]

英国侵权法认为,普通法令雇主必须为雇员职务内犯的民事侵权行为负责。美国的雇主责任原则主要是针对雇员负责的侵权责任,一名雇主需要就他的雇员在完成本职工作的过程中所实施的侵权行为对他人造成的伤害承担损害赔偿责任,即使雇主本人的行为没有任何可以指责的地方,其也没有参与雇员的侵权活动,但是其过错可能是用人不当、督导不力、管教不严、纪律不申等。[2]

我国封建社会的法律中没有雇主侵权责任的概念。直至清末修订《大清民律草案》,才在第953条对雇主侵权行为作出了规定。《民国民律草案》对上述规定有所改变,但改变的是文字和条文的编排,在内容上则没有大的改变,只是雇主和雇员之间的关系有所变化。国民政府制定民法典,对这一侵权行为的规定相较于两部民律草案有了较大改变,但仍然规定的是雇主责任。从我国历史可以看出,对于雇主责任这一特殊的侵权行为,其归责原则一直采取过错推定原则。

(三) 用人者责任的基本特征

用人者责任是侵权替代责任,具有以下法律特征。

1. 四种侵权行为都是因执行工作任务致人损害

用人者责任都是因执行工作任务发生的侵权行为。无论是用人单位责任、劳务派遣责任还是个人劳务责任,都是劳动者因执行工作任务发生的侵权行为。其基本特点是,因执行工作任务或者因劳务,一方支配另一方的劳动。不是因执行工作任务或者因劳务发生的支配他人劳动的行为,不能构成用人者责任。

2. 行为人与责任人相分离

这种侵权责任类型是最典型的替代责任,其典型表现是行为人与责任人相分离。在造成损害的过程中,直接行为人是用人单位的工作人员(或劳动者);而承担侵权责任的主体不是这些行为人,而是对他们有支配关系的用人者。

3. 行为人造成损害的行为与责任人监督、管理不力的行为相区别

在用人者责任中实际上存在两个行为:一个是造成损害的工作人员的行为,这是造成损害的具体行为;另一个则是用人单位、劳务派遣单位或者雇主的监督不力、管理不当。只研究工作人员、雇员的行为是不够的,必须研究用

---

[1] 相比之下,2004年最高人民法院《关于审理人身损害赔偿案件适用法律若干问题的解释》第8条和第9条采取不同的规则对待法人侵权和雇主责任,是不妥当的。

[2] 李响. 美国侵权法原理及案例研究. 北京:中国政法大学出版社,2004:478-479.

人单位、派遣单位以及雇主的行为。他们的行为作用在工作人员或者劳动者的身上，造成了劳动者的具体行为的实施。因此，在用人者责任的责任构成中，因果关系中存在造成损害的直接原因和间接原因，两种原因行为相结合，才能构成侵权责任。

4. 责任人的过错与行为人的过错作用不同

用人者责任中，对过错的直接要求是用人者的过错。没有用人者的过错，就不可能构成用人者责任。但是，在处理这种侵权责任时，也要考察工作人员、雇员的过错。这些过错尽管对侵权责任的构成不起重要作用，但对于确定追偿关系是重要的。因此，这两种过错的作用并不相同。

（四）用人者责任类型的意义

《民法典》规定四种类型用人者责任的主要意义如下。

第一，四种用人者责任的基础，都是涉及劳动（劳务）合同关系，但是劳动关系的性质不同：用人单位责任的劳动合同，是工作单位和工作人员形成的单一的劳务关系，工作人员执行工作任务造成了他人损害，用人单位必须负责；而劳务派遣责任中有两种合同关系，既有劳务派遣单位和劳动者的合同关系，又有接受劳务派遣的用工单位与劳务派遣单位的合同关系，并且接受派遣单位在实际上支配工作人员的劳动；个人劳务关系比较简单，尽管也是劳务关系，但是内容简单，关系明确；定作人指示过失责任不是劳务关系，而是承揽关系，与上述关系有性质上的差别。

第二，四种用人者责任的规则并不相同。《民法典》第1191条、第1192条和第1193条分别作出了不同规定，都是有针对性的。司法实践适用时，应当认真分析，保证准确适用法律。

二、用人单位责任

（一）用人单位责任的概念和特征

用人单位责任，是指用人单位的工作人员执行工作任务造成他人损害，由用人单位作为赔偿责任主体，为其工作人员致害的行为承担损害赔偿责任的用人者责任。

用人单位责任的基本特征：一是实施侵权行为的主体特定化，只有用人单位的工作人员造成侵权后果时，才能成立这种侵权行为；二是侵权行为发生的场合特定化，只有用人单位的工作人员执行工作任务造成他人损害，才能构成这种侵权行为；三是侵权损害的行为状态特定化，只有用人单位的工作人员执行工作任务造成第三人的损害,才能构成这种侵权责任;四是责任形态是替代责任,用人单位工作人员造成第三人损害,承担责任的不是行为人即用人单位的工作人员,而是用人单位。

(二) 用人单位责任的归责原则

关于用人单位责任适用的归责原则,《民法典》第1191条和第1192条的规定不够明确。一种观点主张适用无过错责任原则,认为用人单位对其工作人员在从事职务活动时致他人遭受的损害,应负赔偿责任;用人单位不得主张其对选任、监督用人单位工作人员已尽相当注意而免责;用人单位本身虽无任何过失,仍应为用人单位工作人员的行为负责。另一种观点主张适用过错责任原则,认为用人单位对其工作人员因从事职务活动所致的损害,仅当其本身对于损害的发生具有过失,即对用人单位工作人员的选任、监督未尽必要的注意时,才负赔偿责任。本书的意见主要有两点。

首先,用人单位责任不适用无过错责任原则,其理由在于:一是法律未明文规定适用无过错责任原则,因此,认为用人单位责任适用无过错责任原则没有法律根据。二是适用无过错责任原则对保护用人单位的合法权益和社会发展不利。用人单位无论有无过错均须承担赔偿责任,容易养成工作人员的怠惰等恶习,从而使用人单位的合法权益受到侵犯。坚持有过错才有责任,与现行立法没有矛盾,还可以促使用人单位精于选任、监督,勤于管理、教育,促使工作人员忠于职守,勤勉工作,于国于民均有裨益。

其次,用人单位责任也不适用过错责任原则,是因为适用过错责任原则,被侵权人须举证证明用人单位的过错。被侵权人证明行为人的过错尚属可能,举证证明用人单位的过错并非易事。如此要求,势必使被侵权人处于不利地位,使其合法权益得不到有效、及时的保护。

最后,用人单位责任应当适用过错推定原则。过错推定原则的适用,能够从工作人员致被侵权人损害的事实中,推定用人单位疏于选任、监督之责的过错,实行举证责任倒置,由用人单位举证证明自己已尽相当的注意。无须被侵权人举证证明而直接推定用人单位的过失,会使被侵权人处于有利地位,使其合法权益能够得到更好保护。

(三) 用人单位责任的构成要件

依据过错推定原则的规定,用人单位责任构成须具备以下要件。

1. 违法行为

用人单位责任的违法行为要件,是指用人单位的法定代表人、负责人及其他工作人员须有执行工作任务行为，且该行为违反法律。

用人单位是指依法成立的法人、非法人组织。举凡不是个人劳务的私人雇工关系，也不是劳务派遣关系，就都是指的用人单位。

用人单位工作人员的行为须是执行职务的行为，才能构成用人单位责任。《民法典》使用的不是执行职务，而是"执行工作任务"，二者只是表述方法不同，实质是一样的。只有在执行职务过程中造成损害的，才是职务行为，用人单位才有必要为其造成的损害负责。工作人员造成他人损害，如果不是执行职务行为，用人单位不承担责任，只能由行为人自己承担责任。

工作人员是否执行职务，是用人单位承担替代责任的决定性因素。确定用人单位的工作人员执行职务范围的依据有两点。

第一，用人单位有明确指示的，按照用人单位的明确指示确定。用人单位指定工作人员做什么，工作人员按照用人单位的指示所做的事情，就是执行职务。

第二，对于用人单位指示不明确的，应当采用客观说，即以执行职务的外在表现形态为标准，如果行为在客观上表现为与用人单位指示办理的事件的要求相一致，就应当认为其属于执行职务的范围。因此，下列行为不属于执行职务范围：一是超越职责行为。工作人员执行职务包括为了实现其职能的一切行为在内，但工作人员超越了他的职责范围而实施的行为，用人单位不承担责任。二是擅自委托行为。工作人员未经授权，擅自将自己应做的事委托他人去办，用人单位对于受托人所为的侵权行为不负责任。三是违反禁止行为。用人单位明令禁止的行为工作人员而为之，不属于执行职务行为。四是借用机会行为。工作人员利用职务提供的机会，趁机处理私事而发生的损害，如果行为与执行职务没有关联，不属于执行职务范围。如果工作人员在执行职务中，以执行职务为方法，故意致害他人，以达到个人不法目的，虽然其内在动机是出于个人的私利，但其行为与职务有内在的关联，也认为是执行职务的行为。

行为的违法性判断，适用侵权责任构成要件的一般规则，即违反法定义务、违反保护他人的法律和故意违背善良风俗致人损害，都构成违法性。应当注意的是，行为违法性要件主要表现在具体的行为人方面，即用人单位的法定代表人、负责人、工作人员的执行职务行为具有违法性，造成了他人的损害，才要由用人单位承担侵权责任。

2. 损害事实

用人单位责任的损害事实要件，包括侵害人身权利和财产权利造成的损害后果。损害事实可以是人身损害事实，也可以是精神损害事实，还包括财产损害事实。

3. 因果关系

用人单位责任的因果关系要件，与其他侵权责任的因果关系要件没有太大差别，就是要求用人单位的法定代表人、负责人及其他工作人员的行为须与损害事实有引起与被引起的因果关系。

首先，要求这种因果关系必须是客观存在的，即执行职务行为是损害事实发生的原因，该损害事实确系该执行职务行为造成的客观结果。

其次，判断这种因果关系时以直接因果关系和相当因果关系为判断标准，有直接因果关系的，当然构成侵权责任；如果依通常的社会知识经验判断，执行职务行为是损害事实发生的适当条件的，为相当因果关系，确认其有因果关系。有因果关系的，可以构成侵权责任，无因果关系的不构成侵权责任。

最后，这一因果关系，是指直接实施加害行为的行为人的行为，即用人单位的法定代表人、负责人和工作人员的行为与损害事实之间的因果关系。用人单位与损害事实之间只具有间接因果关系。

4. 过错

用人单位责任的过错要件为用人单位须有过错。

用人单位责任的过错是用人单位本身的过错。过错的内容主要是指用人单位对于选任、监督、管理其工作人员的过失。尽管在很多情况下，用人单位的工作人员在执行职务中没有过错，但由于用人单位本身具有过错，仍构成用人单位责任。

对用人单位的法定代表人、负责人以及工作人员的过错，也要进行考察，但这不是侵权责任构成要件的要求，而是用人单位对于造成损害的法定代表人、负责人或者工作人员享有追偿权的要件。如果法定代表人、负责人或者工作人员对造成损害有过错，用人单位在承担了侵权责任之后，对法定代表人、负责人或者工作人员享有追偿权。

认定用人单位责任的过错采推定方式，工作人员执行职务的行为造成他人损害，即可依此推定用人单位具有过错。过错推定之后，实行举证责任倒置。如果用人单位认为自己无过错，应当依法举证，证明自己无过错。证明成立的，免除其侵权责任；不能证明或证明不足的，推定成立，认定其有过错。例如，铁路饭店职工陈某将库存的硫酸桶转移到修缮工地，该桶内装 400 克硫酸，未加盖。住在该饭店的何某在下到三楼楼梯时不慎摔倒在地，恰好撞到陈某手提的硫酸桶上，硫酸洒到何某的头部、面部、臂部，烧成重伤，面部毁容。何某起诉铁路饭店，请求该饭店承担侵权责任。法院认为，铁路饭店是法人，其工作人员在执行职务中未尽相当的注意义务，致使危险物品造成了被侵权人的损害，遂判决饭店承担赔偿责任。

(四) 用人单位承担替代责任

用人单位责任是替代责任，具有赔偿主体与直接行为人相分离的特点，直接侵权人是用人单位的工作人员，赔偿责任主体为用人单位。在用人单位责任中，用人单位作为赔偿责任人，直接对被侵权人承担责任。用人单位在承担了赔偿责任后，对于有过错的直接行为人可以进行追偿。被侵权人不能向工作人员请求赔偿，因为工作人员没有责任主体资格。

该种赔偿法律关系的赔偿权利主体不具有特殊性，凡属遭受用人单位及其工作人员执行职务行为侵害造成损害的，都有赔偿权利主体资格，有权请求用人单位予以赔偿。

(五) 举证责任

法院受理赔偿权利主体的起诉，不要求原告举证证明用人单位有过错，原告只需证明违法行为，损害事实，工作人员执行职务行为与损害结果有因果关系，加害人为用人单位工作人员足矣。至于用人单位是否已尽选任、监督之注意义务，则须由用人单位自己举证证明，用人单位欲免除自己的责任，应当证明其对选任工作人员及监督工作人员职务的执行已尽了相当的注意。

选任工作人员已尽相当注意，就是指用人单位在选任之初，对工作人员的能力、资格能否胜任所任的职务，已经作了详尽的考察，所得结论符合实际情况。监督其职务执行已尽相当的注意，就是指用人单位对工作人员执行职务的总体行为是否予以适当的教育和管理，判断标准应依客观情况决定。如果用人单位能够证明对上列事项确实已尽了相当的注意，即可证明用人单位并无过失，可以免除其赔偿责任。

用人单位不能证明自己没有过失的，应承担赔偿责任。如果工作人员致人损害在主观上有过错，用人单位赔偿被侵权人的损失以后，对工作人员取得追偿权，工作人员应当赔偿用人单位因赔偿被侵权人的损失所遭受的损失，此时形成了一个新的损害赔偿的追偿法律关系。对此，《民法典》第62条和第1191条第1款的规定有所不同，本书在前文已经作了说明，在这里不再赘述。

三、劳务派遣责任

(一) 劳务派遣的概念和法律关系

劳务派遣又称劳动派遣、人力派遣或人才租赁，是指劳务派遣单位与用工单位签订派遣协议，将工作人员派遣至用工单位，在用工单位的指挥、监督下提供劳动的劳务关系。

劳务派遣的典型特征是劳动力雇佣与劳动力使用相分离，被派遣的工作人员不与用工单位签订劳动合同，不建立劳动关系，而是与劳务派遣单位存在劳动关系，但被派遣至用工单位劳动，形成"有关系没劳动，有劳动没关系"的特殊用工形态。

劳务派遣法律关系中有两个合同关系。

第一个合同关系是劳务派遣单位与工作人员之间的劳动关系，按照《劳动合同法》的规定，劳务派遣单位是这个劳动合同的用人单位，履行用人单位的义务，《劳动合同法》规定的用人单位的应尽义务，劳务派遣单位均应当执行，包括被派遣的劳动者符合无固定期限劳动合同签订条件时，应当签订无固定期限劳动合同。

第二个合同关系是劳务派遣单位与用工单位的合同关系。用工单位需要劳务派遣单位派遣劳务的，则应当签订合同，确定派遣的工作人员，协商具体的劳动派遣内容，确立劳务派遣合同关系。

劳务派遣单位应当将劳务派遣协议的内容告知被派遣的工作人员。劳务派遣单位不得克扣用工单位按照劳务派遣协议支付给被派遣工作人员的劳动报酬。劳务派遣单位和用工单位不得向被派遣的工作人员收取费用。在劳务派遣关系中，用工单位虽不是劳动法意义上的用人单位，但由于被派遣的工作人员实际在用工单位提供劳动，接受用工单位的管理，因此，用工单位同样对被派遣劳动者负有相应的义务。用工单位应当履行的义务，一是执行国家劳动标准，提供相应的劳动条件和劳动保护；二是告知被派遣劳动者的工作要求和劳动报酬；三是支付加班费、绩效奖金，提供与工作岗位相关的福利待遇；四是对在岗被派遣劳动者进行工作岗位所必需的培训；五是连续用工的，实行正常的工资调整机制。

（二）劳务派遣责任的概念和构成

劳务派遣责任，是指在劳务派遣期间，被派遣的工作人员因执行工作任务造成他人损害的，由接受劳务派遣的用工单位承担责任，劳务派遣单位承担相应的责任的特殊侵权责任。

构成劳务派遣责任，应当具备以下要件。

1. 在当事人之间存在劳务派遣的劳动关系

构成劳务派遣责任，首先必须在三方当事人之间存在劳务派遣的劳动关系。在劳务派遣单位与被派遣的工作人员之间有劳动合同关系，劳务派遣单位与用工单位有劳务派遣合同关系。根据上述两个合同关系，被派遣的工作人员在用工单位提供劳动。没有这样的劳务派遣的劳动关系，不构成劳务派遣责任。

2. 被派遣的工作人员在执行派遣工作任务中造成他人损害

劳务派遣责任中的损害事实要件，同样是致他人损害，包括人身损害和财产损害。这个损害事实应当在被派遣的工作人员执行派遣的工作任务中发生，也就是具备被派遣的工作人员执行工作任务造成他人损害的客观事实。如果不是在执行派遣的工作任务中造成损害，则不构成劳务派遣责任，而可能构成一般的用人单位责任。例如，被派遣的工作人员在去往派遣单位的途中尚未到达用工单位即造成损害的，或者在完成派遣任务回到派遣单位途中造成他人损害的，不构成劳务派遣责任，应当按照用人单位责任的要求，由劳务派遣单位承担责任。

3. 损害事实的发生与被派遣的工作人员执行工作任务的行为有因果关系

造成他人损害的行为，应当是被派遣的工作人员执行派遣工作的任务行为，行为与损害二者之间有因果关系。接受派遣劳务之后，被派遣的工作人员在执行工作任务中造成他人损害的，构成劳务派遣责任。法律在此使用的也是"执行工作任务"，对此的理解应当也是执行职务。

4. 接受派遣单位在指挥、监督工作人员工作方面有过失

构成劳务派遣责任，接受派遣单位须有过失。过失的表现，是接受派遣单位在指挥、监督工作人员执行职务行为时，应当注意而未尽注意义务。确定接受派遣单位的过失，应当采用推定方式，在被侵权人已经证明前述三个要件的基础上，推定接受派遣单位存在过失。接受派遣单位认为自己没有过失的，应当自己提供证据证明。能够证明自己没有过失的，不承担侵权责任；不能证明的，过失推定成立，应当承担赔偿责任。

劳务派遣单位的过错要件的作用，在于确定劳务派遣单位是否承担相应的责任；而不是用以确定接受派遣单位的责任。

（三）劳务派遣责任的承担

劳务派遣责任分为两种，《民法典》第1191条第2款分别作了规定。

1. 接受派遣用工单位的责任

具备前述劳务派遣责任构成要件的，成立接受派遣用工单位的责任，接受派遣用工单位应当承担赔偿责任。之所以在劳务派遣责任中不由劳务派遣单位承担责任而由接受派遣用人单位承担责任，是因为接受派遣用工单位在支配工

作人员的劳动,工作人员是在用工单位的指挥、监督下,直接为接受派遣用工单位提供劳动。

如果工作人员对在执行派遣劳务的工作任务时致人损害有过错,接受派遣用工单位承担了赔偿责任之后,有权向有过错的工作人员追偿。

2. 劳务派遣单位的责任

派遣的工作人员在执行工作任务中造成他人损害,派遣单位也有过错的,由于派遣单位与被派遣的工作人员之间有劳动关系,派遣单位应当承担相应的责任。应当注意的是,《侵权责任法》第 34 条第 2 款规定劳务派遣单位有过错的,承担相应的补充责任,《民法典》第 1191 条第 2 款规定承担相应的责任,二者是不一样的。相应的补充责任;是补充用工单位的责任,如果用工单位能够承担全部赔偿责任,就不存在补充责任;在用工单位不能承担或者不能全部承担赔偿责任时,才由劳务派遣单位补充赔偿。劳务派遣单位承担"相应的责任",是承担与其过错相适应的责任份额,即有百分之多少的过错,就承担多少份额的责任,是按份承担而非补充承担,因而为单向连带责任即混合责任。

四、个人劳务责任

(一) 个人劳务责任的概念和特征

个人劳务责任,是指在个人之间形成的劳务关系中,提供劳务一方因劳务活动而造成他人损害的,接受劳务一方应当承担替代责任的用人者责任。

1949 年之后,我国司法实践对个人劳务责任没有规定明确的规则,理论上认为在公有制的基础上,不存在私人劳务,事实上并不是这样。改革开放之后,个人提供劳务现象比较普遍,法律对其不予以规制是不行的。因此,1992 年《最高人民法院关于适用〈中华人民共和国民事诉讼法〉若干问题的意见》(已失效) 第 45 条曾经规定:"个体工商户、农村承包经营户、合伙组织雇佣的人员在进行雇佣合同规定的生产经营活动中造成他人损害的,其雇主是当事人。"司法实践中,法官处理这类侵权案件时,一是按照这一司法解释规定的精神,既然接受劳务一方是被告,当然可以判令其承担责任,因此,这一条文也就被当成了实体法依据;二是参照《民法通则》第 121 条关于国家机关工作人员致人损害替代责任的规定,确定接受劳务一方的责任。2004 年人身损害赔偿司法解释第 9 条规定的雇主责任中包括个人劳务责任,内容不够完备。《侵权责任法》第 35 条规定了个人劳务责任的规则,《民法典》第 1192 条在此基础上,对个人劳务责任进行了完善,增加了个人劳务中的第三人责任。

个人劳务责任与其他用人者责任相比,有以下法律特征。

1. 接受劳务一方与提供劳务一方之间具有个人劳务关系

个人劳务责任最主要的特征在于，接受劳务一方与提供劳务一方之间具有劳务关系。接受劳务一方出具工资报酬，提供劳务一方出卖劳动力，换言之，接受劳务一方出具价金，提供劳务一方为接受劳务一方通过自己的劳动创造价值。接受劳务一方为提供劳务一方承担侵权责任的基础，是提供劳务一方为接受劳务一方创造利益，提供劳务一方的行为等于是接受劳务一方行为的延伸。不具有个人劳务关系这个特征的，如帮工、换工等，不适用本条规定的责任。

2. 提供劳务一方执行劳务活动造成的损害就是接受劳务一方的行为造成的损害

既然提供劳务一方的执行劳务活动的行为就是接受劳务一方的行为，提供劳务一方在执行劳务活动中的行为造成了第三人的损害，就等于是接受劳务一方的行为造成的损害。因此，个人劳务责任的基本特征之一，就是提供劳务一方在执行劳务活动中造成了第三人损害。提供劳务一方在执行劳务活动中造成了自己的损害，则是工伤事故责任，而不是个人劳务责任。

3. 个人劳务责任的形态是替代责任

个人劳务责任是典型的替代责任，因为具体实施侵权行为的人是提供劳务一方，而不是接受劳务一方，但在侵权损害赔偿的法律关系上，由接受劳务一方作为损害赔偿法律关系的赔偿责任主体，被侵权人不是向实施侵权行为的提供劳务一方请求赔偿，而是向接受劳务一方行使损害赔偿请求权。

4. 我国的个人劳务责任范围较窄

其他国家侵权法把个人劳务责任包含在雇主责任中，范围相当宽。我国的个人劳务责任范围较窄，仅限于在个人之间形成的劳务关系中，就是个人雇用个人。在私人企业中，即使也是雇工形式，但属于法律规定的劳动关系，不属于个人劳务关系，适用用人单位责任，不属于个人劳务责任。

(二) 个人劳务责任的归责原则

个人劳务责任适用何种归责原则，《民法典》第1192条第1款没有明确规定，在理论上有三种主张：一是适用无过错责任原则，认为接受劳务一方对提供劳务一方于从事劳务活动时致他人遭受的损害，应负赔偿责任；接受劳务一方不得主张对选任、监督提供劳务一方已尽相当注意而免责；接受劳务一方本身虽无任何过失，仍应对提供劳务一方的行为负责。二是适用过错责任原则，认为接受劳务一方对提供劳务一方从事劳务活动所致损害，仅当其本身对损害的发生具有过失，即对提供劳务一方的选任、监督未尽必要注意时，才负赔偿责任。三是个人劳务责任应当适用过错推定原则。

本书持第三种观点,认为个人劳务责任应当与其他用人者责任一样,适用过错推定原则。

个人劳务责任不适用无过错责任原则的理由在于:一是法律未明文规定适用无过错责任原则,《民法典》第1192条第1款没有规定个人劳务责任为无过错责任。二是个人劳务责任采用无过错责任原则,接受劳务一方无论有无过错均须承担赔偿责任,容易养成提供劳务一方的怠惰等恶习,使接受劳务一方的合法权益受到侵犯。

适用过错推定原则,被侵权人只需证明损害事实、损害结果与行为人的行为之间的因果联系、行为人与被告的特殊关系即可,不必证明被告是否对行为人实施的侵权行为具有过错。按照举证责任倒置的规则,被告须反证证明其对损害的发生没有过错,才不承担责任。实行举证责任倒置,可以减轻被侵权人的举证责任,使其合法权益得到有效的保护。

(三) 个人劳务责任的构成

构成个人劳务责任应当具备以下四个条件。

1. 接受劳务一方与提供劳务一方之间须有特定关系

构成个人劳务责任,责任人和行为人之间必须存在劳务关系。接受劳务一方与提供劳务一方之间的特定关系表现为三个方面。

首先,接受劳务一方与提供劳务一方之间具有特定的劳务关系,即提供劳务一方在受雇期间,其行为受接受劳务一方意志的支配与约束;在从事劳务活动过程中,提供劳务一方按照接受劳务一方的意志所实施的行为,实际上等于接受劳务一方自己所实施的行为。

其次,接受劳务一方与提供劳务一方造成的第三人的损害之间存在特定的因果关系,损害事实虽系提供劳务一方的行为直接造成,但接受劳务一方对提供劳务一方选任不当、疏于监督管理等作为与不作为的行为,是损害事实得以发生的主要原因。

最后,接受劳务一方与提供劳务一方之间有特定的利益关系。提供劳务一方在受雇期间所实施的行为,直接为接受劳务一方创造经济利益以及其他利益,接受劳务一方获得这种利益,提供劳务一方据此得到报酬。

以这三个方面构成的接受劳务一方与提供劳务一方之间的特定关系为前提,这种特定关系就表现为个人劳务,接受劳务一方支付的是对价,提供劳务一方支付的是劳动力,劳务关系就是购买劳动力的合同关系。尽管个人劳务责任的损害事实是由提供劳务一方从事劳务活动的行为所致,而不是接受劳务一方的行为直接导致，也不是接受劳务一方授权提供劳务一方所致，但是，接受劳务一方应对损害承担赔偿责任。

2. 接受劳务一方须处于特定地位

在替代责任中，替代责任人都必须处于一种特定地位。这种特定地位表现为替代责任人在其与加害人的特定关系中所处的带有支配性质的地位，它决定了替代责任人为加害人造成的损害后果负责的义务的产生。

判断接受劳务一方是否处于应负替代责任的地位，即确定双方之间是否存在劳务关系时，主要考察以下几个方面：一是双方有无劳务合同（口头的或书面的），二是提供劳务一方有无报酬，三是提供劳务一方有无提供劳务，四是提供劳务一方是否受接受劳务一方的监督。其中最重要的是后两项内容。

3. 提供劳务一方在造成第三人的损害中应处于特定状态

替代责任中的加害人处于特定状态是必要条件。个人劳务责任的替代责任中，接受劳务一方是提供劳务一方的雇主，提供劳务一方在造成损害时正在执行劳务活动的行为。

提供劳务一方致人损害是否是因劳务，该因素为接受劳务一方承担替代责任的决定性因素。确定提供劳务一方是否从事劳务活动应当按照以下规则处理。

第一，接受劳务一方有明确指示授权的，按照接受劳务一方的明确指示确定。接受劳务一方指定提供劳务一方做什么，提供劳务一方按照接受劳务一方的指示所为的行为，就是执行职务。

第二，超出接受劳务一方授权的范围，即接受劳务一方没有明确指示的，确定是否为执行职务采用客观说，即以从事劳务活动的外在表现形态为标准，如果行为在客观上表现为与接受劳务一方指示办理的事件的要求相一致，就应当认为其属于从事劳务活动的范围。我国司法实践也采纳客观说。

4. 接受劳务一方存在过错

接受劳务一方主观上是否有过错，表现在接受劳务一方身上，而一般不问提供劳务一方在主观上是否有过错。只有在确定接受劳务一方对提供劳务一方是否享有求偿权时，才考察提供劳务一方的主观过错。

接受劳务一方的过错内容，表现在对提供劳务一方的选任、监督、管理上的疏于注意。如果接受劳务一方故意指使提供劳务一方侵害他人权利，则是共同侵权行为，而不是接受劳务一方的替代责任。只要接受劳务一方在选任、监督、管理上有疏于注意义务的心理状态，即应承担替代赔偿责任。确定接受劳务一方的过错，应采过错推定的方法。

（四）个人劳务责任的替代责任承担

接受劳务一方的赔偿责任确定之后，接受劳务一方承担替代责任应当按照下列步骤进行。

1. 确定损害赔偿的责任主体

个人劳务责任既然是替代责任，其责任主体就是接受劳务一方，而不是提供劳务一方。被侵权人是当然的赔偿权利主体。

2. 赔偿权利主体举证

法院受理被侵权人的起诉，不要求其举证证明责任主体即接受劳务一方的过错，只要能证明损害事实、提供劳务一方行为与损害结果的因果关系、加害人与接受劳务一方存在个人劳务关系即可。

3. 赔偿责任主体举证责任倒置

接受劳务一方是否已尽选任、监督的注意义务，须自己举证证明。接受劳务一方欲免除自己的责任，应当证明其对选任提供劳务一方及监督提供劳务一方职务的执行，已尽了相当的注意。选任提供劳务一方已尽相当的注意，就是指在选任之初，对提供劳务一方的能力、资格与能否胜任所任的职务，已经作了详尽的考察，所得结论符合实际情况。监督其职务的执行已尽相当的注意，是指接受劳务一方对提供劳务一方从事劳务活动的总体行为是否予以适当的教育和管理，其标准应依客观情况决定。如果接受劳务一方能够证明对上列事项确实已尽了相当的注意，即可证明接受劳务一方并无过失，可以免除其替代赔偿责任。

4. 接受劳务一方承担赔偿责任

接受劳务一方不能证明自己没有过失，即应承担赔偿责任。如果提供劳务一方在致人损害时有过错，接受劳务一方赔偿被侵权人的损失以后，即对提供劳务一方取得求偿权，提供劳务一方应当赔偿接受劳务一方因赔偿被侵权人的损害所遭受的损失，形成一个新的损害追偿法律关系。如果提供劳务一方没有过错，则由接受劳务一方单独承担赔偿责任，接受劳务一方对提供劳务一方不取得求偿权。

5. 接受劳务一方的追偿权

在接受劳务一方为提供劳务一方承担替代责任后，如果提供劳务一方有重大过失或故意，则接受劳务一方有追偿的权利。接受劳务一方享有追偿权，一方面是为了弥补接受劳务一方的损失，另一方面是为了规范提供劳务一方，要求其在执行职务的过程中谨慎行事，减少损害的发生。

（五）提供劳务一方在劳务中造成自己损害的工伤事故责任

《民法典》第 1192 条第 1 款第三句规定："提供劳务一方因劳务自己受到损害的，根据双方各自的过错承担相应的责任。"这里规定的是个人劳务关系中的工伤事故责任。

个人劳务关系中的工伤事故责任，与一般的工伤事故责任的规则不同，主要是个人劳务关系原则上不存在工伤保险，对提供劳务一方在劳务过程中自己的伤害，双方应当根据各自的过错承担相应的责任。换言之，提供劳务一方在提供劳务过程中受到伤害，是否由接受劳务一方承担责任，实行过错责任原则，有过错的承担责任，没有过错的就不承担责任，具体分为三种情况。

1. 接受劳务一方有过错

接受劳务一方对于提供劳务一方在提供劳务过程中造成的自己损害有过错，而提供劳务一方没有过错的，应当由接受劳务一方承担全部赔偿责任，提供劳务一方有权请求损害赔偿。

2. 提供劳务一方自己有过错

提供劳务一方在提供劳务的过程中造成自己损害，是由于自己的过错，接受劳务一方没有过错的，应当对自己的过错承担责任，接受劳务一方不承担责任。

3. 提供劳务一方和接受劳务一方均有过错

在这种情况下，构成过失相抵，应当按照双方的过错程度和原因力，确定各自应当承担的责任。

对于提供劳务一方因劳务造成自己损害的责任，规定适用过错责任原则，对于保护受到损害的提供劳务一方是不利的，与通常的工伤事故责任规则不一致。《民法典》第 1192 条沿袭《侵权责任法》第 35 条对个人劳务工伤事故责任的规定，继续实行过错责任原则，要求根据双方各自的过错承担相应的责任，不适用无过错责任以更好地保护个人劳务提供者。

（六）第三人造成提供劳务一方损害的工伤事故责任

提供劳务一方因第三人的行为造成自己损害的责任规则是：第一，提供劳务一方在提供劳务期间，因第三人的行为造成自己损害的，构成个人劳务工伤事故责任。第二，受到损害的提供劳务一方对究竟是向第三人请求赔偿，还是向接受劳务一方请求赔偿，享有选择权，可以选择对自己有利的请求权来行使。前者的请求权是基于第三人的侵权行为而发生，后者的请求权是基于个人劳务关系而发生。第三，提供劳务一方向第三人请求赔偿，赔偿请求权实现之

第二十一章 《民法典》规定的用人者责任的具体问题应当如何处理

后,对接受劳务一方的请求权消灭;选择向接受劳务一方行使赔偿请求权,接受劳务一方应当承担赔偿责任,承担了赔偿责任之后,有权向造成损害的第三人进行追偿。

增加了第三人造成提供劳务一方损害责任的原因是,《侵权责任法》第35条规定的提供劳务一方损害责任的类型,仅包括了提供劳务一方致人损害责任以及提供劳务一方因劳务造成自己损害的工伤事故责任,没有规定第三人造成提供劳务一方损害的赔偿责任。《民法典》借鉴2004年人身损害赔偿司法解释第11条第1款关于"雇员在从事雇佣活动中遭受人身损害,雇主应当承担赔偿责任。雇佣关系以外的第三人造成雇员人身损害的,赔偿权利人可以请求第三人承担赔偿责任,也可以请求雇主承担赔偿责任。雇主承担赔偿责任后,可以向第三人追偿"的规定,填补了这一立法漏洞,明确规定了第三人造成提供劳务一方损害时的责任承担规则,在立法上形成了完善的提供劳务损害责任的规则体系,在司法实践中也能避免裁判分歧,使提供劳务一方作为劳动者的合法权益得到更好的保护。

五、定作人指示过失责任

(一)定作人指示过失责任的概念和沿革

定作人指示过失责任,是指承揽人在执行承揽合同的过程中,因执行定作人有过失内容的定作或指示而不法侵害他人权利造成损害,由定作人承担损害赔偿责任的用人者责任。《民法典》第1193条规定:"承揽人在完成工作过程中造成第三人损害或者自己损害的,定作人不承担侵权责任。但是,定作人对定作、指示或者选任有过错的,应当承担相应的责任。"

2004年人身损害赔偿司法解释第10条曾经规定:"承揽人在完成工作过程中对第三人造成损害或者造成自身损害的,定作人不承担赔偿责任。但定作人对定作、指示或者选任有过失的,应当承担相应的赔偿责任。"

定作人指示过失责任是美国侵权法的侵权行为类型,含义是定作人和承揽人之间订立了承揽加工合同,如果承揽人在加工过程中造成了第三人的损害,由他自己承担责任;如果定作人给承揽人错误的指示或者定作要求,承揽人按照错误的指示或者定作要求去执行,造成了他人的损害,应当由定作人承担赔偿责任。

日本于19世纪末起草《日本民法典》,规定了这种侵权行为。其第716条规定:"定作人对于承揽人就其工作加于他人的损害,不负赔偿责任。但是,定作人对定作或指示有过失时,不在此限。"

我国《大清民律草案》第 953 条、《民国民律草案》第 254 条都采用了这样的规则。《民法通则》和《侵权责任法》对此没有规定，2004 年人身损害赔偿司法解释作了规定，为裁判提供了依据。《民法典》第 1193 条是在上述司法解释的基础上制定的。

（二）定作人指示过失责任的基本规则

1. 当事人之间的合同必须是承揽性质的合同

构成定作人指示过失责任，首要条件是当事人之间的合同必须为承揽性质的合同。承揽性质的合同并不是说一定是承揽合同，而是只要具有承揽的性质即可。这个问题正是区分定作人指示过失责任和用人单位责任的基本界限。定作人指示过失责任的基础是承揽性质的合同，用人单位责任则必须是劳务合同。

2. 侵权行为是在执行承揽合同过程中发生的

执行承揽合同，也就是完成承揽事项。造成承揽人损害或者承揽人损害他人的行为，须在完成承揽事项的过程中发生。如果超出了执行承揽事项范围，不存在定作人指示过失的侵权责任。

3. 侵害的是第三人的民事权益

这种侵权行为侵害的权益分为两个方面：一个是承揽合同以外的第三人的民事权益，例如，生命权或者健康权的损害；另一个是承揽人自己权利的损害，是承揽人在执行承揽事务之中，造成了自己的损害。在这个问题上，2004 年人身损害赔偿司法解释第 10 条的规定较为宽泛，不仅包括致第三人损害，还包括了造成自己的损害。这样规定超出了传统定作人指示过失责任的范围，不过也有好处，就是可以一揽子解决问题。《民法典》第 1193 条也是采用这种一揽子解决问题的方式。

4. 造成损害的行为人是承揽人

造成损害事实的直接行为人是承揽人而不是定作人，是承揽人在执行承揽事项中，以自己的行为造成他人损害或者造成自己的损害，并不是定作人的行为造成他人损害或者承揽人的损害。这是替代责任成立的基础。如果是定作人造成他人损害，是自己责任而不是替代责任。

5. 承担责任的是定作人

责任承担者是定作人，定作人对自己过失的定作、指示或者选任造成的后果承担损害赔偿责任。这是定作人指示过失责任的基本特征，即为他人的行为造成的后果负责。承揽人造成损害的原因在于定作人的过失。

(三)《民法典》规定定作人指示过失责任的特点

2004年人身损害赔偿司法解释规定的定作人指示过失责任的特点都保留在《民法典》第1193条中。

《民法典》规定的定作人指示过失责任与传统的定作人指示过失责任有两点不同。

1. 把承揽人造成自己的损害包括在内

传统民法的定作人指示过失，通常只在造成第三人损害时才构成。《民法典》第1193条把承揽人造成自己的损害也包括进去，超出了传统民法对定作人指示过失责任的规定。这种规定明确了承揽人在执行承揽活动中造成自己的损害的，应当自己承担责任。这虽然有利于区分承揽人损害自己承担责任与工伤事故责任，但是，这不是定作人指示过失责任，而是承揽人及其员工的工伤事故责任，性质完全不同。

2. 定作人在选任过失情况下承担责任

《民法典》规定，定作人对定作、指示或者选任有过失的，由定作人承担责任。其中，选任过失是其他立法例没有规定的内容。定作人仅仅对定作或者指示过失承担责任，对选任不承担责任。例如，一个装修队本来就没有资质，却伪造了一个资质证书，定作人相信了这个资质证书，对选任有过错。如果这个工程队在施工中造成他人损害，由于定作人有选任过失，就要对这种行为造成的损害后果负责，这是不公平的。所以，定作人对承揽人的选任过失不应该承担责任。

规则总结

1. 用人者责任是一种特殊侵权责任，传统民法称为雇主责任，我国的用人者责任范围比较宽，包括用人单位责任、劳务派遣责任、个人劳务责任和定作人指示过失责任。

2. 用人单位责任，是用人单位的工作人员执行工作任务致人损害，用人单位承担赔偿责任的用人者责任，是典型的替代责任，即工作人员在执行工作任务中造成他人损害的，用人单位承担赔偿责任。《民法典》新增加了用人单位对故意或者重大过失致人损害的工作人员的追偿权，用人单位承担了赔偿责任后，可以向其追偿。

3. 劳务派遣责任是在劳务派遣期间，被派遣的工作人员因执行工作任务造成他人损害的，由接受劳务派遣的用工单位承担责任，劳务派遣单位承担补充责任的用人者责任。《民法典》把有过错的派遣单位的责任由相应的补充责任改为相应责任,因此由不真正连带责任中的相应的补充责任规则,变更为单向连带责任,也就是混合责任规则,接受派遣单位要承担全部责任,是连带责任,派遣单位的相应责任则为按份责任。

4. 个人劳务责任是在个人之间形成的劳务关系中,提供劳务一方因劳务活动造成他人损害,接受劳务一方应当承担替代责任的用人者责任。其中包括提供劳务一方的工伤事故责任,实行过错责任。新增的第三人造成提供劳务一方损害的责任规则,其实就是第三人造成劳动者损害的工伤事故责任规则,提供劳务一方可以向接受劳务一方要求赔偿,也可以向第三人要求赔偿。

5. 定作人指示过失责任,是指承揽人在执行承揽合同的过程中,因执行定作人有过失内容的定作或指示而不法侵害他人权利造成损害,由定作人承担损害赔偿责任的用人者责任。《民法典》规定的定作人指示过失责任中,还包括了承揽人造成自己损害的责任,是工伤事故责任,定作人不承担赔偿责任。

第二十二章 《民法典》规定的网络侵权责任规则的具体适用要求是什么

——网络侵权的一般规则、避风港规则和红旗规则

> **实务指引要点**
>
> 1. 网络侵权责任的一般规则是，网络用户、网络服务提供者利用网络侵害他人民事权益的，应当承担侵权责任。
> 2. 网络侵权责任适用避风港原则，权利人认为网络用户的行为侵害自己合法权益的，可以行使通知权，网络服务提供者及时采取必要措施的，免除责任，进入避风港，未及时采取必要措施的，对损害的扩大部分与该网络用户承担连带责任。
> 3. 为保障网络服务提供者和网络用户的行为自由，避风港原则包括反通知规则，网络用户可以行使反通知权，提交自己不存在侵权责任的声明，网络服务提供者接到声明后，转送发出通知的权利人，通知权人在合理期限内未向法院起诉或者向有关部门投诉的，终止已采取的措施。
> 4. 网络侵权责任的红旗原则，是网络服务提供者知道或者应知网络用户利用其网络侵害他人民事权益而未采取必要措施的，与网络用户承担连带责任。

网络侵权责任，是《侵权责任法》第36条规定的特殊侵权责任，在实践中适用了10年，效果很好，但还存在较多问题，需要进一步改进。《民法典》第1194条至第1197条在《侵权责任法》第36条的基础上，借鉴《电子商务法》第42条至第45条，进行了大幅度的补充完善，形成了完整的网络侵权责

任规则。

一、网络侵权责任概述

（一）网络侵权责任的概念和特征

网络侵权责任是指在互联网上，网络用户、网络服务提供者以及他人故意或者过失借助网络平台侵害他人民事权益，应当承担赔偿责任的特殊侵权责任。这种侵权责任的法律特征如下。

1. 网络侵权行为主体多样化

由于网络的使用范围极为广泛，利用网络从事各种活动的主体很多，能够实施网络侵权行为的主体多样化。《民法典》规定的网络侵权责任主体，一是网络服务提供者，二是网络用户。《民法典》将上述网络责任主体适当归并，集中作出规定。不过，网络侵权责任主体并非只有这两种，还有其他侵权主体。

2. 网络侵权行为智能化

网络运营和使用都要求较强的技术能力，实施网络侵权的行为人多为"白领人士"，能够熟练地应用网络技术，因此，网络侵权呈智能化特点，属于高科技侵权行为。

3. 网络侵权行为具有隐蔽性

网络侵权行为的载体为电子化、数字化的现代化工具，以电脑网络为主要载体。互联网是通过"0""1"符号表达信息内容，只需要轻轻点击鼠标，电子文件的内容就会产生或者改变，而且不会像传统书面材料那样容易留下痕迹，侵权行为比较隐蔽，证据容易消失，被侵权人不易举证。

4. 网络侵权行为实施的时间短促、损害范围广大

网络侵权行为的另一个特点是，侵权行为的准备时间可能很长，但是实施的时间都比较短促，电脑运行快捷的特点成为网络侵权行为的特点，所以，网络侵权行为的损害后果能够迅速扩展，影响极大，范围极广。

5. 主观状态多为故意

网络侵权行为的责任形式是过错责任，过失也能构成侵权责任，如过失传播病毒等，不过，故意运用网络侵害他人的人身财产权益为网络侵权过错的常态。

（二）网络服务提供者和网络侵权责任保护的范围

1. 网络服务提供者

网络服务提供者，是指依照其提供的服务形式有能力采取必要措施的提供

信息存储空间或者提供搜索、链接服务等的网络服务提供商,也包括在自己的网站上发表作品的网络内容提供者;主要有网络经营服务商(ISP)、网络内容服务商(ICP)、电子认证机构(CA)、网络电子市场营运商(包括EDI网络连接中介商、网上电子商场营运商、网上大批发商、网上专卖专营店营运商、网上外包资源营运商、网上拍卖行等),以及其他参与网络活动的各种主体。[①]

2. 网络侵权责任保护的范围

按照《民法典》第1194条的规定,网络侵权责任范围是侵权行为侵害的客体即民事权益的范围,即"利用其网络服务侵害他人民事权益"。对于"民事权益"的理解,立法者在起草《侵权责任法》时进行过详细讨论,是在网络上实施侵权行为能侵害的一切民事权益。其中,特别提到的是人格权益以及知识产权,特别是著作权。美国的网络侵权责任主要保护的是著作权,即《千禧年数据版权法案》规定的规则;对于网络侵害其他民事权益则采取宽松规则,原则上不追究网络服务提供者的责任。《侵权责任法》第36条根据我国网络侵权行为的实际情况,对民事权益的保护采取同一标准,侵害著作权和侵害其他民事权益都实行避风港规则和红旗规则,这有助于网络服务提供者增强保护民事主体民事权益的责任感和自觉性,更好地保护民事主体的民事权益不受侵害。《民法典》继续坚持这个立场,第1194条规定的保护范围还是"民事权益"。

(三)解释《民法典》规定网络侵权责任的原则

《民法典》规定的网络侵权责任规则是正确的,对需要进一步明确或者解释的问题,应当确立正确的基点,否则将会对互联网的发展和公众利益造成严重影响。

1. 依法原则

确定网络服务提供者承担责任,尤其是确定网络服务提供者的连带责任,都必须严格依照《民法典》关于网络侵权责任的规定。应当看到的是,网络服务提供者承诺连带责任的规则本身就比较严格,是为了保护被侵权人的合法权益,使网络服务提供者承担较重的责任。任何对此进行不利于网络服务提供者的理解和解释,都是不正确的。

2. 慎重原则

网络服务提供者对网络用户实施的侵权行为承担的连带责任,本身就不是网络服务提供者自己的责任,是因为其没有采取必要措施而将网络服务提供者

---

① 方美琪. 网络概论. 北京:清华大学出版社,1999:324.

视为与网络用户的行为构成连带责任，是为网络用户承担的间接责任，因而确定连带责任的应当慎重。

3. 保护原则

保护原则首先是保护好网络服务提供者的合法权益，维护互联网事业的正常发展；其次是保护好网络的言论自由阵地，保护好网络用户的言论自由。这两个保护是相辅相成、互相促进的，过于限制网络服务提供者的行为自由，对其施以苛刻的侵权责任，既损害互联网事业的发展，也会严重限制网络言论自由，阻碍互联网的作用发挥，最终限制的是人民的权利。

二、网络侵权责任的一般规则

《民法典》规定了两种网络侵权责任：一是规定了网络用户和网络服务提供者对自己在网站上实施的侵权行为承担责任；二是规定了网络服务提供者在何时对网络用户在自己网站上实施的侵权行为承担连带责任，包括避风港原则的通知规则、避风港原则的反通知规则和红旗原则三种规则。

网络侵权责任的一般规则，就是《民法典》第1194条规定的，网络用户、网络服务提供者利用网络侵害他人民事权益的，应当承担侵权责任。

网络用户在网站上实施侵权行为，侵害他人民事权益，应当自己承担侵权责任，是一般侵权行为，适用过错责任原则。网络服务提供者在自己的网站上实施侵权行为，侵害他人民事权益，网络服务提供者自己要承担侵权责任。例如，网络服务提供者在自己的网站诽谤他人，网络服务提供者当然要自己承担责任。

当然，其他人在网络上实施侵权行为，包括黑客侵害网络，也是侵权行为，都要自己承担侵权责任。

网络侵权责任的一般规则很简单，没有必要多做解释。

三、网络侵权责任避风港原则的通知权

《民法典》第1195条和第1196条规定的网络侵权责任，借鉴了美国《千禧年数据版权法》中的避风港原则，在承继《侵权责任法》第36条规定基本规则的基础上，有新的发展，包括了通知权和反通知权。

(一) 网络侵权避风港原则的通知权

《民法典》第1195条第1款规定："网络用户利用网络服务实施侵权行为

的，权利人有权通知网络服务提供者采取删除、屏蔽、断开链接等必要措施。通知应当包括构成侵权的初步证据及权利人的真实身份信息。"这里规定的是网络侵权责任避风港原则中的通知权。

1. 通知权的产生

网络侵权责任的避风港原则包括两个对应的权利，一是通知权，二是反通知权。将避风港原则解读为网络服务提供者为求自保，规避、减轻其中介责任的抗辩事由[1]，有一定的局限性，不符合立法的意图，借助避风港原则确定网络侵权责任规则才是正确的解读路径。

《民法典》第1195条第1款规定的是通知权。通知权也叫"删除规则"或者"通知—取下"规则，是指网络用户在网络上实施侵权行为，权利人享有通知网络服务提供者对侵权行为采取删除等必要措施，消除侵权后果的权利。将其称为"通知—取下"规则比较形象。这一规则适用于网络用户在网络上实施的侵权行为。

对权利人的通知权的产生条件，《民法典》第1195条第1款规定为"网络用户利用网络服务实施侵权行为"。通知权产生条件是：第一，权利人依法享有民事权益，特别是精神性人格权，以及知识产权，包括著作权、商标权、专利权等；第二，权利人认为自己享有的民事权益受到了侵害，并且有初步证据的证明；第三，民事权益受到侵害的场所是网络服务平台；第四，侵权人是网络服务平台上的网络用户。具备了这四个要件，权利人取得通知权并有权行使。

《民法典》第1195条第1款规定的通知权与《侵权责任法》第36条规定相比较有很大改进。《侵权责任法》第36条规定通知权产生的要求基本上是肯定性的，使用的是"网络用户利用网络服务实施侵权行为的"和"被侵权人"的表述；《民法典》第1195条第1款将其表述为"权利人有权通知""通知应当包括构成侵权的初步证据及权利人的真实身份信息"，对通知权的构成要件作了严格要求，将通知权建立在可能侵权并有初步证据证明的基础上，而非实际上确实构成侵权。这样的规定更科学。

2. 通知权的主体

通知权的主体包括权利主体和义务主体。权利主体是认为自己的民事权益受到侵害并有初步证据证明的权利人，可以是网络服务平台的网络用户，也可以不是该网络平台的网络用户。只要是民事权益的权利人，认为自己的民事权

---

[1] 全国人大财经委员会电子商务法起草组. 中华人民共和国电子商务法条文释义. 北京：法律出版社，2018：124.

益在该网络服务平台上受到了侵害,并有初步证据证明,就享有通知权。

通知权的义务主体是网络服务提供者,而不是实施网络侵权行为的网络用户,通知权一经行使,负有删除或者取下义务的主体是网络服务提供者,这时的网络服务提供者的身份是通知权的义务人,负有删除或者取下以满足通知权人实现其权利的法定义务。

网络用户实施网络侵权行为的,是侵权人,但在通知权法律关系中,却不是与通知权人相对应的义务主体,而是网络侵权法律关系中侵权请求权的责任主体,与受到侵害的权利人之间构成侵权法律关系,是实体的法律关系主体。通知权法律关系不是实体民事法律关系,而是程序性的法律关系,因而通知权是权利人在网络服务中享有的程序性权利。通知权一经行使,通知权的义务主体即网络服务提供者即负有删除等义务。

3. 通知权义务主体的转送义务

网络服务提供者作为通知权的义务主体,对于通知权人行使通知权,负有向网络用户转送的义务。《侵权责任法》第36条没有规定网络服务提供者对侵权人转送通知的义务,而是直接删除。实践证明,网络服务提供者如果对通知权人发出的通知不转送对方即网络用户,通知权人要求删除就删除,会损害表达自由,限制了网络用户的权利。

因此,权利人行使通知权发出通知,网络服务提供者应当及时将该通知转送相关网络用户,使其知悉根据通知权人的通知,将立刻对其发布的信息采取删除等必要措施。这就意味着,权利人在行使通知权时,不仅要出具通知,还负有对被指控的网络用户构成侵权的初步证明义务。初步证明的程度达到一般的可能性或者较大的可能性(盖然性)即可,无须达到高度盖然性(极大的可能性)的标准。不提供侵权的初步证明,不产生通知权,网络服务提供者对该通知不负有删除义务,不负有转送义务。

(二) 网络服务提供者履行删除义务的要求

权利人行使通知权,符合通知权构成要件的,网络服务提供者应当履行删除义务。履行删除义务应当符合下述要求。

第一,及时采取必要措施。根据网络侵权的实际情况,网络服务提供者应当及时采取删除、屏蔽、断开链接、终止交易和服务的必要措施。与《侵权责任法》第36条的规定相比较,必要措施增加了"根据服务类型"的规定,采取删除、屏蔽和断开链接等必要措施应当根据服务类型进行选择。

第二,转送权利人通知的义务。网络服务提供者及时采取必要措施时,负有将通知转送给网络用户的义务。其意义在于:首先,使实施侵权行为的网络用户知道网络服务提供者对其网络侵权行为已经采取或者将要采取必要措施，以及采取的是何种必要措施；其次，告知网络用户被采取必要措施的依据，行使通知权的权利人是谁，依据何种理由和初步证据认为网络用户的行为为侵权行为；最后，转送通知的行为使网络用户获得反通知权，其可以依据转送的通知行使反通知权。

在履行通知义务的规定中有一个不确定概念即"及时"，对此应当如何理解，不得而知。《东亚侵权法示范法》第104条综合东亚地区各法域的情况，规定为："确定本法第102条规定的合理期间，应当考虑下列因素：（一）被侵害私法权益的重大性；（二）采取必要措施的技术性可能性；（三）采取必要措施的紧迫性；（四）权利人要求的合理性。在通常情况下，合理期间为24小时。"① 只要是在这个时间范围内采取必要措施的，就是及时。

（三）网络服务提供者履行或者不履行通知义务的后果

1. 网络服务提供者履行了通知义务的后果

网络服务提供者接受了通知权人的通知，在合理的时间范围内履行了转送通知义务，对侵权行为采取了必要措施，阻止了网络侵权行为继续造成损害后果的，就是依照法律规定履行了通知义务。这将产生对其构成侵权责任的抗辩权，其进入了"避风港"，可以对抗权利人的侵权请求权，不承担侵权责任。

2. 网络服务提供者不履行通知义务的后果

民事义务不履行的后果是承担民事责任。网络服务提供者在权利人行使通知权后，如果没有及时采取必要措施，应就损害的扩大部分与网络用户承担连带责任。

网络服务提供者不履行通知义务的行为有两种：一是不履行通知义务；二是不及时履行通知义务。前者是直至权利人主张追究网络服务提供者的侵权责任时，网络服务提供者都没有采取必要措施；后者是尽管网络服务提供者已经采取了必要措施，但是并未"及时"进行，超过了"及时"的时间界限后才采取必要措施。这两种行为都构成网络服务提供者对网络侵权行为不履行通知义务的不作为侵权行为。

《民法典》第1195条第2款对网络服务提供者不履行通知义务的不作为侵权行为规定的责任形态，仍然是部分连带责任，即"未及时采取必要措施的，对损害的扩大部分与网络用户承担连带责任"。所谓部分连带责任，是指连带责任人对共同原因形成的损害部分承担连带责任，而非共同原因引起的损害部

---

① 杨立新.东亚侵权法示范法法理阐释.北京：北京大学出版社，2018：385.

分由行为人单独承担责任的责任形态。① 美国侵权法上的混合责任，就是这种类型的部分连带责任。② 其责任承担规则是：侵权人即网络用户对全部损害承担赔偿责任。在权利人行使通知权，并扣除及时的合理期间之后，开始计算损害的扩大部分。对损害的扩大部分的确定，应当根据双方行为发生的共同原因力，即侵权行为人的作为行为和网络服务提供者的不作为行为都对损害发生具有原因力的损害，承担连带责任。网络服务提供者对损害的扩大部分承担了连带责任后，对网络用户享有追偿权，尽管《民法典》第1195条没有规定，根据连带责任的基本规则理应如此，只是在实践中，网络服务提供者基本上没有向网络用户行使该追偿权的而已。③

（四）权利人错误行使通知权的法律后果

《民法典》第1195条第3款规定了通知权人错误行使通知权造成网络用户或者网络服务提供者损害的，应当承担侵权责任。"法律另有规定的，依照其规定"的含义，是指《电子商务法》等规定的恶意行使通知权造成知识产权人的权利损害的惩罚性赔偿责任。

1. 权利人错误通知的损害赔偿责任

权利人错误行使通知权造成网络用户或者网络服务提供者损害的赔偿责任，包括故意和过失两种情形。

权利人行使通知权，网络用户并未实施侵权行为，其因过失而错误行使通知权的，对其错误通知给网络用户造成的损失，承担赔偿责任。明知自己没有通知权而故意以通知权的行使侵害网络用户或者网络服务提供者权益的，也应当承担赔偿责任。网络侵权责任中，权利人错误行使通知权，无论故意或者过失，都构成侵权责任，应赔偿网络用户或者网络服务提供者的损失，只是在侵权数额上的考量可以有所区别。

依照《民法典》第1195条第3款第二句关于"法律另有规定的，依照其规定"的要求，知识产权权利人恶意错误通知，意图借此加害于平台内经营者的，对于其造成的损害，应当承担惩罚性赔偿责任。该惩罚性赔偿责任的数额，是实际损失的一倍。

---

① 杨立新. 东亚侵权法示范法法理阐释. 北京：北京大学出版社，2018：385.
② [美]肯尼斯·S. 亚伯拉罕，阿尔伯特·C. 泰特. 美国侵权法重述：纲要. 许传玺，石宏，等译. 北京：法律出版社，2006：348-355.
③ 对此应当适用《民法典》第178条关于"实际承担责任超过自己责任份额的连带责任人，有权向其他连带责任人追偿"的规定。

第二十二章 《民法典》规定的网络侵权责任规则的具体适用要求是什么

四、网络侵权责任避风港原则的反通知权

《侵权责任法》第 36 条没有规定反通知权,是一个缺陷,笔者一直主张应当规定这个权利。[①]《民法典》第 1196 条规定了网络侵权责任避风港原则的反通知权及后果。

(一) 反通知权的概念

通知和反通知,是在网络服务法律关系中,保护民事权益、保障网络用户的表达自由的重要权利配置,通过通知权和反通知权的相互作用,保障权利人和网络用户之间的利益关系平衡,最大限度地保障民事主体在网络上的表达自由。

反通知权,是指网络用户在接到网络服务提供者转送的权利人行使通知权的通知后,认为自己不存在对方指控的侵权行为,通过向网络服务提供者提交不存在侵权行为的声明,以对抗权利人提出的通知,撤销依据该通知而对自己利用网络行为采取必要措施的权利。反通知权有三个特点。

第一,反通知权是对行使通知权行为的反制措施。权利人有权在其认为网络用户实施的行为侵害了自己的民事权益时提出通知,而由网络服务提供者采取必要措施。被指控的"侵权人"即网络用户认为自己并未实施指控的侵权行为,就可以行使反通知权,对行使通知权的行为进行反制,保护自己的合法权益。

第二,反通知权的行使须以声明的方式为之。《民法典》第 1196 条没有使用"反通知"的概念,而是使用"声明"的表述。对被指控为网络侵权的被通知人所享有的权利,直接使用"反通知权"的概念比较好,声明是其行使反通知权的方法,而声明的内容就是反通知。

第三,行使反通知权的目的是撤销因通知而采取的必要措施。如果行使反通知权的声明而使反通知权人与通知权人之间发生争议,则通知权人可以投诉或者起诉,由有关部门裁决或者法院依法判决相关行为是否构成网络侵权责任。

(二) 反通知权的产生条件

网络用户产生反通知权须具备必要条件,这些要件是:

第一,权利人行使通知权。反通知权是对通知权的反制,因而没有通知权

[①] 杨立新,李佳伦. 论网络侵权责任中的反通知及效果. 法律科学,2012 (2):157.

的行使就没有反通知权的产生。只有权利人提出了网络用户侵害其民事权益的通知，才存在产生反通知权的条件。

第二，网络用户接到了网络服务提供者转送的网络侵权的通知。权利人提出了侵权指控并有初步证据证明，网络服务提供者采取了必要措施，并将该通知转送网络用户时，被通知人具备产生反通知权的要件，仅仅是通知而未采取必要措施的，并不产生反通知权。

第三，网络用户认为自己不存在侵权行为，并提供了自己不存在侵权行为的初步证据。反通知权构成的实质要件，是被指控为侵权的网络用户认为自己不存在网络侵权的行为，并且须有初步证据证明。

第四，自己的表达自由受到了通知及采取必要措施的不当限制。通知权行使的实质，是对网络用户的表达行为通过必要措施而进行限制，当权利人错误行使通知权利，因而对网络用户的行为自由进行不当限制，就侵害了网络用户的合法权益，其有权通过反通知权的行使保护自己的合法权益。

具备以上四个要件，网络用户取得反通知权。反通知权的行使，是网络用户通过向网络服务提供者提出声明的方式，否认对自己实施的侵权行为的指控。

（三）反通知权的义务主体及义务内容

反通知权的义务主体不是行使通知权的权利人，而是网络服务提供者。在实体上，只有权利人与实施侵权行为的网络用户才是侵权法律关系的主体；在网络服务平台上，通知权和反通知权都不针对对方当事人，而是网络服务提供者，因为其为网络服务平台的提供者，更是网络服务平台的管理者。通知权和反通知权是程序性权利而非实体性权利，这种权利义务关系表现为三角结构，侵权人与被侵权人都以网络服务提供者为中心，通知权与反通知权都以其为义务主体，因而不论是通知权的行使还是反通知权的行使，都是权利人向网络服务提供者提出，而不是向对方当事人提出。

反通知义务包括以下内容：

第一，转送义务。网络服务提供者接到网络用户否认其侵权行使反通知权的声明后，应当将该声明转送发出通知的权利人，使其知悉所指控的"侵权人"否认侵权指控，行使了反通知权，发生反通知权行使的后果。

第二，告知义务。网络服务提供者在向权利人转送反通知声明的同时，应当一并告知其可以向有关主管部门投诉或者向法院起诉。网络服务提供者履行告知义务的意义，一方面是告知权利人享有对反通知义务的投诉权和起诉权，即向有关部门提出投诉，确认网络用户是侵权行为人，应当承担侵权责任，或者向法院起诉网络用户，追究其网络侵权的侵权责任；另一方面，则是自告知之日起，开始计算时限，因为权利人在接到转送的网络用户行使反通知权的声明后，即开始计算"合理期限"。合理期限没有具体规定时间界限的，可以借鉴《电子商务法》的规定，为15天。

第三，终止采取的必要措施的义务。如果自网络服务提供者在转送了反通知权的声明后15日内，没有收到权利人的投诉或者起诉的通知的，产生相应的法律后果，即网络服务提供者及时终止所采取的措施，不再认为网络用户实施了侵权行为。

（四）投诉和起诉

在权利人与网络用户之间发生的侵权之争，行使通知权和反通知权的行为并非永无休止，法律规定，这种争执只能进行一轮，因为在反通知权行使之后，即在网络用户提出不存在侵权行为的声明后，就不能再继续进行下去了。如果权利人认为构成侵权，不必向网络服务提供者提出维权的请求，而是通过投诉和起诉的方法，主张保护自己的民事权益。[①] 如果权利人认为反通知权人的否认侵权行为的声明是正确的，并未实施侵权行为，则不必向网络服务提供者说明，只要不投诉或者起诉，就终止了争议，网络服务提供者即可终止所采取的必要措施，恢复网络用户的行为自由，保护网络用户的民事权益。

对于反通知权行使后，权利人继续主张维护自己权益的救济渠道，《民法典》第1196条第2款规定可以向有关主管部门投诉或者向法院起诉，只规定了政府主管部门和法院这两个处理渠道。不过，当事人和解、向调解组织主张调解也是可以的，这正是多渠道解决民事争议原则的体现，不能加以限制。因此，权利人如果通过其他渠道主张侵权，只要在15日之内通知网络服务提供者，也会发生阻断及时终止必要措施的反通知权行使的后果。

五、网络侵权责任的红旗原则

《民法典》第1197条规定："网络服务提供者知道或者应当知道网络用户利用其网络侵害他人民事权益，未采取必要措施的，与该网络用户承担连带责任。"这是网络侵权责任的红旗原则，与《侵权责任法》第36条第3款规定的红旗原则基本相同，只是增加了对"知道"的法律界定，即"知道或者应当知道"。

[①] 《东亚侵权法示范法》第109条规定："网络服务提供者依照反通知人的要求，恢复其发布内容的出事状态后，通知人不得再通知网络服务提供者采取删除、屏蔽、断开链接等措施，但可以向法院起诉。"杨立新. 东亚侵权法示范法. 北京：北京大学出版社，2016：39.

红旗原则的含义是，当网络服务提供者知道网络用户在其平台上的行为侵害了权利人的权利时，侵权行为已经"红旗招展"，网络服务提供者就应当立即采取删除、屏蔽、断开链接等必要措施，不再给网络侵权行为的实施提供平台支持。如果网络服务提供者知道或者应当知道网络用户实施了侵权行为又不采取上述必要措施，就是帮助网络侵权的行为人，须与侵权行为人即网络用户共同承担侵权连带责任。

对这些规则，《侵权责任法》第36条第3款的规定都是明确的，唯有一点不明确，就是其中的"知道"究竟应当作何理解。

在通常情况下，应知与明知相对应，且应知与明知都包括在知道的含义之中。这是立法机关在解释《侵权责任法》第36条第3款时采取的立场。[1] 不过，我国的民事立法在习惯上并不是这样使用知道的概念。《民法通则》在诉讼时效期间起算的条文中规定，"知道或者应当知道"权利被侵害的，其中的"知道"是明知，而不包括应知。所以，知道原本就应当是明知，而不是包括明知和应知。尽管这样的解释是准确的，但是立法机关工作人员的解释以及最高人民法院的司法解释与此不同，仍然认为"知道"包括明知和应知。《民法典》第1197条规定红旗原则时，使用"知道或者应当知道"的表述，恢复了对知道的原本定义只包括明知，不包括应知，是正确的做法；同时，将《侵权责任法》第36条第3款规定中使用的"知道"改变为明知和应知，是立法进步的表现。

认定为知道或者应当知道网络用户实施网络侵权行为的网络服务提供者，与网络用户承担连带责任的基础，是构成共同侵权行为。网络用户在平台上实施网络侵权行为，网络服务提供者知道或者应当知道而不立即采取必要措施的，就是知道或者应当知道其实施的是侵权行为而继续为其提供帮助的行为，符合《民法典》第178条的规定，应当承担侵权的连带责任。网络服务提供者与网络用户承担连带责任，应当遵循《民法典》第178条规定的连带责任规则。

规则总结

1. 网络侵权责任一般规则是，网络用户、网络服务提供者利用网络侵害他人民事权益的，应当承担侵权责任。这种侵权责任适用过错责任原则，承担的责任是自己责任。

2. 网络侵权责任适用避风港原则，权利人认为网络用户的行为侵害自己

---

[1] 王胜明. 中华人民共和国侵权责任法释义. 北京：法律出版社，2010：195.

的合法权益，可以行使通知权，通知应当包括构成侵权的初步证据及权利人的真实身份信息。网络服务提供者接到通知后，应当及时采取必要措施。已经及时采取必要措施的，网络服务提供者免除责任，进入避风港；未及时采取必要措施的，构成侵权责任，对损害的扩大部分与网络用户承担连带责任。权利人错误行使通知权，造成网络用户或者网络服务提供者损害，构成侵权责任的，应当对网络用户或者网络服务提供者承担赔偿责任。

3. 为保障网络服务提供者和网络用户的行为自由，避风港原则还包括反通知规则，是对通知权的反制，用以实现双方当事人之间的利益平衡。网络用户人认为自己不存在侵权行为，就可以行使反通知权，提交自己不存在侵权责任的声明，声明也应当包括不存在侵权行为的初步证据及网络用户的真实身份信息。网络服务提供者接到声明后，转送发出通知的权利人，通知权人在合理期限内未向法院起诉或者向有关部门投诉的，终止采取的措施。合理期限设置为15天比较适宜。

4. 网络侵权行为的红旗原则，是网络服务提供者知道或者应知网络用户利用其网络侵害他人民事权益，未采取必要措施的，构成共同侵权行为，应当与网络用户承担连带责任。

第二十三章 《民法典》规定的违反安全保障义务损害责任规则应当怎样适用

——违反安全保障义务的类型与责任承担方法

> **实务指引要点**
>
> 1. 违反安全保障义务损害责任的责任主体是经营场所、公共场所的经营者、管理者或者群众性活动的组织者。
> 2. 经营者、管理者或者组织者的安全保障义务来源，是法律规定、合同约定的主义务，以及法律规定或者合同约定的附随义务。
> 3. 违反安全保障义务损害责任分为设施设备未尽安全保障义务、服务管理未尽安全保障义务、对儿童未尽安全保障义务和防范制止侵权行为未尽安全保障义务四种类型。
> 4. 违反安全保障义务损害责任的形态包括自己责任、替代责任和补充责任。

《民法典》第1198条规定了违反安全保障义务的损害责任，与《侵权责任法》第37条规定相比，增加了侵权责任主体及追偿权等新规则，使违反安全保障义务损害责任的范围和具体规则有了很大的变化。对此，在司法实践中应当怎样适用，怎样掌握违反安全保障义务损害责任的类型与责任承担方法，本章提出以下看法。

一、违反安全保障义务损害责任的概念和特征

(一) 违反安全保障义务损害责任的概念

违反安全保障义务损害责任，是指依照法律规定或者约定对他人负有安全保障义务的经营者、管理者或者组织者违反义务，直接或者间接造成他人人身或者财产权益损害，应当承担赔偿责任的特殊侵权责任。

我国的第一件违反安全保障义务损害责任案件是"银河宾馆案"，案情是：23岁的某医药公司总经理王某在上海银河宾馆客房里遭抢劫遇害。警方事后从宾馆的安全监视系统记录资料中发现，凶手仝某在入室作案前，曾尾随王某，在不到2小时内七次上下电梯进行跟踪。对形迹可疑的仝某，宾馆未做访客登记，保安人员无一人盘问。死者父母认为银河宾馆严重失职，应当承担侵权责任。一审法院判令被告赔偿原告人民币8万元。二审法院认为，宾馆作为特殊服务性行业，应向住客提供安全的住宿环境。王某入住银河宾馆，双方即形成合同关系，安全保障是宾馆的一项合同义务。本案罪犯七次上下宾馆电梯，宾馆却没有对这一异常举动给予密切注意，未履行对王某的安全保护义务，自应承担责任。据此维持原判，驳回上诉。[①]

2004年人身损害赔偿司法解释对违反安全保障义务损害责任作出规定，《侵权责任法》第37条也规定了违反安全保障义务损害责任。《民法典》第1198条在此基础上进行完善，作出了新的规定。

(二) 违反安全保障义务损害责任的特征

1. 行为人是对受保护人负有安全保障义务的人

违反安全保障义务损害责任的行为主体，是经营场所、公共场所的经营者、管理者或者群众性活动的组织者，受保护人是进入经营场所、公共场所或者群众性活动区域中的人。由于受保护人的进入，安全保障义务人对受保护人产生安全保障义务。因此，负有安全保障义务的行为人，必须是对进入者即受保护人负有安全保障义务的经营场所、公共场所的经营者、管理者或者群众性活动的组织者。

2. 行为人违反了安全保障义务

构成违反安全保障义务损害责任，负有安全保障义务的人必须"未尽到安

---

① 王利毅、张丽霞诉上海银河宾馆赔偿纠纷案（《最高人民法院公报》2001年第2期）

全保障义务",因此,未尽到安全保障义务是构成侵权责任的要件之一。负有安全保障义务的行为人不仅负有该义务,还须没有尽到这种义务,或者违反了安全保障义务,因此,违反安全保障义务损害责任是负有安全保障义务的人由于没有履行安全保障义务而承担的侵权责任。

3. 受安全保障义务人保护的人遭受了人身损害或财产损害

行为人违反安全保障义务的行为造成了被侵权人的人身损害或者财产损害,这是基本特征。这种损害主要是人身损害,也包括财产损害。因为违反安全保障义务损害责任主要保护的是人身权利不受侵害,如果行为人造成了受保护人的财产损害,可以依据侵害财产权的赔偿方法进行赔偿。

4. 违反安全保障义务的行为人承担侵权损害赔偿责任

违反安全保障义务的行为造成了受保护人的人身损害或者财产损害,救济手段就是损害赔偿,违反安全保障义务损害责任人承担的责任就是侵权损害赔偿责任。

二、违反安全保障义务损害责任的主体与安全保障义务来源

(一)安全保障义务的主体

1. 义务主体的确定

2004年人身损害赔偿司法解释第6条规定,负有安全保障义务的义务主体是经营者和其他社会活动的组织者,包括自然人、法人和非法人组织。可见,主体是经营活动的经营者、公共场所的管理者以及其他社会活动的组织者。

《侵权责任法》第37条将违反安全保障义务损害责任的义务主体界定为"宾馆、商场、银行、车站、娱乐场所等公共场所的管理者或者群众性活动组织者",比2004年人身损害赔偿司法解释规定的范围窄了很多,缺少了最主要的经营者,不利于保护受保护人的利益。

《消费者权益保护法》在修订时,在第48条增加了"经营者对消费者未尽到安全保障义务,造成消费者损害的,应当承担侵权责任"的内容,扩大了安全保障义务主体范围,包括所有的经营者,而不是仅仅包括公共场所的管理者或者群众性活动组织者。

《民法典》第1198条规定违反安全保障义务损害责任主体,在《侵权责任法》第37条的基础上,扩展为"宾馆、商场、银行、车站、机场、体育场馆、

娱乐场所等经营场所、公共场所的经营者、管理者或者群众性活动的组织者"。经营场所的经营者的概念，与《消费者权益保护法》规定的经营者范围一致。所以，不论条文在列举中规定了何种具体场所，只要是经营场所、公共场所，其经营者以及管理者，或者群众性活动的组织者，都须对参与者承担安全保障义务。

对此，应当借鉴英美侵权法土地利益占有人或者土地占有者的概念，更方便处理实际问题。不论是经营者、管理者还是组织者，他们都占有土地，在土地上进行活动。即使不是经营者、管理者或者组织者，如果占有土地进行活动，对于进入土地范围的人也应当承担安全保障义务。例如，自己的房屋和庭院存在现实危险，造成他人损害的，也要承担违反安全保障义务损害责任，可以用这种标准界定负有安全保障义务的主体范围。

2. 权利主体的确定

受到安全保障义务保护的人，是安全保障义务的权利主体。《民法典》第1198条规定为"他人"，没有规定具体范围。按照推论，既然义务主体是经营场所、公共场所的经营者、管理人或者群众性活动的组织者，权利主体就一定是进入经营场所、公共场所和群众性活动区域的他人。

对此可以借鉴美国侵权法的做法。进入土地利益范围内的人分为四种：(1) 受邀请者。经营者开始经营，所有进入经营领域的人都是受邀请者，即"被告经营商店，是以大众为对象，故社会大众皆为被告的受邀请者，不能因原告受伤前未向被告购买东西，即认为原告非属受邀请者"。只要经营者打开门开始经营，就是向不特定的人发出了邀请。(2) 没有经过同意的访问者。访问者与受邀请者的区别是，访问者是经营者没有邀请，自己进来的。土地利益占有者对于访问者的安全注意义务要低于受邀请者。(3) 公共人。公共人是有权进入他人占有的土地利益范围的人，如邮差、税收官、政府的调查人员、收电费的职员等。这些人是有权进入他人的土地利益范围的，占有者对于公共人的注意标准相当于受邀请者。(4) 未成年人。对未成年人，土地利益占有者负有最高的安全保障义务，只要土地利益中存在对儿童具有诱惑力的危险，占有者就必须确保儿童不受该危险的损害。

在司法实务中，可以根据实际情况，把"他人"分为受邀请者、公共人、访问者和未成年人，分别赋予经营场所、公共场所的经营者、管理者或者群众性活动组织者以不同的安全保障义务，更容易操作和执行。

（二）安全保障义务的来源

确定违反安全保障义务损害责任，最重要的是确定行为人是否负有安全保障义务、负有什么样的安全保障义务。因此，首先要确定经营场所、公共场所的经营者、管理者或者群众性活动组织者的安全保障义务来源。安全保障义务来源主要有以下三个方面。

1. 法律规定

法律规定的安全保障义务，是最直接的安全保障义务来源。《消费者权益保护法》第7条规定："消费者在购买、使用商品和接受服务时享有人身、财产安全不受损害的权利。消费者有权要求经营者提供的商品和服务，符合保障人身、财产安全的要求。"第18条规定："经营者应当保证其提供的商品或者服务符合保障人身、财产安全的要求。对可能危及人身、财产安全的商品和服务，应当向消费者作出真实的说明和明确的警示，并说明和标明正确使用商品或者接受服务的方法，以及防止危害发生的方法。宾馆、商场、餐馆、银行、机场、车站、港口、影剧院等经营场所的经营者，应当对消费者尽到安全保障义务。"其他法律也有规定这种性质的安全保护义务。可见，所有的经营场所、公共场所的经营者、管理者以及群众性活动的组织者，负有的安全保障义务都来源于这些法律规定，是法定义务。

2. 合同约定的主义务

如果在当事人约定的合同义务中规定，合同的一方当事人对另一方当事人负有安全保障义务，合同当事人应当承担安全保障义务。例如，订立旅客运输合同，旅客的人身安全保障义务就是合同的主义务，当事人必须履行这种义务。[1]

3. 法定的或者约定的合同附随义务

按照诚信原则，一方当事人应该对另一方当事人提供安全保障义务，该方当事人也应该负有安全保障义务。例如，餐饮业、旅馆业向顾客提供服务时，按照诚信原则的解释，应当保障接受服务的客人的人身安全，即负有保障义务。[2]

（三）安全保障义务性质的确定

按照上述分析，经营场所、公共场所的经营者、管理者或者群众性活动组织者承担的安全保障义务的性质有两种：一是法定义务，二是合同义务。这两种义务经常是竞合的。例如，经营者的安全保障义务既是法律规定的义务，也

---

[1] 崔建远. 合同法. 北京：法律出版社，2003：414.
[2] 其实，前文所述银河宾馆案，即使宾馆没有承诺"24小时保障客人安全"，依照诚信原则，宾馆也应承担这种安全保障义务。

是合同约定的义务。经营者违反这种安全保障义务，既可能构成侵权责任，也可能构成违约责任，发生民事责任竞合，被侵权人产生两个损害赔偿请求权。对此，应当按照《民法典》第186条规定，由赔偿权利人进行选择，确定一个最有利于自己的请求权行使，救济自己的权利损害。

三、违反安全保障义务损害责任的归责原则和构成要件

(一) 违反安全保障义务损害责任的归责原则

1. 不适用无过错责任原则

对违反安全保障义务损害责任不适用无过错责任原则，学界的意见一致。学者断言，至少在目前，还没有发现在此类案件中适用严格责任或危险责任的必要性有多么高，而且严格责任与危险责任有赖于制定法的明确规定，司法解释显然不具有这样的权力，规定适用严格责任或者危险责任。[1] 这种说法是正确的。[2]

2. 适用过错责任原则还是过错推定原则

确定违反安全保障义务损害责任，行为人必须具有过错。这是一致的意见。但是，对过错的证明究竟由谁承担，却有不同意见。这涉及适用过错责任原则还是过错推定原则的问题。

多数意见认为，违反安全保障义务发生被侵权人人身、财产损害的，经营者仅在自己有过错的情况下承担侵权责任，没有过错则不承担责任。[3] 因此，违反安全保障义务损害责任仍应由被侵权人一方来承担安全保障义务人具有过错的举证责任，除非法律、法规有明确规定，否则不能适用过错推定责任。[4]

少数意见认为，对违反安全保障义务损害责任的过错应当采用过错推定原则。推定的事实基础，就是被侵权人已经证明了被告的行为违反了安全保障义务。在此基础上，推定被告具有过错。如果否认自己的过错，则过错的举证责任由违反安全保障义务的行为人自己承担，由其证明自己没有过错的事实。如

---

[1] 最高人民法院民事审判第一庭. 最高人民法院人身损害赔偿司法解释理解与适用. 北京：人民法院出版社，2004：105.

[2] 但是，这一结论中使用严格责任和危险责任的概念，显然有不正确的问题，就是将严格责任与危险责任混同于过错推定原则。这是一个明显的错误。我们使用无过错责任原则的概念，与严格责任和危险责任是相同的概念。

[3] 张新宝. 侵权责任法原理. 北京：中国人民大学出版社，2005：281.

[4] 最高人民法院民事审判第一庭. 最高人民法院人身损害赔偿司法解释理解与适用. 北京：人民法院出版社，2004：105.

果其证明自己没有过错,则推翻过错推定,免除其侵权责任;如果不能证明其没有过错或者证明不足,则过错推定成立,应当承担侵权责任。

3. 违反安全保障义务的侵权责任适用过错推定原则的理由

第一,推定行为人有过错有客观事实依据。推定违反安全保障义务人有过错的依据,是行为人违反安全保障义务的客观行为。既然行为人已经违反了安全保障义务,其在主观上应当有过错,法律推定其有过错是合理的。

第二,违反安全保障义务损害责任是特殊侵权责任,不是一般侵权责任。特殊侵权责任与一般侵权责任的基本区别:首先在于归责原则的不同,前者适用过错推定原则,后者适用过错责任原则;其次是举证责任不同,如上所求;最后是侵权责任形态不同,前者是替代责任,后者是为自己负责的自己责任。

第三,适用过错推定原则有利于保护被侵权人的合法权益。被侵权人遭受侵害,能够证明行为人违反安全保障义务已属不易,再令其举证证明行为人的过错,是强人所难,有可能使被侵权人的赔偿权利无法实现。适用过错推定原则,既不使行为人遭受过错责任原则举证责任的刁难,又能使被侵权人得到较好的保护,是一个很好的选择。

(二) 违反安全保障义务损害责任的构成要件

1. 行为人实施了违反安全保障义务的行为

构成违反安全保障义务损害责任,首先须具有违反安全保障义务的行为,故不作为是违反安全保障义务损害责任构成的行为要素。违反安全保障义务的行为一般表现为消极行为,是不作为的行为方式,是指应当履行安全保障义务的人,由于未尽适当注意,应当作为而没有作为,没有尽到安全保障义务。

构成违反安全保障义务损害责任,行为人必须违反安全保障义务。违反安全保障义务在违法行为要件中,就是违法性要素,是客观要素,是对行为进行法律评价的要素。

在实践中判断义务人是否违反安全保障义务,要有客观标准。尽管现实生活千差万别,很难找到一个统一的、明确的标准,但是客观上存在能够确定义务人是否尽到安全保障义务的要素,如在确定防范、制止侵权行为违反安全保障义务损害责任中,是不是尽到安全保障义务,可以从安全保障义务的性质、侵权行为的性质和力度、安全保障义务人的安保能力以及发生侵权行为前后所采取的防范、制止侵权行为的措施等方面,综合判断,确定义务人是否已经尽到安全保障义务。

判断义务人是否履行了安全保障义务,可以从四个方面把握。

第一,法定标准。如果法律对安全保障的内容和安全保障义务人必须履行的行为有直接规定，应当严格依照法律、法规的规定判断。例如，公安部《高层建筑消防管理规则》第26条规定："建筑物内的走道、楼梯、出口等部位，要经常保持畅通，严禁堆放物品。疏散标志和指示灯要完整好用。"这就是一种法定标准，是用以衡量高层建筑所有者或管理者是否尽到火灾预防义务的法定判断标准。违反这个标准，造成被保护人的人身损害或财产损害的，构成违反安全保障义务。

第二，特别标准。对儿童的安全保障义务应当采用特别标准。这样的标准是：如果在一个经营活动领域或者一个社会活动领域，存在对儿童具有诱惑力的危险，经营者、管理者或者组织者必须履行最高的安全保障义务。应当采取的保障义务包括：其一，消除这个危险，使之不能发生；其二，使未成年人与该危险隔绝，使其无法接触这个危险；其三，采取其他措施，保障危险不能对儿童造成损害。没有实施这些保障措施，即违反安全保障义务。

第三，善良管理人的标准。如果法律没有规定确定的标准，履行安全保障义务的判断标准要高于侵权法中一般人的注意标准。美国侵权法对受邀请而进入土地利益范围的人，土地所有人或者占有人应当承担的安全保障义务要求很高，标准是要保证受邀请人的合理性安全。这种安全注意义务可以扩展到保护受邀请者免受第三者的刑事性攻击。法国最高法院判例认为，在欠缺法定的作为义务的情况下，行为人是否对他人负有积极作为的义务，应根据善良家父的判断标准加以确认。如果被告在一个善良家父会积极作为时却没有作为，即表明被告有过错，在符合其他责任构成要件时即应承担过错侵权责任。[1] 善良家父、保障合理性安全的标准，就是善良管理人的标准。这种标准与罗马法上的"善良家父之注意"和德国法上的"交易上必要之注意"相当，都是要以交易上的一般观念，将具有相当知识经验的人，对一定事件所用的注意作为标准，客观地加以认定。行为人有无尽此注意的知识和经验，以及其向来对事务所用的注意程度，均不过问。只依其职业斟酌，其所用的注意程度应比普通人的注意和处理自己事务的注意要求更高。这种注意的标准，使用的是客观标准。[2]

第四，一般标准。这种标准分为两个方面。一方面，经营场所、公共场所的经营者、管理者以及群众性活动的组织者对于一般的被保护人，如主动进入经营场所或社会活动场所的人，或者非法进入者，所承担的义务是对隐蔽性危险负有告知义务。没有履行这种告知义务，则构成违反安全保障义务。例如，对于进入商场不是意欲购买物品，而是想要通过商场过道的人，经营者只对隐蔽危险负有告知义务，并非承担善良管理人的注意义务。另一方面，经营者、

---

[1] 张民安. 过错侵权责任制度研究. 北京：中国政法大学出版社，2002：328.
[2] 杨立新. 侵权行为法专论. 北京：高等教育出版社，2005：112.

管理者或者组织者对受邀请者进入经营领域或者社会活动领域的一般保护事项，如商场、列车、公共交通工具遭受窃贼侵害的危险，负有一般告知义务和注意义务；并非遭受窃贼损害，义务人就违反安全保障义务。

按照上述标准，以下四种行为是违反安全保障义务的行为：第一，怠于防止侵害行为，即对于负有防范制止侵权行为的安全保障义务的人，没有有效地防范或制止发生的侵权行为。第二，怠于消除人为的危险情况，是没有消除管理服务等人为的危险状况。第三，怠于消除经营场所或者活动场所具有伤害性的自然情况，例如，对设施、设备存在的不合理危险，没有采取合理措施予以消除。第四，怠于实施告知行为，对于经营场所或者社会活动场所中存在的潜在危险和危险因素，没有尽到告知义务，亦未尽适当注意义务。对于上述安全保障义务标准，如果超出了合理限度的范围，则即使造成了进入经营或者活动领域的人的损害，也不产生损害赔偿责任。

2. 负有安全保障义务的相对人受到损害

构成违反安全保障义务损害责任应当具备损害事实要件，包括人身损害和财产损害。违反安全保障义务的人身损害赔偿责任保护的是自然人的健康权和生命权。侵害生命权、健康权的损害事实中，包括精神痛苦的损害事实，对此可以请求赔偿精神损害抚慰金。

财产损害事实是指违反安全保障义务的行为使受保护人的财产或者财产利益受到损害的事实，一般是指财产的直接损失，即违反安全保障义务的行为所直接造成的财产损失，而不是债权等其他财产权中的期待利益的损失。

3. 损害事实与违反安全保障义务行为之间有因果关系

在违反安全保障义务损害责任构成中，义务人的违反义务行为与受保护人的损害之间，应当具有引起与被引起的因果关系。

在违反安全保障义务的侵权责任的构成中，由于其侵权行为类型不同，对因果关系要件的要求也不同。

第一，在违反安全保障义务的行为直接造成损害的情况下，对因果关系的要求是具备直接因果关系或者相当因果关系，违反安全保障义务的行为是损害发生的原因。例如，在设施、设备违反安全保障义务的侵权责任、服务管理违反安全保障义务的侵权责任和对儿童违反安全保障义务损害责任中，对于因果关系要件的要求是具有确定的直接因果关系或者相当因果关系，违反安全保障义务的行为就是引起受保护人损害事实的原因。

第二，在防范、制止侵权行为违反安全保障义务的侵权责任中，对于因果关系的要求比前三种侵权行为的要求低，其侵权责任构成的因果关系是间接因果关系，违反安全保障义务行为是损害发生的间接原因即可，不要求是直接原

第二十三章 《民法典》规定的违反安全保障义务损害责任规则应当怎样适用

因。这是因为，侵权行为人对受保护人所实施的侵权行为，就是直接针对受保护人的，并且直接造成了受保护人的损害。这种情形中，该侵权行为是受保护人受到损害的全部原因。但是，安全保障义务人的违反安全保障义务的行为也是造成受保护人的损害的全部原因，因为如果其尽到了保护义务，就会完全避免这种损害。事实上，安全保障义务人的行为是受保护人受到损害的一个必要条件，也与损害具有因果关系，只是这种因果关系是间接因果关系而已。

在违反安全保障义务的侵权责任构成中，对于不同损害事实的因果关系也有不同的要求。对于人身损害事实，应当适用相当因果关系作为判断标准，违反安全保障义务行为是损害事实发生的适当条件的，即构成因果关系要件，行为人应当对该损害事实承担侵权责任；对于财产损害事实，则应当以直接因果关系作为判断标准，违反安全保障义务的行为是损害事实发生的原因时，才能构成侵权责任。

4. 违反安全保障义务行为人有过错

构成违反安全保障义务损害责任，行为人应当具有过错。

违反安全保障义务人的过错性质，是未尽注意义务的过失，不包括故意。如果违反安全保障义务人造成损害时具有故意，包括直接故意和间接故意，则不属于这种侵权行为类型，而是故意侵权。这种过失的表现是应当注意而没有注意，是一种不注意的心理状态。这种心理状态实际地表现在其违反安全保障义务的行为中，应当通过对其行为的考察作出判断。具体地说，判断违反安全保障义务的行为人有无过错的标准是：行为人是否达到了法律、法规、规章等所要求达到的注意义务，或者是否达到了同类经营场所、公共场所的经营者、管理者或者群众性活动组织者所应当达到的注意程度，或者是否达到了诚信、善良的经营场所、公共场所的经营者、管理者或者群众性活动组织者所应当达到的注意程度。①

违反安全保障义务损害责任适用过错推定原则，因此，过错的证明实行举证责任倒置。也就是说，只要被侵权人证明义务人未尽安全保障义务，并且已经造成了被侵权人的损害，就直接从损害事实和违反安全保障义务的行为中推定义务人有过失。如果义务人认为自己没有过错，应当举证证明自己没有过错。证明自己没有过错的，推翻过错推定，义务人不承担侵权责任；不能证明或者证明不足的，过错推定成立，构成侵权责任。

义务人证明自己没有过错是较难的，因为推定过错的基础是行为人违反安全保障义务，被侵权人已经证明了行为人违反安全保障义务，在违反安全保障

---

① 张新宝. 侵权责任法原理. 北京：中国人民大学出版社，2005：281.

义务的行为中实际上已经包含了过错。义务人如果要证明自己没有过错，应当做到：说明自己的注意标准是什么，证明自己的行为已经达到了这样的注意标准，因此没有过失；或者证明自己虽然没有达到要求的注意标准，但是另有抗辩的原因，或者由于不可抗力，或者由于自己意志以外的原因，或者是第三人的原因行为所致等。义务人能够证明这些内容，应当认定其不具有过错要件，不构成侵权责任。

四、违反安全保障义务损害责任类型

违反安全保障义务损害责任分为四种具体类型。

（一）设施、设备违反安全保障义务

经营场所、公共场所的经营者、管理者或者群众性活动的组织者在设施、设备方面的安全保障义务，主要是不违反相关的安全标准。经营场所或者社会活动场所的设施、设备必须符合国家的强制标准要求，没有国家的强制标准的，应当符合行业标准或者达到进行此等经营活动所需要达到的安全标准。首先是建筑物的安全标准，应当符合《建筑法》《建筑工程质量管理条例》等法律、法规的质量要求，应当经过建筑行政管理部门验收合格，不得存在安全隐患；其次是消防方面的标准，必须符合《消防法》《高层建筑消防管理规则》《营业性演出管理条例》等的规定，经营场所和活动场所必须配备必要的消防设备、报警设施、紧急疏散标志和疏散图等，并保证其一直处于良好状态；再次是电梯的安全标准，实行安全使用证制度、安全年检制度、日常维护保养制度，防止出现危险；最后是其他相关配套设施设备，必须经常、勤勉地进行维护，使它们一直处于良好、安全的运行状态，符合安全标准。

经营场所、公共场所的经营者、管理者或者群众性活动组织者的设施、设备违反安全保障义务，就是在提供经营、服务的场所，在上述四个方面所设置的硬件没有达到保障安全的要求，存在缺陷或者瑕疵，造成了他人损害的，应当对被侵权人承担损害赔偿责任。例如，商场通道安装的玻璃门未设置警示标志，顾客通过时撞在门上受到伤害，商场应当承担违反安全保障义务的人身损害赔偿责任。

（二）服务管理违反安全保障义务

经营场所、公共场所的经营者、管理者或者群众性活动的组织者在服务管理方面的安全保障义务，主要包括以下三个方面。

第一，加强管理，提供安全的消费、活动环境。经营场所、公共场所的经营者、管理者或者群众性活动组织者在提供服务的时候，应当保障服务的内容和服务的过程是安全的，不存在不安全因素和危险。这些要求集中体现在经营场所、公共场所或者群众性活动的组织、管理和服务上。例如，涉及消费者和活动参与者的人身安全的经营、活动，应当保障人身安全，地面不得存在油渍和障碍，应当定期消毒，防止传染病的传播等。

第二，坚持服务标准，防止出现损害。在经营和活动中，应当按照确定的服务标准进行，不得违反服务标准。例如，饭店地板留有污渍，顾客滑倒受到伤害，构成人身损害赔偿责任。美国新墨西哥州一家麦当劳餐厅，一位79岁的老太太斯黛拉·莉贝克买了一杯热咖啡，当打开杯盖饮用时，不慎将一些咖啡泼在了腿上，确诊为三度烫伤。咖啡的饮用标准温度应当是华氏140度左右，超过华氏155度就有烫伤的危险了，麦当劳提供的咖啡温度在华氏180度至190度之间。老太太将麦当劳告上法庭，称麦当劳没有提示热咖啡的温度，造成自己的损害。法院认为，承担服务职责的大公司应当善待每一个顾客，不能因为自己的过失使顾客受到损害，因此判令麦当劳公司承担270万美元的惩罚性赔偿金，上诉审法院二审改判为48万美元。自此，麦当劳在公司的所有热饮杯上都加印了"小心烫口"的标志。[①]

第三，必要的提示、说明、劝告、协助义务。经营或者社会活动如果存在不安全因素，如可能出现伤害或者意外情况，应当进行警示、说明。对于可能出现的危险应当向消费者或者参与者进行合理的说明，对有违安全的消费者或者参与者进行劝告，必要时还要通知公安部门采取必要的强制措施。对于已经发生或者正在发生的危险，经营者或者组织者应当进行积极的救助，以避免损失的发生和扩大，如发生火灾，必须组织工作人员进行疏导和疏散，进行安全转移。同时，对于大型的、多人参加的活动，必须按照限定的数额售票，不得超员。

服务管理违反安全保障义务，是经营者或者组织者的工作人员违反上述安全保障义务，存在瑕疵或者缺陷，因此造成他人损害的，构成侵权责任。

（三）对儿童违反安全保障义务

儿童是祖国的未来，是民族的希望，法律对儿童予以特别的关照和保护。对儿童的安全保护适用特别标准，经营场所、公共场所的经营者、管理者或者群众性活动组织者必须竭力做到保护儿童的各项措施，以保障儿童不受场地内具有诱惑力危险的侵害。经营场所、公共场所的经营者、管理者或

[①] 李响. 美国侵权法原理及案例研究. 北京：中国政法大学出版社，2004：3.

者群众性活动组织者对儿童违反安全保障义务，造成儿童损害的，应当承担赔偿责任。

（四）防范制止侵权行为违反安全保障义务

对于他人负有安全保障义务的经营场所、公共场所的经营者、管理者或者群众性活动组织者，在防范和制止他人侵害方面未尽义务，造成受保护人损害的，也构成违反安全保障义务损害责任，是特定类型。前述的银河宾馆案，就是这种侵权行为的典型案例。

五、违反安全保障义务损害责任的责任形态

违反安全保障义务损害责任的形态分为三种：自己责任、替代责任和补充责任。

（一）自己责任

自己责任，就是违法行为人对自己实施的行为所造成的他人人身损害和财产损害的后果自己承担的侵权责任形态。对经营场所、公共场所的经营者、管理者或者群众性活动组织者的经营或者活动而言，违反安全保障义务造成受保护人的人身损害，自己承担责任，就是自己责任。在设施设备违反安全保障义务、服务管理违反安全保障义务和对儿童违反安全保障义务的侵权责任中，如果违反安全保障义务的行为人是单一的自然人主体，那么他就要承担自己责任。《民法典》第1198条第1款规定的责任，就是自己责任。

自己责任的特点：一是违法行为人自己实施的行为；二是违法行为人自己实施的行为造成了损害；三是自己实施的行为所造成的损害，由自己承担责任。这三个特点都突出"自己"这个概念，自己责任是为自己的行为负责的侵权责任形态。[1] 在一般侵权行为中，行为人和责任人是同一人，行为人对自己实施的行为承担后果责任，即自己造成的损害自己赔偿，不能由没有实施违法行为的人承担赔偿责任。前三种侵权行为都是经营场所、公共场所的经营者、管理者或者群众性活动组织者自己实施的，行为造成了受保护人的人身损害，要自己承担责任，符合自己责任的特点。

---

[1] 在中国社会科学院法学研究所起草的《中国民法典（草案）》中，就是将一般侵权行为表述为"自己的侵权行为"，如果说得更准确的话，以"自己的侵权责任"命名会更好一些，且能够与下一章的"对他人侵权之责任"的表述相对应，参见梁慧星. 中国民法典草案建议稿. 北京：法律出版社，2003：310。

（二）替代责任

如果经营场所、公共场所的经营者、管理者或者群众性活动组织者是用人单位，违反安全保障义务的具体行为人是经营者、管理者或者组织者的工作人员，符合用人单位责任的要求，在设施设备违反安全保障义务、服务管理违反安全保障义务和对儿童违反安全保障义务的侵权责任中，责任形态是替代责任。对此，应当适用《民法典》第1191条或第1192条规定确定用人单位责任或者个人劳务责任。无论是经营场所、公共场所的经营者、管理者或者群众性活动组织者自己违反安全保障义务，还是其工作人员违反安全保障义务，都要由作为经营者、管理者或者组织者的用人单位承担责任；不过，经营者、管理者或者组织者的工作人员违反安全保障义务造成损害的，经营者、管理者或者组织者在承担了赔偿责任之后，可以向有故意或者重大过失的工作人员追偿。

（三）补充责任

《民法典》第1198条第2款规定，经营者、管理者或者组织者承担补充责任后，可以向第三人追偿。《侵权责任法》第37条第2款与2004年人身损害赔偿司法解释第6条第2款关于"安全保障义务人承担责任后，可以向第三人追偿"的规定相比较，取消了追偿权规定。《民法典》第1198条第2款又重新规定了这种追偿权。

在违反安全保障义务的侵权责任中，防范制止侵权行为违反安全保障义务的一方当事人承担的损害赔偿责任，是补充责任。按照这一规定，防范制止侵权行为违反安全保障义务的侵权损害赔偿责任，是指第三人侵权导致被侵权人损害，安全保障义务人对此有过错的，承担相应的补充责任。

相应的补充责任的基本规则如下：

第一，在侵权补充责任形态中，被侵权人应当首先向第三人即侵权行为人请求赔偿，第三人应当承担侵权责任。第三人承担了全部赔偿责任后，补充责任人即违反安全保障义务人的赔偿责任终局消灭，被侵权人不得再向其请求赔偿，第三人也不得向其追偿。

第二，被侵权人在第三人不能赔偿、赔偿不足或者下落不明无法行使赔偿请求权时，可以向违反安全保障义务人请求承担补充责任。违反安全保障义务人应当满足被侵权人的请求，赔偿责任范围不是第三人不能赔偿的部分，而是"相应"部分，即与违反安全保障义务人的过错程度和行为原因力"相应"，不承担超出相应部分的赔偿责任。

第三，相应的补充责任意味着，违反安全保障义务人承担的责任只是补充性的,如果第三人有能力全部赔偿,则应当承担赔偿责任,违反安全保障义务人不承担补充责任,因此,相应的补充责任不是连带责任。有的法官将其理解为连带责任,是不正确的。"补充"的含义:一是补充责任的顺序是第二位的,直接责任人承担的赔偿责任是第一顺序的责任,补充责任人承担的赔偿责任是第二顺序的责任,所以,补充责任是补充直接责任的侵权责任形态;二是补充责任的赔偿范围是补充性的,其赔偿范围的大小取决于直接责任人承担的赔偿责任的大小。直接责任人赔偿不足,补充责任人承担的赔偿责任在其不足的部分中,依照相应责任确定,不能超出补充的范围,也不能超出相应责任的范围。

第四,违反安全保障义务人承担了相应的补充责任后,取得了对第三人的追偿权,有权向该第三人行使追偿权,请求其承担对自己因承担补充责任遭受损失的赔偿责任。

规则总结

1. 违反安全保障义务损害责任,是依照法律规定或者约定对他人负有安全保障义务的经营者、管理者或者组织者违反义务,直接或者间接造成他人人身或者财产权益损害,应当承担赔偿责任的特殊侵权责任。其责任主体是经营场所、公共场所的经营者、管理者或者群众性活动的组织者。

2. 经营者、管理者或者组织者的安全保障义务来源:一是法律规定,如《消费者权益保护法》第7条和第18条规定;二是合同约定的主义务,如旅客运输合同运输方应当保障乘客的人身安全;三是法律或者合同约定的附随义务,例如饭店的店堂告示中保护客人安全的承诺。

3. 违反安全保障义务损害责任分为设施设备未尽安全保障义务、服务管理未尽安全保障义务、对儿童未尽安全保障义务和防范制止侵权行为未尽安全保障义务四种类型,其中:前三种类型的责任主体就是违反安全保障义务的经营者、管理者或者组织者,后一种类型的责任主体包括经营者、管理者、组织者,以及实施侵权行为的第三人,二者构成竞合侵权行为。

4. 违反安全保障义务损害责任的形态分为自己责任、替代责任和补充责任三种类型。《民法典》第1198条第1款规定的三种侵权责任类型都是自己责任或者替代责任,第2款规定的防范制止侵权行为未尽安全保障义务损害责任是相应的补充责任。

第二十四章 《民法典》规定的教育机构损害责任与第三人责任怎样区分

——教育机构损害责任与第三人侵权的责任分担规则

实务指引要点

1. 教育机构损害责任是指无民事行为能力或者限制民事行为能力的学生在幼儿园、学校或者其他教育机构学习、生活期间受到人身损害,幼儿园、学校或者其他教育机构应当承担赔偿责任的特殊侵权责任。
2. 《民法典》规定的教育机构损害责任分为三种类型,即无民事行为能力学生受到损害、限制民事行为能力学生受到损害,以及第三人造成学生损害。
3. 无民事行为能力学生在教育机构受到损害,实行过错推定原则;限制民事行为能力学生在教育机构受到损害,以及第三人造成在教育机构学习生活的未成年学生损害,实行过错责任原则。
4. 教育机构承担赔偿责任,是自己责任或者替代责任;第三人责任由第三人承担,教育机构有过错的承担相应的补充责任。

《民法典》第1199至1201条规定的是教育机构损害责任,与《侵权责任法》规定的教育机构损害责任相比较,基本规则没有变化,只是第三人在教育机构伤害未成年学生,第三人与教育机构怎样分担责任的规则有所变化。本章将对这三个条文规定的教育机构损害责任的基本规则和第三人侵害未成年学生的责任规则进行说明。

一、教育机构损害责任概述

未成年学生是国家的未来、民族的希望，也是父母的寄托。近年来，我国发生的教育机构损害案件较多，纠纷不断增加，给学生和家长带来不幸和痛苦，也对学校、教师和教育机构产生负面影响。妥善处理教育机构损害责任，及时化解纠纷，具有重要意义。

（一）教育机构损害责任的概念

教育机构损害责任是指无民事行为能力或者限制民事行为能力的学生在幼儿园、学校或者其他教育机构学习、生活期间，受到人身损害，幼儿园、学校或者其他教育机构应当承担赔偿责任的特殊侵权责任。

研究教育机构损害责任，应当准确界定以下概念。

1. 学生

按照教育部颁布的《学生伤害事故处理办法》的规定，教育机构损害责任中的学生，包括各类全日制学校的全日制学生、幼儿园的幼儿和儿童、在全日制学校注册和在其他教育机构就读的其他受教育者。《民法典》第1199条至第1201条规定，学生是指在"幼儿园、学校或者其他教育机构学习、生活的""无民事行为能力人或者限制民事行为能力人"，主要包括未成年学生，已经成年的无民事行为能力或者限制民事行为能力学生也在其中。

2. 在幼儿园、学校或者其他教育机构学习生活期间

幼儿园、学校或者其他教育机构，被保护的学生在其中受教育、生活期间，采用"门至门"原则，即学生从进校门到出校门期间参加的学校教育教学活动。此外，学校组织的校外活动不在此限，学校或者幼儿园有接送校车的，应当以校车的门为限，包括上下车的安全保护。

3. 事故

事故的种类，包括学生本人的人身损害事故和死亡事故，按照《民法典》的规定，不包括学生在学校造成他人人身损害或者死亡的事故。

（二）教育机构承担未成年学生损害赔偿责任的法理基础

关于学校等教育机构对无民事行为能力或者限制民事行为能力学生承担伤害事故赔偿责任的法理基础，有不同见解。

监护责任说认为，无民事行为能力人在幼儿园、学校、精神病医院学习、生活或者治疗时，受到伤害或者给他人造成损害的，由于这些单位对无民事行为能力人负有一定的监护性质的职责，因此，可视情况要求这些单位适当地承

第二十四章 《民法典》规定的教育机构损害责任与第三人责任怎样区分

担赔偿责任[①]；还认为，学校对教育机构损害责任承担责任的基础，在于学校是未成年学生的监护人，对未成年学生承担监护责任，当未成年学生在教育或教学活动中受到伤害或者给他人造成伤害时，学校没有尽到监护责任的，就要承担赔偿责任。

教育、管理和保护职责说认为，学校为学生伤害事故承担责任的基础，不是学校与学生之间的监护关系，而在于学校依照《教育法》的规定，对学生负有的教育、管理与保护职责。因而，学校与学生之间的关系不是民事关系，而是一种发生在教育过程中的特殊的教育法律关系。只有遵循教育的规律和《教育法》的规范，才能正确理解和处理这类事故。依据《教育法》关于学校对学生承担的教育、管理和保护职责的规定，未尽到教育、管理和保护的职责，具有过失的，学校就要承担赔偿责任。[②]

幼儿园、学校或者其他教育机构与在校学生的关系，基本性质是依据《教育法》成立的教育关系。其成立的基础不是合同而是《教育法》，《教育法》是幼儿园、学校或者其他教育机构与在校学生发生法律关系的基础。这种法律关系的基本性质属于准教育行政关系，既区别于纯粹的教育行政关系，也区别于民事法律关系，是学校对学生的教育、管理和保护的法律关系。教育、管理和保护构成这一法律关系的基本内容，学校对学生有教育、管理的权力，同时对学生有保护的义务；学生有接受教育、接受管理的义务，享有受到保护的权利。《民法典》对此规定的是教育、管理职责。

主张学校与学生之间适用监护法律关系进行调整，没有法律依据。对于监护人的范围，《民法典》第 26 条作了明确规定，学校并不是未成年学生在校期间的监护人，学校作为教育管理者，对在校未成年学生所受损害承担责任，不适用监护人对被监护人承担的责任。

在教育关系中，由于学校存在未尽教育、管理职责的过错，致使学生受到人身损害，学校产生民事责任。学校为未成年学生的人身损害以及造成他人伤害承担民事责任的基础，就是学校依照《教育法》取得的对学生的教育、管理和保护的权利与义务。学校未尽这种义务，就应当承担民事责任。

二、教育机构损害责任的归责原则

（一）对教育机构损害责任归责原则的不同意见

对学生在校期间受到侵害的侵权行为，各国民法典大多明确规定了特别规

---

① 马原. 中国民法教程. 北京：人民法院出版社，1989：324-325.
② 教育部《学生意外伤害事故处理办法》的规定和 2004 年人身损害赔偿司法解释第 7 条的规定。

范。如《比利时民法典》第 1384 条第 4 款、《法国民法典》第 1384 条第 6 款、《意大利民法典》第 2048 条、《西班牙刑法典》第 22 条第 2 款，以及《希腊民法典》第 923 条第 2 款和《葡萄牙民法典》第 491 条，都规定了教师与学生之间的责任关系。《葡萄牙民法典》规定，监督的义务只能通过合同的规定认定，而且仅限于私立学校。是否产生教师或者学校管理部门的推定的违反义务的责任，要通过具体案例来认定。在大多数情况下，教师被认为是学校的雇员，履行学校的教育义务，因此他们也是学校的从属人员。[①] 他们履行职务时造成学生伤害的，由学校直接承担责任，只有故意或重大过失时才追究其本人的责任。

我国的教育机构损害责任应适用何种归责原则意见不一，主流观点有两种。

第一，学校对教育机构损害责任不适用无过错责任原则，原因在于无过错责任原则既没有法律根据，也没有司法解释的依据。法律没有明文规定为无过错责任的，不得适用无过错责任原则认定民事责任。学校承担责任的基础是其对学生的教育、管理和保护职责，已尽上述职责的，就没有过失，也就没有责任，因此，不能适用无过错责任原则。

第二，未成年学生受到损害和未成年学生造成他人损害这两种情形下的人身损害赔偿责任，都适用过错责任原则，即使在学校承担补充赔偿责任的情况下，也适用过错责任原则。不过，对教育机构损害责任实行过错责任原则，究竟是一般过错责任还是推定过错责任，有的主张，由于学校在教育机构损害责任中的侵权责任，是未尽注意义务引起的，由学校来证明其已经尽了相当的注意并且实施了合理的行为，以达到免责的目的，在举证责任的分配上更为合理，有助于学校尽到更多的注意义务，从而更有利于保护未成年人。而且学校有举证反驳的机会，也有机会免责。通过这种方式，既可以维护受害者尤其是未成年人受害者的权益，又可以避免不适当地扩大教育机构责任范围的倾向。因此，教育机构承担损害赔偿责任，一般应当适用过错推定原则。

（二）《民法典》的明确规定

《民法典》第 1198 至 1201 条明确规定，对无民事行为能力人在幼儿园、学校或者其他教育机构学习、生活期间受到人身损害的，适用过错推定原则；对于限制民事行为能力人在幼儿园、学校或者其他教育机构学习、生活期间受到人身损害的，适用过错责任原则；对于第三人责任适用过错责任。

[①] ［德］克雷斯蒂安·冯·巴尔. 欧洲比较侵权行为法：上卷. 2 版. 张新宝，译. 北京：法律出版社，2004：215.

(三) 不适用公平责任

对教育机构损害责任是否可以适用公平责任,有不同意见。《上海市中小学校学生伤害事故处理条例》规定了适用公平责任原则认定学生伤害事故责任的条文,那该条例第13条规定:"对学生伤害事故的发生,当事人均无过错的,可以根据实际情况,按照公平责任的原则,由当事人适当分担经济损失。"

学校既然已经尽到了教育、管理和保护的义务,没有过错,还要承担公平责任,显然加重了教育机构责任。当然,如果在教育机构损害责任中,虽然学校没有过错,但是出于对遭受损害的学生的关心和爱护,特别是对于损失较大、家庭经济状况又比较困难的学生,学校在财力允许的情况下,自愿在经济上给予一定的补助、扶助,自无疑义。但是,不能据此认可教育机构损害责任中的公平责任适用,因为所谓的公平责任本来就不是一个归责原则,而仅仅是一个公平分担损失的规则,且《民法典》第1186条明确规定,适用公平分担损失规则须"依照法律的规定",没有法律的规定,不能适用所谓的公平原则。

三、教育机构损害责任的构成

(一) 学生遭受人身损害的客观事实

在教育机构损害责任中,损害事实主要表现为学生的人身损害和死亡。由此产生的财产性损失,主要有医疗费、护理费、交通费、住宿费、营养费、住院伙食补助费、伤残用具费和丧葬费等费用支出。在人身损害中,还存在精神损害的发生,这是责任主体承担精神抚慰金赔偿责任的条件。存在上述损害事实,才能构成教育机构损害责任。

(二) 教育机构在学生伤害事故中存在违法行为

教育机构在学生伤害事故中的违法行为,是指教育机构在实施教育和教学活动中,违反或者未能正确履行《教育法》等法律法规关于教育机构对学生的教育、管理和保护职责的规定。

1. 疏于管理的行为

教育机构在教育和教学活动中的疏于管理行为,使学生遭受人身损害。其中的管理是对学校活动的管理,包括对学生的管理。疏于管理行为是学校自己的行为,是自己的行为致人损害,属于普通侵权行为,学校应当对自己的行为负责。如某小学的厕所年久失修,学校疏于修缮,致使厕所倒塌,68名学生落入粪池,造成28人死亡。这是学校疏于管理的不作为行为造成了未成年学生死亡和伤害的后果。

2. 疏于保护的行为

教育机构对在校的未成年学生负有安全保护义务。学生在校接受教育，学校虽然不承担监护义务，但仍然应当承担安全保护义务。负担这种义务，就应当善尽职守，不能因为自己的疏忽和懈怠而使学生受到人身损害。学校疏于这种对学生安全的注意义务，致使学生受到人身损害的，学校的行为具有违法性。例如，在学生遭遇意外事故，学校应当并且有条件救助学生却不救助，教师率先躲避灾害，造成学生人身损害的，就是学校疏于对学生的保护，对损害应当承担责任。

3. 疏于教育的行为

这种教育行为是专指对学生的教育，而不是指广义上的教育活动。在对学生的教育中没有尽到教育职责，使学生在教学活动中造成他人的人身损害，应当承担人身损害赔偿责任。

学校的上述行为，既包括学校的行为，也包括负该种责任的教师的行为。对学校的疏于教育行为，学校应当承担责任。学校教师和其他管理人员在教育和教学活动中，行为不当，违反法律规定的义务，造成学生伤害的，学校应当承担替代责任。

对学校行为违法性的判断，应当以《教育法》等教育法律法规和民法的规定为标准。《教育法》等教育法律法规规定的标准，是学校承担的教育、管理和保护义务；民法规定的标准，是对学生人身权利不可侵犯义务。违反这些法律规定，就构成教育机构损害责任的违法性要件。

(三) 教育机构的违法行为与学生伤害的发生有因果关系

学校疏于教育、管理和保护职责的行为，必须与学生遭受伤害的损害事实之间具有引起与被引起的因果关系。在判断上，应当采取相当因果关系学说。

(四) 教育机构在学生损害中有过错

教育机构承担学生伤害的侵权责任须具有过错。学校只有具有过错，才对自己的行为造成的损害承担赔偿责任，不具有过错不承担责任。

确定教育机构是否有过错的标准，就是确定其对履行《教育法》规定的教育、管理和保护的职责是否尽到了必要的注意义务。对这种注意义务的违反就是过失。

认定教育机构的过错时，要注意以下三个方面。

第一，教育机构对学生是否具有注意义务。过失以具有注意义务为前提，无注意义务当然不构成过失。学校的注意义务是一种特殊注意义务,这种义务是基于教育机构对学生的教育、管理和保护职责而产生的。这种注意义务既包括基于法律法规、行政规章等规定而产生的法定注意义务,也包括基于有关部门颁布的教育教学管理规章、操作规程等规定而产生的一般性注意义务,以及学校与学生家长签订合同约定的注意义务。

第二,教育机构对学生是否尽了相当注意义务。尽了相当注意义务,是指学校按照法律法规、规章规程等以及合同要求的注意而付出一定的努力,尽到了对学生人身健康安全的合理的、谨慎的注意。需要指出的是,注意要求的标准和范围因环境和对象的不同而不同,危险性愈高,发生侵害的可能性愈大时,其注意程度应相对提高。例如,小学教师对小学生的人身健康安全的注意要求比高中教师对高中生的人身健康安全的注意要求要高,因为小学生的认知能力、防范风险的能力较低,发生人身损害的概率也就更高;教师在游泳池里上游泳课比在田径场上田径课的注意要求高,因为游泳课存在的危险性更高。

第三,教育机构是否能尽相当注意义务。对侵害结果的可预见性和可避免性,是尽相当注意义务的条件。认定教育机构的过错,还要考虑学校的预见能力,如果教育机构不具有预见能力,不应该预见也无法预见,即损害结果不具有可预见性,就无法尽相当的注意义务,采取合理行为避免损害结果的发生,因而其主观上也就没有过失。

四、教育机构损害责任的主要类型

(一)教育机构责任

教育机构责任,是指幼儿园、学校或者其他教育机构及其工作人员由于过错,违反教育法律法规及其他有关规定,未尽教育、管理职责,造成学生伤害,教育机构应当承担赔偿责任的侵权责任。

按照《学生伤害事故处理办法》第9条规定及有关部门意见,教育机构责任主要情形包括以下十二种。

(1)学校的校舍、场地、其他公共设施,以及学校提供给学生使用的学具、教育教学和生活设施、设备不符合国家规定的标准,或者有明显不安全因素的,校舍和教育教学设施的安全,是保证受教育者、教师及其他人员人身安全的重要前提,因为学校环境设施不安全造成教育机构损害责任,学校应当承担赔偿责任;

(2)学校的安全保卫、消防、设施设备管理等安全管理制度有明显疏漏,或者管理混乱,存在重大安全隐患,而未及时采取措施的;

（3）学校向学生提供的药品、食品、饮用水等不符合国家或者行业的有关标准、要求的；

（4）学校组织学生参加教育活动或者校外活动，未对学生进行相应的安全教育，并未在可预见的范围内采取必要的安全措施的；

（5）学校知道教师或者其他工作人员患有不适宜担任教育教学工作的疾病，但未采取必要措施的；

（6）学校违反有关规定，组织或者安排未成年学生从事不宜未成年人参加的劳动、体育运动或者其他活动的；

（7）学生有特异体质或者特定疾病，不宜参加某种教育教学活动，学校知道或者应当知道，但未予以必要的注意的；

（8）学校在校期间突发疾病或者受到伤害，学校发现，但未根据实际情况及时采取相应措施，导致不良后果加重的；

（9）学校教师或者其他工作人员体罚或者变相体罚学生，或者履行职责过程中违反工作要求、操作规程、职业道德或者其他有关规定的；

（10）学校教师或者其他工作人员在负有组织、管理未成年学生的职责期间，发现学生行为具有危险性，但未进行必要的管理、告诫或者制止的；

（11）对未成年学生擅自离校等与学生人身安全直接相关的信息，学校发现或者知道，但未及时告知未成年学生的监护人，导致未成年学生因其脱离监护人的保护而发生伤害的；

（12）学校有未依法履行职责的其他情形。

《民法典》第1199条和第1200条规定了两种教育机构责任。

第一种是无民事行为能力学生受到损害的教育机构责任。

依照《民法典》第1199条的规定，对无民事行为能力人，幼儿园、学校或者其他教育机构承担的责任采过错推定原则。对于教育机构损害责任，法律是否区分受到伤害的学生是无民事行为能力人还是限制民事行为能力人，《侵权责任法》根据实际情况和法理，作出规定，确定对无民事行为能力学生受到人身损害采用过错推定原则；至于赔偿责任则没有区别，应当适用统一的人身损害赔偿规则。确定教育机构的过错实行举证责任倒置，学校能够证明自己没有过错，即证明尽到教育、管理职责的，不承担赔偿责任。

第二种是限制民事行为能力人受到损害的教育机构责任。

依照《民法典》第1200条规定，对于限制民事行为能力学生在学校受到人身损害，确定教育机构的责任实行过错责任原则，有过错的承担赔偿责任，没有过错的，不承担赔偿责任。确定过错须由被侵权人承担举证责任。

这一规定的问题是，对限制民事行为能力人在学校受到损害适用过错责任原则，等于对 8 周岁以上的未成年学生并未设置特别保护，而成年学生在学习期间的保护也适用过错责任原则，二者没有不同。因此，这一条文应当改进。① 不过《民法典》没有接受这样的意见。

（二）第三人责任

第三人责任，是指学生伤害事故的发生，不是由教育机构的过错而是由第三人的过错行为引起的，应当由第三人承担侵权责任的特殊侵权责任。

按照《民法典》第 1201 条第一句规定，这种第三人责任与《民法典》第 1175 条规定的"损害是由第三人造成的，第三人应当承担侵权责任"基本相同，只是在此基础上，以教育机构承担相应的补充责任为补充。换言之，第三人造成学生人身损害，如果第三人能够承担全部赔偿责任，则按照该规定，由第三人承担全部赔偿责任；如果教育机构存在未尽管理职责的过错，则教育机构应当承担相应的补充责任。

学校承担相应的补充赔偿责任，除具备教育机构损害责任的构成要件之外，还必须具备以下三个要件：第一，学生人身损害是第三人的原因所致，如果完全是学校的过错所致，就是教育机构损害责任；第二，教育机构有过错才承担补充责任，无过错则不承担补充责任，损害赔偿责任完全由第三人承担；第三，教育机构的过错与第三人的致害应当有间接的或者直接的因果关系，如果不存在因果关系，不应让教育机构承担补充责任。

教育机构承担补充赔偿责任的法理依据，在于教育机构存在过错，使本来可以避免或者减少的损害得以发生或者扩大，因此，教育机构应当为被侵权人向第三人求偿得不到赔偿或者得不到完全赔偿而承担补充的赔偿责任。补充责任的"相应"，是与教育机构的过错程度和原因力相适应。承担责任之后，《侵权责任法》第 40 条规定其不得向第三人追偿。《民法典》第 1201 条已经纠正了这个错误，教育机构可以向第三人行使追偿权。如果第三人已经承担全部赔偿责任，教育机构不再承担补充责任。

五、教育机构损害责任的损害赔偿规则

（一）教育机构损害责任的赔偿当事人

教育机构承担赔偿责任，在实体法律关系上，教育机构是赔偿责任主体；

---

① 杨立新. 民法典侵权责任编草案二审稿的立法进展与完善. 上海政法学院学报（法治论丛），2019（2）.

在诉讼法律关系上，教育机构是被告。受到伤害的学生向教育机构请求损害赔偿。

教育机构承担赔偿责任的权利主体是受到伤害的学生。受到伤害的是学生的，学生是赔偿权利主体。如果该学生是未成年人，在诉讼中作为原告，其亲权人或者监护人是法定代理人。

至于学生自己应当承担责任或者学生的亲权人或者学生的供养者承担责任的，应当按照《民法典》的规定确定责任，教育机构不是当事人，不是赔偿法律关系的主体。

第三人承担责任的，亦应当按照《民法典》的规定处理。

在教育机构应当承担赔偿责任，订立有学生伤害事故责任保险合同的，应当依照保险合同确定赔偿关系。保险公司赔偿不足的部分需要教育机构承担赔偿责任的，教育机构是赔偿责任主体，赔偿权利主体可以继续向教育机构请求承担赔偿责任。

（二）免责事由

在一定的条件下，即使发生了学生人身损害事故，教育机构也不承担赔偿责任。凡是符合《民法典》规定的不承担责任或者减轻责任法定情形的，应当免除或减轻教育机构责任。

除此之外，由学生及其监护人引发的人身损害，教育机构也不对此承担责任。学生及其监护人责任事故，是指对学生伤害事故的发生，教育机构没有过错，而是由于学生自己的过失，或者是由于其监护人没有尽到监护责任造成的损害，应当自己负担的事故责任。这里的监护人，应当是亲权人以及其他监护人，统一称作监护人。对此，可以参考《学生伤害事故处理办法》第10条的规定："学生或者未成年学生的监护人由于过错，有下列情形之一，造成教育机构损害责任，应当依法承担相应的责任：（一）学生违反法律法规的规定，违反社会公共行为准则、学校的规章制度或者纪律，实施按其年龄和认知能力应当知道具有危险或者可能危及他人的行为的；（二）学生行为具有危险性，学校、教师已经告诫、纠正，但学生不听劝阻、拒不改正的；（三）学生或者其监护人知道学生有特异体质，或者患有特定疾病，但未告知学校的；（四）未成年学生的身体状况、行为、情绪等有异常情况，监护人知道或者已被学校告知，但未履行相应监护职责的；（五）学生或者未成年学生监护人有其他过错的。"这些责任应当由学生或者未成年学生的监护人承担。

除上述情况外，因其他原因发生学生伤害事故，教育机构没有过错的，依法应当免责。对此，《学生伤害事故处理办法》第13条规定："下列情形下发

第二十四章 《民法典》规定的教育机构损害责任与第三人责任怎样区分

生的造成学生人身损害后果的事故,学校行为并无不当的,不承担事故责任;事故责任应当按有关法律法规或者其他有关规定认定:(一)在学生自行上学、放学、返校、离校途中发生的;(二)在学生自行外出或者擅自离校期间发生的;(三)在放学后、节假日或者假期等学校工作时间以外,学生自行滞留学校或者自行到校发生的;(四)其他在学校管理职责范围外发生的。"

规则总结

1. 教育机构损害责任是指无民事行为能力或者限制民事行为能力学生在幼儿园、学校或者其他教育机构学习、生活期间,受到人身损害,幼儿园、学校或者其他教育机构应当承担赔偿责任的特殊侵权责任。其中不包括未成年学生在学校伤害他人的侵权责任,对此,应当适用《民法典》第1165条第1款规定,教育机构有过错的承担赔偿责任,没有过错的不承担赔偿责任。

2. 《民法典》规定的教育机构损害责任分为三种类型,即无民事行为能力学生受到损害、限制民事行为能力学生受到损害,以及第三人造成学生损害。前两种侵权责任类型的责任主体是教育机构,应当对受到损害的学生承担赔偿责任。第三人造成学生损害,教育机构也有过错的,构成竞合侵权行为,都是侵权责任主体。

3. 无民事行为能力的学生在教育机构受到损害的,实行过错推定原则,推定教育机构对于损害的发生有过错,教育机构能够证明自己已尽教育管理职责的,为无过错,不承担赔偿责任。限制民事行为能力的学生在教育机构受到损害的实行过错责任,教育机构的过错由受害学生承担举证责任。第三人造成在教育机构学习、生活的未成年学生损害的,实行过错责任原则,主张第三人和教育机构承担责任均须证明其有过错。

4. 教育机构承担赔偿责任,自己有过错的,是自己责任;教育机构的工作人员的行为造成学生损害的,教育机构承担替代责任,赔偿后享有追偿权;第三人责任由第三人承担侵权责任,教育机构有过错的,在与其过错和行为原因力相应的范围内承担补充责任,并对第三人享有追偿权。

第二十五章 《民法典》规定的产品责任中究竟应当怎样分担损害

——产品责任的不真正连带责任与适用

> **实务指引要点**
>
> 1. 产品责任是指产品生产者、销售者因生产、销售缺陷产品致他人遭受人身损害、财产损失,应承担损害赔偿等责任的特殊侵权责任。
> 2. 产品责任的关键概念是缺陷,分为制造缺陷、设计缺陷、警示说明缺陷和跟踪观察缺陷。
> 3. 产品责任适用无过错责任,销售者承担最终责任的须具有过失。
> 4. 产品责任的形态是不真正连带责任,生产者或者销售者承担中间责任后,可以向最终责任者进行追偿。
> 5. 产品责任中的第三人责任适用先付责任,数个生产者生产同样的缺陷产品造成损害,不能确定谁的产品造成损害的,按照市场份额规则承担按份责任。

自从1987年《民法通则》第122条第一次对产品责任作出规定后,1993年《产品质量法》于2000年7月8日进行修订,对产品责任进行了完善。2009年《侵权责任法》在此基础上,对产品责任作了进一步规定。《民法典》侵权责任编第四章又对产品责任进行了完善。不过,《民法典》规定的产品责任仍然不是产品责任规则的全部,还要适用《产品质量法》的部分规定。在实践中应该怎样把这些规定综合起来适用,本章将对此作出说明。

第二十五章 《民法典》规定的产品责任中究竟应当怎样分担损害

一、产品责任概述

（一）产品责任的定义

对产品责任如何称谓有不同意见：一是称为产品侵权责任；二是称为产品质量不合格致害责任；三是称为产品致害责任；四是称为产品质量责任；五是称为产品侵权行为。尽管称谓各不相同，指代的却都是同一种特殊侵权责任，即产品责任。

《民法典》使用了"产品责任"概念。理由在于，产品质量是指国家有关法律法规、质量标准以及合同规定的对产品使用、安全和其他特性的要求。产品质量责任是指生产者、销售者违反了上述要求，致使他人合同利益损害所应承担的法律后果，主要是指合同责任，是产品质量问题引起的违约责任。产品质量不合格致害责任这一表述，一是烦琐，二是"产品质量不合格"的提法已被《产品质量法》的"产品缺陷"取代，也不宜采用。产品侵权责任与产品致害责任体现了产品责任的特殊性，又体现了产品责任的侵权性质，本可采用，但由于《侵权责任法》已经统一使用产品责任概念，因而《民法典》继续使用这一概念。

法学界对产品责任概念的界定没有原则性分歧，只是表述略有不同。本书的定义是，产品责任是指产品生产者、销售者因生产、销售缺陷产品致他人遭受人身损害、财产损失，应承担损害赔偿等责任的特殊侵权责任。

（二）产品责任的法律特征

1. 产品责任发生在产品流通领域

产品进入流通领域的标志，是产品经过交易、转让等合同行为，由生产者、销售者之手，转入消费者之手，中间可以经过若干流通环节，包括批发、销售、仓储、运输等过程。产品责任发生在这个领域。

2. 致人损害的产品存在缺陷

产品责任并不是产品自身质量问题，也不是产品自身损坏造成的产品本身的财产损失，而是产品因存在缺陷而造成使用人的人身损害或者缺陷产品以外的财产损害。这关系到产品责任的性质是侵权责任还是合同责任的问题。早期的产品责任属于合同责任范畴，产品责任源于合同责任。二者区别是，产品自身质量问题和产品损坏造成自身财产损失，是产品违约责任；产品因缺陷而造成人身损害，或造成缺陷产品以外的其他财产损害的责任，才是产品责任。

应当对《民法典》第1202条规定的"损害"二字的含义作特别理解,并将其与《产品质量法》第41条规定的"损害"概念进行对照理解。

《产品质量法》第41条第1款规定:"因产品存在缺陷造成人身、缺陷产品以外的其他财产(以下简称他人财产)损害的,生产者应当承担赔偿责任。"《侵权责任法》第41条没有规定这样的要求,只是笼统地规定为"损害"。对"损害"笼统规定的原因是,产品责任中,能根据同一条文将违约损害赔偿责任的诉讼与产品责任的侵权损害赔偿责任的诉讼合并向法院提起。换言之,产品自损的赔偿可以与产品责任的赔偿一并起诉,一并审理和判决。这样的好处是,方便对受害人的保护,避免就同时发生的违约损害赔偿和侵权损害赔偿分别起诉,增加受害人的讼累。

这一思路原本是不可以的,《产品质量法》分别规定了第40条和第41条,就体现了区分的必要。

《侵权责任法》第41条规定的"损害"概念,既包括缺陷产品造成消费者固有利益即人身损害或者财产损害,也包括缺陷产品自身损害即合同预期利益损害。只有对"损害"作这样的理解,才能够准确确定该条的含义。

《民法典》第1202条继续使用这个"损害"概念,与之前含义相同。因此,受害人在起诉缺陷产品造成自己人身、财产损害的同时,一并起诉缺陷产品本身损害的违约损害赔偿责任的,法院应当予以支持,不得强制被侵权人必须分别提起两个诉讼。

3. 产品责任是特殊侵权责任

产品责任是物件致人损害的特殊侵权责任,是人对物所造成的损害负责任。产品致人损害时,与该致害产品有关联的人,即生产者、销售者等对产品造成的损害承担赔偿责任,是一种特殊侵权责任。

(三)产品责任理论发展的概况

产品责任是20世纪上半叶产生的新型侵权责任。

在产品责任产生前,由合同法相关制度调整产品生产者、销售者与产品买受人的关系。

在最早的合同法理论和实践中,对于标的物品质的保证责任是明示瑕疵担保责任。明示瑕疵担保是指产品的生产者对其产品所作的明示说明,包括对其性能、质量、用途等的介绍。产品制造者应保证其产品质量达到其所明示说明的质量标准;如果达不到这一标准而给他人造成损害,则认为是违反明示瑕疵担保,应承担相应的法律责任。明示瑕疵担保的理论具有明显的缺陷,这种瑕疵担保责任以加害人和受害人之间存在合同关系以及明确的合同条款为前提,反之，受害人则无法依明示瑕疵担保寻求法律救济。

后来出现的默示瑕疵担保理论解决了这个问题。该理论认为，产品制造者虽然没有作出明示瑕疵担保说明，但也应担保其产品的一般效用，具有平均的品质且不含有隐蔽的缺陷，此外，还应担保其产品适合某一特定的用途，否则，其产品缺陷造成买受人损害的，产品制造人违反默示瑕疵担保，应当承担赔偿责任。

这两种瑕疵担保理论可以在一定程度上解决产品致害的赔偿问题，但仍然局限在合同法的框架之内，产品致害一旦超出合同的范围，如缺陷产品的受害人不是产品的直接购买者，就无法依据合同瑕疵担保理论寻求法律救济；而且对于缺陷产品造成受害人固有利益的损失也无法救济。学说和实务界转而主张采用侵权法救济缺陷产品受害人的损害，认为侵权法最适合规范产品制造人的责任。

1916年，美国 Macperson v. Buick Motor Co. 案采用过失侵权责任处理产品侵权案件。原告购买被告制造的汽车，在行驶过程中因轮胎爆裂车翻，原告被抛出车外受伤。法官就此案创设下述规则：任何商品，依其本质足以危害人之生命、健康者，均属危险物品，制造人可知悉买受人以外之第三人，会不经检验使用该物品时，则不论当事人之间有无契约关系，制造人对该商品的制造都负有注意义务。制造人未尽注意者，就所生之损害，应负赔偿责任。[①] 这种做法在一定程度上解决了产品致害责任的确定问题，但是，采用过失责任原则确定侵权责任，因举证责任要求过严，对受害人仍有保护不周之弊。

1932年，英国 Donoghue v. Stevenson 案中法官采用"事实说明自己"的证据法则，减轻受害人的证明负担。1963年，美国加利福尼亚州 Greeman v. Yuba Power Product Inc. 案确立了产品致人损害的无过错责任原则。被告生产一种兼具锯子、钻等多功能器具，原告之妻购买一件作为礼物送给原告。原告使用时，木头突然从该机器中飞出，击中原告前额致伤。判决指出：制造者将产品置于市场，知悉其将未被检查是否具有缺陷而使用，就此项具有缺陷产品对人身所招致之损害，应负无过错责任。[②] 至此，确立了产品责任的无过错责任原则。

1973年，欧共体设专家委员会，1976年完成立法草案，确认产品责任——"商品制造人对于因其产品所具有之缺陷所生之损害，应负责任。其是否明知或可得而知该缺陷，在所不问"。1985年6月发布《欧洲经济共同体有关缺陷产品责任的指示》，成员国以此为据修改和制定了本国的产品责任法。

---

① 王泽鉴. 民法学说与判例研究：第三册. 台北：三民书局，1981：199.
② 王泽鉴. 民法学说与判例研究：第三册. 台北：三民书局，1981：199.

英国法制委员会于1975年提出具有缺陷产品之责任的研究报告，公开征询专家学者及社会人士的意见，于1977年正式发表第82号报告，提出关于英国产品制造人责任的改进建议，要求为保护受害人，原则上应使产品制造人在侵权法上负无过错责任。

日本从20世纪60年代初期引进美国的产品责任理论，处理了一些产品责任案件，于1975年提出《制造物责任要纲试案》，采无过错责任主义。至20世纪80年代以来，产品责任已成为各国通行的侵权法制度。

产品责任理论及其制度的出现，起码产生了以下两个方面的重要影响：第一，解决了对缺陷产品侵害第三人造成损害的救济问题，使受到损害的第三人能够得到赔偿，使受到损害的权利得到恢复；第二，使受到损害的合同关系中的债权人只能依据违约责任请求赔偿，改变为既可以依照加害给付责任请求承担违约损害赔偿责任，也可以按照产品责任理论请求承担侵权损害赔偿责任，给受到损害的债权人以更为广泛的选择余地，更有利于保护其权利。

二、产品缺陷

（一）产品缺陷的概念

缺陷不同于瑕疵。瑕疵是指瑕疵担保责任中的瑕疵概念，意味着买卖目的物本身存在物质性的缺陷，造成产品在贸易中的价值低落。缺陷意味着物质存在危险性，有缺陷的产品缺乏通常应具备的安全性，可能对身体、生命造成损害。瑕疵外延大于缺陷，缺陷是瑕疵的一部分。

缺陷不同于质量不合格。质量不合格是指产品质量不符合质量要求的标准；某项产品没有规定质量标准，就不存在不合格的问题，但可能有缺陷。因而缺陷比质量不合格更准确。1993年《产品质量法》开始使用"产品缺陷"，奠定了产品责任的基础概念。

《产品质量法》第46条规定："本法所称缺陷，是指产品存在危及人身、他人财产安全的不合理的危险；产品有保障人体健康、人身、财产安全的国家标准、行业标准的，是指不符合该标准。"《侵权责任法》对产品缺陷没有界定，《民法典》也没有对缺陷作出界定，应当继续使用《产品质量法》第46条对缺陷概念的定义。

缺陷的具体含义有三点。

第一，缺陷是一种不合理的危险，合理的危险不是缺陷。产品缺陷是指产品缺乏必要的安全性，但这并不意味着凡缺乏安全性的产品都有缺陷。许多产品本身存在固有的不安全性，或属于危险品，如炸药，或虽不属于危险品，但使用不当也会具有危险，如刀具。这些具有众所周知的危险性的产品并不必然是缺陷产品。在耐用期限内的，在通常或合理的可能预见的使用状态下，无任何危险性；或虽具有危险性，但该危险性是被容许的，而且被认为是与每个人的安全与健康的保护相一致，仅在产品使用的最小限度内有危险性的，则认为不存在不合理危险。

第二，这种危险危及人身和产品之外其他的财产安全。其中危及人身安全的危险，是使用人的生命或者健康面临的危险；危及财产安全的危险，是使用人拥有的除缺陷产品之外的其他财产面临的危险。危险一旦发生，将造成使用人的人身损害和财产损害。

第三，缺陷是产品不符合保障人体健康、人身、财产安全的标准。产品有保障人体健康、人身、财产安全的国家标准、行业标准的，产品的缺陷就是指不符合该标准。违反安全标准，是产品缺陷的简单评判准则。

（二）产品缺陷的种类

《美国标准统一产品责任法》第 104 条把缺陷分为结构缺陷、设计缺陷、警示说明缺陷和发展缺陷；美国《侵权法第三次重述：产品责任》将缺陷分为制造缺陷、设计缺陷和警示缺陷。[①] 德国将缺陷分为设计缺陷、生产缺陷、警示说明缺陷和跟踪观察缺陷。

国内学界对产品缺陷的种类存在诸多不同意见。[②]

本书的看法是，产品缺陷分为设计缺陷、制造缺陷、警示说明缺陷和跟踪观察缺陷。理由是：第一，设计缺陷作为一种产品缺陷，被普遍承认。第二，制造缺陷、生产缺陷只是表述不同，无实质差异，原材料缺陷和装配缺陷，应包含在制造缺陷中，无必要单列。第三，对于警示说明缺陷的称谓较多，实质差异不大。第四，至于其他缺陷类型，如包装缺陷、仓储或运输缺陷、修理缺陷等，没有必要作为独立的缺陷类型。只有对科学上尚不能发现的缺陷，可以采用德国法的做法，称为跟踪观察缺陷，用以概括发展风险中违反跟踪观察义务的缺陷。

1. 设计缺陷

产品设计缺陷是指产品的设计，如产品结构、配方等存在的不合理危险。[③] 考察设计缺陷，应当结合产品的用途。如果将产品用于所设计的用途以

---

① Restatement of The Law Third: Torts—Products Liability. NY: American Law Institute Publishers, 1998.
② 赵相林，曹俊. 国际产品责任法. 北京：中国政法大学出版社，2000：86 - 87.
③ 张新宝. 中国侵权行为法. 北京：中国社会科学出版社，1998：493.

外的情形，即使存在不合理危险，也不能认为其存在设计缺陷。例如，美国生产的第一代加湿器，采用加热开水喷出水蒸气的设计方法，投放市场即发生诸多损害，被判定为设计缺陷。

2. 制造缺陷

产品制造缺陷是指产品在制造过程中产生的不合理的危险。导致危险的原因多样，包括质量管理不善、技术水平差等。制造缺陷可能发生于从原材料、零部件的选择到产品的制造、加工和装配工序等各个环节。

《美国统一产品责任示范法》第104条（A）规定了制造缺陷："为了确定产品制造上存在不合理危险，审理事实的法官应当认定：产品脱离制造者控制时在一些重要方面不符合制造者的设计说明书或性能标准，或不同于同一生产线上生产的同种产品。"《美国侵权法第三次重述：产品责任》第2条（a）规定了制造缺陷。[①]

3. 警示说明缺陷

警示说明缺陷是指用于销售的存在合理危险的产品，对存在的危险以及避免危险的方法，没有给予充分的警示与说明而形成的不合理危险。警示是对产品所具有的危险性运用标识或文字所作的必要提示，提示必须注意产品存在的危险。说明是对产品的主要性能、正确的使用方法以及错误使用可能招致的危险等所作的文字表述。产品的警示说明缺陷是指因产品提供者未对产品的危险性和正确使用作出必要的说明与警告，形成的不合理的危险。

我国《产品质量法》第27条第1款规定："产品或者其包装上的标识必须真实，并符合下列要求：（一）有产品质量检验合格证明。（二）有中文标明的产品名称、生产厂厂名和厂址。（三）根据产品的特点和使用要求，需要标明产品规格、等级、所含主要成分的名称和含量的，用中文相应予以标明；需要事先让消费者知晓的，应当在外包装上标明，或者预先向消费者提供有关资料。（四）限期使用的产品，应当在显著位置清晰地标明生产日期和安全使用期或者失效日期。（五）使用不当，容易造成产品本身损坏或者可能危及人身、财产安全的产品，应当有警示标志或者中文警示说明。"第28条规定："易碎、易燃、易爆、有毒、有腐蚀性、有放射性等危险物品以及储运中不能倒置和其他有特殊要求的产品，其包装质量必须符合相应要求，依照国家有关规定作出警示标志或者中文警示说明，标明储运注意事项。"《消费者权益保护法》第18条第1款规定："经营者应当保证其提供的商品或者服务符合保障人身、财

---

① Restatement Of The Law Third: Torts—Products Liability. NY: American Law Institute Publishers, 1998.

产安全的要求。对可能危及人身、财产安全的商品或者服务，应当向消费者作出真实的说明和明确的警示，并说明和标明正确使用商品或者接受服务的方法以及防止危害发生的方法。"

对具有合理危险的产品进行真实的说明和明确的警示，必须达到充分的标准，未说明和警示，或者未充分说明或者警示，就构成警示说明缺陷。

4. 跟踪观察缺陷

各国的产品侵权责任立法一般都规定"将产品投放流通时的科学技术尚不能发现缺陷存在"的免责事由，即"发展风险"规则，其目的在于鼓励产品生产者努力开发新产品，鼓励科技创新，以满足社会和公众的需要。因此，即使在实际上这种新产品有致人损害可能的缺陷存在，但在将产品投放流通之时的科学技术尚不能发现的，产品生产者能够免除其责任，这就会促使生产者放手进行研发，不必顾及造成损害时的赔偿责任。这样的免责事由，牺牲的是商品使用人的利益，因为他们即使遭受了这种产品的侵害，也不能得到赔偿，等于他们牺牲了自己获得赔偿的权利，成全了生产者的创新勇气。因此，立法者在两难的抉择中，采取推动科技进步的立场。但是，面对消费者的利益牺牲，法律却是无助的。确立跟踪观察缺陷的宗旨，就是改变传统的这种立场，转变为保护消费者的立场，对消费者的利益给予更多的关注。即使在产品投放流通时的科学技术尚不能发现缺陷的存在，法律也要求生产者应当在产品投放流通时，就开始履行跟踪观察的义务；未尽该义务的，就构成跟踪观察缺陷。因此，就能够把消费者放在更为宽广的保护范围之中。

跟踪观察缺陷是指在发展风险中，生产者将新产品投放市场后，违反对新产品应当尽到的跟踪观察义务，致使该产品造成使用人的人身损害或者财产损害的不合理危险。《民法典》第1206条规定的"产品投入流通后发现存在缺陷的，生产者、销售者应当及时采取停止销售、警示、召回等补救措施。未及时采取补救措施或者补救措施不力造成损害扩大的"，就是跟踪观察缺陷。产品生产者将未能发现有缺陷的产品投放市场后，应当尽到必要的跟踪观察义务。在法律确定的较长的观察期中，如果发现产品存在问题，应当及时采取警示、说明或者召回等补救措施，未采取或者未及时采取补救措施造成损害的，应当承担侵权责任。确定了跟踪观察缺陷，就更能够发挥产品责任保护消费者权益的作用。在新产品投放市场以后，生产者必须跟踪观察，对于用户的反映和提出的问题必须付诸行动，要进行研究，并且提出改进的方法。存在产生损害的可能性的，则还要召回；有的还要向用户进行可靠使用的说明。没有做到，致使新产品的隐蔽缺陷造成损害的，就应当承担跟踪观察缺陷的侵权责任。

确立跟踪观察缺陷的意义是，对一般的产品侵权责任免责事由即"将产品投放流通时的科学技术尚不能发现缺陷存在"作出了突破,进而给产品使用者提供了更加安全的权利保护。

(三) 产品缺陷的认定标准

判断危险的合理与否或者判断某一产品是否存在缺陷的标准,分为一般标准和法定标准:一般标准是人们有权期待的安全性,即一个善良人在正常情况下对一件产品所应具备的安全性的期望;法定标准是国家和行业对某些产品制定的保障人体健康、人身和财产安全的专门标准。有法定标准的适用法定标准,无法定标准的适用一般标准。①

1. 消费者期待标准

消费者期待标准是指,判断产品是否具有不合理的危险应以一般消费者的智识水平为据,如果该产品的危险程度超过了一个理性消费者所能预见的程度,则其具有危险性,该产品即为缺陷产品。例如,《德国产品责任法》第3条规定:"产品不能提供人们有权期待的安全性,就是存在缺陷的产品。"《英国消费者保护法》第3条规定:"如果产品不具有人们有权期待的安全性,该产品即存在缺陷。"美国司法实践也适用消费者期待标准来认定产品的缺陷。

对于供一般使用、构造和功能相对简单的产品,消费者期待标准发挥作用的空间较大。对于高技术型的产品,由于消费者缺乏相应的知识,难以形成合理的安全期待值。

这一标准主要适用于对设计缺陷和警示缺陷的认定,制造缺陷的认定则不适用。

为避免消费者期待标准失之于主观,合理期望的确定需借助一些客观的因素,包括产品价格、使用者的类型,甚至制造者对产品的预先设定等。

2. 成本效益分析标准

产品责任的承担,须平衡消费者利益保护与产业发展的关系。缺陷成立尺度的松紧关系产品责任的有无。纯粹的消费者期待标准有可能失之主观,对产品安全性提出过高的要求而导致产品成本增加,阻碍产业发展,故需要其他的标准来补充。

成本效益分析标准是通过比较更安全的设计方案以及警示方法所需增加的成本与因此可能避免发生的损害,来确定产品销售者的严格责任。除非在设计和销售产品时,在技术可行性方面存在更安全的设计或警示方案可供生产者或销售者选择,否则产品不存在设计或警示缺陷。显然,这是为了对受到越来

---

① 张新宝. 中国侵权行为法. 北京: 中国社会科学出版社, 1998: 493.

多严格产品责任诉讼困扰的生产者提供经济上合理的保护,以利于工业的发展和技术的进步,使产品责任在保护消费者的同时,不至于影响经济的发展。

成本效益分析标准主要适用于确定产品是否存在设计缺陷和警示缺陷。在设计缺陷认定中,该标准可在三个领域发挥作用[1]:首先,可用于产品结构设计的评价,以确定一种具体的安全装置及其改进是否必要;其次,可用于评价是否需要向消费者发出通告或警告;最后,用于解决产品的市场需求问题。比如,某些产品是必需品,急需的并且只能按照一种方式设计的产品应与奢侈品不同对待。如果为满足市场的需求并在一定限额的成本内进行产品设计,可能会存在导致危险的风险,但若采用替代标准,则又会大大提高产品成本而影响竞争和需求。一般认为,更好的产品出现后,并不能据以认为原产品存在设计缺陷。在美国,有些法院拒绝适用此标准,他们认为,这一方法是把所有的风险置于受害者一方,而使利益归于生产者,违背了严格责任产生的理论根据之一——风险分摊理论。[2]

3. 生产者特定的产品标准和法定标准

对产品的质量、性能,生产者自身制定有相应的标准。在产品的安全状态偏离生产者的预期目的致人损害的场合,生产者特定的产品标准可以作为判断缺陷是否存在的客观标准。[3]

国家相关部门或行业对某些产品(尤其是食品和药品)制定了保障人体健康、人身和财产安全的专门标准,这种标准就是"法定标准"。如果产品达不到或不符合这一法定标准,即可认定该产品存在不合理的危险,属于缺陷产品。[4]

该标准主要适用于制造缺陷的认定,与其他产品缺陷不同,制造缺陷的认定不需要考虑社会对产品安全性能的态度或消费者的期望,将该缺陷产品与其他同类安全产品进行比较检验,根据产品的客观技术要求或规格作出判断即可。[5]

三、产品责任的构成

(一) 产品责任的归责原则

产品责任是无过错责任,理由有三点。[6]

---

[1] 朱克鹏,田卫红. 论产品责任法上的产品缺陷. 法学评论. 1994 (6).
[2] 朱克鹏,田卫红. 论产品责任法上的产品缺陷. 法学评论,1994 (6).
[3] 朱克鹏,田卫红. 论产品责任法上的产品缺陷. 法学评论,1994 (6).
[4] 张新宝. 中国侵权行为法. 北京:中国社会科学出版社,1998:493.
[5] 刘静. 产品责任论. 北京:中国政法大学出版社,2000:135.
[6] 张骐. 中美产品责任的归责原则比较. 中外法学,1998 (4).

第一，我国制定《民法通则》时，就将产品责任规定为无过错责任。《民法通则》第122条规定的产品责任属于特殊侵权责任，适用无过错责任原则。《产品质量法》仍然坚持这个立场，坚持无过错责任原则。《侵权责任法》专章规定产品责任，仍然坚持无过错责任立场。《民法典》依然如此。

第二，无过错责任能够兼顾救济权利、补偿损失与惩罚侵权的功能。在应对缺陷产品造成的损害方面，无过错责任能够更好地提高效益、实现公正，并且能够使生产者增加产品安全投入，消除可避免的危险，实现"危险控制"目标；使危险产品的价格提高而处于市场竞争中的不利地位，减少对这些产品的消费，实现"市场抑制"目标。同时，无过错责任简化了确定责任所需的证明过程，降低了包括运行事故修复系统的成本在内的交易成本，可减少单独个体承受全部损失时的成本。一方面，缺陷产品辜负了用户对产品安全的合理期望；另一方面，依据利益与负担、权利与义务相一致的原则，风险应当由从产品中受益的人承担。

第三，无过错责任原则符合国际立法趋势。各国立法在归责原则上都确立了无过错责任原则，我国民事法律规定的产品责任当然不能例外。

产品责任是无过错责任，不是说缺陷产品的生产者和销售者没有过错，因为产品存在缺陷本身就是一种过错。现代社会对产品质量的规定越来越具体，如果产品不符合规定的质量要求，产品的生产者就有过错，除非现有的科学技术无法发现。但是，产品责任确定为无过错责任，意图是确定这种侵权责任不考察过错，其有没有过错，在所不论；只要受害人能够证明产品具有缺陷，即可构成侵权责任。因而，受害人不必证明产品制造者或者销售者的过错，也就减轻了权利人的诉讼负担，有利于保护受害人的权利。

应当注意的是，产品责任并非都适用无过错责任原则：第一，在销售者承担最终责任时，适用过错责任原则；第二，第三人的过错致使产品存在缺陷，在承担最终责任时，也适用过错责任原则；第三，在跟踪观察缺陷中，确定生产者承担侵权责任，适用过错推定原则，不适用无过错责任原则。

（二）产品责任的构成要件

构成产品责任须具备以下要件。

1. 产品存在缺陷

产品及其缺陷在产品责任构成中处于极其重要的地位。前面已对缺陷作了论述，下面对产品作出说明。

《民法典》没有明确规定产品，应当适用《产品质量法》的规定。《产品质量法》第2条第2款对产品作了概括性规定，产品责任中的产品，是指"经过加工、制作，用于销售的产品"。产品须具备两个条件：一是经过加工、制作，未经过加工制作的自然物，不是产品；二是用于销售，因而是可以进入流通领域的物。《产品质量法》第41条第2款第1项规定，产品未进入流通的，生产者不承担赔偿责任。可见，销售就是让产品进入流通领域。应当注意的是，产品未进入流通领域，是免责条件。用于销售，是指生产、制造该产品的目的，还不代表已经进入流通。

对产品的外延，法律没有明确规定。通常认为，产品限于动产，不包括不动产。① 建筑房屋交付使用，发生倒塌，伤害用户，《民法典》第1252条有专门规定，不适用产品责任。

对于初级农产品，通常也认为其不属于产品。② 理由主要是：未加工的农产品容易受到外界的影响而产生缺陷，这是生产者不能控制的；这些产品在市场上混杂出售，难以确定缺陷是在生产或销售的哪一环节中产生。

对于以下用于销售的物应当认为是产品：

一是导线输送的电能，以及利用管道输送的油品、燃气、热能、水。生产者已放弃控制和已投放市场的电构成产品，而仍由制造者保持控制的处于电线中的电，则在产品范围之外。

二是计算机软件和类似的电子产品。应当充分考虑该产品是否被投入商业流通渠道、生产商控制风险的地位和生产者分摊产品责任事故费用的能力这三个因素。对于适合许多用户的通用软件，由于其大量的生产和销售，生产者处于控制风险的较好地位和具有分摊产品事故费用的较强的能力，因此，这类软件应被纳入产品范围，适用严格责任。而对于按用户特别要求而制作的专门用途软件，由于该电脑软件并未真正投入商业渠道，在承担各种费用上，提供者并不比用户处于更有利的地位，也无法把风险费用分摊给其他消费者，因此，这类软件应排除在产品范围之外，适用过错责任。③

2. 人身、财产受到损害

缺陷产品致人损害具有自身的特殊性，表现为：一是某些缺陷产品，尤其是有设计缺陷的产品，往往受害人多，损害严重；二是缺陷产品致人损害，有些损害后果在受害当时或受害后较短时间即可发现，而另一些损害后果往往要经过较长时间才能发现，有些损害要等到直接受害者的后代才会显现出来；三是缺陷产品致人损害，既包括人身方面的损害，也包括财产方面的损害。④

---

① 张新宝. 中国侵权行为法. 北京：中国社会科学出版社，1995：308.
② 张新宝. 中国侵权行为法. 北京：中国社会科学出版社，1995：308.
③ 刘静. 产品责任论. 北京：中国政法大学出版社，2000：116.
④ 张新宝. 中国侵权行为法. 2版. 北京：中国社会科学出版社，1998：497.

产品责任中的损害事实包括人身损害、财产损害和精神损害。人身损害包括致人死亡和致人伤残。财产损害，不是指缺陷产品本身的损失，即购买该产品所付价金的损失；而是指缺陷产品外的其他财产的损失，包括直接损失和间接损失。对于产品自损虽然可以在产品责任案件中一并起诉，但其属于违约责任的损害，而不是产品责任的损害。

产品责任的损害也包括精神损害，是指缺陷产品致人损害，给受害人造成的精神痛苦和感情创伤。

3. 因果关系

产品责任中的因果关系要件，是指产品的缺陷与受害人的损害事实之间存在的引起与被引起的关系。产品缺陷是原因，损害事实是结果。产品责任的因果关系，要由受害人证明；证明的内容是，损害是由使用或消费有缺陷的产品所致。使用，是对可以多次利用的产品的利用；消费，是对只能一次性利用的产品的利用。这两者在构成侵权责任时无原则性区别。

受害人证明损害，首先，要证明缺陷在产品销售当时即已存在。对此，原告可以通过三种方式予以证明：使用直接证据，如某一残缺零件；使用间接证据，如专家证言；排除其他原因。其次，要证明缺陷产品曾经被使用或消费。最后，要证明使用或消费该缺陷产品是损害发生的原因。产品责任中的因果关系具有特殊性，表现在它是产品缺陷与损害后果之间的相互关系，而不是某种具体行为与损害后果之间的关系。此外，确定产品责任因果关系往往利用因果关系推定而非因果关系认定来实现。在因果关系推定中，尤其是在高科技产品致害的证明中，可以有条件地适用推定因果关系理论，即受害人证明使用或消费某产品后即发生某种损害，且这种缺陷产品通常可以造成这种损害，可以推定因果关系成立，转由侵害人举证证明因果关系不成立，证明属实的，则否定因果关系要件。

四、产品责任的类型

从缺陷的角度划分，可以分为四种不同的产品责任类型。

（一）制造缺陷产品责任

1. 制造缺陷产品责任的发展及特点

产品责任法最早是对制造缺陷进行规制的。19世纪末，美国州法院开始对存在制造缺陷的食品供应商科以疏忽责任和担保责任。20世纪60年代初，美国法院开始承认，任何产品的提供者，只要存在制造缺陷，都应承担侵权法上的责任；不管原告是提起疏忽之诉，还是担保责任之诉，都要求产品提供商对存在制造缺陷的产品所致损害承担侵权法上的严格责任，这吞并了默示担保概念，虽然后者既不要求证明存在疏忽，也不要求有合同上的直接关系。[①] 德国 1915 年"合成盐药物伤害案"是德国产品责任的创始判例之一，也是制造缺陷致人损害的典型案例。原告从药店买回被告生产的人工盐，服用时因药中含有玻璃碎片而遭受损害。20 世纪 50 至 60 年代，日本出现了一些影响广泛的制造缺陷产品责任案，主要发生在食品和汽车领域，包括 1955 年森永奶粉砷中毒及亚急性脊椎视神经症、1964 年沙利德迈药品受害案、1968 年北九州全味食品公司米糠油中毒案，等等。

制造缺陷产品责任有两个突出特点：一是制造缺陷产品及其致损具有很大的必然性。对于大规模的产品生产或者对于由许多零部件构成的产品而言，个别产品出现缺陷的情况几乎无法避免。二是制造缺陷造成损害具有个别性，为逃脱品质管理控制的漏洞所致，大多局限于个别产品。相对于设计缺陷，制造缺陷所致损害的波及面相对较小，补救和纠正相对容易。

2. 制造产品缺陷的种类

（1）装配缺陷。

装配缺陷就是产品在装配过程中产生的不合理危险。例如，杨某从电器商店购买一台电热水器，热水器漏电，致使杨某触电休克，急送医院后抢救脱险。杨某找厂家赔偿，厂家称电热水器是合格品，有合格证明，触电系杨某使用不当造成，拒绝赔偿。仲裁机构委托产品质量检验所对该电热水器进行检验，发现漏电是由装配有误造成。仲裁裁决，厂家赔偿受害人一切经济损失，同时承担检验费和仲裁费。[②]

（2）原材料、零部件缺陷。

原材料和零部件缺陷，是把具有缺陷的原材料或者零部件应用于产品，使产品存在了不合理危险。

对零部件和原材料缺陷构成的制造缺陷，在起草《侵权责任法》中，专家坚持应当列入，也专门设计了相关条文。[③] 立法者把这种意见归纳在《侵权责任法》第 44 条："因运输者、仓储者等第三人的过错使产品存在缺陷，造成他人损害的，产品的生产者、销售者赔偿后，有权向第三人追偿。"其中"运输者、仓储者等"后的"等"字，就包括了零部件提供者和原材料提供者。《民

[①] Restatement Of The Law Third: Torts—Products Liability. NY: American Law Institute Publishers, 1998.

[②] 赵相林, 曹俊. 国际产品责任法. 北京：中国政法大学出版社, 2000: 97.

[③] 杨立新. 中华人民共和国侵权责任法草案建议稿及说明. 北京：法律出版社, 2007: 26.

法典》第 1204 条仍然按照这样的方法规定。

(二) 设计缺陷产品责任

1. 设计缺陷产品责任的发展及特点

与制造缺陷产品责任相比，设计缺陷产品责任出现较晚。20 世纪 60 年代末至 70 年代初，美国才开始出现设计缺陷产品责任。由于设计缺陷波及全部的同类产品，造成的损害和影响往往极大；制造缺陷引起的诉讼案远没有设计缺陷引起的诉讼案数量多。

设计缺陷产品责任的归责原则，究竟是疏忽责任还是严格责任，一直有争论，多数认为应当适用严格责任。[①] 我国对设计缺陷产品责任适用无过错责任原则。

设计缺陷产品责任的特点为[②]：一是设计缺陷和制造缺陷适用不同的认定标准。制造缺陷可能是单位产品不符合制造者的设计方案，而设计缺陷则要跳出制造者的设计方案来认定。[③] 二是不同的缺陷致人损害有不同的免责事由。例如，发展风险的抗辩主要适用于设计缺陷产品责任，而不适用于制造缺陷产品责任。[④]

2. 设计缺陷产品的种类

根据设计缺陷的种类，可以将设计缺陷产品责任分为以下三种类型。

(1) 产品结构缺陷。

产品结构缺陷是指由于错用材料，产品有结构上的错误，导致其包含的不合理危险造成人身或财产损害。例如，用很细的木料做的椅子一坐就垮，是产品结构缺陷。确定产品结构缺陷，一般看产品的寿命是否比一般消费者期望的短，同时还要考虑产品的价格档次等。

(2) 缺乏安全装置。

缺乏安全装置缺陷，是指与产品的价值和缺陷可能带来的危险相比，被告花很小的代价就可以安装一个安全装置，却没有安装，致使他人人身或财产损害。对此，抗辩理由一般是同行业其他生产者没有安装安全装置，或者安装安

[①] Restatement Of The Law Third: Torts—Products Liability. NY: American Law Institute Publishers, 1998.

[②] Restatement Of The Law Third: Torts—Products Liability. NY: American Law Institute Publishers, 1998.

[③] Restatement Of The Law Third: Torts—Products Liability. NY: American Law Institute Publishers, 1998.

[④] 新泽西制定法注释 N. J. Stat. Ann. § §2A：58C-2, 3 (West 1987)。

全装置花费庞大，或者放上安全装置后产品不能发挥过去的功能。确定的标准是，按照当时的技术，可以安装而没有安装，就构成这种缺陷。

（3）未满足对不当使用的适应性。

产品的设计应当考虑到对该产品被人不按它的原定目的使用时可能导致的危险的防范，标准为这种不当使用是否可以被预见。例如，汽车驾驶中，人们可能违规驾驶导致事故，为此，汽车生产者应该预见而制造比较能抗冲击的汽车，车祸发生后，可使开车人避免因汽车本身的问题再受伤害。是否要为防止产品被不当使用而采取措施，除看这种使用是否能被预见外，还要考虑成本效益。例如，某居民小区活动场所安装无固定装置摇椅，几名少年将其作为秋千使用，致使摇椅侧翻，造成伤害。将摇椅加以固定，成本不高，因而其设置时具有未满足对不当使用适应性的设计缺陷。

（三）警示说明缺陷产品责任

1. 警示缺陷产品责任的发展和典型案例

警示缺陷产品责任在美国出现，是20世纪60年代末70年代初。[①]

我国《消费者权益保护法》第18条规定："……对可能危及人身、财产安全的商品和服务，应当向消费者作出真实的说明和明确的警示，并说明和标明正确使用商品或者接受服务的方法以及防止危害发生的方法……"这是我国认定警示说明缺陷的法律依据。

典型案例是：齐齐哈尔市某蛋糕店业主宗某在黄某经营的小百货店购买10瓶歼敌牌杀虫气雾剂，把其中3瓶放到店里使用。工人毛某、雷某在制作间、营业厅和二楼清扫卫生时用该杀虫气雾剂喷洒，毛某喷洒2瓶、雷某喷洒大半瓶时，工人包某招呼两人下班回家，在关灯时发生爆炸，毛某被炸成重伤，另外两人轻伤。现场勘验确认为空气爆炸，是空气中杀虫气雾剂浓度过高所致。产品为某精细化工厂生产，产品有质量检验合格证、检验报告、农药临时登记证、注册商标，产品包装上注明"可按10平方米房内喷射15秒的剂量做空间喷射，喷后若关闭门窗约20分钟效果更佳"。产品有易燃品标识，但没有易爆品及切勿接触电源等字样，没有适当的禁止性、警示性说明。法院判决生产者承担60%责任，理由是：该杀虫气雾剂产品具有一定的危险性，生产者仅在用量上作"可按10平方米房内喷射15秒的剂量做空间喷射，喷后若关闭门窗约20分钟效果更佳"的建议性说明，没有禁止性、警示性说明，使其

[①] Restatement Of The Law Third: Torts—Products Liability. NY: American Law Institute Publishers, 1998.

存在危及人身及他人财产安全的不合理危险，属于缺陷产品，应当承担损害赔偿责任；原告使用该产品有不当之处，可以适当减轻生产者的责任。

2. 承担产品充分说明或者警示义务的条件

从事产品销售（如出租）的经营者在产品出售或经营之后，未提出警示，而任何一个合理的商人作为销售商在此种情况下都应当提出警示的，生产者或者销售者就应当进行充分警示说明。

第一，产品生产者或销售商知道或者应当知道产品存在对人身或财产的实质性危险。

这个要件分为两个因素：一是产品存在实质性危险。这种危险是一种一般危险而不是高度危险，这种危险通过正常使用方法是可以避免的。如果使用不当，就会造成人身损害或者财产损失的后果。二是产品生产者或者销售者对这种实质性危险知道或者应当知道。知道，是生产者或者销售者已经知道这种实质性危险；应当知道，是指尽管生产者或者销售者还不知道这种危险，但是根据科技发展水平和产品本身的性质，销售者或者生产者应当知道这种实质性危险。例如，由于杀虫气雾剂的成分和制作方法，生产者和销售者是知道其存在实质性危险的。

第二，生产者或销售商能够识别应当被警示的人且合理断定其并不知晓致害危险。

应当被警示的人，是使用该产品的人，即凡是接受该产品的人就是应当被警示的人。凡是接受该产品的人，就应当认为是生产者或者销售者能够识别的被警示的人。

可以合理断定应当被警示的人不知晓致害危险，就是接受该产品的人并不知道产品存在的实质性危险。以一般人对产品存在的实质性危险的认识来看，接受该产品的人不知晓危险的存在。

第三，该警示能够被生产者或者销售商有效传达并为被警示的人有效执行。

这个要件是在销售渠道中对具有实质性危险的产品的说明或者警示的要求，核心是说明或警示能够被有效传达和有效执行，要求是说明或者警示已经作出且能在销售渠道中被有效地传达，同时也能被产品使用者有效执行。有效传达，是在传达中不会改变，不会灭失，不会减损。有效执行不在于接受该产品的人完全照办，而是接受该产品的人按照说明或者警示能够操作，按照说明或者警示操作，就不会发生危险。只有这样，产品的说明或者警示才可以被认为是充分的，达到了充分的标准。反之，即使是说明或者警示已经充分，但是在传达或者执行中没有达到"有效"的要求，也会被认为是说明或者警示不充分。

第四，致害危险足够大，生产者或者销售商应当承受提供警示的负担。

产品的致害危险足够大，是说该产品存在的致害危险不加以充分说明或者警示就不足以防止危险转化为损害。在这种情况下，生产者或者销售商就应当承担提供警示或者说明的义务。这种说明或者警示的义务，应当由生产者或者销售商负担。

承担警示说明义务的主体，既包括生产者，也包括销售商，二者都负有义务。但是最终的责任者，是缺陷的直接制造者。

值得注意的是，接手者对自己在销售时未予警示所致损害的责任。接手者，是接手某公司或其他经济实体的财产的人。接手者对于其前手的公司、其他经济实体以商业销售或其他商业供应形式转让的缺陷产品造成的人身或者财产的损害，如果对已经出售或经营的产品产生的危险未予警示，则应当承担赔偿责任。可见，接手者对前手的公司或者经济实体销售或经营的产品，也负有说明或者警示的义务。承担这种产品责任的要件：一是接手者承担或同意提供产品的维修或保养服务，或者由于前手产品的买主向其提供了实际的或潜在的经济上的优势，已经和前手产品的买主处于一种与其前手和买主相类似的关系中；二是处于接手者位置上的合理人都会提供这种警示。处于接手者位置上的合理人都会提供警示，条件是：第一，接手者知道或者应当知道产品存在对人身或财产的实质性危险；第二，接手者能够识别应当被警示的人，并且可以合理断定其并不知晓致害的危险；第三，该警示能够被接手者有效传达并被应当被警示的人有效执行；第四，致害危险足够大，接手者应当承受提供警示的负担。[①] 在这种情况下，接手者应当承担说明或者警示不充分的侵权责任。

3. 判断警示说明不充分的标准

对产品的说明和警示作充分的说明，特别是对具有一定危险性的产品，制造者或者销售者应当竭尽注意义务，防止消费者在使用中发生危险，遭受损害。

因产品说明或警示不充分所致的产品缺陷，是指产品可预见的致害危险能够通过销售商、其他经营者，或其在商业经营过程中的任一前手，采用合理的说明或警示条款而减少或避免，且不采纳该说明或警示并不能使产品得到合理的安全。[②] 我国学者认为，警示说明不充分是指生产者没有提供警示与说明，

[①] 中国人民大学民商事法律科学研究中心. 中国民法典：人格权法编和侵权行为法编. 内部资料，2002：272.

[②] 中国人民大学民商事法律科学研究中心. 中国民法典：人格权法编和侵权行为法编. 内部资料，2002：269.

致使其产品在使用、储运等情形下具有不合理的危险。①

构成产品说明或警示不充分这种缺陷应当具备以下三个要件。

第一，在一项产品中存在致害危险。

在特定一项产品中，应当包含致害的危险。高科技支持新产品，使产品中包含了各种各样的危险因素。保障产品的安全，是国家极力追求的目标，因此只有在产品的危险因素被控制在一定范围，在使用中只要不是过于粗心或者疏忽大意，就可以避免这种危险，才准许这种产品推向市场。应当区分一般危险和高度危险。产品说明、警示不充分构成中的致害危险是一般的合理危险，既不是不合理危险即缺陷，也不是高度危险。如果一项产品具备高度危险，则是危险物品，不再适用产品侵权责任，而应当适用高度危险责任的规定。所以，产品说明、警示不充分的致害危险的判断，其下限是具有致害的危险，没有致害危险的产品，不存在说明、警示不充分的问题；其上限是不属于不合理危险，也不是高度危险。

实际上，产品中的危险分为三类：一是合理的致害危险，通过合理的使用方法就能够避免危险发生；二是不合理危险，即存在致人损害的超过合理危险的危险性；三是高度危险，超过了产品责任的范畴，属于高度危险责任的类型。例如鞭炮属于爆炸物，具有危险性，但是该危险是合理危险，正确使用不会使危险发生，只需要进行警示说明。

第二，对产品存在充分说明或者警示的高度必要性。

正因为产品存在致害的合理危险，如果要避免该产品在使用中的危险，就一定要进行充分说明或者警示。说明或者警示必要性的判断标准，就是这种致害危险可以通过合理的说明或者警示来避免，如果不采纳该说明或警示就不能使产品合理安全。这一要件的要求是，合理的说明或者警示能够避免致害危险，达到合理安全的标准，使产品能够安全使用。这里有两个"合理"。第一个"合理"说的是说明和警示的程度，是要"合理"的说明或者警示，而不是一般的说明或者警示；要求是，不采纳该说明或者警示，就不能使产品合理安全，也就不能保障消费者的安全。第二个"合理"是说产品达到安全使用的标准，就是合理安全。如果不进行合理的说明或者警示，就不能保障产品的安全使用。

第三，没有说明、警示或者说明、警示不充分。

对属于上述情形的产品，应当进行充分说明或者警示，而产品生产者或者销售者却没有进行说明或者警示，或者虽然进行了说明、警示，但是说明、警

---

① 张新宝. 中国侵权行为法. 北京：中国社会科学出版社，1995：311.

示没有达到充分的要求构成说明或警示不充分的缺陷。说明、警示是否充分的标准，应当根据产品的具体情况确定，一般的要求是：正确说明产品存在的危险，以及如何正确使用该产品、避免产品存在的危险，达到使用的合理安全的要求。如果产品是为大众所消费、使用的，警示与说明应为社会上不具有专门知识的一般人所能引起注意、知晓、理解；如果产品是为特定人所消费、使用的，警示与说明应为具备专门知识的特定人所能引起注意、知晓、理解。① 做到了这一点，说明、警示就达到了充分的标准；没有做到的，就是说明、警示不充分。

具备以上三个要件，构成说明或者警示不充分的缺陷，应当承担产品侵权责任。

（四）跟踪观察缺陷产品责任

1. 跟踪观察缺陷产品责任的概念

《民法典》第 1206 条规定的是跟踪观察缺陷产品责任，与《侵权责任法》第 46 条规定相比，明确了生产者、销售者应当承担停止销售的责任，以及未及时采取补救措施或者补救措施不力造成损害扩大的，对扩大的损害也应当承担侵权责任的新规则。

跟踪观察缺陷产品责任，是指在发展风险中，生产者违反对新产品应当尽到的跟踪观察义务，未及时采取停止销售、警示、召回等补救措施或者补救措施不力造成损害扩大，应当承担的产品责任类型。

德国在司法实务中，为了克服发展风险抗辩导致的损害分配有违公平正义的弊端，更好地保护消费者的合法权益，确立了制造商的跟踪观察义务。制造商将产品投入流通之后，还负有跟踪监视义务，即必须对所生产产品的性能以及实际使用效果进行不间断的了解，必要时应作出警告直至召回产品。由于人类的认识能力和科技水平不断提高，生产者应及时了解最新的科技成果，对新发现的产品危险应及时予以警告、说明。② 制造商将新产品投放市场后，必须履行详尽的跟踪观察义务，对于用户反映和提出的问题必须付诸行动，要进行研究，并且提出改进的方法。如果产品制造商对于投放市场的新产品没有尽到跟踪观察义务，应当发现而没有发现新产品存在的缺陷，或者已经发现新产品的缺陷而没有及时召回，或者没有进行必要的指示说明，致使消费者受到侵害的，应当确认其构成跟踪观察缺陷，承担侵权责任。③ 受害人可以据此对抗

---

① 张新宝. 中国侵权行为法. 北京：中国社会科学出版社，1995：312.
② 赵相林，曹俊. 国际产品责任法. 北京：中国政法大学出版社，2000：105.
③ 杨立新. 产品跟踪观察缺陷与警示说明缺陷的认定. 人民法院报，2006－08－15.

"将产品投放流通时的科学技术尚不能发现缺陷存在"的免责事由。这种做法值得借鉴。

2. 跟踪观察缺陷产品责任的归责原则

跟踪观察缺陷侵权的归责原则，应当适用过错推定原则。理由在于：一方面，《民法典》第1206条规定的"未及时采取补救措施或者补救措施不力"本身，就说明产品生产者具有过失。另一方面，鉴于跟踪观察缺陷是违反跟踪观察义务导致的损害，显然属于过失认定的范畴。据此，其归责的基础应该是生产者的过错，即生产者应当尽到相应的注意而没有尽到，具备道德上可责难性。考虑到消费者和制造商之间的实力对比，以及生产者在跟踪观察义务履行中的积极地位，应该实行过错推定责任，先推定生产者存在过错，然后由其反证其没有过错。从未及时采取补救措施或者补救措施不力以及违反跟踪观察义务两个方面考虑，跟踪观察缺陷产品责任实行过错推定原则，是完全有道理的。

3. 跟踪观察缺陷产品责任的构成要件

（1）违法行为。

违反产品跟踪观察义务的不法行为包括不履行跟踪观察义务和不当履行跟踪观察义务的行为。例如，产品存在致人损害的危险或该损害已实际发生时，生产者对该产品应当召回，没有召回的，就违反法定义务，构成行为不法。不当召回，是生产者虽然实施了召回措施，但违反通常标准或采取补救措施不力，同样也是违法行为。

（2）损害。

跟踪观察缺陷所致损害，主要是对生命、健康权的损害，以及由此而生的财产损失和精神痛苦。在损害事实方面，跟踪观察缺陷产品责任没有特别的要求。

（3）因果关系。

跟踪观察缺陷产品责任的因果关系确定，应当适用相当因果关系规则。依照社会通常观念，该种缺陷产品能够造成该种损害，且在实际上已经由该种产品造成了该种损害，该种产品的缺陷为损害发生的适当条件的，就应当确认二者具有因果关系。

（4）过失。

生产者违反产品跟踪观察义务的过失的判断标准，应当采取"理性人"的分析方法，同时适用消费者合理期待的标准。以理性人的标准考察生产者在履行产品跟踪观察义务时，未尽到善尽交易上的注意（以善良管理人的注意为妥）即可认定为有过失；当然这种义务的要求不能绝对化，而应该进行个案分析。由于消费者对产品安全的需求因个人因素而异,即使是客观上一般典型的理性消费者期待产品应有的安全性,也会受到制造商于设计、制造过程或通过产品呈现、指示或其他形式,赋予产品使用的目的与标准的影响。① 所以,在过失判断上应当以生产者履行的产品跟踪观察义务,不背离一般消费者的通常安全期待为标准。

五、产品责任的承担

(一) 产品责任的法律关系主体

1. 权利主体

我国《民法典》和《产品质量法》未明确界定产品责任的权利主体,仅指"他人"。产品包括消费资料和生产资料,故产品的消费可分为消费资料的消费和生产资料的消费,而后者主要是通过法人和非法人组织来进行的。尤其在现代社会,随着专业化分工越来越细,产品的技术含量越来越高,其危险程度也日益增加,缺陷产品不仅危及私人消费者的合法权益,同样严重威胁法人和非法人组织的财产安全。为维系加害人与受害人的利益平衡,促使生产者、销售者努力降低产品危险,消除产品缺陷,界定"他人",应当将法人和非法人组织纳入产品责任的保护范围。产品责任法律关系的权利主体应当包括因产品存在缺陷遭受人身损害或者财产损害的一切受害者,无论是自然人还是法人或非法人组织都在其内。

2. 义务主体

(1) 生产者。

生产者作为产品责任主体应承担无过错责任,在产品设计、试制、投产和制造过程中,生产者对产品的缺陷具有控制能力,在实现产品事故的损失最小化上较消费者处于更有利的地位,使其承担无过错责任,可促使其实行技术更新、采取补救措施,防止事故发生。生产者较消费者更有能力承担损失,可通过产品责任保险以及提高产品价格分散风险和成本。此外,一个从他支配下的某物或某项活动中获取利益的人,应当对该物或该项活动所致的损害负责;一个为自己利益而自愿经营某项事业的人,应当承担该事业性质所生的或相关的致损风险。

我国《民法典》和《产品质量法》使用"生产者"的概念,应当包括:1) 成

---

① 朱伯松. 德国商品制造商责任论:侵权行为责任法的分析:下. 法学丛刊,1956 (3).

品生产者。成品生产者是产品责任的主要承担者。2) 零部件生产者、原材料生产者。产品缺陷由零部件生产者、原材料生产者造成的，受害人向其请求损害赔偿时，其应承担侵权责任。3) 准生产者。对他人制造的产品像自己制造的产品一样进行销售或者以其他形式经营的，视为生产者。例如，在他人的产品上以自己的名称、商标或其他具有识别性的标志表明自己为生产者，此种情形下，对其销售的产品，应当承担产品制造者的责任。另外，以出售、出租、转让等为营业目的的进口商也视为生产者，这主要是为了避免受害人因管辖权的障碍无法对外国产品生产者起诉而蒙受损失。[1]

（2）销售者。

销售者是指生产者外的产品经销商。由于销售者的过错使产品存在缺陷，造成他人人身、财产损害的，销售者应当承担赔偿责任。《民法典》第1203条、《产品质量法》第42条对销售者的责任主体地位作了规定，销售者应满足的条件是：第一，以经营该产品为业的人，如私车转让人不是销售者；第二，此种经营应是长期的，而不是临时或偶尔的；第三，不要求该致害产品是其主营业或唯一的营业，如影院出售爆米花。[2] 至于销售者的范围，根据产品提供或经营方式，主要包括批发商、零售商、出租人、行纪人等。

（3）对产品缺陷的产生有过错的第三人。

仓储者、运输者等第三人的过错使产品存在缺陷，造成损害的，也是产品责任的责任人，但属于先付责任的最终责任人，即生产者、销售者对缺陷产品造成的损害先承担了责任后，对第三人进行追偿时，第三人应当承担侵权责任。

（二）产品责任的责任形态

1. 产品责任的不真正连带责任

《民法典》第1203条以及《产品质量法》第41条至第43条规定的是生产者与销售者承担产品责任的基本责任形态，为不真正连带责任。

侵权法上的不真正连带责任，是指多数行为人对一个受害人实施加害行为，或者不同的行为人基于不同的行为而致使受害人的权利受到损害，各个行为人产生同一内容的侵权责任，各负全部赔偿责任，并因行为人之一的履行而使全体责任人的责任归于消灭的侵权责任形态。

---

[1] Restatement Of The Law Third: Torts—Products Liability. NY: American Law Institute Publishers, 1998.

[2] Restatement Of The Law Third: Torts—Products Liability. NY: American Law Institute Publishers, 1998.

第二十五章 《民法典》规定的产品责任中究竟应当怎样分担损害

在产品责任中，生产者和销售者承担的就是不真正连带责任。不论受害人向法院是起诉生产者还是起诉销售者，只要生产或者销售的产品有缺陷，造成了损害，就应当由被起诉的被告承担责任。如果起诉的是销售者，而产品缺陷又是生产者造成的，销售者在承担了侵权责任之后，可以向生产者追偿。

不真正连带责任的特征包括：

第一，数个行为人基于不同的行为造成一个损害。销售者销售缺陷产品，是造成受害人损害的原因，同时该产品的缺陷又是生产者的生产造成的，两个行为都是损害发生的原因。但损害仅有一个，并没有两个损害结果。

第二，数个行为人的行为产生不同的侵权责任，这个责任就救济受害人损害而言，具有同一目的。无论是生产者赔偿还是销售者赔偿，都是救济受害人损害，都有同一个目的。分别产生的不同的侵权责任，确定责任的目的都是救济同一损害，而不是救济各个不同的损害。

第三，受害人享有的不同的损害赔偿请求权，可以"择一"行使，或者向销售者或者向生产者请求其承担责任，而不是分别行使各个请求权。受害人选择的一个请求权实现之后，其他请求权消灭。这就是不真正连带责任的"就近"规则，受害人可以选择距离自己最近的法律关系当事人作为被告起诉。就近规则产生的责任，是中间责任，而不是最终责任。

第四，损害赔偿责任最终归属于造成损害发生的最终责任人。如果受害人选择的侵权责任人就是最终责任人，则该责任人就应当最终地承担侵权责任；如果选择的责任人并不是最终责任人，则承担了侵权责任的责任人可以向最终责任人请求赔偿，最终责任人应当向非最终责任人承担最终责任。这就是不真正连带责任的"最终"规则。按照最终规则承担的责任是最终责任。

根据不真正连带责任的上述原理，《民法典》第1202、1203条以及《产品质量法》第41条至第43条规定的规则如下。

首先，《民法典》第1202条规定的是产品生产者的最终责任。这种责任是无过错责任。无论产品生产者对产品缺陷的存在是否有过错，都应当承担最终的赔偿责任。

其次，《民法典》第1203条第1款规定的是产品销售者的中间责任。即在产品责任的中间责任承担上，被侵权人可以向生产者请求赔偿，也可以向销售者请求赔偿。无论是生产者还是销售者，承担中间责任时，都不问过错，只要被侵权人对责任人作出了选择，该责任人就应当承担责任。这也是无过错责任。

再次，《民法典》第1203条第2款规定的是最终责任。即因销售者的过错使产品存在缺陷的，生产者赔偿后，有权向销售者追偿。如果销售者没有过错，则生产者无权向销售者追偿。

最后，《民法典》第1203条第2款规定的是承担了中间责任后的生产者或者销售者的追偿权，即承担了中间责任的一方，有权向应当承担最终责任的一方追偿。这一规则将产品责任归属于最终责任人。

2. 产品责任的先付责任

《民法典》第1204条规定："因运输者、仓储者等第三人的过错使产品存在缺陷，造成他人损害的，产品的生产者、销售者赔偿后，有权向第三人追偿。"在生产者和销售者之间承担产品责任的形态是不真正连带责任。在其承担了责任之后，如果使产品存在缺陷的不是生产者或者销售者，而是运输者、仓储者等第三人的过错所致，生产者、销售者就享有对造成缺陷的第三人的追偿权，这时，生产者或者销售者就是为第三人承担先付责任。生产者或者销售者承担的赔偿责任是中间责任，对有过错的第三人享有追偿权，有权请求第三人赔偿自己因为承担中间责任而遭受的损失。

至于何为第三人，《民法典》第1204条明确规定的有运输者和仓储者，在"等"字中包含的，还有原材料提供者、零部件提供者以及进口商等。凡属于生产者、销售者之外的其他对缺陷产生具有过错的人，都是第三人。生产者或者销售者承担了赔偿责任之后，都有权向他们追偿。

3. 产品责任的按份责任

同类产品造成侵权后果，但生产这种产品的不是一个生产者，而是数个生产者，不能确定是谁生产的产品造成的实际损害，此时，成立共同侵权行为中的共同危险行为。一般的共同危险行为是由共同危险行为人承担连带责任，但这一规则不宜用于这种生产产品的情况，因为各个生产者的生产份额并不相同。按照"市场份额"规则，数人生产的同类产品因缺陷造成损害，不能确定致害产品的生产者的，应当按照产品在市场份额中的比例承担民事责任。按照这一规定，应当首先确定各个生产者在生产时产品所占市场的具体份额，再根据这一份额确定应当分担的责任。[①]

（三）恶意产品致害的惩罚性赔偿

《民法典》第1207条规定的恶意产品责任承担惩罚性赔偿，分为两种情况：一种是明知产品存在缺陷仍然生产销售；另一种是跟踪观察缺陷，没有采取补救措施造成他人死亡或者健康严重损害。这两种情形，都是恶意产品致人

[①] 该理论之提出始于美国1980年辛德尔诉阿伯特药厂案，Sindell v. Abbott Laboratories. 2d, 924 (1980): 607.

损害的产品责任,应当承担惩罚性赔偿。

1. 明知产品存在缺陷仍然生产、销售的惩罚性赔偿

明知产品存在缺陷仍然生产、销售,造成他人死亡或者健康严重损害等,构成恶意产品致害的惩罚性赔偿责任。受害人请求惩罚性赔偿的,可以参照《消费者权益保护法》或者《食品安全法》规定的惩罚性赔偿的计算基数和计算倍数,确定惩罚性赔偿责任。

2. 恶意跟踪观察缺陷产品责任惩罚性赔偿

对于跟踪观察缺陷,没有依据法律规定采取有效补救措施,造成他人死亡或者健康严重损害的,也应承担惩罚性赔偿责任。其构成要件:一是产品存在缺陷,投放市场时因科技水平所限不能发现,即存在发展风险;二是生产者、销售者对已经投入流通的产品发现有缺陷,包括设计缺陷、制造缺陷或者警示说明缺陷;三是生产者、销售者没有按照法律规定采取停止销售、警示、召回措施,或者未采取有效补救措施;四是该缺陷产品造成受害人死亡或者健康严重损害。其着眼点在于生产者、销售者在履行跟踪观察义务时已经发现产品有缺陷,能够造成使用人的损害,却没有及时采取补救措施或者采取补救措施不力,造成损害后果的扩大。侵权人的主观上是有恶意的,因而规定应当予以惩罚性赔偿。

对此,应当依照《消费者权益保护法》或者《食品安全法》规定的惩罚性赔偿的计算基数和计算倍数,确定惩罚性赔偿的具体数额。

六、产品责任的免责事由

根据《产品质量法》第 41 条的规定,产品生产者能够证明有下列情形之一的,不承担赔偿责任:其一,未将产品投入流通的;其二,产品投入流通时,引起损害的缺陷尚不存在的;其三,将产品投入流通时的科学技术水平尚不能发现缺陷的存在的。

争议较大的是发展风险的抗辩。各国法律用语或表述略有不同,理解大体一致,即制造者无法控制的产品致损风险。美国判例法中称为工艺水平抗辩,包括科学技术水平无法发现的发展缺陷以及已知却无法以现有技术克服的缺陷,被称为"系统风险"[①]。

另外,还可据以抗辩的事由包括:

---

① Year Book Of The United Nations Commission On International Trade Law,1977(volume viii):245.

第一,受害人自身的原因引起的损害。例如,受害人在使用产品的时候,没有按照产品所标示的使用说明加以使用,产品的销售者或者制造者不承担损害赔偿责任。

第二,第三人的原因导致产品缺陷。如果产品造成的使用者或者第三人的损害,是由第三人的原因而引起的,则应当由该第三人承担责任,不能由产品的制造者或者销售者承担责任。

第三,旧产品。产品出售人只对产品在有效期限内造成的损害负责[①],对旧产品不承担产品责任。

第四,遵守法规或政府规章。遵守法规或政府规章并不是绝对阻却违法性的事由,并不必然免除制造者的责任;而只是一项可辩驳的推定,即符合法规的产品可视为不具有不合理危险。但若事实上致人损害,仍推定其存在不合理的缺陷,而制造者应承担侵权法上的责任。

第五,明显的危险无警告义务。明显的危险性就是指公众普遍认知或意识到的产品危险性。这种危险性本身就能引起消费者、所有者的注意,如果使用者知其危险而不权衡利弊,减少乃至避免此风险,则可将之理解为受害人的"同意"。也就是受害人甘冒风险,或将其作为重大共同过失。法律要求制造人对于产品的可预见的危险予以警告以避免损害的发生,但不应不合理地要求制造人对产品引起的每一损害承担责任,如刀锋利可以伤人,制造、销售刀的人无须对每一位消费者都说明、警告。

规则总结

1. 产品责任是指产品生产者、销售者因生产、销售缺陷产品致他人遭受人身损害、财产损失,应承担损害赔偿等责任的特殊侵权责任。20世纪中叶确立产品责任后,产品责任已经成为世界通行的特殊侵权责任类型。

2. 产品责任的关键概念是缺陷,分为制造缺陷、设计缺陷、警示说明缺陷和跟踪观察缺陷。制造缺陷和设计缺陷是在产品制造或者设计中使产品存在的不合理危险。警示说明缺陷规定在《消费者权益保护法》中,是对存在合理危险的产品违反充分警示说明义务导致的不合理危险。跟踪观察缺陷是依照发展风险将新产品投入流通领域后,对发现的缺陷未及时采取必要措施而产生的不合理危险。

3. 产品责任适用无过错责任,不论是生产者或者销售者,承担产品责任的中间责任都不问过错,即应承担赔偿责任。行使追偿权时,生产者承担的最

[①] 朱克鹏,田卫红.论产品责任法上的产品缺陷.法学评论,1994(6).

终责任为无过错责任,销售者承担最终责任时须具有过失,为过错责任。

4. 产品责任的形态是不真正连带责任,具体规则是:生产者或者销售者承担中间责任,被侵权人起诉何方,该方就应当承担中间责任;承担中间责任后,可以向最终责任者追偿,即产品缺陷由生产者造成的,销售者赔偿后,有权向生产者追偿;因销售者的过错使产品存在缺陷的,生产者赔偿后,有权向销售者追偿。

5. 产品责任中的第三人责任适用先付责任,即因运输者、仓储者等第三人的过错使产品存在缺陷,造成他人损害的,产品的生产者、销售者应当先承担赔偿责任,承担赔偿责任后,有权向运输者、仓储者等第三人追偿;数个生产者生产同样的缺陷产品造成损害,不能确定谁的产品造成损害的,构成产品责任的共同危险行为。按照市场份额规则,每一个生产者按照自己生产的产品所占市场份额,承担按份责任。

第二十六章 《民法典》第1208条作为转致条款包含哪些交通事故损害赔偿规则

——机动车交通事故责任的基本规则

实务指引要点

1. 机动车发生交通事故，首先是由机动车强制保险赔付，强制保险赔付不足部分，适用侵权责任规则处理。
2. 机动车造成非机动车驾驶人或者行人人身损害的，适用过错推定原则，实行过错推定；机动车相互之间造成损害适用过错责任原则。
3. 机动车与非机动车驾驶人或者行人在交通事故中各有过错的，构成与有过失，实行过失相抵，适当减轻机动车一方赔偿责任。
4. 机动车一方无过错，损害是由非机动车驾驶人或者行人一方的过失引起的，机动车一方承担不超过10%的责任。
5. 交通事故损失是由非机动车驾驶人或者行人的故意引起的，机动车一方不承担责任。

《民法典》第1208条规定："机动车发生交通事故造成损害的，依照道路交通安全法和本法的有关规定承担赔偿责任。"一般把这一条文称为机动车交通事故责任的转致条款，转致到《道路交通安全法》第76条。因此，研究《民法典》规定的机动车交通事故责任，必须按照这一转致条款的规定，准确理解和适用《道路交通安全法》第76条规定的基本规则。

第二十六章 《民法典》第1208条作为转致条款包含哪些交通事故损害赔偿规则

一、《道路交通安全法》第76条制定和修改的背景

（一）《道路交通安全法》第76条的规定

2003年10月28日，第十届全国人民代表大会常务委员会第五次会议通过《道路交通安全法》，其中第76条规定了机动车交通事故责任的基本规则："机动车发生交通事故造成人身伤亡、财产损失的，由保险公司在机动车第三者责任强制保险责任限额范围内予以赔偿。超过责任限额的部分，按照下列方式承担赔偿责任：（一）机动车之间发生交通事故的，由有过错的一方承担责任；双方都有过错的，按照各自过错的比例分担责任。（二）机动车与非机动车驾驶人、行人之间发生交通事故的，由机动车一方承担责任；但是，有证据证明非机动车驾驶人、行人违反道路交通安全法律、法规，机动车驾驶人已经采取必要处置措施的，减轻机动车一方的责任。交通事故的损失是由非机动车驾驶人、行人故意造成的，机动车一方不承担责任。"这一条文的最基本特点，体现在机动车交通事故责任的基本归责原则，即机动车与非机动车驾驶人、行人之间发生交通事故的，由机动车一方承担无过错责任。

（二）修订第76条的背景及修改的内容

《道路交通安全法》在2004年5月1日实施后，社会各界对其第76条（以下简称"原条文"）的批评不断，以至于全国人大常委会法工委专门召开专家会议，研究原条文规定是否存在问题、如何进行补救。

各界批评原条文的主要意见，集中在原条文实行无过错责任原则上。无论在何种情况下，机动车一方都要无过错全责赔付，称为"无责全赔"规则，这是不正确的法律规范。

经过反复研究，全国人大常委会法工委认为原条文并不存在这样的问题。全面研究原条文的内容，可以肯定，原条文确实存在一些问题，但不是舆论指责的前述问题；因为无论如何原条文都不存在"无责全赔"规则，这实际上是对原条文的误解和误读。

但是，原条文确实存在以下四个问题：

第一，机动车交通事故责任究竟适用何种归责原则。原条文规定适用无过错责任原则是否适合我国目前国情，是否应当采取过错推定原则确定责任，这是一个重大问题。

第二，原条文没有规定过失相抵规则。这是一个客观事实，但是，这并不是立法的漏洞。按照法律适用原则，原条文作为民法规范，是侵权法的特

别法，特别法没有规定的事项，应当适用侵权普通法的规则。[1] 依照当时的法律，《民法通则》第131条明确规定："受害人对于损害的发生也有过错的，可以减轻侵害人的民事责任。"适用该条规定，就可以解决这个问题。关于提出的该条文规定机动车承担机动车交通事故的责任是无过错责任，是否还适用过失相抵原则的问题，2004年人身损害赔偿司法解释第2条已经作了明确规定，实行无过错责任原则的侵权行为，同样适用过失相抵原则，只不过适用条件更严格一些。因此，即使机动车交通事故的机动车责任是无过错责任，如果受害的非机动车驾驶人或者行人具有重大过失，也应当适用过失相抵原则，减轻机动车一方的责任。因此，在这个问题上，不能认为原条文存在缺陷，因为存在办法解决机动车交通事故过失相抵的法律适用问题。[2]

第三，原条文规定因非机动车驾驶人或者行为人完全过错引起的交通事故责任，机动车驾驶人已经采取必要处置措施的，减轻机动车驾驶人一方的责任，其中"减轻"责任规定的范围过于宽泛。按照原条文的文义理解，"减轻"责任包括减轻1%~99%。如果机动车一方完全没有责任，交通事故损害完全是由非机动车驾驶人或者行人的过错引起的，此时，责任减轻的幅度不大，对机动车一方是不公平的。而《道路交通事故处理办法》（已失效）规定，在这种情况下机动车一方只承担10%的责任，是比较公平的。按照原条文的规定，责令机动车一方承担10%以上的责任，甚至99%的责任，都是符合原条文规定的。但是，在这种情况下，让机动车一方承担过重责任的结果是不能接受的，违背公平原则。因此，原条文在这个问题上确实存在问题，即机动车一方无责任时，减轻机动车一方赔偿责任的幅度过宽，在适用中难以避免出现不公平的结果。

第四，原条文第1款第2项中使用"机动车与非机动车驾驶人、行人之间发生交通事故"的表述不够严谨，亦存在范围过宽的问题。"机动车与非机动车驾驶人、行人之间发生交通事故"的表述，包括机动车造成非机动车驾驶人或者行人损害，非机动车驾驶人或者行人造成机动车一方损害，以及相互造成损害。原条文第1款第2项规定的无过错责任原则和受害人过错减轻责任的规则，如果适用于非机动车驾驶人或者行人造成机动车一方损害，则不正确。

经过讨论认为，原条文存在的问题不是非常严重的错误，其中后两个问题可以通过立法解释和司法解释解决。对原条文给予的批评，很多基于对该条文不正确的理解。

在这种背景下，《道路交通安全法》第76条进行了修正。

---

[1] 杨立新. 侵权法论. 北京：人民法院出版社，2005：58.
[2] 张新宝. 侵权责任法原理. 北京：中国人民大学出版社，2005：359.

二、新条文在规定机动车交通事故责任规则中的进展和问题

立法机关提出了《道路交通安全法》第 76 条的修正案草案（本章简称"新条文"），经过广泛征求意见，于 2007 年 12 月的全国人大常委会会议上以高票（一票反对、两票弃权）通过了这个修正案："机动车发生交通事故造成人身伤亡、财产损失的，由保险公司在机动车第三者责任强制保险责任限额范围内予以赔偿；不足的部分，按照下列规定承担赔偿责任：（一）机动车之间发生交通事故的，由有过错的一方承担赔偿责任；双方都有过错的，按照各自过错的比例分担责任。（二）机动车与非机动车驾驶人、行人之间发生交通事故，非机动车驾驶人、行人没有过错的，由机动车一方承担赔偿责任；有证据证明非机动车驾驶人、行人有过错的，根据过错程度适当减轻机动车一方的赔偿责任；机动车一方没有过错的，承担不超过百分之十的赔偿责任。交通事故的损失是由非机动车驾驶人、行人故意碰撞机动车造成的，机动车一方不承担赔偿责任。"对照第 76 条的新旧条文，可以看到，我国机动车交通事故处理规则有了很大进步，同时，还存在一些需要进一步明确的问题。

（一）新条文在机动车交通事故责任规则上的重大进展

新条文在规定机动车交通事故规则中有以下重大进展，具有重要意义。

1. 新条文规定的机动车交通事故责任的归责原则是过错责任原则和过错推定原则

新条文坚持了机动车相互之间发生交通事故实行过错责任原则的规定；关于机动车与非机动车驾驶人、行人之间发生交通事故的归责原则的规定，改变了原条文的表述，改为"机动车与非机动车驾驶人、行人之间发生交通事故，非机动车驾驶人、行人没有过错"，以及"机动车一方没有过错"，这表明机动车一方与非机动车驾驶人、行人之间承担交通事故责任的归责原则，已经由无过错责任原则改变为过错推定原则，即使规定了"非机动车驾驶人、行人故意碰撞机动车"予以免责的规则，也不能改变新条文的过错推定原则的确定含义。这一规定为机动车交通事故责任的审判实践带来了重大变化。

2. 明确规定适用过失相抵原则

新条文关于过失相抵的规定，填补了原条文对此没有规定的不足，明确在机动车交通事故中，机动车一方造成损害，非机动车驾驶人或者行人有过错的，应当根据过错程度适当减轻机动车一方的赔偿责任。其中规定的"适当"

减轻责任,具有重要含义。这就是在机动车交通事故中,适用"优者危险负担"规则,即使按照过错程度确定减轻机动车一方的赔偿责任,机动车一方也应当承担超过其过错程度的"适当"责任。对此,在征求意见的新条文草案中,曾经规定了一个比例,就是机动车承担主要责任的,应当承担80%责任;同等责任的,承担60%责任;次要责任的,承担40%责任。立法机关接受各界提出的由立法具体规定责任比例不妥的意见,改作"适当"减轻赔偿责任的规定,将过失相抵的赔偿责任具体比例交由审判机关在适用法律中解决。

3. 规定机动车一方没有过错的承担不超过10%的赔偿责任

新条文改正了原条文在这种情况下"减轻机动车一方的责任"规定中"减轻"责任的幅度过于宽泛的缺点,既体现了"优者危险负担"规则对非机动车驾驶人或者行人的人文关怀,也兼顾了无过错造成损害的机动车一方的利益;已经恢复到了《道路交通事故处理办法》规定的责任比例,并且有一定的弹性,同时也避免了法官在适用法律中随意性过大的弊病。新条文的这个规定受到了各界欢迎,适应了当代中国社会向汽车社会发展的现实需要,是一个好的法律规范,应当予以充分肯定。

(二)新条文在规定机动车交通事故责任规则上存在的问题

当然,新条文还存在一些具体问题,需要进一步明确才能在司法实践中准确适用。

1. 关于"机动车与非机动车驾驶人、行人之间发生交通事故"

新条文仍然使用"机动车与非机动车驾驶人、行人之间发生交通事故"的提法,没有区分机动车造成非机动车驾驶人或者行人损害与非机动车驾驶人或者行人造成机动车一方损害的不同情形。

"发生交通事故"包含三种情形:一是机动车一方造成非机动车驾驶人或者行人的损害;二是非机动车驾驶人或者行人造成机动车一方损害;三是双方相互造成损害。

在现实中,更多的当然是机动车造成非机动车驾驶人或者行人损害,但非机动车驾驶人或者行人造成机动车一方损害,甚至双方同时造成对方损害的并不罕见。例如,某人醉酒后骑自行车横穿马路,撞在正常行驶的摩托车上,造成摩托车驾驶人重伤,骑车人也有伤害后果。新条文第1款第2项将"发生交通事故"作为基准,设定赔偿责任的三项规则,就会混淆前述三种情形的界限。

对于机动车一方造成非机动车驾驶人或者行人损害的,新条文规定的机动车过错推定责任规则、机动车与非机动车或者行人之间的过失相抵规则、受害人全部过错机动车不超过10%责任规则这三个赔偿责任规则，当然没有问题。但是，在非机动车驾驶人或者行人造成机动车一方损害的情形下，适用这些规则却明显不合理、不公平：第一，非机动车驾驶人或者行人造成机动车一方损害，机动车一方无过错，却要承担全部赔偿责任，不仅不合理，还与第三项规则相冲突。第二，非机动车驾驶人或者行人有过错，机动车一方也有过错的，实行过失相抵是没有问题的。第三，机动车一方没有过错的，作为受害人自己对自己承担不超过10%的赔偿责任，在逻辑上说不通。

在新条文第1款第2项确定的这三个规则中，前后两个规则适用于非机动车驾驶人或者行人造成机动车一方损害时，都是不合理的。这说明，"发生交通事故"这个表述不准确。新条文没有在原条文的基础上改进，继而明确规定三个规则，使既有问题更加突出。

2. "过错"的含义各不相同

新条文在第1款第2项的表述中，接连使用了三个"过错"，其含义各不相同，其中第二个"过错"与新条文第2款中的"故意"形成冲突。

首先，第一个"过错"，是说"非机动车驾驶人、行人没有过错"。这个过错，应当既包括故意，也包括过失。机动车驾驶人或者行人既没有故意也没有过失的，应当由机动车一方承担责任。

其次，第二个"过错"，是指"非机动车驾驶人、行人有过错"。这里的过错，应当是指过失，才能与第2款中规定的"故意"协调好相互关系。现在的表述为过错，既包括故意也包括过失，而第2款明确规定故意是免责条件，难道规定过失相抵的"过错"中还包括故意吗？显然不包括。既然如此，使用"过错"的表述就不准确，应当仅指过失，不包括故意。

最后，第三个"过错"，是指"机动车一方没有过错"。这个"没有过错"，是指既没有故意，也没有过失。这个使用是正确的。

因此，第二个"过错"的使用存在问题，只能够理解成在过失和"故意"碰撞机动车之间，还存在其他故意形式，而其他故意形式可以发生在机动车致害的过失相抵之中。如果其他故意形式发生在过失相抵的情形中，那么究竟是过失相抵，还是免除责任呢？

3. 机动车一方免责范围过窄

新条文第2款将原来的"由非机动车驾驶人、行人故意造成"改为"由非机动车驾驶人、行人故意碰撞机动车造成"，使非机动车驾驶人或者行人故意引起交通事故损害的免责情形过于狭窄。即使按照无过错责任原则的要求，对受害人故意也不能作仅指"碰瓷"这样狭窄的理解，因为非机动车驾驶人或者行人故意引起损害，并不仅仅表现为故意碰撞机动车的"碰瓷"形式，还存在其他故意形式。如果仅仅是故意碰撞机动车才可以免责，非机动车驾驶人或者行人的其他故意不能免责，而是适用新条文第1款第2项中的过失相抵规则，可以减轻责任，则不符合无过错责任原则的要求。

三、转致适用《道路交通安全法》第 76 条的一般规则

按照《民法典》第 1208 条的规定，机动车交通事故责任的一般规则并未规定在《民法典》中，而是由《道路交通安全法》第 76 条规定的。《民法典》第 1209 条至第 1217 条 9 个条文规定的，都是机动车交通事故责任的特别规则，主要是机动车所有人与使用人分离时的具体规则。

因此，在司法实践中，审理机动车交通事故责任纠纷案件应当适用的一般规则，是《道路交通安全法》第 76 条的规定。

应当明确的是，在机动车交通事故责任的法律适用中，机动车强制保险优先，即首先由保险公司进行强制保险理赔。强制保险赔偿不足部分，才适用机动车交通事故责任的基本规则。

（一）机动车强制保险优先原则

机动车发生交通事故，首先是由机动车强制保险赔付。在强制保险范围内，不适用侵权法的规则，不问过错，只按照机动车强制保险的规则处理。机动车强制保险赔付不足部分，适用侵权责任法的规则处理。

（二）机动车交通事故责任适用的归责原则

《道路交通安全法》第 76 条规定的机动车交通事故责任的归责原则是二元归责原则体系：机动车造成非机动车驾驶人或者行人人身损害的，适用过错推定原则；机动车相互之间造成损害，以及其他机动车交通事故责任，适用过错责任原则。由过错责任原则和无过错责任原则改变为过错责任原则和过错推定原则，不是单一的归责原则。

在司法实践中，机动车交通事故责任适用归责原则应当从以下三个方面确定。

1. 机动车之间发生交通事故的实行过错责任原则

机动车相互之间发生交通事故，确定各自的侵权责任，适用过错责任原则，由有过错的一方承担侵权赔偿责任；双方都有过错的，实行过失相抵。

适用过错责任原则，过错证明的举证责任实行"谁主张谁举证"的规则，不适用举证责任倒置，因此，过错要件都是由主张对方承担侵权责任的原告举

证，被告不承担举证责任。只有被告提出积极主张的时候，其才负有举证责任。

在这一点上，新条文没有变化，而是更加明确规定适用过错责任原则。

2. 机动车一方造成非机动车驾驶人或者行人损害的实行过错推定原则

机动车造成非机动车驾驶人或者行人损害的交通事故责任，适用过错推定原则，即只要是机动车造成了非机动车驾驶人或者行人损害的交通事故，推定机动车一方有过错。

这就是，对机动车一方的过错采取推定方式，在被侵权人证明了机动车一方违法行为、损害事实和因果关系要件后，法官直接推定机动车一方有过错。机动车一方认为自己没有过错的，应当承担举证责任，证明自己没有过错。机动车一方能够证明自己没有过错的，免除其责任；不能证明或者证明不足的，过错推定成立，应当对被侵权的非机动车驾驶人或者行人承担赔偿责任。

3. 非机动车驾驶人或者行人造成机动车一方损害的应当实行过错责任原则

按照《道路交通安全法》第76条的规定，对于非机动车驾驶人或者行人造成机动车一方损害的，也应当实行过错推定原则。但是，对这种情况适用过错推定原则是不正确的，因为机动车一方作为受害人，在其主张非机动车驾驶人或者行人承担赔偿责任时，如果实行过错推定原则，对非机动车驾驶人或者行人是不公平的。只要是非机动车驾驶人或者行人造成机动车一方损害，就直接推定非机动车驾驶人或者行人有过错，加重了非机动车驾驶人或者行人的举证负担，使非机动车驾驶人或者行人处于不利地位，不符合当代机动车交通事故责任的处理理念。

因此，对于这种情形应当适用过错责任原则，机动车一方如果主张非机动车驾驶人或者行人承担造成自己损害的赔偿责任，在证明其违法行为、损害事实、因果关系之后，还必须承担证明对方过错的举证责任。只有证明非机动车驾驶人或者行人有过错的，才能使其对机动车一方承担赔偿责任；不能证明者，不构成侵权责任。

(三) 适当的过失相抵规则

机动车与非机动车驾驶人或者行人在交通事故中各有过错的，构成与有过失，实行过失相抵。应当注意的是，由于实行优者危险负担规则，因而在按照过错程度和原因力规则确定了机动车一方的责任后，应当适当增加，以不超过10%为妥。例如，双方责任为同等责任，则机动车一方应当承担不超过60%

的责任。

机动车造成非机动车驾驶人或者行人损害，非机动车驾驶人或者行人既没有故意也没有过失的，机动车一方应当单方承担赔偿责任。

机动车一方有过错，而非机动车一方或者行人有过失的，构成过失相抵，应当根据过失程度适当减轻机动车一方的赔偿责任。这就是按照优者危险负担规则，在确定了机动车一方承担主要责任、同等责任或者次要责任后，应当在比较过错、比较原因力确定的赔偿责任比例的基础上，适当提高机动车一方的赔偿责任，上浮的幅度不应当超过10%。这就是新条文规定"适当"减轻赔偿责任的含义。

对非机动车驾驶人或者行人造成机动车一方损害的，不实行上述规则，应当按照过错责任原则的规则确定责任：首先，非机动车驾驶人或者行人有过错的，应当承担赔偿责任；其次，双方都有过错的，应当实行过失相抵规则，并且按照优者危险负担规则，适当上浮机动车一方的赔偿责任；最后，完全是机动车一方的过错引起损害的，无过错的非机动车驾驶人或者行人不承担责任。

（四）机动车一方无过错

机动车一方无过错，损害是由非机动车驾驶人或者行人一方的过错引起的，机动车一方承担不超过10%的责任。具体数额可以按照非机动车驾驶人或者行人的过错程度具体确定，最低不应低于5%。在一般情况下，应当为5%～10%，根据非机动车驾驶人或者行人的过错程度，确定具体的赔偿数额。

《道路交通安全法》第76条规定完全由非机动车驾驶人或者行人的过错引起的交通事故责任，非机动车一方完全没有过错的，承担"不超过百分之十的赔偿责任"，究竟应当怎样理解和适用呢？

1. 怎样理解

有专家认为，新条文规定机动车一方没有过错的，承担不超过10%的赔偿责任的规则，是适用无过错责任原则。其理由是，只要行为人一方的行为是造成他人损害的唯一原因，且实行不问行为人过错的规则的时候，就是无过错责任原则。

这种意见是不正确的。无过错责任原则，是指在法律有特别规定的情况下，以已经发生的损害结果为价值判断标准，而与该损害结果有因果关系的行为人，不问其有无过错，都要承担侵权赔偿责任的归责原则。[①] 对无过错责任的正确理解是，不考虑行为人有无过错，或者说行为人有无过错对民事责任的

---

① 杨立新. 侵权法论. 3版. 北京：人民法院出版社，2005：143.

构成和承担不产生影响①;而不是指损害发生以后,既不考虑加害人的过错,也不考虑受害人的过错的一种法定责任方式。② 将无过错责任原则理解为只有行为人一方的行为是造成损害的唯一原因,既不考虑加害人的过错,也不考虑受害人的过失的,是对无过错责任原则的误解。

事实上,《道路交通安全法》第76条的这一规定,是在过错推定原则的基础上,实行"优者危险负担"规则的结果。也就是说,在侵权法的一般情况下,行为人无过失则无责任,但考虑到机动车的机动性能强、回避能力强,而非机动车驾驶人或者行人无机动性能且缺少回避能力,因此,机动车一方在没有过错的时候也要提供适当补偿,在不超过10%的范围内承担责任。③ 这不是无过错责任原则的适用。

2. 怎样适用

在司法实践中适用"机动车一方没有过错的,承担不超过10%的赔偿责任",应当掌握三点。

第一,机动车一方没有过错应当由机动车一方举证。《道路交通安全法》第76条第1款第2项规定的是过错推定原则,因此,机动车一方主张自己没有过错的,应当由其承担举证责任,证明自己没有过错。能够证明自己没有过错的,才能够确定其承担不超过10%的赔偿责任;不能证明自己没有过错的,不适用这一规定,而是适用第76条第1款第2项规定的第一种规则,由机动车一方承担赔偿责任。

第二,机动车一方没有过错的标准是驾驶人已经采取必要处置措施。有人认为,原条文将机动车驾驶人已经采取必要处置措施作为无过错标准的规定,是很好的规则,不应当删除。其实,由于新条文已经将这种责任规定为过错推定责任,就没有必要将其再写进这个规则了。在操作上,机动车一方证明自己没有过错的标准,是机动车一方能够证明机动车驾驶人已经采取了必要处置措施仍然不可避免造成损害。证明了这一点,机动车一方就能证明自己没有过错。

第三,不超过10%的赔偿责任根据具体情形确定。机动车一方能够证明自己没有过错的,承担不超过10%的赔偿责任。所谓不超过10%,就是承担10%的赔偿责任或者在10%以下承担赔偿责任。首先,不能绝对理解为就是10%,而是可以在10%以下确定赔偿责任。其次,究竟机动车一方应当承担多少赔偿责任,应当根据具体情形,主要是根据受到损害的非机动车驾驶人或

---

① 张新宝. 侵权责任法原理. 北京:中国人民大学出版社,2005:35.
② 王利明. 侵权行为法归责原则研究. 北京:中国政法大学出版社,1991:129.
③ 杨立新. 类型侵权行为法研究. 北京:人民法院出版社,2006:881.

者行人的过错程度来确定。如果受害人对于损害的发生具有重大过失,则应当在5%以上承担责任,一般不要低于5%;如果受害人对于损害的发生具有过失,机动车一方应当承担6%~10%的赔偿责任。

(五) 受害人故意

交通事故损失是由非机动车驾驶人或者行人的故意引起的,机动车一方不承担责任。对此,《道路交通安全法》第76条规定为"故意碰撞机动车"才可以免除机动车一方的责任,范围过窄,凡是非机动车驾驶人或者行人故意引起的交通事故损失,都应当免除机动车一方的责任。

第76条第2款规定的"故意碰撞机动车"按照字义不能包含非机动车驾驶人或者行人其他故意的情形,因此,在前者的"过错"和后者的"故意碰撞机动车"之间形成了一个空白,就是在"过失"和"故意碰撞机动车"之外,还有其他故意的形式。这个其他故意,究竟应当放在前边的"过错"之中,还是放在后边的"故意碰撞机动车"之中,按照新条文的文字表述,似乎应当放在过错概念中,但如此理解就会造成法律适用中的错误;放在"故意碰撞机动车"中,又超出了条文文字所表述的含义。

对此,应当进行解释,非机动车驾驶人或者行人的其他故意形式被包括在第76条第2款的"故意"中,非机动车驾驶人或者行人即使不是故意碰撞,而是在马路上寻求自杀被机动车碾死,没有故意碰撞机动车,也应当免除机动车一方的责任。在实践中,对于非机动车驾驶人或者行人以其他故意形式造成自己损害的,机动车一方都不承担赔偿责任。同时,也应当明确,"故意"包括行为人实施行为时对损害后果的追求和放任两种形式[1],以扩大新条文第2款的容量。

规则总结

1. 保险优先原则。机动车发生交通事故,首先由机动车强制保险赔付。在强制保险范围内,不适用侵权法的规则,不问过错,只按照机动车强制保险的规则进行。机动车强制保险赔付不足部分,适用《道路交通安全法》第76条和《民法典》关于机动车交通事故损害责任规定的规则处理。

2. 二元归责原则体系。机动车交通事故责任的归责原则为二元化体系:机动车造成非机动车驾驶人或者行人人身损害的,适用过错推定原则;机动车相互之间造成损害,以及其他机动车交通事故责任,适用过错责任原则。

---

[1] 张新宝.侵权责任构成要件研究.北京:法律出版社,2007:438.

第二十六章 《民法典》第1208条作为转致条款包含哪些交通事故损害赔偿规则

3. 适当的过失相抵规则。机动车与非机动车驾驶人或者行人在交通事故中各有过错的，构成与有过失，实行过错相抵。应当注意的是，由于实行优者危险负担规则，因而在按照过错程度和原因力规则确定了机动车一方的责任后，应当适当增加，以不超过10%为妥。例如，双方责任为同等责任，则机动车一方应当承担不超过60%的责任。

4. 机动车一方无过错。机动车一方无过错，损害是由非机动车驾驶人或者行人一方的过错引起的，机动车一方承担不超过10%的责任。具体数额可以按照非机动车驾驶人或者行人的过错程度具体确定，最低不应低于5%。一般情况下，应当为5%~10%，根据非机动车驾驶人或者行人的过错程度，确定具体的赔偿数额。

5. 受害人故意。交通事故损失是因非机动车驾驶人或者行人的故意引起的，机动车一方不承担责任。对此，《道路交通安全法》第76条规定为"故意碰撞机动车"才可以免除机动车一方的责任，范围过窄，凡是非机动车驾驶人或者行人故意引起的交通事故，都应当免除机动车一方的责任。

第二十七章 《民法典》规定的机动车交通事故责任特殊主体承担责任规则

——所有人与使用人分离的机动车交通事故责任承担

实务指引要点

1. 《民法典》规定的机动车交通事故责任主要是所有人与使用人分离的机动车交通事故责任的分担规则。
2. 确定机动车所有人和使用人分离的交通事故责任分担规则的理论基础，是运行支配和运行利益。
3. 《民法典》规定的机动车交通事故特别规则，包括租赁借用机动车、转让机动车未登记、挂靠机动车、擅自驾驶他人机动车、转让拼装车或者报废车、盗抢机动车、机动车驾驶人发生交通事故后逃逸和好意同乘的责任规则。
4. 机动车交通事故司法解释补充规定的特殊规则，包括套牌机动车、机动车驾驶培训人员试乘、道路管理维护缺陷和设计施工缺陷、擅自进入高速公路、机动车存在产品缺陷、多辆机动车发生交通事故造成损害的责任规则。

《民法典》第1209条至第1217条规定了机动车交通事故特殊责任主体的侵权责任。在机动车交通事故责任主体中，除了基本的责任形态即替代责任、自己责任和连带责任的主体之外，还有其他特殊的侵权责任主体。这主要解决机动车保有人和机动车使用人在机动车交通事故中，究竟应当由谁承担侵权责任的问题。这些特殊责任主体的情形比较复杂，存在较多的争论意见，《民法典》侵权责任编"机动车交通事故责任"一章主要规定的是这种责任规则。

一、确定机动车交通事故责任特殊责任主体的理论依据

在机动车交通事故责任中，除前一章说明的《道路交通安全法》第76条规定的机动车交通事故责任基本规则之外，还存在各种不同的特殊责任主体问题，如在机动车保有人与机动车使用人相分离的情形下如何分担责任。由于《道路交通安全法》第76条已经规定了机动车交通事故责任的基本规则，《民法典》在机动车交通事故责任一章没有对此再作规定，重点规定的基本上都是这种特殊责任主体的责任分担规则。

（一）机动车保有人与使用人分离责任分担规则的理论基础

在机动车保有人与机动车使用人相分离的情形下分担责任，应当从机动车运行利益和运行支配两个方面进行考量：首先考量机动车的运行支配，即谁有能力来控制发生事故的机动车的风险；其次考量谁对机动车的运行享有利益，即谁从机动车的运行中获利。只有将两个方面结合考虑，才能正确确定承担机动车交通事故责任的特殊主体。

1. 危险责任和报偿理论

日本在机动车交通事故赔偿领域遵循危险责任与报偿理论相结合的思路值得借鉴。

危险责任，是指对危险物造成的不可避免的现实危害，唯有危险物的支配者和危险物的经营者可得预防和减少。因而，对于机动车运行所生的侵害，当然就应当由危险物的支配者或危险活动的经营者负责。这也是确定机动车交通事故赔偿主体的主要思路。

报偿理论，源于罗马法"获得利益的人负担危险"的法谚，即"谁享有利益，谁承担风险"的原则。每个人都可依自己的意志追求自身的利益，但如果因此害及他人利益，作为利益的追求者应负担其损失。

日本在确定道路交通责任承担主体时，根据危险责任思想和报偿责任理论来确定交通事故损害赔偿的责任主体，具体操作就是按照"运行支配"和"运行利益"两项标准予以把握。所谓运行支配，通常指可以在事实上支配管领机动车的运行；所谓运行利益，一般认为仅限于因运行本身而生的利益。也就是说，某人是不是机动车交通事故损害赔偿责任的主体，要看其对该机动车的运行是否在事实上处于支配管理地位和其从该机动车的运行本身是否获得利益两方面加以认定。日本确定道路交通赔偿主体的法律依据是日本《机动车损害赔

偿保障法》第3条的规定："为自己将机动车供运行之用者，因其运行而侵害他人之生命或身体时，对所生损害负赔偿责任。但当证明自己或驾驶者就机动车之运行未怠于注意、受害人或驾驶者以外之第三者有故意或过失以及不存在机动车结构之缺陷或机能之障碍时，不在此限。"其中"为自己将机动车供运行之用者"即"运行供用者"，也就是机动车的运行支配者和享受运行利益的归属者，不仅包括机动车保有人，还包括机动车的借用者、租赁者等。该学说与我国民法的"权利义务相一致"原则和"谁行为，谁负责"的基本精神大体上一致。①

韩国确定机动车交通事故赔偿主体基本上是借鉴日本的"运行供用者"理论来构建的。其法律的依据是韩国《机动车损害赔偿法》第3条，机动车运行责任的赔偿主体应该符合"为自己而运行机动车者"。构成运行者必须同时具备运行支配和运行利益两个要件。韩国的"机动车运行者"和日本的"运行供用者"概念基本相同。

从日本、韩国对机动车损害赔偿的立法来看，它们在表述和界定机动车损害赔偿责任主体时，采运行支配和运行利益相结合的二元标准。值得注意的是，在讨论道路交通责任特殊主体概念时，机动车保有人与机动车驾驶人的概念是相分离的；驾驶人仅指为他人利益而驾驶机动车的人。根据运行支配理论，从日本"供用运行者"理论来看，运行支配不限于对运行自身存在直接的、现实的支配的场合；还包括只要处于"事实上能够支配、管理机动车运行的地位"和"对机动运行应该能够下指示、控制的地位"的情形，即可确认为对机动车具有运行支配力，这种认定是以间接支配或者存在支配的可能性为充分条件的。

运行利益应该可以被认定为物质利益，对于非物质的精神利益或某种便利是否为运行利益，要区分具体情形而定。对道路交通特殊责任主体的判定，要从其是否对该机动车的运行在事实上处于支配管领的地位和是否从该机动车的运行本身中获得了利益两方面来论证，法理依据主要有三个理论。

第一，报偿理论，即"谁享受利益，谁承担风险"的原则。机动车服务的公司和其所有人享受机动车带来的利益，自然应由他们承担因机动车运行所带来的风险。

第二，危险控制理论，即"谁能够控制、减少危险，谁承担责任"的原则。机动车服务的公司及其所有人和驾驶人应该能够控制危险，可以尽其所能避免危险。因此，法律使其承担赔偿责任，能够促使其认真经营，谨慎驾驶，尽可能避免危险，尽可能减少社会利益损害。

---

① 刘星，李静芹. 机动车交通事故损害赔偿责任主体的认定. 河北法学，2006 (6).

第二十七章 《民法典》规定的机动车交通事故责任特殊主体承担责任规则

第三，危险分担理论，即机动车事故是伴随现代文明而产生的风险，因此应由享受现代文明的全体社会成员分担其所造成的损害。机动车服务的公司及其所有人因承担责任付出的赔偿金，通过提高运费和投保责任保险，最终转嫁给了整个社会，实际上这种损害的赔付是由全体消费者分担的[①]，因此这符合法律上的公平效率原则。

2. 我国确定机动车交通事故赔偿特殊责任主体的理论基础

(1) 运行支配与运行利益归属结合的"二元"交通事故赔偿主体理论。

机动车交通事故损害赔偿责任主体，是指承担此种赔偿责任者。关于机动车交通事故损害赔偿责任主体认定原则，目前学者和审判实务大多认同运行支配与运行利益归属的"二元说"，即从运行支配和运行利益两个方面考量。所谓运行支配，即谁对机动车的运行具有支配和控制的权利；所谓运行利益归属，即谁从机动车运行中获得利益。最高人民法院作出的相关司法解释，也同样体现了以运行支配与运行利益归属作为认定机动车交通事故损害赔偿责任主体的基本原则。例如，《最高人民法院关于被盗机动车辆肇事后由谁承担损害赔偿责任的批复》《最高人民法院关于购买人使用分期付款购买的车辆从事运输因交通事故造成他人财产损失保留车辆所有权的出卖方不应承担民事责任的批复》《最高人民法院关于连环购车未办理过户手续，原车主是否对机动车发生交通事故致人损害承担责任的请示的批复》等相关规定，都说明了我国立法者对机动车交通事故赔偿主体认定的基本思路。

我国法学理论界和司法实践对以"二元说"为原则认定机动车交通事故损害赔偿责任主体基本没有太大争议。至于如何确定运行支配与运行利益归属则有广义与狭义之分。广义说认为，运行支配包括具体的实际的支配，如机动车保有人本人驾驶、借用人驾驶、擅自驾驶的情形；也包括潜在的、抽象的支配，如机动车保有人将机动车借给他人、租给他人、承包给他人驾驶以及机动车的挂靠经营等情形。运行利益归属包括因机动车运行而取得的直接利益，也包括间接利益，以及基于心理感情的因素而发生的利益，如精神上的满足、快乐、人际关系的和谐。狭义说认为，运行支配和运行利益归属仅指在发生机动车交通事故这一具体的、实际的运行过程中对机动车的实际支配和运行利益的具体归属，不包括潜在、抽象的支配和间接的利益归属。

(2) 机动车交通事故赔偿特殊责任主体中"二元说"的具体含义。

在理论和实践中，对于机动车交通事故赔偿责任主体认定存在的差异，大多源于对运行支配理论与运行利益归属理论结合"二元说"的广义与狭义认识

---

① 贾文卿. 机动车交通事故损害赔偿责任主体研究. 武汉冶金管理干部学院学报，2018 (2).

· 449 ·

的不同。法学界通说认为，以运行支配与运行利益归属作为机动车交通事故的责任主体的认定标准，即某人是否为机动车交通事故责任主体，要同时符合两个标准：既要看其对该机动车的运行是否在事实上处于支配管理地位，又要看其对该机动车的运行本身是否获得利益。就一般情况而言，依该原则确定赔偿责任主体是可行的；但在一些特殊情况下，认定依据只能是运行支配。因为支配足以决定一切，况且在有些情况下，运行利益归属与运行支配是分离的。例如，机动车保有人令机动车驾驶人为朋友无偿搬运物品，运行利益归属其友人，而运行支配管理权仍属于机动车保有人，若依据运行支配与运行利益归属两个标准则无法确切认定责任人。[①]

对机动车交通事故赔偿责任主体的认定应该将运行支配理论与运行利益理论结合起来考量，以运行支配理论为基础，强调支配者应承担责任，在特定情形下加入运行利益理论作为补充。

第一，从性质上讲，机动车交通事故损害赔偿责任是侵权损害赔偿责任，应该以自己责任为核心。认定赔偿责任者承担赔偿责任或者承担连带赔偿责任应当适用侵权责任的构成要件和归责原则。从这个意义上讲，认定机动车交通事故损害赔偿责任主体，应当首先立足于确认机动车发生机动车交通事故致他人人身及财产损害这一具体的、实际的运行过程中的侵权行为，即行为人的行为与事故之间的具体因果关系，并因此引申出认定谁应当对这一侵权行为承担损害赔偿责任。此外，也可以从侵权行为的四个规范要素即行为、损害、制裁、补救以及行为与制裁关系、损害与补救关系这两个基本规范关系中得出这样的结论。针对机动车交通事故赔偿主体问题，当运行支配人与机动车使用人为同一人时，其即为侵权行为人，对造成的损害承担赔偿责任；当运行支配人与驾驶人不是同一人时，则以运行支配为依据确认运行实际支配人为责任人并承担赔偿责任。所以，认定机动车交通事故损害赔偿责任主体的基本依据应为机动车运行中的具体的、实际的支配，而不包括潜在的、抽象的支配。这是由机动车交通事故是因机动车运行所致以及人对机动车实际运行过程的控制和支配决定的。换言之，认定机动车交通事故损害赔偿责任主体，应以机动车运行支配为基本原则或者主要原则。但是，考虑到特殊情况下运行支配与运行利益归属是分离的，如运行支配者为他人利益无偿为他人搬家、接新娘、运送货物等，如果在此过程中发生交通事故致他人人身及财产损害，由运行支配者承担全部赔偿责任显失公平；在此种情况下，由运行支配者承担赔偿责任，运行利益归属者或者运行利益期待者承担部分赔偿责任或者承担连带赔偿责任，更为公平合理。综前所述，结论如下：认定机动车交通事故损害赔偿责任主体，以

---

① 王志娟. 论机动车交通事故的赔偿主体. 当代法学，2003（4）.

机动车运行支配为基本原则或主要原则；在运行支配与运行利益归属分离的情况下，以运行利益归属为补充原则。这里说的运行支配与运行利益归属显然是狭义上的，而不是广义上的。

第二，自己对行为的后果承担责任，是现代民法基本原则之一，就是自己只对自己的过错或者自己的行为承担责任，不为别人的过错行为承担责任。适用狭义的运行支配与运行利益归属认定机动车交通事故损害赔偿责任主体符合这一原则。《最高人民法院关于购买人使用分期付款方式购买的车辆从事运输因交通事故造成他人财产损失保留机动车所有权的出卖方不应承担民事责任的批复》指出："采取分期付款方式购车，出卖方在购买方付清全部车款前保留机动车所有权的，购买方以自己名义与他人订立货物运输合同并使用该车运输时，因交通事故造成他人财产损失的，出卖方不承担民事责任。"其中使用"购买方以自己名义与他人订立货物运输合同并使用该车运输"，实际上也反映了运行支配与运行利益归属的确定性以及责任者的行为与事故之间具体的因果关系。

（二）我国确定机动车交通事故赔偿特殊责任主体的一般规则

机动车交通事故赔偿责任主体的确认主要有两个方面：一是机动车保有人肇事；二是机动车使用人肇事。前者责任主体与行为主体是同一人，行为人当然对自己实施的行为负责，而不是责任主体对他人实施的行为负责，也不是对自己所有或管理的物件致人损害的后果负责。此时机动车驾驶人既是机动车运行的支配者，又是运行利益的归属者，驾驶人驾车发生交通事故，当然应由机动车驾驶人承担损害赔偿责任。主要问题和争议集中在后者。机动车使用人肇事，即机动车交通事故发生在机动车支配权和所有权分离的情形。

对支配权和所有权的分离时责任主体的确定，应该区分三种情形对待：一是非基于机动车保有人的意思而导致的支配权与所有权分离的情形，主要包括盗窃驾驶、抢夺驾驶、抢劫驾驶、擅自驾驶等情形；二是基于机动车保有人的意思而导致的支配权与所有权的分离，主要包括出租、友情出借、挂靠等情形；三是机动车未过户肇事、保管机动车肇事、所有权保留等机动车交通事故的情形。

对于第一种情形，原则上本着运行支配理论分担肇事责任；对于第二种情形，可以结合运行支配理论与运行利益理论具体区分责任主体；对于第三种情形，原则上除非有重大过失或者故意，机动车保有人不承担责任，由驾驶人独自承担责任。

二、机动车支配权与所有权分离的损害赔偿责任主体具体认定

(一) 出租机动车发生交通事故致人损害的责任主体确定

机动车保有人依据租赁合同的约定，将机动车租给承租人使用，发生交通事故，究竟是由机动车保有人与承租人承担连带赔偿责任，还是由承租人单独承担责任，存在不同意见。

第一种观点认为，因为是为了出租方和承租方的共同利益而从事经营活动，按照运行利益理论，租用机动车营运发生交通事故造成他人人身和财产损害的，应由出租方和承租方共同承担风险，二者负连带责任。[1]

第二种观点认为，在机动车出租后，承租人是机动车的运行支配者和运行利益的享有者，其直接支配机动车的运行，因此按照运行支配理论，原则上应由承租人承担赔偿责任。[2]

第三种观点认为，在出租机动车时，承租人造成他人损害的，因机动车的保有人为出租人，其承担《道路交通安全法》第76条第1款第2项规定的危险责任。至于承租人，则应负过错责任。[3]

《民法典》第1209条规定："因租赁、借用等情形机动车所有人和使用人不是同一人时，发生交通事故造成损害，属于机动车一方责任的，由机动车使用人承担赔偿责任；机动车所有人、管理人对损害的发生有过错的，承担相应的赔偿责任。"这样的规定是正确的。

在司法实践中，对出租机动车发生交通事故适用上述规定，应当分为两种情形处理。

1. 光车出租

光车出租，是出租公司仅出租机动车，并不附带驾驶人。这种情况，应当完全按照第1209条规定确定责任。承租人租用机动车，发生交通事故，承租人作为使用人，应当承担赔偿责任。光车出租适用《民法典》第1209条规定的规则。

出租人如果有过错，按照本条规定，应当承担相应的赔偿责任。确定相应

---

[1] 《安徽省高级人民法院审理人身损害赔偿案件若干问题的指导意见》第12条规定："借用、租用他人机动车发生交通事故造成第三人伤害的，车辆所有人与使用人承担连带责任。借用人、租用人又擅自将车辆出借或出租的，与车辆所有人、实际使用人一并承担连带责任。"

[2] 刘星，李静芹. 机动车交通事故损害赔偿责任主体的认定. 河北法学，2006 (6).

[3] 程啸. 机动车损害赔偿责任主体之研究. 法学研究，2006 (4).

第二十七章 《民法典》规定的机动车交通事故责任特殊主体承担责任规则

的赔偿责任,应当根据出租人的过错程度及行为的原因力确定,具体的承担责任有三种情况。

第一,出租人在明知承租人不具备使用、驾驶机动车的资格和技能的情形下,仍将机动车出租给承租人,对于发生的交通事故在主观上存在过错,应承担单向连带责任。

第二,在出租人将不符合质量标准的机动车出租给承租人,具有重大过失的情形下,承租人疏于检查机动车安全状态而导致事故发生的,也应当由承租人承担责任。机动车所有人就自己的重大过失,承担相应的赔偿责任。这也是单向连带责任。

第三,出租人将机动车出租给不适合驾驶机动车状态的承租人,如正在醉酒的人租车,出租人将车交给其租用,存在过失,应当承担相应的责任。

2. 带驾驶人出租

对带驾驶人出租的机动车在发生交通事故致人损害时,究竟应当怎样承担侵权责任,有不同的意见。有人认为,在此种情况下,驾驶人仍受机动车保有人的控制和支配,从而使得机动车保有人仍支配着机动车的运营,并且获得相应运营收益,承租人对机动车并无直接运行支配力,因此机动车保有人应当承担赔偿责任。也有人认为,驾驶人是按照承租人的指示进行机动车运营,并且是为了承租人的利益驾驶,机动车保有人对驾驶人已失去直接的指示和控制,因此,应由承租人承担驾驶人交通肇事的赔偿责任。

带驾驶人出租机动车,其性质属于承揽合同。承租人相当于定作人,出租人相当于承揽人,承揽的事项是按照承租人的指示提供车辆并且按照指示运行。因此,所谓的带驾驶人的机动车出租,其实并非出租机动车,而是定作人与承揽人(出租人)达成合意,承揽人(出租人)出车出人,为定作人完成运营。这个运营就是承揽的劳动成果。承租人其实就是定作人,出租的也不是车,而是连驾驶员带车一起为承租人服务。对于双方当事人的权利义务确定,应当适用承揽合同的规定,不适用《民法典》第1209条的规定。

对带驾驶人出租的机动车发生交通事故致人损害的,应当按照《民法典》第1193条关于"承揽人在完成工作过程中造成第三人损害或者自己损害的,定作人不承担侵权责任。但是,定作人对定作、指示或者选任有过错的,应当承担相应的责任"的规定确定责任主体。首先,在驾驶人的过失导致事故发生的情形下,无论是造成自己损害还是造成他人损害,都应当由出租人承担侵权责任。其次,即使在机动车一方没有过错,非机动车驾驶人或者行人因为自己的过错造成损害,机动车一方应当承担不超过10%的责任时,该侵权损害赔偿责任也由出租人承担,无须承租人承担。再次,由于机动车承租人的定作过失或者指示过失，造成机动车驾驶人损害，或者造成他人损害的，依照定作人指示过失的规则，由承租人承担定作人指示过失责任，承担损失赔偿责任。最后，如果机动车驾驶人有过失，承租人在定作和指示上也有过失，则应当按照客观关联的共同侵权行为规则，由双方承担连带责任。

（二）出借机动车发生交通事故致人损害的责任主体确定

《民法典》第1209条将机动车出租和出借两种情形规定在一起，适用同样的规则。

尽管机动车出租和出借有一定的近似性，但是，在实际上是存在一些区别的。机动车出借是无偿行为，而机动车出租是有偿行为。按照运行利益理论，出租人出租机动车是为了获得租金，属于经营行为，通过经营行为来获得物质上的利益。而出借机动车，出借人并不存在经济上的运行利益，仅仅是为了亲情、友情等精神上的满足和人际和谐，并非为了获得物质利益。按照运行支配理论与运行利益理论结合的"二元说"赔偿主体判断标准考量，机动车的出借，原则上不应由机动车出借人承担责任。

对待友情出借机动车致人损害的赔偿责任主体问题，应当持谨慎态度。某法域曾试图将友情出借机动车的出借人作为责任主体追究责任，但在终审时未被采纳通过；其理由中就提到"以免对社会结构产生重大冲击，或是对借车让人使用的感情交流活动产生巨大变化"。

法律是善良和公正的艺术[①]，须兼顾善良风俗和社会公正。互帮互助是中华民族的传统美德，法律应该遵循民族传统习惯，而不是完全靠法律机器运作。因此，尽管在法律适用上，对于出租和出借机动车发生交通事故，处理的规则一样，但在具体适用中则有所不同。

首先，借用人借用他人机动车造成交通事故，借用人应当自己承担损害赔偿责任；机动车的出借人不承担责任。

其次，机动车所有人即出借人对损害的发生有过错的，承担相应的赔偿责任。这种过错，应当是重大过失。其理由是：友情出借机动车并不存在运行物质利益，而且机动车主即出借方对机动车的运行也没有支配力；中国社会结构有其特殊性。具体可分为四种情形处理。

第一，知道或者应当知道机动车存在缺陷，且该缺陷是交通事故发生原因之一的。出借人将有缺陷的机动车出租或者出借给他人，如果没有事先说明情况，故意隐瞒机动车缺陷造成损害的，出租人、出借人应承担较重责任；如果出租人、出借人已经说明情况，承租人、借用人仍承租、借用造成损害的，出

[①] [意] 桑德罗·斯其巴尼. 正义与法. 黄风，译. 北京：中国政法大学出版社，1992：34.

借人对损害应承担与自己的过错相应的较轻的赔偿责任。

第二，知道或者应当知道驾驶人无驾驶资格或者未取得相应驾驶资格的。这种情形要求出租人、出借人明知驾驶人没有资质，此时出租人、出借人应承担连带责任。如果驾驶人采取欺骗方法，或者隐瞒自己没有资质的事实，骗取驾驶机动车，所有人应当发现而没有发现的，应对损害承担与自己的过失相应的赔偿责任。

第三，知道或者应当知道驾驶人因饮酒、服用国家管制的精神药品或者麻醉药品，或者患有妨碍安全驾驶机动车的疾病等依法不能驾驶机动车的。这是驾驶人的不适驾状态，机动车所有人明知或者应知驾驶人不适驾而把机动车交给驾驶人适用，为有过错。

第四，其他应当认定机动车所有人或者管理人有过错的，也应当依照规定承担相应的责任。

（三）买卖机动车未过户的赔偿责任主体

二手机动车买卖中常有违规交易存在，即原机动车所有人（登记机动车保有人，也叫作登记车主）将机动车交付给买受人（实际机动车保有人，也叫作事实车主）后，并未照规定办理过户手续，导致登记机动车保有人和实际机动车保有人相分离的现象出现。在机动车已交付但未办理过户的情形下发生交通事故，对责任主体的确定一直有不同意见。

《民法典》第 1210 条规定："当事人之间已经以买卖等方式转让并交付机动车但是未办理登记，发生交通事故造成损害，属于该机动车一方责任的，由受让人承担赔偿责任。"这一规定的理由是，按照我国《民法典》第 225 条规定，船舶、航空器、机动车等物权的设立、变更、转让和消灭，未经登记的，不得对抗善意第三人。我国对机动车买卖进行登记过户，采取的是登记对抗主义，即交付就已经发生所有权转移的效力，仅仅是不得对抗已经登记的善意第三人。同时，机动车所有权变动的登记，更大程度上是一种行政管理措施，而非所有权变动的公示方式。因此，在机动车买卖未过户的情况下，只要交付，其所有权就已经发生了转移；登记过户只是针对买卖合同对抗第三人的效力来说的，未过户登记并不影响所有权转移和风险承担。《民法典》的这一立法目的是保护交易安全，这里的善意第三人仅解释为交易中的第三人，并不包括机动车交通事故致人损害责任中的第三人。因此，不能将未登记过户的原机动车保有人认定为赔偿责任主体。另外，从机动车运行利益理论和支配理论来看，在未过户机动车发生交通事故时，名义上的机动车保有人既不具有运行利益，也不能进行运行支配，自然不能被认定为赔偿责任主体。需要注意的是，为了保护交通事故中的受害人，在事故发生后，登记所有人必须有证据能够证明自己不是实际所有人，才可以不承担赔偿责任。

《最高人民法院关于审理道路交通事故损害赔偿案件适用法律若干问题的解释》（以下简称"交通事故损害赔偿司法解释"）第 2 条补充规定，被多次转让但是未办理登记的机动车发生交通事故造成损害，属于该机动车一方责任，当事人请求由最后一次转让并交付的受让人承担赔偿责任的，法院应予支持。

（四）以挂靠形式经营的机动车发生交通事故的责任分担

《民法典》第 1211 条规定："以挂靠形式从事道路运输经营活动的机动车，发生交通事故造成损害，属于该机动车一方责任的，由挂靠人和被挂靠人承担连带责任。"这是对挂靠机动车交通事故责任的规定，《侵权责任法》对此没有规定。

机动车挂靠经营，是指个人将其出资取得的机动车挂靠在有运输资质的运输企业名下，并以运输企业的名义办理机动车行驶证件及营运证件，从事机动车经营活动的行为。我国的运输市场秩序比较混乱，以挂靠形式从事道路运输经营活动的机动车参与运营是比较普遍的现象，原因是从事机动车运营活动，需要政府管理部门核准资质，而政府只给法人或者非法人组织办理运营资质，不给个人颁发运营资质，因而个人如果从事机动车运营活动，只能挂靠到有运营资质的单位，才能进行合法的运营活动。对挂靠情况下发生交通事故致人损害，认定机动车保有人为侵权责任主体，承担侵权责任，是没有问题的，因为真正的机动车保有人享有运行利益、进行运行支配，其作为责任主体是没有疑问的；有争议的是，被挂靠企业是否为责任主体。

以挂靠形式进行机动车运营法律关系的特点：一是享有机动车所有权的个人没有运营资质，须挂靠到有运营资质的机动车运营单位，以该单位的名义开展运营活动。二是被挂靠的运营单位同意其挂靠，将该个人作为自己的名义职工，用自己的名义开展运营。三是双方之间的关系通常有一定的利益交换，即挂靠的一方要按期交给被挂靠的一方约定的管理费，就此双方形成权利义务关系；也有极少数是完全免费挂靠的。四是挂靠的机动车所有权人虽然以被挂靠单位的名义运营，但实际上还是自己运营，原则上并不受被挂靠单位管控。因此，有观点认为，个人机动车无偿挂靠被挂靠单位，被挂靠单位既不享有运行利益，又不进行运行支配，其允许个人机动车挂靠在自己名下，完全是为了政府管理的方便，发生交通事故致人损害，让其承担责任，理由显然不充分。因此，在这种情况下，被挂靠单位不应作为赔偿责任主体。如果被挂靠单位明知

第二十七章 《民法典》规定的机动车交通事故责任特殊主体承担责任规则

或者应知挂靠经营者不具有相应资质而提供挂靠,则应该承担连带责任。

《民法典》第1211条没有采纳这样的意见,而是采取统一规则。挂靠机动车发生交通事故造成他人损害,属于机动车一方责任的,其责任分担的方式是挂靠一方和被挂靠一方共同承担连带责任。被侵权人向挂靠一方或者被挂靠一方主张承担连带责任的,依照《民法典》第178条关于连带责任的规定确定责任。

(五) 擅自驾驶他人机动车发生交通事故的责任分担

《民法典》第1212条规定:"未经允许驾驶他人机动车,发生交通事故造成损害,属于该机动车一方责任的,由机动车使用人承担赔偿责任;机动车所有人、管理人对损害的发生有过错的,承担相应的赔偿责任,但是本章另有规定的除外。"这是对擅自驾驶他人机动车交通事故责任规定的新规则。

未经允许驾驶他人机动车,就是擅自驾驶他人机动车,发生交通事故造成他人损害,就产生擅自驾驶他人机动车损害责任。

构成擅自驾驶他人机动车交通事故责任规则的要件有三个:第一,行为人未经允许驾驶他人机动车,有两种情形:一是完全隐瞒机动车所有人或者管理人,秘密将他人的机动车开走;二是行为人向机动车所有人、管理人借车未得到同意,擅自将他人的机动车开走。无论是哪种情形,都构成擅自驾驶他人机动车。第二,行为人在驾驶他人机动车的行驶过程中发生交通事故,造成他人人身损害或者财产损害。第三,发生的交通事故责任属于该机动车一方责任。

擅自驾驶他人机动车交通事故损害责任的承担方式是:首先,与《民法典》第1209条规定的责任形态相同,是单向连带责任(混合责任),即部分责任人承担连带责任,部分责任人承担按份责任;其次,擅自驾驶人应当承担全部赔偿责任,即使在机动车所有人、管理人有过失的情况下,其也应当承担连带赔偿责任;再次,机动车所有人或者管理人有过失的,承担相应的责任即按份责任,不承担连带责任;最后,法律另有规定的,依照法律的特别规定承担责任。

擅自驾驶他人机动车损害责任的规则,与租用、借用机动车发生交通事故损害责任的规则是一样的。从实际情况观察,擅自驾驶他人机动车损害责任中,行为人的主观心理状态与租用、借用他人机动车的心理状态不一样,具有一定对支配行为的恶意,而不是对结果的恶意。在这种情况下,虽然承担责任的基本形态是混合责任,但是在确定机动车所有人、管理人的相应责任时,应当与租用、借用他人机动车损害责任有所区别,即擅自驾驶人的过错程度较重,而机动车所有人、管理人的过错程度明显要轻,承担的责任应当适当。

（六）非法买卖拼装机动车或者报废机动车发生交通事故的责任

《民法典》第1214条规定："以买卖或者其他方式方式转让拼装或者已达到报废标准的机动车，发生交通事故造成损害的，由转让人和受让人承担连带责任。"这是规定的非法转让机动车造成交通事故的连带责任。

在机动车管理中，严禁拼装机动车，也不准转让已经达到报废标准的机动车。违反法律规定，非法转让拼装的机动车或者已经达到报废标准的机动车，属于严重的违法行为。转让人和受让人在主观上，都具有故意违法的意图。采取这种非法方式转让拼装的机动车或者达到报废标准的机动车，并且发生交通事故造成损害的，无论是造成他人损害，还是造成自己的损害，对于损害的发生，都应将双方在非法转让中的故意视为对损害发生的放任，因此，转让人和受让人之间就具有共同的间接故意，构成共同侵权行为。本条规定由转让人和受让人承担连带责任，完全符合民法原理，也符合《民法典》第1168条关于共同侵权行为应当承担连带责任的规定。本条规定的赔偿责任是绝对责任，责任人不得以任何理由请求免除责任或者减轻责任。

应当注意的是，条文中规定的损害，没有加上通常的"他人"字样。这种表述方法体现的是造成的损害，不仅包括造成他人损害，也包括造成自己损害。如果受让人在使用拼装机动车或者达到报废标准的机动车时，发生交通事故造成自己损害的，实际上也是共同侵权行为。只不过使用人对自己的损害应当承担的份额，并非叫作连带责任而已，但应当按照连带责任的规则，确定双方应当承担的责任份额，按照过失相抵的规则，确定赔偿责任。

交通事故损害赔偿司法解释第4条补充规定，拼装车、已达到报废标准的机动车或者依法禁止行驶的其他机动车被多次转让，发生交通事故造成损害，当事人请求由所有的转让人和受让人承担连带责任的，法院应予支持。

（七）盗窃、抢夺或抢劫机动车发生机动车交通事故的责任主体

在盗窃、抢夺或者抢劫机动车驾驶的情况下，机动车处于非法持有者的完全控制之下，此时原机动车保有人对机动车既不存在实际的运行支配，又没有对机动车享有运行利益；因此，非法持有机动车之人既是机动车的运行支配者又是运行利益的归属者，理应成为损害赔偿的责任主体。因此，《民法典》第1215条规定："盗窃、抢劫或者抢夺的机动车发生交通事故造成损害的，由盗窃人、抢劫人或者抢夺人承担赔偿责任。盗窃人、抢劫人或者抢夺人与机动车使用人并非一人，发生交通事故后属于该机动车一方责任的，由盗窃人、抢劫人或者抢夺人与机动车使用人承担连带责任。保险人在机动车强制保险责任限

额内垫付抢救费用的,有权向交通事故责任人追偿。"

对此,有反对者认为,这样规定,将不能使交通肇事受害人得到完善的补偿。因为在这种情况下,盗窃者往往无力赔偿,或者很难觅其踪迹,更不可能为自己的驾驶购买保险;因此,在机动车交通事故发生后,受害人如果只能向非法持有机动车的肇事者索赔,将很难得到完全赔付。机动车是一种危险工具,其所有人应该尽到妥善的管理义务,根据危险控制理论,"谁控制风险,谁承担责任",其中控制机动车的风险,不仅仅在机动车的驾驶过程中,也应该存在于对机动车全面的控制管理中;如果因对其管理有过失而造成他人的损失,理应承担责任。但是,毕竟机动车被盗窃、抢劫、抢夺具有一定的偶然性,所以,机动车保有人承担责任的标准应当是重大过失,如违反机动车管理制度或行为上有重大疏漏。如果以保管不当等一般过失作为承担责任的衡量标准,对机动车保有人的要求就过于严格。当然,存在重大过失的机动车保有人的赔偿责任是一种替代责任,其在承担责任之后可以向非法肇事的驾驶人追偿。[1]

盗窃、抢夺或者抢劫作为一种非法行为,其发生往往具有突发性和不可预见性。非法行为的发生中断了机动车保有人对机动车的运行支配,也切断了其对机动车运行利益的合法归属;而且机动车保有人对机动车管理的过失与交通事故的发生之间并无直接因果关系,交通事故的发生完全是非法行为人独立支配机动车运行的结果,因此,要求机动车保有人承担赔偿责任确有不当。[2]《民法典》第1215条采纳了这种主张。

盗窃、抢劫、抢夺的机动车发生交通事故,盗窃人、抢劫人或者抢夺人逃逸无法承担赔偿责任,机动车所有人未按照法律规定办理强制保险的,由机动车所有人在机动车强制保险责任限额范围内先行垫付抢救费用,机动车所有人可以向交通事故责任人追偿。

(八)机动车驾驶人肇事逃逸的责任负担

《民法典》第1216条规定了机动车驾驶人肇事逃逸的责任负担问题:"机动车驾驶人发生交通事故后逃逸,该机动车参加强制保险的,由保险公司在机动车强制保险责任限额范围内予以赔偿;机动车不明或者该机动车未参加强制保险或者抢救费用超过机动车交通事故责任强制保险责任限额,需要支付被侵权人人身伤亡的抢救、丧葬等费用的,由机动车交通事故社会救助基金垫付。机动车交通事故社会救助基金垫付后,其管理机构有权向交通事故责任人追

---

[1] 郑才成. 我国机动车交通事故赔偿责任的主体. 政法学刊,2005 (6).
[2] 彭思颖. 论机动车交通事故损害赔偿案件中的责任主体. 西安政治学院学报,2005 (4).

偿。"这一规则分为三个内容。

第一，机动车驾驶人发生交通事故后逃逸，该机动车参加强制保险的，由保险公司在机动车强制保险责任限额范围内予以赔偿。在发生交通事故后机动车驾驶人逃逸的，只要该机动车参加了强制保险，就由保险公司在强制保险责任的限额范围内予以赔偿。这是机动车交通事故责任保险优先原则的体现，无论何种情况，只要参加了机动车强制保险，出现事故造成损害，就应当按照强制保险的规则理赔，保险公司不得以任何理由予以拒绝。

第二，机动车不明或者该机动车未参加强制保险，需要支付被侵权人人身伤亡的抢救、丧葬等费用的，由机动车交通事故责任社会救助基金垫付。所谓"机动车不明"，是指机动车的权属不明，即不知道该机动车归属于谁。在这种情况下发生机动车交通事故，并且发生交通事故的机动车未参加强制保险的，就无法得到强制保险的赔偿。为了保护受害人的合法权益，使其损害得到及时救济，法律规定由机动车交通事故责任社会救助基金垫付被侵权人的人身伤亡的抢救、丧葬等费用。救助基金承担的不是赔偿责任，也不是补偿责任，而是垫付责任，即不应当由其承担责任，只是暂时为侵权人垫付。

第三，机动车交通事故责任社会救助基金垫付后，其管理机构有权向交通事故责任人追偿。机动车交通事故责任社会救助基金对被侵权人的损失垫付之后，取得了对侵权人的追偿权。这种追偿权的取得，采取请求权让与立场为妥，能够更充分地保护被侵权人的合法权益，并且保护好公众利益。应当注意的是，机动车交通事故责任社会救助基金享有的追偿权仅仅是对其已经垫付的部分，对没有垫付的其他损害赔偿的请求权仍由被侵权人享有，被侵权人仍然有权向侵权人行使，以保护自己的权益。

（九）无偿搭乘人因交通事故遭受损害的好意同乘

《民法典》第1217条规定："非营运机动车发生交通事故造成无偿搭乘人损害，属于该机动车一方责任的，应当减轻其赔偿责任，但是机动车使用人有故意或者重大过失的除外。"这一条文是对机动车交通事故好意同乘规则的规定。

好意同乘，是指无偿搭乘他人的机动车在运行中发生交通事故，造成无偿搭乘人的损害，属于该机动车一方责任的，减轻机动车一方赔偿责任的规则。好意同乘的特点：一是无偿性，好意人无营利目的，索要和收取对价的同乘都不是无偿，以主动负担一部分油费或过路费等搭乘车辆的，虽然支付了一定费用，但通常出于情谊维系，非支付对价的意思，属于"无偿"范围；二是合意性，同乘需经过车辆保有人的同意，包括邀请和允许，未经同意而强行搭乘，不构成好意同乘；三是顺路性，即搭便车，双方目的地相近或相同，好意人并非特意而为，同乘人为便利而搭车。

对免费运送是否构成好意同乘，有不同意见，有的观点认为，为了搭乘人的特定目的而运行且无偿，不属于好意同乘。不过，在第1217条的规定中，没有这样的限制，只是强调无偿搭乘人的概念，只要是好意的免费运送，符合好意同乘要件要求的，可以适用好意同乘的责任承担规则。

适用好意同乘的规则是：第一，须为无偿搭乘他人，即好意人的机动车，而非有偿搭乘；第二，被搭乘的是他人即好意人的非营运机动车，而不是营运的机动车；第三，发生交通事故造成搭乘人的损害，须为机动车一方的责任，即被搭乘人的责任。

好意同乘是善意地为他人提供方便的行为，是利他行为，即使造成无偿搭乘人的损害，被搭乘人也不应当承担全部赔偿责任，故本条规定，即使属于机动车一方的责任，机动车一方承担责任的范围是减轻后的赔偿责任。如果造成交通事故致害无偿搭乘人是出于机动车使用人故意或者重大过失，则机动车一方应当承担全部赔偿责任。

这一规定还不够全面，好意同乘规则还包括支付部分汽油费或者过路费的赔偿规则。如果搭乘人支付了部分汽油费或者过路费，则属于一定程度的有偿搭乘，但是，仍属于好意同乘的范围，适用好意同乘的规则，只是被搭乘人承担的赔偿责任范围应当更大一些。例如，无偿搭乘发生交通事故致害无偿搭乘人，机动车一方应当承担50%的赔偿责任；无偿搭乘人支付了部分汽油费或者过路费但达不到买票乘车的数额的，机动车一方则应当承担70%左右的赔偿责任；如果支付的汽油费或者过路费的数额与买票乘车的费用基本相同，则机动车一方应当承担更多的甚至是全部的赔偿责任。立法没有规定这样的规则，但在司法实践中可以适当参酌。

（十）机动车保险责任

1. 《民法典》第1213条规定的保险责任的顺序

《民法典》第1213条规定："机动车发生交通事故造成损害，属于该机动车一方责任的，先由承保机动车强制保险的保险人在强制保险责任限额范围内予以赔偿；不足部分，由承保机动车商业保险的保险人按照保险合同的约定予以赔偿；仍然不足或者没有投保机动车商业保险的，由侵权人赔偿。"这是对机动车强制保险、商业保险与侵权人责任顺序规定的新规则。

机动车所有人对于自己的机动车，每年都须投保机动车强制保险，还须投保相应的机动车商业保险。当机动车发生交通事故，机动车一方要承担赔偿责任，被侵权人同时请求保险人和侵权人承担赔偿责任时，承担保险责任和侵权责任的顺序是：机动车强制保险优先、强制保险赔偿不足部分商业保险优先、商业保险赔偿仍然不足部分侵权人承担赔偿责任。

(1) 机动车强制保险优先。

出现这种情形时，机动车强制保险人承担第一顺位保险责任，由其在机动车强制保险责任限额范围内，承担赔偿责任。虽然机动车的强制保险和商业保险都是保险，但是，由于机动车强制保险是强制性保险，在强制性保险理赔的部分，都不适用侵权责任法的有关规定，因此，其具有最优先的效力。

(2) 强制保险赔偿不足部分商业保险优先。

机动车商业保险人的保险责任为第二顺位责任，对机动车强制保险限额范围赔偿不足的部分，商业保险人按照商业保险合同约定的保险范围承担赔偿责任。这是因为，机动车商业保险是为机动车所有人承担赔偿责任的保险，与机动车强制保险不同。因此，当发生机动车交通事故，在强制保险赔偿不足部分适用侵权责任确定责任时，商业保险优先。

(3) 商业保险赔偿仍然不足部分侵权人承担赔偿责任。

商业保险赔偿仍然不足部分，包括约定的保险赔偿范围无法涵盖的损失部分，也包括根本没有投保商业险的部分。凡是商业保险不能理赔的部分，就由应当承担责任的机动车一方的所有人、管理人或者使用人予以赔偿，按照相关的责任形式及规则承担赔偿责任。

2. 司法解释对机动车交通事故保险理赔的补充规定

交通事故损害赔偿司法解释对保险理赔的规则作了很多补充，在适用《民法典》第1213条时应当适用。

(1) 交强险理赔包括精神损害赔偿。

同时投保机动车第三者责任强制保险和第三者责任商业保险的机动车发生交通事故造成损害，当事人同时起诉侵权人和保险公司的，法院应当依照《民法典》第1213条的规定，确定赔偿责任。被侵权人或者其近亲属请求承保交强险的保险公司优先赔偿精神损害的，法院应予支持。

(2) 投保人允许的驾驶人致害投保人的交强险赔偿。

投保人允许的驾驶人驾驶机动车致使投保人遭受损害，当事人请求承保交强险的保险公司在责任限额范围内予以赔偿的，法院应予支持，但投保人为车上人员的除外。

(3) 交强险赔偿的特别情形及保险公司的追偿权。

有下列情形之一导致第三人人身损害，当事人请求保险公司在交强险责任限额范围内予以赔偿，法院应予支持：一是驾驶人未取得驾驶资格或者未取得相应驾驶资格的;二是醉酒、服用国家管制的精神药品或者麻醉药品后驾驶机动车发生交通事故的;三是驾驶人故意制造交通事故的。保险公司在赔偿范围内向侵权人主张追偿权的,法院应予支持。追偿权的诉讼时效期间自保险公司实际赔偿之日起计算。

(4) 交强险投保义务人未投保交强险的赔偿责任。

未依法投保交强险的机动车发生交通事故造成损害,当事人请求投保义务人在交强险责任限额范围内予以赔偿的,法院应予支持。投保义务人和侵权人不是同一人,当事人请求投保义务人和侵权人在交强险责任限额范围内承担相应责任的,法院应予支持。

(5) 保险公司拒绝承保交强险的责任。

具有从事交强险业务资格的保险公司违法拒绝承保、拖延承保或者违法解除交强险合同,投保义务人在向第三人承担赔偿责任后,请求该保险公司在交强险责任限额范围内承担相应赔偿责任的,法院应予支持。

(6) 多辆机动车造成第三人损害的保险理赔。

多辆机动车发生交通事故造成第三人损害,保险赔偿的规则如下:

一是损失超出各机动车交强险责任限额之和的,由各保险公司在各自责任限额范围内承担赔偿责任;损失未超出各机动车交强险责任限额之和,当事人请求由各保险公司按照其责任限额与责任限额之和的比例承担赔偿责任的,法院应予支持。

二是依法分别投保交强险的牵引车和挂车连接使用时发生交通事故造成第三人损害,当事人请求由各保险公司在各自的责任限额范围内平均赔偿的,法院应予支持。

三是多辆机动车发生交通事故造成第三人损害,其中部分机动车未投保交强险,当事人请求先由已承保交强险的保险公司在责任限额范围内予以赔偿的,法院应予支持。保险公司就超出其应承担的部分向未投保交强险的投保义务人或者侵权人行使追偿权的,法院应予支持。

(7) 交强险对多个被侵权人的比例理赔。

同一交通事故的多个被侵权人同时起诉的,法院应当按照各被侵权人的损失比例确定交强险的赔偿数额。

(8) 机动车所有权和车况变化的交强险理赔。

第一,机动车所有权在交强险合同有效期内发生变动,保险公司在交通事故发生后,以该机动车未办理交强险合同变更手续为由主张免除赔偿责任的,法院不予支持。

第二,机动车在交强险合同有效期内发生改装、使用性质改变等导致危险程度增加的情形，发生交通事故后，当事人请求保险公司在责任限额范围内予以赔偿的，法院应予支持。保险公司另行起诉请求投保义务人按照重新核定后的保险费标准补足当期保险费的，法院应予支持。

（9）交强险转让或者设定担保的效力。

当事人主张交强险人身伤亡保险金请求权转让或者设定担保的行为无效的，法院应予支持。

三、司法解释补充的机动车所有权与使用权分离时的责任分担规则

交通事故损害赔偿司法解释提出了很多有价值的交通事故赔偿纠纷的裁判规则，有关机动车所有权与使用权分离的责任分担规则补充规定的规则主要有以下内容。

1. 套牌车引发交通事故的责任

套牌车比较常见，发生交通事故承担责任的规则对此没有明确规定。交通事故损害赔偿司法解释规定，套牌机动车发生交通事故造成损害，属于该机动车一方责任，当事人请求由套牌机动车的所有人或者管理人承担赔偿责任的，法院应予支持；被套牌机动车所有人或者管理人同意套牌的，应当与套牌机动车的所有人或者管理人承担连带责任。

2. 机动车驾驶培训人员发生交通事故的责任

接受机动车驾驶培训的人员，在培训活动中驾驶机动车发生交通事故造成损害的，法律和法规没有具体规定，交通事故损害赔偿司法解释规定，属于该机动车一方责任，当事人请求驾驶培训单位承担赔偿责任的，法院应予支持。

3. 试乘人员发生交通事故的责任

对机动车试乘过程中发生交通事故造成试乘人损害，也没有具体规定。交通事故损害赔偿司法解释规定，当事人请求提供试乘服务者承担赔偿责任的，法院应予支持。试乘人有过错的，应当减轻提供试乘服务者的赔偿责任。

4. 因道路缺陷引发交通事故的责任

交通事故损害赔偿司法解释规定了两种道路缺陷损害引发交通事故的责任规则。

一是道路管理维护缺陷。道路管理维护缺陷导致机动车发生交通事故造成损害，当事人请求道路管理者承担相应赔偿责任的，法院应予支持。但道路管理者能够证明已经依照法律、法规、规章的规定，或者按照国家标准、行业标

第二十七章 《民法典》规定的机动车交通事故责任特殊主体承担责任规则

准、地方标准的要求尽到安全防护、警示等管理维护义务的除外。

二是道路施工缺陷。未按照法律、法规、规章或者国家标准、行业标准、地方标准的强制性规定设计、施工，致使道路存在缺陷并造成交通事故，当事人请求建设单位与施工单位承担相应赔偿责任的，法院应予支持。

5. 违规进入高速公路

对于依法不得进入高速公路的车辆、行人，擅自进入高速公路造成自身损害的，《民法典》没有作出规定，交通事故损害赔偿司法解释规定，依法不得进入高速公路的车辆、行人，进入高速公路发生交通事故造成自身损害，当事人请求高速公路管理者承担赔偿责任的，适用《民法典》第1243条擅自进入高度危险区域责任的规定，即未经许可进入高度危险活动区域或者高度危险物存放区域受到损害，管理人能够证明已经采取足够安全措施并尽到警示义务的，可以减轻或者不承担责任。

6. 机动车产品缺陷

机动车存在缺陷，发生交通事故造成损害的，是否适用产品责任，不够明确。交通事故损害赔偿司法解释规定，机动车存在产品缺陷导致交通事故造成损害，当事人请求生产者或者销售者依照《民法典》第七编第四章的规定承担赔偿责任的，法院应予支持。据此，机动车产品缺陷引发的交通事故责任完全适用产品责任规则，应当由产品的生产者或者销售者承担侵权责任，责任的形态是不真正连带责任。

7. 多辆机动车造成第三人损害

在司法实践中，对于多辆机动车发生交通事故造成第三人损害的，究竟应当怎样承担侵权责任，意见分歧较大。交通事故损害赔偿司法解释规定，多辆机动车发生交通事故造成第三人损害，当事人请求多个侵权人承担赔偿责任的，法院应当区分不同情况，依照《民法典》第1170条、第1171条、第1172条的规定，确定侵权人承担连带责任或者按份责任。按照这样的规定，除不适用《民法典》第1168条规定之外，构成共同危险行为的，应当适用第1170条关于共同危险行为承担连带责任的规则；对于二人以上分别实施侵权行为，造成同一损害，每个人的侵权行为都足以造成全部损害的，作为叠加的共同侵权行为，承担连带责任；对于二人以上分别实施侵权行为造成同一损害的，一般情况下，按照分别侵权行为的规则，承担按份责任。

规则总结

1. 《民法典》规定的机动车交通事故责任规则，主要是机动车所有人与使用人分离时，发生过交通事故造成他人损害的责任分担规则，即究竟应当由哪一方承担损害赔偿责任，以及双方怎样分担赔偿责任。

2. 确定机动车所有人和使用人分离的交通事故责任分担规则的理论基础，是运行支配和运行利益。以运行支配与运行利益作为机动车交通事故的责任主体的认定标准，即某人是否为机动车交通事故责任主体，要同时符合两个标准：既要看其对该机动车的运行是否在事实上处于支配管理地位，又要看其对该机动车的运行本身是否获得利益。

3.《民法典》规定的机动车交通事故特别规则包括：（1）租赁、借用机动车责任分担；（2）转让机动车未登记的责任分担；（3）挂靠机动车的责任分担；（4）擅自驾驶他人机动车的责任分担；（5）转让拼装车或者报废车的责任分担；（6）盗抢机动车的责任分担；（7）机动车驾驶人发生交通事故后逃逸的责任分担；（8）好意同乘的责任分担。

4. 机动车交通事故司法解释补充规定的特殊规则包括：（1）套牌机动车的责任分担；（2）机动车驾驶培训人员的责任分担；（3）试乘人员的责任分担；（4）道路管理维护缺陷和设计施工缺陷的责任分担；（5）非机动车驾驶人或者行人擅自进入高速公路的责任分担；（6）机动车存在产品缺陷的责任分担；（7）多辆机动车发生交通事故造成损害的责任分担规则。

第二十八章 《民法典》第 1219 条规定的告知义务未履行造成的"损害"应当怎样理解

——医疗伦理损害责任的基本规则

实务指引要点

1. 医疗伦理损害责任是医疗机构或者医务人员因违反告知义务或保密义务,对患者造成损害应当承担的医疗损害责任。
2. 《民法典》第 1219 条第 2 款规定的"损害",包括人身损害、财产损害和精神损害,医疗损害责任司法解释规定只包括人身损害是不正确的。
3. 构成医疗伦理损害责任,医疗机构或者医务人员应当有违反医疗伦理和医疗良知的过失,主要侵害的是患者的知情权、自我决定权、隐私权、个人信息权。
4. 医疗伦理损害责任是替代责任,医疗机构承担的责任主要是精神损害赔偿责任,但造成人身损害或者财产损害的也应当予以赔偿。

《民法典》第 1219 条规定的是医务人员未尽到告知义务造成患者损害的,医疗机构承担赔偿责任,这是医疗伦理损害责任。这里有一个应当特别注意的问题,是对第 1219 条中规定的"损害"应当怎样理解。本章将结合这个问题,全面介绍医疗伦理损害责任的规则。

一、医疗伦理损害责任的概念和类型

(一) 医疗伦理损害责任的概念

医疗伦理损害责任是医疗损害责任的基本类型之一,是指医疗机构及其医务人员违背医疗良知和医疗伦理的要求,违反医疗机构及其医务人员的告知或者保密义务,具有医疗伦理过错,造成患者损害的医疗损害责任。

这种医疗损害责任的构成须具备医疗伦理过错,即医疗机构或医护人员在诊疗活动中,存在未对患者履行充分告知或保密等义务,或者未取得患者同意即采取某种医疗措施、停止继续治疗等故意或者过失。医疗机构医护人员因此造成患者的人身损害以及其他合法权益损害的,医疗机构应当承担赔偿责任。

医疗伦理损害责任的概念,借鉴了法国医疗损害责任法中医疗伦理过错的概念。使用这个概念,既能概括这一类医疗损害责任的基本特征,又能确定这一类医疗损害责任的具体规则。

医疗伦理损害责任的法律特征有四点。

1. 构成医疗伦理损害责任以具有医疗过错为前提

医疗伦理损害责任以具备医疗过错为前提,以此与医疗产品损害责任相区别。医疗产品损害责任属于产品责任,依照法律规定适用无过错责任原则。医疗伦理损害责任适用过错责任原则,如果医疗机构及其医务人员没有过错,就不构成医疗伦理损害责任。

2. 医疗伦理损害责任的过错是医疗伦理过错

医疗伦理损害责任要具备的过错是医疗伦理过错,以此与医疗技术损害责任相区别。医疗伦理过错与医疗技术过失不同,不是违反当时的医疗水平的诊疗义务所确定的高度注意义务,而是违反医疗良知和医疗伦理,违反告知义务、保密义务等伦理性义务的心理状态。医疗机构及其医务人员不存在这样的伦理过错,不构成医疗伦理损害责任。

3. 医疗伦理过错认定的基本方式是推定

医疗伦理过错与医疗技术过失的认定方式不同,不是采取证明方式,而是采取推定方式。只要受害患者一方已经证明了医疗机构或者医务人员违反告知义务、保密义务等医疗伦理义务、受害患者的损害事实以及因果关系要件,就可以直接推定医疗机构及其医务人员具有医疗伦理过错。这种推定的规则是违法推定过失,即根据医疗机构及其医务人员的行为违法性来推定其具有过错。推定后,实行举证责任倒置,由医疗机构及其医务人员承担举证责任,证明自己没有过错,推翻过错推定。这也是医疗伦理损害责任与医疗技术损害责任的显著区别。

4. 构成医疗伦理损害责任的损害事实主要是精神性人格权的损害

在医疗技术损害责任构成中,损害事实主要是受害患者的人身损害事实。在医疗伦理损害责任中,当然也可能存在受害患者的人身损害事实,但主要是精神性人格权的损害,例如知情权、自我决定权、隐私权等的损害,精神损害是医疗伦理损害责任损害事实的常态。

(二) 医疗伦理损害责任的类型

医疗机构及其医务人员违背医疗良知和医疗伦理,违反告知或保密义务的医疗伦理损害责任的基本类型分为三种。

1. 违反资讯告知损害责任

医务人员告知义务是指医务人员在其执行医疗行为的过程中,将与其诊疗对象即患者有关的疾病诊断、治疗措施以及疾病发展和治疗措施所面临的风险向患者本人或者其家属交代的义务。[①]

违反资讯告知损害责任,是指医疗机构未对患者充分告知或者说明其病情,未对患者及时提供有用的医疗建议的医疗损害责任。这种医疗损害责任违反的是医疗良知和医疗伦理,因没有善尽对患者所负的告知义务、说明义务、建议义务等积极提供医疗资讯义务而具有过错,侵害了患者的知情权。

这种医疗损害责任类型的典型案例,是日本X教派输血案。"X教派"的忠实教徒A罹患肝脏肿瘤,就诊于东京大学医科学研究所附属医院,患者A在就诊时明确表示因输血违背自己的宗教信念而拒绝接受伴有输血的诊疗行为,但在接受肝脏肿瘤摘除手术时,医生对她实行了伴有输血的诊疗行为,手术成功。患者A后来得知自己在医疗过程中被输血后,精神极度痛苦,对医院及医生提起损害赔偿之诉。患者A在诉讼中死亡,由其继承人继承诉讼。1997年3月12日日本东京地方法院第一审认为,为救他人的生命而进行的输血行为,乃属于社会上的正当行为,以无违法性为由驳回原告的诉讼请求。第二审法院认为,医师违反说明义务,致患者的自我决定权受到侵害,构成侵权行为,判令被告赔偿原告55万日元。第三审法院即最高裁判所第三小法庭认为,患者表明其认为输血会违反自己宗教信念而明确拒绝伴有输血的诊疗行为的意思,该意思决定权应为人格权之内容,医院对此意思决定权应予以尊重。在本案的上述事实中,手术时除输血以外别无其他救命方法。但在入院时,医

[①] 张宝珠,刘鑫. 医疗告知与维权指南. 北京:人民军医出版社,2004:24.

生应对患者说明在医疗过程中必要情况下，还是要输血。是否要接受该医院的手术，应该属于患者的自我决定权。被告怠于履行上述告知义务，因此可以认为其已经侵害了患者的意思决定权，即被告已经侵害了患者的人格权。因此，被告应该就受害人遭受的精神痛苦负担慰抚金损害赔偿责任。[①] 手术中患者失血过多，必须输血，因此，并非本案的医师给患者输血的行为具有过错，而是未向患者履行告知义务的行为具有过错。

2. 违反知情同意损害责任

违反知情同意损害责任，是指医疗机构及医护人员违反其应当尊重患者自主决定意愿的义务，未经患者同意，即积极采取某种医疗措施或者消极停止继续治疗的医疗损害责任。这种医疗损害责任违反的是医疗良知和医疗伦理，不经患者同意，就采取积极行为或者消极行为，侵害患者自我决定权。

在日本，最早出现"告知、承诺"文字的判决之一，是1971年5月19日东京地方法院的裁判。原告的右乳房发现恶性肿瘤，在得到其同意的情况下，实施了乳房切除手术。在切除了右乳房后，医生又对其左乳房作了病理切片检查，发现左乳房属于乳腺症，在没有得到本人同意的情况下，将其左乳房也予以切除。判决认为，全部切除女性乳房内部组织对于患者来说，从生理机能到外观上都是具有非常重大后果的手术，被告在切除原告左乳房手术时，必须重新取得患者的同意。在获得患者同意前，作为前提，医师有必要就症状、手术的必要性作出说明，对像本案这样的手术有无必要进行存在不同见解的场合，患者关于是否接受手术的意思更有必要被尊重。医师应当把上述情况向患者作出充分说明并取得同意后才能进行手术。医师在没有取得患者同意的情况下，切除其左乳房的手术行为属于违法行为，应命令其支付损害赔偿金。[②] 这种典型的未经患者同意采取积极诊疗行为，侵害的是患者的自我决定权。

在研究违反资讯告知义务与违反知情同意这两种医疗损害责任的举证责任时，医疗资讯告知义务，旨在保护患者的自主决定权，以充实或健全患者决定接受或不接受某种医疗措施的信息来源，而患者是否得以自由自主地行使其决定权或同意权，亦有赖于获取充分而有用的医疗资讯。医疗资讯告知义务的违反，往往被推断为患者未同意接受某种医疗措施，因此，两种医疗过错的举证责任没有区别。不过，在医疗损害责任的类型上，两种医疗损害责任有明显区别，例如，在违反资讯告知损害责任中，行为侵害的是患者的知情权，而违反

---

① 本案为日本最高裁判所2000年2月29日第三小法庭判决。本案的素材系由日本东海大学法学部刘得宽教授提供。

② （日）判例时报第660号. 日本判例时报社，1971-05-29：62. 转引自段匡，何湘渝. 医师的告知义务和患者的承诺//梁慧星. 民商法论丛：第12卷. 北京：法律出版社，1999：159-160.

知情同意损害责任，行为侵害的是患者的自我决定权，并有可能侵害患者的身体权或者健康权等。

3. 违反保密义务损害责任

由于医患关系的特殊性，医生掌握着患者的身份情况、病史情况以及其他隐私或者个人信息，对这些患者的重大隐私和个人信息，医疗机构及其医务人员负有保密义务。《民法典》第1226条规定："医疗机构及其医务人员应当对患者的隐私和个人信息保密。泄露患者的隐私和个人信息，或者未经患者同意公开其病历资料的，应当承担侵权责任。"

医疗机构及其医务人员违反保密义务，泄露患者隐私或者个人信息造成损害的，构成违反保密义务损害责任。这种行为造成的损害不是人身损害事实，而是隐私权、个人信息权的损害事实。例如孕妇在医院分娩出院后，经常有奶粉制品及婴儿用品的推销者上门推销构成骚扰，就是因为医院将产妇分娩信息以及家庭住址等个人信息泄露或者出卖给相关的商家以获取营利。产妇可以对进行分娩手术的医院起诉，要求该医院承担侵害隐私权、个人信息权的精神损害赔偿责任。医疗机构及其医务人员违反保密义务造成患者隐私权或者个人信息权损害的，构成这种医疗侵权责任。

二、医疗机构及其医务人员履行医疗伦理义务的重要意义

确定医疗伦理损害责任的核心，是医疗机构或者医务人员具有医疗伦理过错。认定医疗伦理过错的标准，是医疗机构或者医务人员负有的医疗伦理注意义务。医疗伦理注意义务主要有以下三种，对认定医疗伦理损害责任具有重要意义。

（一）医疗机构及其医务人员的告知义务

违反资讯告知义务和违反知情同意义务的医疗伦理损害责任的基础，是医疗机构及其医务人员负有告知义务；确定过错的基准，是医疗机构及其医务人员违反该告知义务。

我国最早涉及医疗机构告知义务和患者知情同意权的规范性文件是《医疗机构管理条例》及实施细则，其中提到了患者的同意问题，但并没有直接提出患者的知情同意权，也没有提到医疗机构的告知义务。《执业医师法》第26条规定："医师应当如实向患者或者其家属介绍病情，但应注意避免对患者产生不利后果。医师进行实验性临床医疗，应当经医院批准并征得患者本人或者其家属同意。"《计划生育技术服务管理条例》第3条第1款、第2款规定："计划生育技术服务实行国家指导和个人自愿相结合的原则。公民享有避孕方法的

知情选择权。国家保障公民获得适宜的计划生育技术服务的权利。"《医疗事故处理条例》第11条规定："在医疗活动中，医疗机构及其医务人员应当将患者的病情、医疗措施、医疗风险等如实告知患者，及时解答其咨询；但是，应当避免对患者产生不利后果。"这些条文，都规定了医疗机构、医务人员的告知义务，以及患者的知情权和自我决定权。

《民法典》第1219条规定："医务人员在诊疗活动中应当向患者说明病情和医疗措施。需要实施手术、特殊检查、特殊治疗的，医务人员应当及时向患者说明医疗风险、替代医疗方案等情况，并取得其明确同意；不能或者不宜向患者说明的，应当向患者的近亲属说明，并取得其书面同意。医务人员未尽到前款义务，造成患者损害的，医疗机构应当承担赔偿责任。"第1220条规定："因抢救生命垂危的患者等紧急情况，不能取得患者或者其近亲属意见的，经医疗机构负责人或者授权的负责人批准，可以立即实施相应的医疗措施。"

《民法典》第1219条第1款规定的是医疗机构及其医务人员对患者的基本告知义务，包括三项内容：一是一般告知义务，即医务人员在诊疗活动中应当向患者说明病情和医疗措施；二是特殊告知义务，即需要实施手术、特殊检查、特殊治疗的，医务人员应当及时向患者说明医疗风险、替代医疗方案等情况，并取得其明确同意；三是不能或者不宜向患者说明的，医务人员应当向患者的近亲属说明，并取得其明确同意。

《民法典》第1220条规定的是告知义务的特例，可以不经告知而采取紧急治疗措施。医疗机构及其医务人员的告知义务在诊疗行为中具有重要意义，但也不应绝对化，在紧急情况下，如果不能取得患者或者其近亲属的意见，就不能抢救治疗，将造成严重后果。

《民法典》第1219条和第1220条规定，是民事基本法对医疗机构及其医务人员告知义务的确认，不仅确定了医疗机构及其医务人员在三种不同情况下的三种不同内容的告知义务，还规定了告知义务的例外情形，以及违反告知义务的侵权责任。这是我国法律对违反告知义务的医疗伦理损害责任作出的最明确规定。

（二）医疗机构及其医务人员的保密义务

1. 医疗机构及其医务人员对患者保密义务的来源

医疗机构及其医务人员对患者的隐私和个人信息负有保密义务，义务来源有两种。

（1）医事法明确规定。

医事法是一个比较宽泛的概念，泛指关于医学、医疗、医师的法律规范。

第二十八章 《民法典》第1219条规定的告知义务未履行造成的"损害"应当怎样理解

我国医事法对医疗机构及其医务人员的保密义务有明确的规定。我国《医师法》第23条规定:"医师在执业活动中履行下列义务:……(三)尊重、关心、爱护患者,依法保护患者隐私和个人信息……"2002年《医疗机构病历管理规定》(已失效)第6条规定:"除涉及对患者实施医疗活动的医务人员及医疗服务质量监控人员外,其他任何机构和个人不得擅自查阅该患者的病历。因科研、教学需要查阅病历的,需经患者就诊的医疗机构有关部门同意后查阅。阅后应当立即归还。不得泄露患者隐私。"在其他法律、法规中也有类似规定。

(2)《民法典》关于保护隐私权和个人信息权的规定。

《民法典》第四编第六章规定的是"隐私权及个人信息保护"。

第1032条第1款规定:"自然人享有隐私权。任何组织或者个人不得以刺探、侵扰、泄露、公开等方式侵害他人的隐私权。"隐私权是自然人享有的人格权,是指自然人享有的私人生活安宁和对与公共利益无关、不愿为他人知晓的私密空间、私密活动、私密信息等的自主支配和控制,不受他人侵扰的具体人格权。义务主体负有的是对自然人隐私的不可侵义务,即不得以刺探、侵扰、泄露、公开等方式侵害他人的隐私权。违反这些不可侵义务,构成对隐私权的侵害,应当承担民事责任。

第1034条第1款规定:"自然人的个人信息受法律保护。"《个人信息保护法》专门规定了个人信息处理者对个人信息权人负有的义务和责任。个人信息是以电子或者其他方式记录的,能够单独或者与其他信息结合而识别特定自然人的各种信息,包括自然人的姓名、出生日期、身份证件号码、个人生物识别信息、住址、电话号码、电子邮箱、健康信息、行踪信息等。

医疗机构出于其诊疗活动的特殊性,掌握患者的隐私和个人信息,应当遵守法律规定的义务,保护好患者的隐私权和个人信息权。

2. 医疗机构及其医务人员对患者负有保密义务的必要性

第一,医疗机构及其工作人员有条件掌握患者隐私和个人信息。医疗服务需要服务接受者的配合,配合的内容包括提供详细的病史资料、展示隐秘部位。病史不但包括个人史、患病史、过敏史、生育史,还包括治疗史。医疗服务的特点决定了医疗机构及其医务人员有条件掌握服务接受者的隐私和个人信息。通常所说的"患者无隐私",是指患者对医疗机构及其医务人员,不应当强调隐私权而拒绝向医务人员告知有关病情的隐私和个人信息。这是根据医疗服务合同而使医务人员获得了对患者隐私、个人信息的知悉权。医疗机构及其医务人员获悉患者的有关病情的隐私、个人信息并不违法,其合法性来自患者的授权。但是,医疗机构及其医务人员合法获悉患者的隐私、个人信息,并不等于获得了对患者隐私和个人信息的支配权，必须采取措施保护好患者的隐私和个人信息。

第二，医学技术的发展创造了更多的隐私。随着医学技术的发展，医疗服务项目日益增多，相应的，医疗服务接受者的隐私、个人信息也会不断增多，如试管婴儿、医疗美容等。对于这些患者的新型隐私和个人信息，医疗机构及其医务人员必须予以保密，以维护患者的尊严。

第三，医疗机构及其工作人员容易侵犯他人隐私和个人信息。病情信息和病历资料，都掌握在医疗机构手中。无论何种机构或者个人，依据法律或者依据患者的授权而收集私人信息，可以持有，但不得将其获得的隐私和个人信息公开，不得超出收集目的范围来利用与使用，除非权利人同意或者有法律授权。同时，收集的个人信息应当得到安全保护，防止丢失或者被非法接触、毁坏、使用、修改或公开。医疗机构内部、医疗机构之间对有关病例进行研究，需要共享信息，或者出于工作需要与个人爱好，讨论患者病情、特点的，是工作的需要，并不违法，但必须在适当的范围，不得超过法律规定的范围。超出法律规定的范围使用患者信息，构成侵权。医疗机构及其医务人员对于通过医疗活动知悉的患者的上述隐私或者个人信息，通过披露等方式使之公开，或者进行利用的，构成对患者隐私权和个人信息权的侵害。

（三）医疗机构及其医务人员的其他伦理注意义务

医疗机构及其医务人员对患者的其他伦理注意义务，是指医疗机构及其医务人员对患者负有的其他保护患者合法权益，不得侵害患者利益的职业伦理注意义务。

这类伦理注意义务的范围比较宽泛，包括两个方面。

一是积极注意义务。医疗机构及其医务人员对患者负有的积极的伦理注意义务，是医疗机构及其医务人员应当采取措施，对患者的合法权益积极进行保护的注意义务。这种注意义务的要求是，医疗机构及其医务人员必须积极采取措施，保障患者的合法权益不受侵害。举凡依据医务人员的职业操守，应当对患者合法权益进行保护的注意义务，都在其中。

二是消极注意义务。医疗机构及其医务人员对患者负有的消极的伦理注意义务，是指医疗机构及其医务人员不得侵害患者合法权益的注意义务，要求医疗机构及其医务人员不得实施侵害患者合法权益的违法诊疗行为；违反了这种消极的注意义务，即违反医疗机构及其医务人员的伦理注意义务，构成医疗伦理过错。例如，过度医疗或者过度检查，医疗机构及其医务人员在主观上具有恶意，即损害患者的财产利益而为医疗机构或者医务人员获得不正当利益，违反的就是不得侵害患者合法权益的消极注意义务，构成医疗伦理过错。

三、医疗伦理损害责任的构成要件

医疗伦理损害责任适用过错推定原则，区别于医疗技术损害责任和医疗管理损害责任，也区别于医疗产品损害责任。医疗机构及其医务人员负有告知或保密等注意义务，应当尊重患者的自我决定权等民事权利，未善尽上述告知、保密义务，造成患者利益损害的，即推定医疗机构存在医疗过错。

（一）违反告知义务、保密义务的违法行为

构成医疗伦理损害责任的违法行为，表现为违反法定义务。医疗机构及其医务人员的告知和保密等义务是法定义务。行为人违反这些法定义务，其行为就具有违法性。

1. 违反告知义务的判断标准和类型

关于医疗机构及其医务人员是否尽到告知义务的标准，通常有合理医师说、合理患者说、具体患者说、折中说等。合理医师说是指一般医师负有说明的义务。合理患者说是指在医疗过程中，凡是一般患者重视的医疗资料，医师都有说明义务。具体患者说是指医师应否负具体说明义务，应就具体患者而定，凡依患者的年龄、人格、信念、心身状态，可确知某种医疗资料与患者的利益相关联而为患者所重视，当医生有预见可能时，医师对该资料即有说明的义务。折中说是指医疗资料不仅为一般患者所重视，具体患者也同样重视，且为医师所能预见时，医师就有说明义务。这是合理医师说和具体患者说的折中。[1] 应当采取折中说亦即合理医师说和具体患者说，医师若能预见患者有意思表示重视该情报，且该情报为这位医师知道或应当知道时，医师对这类情报负有说明义务。[2]

判断医疗机构是否尽到告知义务的标准分为三个层次。

第一，当患者没有提出医疗期待时，医疗机构应该履行当时的专科医院医疗水平下的告知义务。医疗机构应该首先向患者说明当前临床医疗实践中有效性和安全性[3] 都得到认可的治疗方案。同时，医疗机构应该告知患者自己医院的类别（专科医院/综合医院）、准备采用的医疗方案和实施能力，以及本院

---

[1] 黄丁全. 医事法. 北京：中国政法大学出版社，2003：248.
[2] 龚赛红. 医疗损害赔偿立法研究. 北京：法律出版社，2001：172.
[3] 有关医疗水准的讨论，参见［日］新美育文. 医师的过失. 夏芸，译//张新宝. 侵权法评论：第2辑. 北京：人民法院出版社，2003：164-174.

是否达到当前专科医院的一般医疗水平等。

第二，在医疗过程中，医生应告知所患病名、可以选择的治疗方案、治疗方法和结果、药品的使用方法、治疗费用的情况、继续治疗和转医转诊方案、愈后和康复的注意事项。

第三，当患者提出其他医疗期待时，医疗机构应该履行关于有效性和安全性尚处于被验证阶段的医疗方案的告知义务。结合医院所处的环境等因素，某些医院还应该履行关于国际上有效性和安全性得到认可或正在被验证的疗法的告知义务。

违反告知义务的类型：一是未履行告知义务。这是违反告知义务的最基本形态。需要注意的是，在某些情况下医疗机构不需要履行告知义务。二是未履行充分告知义务。这种行为经常表现为，未告知治疗过程中的并发症、药物的毒副作用、手术中擅自扩大手术范围、手术后必要的复查等[1]。三是错误告知。医疗机构由于疏忽等原因，错误告知患者病情、医疗方案的成功率、副作用等。四是迟延履行告知义务。这种情况经常导致患者失去治疗的最佳时机，患者的合理期待利益受到损害。比较典型的是，医疗机构迟延履行转诊告知义务。五是，履行了告知义务，但未经同意而实施诊疗行为。告知是为了获得患者或者其监护人的同意，因此，医疗机构尽管履行了告知义务，但是没有获得患者或者其监护人的同意就实施诊疗行为的，仍然有可能构成侵权行为。

2. 违反保密等义务的判断标准

在医疗伦理损害责任中，违反保密义务的损害事实是患者的隐私权或者个人信息权受到侵害；过度医疗则是侵害了患者的财产权。能够证明医疗机构及其医务人员违反保密义务或者其他义务，使患者的人格权益、财产权益等受到损害的，就是没有尽到保密义务等注意义务，具有违法性。

（二）患者受到损害

医疗伦理损害责任构成要件的损害事实主要表现为侵害了患者的知情权、自我决定权、隐私权和所有权等民事权利，具体表现为以下利益损害。

1. 现实权益损害

违反告知义务造成现实权益损害的表现形式有很多。第一，人身损害。例如医生在剖宫产手术过程中认定再次怀孕将威胁病人的安全，于是在手术过程

---

[1] 相关深入探讨参见 William J. Curran, Mark A. Hall, David H. Kaye. Health Care Law, Forensic Science, and Public Policy. NY: Little, Brown and Company, 1990.

第二十八章 《民法典》第1219条规定的告知义务未履行造成的"损害"应当怎样理解

中未征求病人同意就当即进行绝育手术。[①] 在违反告知义务的医疗损害中,更多的是患者身体权的损害。第二,精神损害。前例中的当事人因绝育手术失去了享受天伦之乐的机会,必然因此承受巨大的精神痛苦。第三,财产损害,主要是指直接财产损失。对前例,财产损失包括:医疗机构必然要求当事人承担绝育手术的相关费用;在切除卵巢的情况下,当事人长期服用雌性激素以维持女性的生理特征的费用;违反告知义务切除患者肢体,造成患者残疾所必须支出的费用等;过度医疗和过度检查行为,导致患者所额外支出的费用。

在违反保密义务等医疗伦理损害责任中,现实利益的损害包括隐私、个人信息的被泄露等。

应当特别注意的是,违反告知义务造成的患者的损害,并非只有人身损害,还包括精神性人格权的损害,例如知情权的损害。《最高人民法院关于审理医疗损害责任纠纷案件适用法律若干问题的解释》(以下简称"医疗损害责任司法解释")第17条关于"医务人员违反民法典第一千二百一十九条第一款规定义务,但未造成患者人身损害,患者请求医疗机构承担损害赔偿责任的,不予支持"的规定,是不正确的,因为未履行告知义务本身就侵害了患者的知情权,造成了精神利益的损害,不能因为没有造成人身损害就否定其构成医疗伦理损害责任。

2. 期待利益损害

违反告知义务还会导致患者期待利益的损害,主要表现为患者丧失治疗最佳时机(包括存活机会)、最佳治疗方案及其他可预见利益。

(1) 丧失治疗最佳时机(包括存活机会)、最佳治疗方案。

一方面,医疗机构没有履行转诊等告知义务,会使患者丧失治疗的最佳时机(比如患者的病情已经由早期发展到晚期),最终不得不采取风险性和侵害性更大的治疗手段进行治疗,从而使患者支出了额外的治疗费用、承担了不必要的精神痛苦。在某些情况下,患者很可能因此而丧失生命。例如,医师治疗疏失致使病人丧失存活机会,该存活机会是对未来继续生命的期待,属于人格完整性、人的存在价值及人身不可侵犯性等概念,应认为其属于一般人格权,在受到侵害时,权利人得依据侵权法的规定,请求损害赔偿。[②]

另一方面,医疗机构怠于履行告知义务,可能剥夺了患者所认定的最佳治疗方案。不同的患者可能会结合其具体情况选择不同的治疗方案——保守治疗或者激进治疗。如果患者没有被告知,其相应的期待利益也就受到了

[①] [德] 冯·巴尔克雷斯蒂安. 欧洲比较侵权行为法:下卷. 2版. 焦美华,译. 北京:法律出版社,2004:390.

[②] 陈聪富. 因果关系与损害赔偿. 北京:北京大学出版社,2006:174.

损害。

(2) 丧失其他可预见利益。

在医学美容治疗中，美容师怠于向时装模特履行美容药物有造成毁容的较大风险的告知义务，从而使消费者丧失了权衡利弊的机会，最终产生了毁容的严重后果，导致该模特失去 T 台工作，侵害了该模特的可预见利益。

(3) 其他间接性损害。

这种损害主要是指因医疗过错导致患者本可以抚养、扶养、赡养他人而现在无法给予他人的利益，是对扶养来源的损害。

（三）因果关系

医疗伦理损害责任构成中的因果关系要件，是违法诊疗行为与损害事实之间的引起与被引起的关系。这种因果关系主要表现为未善尽告知义务的行为与知情权、自我决定权、隐私权、个人信息权以及相关利益受到损害之间的引起与被引起的关系，前者为因，后者为果。

对这种因果关系的证明，受害患者一方应当承担举证责任；在特殊情况下，实行举证责任缓和，受害患者一方承担表见证据证明后，由医疗机构承担举证责任，来推翻因果关系的推定。

（四）医疗伦理过错

医疗伦理损害责任构成的过错要件采推定规则，即存在未善尽告知、保密义务的行为，即推定医疗机构及其医务人员具有过错。

对医疗伦理过错的证明实行过错推定。受害患者在举出证据证明自己的损害和诊疗行为具有违法性，以及因果关系成立之后，就推定医疗机构具有医疗伦理过错。对此，并不像医疗技术过失的举证责任缓和或者因果关系推定那样，存在受害患者先进行证明的前提，即患者要证明过失的表见证据或者因果关系的盖然性，而是直接实行过错推定。

法官推定过错的前提是，患者已经证明了医疗机构的违法诊疗行为要件和自己的损害事实要件，同时，因果关系也已经得到证明。在这个基础上，只要有违反上述法定义务的行为，即可推定医疗机构存在医疗伦理过错。

实行过错推定之后，医疗机构如果认为自己的诊疗行为没有过失，实行举证责任倒置，由医疗机构自己举证证明，提供自己已经履行法定义务，不具有医疗过错的证据。能够证明的，不构成侵权责任；不能证明的，过错推定成立，构成医疗伦理损害责任。

医疗伦理损害责任构成中的过错推定规则，重点在于医疗机构一方如何举证证明自己无过失。第一，原则上，任何证据方法均得作为医疗机构或者医务人员已善尽医疗资讯义务或已取得患者同意的证明方法，不以书面文件为必要。第二，在事实上，大多仍依据医疗专业科别、疾病或症状类型、医疗处置方法或手术种类的不同，事先拟定印刷的制式说明书或同意书，交由患者阅读或签署，以此作为医疗机构或医务人员已善尽义务的证明方法。第三，在有些情况下，这种方法尚不足以证明已善尽医疗资讯义务或已经取得患者同意，而须依据个别患者的具体情况，伴随一些个人化的、可以理解的、充分的、适当的、有用的说明告知，始能免除损害赔偿责任。[①] 能够证明自己依照医疗伦理和良知已经履行了告知义务的，可以确认医疗机构不存在医疗伦理过错。

四、医疗伦理损害责任的形态和赔偿范围

（一）责任形态

医疗伦理损害责任的责任形态是替代责任。医务人员在执行职务中，造成患者人身损害或者其他损害，构成医疗伦理损害责任的，其直接责任人是医疗机构，而不是医务人员。医疗机构对医务人员造成的损害承担责任，受害患者一方应当直接向医疗机构请求赔偿。医疗机构承担了赔偿责任后，可以向有故意或者重大过失的医务人员进行追偿，赔偿自己因承担赔偿责任而遭受的损失。

（二）赔偿范围

医疗伦理损害责任的赔偿范围与其他医疗损害赔偿有较明显区别。其原因是，医疗技术损害责任造成的损害后果是人身损害，包括生命权、健康权和身体权的损害，而医疗伦理损害责任的损害事实，主要不是人身损害事实（当然也有人身损害事实），而是知情同意权、自我决定权、隐私权、个人信息权等民事权利的损害。因此，医疗伦理损害责任的赔偿方式主要是精神损害赔偿，也包括财产损失的赔偿，具体规则如下。

第一，如果违反告知或者保密等义务造成患者人身损害，能够确定违反告知或者保密等义务的诊疗行为与损害后果具有因果关系的，应当承担人身损害赔偿责任。

第二，如果违反告知或者保密等义务，没有造成患者人身损害，只是造成

---

① 陈忠五. 法国法上医疗过错的举证责任//朱柏松. 医疗过错举证责任之比较. 台北：元照出版有限公司，2008：142.

了知情同意权、自我决定权、隐私权等精神性民事权利损害的，则应当承担精神损害赔偿责任。医疗机构承担的精神损害抚慰金的赔偿，应当是象征性的，赔偿数额一般不应当过高。对于造成的实际损失的赔偿，则应当依照全部赔偿原则，对医疗伦理损害行为造成的损害予以全部赔偿。

规则总结

1. 医疗伦理损害责任，是医疗机构或者医务人员因违反告知义务或保密义务，对患者造成精神损害、人身损害以及财产损害，应当承担的医疗损害责任，是医疗损害责任中的类型之一。

2. 医疗伦理损害责任中的医疗机构或者医务人员主要违反告知义务或者保密义务，侵害患者的权利主要是精神性人格权，也包括物质性人格权，既可以造成精神损害，也可能造成人身损害。《民法典》第1219条第2款规定的"损害"，包括人身损害、财产损害和精神损害，医疗损害责任司法解释规定只包括人身损害是不正确的。

3. 构成医疗伦理损害责任，医疗机构或者医务人员应当有违反医疗伦理和医疗良知的过失，实施的诊疗行为中，违反告知义务或者保密义务，主要侵害的是患者的知情权、自我决定权、隐私权、个人信息权，违反义务的诊疗行为与损害后果之间具有因果关系。

4. 医疗伦理损害责任是替代责任，由医疗机构承担赔偿责任。承担的责任主要是精神损害赔偿责任，造成人身损害或者财产损害的也应当予以赔偿。医疗机构承担赔偿责任后，可以依照《民法典》第1191条第1款的规定，向有故意或者重大过失的医务人员进行追偿。

第二十九章 《民法典》第1221条规定的医疗技术过失应当怎样认定

——医疗技术损害责任的基本规则与过错推定事由

> **实务指引要点**
>
> 1. 《民法典》第1221条规定的是医疗技术损害责任，是医疗损害责任的基本类型之一。
> 2. 医疗技术损害责任是过错责任，须存在医疗机构或者医务人员的医疗技术过失才能构成。
> 3. 医疗技术损害责任的认定标准是当时的医疗水平。
> 4. 构成医疗技术损害责任的，医疗机构承担替代责任，依照《民法典》第1179条规定承担受害患者的损害。

《民法典》第1221条和第1222条规定的是医疗技术损害责任。构成医疗技术损害责任，最主要的是医疗机构或者医务人员存在医疗技术过失。对医疗技术过失的证明，原则上由受害患者一方举证，但是符合《民法典》第1222条规定的三种情形的，可以直接推定医疗机构或者医务人员有医疗技术过失，不必由受害患者一方举证。本章依照《民法典》这两条规定，对医疗技术损害责任的基本规则特别是医疗技术过失推定的规则进行说明。

一、医疗技术损害责任的概念和特征

医疗技术损害责任，是借鉴法国医疗责任的医疗科学过错概念进行的分类。由于医疗科学过错的概念不符合我国法律概念的使用习惯，以及医疗损害责任中的这类责任并非都是由于违反医学科学原理，多是违反临床技术规则的要求所致，因而选择一个更中性的概念即医疗技术损害责任，更能概括这种医疗损害责任所包含的医疗机构或者医务人员违反医疗技术高度注意义务的基本特征。

界定这个概念时，可以参考关于医疗事故责任的界定。例如，学者认为，医疗事故是指医疗单位在从事诊断、治疗、护理等活动的过程中，因诊疗护理过失，造成病员的死亡、残废、组织器官的功能障碍或其他不良后果[1]；《医疗事故处理条例》第2条对医疗事故概念的界定，即"本条例所称的医疗事故，是指医疗机构及其医务人员在诊疗活动中，违反医疗卫生管理法律、行政法规、部门规章和诊疗护理规范、常规，过失造成患者人身损害的事故"。这些定义都是针对医疗事故作出的，包含了医疗损害责任定义中的主要内容，但还不能完整、全面地揭示医疗技术损害责任概念的内涵。

医疗技术损害责任是医疗损害责任的基本类型之一，是指医疗机构及其医务人员在诊疗活动中，违反医疗技术的高度注意义务，存在违背当时的医疗水平的技术过失，造成患者人身损害的医疗损害责任。《民法典》第1221条规定的就是这种医疗损害责任类型："医务人员在诊疗活动中未尽到当时的医疗水平相应的诊疗义务，造成患者损害的，医疗机构应当承担赔偿责任。"要求这种医疗损害责任的构成须具备医疗技术过失的要件，即未达到与当时的医疗水平相应的诊疗义务的心理状态，造成患者的人身损害，因而应当承担赔偿责任。

医疗技术损害责任的法律特征主要有四点。

第一，构成医疗技术损害责任以具有医疗过错为前提。医疗技术损害责任的构成以具备医疗过错为前提，以此与医疗产品损害责任相区别。在这一点上，医疗技术损害责任与医疗伦理损害责任、医疗管理损害责任是相同的；没有医疗过错，就不存在医疗技术损害责任。医疗机构或者医务人员不存在医疗过错，就不构成医疗技术损害责任。这是医疗技术损害责任的最佳抗辩事由。

第二，医疗技术损害责任的过错是医疗技术过失。医疗技术过失，是法国法所说的医疗科学过错。[2] 医疗技术损害责任构成中要具备的过失是医疗技术过失，而不是医疗伦理过错或者医疗管理过错，以此与医疗伦理损害责任和医疗管理损害责任相区别。医疗技术过失以违反当时的医疗水平确定的医疗机构及其医务人员应当承担的高度注意义务为标准，是违反医学科学上或

---

[1] 王利明. 民法、侵权行为法. 北京：中国人民大学出版社，1993：522.
[2] 法国侵权法，采用过错概念，不采用过失的概念。按照台湾学者詹森林教授给作者的解释，他认为过错的概念包含违法性的要素而过失的概念不包括违法性，仅指违反注意义务。对此，与大陆侵权责任法理论理解的过错和过失的概念有所不同，应当注意区别。

者技术上应尽的高度注意义务的疏忽或者懈怠。在这点上,其与医疗伦理过错和医疗管理过错不同。

第三,医疗技术过失的认定主要由原告证明。医疗技术过失与医疗伦理过错的认定方式不同,在一般情况下不是采取推定方式,而是采取原告证明方式。受害患者一方不仅要证明违法诊疗行为、损害事实以及因果关系要件的成立,还须证明医疗机构或者医务人员有医疗技术过失。只有在法律有特别规定的特殊情况下才可以推定医疗机构及其医务人员具有医疗技术过失。

第四,医疗技术损害责任的损害事实一般只包括人身损害事实。在医疗技术损害责任构成中,损害事实只包括受害患者的人身损害事实,不包括其他民事权益的损害。只有医疗机构或者医务人员在诊疗活动中造成受害患者的生命权、健康权或者身体权的损害,才能构成医疗技术损害责任。而医疗伦理过错和医疗管理过错不仅可以造成人身损害,还可以造成知情权、自我决定权、隐私权、所有权等权利的损害。

二、医疗技术损害责任的类型

(一)医疗技术损害责任的基本类型

1. 诊断过失损害责任

诊断过失损害责任是常见的医疗技术损害责任,最典型的诊断过失就是误诊。误诊一般是指医师对患者病情所作的诊断与患者实际病情不符[1];或者是由于医务人员工作不负责任,或者是由于专业技术水平没有达到应该达到的标准而导致对患者的病情诊断出现错误,并因此而导致治疗错误,给病人造成不良后果甚至造成死亡。[2] 在一般情况下,法院对诊断过失损害责任的判断是非常谨慎的,一般认为,只有当根本未进行一些基本的诊断程序或者在进一步的治疗过程中,未对初始的诊断发现错误并加以审查时,才能构成误诊,并导致赔偿责任。可以借鉴的是法国最高法院的做法,即只有当误诊是源于对当前医学知识的过失不知时,误诊才表现为过错。判断误诊的标准是,一个理性的医生不可能出现这样的错误,才可以被认定为误诊,才会承担赔偿责任。[3] 可以确定这样的标准,即一个理性的医务人员在疾病诊断中,作出了不符合医疗时

---

[1] 王才亮. 如何应对医疗事故争议. 北京:中信出版社,2004:26.
[2] 张秦初,刘新社. 防范医疗事故与纠纷. 北京:人民卫生出版社,2000:217.
[3] [德]克雷斯蒂安·冯·巴尔. 欧洲比较侵权行为法:下卷. 2版. 焦美华,译. 北京:法律出版社,2004:386.

的医疗水平的对患者疾病的错误判断,一个理性的医务人员是不可能出现这样的错误的,就是诊断过失。

2. 治疗过失损害责任

医疗机构及其医务人员在治疗中,未遵守医疗规范、规章、规程,未尽高度注意义务,实施错误的治疗行为,造成患者人身损害的,承担治疗过失损害责任。例如,脊椎穿刺行为本身就具有一定的危险,只有当这种方式没有必要或者在施行过程中有错误,造成了患者的人身损害时,才能将之认定为治疗过失,构成治疗过失的医疗技术损害责任。

在通常情况下,治疗过失损害责任须经证明。但是,在遗失、伪造、篡改、非法销毁、隐匿或者拒不提供病历资料时,可以推定为医疗过错。这是因为,病历资料是患者及其治疗的基本医疗档案材料,是由医院建立、管理、保存的,患者自己无法掌控,医院须以善良管理人的高度注意义务妥善保管。患者及其近亲属或者关系人有权查阅、复制病历,医疗机构不得拒绝。医疗机构应当保持病历的完整性和真实性,不得遗失、伪造、篡改、非法销毁和隐匿。医疗机构采取上述行为造成患者损害的,医疗机构应当承担赔偿责任。

3. 护理过失损害责任

医护人员在护理中违反高度注意义务,造成患者人身损害的,也构成医疗技术损害责任。例如,护士A将肌肉松弛剂放置在儿科病房的冰箱中,标注的标志不明显。护士B误将该针剂当成肝炎疫苗,给数个婴儿注射,造成一死数伤的后果。这是典型的护理过失,构成医疗技术损害责任。

4. 院内感染传染损害责任

院内感染又称为医院内获得性感染,是指病人在住院期间,因医院环境和医疗行为受到的细菌、病毒等生物性感染。[1] 医疗机构承担治病救人的高尚职责,必须在医疗机构内部管控感染,防止感染、传染。如果医疗机构或者医务人员未善尽高度注意义务,出现院内感染或者传染,造成患者感染新的疾病损害生命健康的,应当承担医疗过错损害责任。[2]

5. 孕检生产损害责任

在妇产科医疗机构中,因为孕检中未能检出胎儿畸形,请求"错误出生"的医疗损害责任不断出现。这种医疗技术损害责任是在妇产科医院中,对胎儿状况的检查存在医疗疏忽或者懈怠,应当发现胎儿畸形而未发现,胎儿出生后才发

---

[1] 何颂跃. 医疗纠纷与损害赔偿新解释. 北京:人民法院出版社,2002:169.
[2] 对此,台湾成功大学侯英泠有专门的研究,参见侯英泠. 论院内感染之民事契约责任. 台北:台北正典出版文化有限公司,2004.

现畸形,造成损害的医疗技术损害责任。在产妇生产过程中,迟延进行剖宫产,孕妇已经破水却未催胎,以至于生产迟延 12 小时以上,或者妇科医生将超重胎儿的生产交由无经验的助理医生处理等,都属于生产过错,医疗机构应当对造成的损害承担赔偿责任。[①] 前者为孕检损害责任,后者为生产损害责任。

(二) 健康体检不构成医疗技术损害责任

在实践中,曾经就健康体检是否构成医疗技术损害责任的问题发生过争论。例如,甲经单位组织参加定期健康体检,作出健康体检报告后,体检中心通知该单位领取全体职工的健康体检报告。该单位迟迟没有领取,长达 6 年之久,甲也没有提出领取的要求。6 年后,甲发现自己患有肾衰竭,后来发现原来的体检报告中就有记录。甲遂起诉体检中心,诉其未尽必要注意义务,造成自己的疾病加重。这种情况不能构成医疗技术损害责任,理由有三点。

第一,健康体检行为是广义的诊疗行为,不是狭义的诊疗行为,关键在于健康体检行为只"检"不"疗",体检机构对受检者不承担治疗责任。存在争议的焦点问题是,健康体检行为是否为诊疗行为,当事人之间存在的健康体检合同关系究竟是健康体检合同还是医疗服务合同。

首先,健康体检与诊疗行为有严格区别。《健康体检管理暂行规定》第 2 条规定:"本规定所称健康体检是指通过医学手段和方法对受检者进行身体检查,了解受检者健康状况、早期发现疾病线索和健康隐患的诊疗行为。"这里的表述是"诊疗行为",其中列举的"对受检者进行身体检查,了解受检者健康状况、早期发现疾病线索和健康隐患"的内容,不包括治疗行为在内。现行法律没有对诊疗行为作出界定,一般认为诊疗活动与诊疗行为是相同概念。《医疗机构管理条例实施细则》第 88 条第 1 款规定:"诊疗活动:是指通过各种检查,使用药物、器械及手术等方法,对疾病作出判断和消除疾病、缓解病情、减轻痛苦、改善功能、延长生命、帮助患者恢复健康的活动。"在健康检查中,不具有"使用药物、器械及手术等方法,对疾病作出判断和消除疾病、缓解病情、减轻痛苦、改善功能、延长生命、帮助患者恢复健康"的内容。因此,尽管法律并没有对健康体检以及诊疗行为作出权威定义,但是,从卫计委的行政规章对此的界定可以明确看出,健康体检只包括"检",即"对受检者进行身体检查,了解受检者健康状况、早期发现疾病线索和健康隐患";而不包括"疗",即"使用药物、器械及手术等方法,对疾病作出判断和消除疾病、缓解病情、减轻痛苦、改善功能、延长生命、帮助患者恢复健康"。据此可以得出一个结论,尽管《健康体检管理暂行规定》第 2 条在界定健康体检概念时

---

① 朱柏松,等. 医疗过错举证责任之比较. 台北:元照出版有限公司,2008:64.

使用了"的诊疗行为"的用语，但其明显不具有"疗"的内容。因此，健康体检是不包括治疗在内的广义的诊疗行为，并非狭义的诊疗行为。

其次，从法律上分析健康体检法律关系的性质更具说服力。健康体检所形成的是一个合同关系，与医疗服务合同具有同样的性质。但问题是，健康体检合同是不具有治疗内容的合同，因此才叫健康体检合同，而患者与医生、医疗机构双方之间订立的带有治疗内容的合同，则是医疗服务合同，是以检查为手段、以治疗为目的的服务合同。既然是两种不同的合同，适用的法律当然不同，双方当事人各自的权利义务也不同。在医疗服务合同中，患者负有支付医疗费的义务，医疗机构负有检查和治疗护理、消除疾病、缓解病情、减轻痛苦、改善功能、延长生命、帮助患者恢复健康的义务。在健康体检合同中，体检机构的义务在于通过医学手段和方法对受检者进行身体检查，了解受检者健康状况、早期发现疾病线索和健康隐患，并出具体检报告；而受检者负有支付体检费用、领取体检报告的义务。

由此可见，尽管可以把健康体检行为作为广义的诊疗行为对待，但健康体检行为与诊疗行为并不是相同概念，健康体检合同与医疗服务合同也不是同一概念。诊断之"诊"，其文义为检查，"诊"的目的是"断"，"断"的依据是"诊"的结果。健康体检只"诊"不"疗"，"断"也仅限于健康体检合同约定的检查项目，作出"早期发现疾病线索和健康隐患的报告"；如需进一步诊断，应另行挂号，订立医疗服务合同加以解决。前述案例中，法院判决健康体检机构败诉，理由是"被告对原告的健康体检行为属于诊疗行为，在两级医学会已经确认、国务院卫生行政部门已明文规定的情况下，被告仍反复辩解健康体检行为不是诊疗行为，与法相悖，本院不予采纳"。这样的判决理由不充分，是不正确的。

第二，健康体检机构有义务出具健康体检报告，其告知义务的履行方式是书面报告，体检机构告知受检者或受检单位领取之后，其义务已经履行完毕。健康体检报告究竟以何种方式告知，法律依据只有卫计委的行政规章。《健康体检管理暂行规定》第14条规定："医疗机构应当对完成健康体检的受检者出具健康体检报告。健康体检报告应当包括受检者一般信息、体格检查记录、实验室和医学影像检查报告、阳性体征和异常情况的记录、健康状况描述和有关建议等。"对此，本案的健康体检机构已经履行了这一义务，双方对此并无异议。

健康体检机构作出了健康体检报告之后，如何告知，《健康体检管理暂行规定》没有明确规定。在现实生活中，健康体检机构履行该义务通常有三种方法，即：个人申请进行健康体检的，通知个人到健康体检机构领取健康体检报告；集体进行健康体检的，通知单位到健康体检机构领取健康体检报告；对个人进行健康体检的也有采取邮寄方式送达体检报告的，通常由专门的体检机构采用，医疗机构多不采用。上述三种方法，由于法律、法规和行政规章都没有明确规定，因此都不存在问题。

本案的健康体检机构在患者的健康体检报告中，如实报告其高血压三期和尿异常等病情，并根据法律规定履行了通知其所在单位的义务，已经依照规定和此前的健康体检惯例完全履行了告知义务，该健康体检合同已经履行完毕。按照《健康体检管理暂行规定》第 22 条关于"受检者健康体检信息管理参照门诊病历管理有关规定执行"的规定，患者的单位负有领取、保管健康体检报告之义务。该单位于 2008 年 1 月 25 日出具证明，证明其已通知患者自己去领取健康体检报告。可见，健康体检机构已经全面履行了健康体检合同约定的义务，不存在违约或者违法行为。

总之，健康体检是以报告形式完成合同义务的，基于诚信原则和惯例，书面报告是基本方式，受检者有义务按照通知或者根据自己的判断到体检机构领取。

第三，健康体检机构作出健康体检报告并告知受检者或者受检单位领取健康体检报告后，受检者或者受检者所在单位不领取体检报告而延误治疗，体检机构对此损害结果无过错，其行为与此亦无因果关系，因而不构成侵权责任。一审判决确认上诉人构成侵权责任，应当赔偿被上诉人的财产损失和精神损害，显然不存在事实根据和法律依据。

三、医疗技术损害责任的性质

讨论医疗技术损害责任的性质，涉及全部医疗损害责任的问题，因此，应当对全部医疗损害责任的性质进行分析讨论。

（一）对于医疗损害责任性质的不同主张

对于医疗损害责任的性质，学者的主要观点分为四种。

特殊侵权行为说认为，可以认定病员与医疗机构之间存在一种事实上的合同关系。不过，按照我国现行法律的有关规定，与其把医疗侵权的民事责任看作违反合同的民事责任，毋宁看作侵权的民事责任。因为医疗侵权损害的权利是人身权这种绝对权，不仅可以发生在合同的履行中，也可以发生在合同的订立过程中，如对急、重、危病人拒绝诊治等，在这种情况下依照合同责任处理，不方便也不合适，因而将其认作特殊侵权行为更为合适。[1]

限制选择请求权说认为，从请求权竞合的角度来看，医患之间的医疗关系具有双重属性，既表现为一般的权利义务关系，又表现为特定的权利义务关系。由于发生医疗过错并造成病员人身损害的法律事实，在法律上同时构成了一般意义上的侵权和医疗合同的违约，原告同时取得基于违约和侵权的两个并存的损害赔偿请求权。但受害人不能同时有两项请求权，也不能就该两项请求权选择，只能以民法的规定为依据，行使侵权损害赔偿请求权。[2]

多种类型说认为，医疗侵权责任是一种综合性的责任，包括几种不同的民事责任。第一种是基于合同的民事责任，因为我国国家机关或其他公有制单位工作人员因病就诊实行公费医疗制度，对公有制企事业单位的职工及其供养家属实行劳动保险制度，医务人员及医院其他职工的来源是根据人事、行政法规的调配或依劳动法规的规定予以聘用或雇用的，所以，他们的一般民事责任和其他企事业单位职工一样，仅依劳动法及其他行政法的规定对医院负责，由医院承担合同责任。私人开业医生与病人的关系，一般也基于合同关系产生，其也应承担合同责任。第二种是合同以外的责任，包括无因管理所产生的债务责任和侵权行为导致的债务责任。[3]

特殊侵权责任类型说的主要依据是，侵权责任法对医疗损害责任作专章规定，并且将之规定在特殊侵权责任类型中，因此，医疗损害责任就是特殊侵权责任类型。至于其侵权责任的性质，有的认为是专家责任[4]，有的否认其专家责任性质。[5]

（二）各国和地区对医疗损害责任性质的不同态度

各国对医疗损害责任性质的认识有不同立场。在赞同请求权竞合或者责任竞合立场的德国等国家，承认医患之间成立合同，发生医疗损害，既成立违约责任，也发生侵权责任，可以依据违约责任请求赔偿，也可以依据侵权责任请求赔偿。例如日本，自1950年以来医疗纠纷不断增加，对医疗损害责任的法律适用，单纯以医疗纠纷系契约的违反之债务不履行，或属侵权行为，以民法一般侵权损害赔偿责任法为解决的依据。[6] 在不赞同请求权竞合或者责任竞合

---

[1] 郭明瑞，房绍坤. 民事责任论. 北京：中国社会科学出版社，1991：273.
[2] 张西建. 医疗过错致人损害的民事责任初探. 中国法学，1988（2）.
[3] 张国炎. 医务工作者的民事责任. 政治与法律，1990（3）.
[4] 王成. 侵权责任法. 北京：北京大学出版社，2011：193.
[5] 王利明. 侵权责任法研究：下卷. 北京：中国人民大学出版社，2011：379.
[6] 朱柏松. 论日本医疗过错之举证责任. //朱柏松. 医疗过错举证责任之比较. 台北：元照出版有限公司，2008：9-10.

的法国等国家，一般不承认其为违约责任，而须以侵权法提出诉讼请求，由医疗机构承担侵权责任。例如法国的医疗损害责任分为国家赔偿责任和民事赔偿责任，公立医院实行国家赔偿，私立医院承担私法责任，实行"双轨制"，但是都统一实行过错责任原则，承担侵权责任。[①] 在英美法系国家和地区，则依侵权法承担责任。

（三）医疗损害责任的双重属性

医疗关系本来的性质是一种非典型的契约关系，即非典型合同关系，是医院与患者之间就患者疾患的诊察、治疗、护理等诊疗活动形成的意思表示一致的民事法律关系[②]，为医疗服务合同。在学说上虽有认其为委托合同、承揽合同等性质的不同看法，但认其为合同性质则是一致的意见。患者到医院挂号，表示该医疗服务合同已经成立，在医院和患者之间产生相对应的权利义务关系。就医疗机构而言，其权利主要为接受患者的医疗费用；其义务：一是须以治疗为目的进行诊疗活动，二是在实施诊疗行为之前履行告知义务，三是医疗过程中遵守医疗规章、操作规范、操作规程等，严格医疗程序，保障医疗后果。

按照医疗服务合同的要求，如果医院一方在医疗过程中，因医务人员的技术过错、伦理过错或者管理过错，或者在法律规定的特殊情形下无过错，造成患者的健康损害或者死亡，属于违约行为，应当承担违约责任。但是，如果从违法诊疗行为侵害患者健康权、生命权、身体权的角度来看，医疗损害责任无疑又是侵权行为，应当承担侵权责任。换言之，医疗机构的医疗过错行为既侵害了患者的合同预期利益，也侵害了患者的固有利益，构成侵权责任与违约责任的竞合。按照《民法典》第186条关于"因当事人一方的违约行为，损害对方人身权益、财产权益的，受损害方有权选择请求其承担违约责任或者侵权责任"的规定，责任竞合应基于有利于受害人其选择的原则，选择权属于受害患者及其近亲属。

医疗损害责任按照侵权责任处理对受害人的保护更为有利，因而在一般情况下应当选择侵权责任来确定医疗损害责任的性质，在现实中和理论上也是这样做的。这有利于保护受害患者一方的权利，避免受害患者一方不知道医疗关系的合同性质而不敢索赔的后果，也可以使医院方不能以合同有免责约定为借口而拒绝对医疗损害责任的受害人承担赔偿责任。

法院审理医疗损害责任案件，通常都将其作为侵权案件处理。但是，医疗

[①] 丁春艳. 香港法律中医疗事故过失判定问题研究. 法律与医学杂志，2007，14（2）.
[②] 杨立新. 疑难民事纠纷司法对策：第二集. 长春：吉林人民出版社，1997：138.

损害责任既然构成责任竞合,如果受害患者一方坚持选择违约责任请求赔偿而不是选择侵权责任请求赔偿,法院也应当准许。

可见,医疗损害责任都具有责任竞合的性质,医疗技术损害责任同样如此。就其作为侵权责任的具体性质而言,当属于特殊侵权责任。

四、医疗技术损害责任的构成要件

构成医疗技术损害责任应当具备以下四个要件。

(一)医疗机构在诊疗活动过程中的违法诊疗行为

医疗技术损害责任的行为主体,是医疗机构及其医务人员。医疗技术损害责任的违法诊疗行为须发生在诊疗活动过程中,例如诊断、治疗、护理等,都是发生医疗技术损害的违法诊疗行为的场合。超出诊疗活动的场合,或者非医疗机构及非医务人员为主体,例如非医务人员非法行医,不构成医疗技术损害责任。即使医疗机构及其医务人员在非诊疗行为中造成患者损害,也不构成医疗技术损害责任,而构成其他医疗损害责任,例如医疗管理损害责任。

医疗技术损害责任的行为违法性,仍然是指医疗机构违反了对患者生命权、健康权、身体权等合法权益的不可侵法定义务。

(二)损害事实主要是患者的人身损害

医疗技术损害责任构成的损害事实,是医疗机构及其医务人员在诊疗活动中实施违法诊疗行为,造成患者人身损害的客观事实。

对医疗技术损害责任构成中损害事实范围如何确定,有两种不同的主张:一种意见认为,医疗损害责任的损害事实是患者死亡、残废、组织器官损伤导致功能性障碍的损害事件[1],因而只包括人身损害的事实;另一种意见认为,医疗过错造成的损害仅限于非物质损害,这种非物质损害包括因医疗过错造成患者人身损害产生的财产损失,以及因医疗过错造成患者人身损害而给患者及其家属带来的精神损害。患者的人身损害事实不能仅限于患者死亡、残废、组织器官损伤导致功能性障碍三类后果。[2]

医疗技术损害责任中的损害事实主要包括:一是受害患者的生命权、健康权或者身体权受到侵害,具体表现形式是生命的丧失或者人身健康和身体的损害等。二是受害患者的生命权、健康权、身体权受到损害之后因此造成的财产

---

[1] 郭明瑞. 民事责任论. 北京:中国社会科学出版社,1992:149.
[2] 钱矛锐. 论医疗侵权行为的法律内涵. 西北医学教育,2008,16(3).

利益损失，包括为治疗损害所支出的财产损失，以及因为遭受损害而实际减少的收入。三是受害患者因人身损害而产生的本人或者其近亲属的精神痛苦损害。这种损害是无形的精神损害。人身损害是医疗技术损害责任的损害事实要件的外在表现形式，在赔偿的意义上，人身损害必定造成财产上的损失，对造成的精神损害也只能进行财产上的赔偿。

（三）因果关系

构成医疗技术损害责任，违法诊疗行为与患者人身损害后果之间须有因果关系。医疗机构只在有因果关系的情况下，才就其过失行为负赔偿责任。

认定医疗技术损害责任的因果关系，应当适用相当因果关系规则，即按照社会的一般知识经验判断，某种行为能够引起某种结果，在现实中，这种行为确实引起了这种损害结果，这种行为就是这种损害后果的适当条件，二者之间具有相当因果关系。受害患者一方由于技术等原因而无法证明因果关系要件的，可以在证明到一定程度即完成表见证据规则的要求之后，推定具有因果关系，实行举证责任缓和，由医疗机构一方承担举证责任，证明自己的诊疗行为与损害后果之间不存在因果关系。

（四）医疗技术过失

构成医疗技术损害责任，医疗机构须具备医疗技术过失的要件。这是侵权责任法对医疗机构违法性诊疗行为中主观因素的谴责，正因为医疗机构具有医疗技术过失，才对其科以侵权责任，以示对医疗机构过错的法律谴责。诊疗行为造成患者损害，如果医疗机构或者医务人员没有过错，医疗机构不承担医疗技术损害责任。

五、医疗技术过失的证明

（一）确定医疗技术过失举证责任的根据

对医疗技术过失的证明责任，由受害患者一方承担。在法律根据上，除适用过错责任原则之外[1]，作为医疗损害责任基础的医疗服务合同的方法债务性质也是决定因素之一。

对方法债务与结果债务的区别，学者认为，如果债务人仅承诺利用各种可能的手段或者方法，或尽其最大可能的注意，以完成特定契约目的或实现特定

---

[1] 实行过错责任原则，其侵权责任过错要件的证明责任当然由原告承担。

契约结果，但未承诺必定完成该特定目的或实现该特定结果时，债务人所负的契约义务就是方法债务。反之，债务人如果承诺必定完成特定契约目的或实现特定契约结果时，债务人所负的契约债务即为结果债务。[①] 医疗合同并不以治疗痊愈为合同的根本目的，其性质当然是方法债务。

方法债务的违反，过错的举证责任由债权人负担；结果债务的违反，由于特定目的或特定结果的未完成或未实现与过错混而为一，债权人无须负担过错的举证责任，反而债务人必须负担免责事由存在的举证责任。[②] 方法债务不履行，不存在一个可以用以判断的客观标准，债权人主张债务人有过失，当然要承担举证责任，证明债务人过失的存在。医疗服务合同是方法债务，应当受此规则限制。

(二) 医疗技术过失的认定标准是当时的医疗水平

医疗技术过失是医师在诊疗行为中未尽合理的高度注意义务。认定医疗技术过失的注意义务，应当采纳"当时的医疗水平"的标准进行确定。

诊疗行为具有阶段性、连锁性、多元性和多变性的特点，足以导致医疗责任的不同诊疗行为具有各自独立的存在条件、性质与内涵，在此情况下，具体论断医疗责任时，不能分别依据各自不同类型诊疗行为的各自条件、性质与内涵，分别采用不同的标准，判断其是否具有过失责任及因果关系，以实际论断其效果。医务人员注意义务的违反被论断为过失者，应以医疗水准为之。理由是，医学水准是医学上的问题迈向解明，由学界定以方向加以形成的理论或方法，亦即对于医疗问题的全貌或核心、研究方向加以定位，并在学术领域加以容认的一个学术水准，这样的水准只是朝将来一般化目标发展的基本研究水准而已，在临床上自不应被提供为论断医师或医疗机关之注意义务的基准。[③]

我国确定的医疗技术过失的认定标准被称为医疗水平。[④] 医疗水平是指已由医学水平加以解明的医学问题，基于医疗实践的普遍化并经由临床经验研究的积累，且由专家以其实际适用的水平加以确定的，已经普遍化的医疗可以实施的目标，并在临床可以作为论断医疗机构或医师责任基础的医疗时的医疗标准。

确定医疗技术过失应以当时的医疗水平为标准，同时参考地区、医疗机构

---

① 陈忠五. 法国法上医疗过错的举证责任//朱柏松. 医疗过错举证责任之比较. 台北：元照出版有限公司, 2008: 126.
② 陈忠五. 法国法上医疗过错的举证责任//朱柏松. 医疗过错举证责任之比较. 台北：元照出版有限公司, 2008: 132.
③ 朱柏松, 詹森林, 张新宝, 等. 医疗过失举证责任之比较. 台北：元照出版有限公司, 2008: 23.
④ 关淑芳. 论医疗过错的认定. 清华大学学报 (哲学社会科学版), 2002 (5).

资质和医务人员资质，确定医疗机构及其医务人员应当达到的高度注意义务。违反这样的注意义务，就是医疗技术过失。在具体判断医务人员是否违反注意义务时，还应当适当考虑不同地区、不同医疗机构资质、不同医务人员资质等因素。例如地区差别，在确定医疗过错的辅助性原则中，就有地区性原则，即不同地区的经济文化发展状况有差别，无论医师执业的环境还是医疗经验，都有地区性的差异，因此，判定医生是否尽到注意义务，应以同地区或者类似地区的医疗专业水平为依据。[①] 这就是"国家标准＋适当差别"的原则。通常的医疗水平标准分为三个，即国家标准、所在地标准和医生个人标准。首先不能适用医生个人标准，因为其太具个性化，完全无法统一。适用所在地标准也存在问题。适用统一的国家标准，又很难照顾个性。因此，"国家标准＋适当差别"原则，能够解决标准和个性化的冲突，以医疗诊断时的医疗水平而不是后来审判时的水平为基本的判断基准，是合理的医师标准。[②]

"适当差别"体现在以下三个方面。

第一，医疗的地域因素和医疗机构资质条件。对于诊疗过错的认定，如果一概采用普遍的医疗水平标准认定，无疑会增加经济落后地区和基层医疗机构及其医务人员的负担，不利于甚至阻遏当地医疗卫生事业的发展，所以，判断医疗过失应当结合地区的具体情况认定，结合医疗机构资质的标准进行判断。

第二，医务人员的资质。我国虽然对医师实行统一的临床执业资格制度，但是，比较正规的医疗机构都内设内科、外科、儿科等不同科室，这是专科医生制度。在医疗卫生条件比较落后的地区，更多的是全科医生。在认定医师的注意义务时，专科医师和全科医师应当以不同的医疗水准为基准。

第三，患者病情的紧急程度和患者个体差异。在患者处于紧急情况时，履行诊疗义务的行为只要合理，医疗机构就应免责。对患者个体差异在有关疾病诊疗护理方面，医疗机构应尽更高的注意义务。对一些罕见病或者过敏体质者，也要有不同的注意义务，在损害赔偿责任的认定上也要有所考虑。因此，患者个体差异以及病情紧急程度等，也应当作为诊疗过错认定中的参考性因素。[③]

（三）原告应当证明的程度

在医疗技术损害责任诉讼中，受害患者一方承担举证责任。其证明程度如何界定，应当考虑医疗活动中患者不具备医疗专业知识、相较于医师和医疗机

[①] 关淑芳. 论医疗过错的认定. 清华大学学报（哲学社会科学版），2002（5）.

[②] 张新宝. 大陆医疗损害赔偿案件的过失认定. //朱柏松. 医疗过错举证责任之比较. 台北：元照出版有限公司，2008：93.

[③] 最高人民法院民法典贯彻实施工作领导小组. 中华人民共和国民法典理解与适用：侵权责任编. 北京：人民法院出版社，2020：455-456.

构处于资讯绝对不对称的劣势地位的基本特点,既不能使受害患者一方推卸证明责任,而使医疗机构陷入完全被动的诉讼地位,也不能完全不考虑现实情况,而使受害患者一方无力承受重大的诉讼压力,以至于完全不能证明而丧失胜诉机会。

因此,应当区分情况,采取以下两种不同方法。

1. 受害患者一方能够证明医疗机构存在医疗技术过失

在医疗技术损害责任纠纷诉讼中,受害患者一方可以举出足够的证据,证明医疗机构具有医疗技术过失。这种证明的最好方法,就是提供医疗过错责任鉴定,确认医疗过错。如果原告提供这样的医疗过错责任鉴定,且经医疗机构质证,法官审查确信的,即可确认医疗技术过失,不存在举证责任缓和问题。

2. 受害患者一方的证明符合表见证据规则要求

受害患者一方的证明程度,可以借鉴德国的表见证据规则。表见证据规则,是指依据经验法则,有特定事实,即发生特定典型结果者,则于出现该特定结果时,法官在不排除其他可能性的前提下,可以推论有该特定事实的存在。例如,患者在医院施以腹部手术之后,发现腹部留有手术工具。受害患者证明这一事实,法官即可依据这种表见证据而推论该手术工具是手术医师及其他手术人员基于过失所为而确信存在医疗技术过失。除非医疗机构能够证明尚有其他非典型事由可能导致相同的结果,以动摇法官的推论。如果医疗机构没有提出反证否定这样的推论,则法官基于确信而认定该手术工具系医务人员的过失而遗留在病人体内。[①] 在此情况下,实行举证责任缓和。

(四)原告举证责任缓和与推定医疗过错的具体情形

受害患者一方承担举证责任达到表见证据规则要求的,法官即可推定医疗机构存在医疗技术过失,实行举证责任缓和,将举证责任转换由医疗机构承担。

除此之外,受害患者如果能够证明医疗机构存在法定情形,即可推定医疗过错。《民法典》第1222条规定的三种推定过错事由,第一种其实已经证明了医疗技术过失,因为医务人员违反法律、行政法规、规章以及其他有关诊疗规范的规定,即存在医疗技术过失,已经不用推定了。这个规定不准确且没有必要。第二种推定过错,是根据医疗机构或者医务人员消极处理病历资料的行为而推定的医疗技术过失,隐匿和拒绝提供与纠纷有关的病历资料,是消极履行

---

① 詹森林. 德国医疗过错举证责任之研究. //朱柏松,詹森森,张新宝,等. 医疗过失举证责任之比较. 台北:元照出版有限公司,2008:56.

第二十九章 《民法典》第 1221 条规定的医疗技术过失应当怎样认定

法定证明责任的行为,是拒绝提供证据的行为,据此推定具有医疗技术过失是完全正确的。第三种推定过错,是根据医疗机构或者医务人员积极处理病历资料的行为而推定的医疗技术过失,遗失、伪造、篡改和违法销毁病历资料,是严重的毁灭证据行为,据此推定具有医疗技术过失也是完全有道理的。

值得研究的问题是,这里规定的三种推定医疗技术过失,究竟是可以推翻的过错推定还是不可以推翻的过错推定呢?有的学者认为,这是可以推翻的医疗技术过失,理由是,凡属推定,都准许对方当事人提供证据证明自己没有过错而推翻推定,不准许推翻这三种推定医疗技术过失,是没有道理的,也不符合诉讼证据基本规则。[①] 也有学者认为,这里的过错推定,应当是不可反证的,即医疗机构不可以通过其他方式证明自己没有过错来推翻这样的推定:既然行为已经严重违法,难道还存在没有过错的违法吗?[②] 或者提出,本条所谓"推定医疗机构有过错",属于不允许被告以相反的证据予以推翻的推定而与通常所谓"过错推定"不同。[③]

本书对这些问题的看法是:第一种推定医疗技术过失,实际上已经证明了医疗技术过失,自不必论。第二种和第三种推定医疗技术过失,在性质上相当于交通肇事后的司机逃逸,法律规定对逃逸者推定车主负全责,难道在肇事逃逸之后,逃逸者举出证据证明自己不具有过错,就可以推翻推定、不承担赔偿责任吗?显然不行。同样,医疗机构或者医务人员隐匿、拒绝提供证据或者遗失、伪造、篡改或者违法销毁病历资料,在推定过错之后,如果准许医疗机构或者医务人员举证证明自己无过错并推翻推定,那么,所有的医疗机构或者医务人员都可以隐匿、拒绝提供证据,或者遗失、伪造、篡改或者违法销毁证据,正常的医疗秩序将不复存在。因此,《民法典》第 1222 条规定的三种医疗技术过失推定,都是不可推翻的推定,既不应要求原告证明被告有过错,也不得许可被告举证证明自己无过错。[④]

对此,立法机关坚持认为,患者在诊疗活动中受到损害,有《民法典》第 1222 条情形的,推定医疗机构有过错,并非当然认定医疗机构有过错。也就是说,医疗机构可以提出反证证明自己没有过错。其理由是,医务人员有过错与违反法律,行政法规、规章以及诊疗规范的规定毕竟不是等同的概念。举出的例证是,遇有抢救紧急患者等特殊情况,医务人员可能采取不太符合规范的

[①] 刘鑫,张宝珠,陈特.侵权责任法"医疗损害责任"条文深度解读与案例剖析.北京:人民军医出版社,2010:69.

[②] 张新宝.侵权责任法.2 版.北京:中国人民大学出版社,2010:237.

[③] 梁慧星.论《侵权责任法》中的医疗损害责任.法商研究,2010(6).

[④] 最高人民法院民法典贯彻实施工作领导小组.中华人民共和国民法典理解与适用:侵权责任编.北京:人民法院出版社,2020:459.

行为，但如果能够证明在当时该行为是合理的，也达到了抢救的目的，就可以认定医疗机构没有过错。① 这样的例证没有说服力，因为《民法典》第1224条规定医疗机构免责事由的第2项，就是医务人员在抢救生命垂危的患者等紧急情况下已经尽到合理诊疗义务的，不认为医疗机构或者医务人员存在过错，这两条规定是相辅相成的，不能用第1224条规定的免责事由来证明第1222条第1项的规定是可以推翻的过错推定。

有学者对医疗损害责任的过错认定和推定关系提出质疑，认为有必要从规范角度梳理医疗侵权纠纷过错证明的思路，对医疗过错的认定标准应当坚持"当时的医疗水平"，将规定的"违法、违规"作为证明过错的证据，而非认定过错的标准。② 本书认为，没有必要对《民法典》第1221条和第1222条之间的关系进行如此复杂的理解。其实，《民法典》第1221条规定的"违反当时的医疗水平"与第1222条规定的"违反法律、行政法规、规章以及其他有关诊疗规范的规定"这两者之间的关系，就是一般与特别的关系，是认定医疗技术过失的两种方法。医务人员在诊疗活动中未尽到与当时的医疗水平相应的诊疗义务，这是从主观上证明医务人员在诊疗活动中存在医疗技术过失的标准。从客观上看，医务人员的诊疗行为违反法律、行政法规、规章以及其他有关诊疗规范的规定，即可以证明其具有过失。当然，医务人员的注意义务并非与诊疗行为合法、合规完全等同，这是两个概念。医务人员应当具有的诊疗水平，并非完全能够为法律、行政法规、规章以及诊疗规范的有关要求所涵盖。医务人员完全遵守了具体的操作规程，仍然有可能作出事后证明是错误的判断。③ 尽管如此，医务人员的诊疗行为违反法律、行政法规、规章以及其他有关诊疗规范，就可以认为其违反了当时的医疗水平，就可以推定其存在医疗技术过失。可以说，受害患者一方证明了患者在诊疗活动中受到损害，医务人员违反法律、行政法规、规章以及其他有关诊疗规范的规定的，直接依照《民法典》第1222条第1项规定，推定医疗机构有过错，没有必要再依照《民法典》第1221条规定去证明医务人员在诊疗活动中未尽到与当时的医疗水平相应的诊疗义务而存在医疗技术过失。这两个规范之间不存在矛盾。

（五）医疗机构的证明程度以及证明自己无医疗技术过失的理由

1. 医疗机构的证明程度

医疗机构的证明程度应当是推翻医疗技术过失的推定，证明自己没有过

---

① 黄薇. 中华人民共和国民法典侵权责任编释义. 北京：法律出版社，2020：157.
② 纪格非. 医疗侵权案件过错之证明. 国家检察官学院学报，2019（5）.
③ 黄薇. 中华人民共和国民法典侵权责任编释义. 北京：法律出版社，2020：155.

错。对于举证责任缓和的推定，医疗机构可以举证推翻。能够证明自己没有过失的，即可否认医疗机构的过失，不构成医疗损害责任；不能证明的，医疗过错的推定成立，构成医疗技术损害责任。

2. 可以证明医疗机构没有医疗过错的事由

如果医疗机构能够证明以下事由，则可以证明医疗机构没有医疗过错：（1）患者或者其近亲属不配合医疗机构进行符合诊疗规范的诊疗；（2）医务人员在抢救垂危的患者等紧急情况下已经尽到合理诊疗义务；（3）限于当时的医疗水平难以诊疗的；（4）受害人故意造成自己损害；（5）第三人原因造成患者损害；（6）不可抗力造成不良后果；（7）医疗意外。

3. 谁负担医疗过错鉴定的责任

在医疗损害责任纠纷诉讼中，医疗过错责任的鉴定结论究竟属于谁的举证范围，是一个重要问题。对此，应当按照前述医疗过错举证责任的基本规则，谁负有举证责任，就由谁提供医疗过错的鉴定结论：（1）在一般情况下，应当是受害患者一方的举证责任范围。（2）如果受害患者一方的证明符合表见证据规则的要求，以及具有法律规定的理由，符合医疗过错举证责任缓和要求的，则由医疗机构承担举证责任；证明自己没有过失的，医疗过错责任的鉴定结论则是医疗机构一方证明自己的诊疗行为与受害人的人身损害后果之间没有因果关系，或者医疗机构的诊疗行为不存在过失的证据。医疗损害责任司法解释第8条规定："当事人依法申请对医疗损害责任纠纷中的专门性问题进行鉴定的，人民法院应予准许。当事人未申请鉴定，人民法院对前款规定的专门性问题认为需要鉴定的，应当依职权委托鉴定。"该条表达的就是这个意思。

六、医疗技术损害责任的责任形态和赔偿范围

（一）医疗技术损害责任的责任形态

医疗技术损害责任的责任形态是替代责任。医务人员在执行职务中，由于违反技术规范等造成患者人身损害，构成医疗技术损害责任的，其直接责任人是医疗机构，而不是医务人员。医疗机构对医务人员造成的损害承担责任，受害患者一方应当直接向医疗机构请求赔偿。医疗机构承担了赔偿责任后，可以向有故意或者重大过失的医务人员进行追偿，赔偿自己因承担赔偿责任而遭受的损失。

（二）医疗技术损害责任的赔偿范围

构成医疗技术损害责任，应当承担赔偿责任。赔偿范围应当依照《民法

典》第 1179 条规定和 2022 年人身损害赔偿司法解释规定的人身损害赔偿规则确定。

规则总结

1. 《民法典》第 1221 条规定的是医疗技术损害责任，是医疗损害责任的基本类型，与医疗伦理损害责任、医疗产品损害责任和医疗管理损害责任共同构成医疗损害责任类型体系。

2. 医疗技术损害责任是过错责任，须存在医疗违法行为、患者人身损害事实、医疗违法行为与患者损害实施之间的因果关系，以及医疗机构或者医务人员的医疗技术过失才能构成。

3. 医疗技术损害责任的认定标准是当时的医疗水平下，合理的医师在诊疗行为中未尽高度注意义务。认定医疗技术过失的注意义务，应当采纳当时的医疗水平为标准来确定，同时参考地区医疗机构资质和医务人员资质，确定医疗机构及其医务人员应当达到的高度注意水平。这就是"国家标准＋适当差别"的原则。

4. 构成医疗技术损害责任，医疗机构承担替代责任，依照《民法典》第 1179 条规定承担受害患者的损害，同时参照《民法典》第 1191 条第 1 款的规定，医疗机构在承担赔偿责任后，可以向有故意或者重大过失的医务人员追偿。

第三十章 《民法典》第1223条规定的医疗产品损害责任应当怎样分担

——医疗产品损害责任的不真正连带责任

> **实务指引要点**
>
> 1. 医疗产品损害责任是在医疗机构发生的缺陷医疗产品致害患者的医疗损害责任。
> 2. 在医疗产品损害责任中,中间责任承担适用无过错责任原则,医疗机构承担最终责任适用过错责任原则。
> 3. 受害患者权益受到缺陷医疗产品损害,实行不真正连带责任。
> 4. 受害患者权益受到缺陷医疗产品损害,医疗机构也有过错的,构成共同侵权,应该承担连带责任。

产品责任原则上应当包含医疗产品责任。自我国《侵权责任法》第59条规定了医疗产品责任的规则,医疗产品损害责任就成为我国医疗损害责任中的一个类型。这与其他国家和地区规定医疗损害责任规则都不相同,是我国医疗损害责任的一个特色。《民法典》继续坚持我国医疗损害责任的这个特色,在第1223条对医疗产品损害责任进行了完善。本章将对我国的医疗产品损害责任的基本责任形态作出说明。

一、医疗产品损害责任的概念和性质

(一)医疗产品损害责任的概念

医疗产品损害责任,是指医疗机构在医疗过程中使用有缺陷的药品、消毒产品、医疗器械以及输入不合格的血液等医疗产品或准产品，造成患者人身损害，医疗机构或者医疗产品生产者、销售者、药品上市许可持有人、血液提供者应当承担的医疗损害责任。《民法典》第1223条规定："因药品、消毒产品、医疗器械的缺陷，或者输入不合格的血液造成患者损害的，患者可以向药品上市许可持有人、生产者、血液提供机构请求赔偿，也可以向医疗机构请求赔偿。患者向医疗机构请求赔偿的，医疗机构赔偿后，有权向负有责任的药品上市许可持有人、生产者、血液提供机构追偿。"

（二）医疗产品损害责任的性质

在我国，医疗产品损害责任纠纷不断发生，特别是因为医疗机构直接卖药，医疗产品损害责任纠纷基本上都发生在医疗机构。对这类侵权纠纷的性质究竟是医疗损害责任纠纷，还是产品责任纠纷，意见有所不同。如果这种纠纷案件的性质是医疗损害责任纠纷，应当适用过错责任原则，不是无过错责任原则；如果是产品责任纠纷，就应当适用无过错责任原则，不论医疗产品的使用者即医疗机构还是药品上市许可持有人、生产者、血液提供机构是否有过失，都应当按照无过错责任原则的要求承担责任。

有的观点认为这就是产品责任，但没有说明在医疗中使用的医疗产品致害的侵权责任的性质。[1] 有的观点认为医疗"产品缺陷致损，虽然构成侵权，但应当适用产品质量法的规定"[2]。也有的学者认为，对医疗事故已经明确适用过错责任原则，没有任何一项事由规定适用无过错责任原则，因此，我国的司法活动应当遵循这一原则，实践中以任何方式不适用过错责任原则归责的，都是违法[3]，即使医疗产品损害责任也是如此。

医疗产品损害责任既是医疗损害责任，也是产品责任，是兼有两种性质的侵权责任类型，是医疗损害责任的一个基本类型。《民法典》将其规定在"医疗损害责任"一章，显然是确定了这个性质。由于医疗产品损害责任是具有产品责任性质的医疗损害责任，因此，应当适用无过错责任原则来确定责任，以更好地保护患者的合法权益。

还应当注意的一个问题是，医疗产品损害责任是医疗机构使用医疗产品造成患者损害的侵权责任，并非缺陷医疗产品未经医疗机构使用而直接使用于患者造成患者损害。前者构成《民法典》第1223条规定的医疗产品损害责任，医疗机构为不真正连带责任的责任人之一；后者为单纯的产品责任，适用《民

---

[1] 黄丁全. 医事法. 北京：中国政法大学出版社，2003：579.
[2] 梁慧星. 医疗损害赔偿案件的法律适用问题. 人民法院报，2005-07-06.
[3] 沃中东. 对医疗事故处理中无过错责任适用的思考. 杭州商学院学报，2003（6）.

法典》第1202条至第1203条规定，医疗机构不是责任主体。《民法典》规定第1223条，确认的是医疗产品损害责任是医疗中的产品损害责任，其责任主体包括医疗机构。在药店购买的医疗产品致人损害的，不适用医疗损害责任规则，而适用产品责任规则。

（三）确定医疗产品损害责任为产品责任的原因

产品责任是在加害给付理论和实践的基础上发展起来的。19世纪产生的加害给付规则，确认受到瑕疵标的物损害的债权人取得损害赔偿请求权，既可以请求合同预期利益损失的赔偿，也可以请求固有利益损失的赔偿。从这个意义上说，医疗损害责任纠纷也是加害给付责任，因为在合同的基础上，债务人未尽适当注意，造成了债权人固有利益的损害，应当承担的就是加害给付责任。

但是，加害给付规则无法保护受到缺陷产品损害的第三人。为了解决这个问题，美国侵权行为法创造了产品责任规则，缺陷产品造成他人损害，无论受害人是否为合同当事人，都可以依据侵权法请求损害赔偿，补偿自己受到的损害。

产品责任制度的出现，产生了以下两方面的重要影响：第一，解决了对缺陷产品侵害第三人造成损害的救济问题，使受到损害的第三人能够得到赔偿；第二，使受到损害的合同关系中的债权人只能依据违约责任请求赔偿，改变为既可以依照加害给付责任请求违约损害赔偿，也可以按照产品责任规则请求侵权损害赔偿，给受到损害的债权人以更为广泛的选择余地。

在医疗产品损害责任纠纷中，受害患者作为医疗合同关系的当事人，其固有利益受到侵害，既构成加害给付责任，也构成产品责任，使医疗产品损害责任具有医疗损害责任和产品责任的双重性质。医疗机构采购医疗产品，在应用于患者时造成损害，虽然其不是医疗产品销售者，但毕竟由医疗机构将买来的医疗产品应用于患者，因此，医疗机构也成为医疗产品损害责任的责任主体，其与药品上市许可持有人、生产者、销售者一样，需要分担缺陷医疗产品造成患者损害的赔偿责任。

二、医疗产品损害责任的归责原则及责任构成

（一）医疗产品损害责任适用无过错责任原则

1. 适用归责原则的一般规则

医疗产品损害责任是无过错责任。这不是说对医疗产品缺陷的产生，药品上市许可持有人、生产者、销售者以及医疗机构没有过错，因为医疗产品存在

缺陷本身就是一种过错。现代社会对医疗产品质量的要求越来越具体、详细，如果医疗产品不符合规定的质量要求，则医疗产品的生产者就具有过错，除非现有的科学技术无法发现。① 确定医疗产品损害责任是无过错责任，目的是确定这种侵权责任不考察侵权人的过错；无论其有没有过错，只要受害人能够证明医疗产品具有缺陷，即构成侵权责任。受害患者不必证明医疗产品的药品上市许可持有人、生产者、血液提供机构的过错，因而减轻了被侵权人的诉讼负担，有利于保护受害患者的民事权益。

2. 中间责任和最终责任适用不同的归责原则

不过，无过错责任原则只是产品责任归责原则的一般性规则。医疗产品损害责任适用的并不完全是无过错责任原则，而是区分中间责任和最终责任，分别适用不同的归责原则。

产品责任的所有中间责任都适用无过错责任原则。按照《民法典》第1203条第1款规定，缺陷产品的生产者、销售者都须承担中间责任，受害人可以请求生产者赔偿，也可以请求销售者赔偿，根据受害人的请求确定中间责任人，中间责任人承担无过错责任。

《民法典》第1202条和第1203条分别规定，缺陷产品的生产者承担最终责任适用无过错责任原则，缺陷产品的销售者承担最终责任适用过错责任原则，其中，对产品具有缺陷有过错的销售者才承担最终责任。

3. 医疗产品损害责任适用的归责原则

《民法典》第1223条规定医疗产品损害责任，同样适用产品责任归责原则的一般规则。

首先，缺陷医疗产品的药品上市许可持有人、生产者、血液提供机构和医疗机构都可以作为责任主体，受害患者可以请求药品上市许可持有人、生产者、血液提供机构赔偿，也可以请求医疗机构赔偿，这承担的是不真正连带责任的中间责任，适用的是《民法典》第1203条第1款规定。

其次，医疗机构承担了中间责任之后，可以向缺陷医疗产品的药品上市许可持有人、生产者、血液提供机构进行追偿。这规定的是医疗机构承担了中间责任之后，向应当承担最终责任的缺陷医疗产品责任人进行追偿，将最终责任归于最终责任者。

这里规定的是，承担中间责任的，适用无过错责任原则，药品上市许可持有人、生产者、血液提供机构承担最终责任时适用过错责任原则。对于医疗机构

---

① 对发展风险可以予以免责，但产品生产者仍然负有跟踪观察义务、召回义务、售后警示义务等，并且要承担跟踪观察缺陷的损害责任。

承担最终责任，第1223条没有规定，应当参照《民法典》第1203条规定的原则，医疗机构对医疗产品存在缺陷有过错的，适用过错责任原则确定最终责任。

（二）医疗产品损害责任的构成要件

医疗产品损害责任实行不真正连带责任，分为中间责任和最终责任，其责任构成也须按照中间责任和最终责任的不同，适用不同的构成要件。

1. 中间责任的构成要件

由于医疗产品损害责任适用无过错责任原则，其责任构成应当符合产品责任构成要件的要求，具备三个要件。

（1）在医疗中使用的医疗产品须为有缺陷的产品。

构成医疗产品损害责任的首要条件是医疗产品具有缺陷（包括不合格的血液，下同），其次是在医疗过程中使用该缺陷医疗产品。

第一，医疗产品的界定和范围。医疗产品须符合产品的要求。产品，按照《产品质量法》第2条第2款的规定，"是指经过加工、制作，用于销售的产品。"产品须具备两个条件：一是经过加工、制作，未经过加工制作的自然物不是产品；二是用于销售，因而是可以进入流通领域的物，未进入流通领域的加工制作物，也不是产品。医疗产品是经过加工、制作，同时也用于销售的物，是可以进入流通领域的物。本书将血液提供机构提供的血液称为准产品，准用产品责任规则。对于医疗产品，《民法典》第1223条规定其分为四种，即药品、消毒产品、医疗器械和血液。

第二，医疗产品的缺陷。《产品质量法》第106条规定："本法所称缺陷，是指产品存在危及人身、他人财产安全的不合理的危险；产品有保障人体健康、人身、财产安全的国家标准、行业标准的，是指不符合该标准。"其含义是：其一，缺陷是一种不合理的危险，合理的危险不是缺陷；其二，这种危险危及人身和他人财产安全，其他危险不认为是缺陷的内容；其三，判断危险的合理与否或者判断某一产品是否存在缺陷的标准分为一般标准和法定标准，一般标准是人们有权期待的安全性，即一个善良人在正常情况下对一件产品所应具备的安全性的期望，法定标准是国家和行业对某些产品制定的保障人体健康、人身和财产安全的专门标准，有法定标准的适用法定标准，无法定标准的适用一般标准。[①] 医疗产品的缺陷就是这种指存在危及他人人身，财产安全的不合理的危险缺陷。

医疗产品造成损害构成医疗产品损害责任，也须有缺陷。医疗产品的缺陷

[①] 张新宝. 中国侵权行为法. 北京：中国社会科学出版社，1995：308.

分为以下四种。

第一，医疗产品的设计缺陷，是指医疗产品在设计时，在产品结构、配方等方面存在不合理的危险。考察设计缺陷，应当结合医疗产品的用途，如果将医疗产品用于所设计的用途以外的情形，即使存在不合理的危险，也不能认为其存在设计缺陷。

第二，医疗产品制造缺陷，是指医疗产品在制造过程中，因原材料、配件、工艺、程序等方面存在错误，最终的医疗产品具有不合理的危险性。

第三，医疗产品警示说明不充分的缺陷，是医疗产品在投入流通时，没有对其危险性进行充分警示和说明，对其使用方法没有充分说明。① 因产品说明或警示不充分所致的产品缺陷，是指产品可预见的致害危险能够通过销售商、其他经营者，或其在商业经营过程中的任一前手，采用合理的说明或警示条款来减少或避免，且不采纳该说明或警示并不能使产品得到合理的安全。② 这种情形是指生产者没有提供警示与说明，致使其产品在使用、储运等情形具有不合理的危险。③ 产品警示说明充分的标准是，对于属于上述情形的产品，本应当进行充分的说明或者警示，但是产品的生产者或者销售者没有进行说明或者警示，或者虽然进行了说明、警示，但是说明、警示没有达到要求的标准，即为不充分。如果产品是为大众所消费、使用的，警示与说明应为社会上不具有专门知识的一般人所能引起注意、知晓、理解；如果产品是为特定人所消费、使用的，警示与说明应为具备专门知识的特定人所能引起注意、知晓、理解。④ 如果具有合理危险的医疗产品在流通中做到了这一点，就认为说明、警示已经达到了充分的标准，没有做到的，就是说明、警示不充分。

第四，医疗产品的跟踪观察缺陷，是指在将医疗产品投入医疗过程时，科学技术水平尚不能发现该医疗产品存在的缺陷，法律要求医疗产品的生产者和销售者跟踪观察，未能及时发现危险或者发现危险未及时采取召回等补救措施，因此造成患者人身损害的，构成跟踪观察缺陷。按照德国法的规定，新产品上市以后，生产者必须跟踪观察，对用户的反映和提出的问题必须付诸行动，进行研究，提出改进方法。如果存在损害可能性，则要召回；有的还要向用户进行可靠使用的说明，未尽跟踪观察义务，造成损害的，即构成侵权责任。这些经验在医疗产品损害责任构成中同样适用。

---

① 张新宝. 侵权责任法原理. 北京：中国人民大学出版社，2005：398.
② 中国人民大学民商事法律科学研究中心. 中国民法典：人格权法编和侵权行为法编. 内部资料，2002：269.
③ 张新宝. 中国侵权行为法. 北京：中国社会科学出版社，1995：311.
④ 张新宝. 中国侵权行为法. 北京：中国社会科学出版社，1995：312.

第三十章 《民法典》第1223条规定的医疗产品损害责任应当怎样分担

构成医疗产品损害责任,缺陷医疗产品须在医疗中予以使用或者利用。这种使用或者利用,是医疗机构在医疗过程中,将缺陷医疗产品应用于患者,而不是未经医疗机构及其医务人员的同意,患者直接购买医疗产品用于自己。患者不在医疗机构中,或者在医疗机构中但未经医疗机构及其医务人员的同意,自己使用或者利用医疗产品造成损害,医疗机构没有责任,不构成医疗产品损害责任。

(2)须有患者人身损害。

构成医疗产品损害责任,须具备患者的人身损害事实。这是发生医疗损害赔偿请求权的事实依据。

构成这个要件,要将医疗产品应用于患者,由于医疗产品存在缺陷,造成了患者的人身损害。这种人身损害的特点是,有些损害后果在受害当时即可被发现,有的则要在受害之后很长时间才能出现后果,特别是医疗器械造成的损害,通常都是经过一段时间才展现。医疗产品损害责任中的人身损害事实,包括致人死亡和致人伤残以及一般伤害。

人身损害发生的同时,通常伴随精神痛苦的损害。医疗产品损害责任的人身损害事实要件中也包括精神损害,应当予以抚慰金赔偿。

(3)须有因果关系。

医疗产品损害责任中的因果关系,是指医疗产品的缺陷与受害人的损害事实之间存在的引起与被引起的关系,医疗产品缺陷是原因,损害事实是结果。医疗产品责任的因果关系,由受害人证明;证明的内容是,损害是由使用或消费有缺陷的医疗产品所致。使用,是对可以多次利用的医疗产品的利用;消费,是对只能一次性利用的医疗产品的利用。受害人证明损害时,首先要证明缺陷医疗产品曾经被使用或消费,其次要证明使用或消费该有缺陷的医疗产品是损害发生的原因。例如,植入身体的钢板断裂造成损害的,因果关系明显,患者即可证明。对于高科技医疗产品致害原因不易证明者,可以适用举证责任缓和规则,在受害患者证明达到表见证据规则要求时,实行因果关系推定,即:受害人证明使用或消费某医疗产品后即发生某种损害,且这种缺陷医疗产品通常可以造成这种损害,可以推定因果关系成立,转由侵害人举证证明因果关系不成立。证明属实的,则否定因果关系要件;不能证明的,推定成立,构成医疗产品损害责任。

2. 最终责任的构成要件

(1)缺陷医疗产品生产者承担最终责任的构成要件。

按照《民法典》第1202条关于"因产品存在缺陷造成他人损害的,生产者应当承担侵权责任"的规定,产品责任中的生产者承担责任无须存在过错缺陷医疗产品的生产者承担最终责任适用无过错责任原则,具有前述三个要件后,构成最终责任,无须具备过错要件,即应承担最终责任。医疗机构承担了中间责任之后,向生产者追偿的,生产者应承担最终责任,赔偿医疗机构承担中间责任的损失。

(2) 医疗机构承担最终责任的构成要件。

参照《民法典》第1203条的规定,在医疗产品损害责任中,医疗机构承担最终责任的,须证明医疗机构或者销售者具有过错要件,没有过错就不承担最终责任。如果药品上市许可持有人、生产者、血液提供机构承担了中间责任,符合上述规定,向有过错的医疗机构追偿的,医疗机构应当承担最终责任。

三、医疗产品损害责任的分担形态

(一)《民法典》第1223条需要补充规定的问题

《民法典》第1223条规定医疗损害责任的责任形态是不真正连带责任。将这一责任分担规则与《民法典》第1202条和第1203条规定的产品责任基本规则相比较,还有三个问题需要补充规定。

第一,第1223条没有规定缺陷产品销售者的责任。既然医疗产品损害责任也是产品责任,没有规定销售者的责任是不完善的。在医疗产品损害中,销售者的责任更为复杂,因为医疗器械特别是药品和消毒产品,销售渠道复杂,多数医疗产品需要几经转手才能到达医疗机构,用于患者。不规定缺陷医疗产品销售者的责任,在法律适用上不能完全解决问题。这一点,医疗损害责任司法解释已经作了补充。

第二,第1223条规定的是医疗机构作为中间责任人的责任分担规则,没有规定医疗机构承担最终责任的规则,也是不完善的。例如,一是如果医疗产品缺陷是由医疗机构及其医务人员的过错形成的,就需要医疗机构承担最终责任;二是虽然医疗产品有一定的缺陷,但使用中医疗机构及其医务人员由于过错造成患者损害的,需要医疗机构与缺陷产品的生产者或者销售者承担连带责任。对这些问题不规定法律适用规则,无法应对全部的医疗产品损害责任的责任分担问题。

第三,第1223条没有规定医疗机构自己作为医疗产品的生产者的责任,例如制剂等医疗产品就是由医疗机构自己生产的,制剂等产品的缺陷也是医疗机构造成的。这时候,医疗机构就不在《民法典》第1223条的适用范围之内,而应当适用《民法典》第1202条规定的规则,医疗机构应当作为缺陷医疗产品的生产者对受害患者承担最终责任。

对这些问题，都应当根据《民法典》的一般性规定进行补充和完善，建立起完善的医疗产品损害责任制度。应当看到，《民法典》是一个整体，侵权责任编也是一个整体，在分则性规定中没有规定的问题，应当适用总则性的规定处理。按照这样的思路，就能够形成完善的医疗产品损害责任的责任分担规则。

（二）医疗产品损害责任的不真正连带责任

医疗产品造成患者损害，其基本责任形态是不真正连带责任，基本规则如下。

1. 医疗产品损害责任的中间责任主体是医疗机构和药品上市许可持有人等

医疗产品损害责任的中间责任主体有三种：（1）医疗机构。医疗机构直接使用医疗产品，应用于患者身上造成损害的，医疗机构是责任主体，无论有无过错，都应当承担中间责任，为无过错责任。（2）医疗产品生产者，包括药品上市许可持有人、生产者、血液提供机构。其生产了有缺陷的医疗产品，并且造成了患者的损害，应当承担中间责任，为无过错责任。（3）医疗产品的销售者，按照《民法典》第1203条规定，销售者对于缺陷医疗产品造成损害具有过失的，也应承担中间责任。

2. 受害患者可以选择向中间责任人包括医疗机构、药品上市许可持有人、生产者、血液提供机构主张权利

按照产品责任的中间责任规则，受害患者有权在上述三种中间责任主体中，根据自己的利益，选择对自己最为有利的、法律关系"最近"的一个请求权行使。受害患者有理由选择医疗机构作为赔偿主体，请求其承担赔偿责任；也有理由选择请求医疗产品的药品上市许可持有人、生产者、血液提供机构承担赔偿责任；选择医疗产品的销售者承担中间责任，也是可以的。三种责任主体都无拒绝受害患者请求赔偿的权利。

应当明确的是，在中间责任规则中医疗机构作为责任人承担中间责任时，并不是处于医疗产品销售者的地位。有的观点认为，如果医疗机构不处于医疗产品的销售者的地位，让医疗机构连带承担提供的药品、消毒产品、医疗器械缺陷造成的患者损害的责任，是不公平的。[①] 这样的意见不妥。《民法典》规

---

① 刘鑫，张宝珠，陈特. 侵权责任法"医疗损害责任"条文深度解读与案例剖析. 北京：人民军医出版社，2010：142.

定不真正连带责任时，并非只是考虑医疗机构对药品加价而处于销售者地位，主要考虑的是保护好患者的合法权益。"立法调研中了解到，许多患者在因此受到损害后，都有被相互推诿，求偿困难的经历。由于法律缺乏明确的规定，患者在这方面寻求司法保护的效果也不理想。本条为了更好地维护患者的权益，便利患者受到损害后主张权利"，才明确规定了不真正连带责任。[①] 立法机关工作人员的这一解说，代表了立法的本意。因此，不应当区分医疗机构承担不真正连带责任时是否处于销售者的地位。如果医疗机构与患者自己选用的医疗产品没有关联，则医疗机构不承担不真正连带责任。

3. 中间责任人承担了中间责任后对最终责任人的追偿权

上述三种责任主体中的任何一方在承担了中间责任后，如果自己不是最终责任人，都可以向其他应当承担最终责任的责任人进行追偿。例如，医疗机构承担了中间责任之后，有权向缺陷医疗产品的药品上市许可持有人、生产者、血液提供机构等进行追偿。

医疗机构承担了中间责任之后，也有权向有过错的缺陷医疗产品销售者进行追偿。尽管《民法典》第1223条对此没有明文规定，但按照第1203条规定的规则，其有权追偿。

中间责任人承担了中间责任后行使追偿权，如何确定追偿的范围，法律未明确规定。这种赔偿请求权是全额的请求权，包括在前手诉讼中遭受的所有损失；对凡是缺陷医疗产品造成的损害，中间责任人都有权请求生产者或者销售者赔偿，只有基于自己的过失造成患者损害的部分，才不能进行追偿。应当追偿的范围是：（1）承担的全部损害赔偿金；（2）应对赔偿纠纷诉讼支出的各种调查费用等；（3）确定中间责任纠纷诉讼的案件受理费和律师代理费。

4. 医疗机构承担最终责任的情形

医疗机构在医疗产品损害责任中作为最终责任人，有以下三种情形：（1）医疗机构对医疗产品缺陷形成具有过错的，例如医疗产品原本没有缺陷，是医疗机构的原因使其形成缺陷；（2）医疗产品没有缺陷，完全是医疗机构错误使用造成患者损害的；（3）医疗机构自己生产的制剂等医疗产品存在缺陷，造成患者损害的。在这三种情况下，医疗机构本身就是最终责任人，受害患者向医疗机构请求赔偿的，医疗机构应当承担最终责任，不得向其他人追偿；受害人向其他人例如医疗产品的药品上市许可持有人、生产者或者血液提供机构请求赔偿的，药品上市许可持有人、生产者或者血液提供机构承担的是中间责任，嗣后有权向医疗机构追偿。

---

① 王胜明. 中华人民共和国侵权责任法释义. 北京：法律出版社，2010：291.

5. 患者将医疗机构和药品上市许可持有人、生产者、销售者、血液提供机构同时起诉的，应当按照最终规则处理

在诉讼中，如果受害患者将医疗机构和药品上市许可持有人、生产者、销售者、血液提供机构一并作为共同被告起诉，法院应当直接适用最终规则，确定缺陷的直接生产者承担侵权责任，不必实行最近规则让医疗机构先承担责任再进行追偿。

6. 市场份额规则

在产品侵权中同类产品造成侵权后果，生产这种产品的不是一个而是数个生产者，不能确定是谁制造的产品造成的实际损害的，是共同侵权行为中的共同危险行为。按照共同危险行为的规则，应当由生产这种产品的数人共同承担侵权责任。但是，按照一般的共同危险行为的规则，应当由实施共同危险行为的数人承担连带责任，而这种生产产品的情况与一般的共同危险行为不同，承担连带责任不合理，因为每个生产者的生产份额并不相同。按照市场份额规则，数人生产的同类产品因缺陷而造成损害，不能确定致害产品的生产者的，应当按照产品在市场份额中的比例承担民事责任。按照这一规定，应当首先确定各个生产者在生产当时产品所占市场的具体份额，按照这一份额确定应当分担的责任。

在医疗产品损害责任中，如果出现对致害的药品、医疗器械、消毒产品等医疗产品，不能确定谁是真实的生产者的，可以适用市场份额规则，依据数个生产者产品所占市场份额的比例，确定其赔偿份额。

不过，这种情况并不涉及医疗机构的中间责任的承担，只涉及医疗机构承担了中间责任之后，如何向缺陷医疗产品生产者追偿。由于实行市场份额规则确定的缺陷产品的各个生产者承担的责任是按份责任而不是连带责任，医疗机构按照市场份额规则向应当承担缺陷产品赔偿责任的生产者追偿时，应当分别向每一个生产者进行追偿，可以同时起诉所有的生产者按份进行追偿，也可以分别起诉向每一个生产者等进行追偿。

（三）医疗损害责任的连带责任

医疗机构使用缺陷医疗产品有过错的，造成患者损害的原因就不是一个，而是两个，即缺陷产品的原因和医疗技术过失的原因。在这种情况下，就不只是医疗产品损害责任的适用，还要确定医疗机构在其中究竟应当承担何种责任。

两个可归责的原因造成同一个患者的损害后果，或者构成共同侵权，或者构成典型分别侵权行为，前者的后果是连带责任，后者的后果是按份责任；究

竟是何种性质，需要分析。

与这种情形最接近的不是主观的共同侵权行为与典型分别侵权行为，而是客观的共同侵权行为与典型分别侵权行为，理由是典型分别侵权行为与主观的共同侵权行为相差甚远，不会发生混淆。这种情形究竟是客观的共同侵权行为还是典型分别侵权行为，要考虑的是：第一，缺陷产品与医疗技术过失之间的联系程度，是否构成客观关联性；第二，两个行为是否为患者损害的共同原因；第三，造成的患者的损害是否可以分割。缺陷医疗产品与医疗技术过失作为两个行为，具有一定程度的关联性，但不是特别密切；两个行为都是患者损害的原因，也可以认为是共同原因；患者的损害后果是一个，不符合损害可以分割的特点。加之医疗机构按照《民法典》第1223条的规定本就应当承担不真正连带责任中的中间责任，在其承担了中间责任之后再向生产者追偿，因此，在这种情况下，医疗机构的行为构成客观的共同侵权行为，承担连带责任，是比较合理的。

按照这样的思路，医疗机构对使用缺陷医疗产品致患者损害也有过错的，应当承担连带责任。如果受害患者请求医疗机构承担全部赔偿责任，医疗机构不得拒绝；其在承担了全部赔偿责任之后，就自己的责任份额不得向生产者或者销售者追偿，就不属于自己责任份额的部分，有权向缺陷医疗产品的生产者或者销售者进行追偿。就除赔偿责任之外的承担中间责任中遭受的其他损失，医疗机构亦可按照份额比例，请求生产者或者销售者承担赔偿责任。

医疗机构在承担了中间责任对受害患者予以赔偿之后，如果销售者也是中间责任人，但作为最终责任人的缺陷医疗产品生产者丧失赔偿能力，或者主体资格丧失的，能否向销售者进行追偿？如果可以追偿，损失将转嫁给不应承担最终责任的中间责任人，有违分配正义原则；如果不能向销售者进行追偿，则全部损失由医疗机构承担，也有违公平原则。对此，《民法典》产品责任规则也没有规定，依照法理，规定医疗机构可以依照份额向销售者追偿为宜。例如，生产者作为最终责任人主体消灭，医疗机构承担中间责任后，如果有一个销售者，同为中间责任人而非最终责任人的，医疗机构可以向其追偿50%的损失，由两个中间责任人分担损失，形成事实上的连带责任。

在上述情况下，应当适用《民法典》第519条第3款关于"被追偿的连带债务人不能履行其应分担份额，其他连带债务人应当在相应范围内按比例分担"的规定处理。

规则总结

1. 规定医疗产品损害责任，是我国《民法典》的特色，是在医疗机构发生的缺陷医疗产品致害患者的医疗损害责任,是医疗损害责任中的一种类型。

2. 医疗产品损害责任适用的归责原则,基本上依照产品责任规则,增加了医疗机构作为责任主体。药品上市许可持有人、生产者、销售者、不合格血液提供者以及医疗机构,承担中间责任时一律适用无过错责任原则,但医疗机构承担最终责任时,适用过错责任原则,有过错才承担最终责任,否则不承担最终责任。

3. 受害患者受到缺陷医疗产品损害,医疗机构和药品上市许可持有人、生产者销售者、医疗机构承担不真正连带责任,受害患者可以请求医疗机构承担赔偿责任,医疗机构承担赔偿责任后,可以向缺陷医疗产品的最终责任人追偿。

4. 受害患者受到缺陷医疗产品损害,医疗机构也有过错的,构成共同侵权行为,药品上市许可持有人、生产者、销售者和医疗机构应当承担连带责任,医疗机构承担中间赔偿责任后,对于不属于自己责任份额的部分,有权向其他连带责任人追偿。

第三十一章 《民法典》第1218条规定的医疗损害责任中是否包括医疗管理损害责任

——医疗管理损害责任的法律适用方法

实务指引要点

1. 医疗管理损害责任也是医疗损害责任的一种类型，是医疗机构或者医务人员违反医政管理规范造成患者损害的医疗损害责任。
2. 医疗管理损害责任的构成，须医疗机构或者医务人员有医疗管理过错。
3. 医疗管理损害责任的请求权基础是《民法典》第1218条。
4. 医疗管理损害责任的形态是替代责任，与用人单位责任发生竞合。

《民法典》规定的医疗损害责任中没有明文规定医疗机构由于管理过错造成患者损害的责任类型，但是在医疗损害责任中确实存在既不是医疗伦理损害责任、医疗技术损害责任，又不是医疗产品损害责任的责任类型。对于这种医疗机构或者医务人员的管理过错造成受害患者损害的医疗损害责任类型，应当界定为医疗管理损害责任，适用《民法典》第1218条的规定确定赔偿责任。

一、医疗管理损害责任的概念和必要性

（一）医疗管理损害责任的概念和特征

1. 医疗管理损害责任的概念

医疗管理损害责任是指医疗机构或者医务人员在诊疗活动中，违背医政管

第三十一章 《民法典》第 1218 条规定的医疗损害责任中是否包括医疗管理损害责任

理规范和医政管理职责的要求,具有医疗管理过错,造成患者人身损害、财产损害,应当承担赔偿责任的医疗损害责任。

医疗管理也叫作医政管理。[1] 医疗管理损害责任的构成,不是医疗机构或者医务人员有伦理过错或者技术过错,而是有医疗管理过错,是医疗机构或者医务人员在医政管理中,由于疏忽或者懈怠甚至是故意,不能履行管理规范或者管理职责,造成患者人身损害或者财产损害。

医疗管理损害责任与《民法典》第 1191 条第 1 款规定的用人单位责任基本相同。二者都是用人单位(医疗机构)的工作人员(医务人员)在执行工作任务中(在医疗活动中)造成他人(患者)损害,而由用人单位(医疗机构)承担损害赔偿责任。其中用人单位和医疗机构、工作人员和医务人员、执行工作任务和在医疗活动中、他人损害与患者损害的概念,都是相容的,后者都包含在前者之中。因此,医疗管理损害责任其实就是用人单位责任。

在医疗伦理损害责任、医疗技术损害责任以及医疗产品损害责任中,医疗机构、医务人员、诊疗活动中患者受损害的要件都与用人单位的对应概念具有包容关系,但它们包含着技术的、伦理的以及加害医疗产品的区别,虽然都属于用人单位责任,却有相当的独立性。而医疗管理损害责任中造成损害的原因是管理过错,与用人单位责任更相似,如果不是《民法典》第 1218 条有规定,其实是可以纳入用人单位责任中的。

之所以将医疗管理损害责任纳入《民法典》第 1218 条规定的医疗损害责任之中,是因为这种侵权损害发生在医疗领域,属于医疗机构担负的诊疗活动职责,因而与医疗伦理损害责任、医疗技术损害责任和医疗产品损害责任并列,作为医疗损害责任的基本范畴,单独进行研究和适用法律。

除上述区别外,对医疗管理损害责任适用的归责原则也有所不同。《民法典》第 1218 条明确规定,医疗管理损害责任适用过错责任原则,而不适用过错推定原则、更不适用无过错责任原则,因而医疗管理损害责任与用人单位责任不同。用人单位责任的归责原则,一说认为适用过错推定原则[2],一说认为适用无过错责任原则[3]或者严格责任[4],没有人主张适用过错责任原则。比较起来,医疗管理损害责任适用过错责任原则,医疗机构承担医疗管理损害责任的条件之一,就是医疗机构及其医务人员须有管理过错。这显然对医疗机构更有利。

---

[1] 定庆云,赵学良. 医疗事故损害赔偿. 北京:人民法院出版社,2000:186.
[2] 杨立新. 侵权责任法. 北京:法律出版社,2011:232.
[3] 张新宝. 侵权责任法. 2 版. 北京:中国人民大学出版社,2011:154.
[4] 王利明. 侵权责任法研究:下卷. 北京:中国人民大学出版社,2011:87.

2. 医疗管理损害责任的特征

第一，医疗管理损害责任以具有过错为前提。构成医疗管理损害责任，医疗机构及其医务人员必须具备医疗过错，不具有医疗过错的，医疗机构不承担赔偿责任。医疗管理损害责任不同于适用过错推定原则的医疗伦理损害责任，也不同于适用无过错责任原则的医疗产品损害责任，而与医疗技术损害责任相似。医疗机构承担医疗管理损害责任须符合过错责任原则的要求，无过错则无责任。

第二，医疗管理损害责任的过错是医疗管理过错。医疗管理损害责任应当具备的过错是医疗管理过错，既不以医疗技术过失为构成要件，也不以医疗伦理过错为构成要件，而以医疗管理过错为要件。判断医疗管理过错的标准，既不是违反当时的医疗水平的诊疗义务确定的高度注意义务，也不是违反医疗良知和医疗伦理的疏忽或者懈怠，而是以医疗机构或者医务人员的管理规范和管理职责为标准确定的医疗管理过错，因而与其他三种医疗损害责任均不相同。

第三，医疗管理过错的认定方式是原告证明。医疗管理过错与医疗伦理过错的认定方式不同，其应采取原告证明方式，由原告一方证明医疗机构的过失。例如，救护车迟延到达致使患者受到损害，原则上应当由受害患者一方承担举证责任，但可以实行举证责任缓和，即患者一方只要证明存在过错的可能性，即可推定医疗机构有过错。

第四，医疗管理损害责任的主要损害事实是人格、身份和财产损害。医疗管理损害责任造成的损害，与一般侵权行为所造成的损害性质相同，是患者的人身损害和财产损害。在医疗技术损害责任构成中，损害事实通常只包括受害患者的人身损害事实，一般不包括其他民事权益的损害。在医疗伦理损害责任中，损害事实主要是精神性人格权或者人格利益损害。在医疗管理损害责任构成中，不仅包括受害患者的人身损害事实，而且包括患者的财产损害事实，甚至还包括身份损害事实，例如医院给产妇抱错孩子，侵害的就是患者的身份权。

（二）确立医疗管理损害责任的必要性

医疗管理损害责任是以前没有明确提出的一个医疗损害责任类型。有人曾经提出医院管理中的医疗事故损害赔偿责任的概念，但学者使用这个概念时仍然是指医疗事故责任，而不是指医疗管理损害责任，这也有可借鉴之处。[1] 也有人提出过医政管理责任的概念，认可医政管理过错，也值得借鉴。[2]

---

[1] 浅议医院管理中的医疗事故损害赔偿责任的性质. [2011-01-12]. http://www.hxyjw.com/hospital/manage/2008-2/20082272567.shtml

[2] 定庆云，赵学良. 医疗事故损害赔偿. 北京：人民法院出版社，2000：186.

第三十一章 《民法典》第1218条规定的医疗损害责任中是否包括医疗管理损害责任

笔者提出对医疗损害责任类型化的意见,主张医疗技术损害责任、医疗伦理损害责任和医疗产品损害责任的三分法意见[1],基本上为《侵权责任法》和《民法典》所采纳。有些学者在解释《侵权责任法》规定的医疗损害责任中采纳了笔者的意见,也赞同这样的类型化划分。[2] 上述对医疗损害责任的类型化划分,是将在医疗机构发生的所有与医疗损害有关的侵权责任类型全部包含进去,因而将医疗管理损害责任纳入医疗伦理损害责任的概念之中,例如违反管理规范的损害责任[3],组织过失损害责任等。[4] 这样的归纳存在不足。在医疗伦理损害责任中,医疗机构或者医务人员的过错是违反医生职业伦理、医生良知,而医疗管理过错则是违反管理规范、管理职责,性质并不相同。将医疗管理损害责任并入医疗伦理损害责任,是为了将就三分法,形成的分类不科学。将医疗管理损害责任单独作为医疗损害责任的一个独立类型,既有事实根据,也有法律根据[5],完全符合《民法典》第1218条规定的要求。同时,确立医疗管理损害责任概念,使医疗损害责任体系由医疗伦理损害责任、医疗技术损害责任、医疗产品损害责任和医疗管理损害责任四种类型构成,既符合逻辑的要求,又符合现实客观实际情况,是一个理想、完美的设计。

实践的情况也证明了将医疗管理损害责任纳入医疗损害赔偿责任体系的正确性。例如,某医院正在进行手术,因突然停电,手术被迫中断,欲接通备用电源继续手术,但值班电工擅离职守,不知去向,手术无法进行,造成患者死亡。有学者认为,患者死亡,既非医生的误诊,亦非医生不负责任,而是电工玩忽职守,作为后勤人员的电工因其行为直接导致了病人死亡的后果,是这起医疗事故的直接责任主体。[6] 这种意见不正确,因为这是典型的医疗管理损害责任,是医疗机构的工作人员违反管理职责,擅离职守,造成患者死亡的后果,符合《民法典》第1218条规定的要求,责任主体是医疗机构而不是工作人员,应当依照医疗管理损害责任追究医疗机构的赔偿责任。

二、医疗管理损害责任的归责原则及构成要件

(一) 医疗管理损害责任的归责原则

医疗管理损害责任适用的归责原则是过错责任原则。这是《民法典》第

---

[1] 杨立新. 医疗损害责任研究. 北京: 法律出版社, 2009: 120.
[2] 王利明, 周友军, 高圣平. 中国侵权责任法教程. 北京: 法院出版社, 2010: 596.
[3] 杨立新. 医疗损害责任研究. 北京: 法律出版社, 2009: 141.
[4] 杨立新. 侵权法论. 4版. 北京: 人民法院出版社, 2011: 449.
[5] 杨立新. 医疗管理损害责任与法律适用. 法学家, 2012 (3).
[6] 王喜军, 杨秀朝. 医疗事故处理条例实例说. 长沙: 湖南人民出版社, 2003: 6.

1218条规定的要求。

对医疗管理损害责任有适用过错推定原则的可能性。例如妇产医院给产妇抱错孩子，完全可以就此事实推定医疗机构及其医务人员具有过错，因而免除原告的举证责任。但是，第一，适用过错推定原则，依照《民法典》第1165条第2款需要有"法律规定"，并不能因为情形的特殊而主张适用过错推定原则；第二，《民法典》第1218条明确规定应当适用过错责任原则，适用过错推定原则有违这一法律明确规定。因此，医疗管理损害责任的归责原则是过错责任原则而不是过错推定原则。

（二）医疗管理损害责任的构成要件

1. 医疗机构或者医务人员在诊疗活动中违反管理规范或管理职责的行为

在诊疗活动中须有医疗机构及其医务人员实施的违法行为，才能构成医疗损害责任。医务人员不仅指医护人员，也包括与诊疗活动相关的其他人员。构成医疗管理损害责任，医疗机构或者医务人员须在诊疗活动中实施了违反管理规范和管理职责的行为，行为具有违法性。凡是在医疗机构业务范围内，与医务人员诊疗行为有关的活动，都是诊疗活动。在这些活动中，医疗机构及其医务人员违反的是管理规范或者管理职责，而不是伦理性质以及技术性质的规范或者职责，就符合这种行为的要件。其违法性在于这些行为会造成侵害患者合法权益的后果，违反了法律规定的对患者这些权益的不可侵义务。

2. 患者受到损害

患者受到损害，是构成医疗管理损害责任的客观事实要件。患者在医疗管理损害责任中的损害事实比较宽泛，泛指患者的一切民事权益的损害，主要包括患者的生命权、健康权、身体权、知情权、隐私权、亲权、所有权等有关的权益。值得特别注意的是，亲权这种身份权益也能成为医疗管理损害责任的侵害客体。妇产医院将产妇的亲子错误认作其他产妇的亲子，交给其他产妇，并将其他产妇的亲子交给该产妇，不仅侵害了该产妇及其亲子的身份权，侵害了另一位产妇及其亲子的身份权，而且还有可能造成多个产妇及其亲子的身份权以及父亲的身份权损害。这样的损害事实会给家庭和亲属造成严重后果，其是在诊疗活动中发生的，虽然不违反伦理道德或者技术规范，但违反医疗机构或者医务人员的管理规范和管理职责，具有严重的违法性。

3. 违反管理规范或者管理职责行为与损害事实之间有因果关系

医疗机构及其医务人员违反管理规范或者管理职责的违法行为，须与患者的损害事实之间具有引起与被引起的关系，即构成医疗管理损害责任的因果关系要件。确定医疗管理损害责任的因果关系要件适用相当因果关系规则，通常依据事实就可以认定因果关系，不需要医疗损害责任鉴定。受害患者只要证明在该医疗机构接受的诊疗活动中，医疗机构及其医务人员实施了具有违反管理规范或者管理职责的行为，自己因此受到了损害，就可以确认因果关系成立。例如，未经产妇同意，医务人员将其胎盘擅自处置；救护车迟延到达而使患者在等待中死亡。这些就能够证明因果关系。必要时可以采取因果关系的举证责任缓和，在原告证明因果关系的可能性后，推定有因果关系，医疗机构主张没有因果关系的，应当举证证明。

4. 医疗管理过错

医疗管理过错，是指医疗机构及其医务人员在诊疗活动中违反管理规范或者管理职责的不注意的心理状态。医疗管理过错的表现形式是医疗机构及其医务人员对管理规范或者管理职责的疏忽或者懈怠，疏忽是医疗机构及其医务人员对待管理规范或者管理职责的不经心、不慎重的不注意心理，应当做到的没有做到。懈怠是医疗机构及其医务人员轻信自己不会违反管理规范或者管理职责，但因为不注意而实际违反了管理职责和管理规范。医疗管理过错也包括故意，例如，拒绝向患者提供病历资料，擅自将患者有价值的人体医疗废物赠送他人等，属于故意而为，构成故意的医疗管理损害责任。

三、医疗管理损害责任的类型与法律适用

（一）医疗管理损害责任的类型

医疗管理损害责任的类型比较复杂、多样，以下选择常见的类型进行说明。

1. 违反紧急救治义务的损害责任

《民法典》第1220条规定："因抢救生命垂危的患者等紧急情况，不能取得患者或者其近亲属意见的，经医疗机构负责人或者授权的负责人批准，可以立即实施相应的医疗措施。"这从正面规定了医疗机构对生命垂危的患者的紧急救治义务，没有规定医疗机构违反紧急救治义务造成患者损害的赔偿责任。

通常认为，当一个具体义务的法律条文没有规定责任的规范时，原则上不能追究违反该义务的责任，这样的义务被称为不真正义务。因此，法定义务的背后都须有责任支持，否则，无法保证该法定义务被义务人履行，不真正义务比较少见。同样，《民法典》第1220条规定的是医疗机构的告知义务的例外情形和紧急救治义务，医疗机构违反该义务，当然要承担责任，其依据就是《民

法典》第1218条规定的医疗损害责任一般条款。只要医疗机构违反第1220条规定的紧急救治义务，造成患者损害，符合该一般条款规定的责任构成要件的，就应当承担赔偿责任。认为《民法典》第1220条规定的紧急救治义务中没有规定违反义务的侵权责任后果，是不正确的。

构成违反紧急救治义务损害责任，须具备以下要件。

一是须存在抢救生命垂危的患者等紧急情况。生命垂危，是指如果不采取必要的抢救措施，患者可能会失去生命的紧急情形。① 除此之外，其他如果不采取相应的措施将给患者造成难以挽回的巨大损害的，例如患者被切断手掌，只有在某个特定的时间段内为患者进行缝合才能够接上，否则将成为残疾，也属于"等紧急情况"②，医疗机构负有紧急救治义务。

二是不能取得患者或者其近亲属的意见。不能既包括客观不能，如由于客观原因既无法取得患者的意见，也无法取得其近亲属的意见；也包括主观不能，如患者或者其近亲属不同意采取紧急抢救措施。这都不影响医疗机构采取紧急救治措施。对《民法典》第1220条规定的不能取得患者近亲属意见，医疗损害责任司法解释第18条规定，因抢救生命垂危的患者等紧急情况且不能取得患者意见时，可以认定以下情形为不能取得患者近亲属意见：（1）近亲属不明的；（2）不能及时联系到近亲属的；（3）近亲属拒绝发表意见的；（4）近亲属达不成一致意见的；（5）法律、法规规定的其他情形。符合上述规定的情形，医务人员经医疗机构负责人或者授权的负责人批准立即实施相应医疗措施，患者因此请求医疗机构承担赔偿责任的，不予支持；医疗机构及其医务人员怠于实施相应医疗措施造成损害，患者请求医疗机构承担赔偿责任的，应予支持。

三是由于没有医疗机构的负责人或者授权的负责人批准而未采取紧急救治措施。实施紧急救治措施须经医疗机构的负责人或者授权的负责人的批准，没有经过请示批准，或者经过请示没有被批准，因此而没有采取紧急救治措施。

四是患者受到严重损害，且与疏于采取抢救措施有因果关系。这种损害包括两种：一是死亡，原本患者就生命垂危，未采取紧急抢救措施而致其死亡；二是其他严重损害，如延误治疗而使断手不能再植，造成患者残疾。

具备上述四个要件，就构成违反紧急救治义务的损害责任。例如，李某云因难产生命垂危，身无分文，北京朝阳医院决定让其免费入院治疗，而胎儿的父亲肖某拒绝在剖宫产手术单上签字。3小时20分后，医院院长、110民警以及正在医院看病住院的病人及家属苦苦相劝，肖某置之不理，拒不签字，在手

---

① 孟强. 医疗损害责任：争点与案例. 北京：法律出版社，2010：97.
② 王利明. 侵权责任法研究. 北京：中国人民大学出版社，2011：434.

术单上写:"坚持用药治疗,坚持不做剖腹手术,后果自负。"医院紧急调来神经科医生,确认其精神无异常。卫生局领导指示,不签字就不能手术。在轮番药物抢救下,李某云死亡,胎儿死于腹中。这是意料之中的结果,人所共知。医疗机构负有紧急救治义务,面对可能要发生的死亡,必须尽全力进行抢救以保全患者生命。在本案中,医院并没有责任,但是,医疗机构向卫生行政主管部门请示而未被批准,因而应当由卫生行政主管部门承担不作为的侵权赔偿责任。

在现实生活中基于费用问题而拒绝救助患者的情形时有发生,这不仅与医疗机构及其医务人员救死扶伤的宗旨不符,也是对患者生命权的侵害。为此,应当从立法上对此进行规制。

2. 违反病历资料管理职责致害责任

《民法典》第1225条规定:"医疗机构及其医务人员应当按照规定填写并妥善保管住院志、医嘱单、检验报告、手术及麻醉记录、病理资料、护理记录等病历资料。患者要求查阅、复制前款规定的病历资料的,医疗机构应当及时提供。"这是对医疗机构妥善保管病历资料和提供查询义务的规定,针对的是医疗机构及其医务人员对病历资料的不负责任的疏忽以及对此采取的故意行为。

病历资料由医疗机构保管,有些医务人员甚至医疗机构将病历资料当成自己的私有财产,随意处置,拒绝提供,甚至进行隐匿、伪造、销毁、篡改等。这是严重的违法行为。《民法典》直接规定医疗机构及其医务人员对病历资料负有依规填写、妥善保管和提供查询的义务,规定这一义务是强制性义务,医务人员和医疗机构不得违反。

在司法实践中适用这一规定,最重要的是确定违反该义务的后果。医疗机构及其医务人员违反对病历资料的填写、保管义务,法律规定有两种后果。一是,《民法典》第1222条在关于推定医疗过错的事由中明确规定,存在"隐匿或者拒绝提供与纠纷有关的病历资料""伪造、篡改或者销毁病历资料"的行为的,直接推定具有医疗技术过失,其基础在于医疗机构及其医务人员对病历资料负有的义务,这种推定过错就是违反该义务的法律后果。如果上述行为不构成医疗技术损害责任,可以认定构成医疗管理损害责任。二是,填写不当、保管不善、不允许患者查询复制病历资料等行为,不属于推定过错的事由,但是,侵害了患者的知情权,同样构成侵权责任,应当适用《民法典》第1218条规定确定侵权责任。例如,某医院不慎将多次来该院就诊的患者郑女士的病历资料丢失,恰巧郑女士办理病退需要拿该病历到有关鉴定中心做病退鉴定,因病历丢失鉴定无法进行。郑女士认为,由于医院将自己的病历丢失,自己不能如期正式退休,在工资差额、医保个人账户、医药费等报销上损失很大,遂起诉要求医院赔偿损失,法院判决支持其请求,但赔偿的数额较少。① 医疗机构在履行对患者病历资料的保管义务中未尽管理职责,造成病历资料丢失,具有重大过失的,构成医疗管理损害责任,应当对患者的损失予以赔偿。

3. 救护车急救不及时损害责任

救护站接到患者及其近亲属的呼救,组织救护不及时,致使患者受到损害的,也属于医疗管理损害责任。医疗救护站接到求救应当及时进行救护,因过失而延误时间,致使救护不及时,造成患者损害的,应当承担赔偿责任。如果医疗机构救护及时,但由于意志以外的原因使造成患者损害,其也不承担责任。例如,某日晚,张某因参加体育运动突然晕倒,其女儿于 18:51:50 拨打了急救电话,市急救中心于 18:53:01 拨打朝阳分中心电话,调派朝阳分中心救护车前往张某处救援。救护车于 18:54 出发,于 19:06 到达现场,于 20:35 离开现场,医务人员于 19:11 为张做了心电图。张某的女儿对病历记载的到达时间提出异议,并认为急救中心在接到求救电话半小时后才到达现场,延误了抢救病人的最佳时机,以急救中心延误救助造成病人死亡为由起诉,要求判令急救中心赔偿精神损害抚慰金。法院认为,张某死亡系猝死,急救中心接到救助电话后及时调派救护车辆,派车前往急救地点,在救治过程中不存在延误救治的情形,因此驳回原告的诉讼请求。这个案例中的救护机构在派车救护患者时没有任何耽搁,没有过失,不构成侵权责任。医疗机构救护及时,即使有损害发生,也不承担责任。②

4. 违反管理职责致使产妇抱错孩子损害责任

医疗机构违反管理职责,将产妇生产的孩子抱错,造成身份关系的严重损害,是典型的医疗管理损害责任。20 年前,赵某强的妻子宫某、孙某东的妻子李某野同时在某市人民医院生产。20 年后,赵某强的儿子赵某在大学献血,检验其血型为 AB 型,引起赵某强和宫某的怀疑,因为二人的血型都是 B 型,不可能生出血型为 AB 型的孩子。三人又做了一次血型检验,仍是同样的结果,怀疑医院给抱错了孩子。但是,医院的档案已经因洪水毁损,无法查找。查明生产当日该医院出生了 8 个男孩。宫某找到了生产时与自己邻床的李某野,发现其子孙某酷似赵某强,二者讨论两个孩子的特征、性格、嗜好,表明两家的孩子有抱错的可能。赵家和孙家六人做亲子鉴定,检验结果是:孙某为赵某强、宫某的亲子,但赵某与赵某强、宫某以及孙某东、李某野均无血缘关

---

① 刘鑫,张宝珠,陈特. 侵权责任法"医疗损害责任"条文深度解读与案例剖析. 北京:人民军医出版社,2010:167.
② 司法案例参见杨太兰. 医疗纠纷判例点评. 北京:人民法院出版社,2003:212.

系。赵某强、宫某夫妇帮助赵某寻找亲生父母，孙某东夫妇也努力寻找亲生儿子，均无结果。他们分别向法院提起诉讼，法院判决认定医院侵害了原告的身份权，承担赔偿责任。[①]

这是典型的医疗管理损害责任案例，符合《民法典》第1218条规定的医疗损害责任的构成要件：一是，患者在诊疗活动中受到损害。患者的这种损害，是失去亲人的损害，是将亲生子女弄错，将别人的亲生子女误作为自己的亲生子女抚养。医疗机构侵害了亲权，造成了亲属身份利益的损害，后果十分严重，所有的受害人都遭受了伴随终生的严重精神损害。二是，医疗机构及其医务人员有过错。在这类案件中，医疗机构及其医务人员的过错十分明显，就是疏于管理，造成失误，属于重大过失。三是，造成损害的行为是诊疗过程中的管理行为，该行为违反了对新生儿的管理制度，造成了患者的损害。四是，该违法管理行为与患者的损害之间具有因果关系，十分明显，如果医疗机构及其医务人员严格按照对新生儿的管理规则进行管理，绝对不会出现这样的严重失误，造成如此严重的损害。

因此医疗机构违反管理职责致使产妇抱错孩子的损害责任，应当适用《民法典》第1218条规定，认定为医疗管理损害责任，确定医疗机构对患者及其近亲属承担赔偿责任。

5. 违法处理患者医疗废物侵害患者权利

医疗机构及其医务人员违法处理患者由自己的身体变异而成的医疗废物，侵害了患者对医疗废物的所有权，构成侵权，应当适用《民法典》第1218条规定确定侵权责任。

6. 医务人员擅离职守

医疗机构在医政管理中，医务人员以及其他工作人员擅离职守，危害很大，后果严重。例如不坚守岗位，工作时间睡觉、看书、请客吃饭，以及后勤水电锅炉等维修部门工作人员失职，导致供水供电中断、仪器故障等，造成患者损害。[②]

7. 医疗机构违反安全保障义务致害责任

医疗机构及其医务人员在诊疗活动过程中，对患者违反安全保障义务，在设施设备、服务管理以及防范制止侵权行为等方面存在过失，造成患者损害的，符合《民法典》第1198条关于违反安全保障义务损害责任的规定，也符

[①] 本案由于医疗机构的过错，造成了两家六人（无法知道还有几人）的亲权受到损害，构成典型的医疗管理损害责任。

[②] 定庆云，赵学良. 医疗事故损害赔偿. 北京：人民法院出版社，2000：190.

合《民法典》第 1218 条规定，构成医疗管理损害责任，患者可以选择第 1198 条规定请求医疗机构承担侵权责任，也可以选择第 1218 条规定请求医疗机构承担损害赔偿责任。下面这个案例比较典型：某日上午，何某在华某的陪同下去被告医院就医，医生给何某作了诊断后开具了处方单，华某去排队拿药，何某坐在二楼大厅的椅子上等待。待华某取药回来，何某不见了。华某立即寻找并告知医院，医院派人一同寻找也没有找到。到派出所报案后，民警查看当天的监控录像，结果监控录像是坏的。医院按照要求在医院全面查找，没有告知民警及原告该医院还有地下三层，查找没有结果。数日后，医院锅炉工在地下三层发现一具尸体并报警，经鉴定该尸体为何某，未见明显外伤。原告起诉该医院，法院经审理认为，该医院疏于对患者的安全保障义务，应对何某的死亡承担赔偿责任，但鉴于何某死亡有多种原因，医院对何某死亡承担次要责任，赔偿死亡赔偿金、精神抚慰金等。①

（二）医疗管理损害责任的法律适用

医疗管理损害责任的法律适用，应当确认以下问题。

1. 适用《民法典》第 1218 条的理由

《民法典》侵权责任编"医疗损害责任"一章没有明文规定医疗管理损害责任，不能直接引用具体条文作为请求权基础。应当看到的是，《民法典》第 1218 条不是一个封闭的法律规范，而是医疗损害责任一般条款，具有宽泛的包容性。换言之，《民法典》第 1218 条除将第 1219 条、第 1221 条、第 1223 条以及第 1226 条明文规定的医疗损害责任类型包括在其中之外，还将第 1220 条、第 1225 条和第 1227 条规定的行为造成患者损害的责任也包括在其中，甚至将"医疗损害责任"一章没有具体规定，但符合第 1218 条规范要求的医疗损害责任都包括在内。

医疗管理损害责任的特征符合《民法典》第 1218 条规定的要求：第一，受到损害的是患者，符合"患者在诊疗活动中受到损害"对主体的要求；第二，损害的发生是在"诊疗活动中"，而不是其他场合，也符合这个要求；第三，医疗机构及其医务人员有过错，条文并没有说这个过错是何种性质的过错，管理过错应当包含在其中；第四，医疗机构承担赔偿责任，无论医务人员因为何种过错，只要在诊疗活动中造成患者发生损害，就应当由医疗机构承担赔偿责任。既然医疗管理损害责任的特点完全符合《民法典》第 1218 条规定的要求，当然可以将该条作为医疗管理损害责任的法律依据，确定其赔偿责任。

---

① 田浩，曹蕾. 医院对患者负有安全保障义务. 人民法院报，2012-01-10（3）.

2. 不适用用人单位责任的理由

医疗管理损害责任是一种特殊的用人单位责任，也符合《民法典》第 1191 条第 1 款规定的用人单位责任的要求。对医疗管理损害责任为什么要适用第 1218 条而不适用第 1191 条第 1 款的规定，理由是：第一，医疗管理损害责任发生在医疗机构的诊疗活动中，发生的环境具有特殊性；第二，医疗管理损害责任中违法行为损害的是患者，而不是一般的他人，这一点与用人单位责任有所差别；第三，在医疗管理损害责任发生之前，医疗机构与患者之间已具有医疗服务合同关系，而用人单位责任并不作此特别要求，通常是造成不具有合同关系的他人损害；第四，医疗管理损害责任已经符合具有特别法性质的第 1218 条规定的要求，而第 1191 条第 1 款规定与第 1218 条规定是一般法与特别法的关系，应当优先适用特别法的规定。基于以上理由，对医疗管理损害责任适用第 1218 条而不适用第 1191 条第 1 款，是完全说得通的，且理由充分。

3. 第 1218 条能否成为医疗管理损害责任请求权的法律基础

《民法典》的医疗损害责任的请求权究竟规定在哪个条文之中，值得研究。《民法典》第 1219 条、第 1221 条、第 1223 条和第 1226 条都明确规定了受害患者的损害赔偿请求权，自不待言。第 1220 条、第 1225 条和第 1227 条都没有规定侵权请求权，这些条文无法作为请求的法律基础。

《民法典》第 1218 条的设计，就是为全部医疗损害责任提供请求权基础的法律规范。它的具体用法是：首先，当出现《民法典》第 1220 条、第 1225 条、第 1227 条这三个条文描述的医疗损害责任的情形时，应当以第 1218 条作为请求权基础，提出损害赔偿请求，依据该条文确定医疗损害责任。其次，当出现《民法典》侵权责任编第六章没有明确描述的医疗损害责任，符合第 1218 条描述的医疗损害责任的构成要件时，可以直接以第 1218 条作为请求权基础，向医疗机构请求损害赔偿，确定医疗机构的赔偿责任。因此，医疗管理损害责任请求权基础应当是《民法典》1218 条。

四、医疗管理损害责任的赔偿法律关系与赔偿责任

（一）医疗管理损害责任与用人单位责任的竞合

应当承认，医疗管理损害责任与《民法典》第 1191 条第 1 款规定的用人单位责任存在竞合关系。对此，尽管说明其应属于《民法典》第 1218 条调整的范围，但如果受害患者坚持以用人单位责任请求适用《民法典》第 1191 条第 1 款规定来确定侵权责任，存在适用可能性，因为医疗管理损害责任与用人

单位责任具有一致性，形成了侵权责任的竞合。

发生责任竞合，其后果是权利人选择对自己最为有利的请求权行使，在最大范围内保护和救济自己受到损害的权利。比较起来，适用《民法典》第1191条第1款规定的用人单位责任的法律规范作为患者的请求权基础，比适用《民法典》第1218条规定的医疗管理损害责任更具有优势，因为用人单位责任适用过错推定原则，而医疗管理损害责任适用过错责任原则。不过，选择医疗管理损害责任也存在有利之处，即因果关系证明存在举证责任缓和的可能性，证明比较容易，而用人单位责任不存在这样的可能性。根据自己的利益衡量后，患者执意不选择《民法典》第1218条作为请求权基础，而选择第1191条第1款规定作为请求权基础的，法官应当准许。

（二）医疗管理损害责任的赔偿法律关系

医疗管理损害责任的赔偿责任形态是替代责任，即"医疗机构或者医务人员有过错，由医疗机构承担赔偿责任"。具备上述侵权责任构成要件的，发生医疗管理损害责任替代责任形态。其形式是：医务人员在诊疗活动中，违法实施管理行为，造成患者损害，医务人员作为行为人，医疗机构作为赔偿责任人，由医疗机构承担赔偿责任。如果医务人员有过错，医疗机构在承担了赔偿责任之后，有权向其进行追偿。不论是依照《民法典》第1218条请求医疗机构承担医疗管理损害责任，还是依照第1191条第1款请求医疗机构承担用人单位责任，这个规则都不会变化，都是替代责任。

（三）医疗管理损害责任的赔偿责任

医疗管理损害责任的赔偿，适用《民法典》第1179条、第1180条、第1183条第1款和第1184条确定，分别按照人身损害赔偿、财产损害赔偿和精神损害赔偿的确定方法计算赔偿数额。造成患者人身损害的，应当按照人身损害赔偿的计算方法，赔偿医疗费、护理费、交通费等为治疗和康复支出的合理费用，以及因误工减少的收入。造成患者残疾的，还应当赔偿残疾生活辅助具费和残疾赔偿金。造成患者死亡的，还应当赔偿丧葬费和死亡赔偿金。同一侵权行为造成多人死亡的，可以以相同数额确定死亡赔偿金。造成财产损失的，按照财产的损失价值确定赔偿数额。侵害患者人身权益，造成患者严重精神损害的，还可以请求精神损害赔偿。

规则总结

1. 医疗管理损害责任是医疗损害责任的一种类型，调整医疗机构或者医务人员违反医政管理规范造成患者损害的医疗损害责任，与医疗伦理损害责任、医疗技术损害责任和医疗产品损害责任构成医疗损害责任的全部类型。

2. 医疗管理损害责任的构成，与其他三种医疗损害责任类型相比，医疗机构或者医务人员的过错内容不同，其既不是伦理过失，也不是技术过失，而是医疗机构或者医务人员存在医疗管理过错，包括故意或者过失。管理过错主要表现在医务人员身上，但是医疗机构须存在管理过失。

3. 医疗管理损害责任的请求权基础是《民法典》第1218条。该条文是医疗损害责任的一般条款，适用于所有的医疗损害责任，凡是《民法典》没有明文规定的医疗损害责任，都可以用该条文作为请求权基础。

4. 医疗管理损害责任的形态是替代责任，与用人单位责任会发生竞合，二者主要差别在于，医疗管理损害责任适用过错责任原则，用人单位责任适用过错推定原则，在证明医疗机构存在管理过错后，与用人单位责任的法律规则相同。两种请求权的关系是基本法和特别法的关系，特别规定优先适用，但受害患者执意主张以用人单位责任作为请求权基础的，法院不应拒绝。

第三十二章 《民法典》第 1230 条规定的环境污染和生态破坏责任中的因果关系如何认定

——因果关系推定规则在环境污染和生态破坏责任中的适用

> **实务指引要点**
>
> 1. 《民法典》第 1230 条规定，环境污染和生态破坏责任的因果关系认定实行推定。
> 2. 环境污染和生态破坏责任因果关系推定的基础是被侵权人证明存在因果关系的可能性。
> 3. 法官推定环境污染和生态破坏责任因果关系存在后，被侵权人负有举证责任，证明自己的行为与损害后果没有因果关系。
> 4. 侵权人证明自己的行为与损害后果没有因果关系的，环境污染和生态破坏责任不成立，不能证明或者证明不足的，构成侵权责任。

《民法典》第 1230 条规定因污染环境破坏生态发生纠纷的，行为人应当就法律规定的不承担责任或者减轻责任的情形及其行为与损害之间不存在因果关系承担举证责任。这里规定了两种情形的举证责任倒置：一是免责或者减责事由的证明；二是因果关系证明。对于前者，其属于一般的侵权责任规则，举证责任也并非倒置，因为免责或者减责由被侵权人主张，被侵权人当然应当承担举证责任；后者却不同，规定的是环境污染和生态破坏责任的因果关系证明采取推定方式，推定被告的行为与损害结果之间有因果关系后，实行举证责任倒置，由被告举证证明否定因果关系。这个规定具有重要意义。

第三十二章 《民法典》第1230条规定的环境污染和生态破坏责任中的因果关系如何认定

一、我国侵权责任关于因果关系的一般规则

我国的侵权法理论确定行为与结果之间的因果关系，主要遵循以下三种规则。

（一）直接原因规则

行为与结果之间具有直接因果关系的，无须再适用其他因果关系理论判断，直接确认其具有因果关系。

最常见的是一因一果的因果关系类型。一个原因行为出现，引起了一个损害结果的发生，这种因果关系极为简单，容易判断。在这样的情况下，再作其他判断是舍本逐末。

对于虽然有其他条件介入，但是原因行为与损害结果之间自然连续、没有被外来事件打断，可以确定介入的条件不影响原因行为作为直接原因的，应当认定原因行为与损害事实之间具有因果关系。

（二）相当因果关系规则

在行为与结果之间有其他介入的条件，使因果关系的判断较为困难，无法确定直接原因的，应当适用相当因果关系理论来判断。

采用折中的相当因果关系理论判断因果关系比较妥当。确认行为是损害结果发生的适当条件的，应认定行为与结果之间具有相当因果关系，否则不具有因果关系。

采用相当因果关系说，应当摒弃过去一直影响我国法律因果关系判断的"必然因果关系学说"。这两种学说的根本区别是：前者强调判断因果关系的客观标准是"可能性"，后者强调的标准是"必然性"；前者的可能性取决于社会的一般见解，后者强调的必然性是客观的存在，与人的认识无关。相当因果关系学说的正确性在于：它不要求法官对每一个案件均脱离一般人的知识经验和认识水平，去追求客观的、本质的必然联系，只要求判明原因事实与损害结果之间在通常情形存在联系的可能性，这种判断不是法官个人的主观臆断，而是法官依一般社会见解，按照当时社会所达到的知识和经验作出判断，只要一般人认为在同样情况下有发生同样结果的可能性即可；其客观依据在于事实上这种原因事实已经发生了这样的结果。这样主观认识和客观根据就结合在一起了。

适用相当因果关系学说，关键在于掌握违法行为是发生损害事实的适当条

件。适当条件是发生该种损害结果的不可缺条件，它不但在特定情形下偶然地引起损害，而且是一般发生同种结果的有利条件。对如何判断相当因果关系，史尚宽先生概括了一个公式，即"以行为时存在而可为条件之通常情事或特别情事中，于行为时吾人智识经验一般可得而知及为行为人所知情事为基础，而且其情事对于其结果为不可缺之条件，一般的有发生同种结果之可能者，其条件与其结果为有相当因果关系"①。简言之，确定行为与结果之间有无因果关系，要以行为时的一般社会经验和智识水平作为判断标准，认为该行为有引起该损害结果的可能性，在实际上该行为又确实引起了该损害结果，则该行为与该结果之间为有因果关系。

如何判断违法行为与损害结果之间具有相当因果关系，可以适用以下公式：

> 大前提：依据一般的社会智识经验，该种行为能够引起该种损害结果；
> 小前提：在现实中，该种行为确实引起了该种损害结果；
> 结论：该种行为是该种损害事实发生的适当条件，因而，二者之间具有相当因果关系。

（三）推定因果关系规则

推定因果关系说也叫作盖然性因果关系说，是在原告和被告之间用以分配证明因果关系的举证责任的理论。其基本规则是，盖然性就是可能性。例如，在环境污染和生态破坏责任案件的诉讼中，原告证明侵权行为与损害后果之间存在某种程度的因果关联的可能性后，就完成了自己的举证责任，然后由被告举证，来证明其行为与原告损害之间无因果关系，不能反证或者反证不成立的，即可确认因果关系成立。日本学者将这种学说称为"优势证据"，民事案件中，心证只要达到因果关系存在的盖然性大于因果关系不存在的盖然性这一程度，便可认定因果关系的存在。②

在特定的场合，可以适用推定因果关系规则认定因果关系。推定因果关系说就是一种推定因果关系。其基本要点就是保护弱者，在被侵权人处于弱势，没有办法完全证明因果关系要件的时候，只要被侵权人举证证明到一定的程度，就推定行为与损害之间存在因果关系，然后由被告负责举证，证明自己行为与损害发生之间没有因果关系。

---

① 史尚宽. 债法总论. 台北：荣泰印书馆，1978：163.
② ［日］加藤一郎. 公害法的生成与发展. 东京：岩波书店，1968：29.

第三十二章 《民法典》第1230条规定的环境污染和生态破坏责任中的因果关系如何认定

因果关系推定的适用方法如下:

第一,分清违法行为与损害事实的时间顺序。作为原因的违法行为必定在前,作为结果的损害事实必定在后。违背这一时间顺序性特征的,为无因果关系。

第二,区分违法行为与损害事实之间是否存在客观的、合乎规律的联系。确定二者之间的因果联系,即在案件中,如果违法行为与损害结果之间存在盖然性联系,则应解释二者在法律上存在因果关系。盖然性因果联系的证明责任应当由被侵权人举证。法官根据积累的情况,如果可以作出与有关科学无矛盾的说明,即应当认为法律上的因果关系得到了证明。

其推定形式如下:

> 大前提:在一般情况下,这类行为能够造成这类损害;
> 小前提:这一结论与有关科学原理无矛盾;
> 结论:这种损害事实是由这种行为造成的。

第三,由于这种因果关系是推定的,因而,还应当在损害事实与违法行为之间排除其他可能性。确定这种损害事实没有任何其他原因所致可能时,即可断定该种违法行为是损害事实的原因,推定因果关系成立。

实行因果关系推定,意味着被侵权人在因果关系的要件上不必承担过重的举证证明责任,在证明了因果关系的盖然性之后,就由法官实行推定。

因果关系推定适用范围主要包括两个内容。

第一,环境污染和生态破坏责任。《民法典》第1230条规定的规则,就是环境污染和生态破坏责任的因果关系认定规则。

第二,其他有必要适用推定因果关系的案件。在某些特定的场合,对于高科技领域中侵权责任的认定,也可以适用因果关系推定。例如,某日下午5点半至6点半,黑龙江省某县气象局驻海浪镇五良子村气象站打炮点为防冰雹,前后共向空中发射了30枚防雹气象炮弹,其中向邻市的旧街方向发射6枚(距离为8千米)。该市旧街乡张明村村民常某在田里干活见开始下雨,便由田里回家。其妻李某等人在家里听到屋外一声惊叫,并听到有人倒地的声音,出门便见常某倒卧窗前,头部受伤流血,昏迷不醒。在场人都以为是遭到雷击,急忙将常某送至医院,诊断发现常某头部有一7厘米长的裂伤,深至颅骨,创缘不齐,颅骨凹陷,有脑组织溢出,为脑挫伤、开放性颅骨骨折。7天后,常某死亡。医院诊断死者是由一硬物以高速冲击导致颅脑损伤。常某亲属联想到当天某县气象站发射防雹炮弹,推想可能是炮弹皮落下所致,便在现场周围寻找,找到一块铁块,经鉴定为"三·七"炮弹皮残骸,上有"人雨·17秒"字样。气象站不承认该弹皮是今年打的炮弹,常某亲属又找到一块186克的

· 529 ·

"三·七"炮弹尾部，表面已经锈蚀。李某向法院起诉，被告主张常某的损害不是自己发射的炮弹所致。法院在现有事实基础上，适用因果关系推定规则，确认其行为与损害结果之间有因果关系，判令被告承担侵权责任。

二、环境污染和生态破坏责任中适用因果关系推定的重要性和必要性

（一）重要性

在环境污染和生态破坏责任的理论研究和司法实践中，环境污染和生态破坏责任构成中因果关系要件的证明及举证责任，是一个非常重要的问题，学说意见及司法实践做法多有不同。鉴于这个问题对环境污染和生态破坏责任构成的重要性，以及为了科学地平衡各方的利益关系，更好地保护环境，造福人民，应当对此进行深入研究。

构成环境污染和生态破坏责任，环境污染行为与损害后果之间必须具有因果关系。现代法制的基本原则是责任自负，要求每个人对自己的行为造成的损害后果负责。因果关系是各种法律责任的基本构成要件，它要求行为人的不法行为与损害结果之间具有因果关系，唯有此，侵权人才对损害结果负责。在环境污染和生态破坏责任中，侵权人只有在污染违法行为与损害后果之间具有因果关系的情况下，才就其环境污染行为造成的后果负损害赔偿之责。

在环境污染和生态破坏责任的构成中，环境污染行为与损害事实之间的因果关系要件具有非常重要的地位。原因在于，环境污染和生态破坏责任适用无过错责任原则，责任构成中无须具备过错要件；因而，确定是否构成环境污染和生态破坏责任的最后判断标准就是因果关系。只要能够确定被侵权人的损害事实与环境污染行为之间存在引起与被引起的逻辑联系的客观依据，就具有因果关系，能够确定环境污染行为的侵权人对被侵权人承担侵权责任。在环境污染和生态破坏责任中，因果关系不仅是判断侵权人与被侵权人的损害事实之间是否具有引起与被引起的逻辑联系的客观依据，更是判断侵权人是否为被侵权人遭受的损害承担侵权责任的客观依据。

同时，由于因果关系要件在环境污染和生态破坏责任中具有这样重要的法律意义，因而对被侵权人赔偿责任的确定就必须有准确的尺度，不能过宽，也不能过严。因此，《民法典》第1230条规定污染环境和破坏生态责任的因果关系实行推定，是非常重要的。

（二）必要性

因果关系推定的学说和规则，是大陆法系为适应环境污染和生态破坏责任

因果关系举证困难的实际情况而创设的,是为了解决这个问题提出的法律对策。

关于因果关系推定的规则适用,在环境污染和生态破坏责任中,由于不能充分运用相当因果关系学说,各国法律界开始重新检讨因果关系理论。如何减轻原告方的举证责任,降低因果关系的证明标准,成为研究的重点问题。于是,推定因果关系的各种学说和规则不断出现,并被应用于司法实践。日本法院在判例中认为:"由于排放化学物质引起多数居民疾病的'化学公害'案件等所发生的争议,涉及需要具有高度自然科学方面的知识。因此,要求被害者对因果关系的环节一个一个地加以科学性的说明,岂不等于完全封闭了以民事审判方式救济被害人的途径。""根据所积累的情况证明,如果可以作出与有关科学无矛盾的说明,那么即应该解释为在法律上的因果关系得到了证明。"[①]这里的与有关科学无矛盾的说明,就是推定因果关系的依据,可以据此认为其是客观的、合乎规律的因果关系。

因果关系推定规则产生于公害案件,后来有向其他领域扩展的趋势。

(三) 大陆法系三种主要的因果关系推定学说和规则

在大陆法系侵权法中,关于推定因果关系主要有三种理论:一是盖然性因果关系说;二是疫学因果关系说;三是概率因果关系说。

1. 盖然性因果关系说

盖然性因果关系说也叫作推定因果关系说,是在原告和被告之间分配证明因果关系的举证责任的学说,是日本学者德本镇教授在研究德国法时,针对矿业损害事件诉讼而提出的一种见解。在矿业损害诉讼中,由于存在被告企业是从地下采取矿物这一特殊情况,加害行为和损害之间的因果法则常常不明确,而且被侵权人证明这一因果关系在技术上和经济上存在较大困难,所以,如果对被侵权人科以严格的因果关系证明责任,则日本矿业法对企业采取无过错责任的苦心将会付诸东流。针对这种情况,德本镇教授指出,德国矿业损害赔偿制度为了实现公平赔偿,对因果关系的证明程度已经从确定证明放宽为盖然证明;参照这一情况,日本也应当在解释论上放宽事实因果关系证明程度的要求。同时,这一规则也可以适用于大气污染、水质污染等公害案件。[②]

德本镇教授对盖然性因果关系规则的阐述为:第一,事实因果关系的举证责任在形式上仍然由原告承担;第二,原告对事实因果关系证明程度只需达到

[①] [日] 野村好弘. 日本公害法概论. 中文版. 中国人民大学内部教材:337-338.
[②] 夏芸. 医疗事故赔偿法:来自日本法的启示. 北京:法律出版社,2007:181.

"相当程度的盖然性"即可,而被告必须对"事实因果关系不存在"提出证明,其证明程度必须达到"高度盖然性",否则法庭就可以认定事实因果关系成立,这一处理实际使事实因果关系的证明责任从原告转移到被告;第三,所谓"相当程度的盖然性",是指"超过了'疏于明确'程度,但未达到证明程度的立论"[①]。

因此,盖然性因果关系说的基本规则是,盖然性就是可能性。例如,在公害案件的诉讼中,原告在证明公害案件中的侵权行为与损害后果之间存在某种程度的因果关联的"相当程度的"可能性后,就完成了自己的举证责任,法官适用因果关系推定;然后,由被告举反证,以证明其行为与原告损害结果之间无因果关系。这种证明的标准是高度盖然性,即极大可能性。不能反证或者反证不成立,即可确认因果关系成立。

可见,盖然性因果关系规则并不是完全的因果关系推定,而是有条件的推定;其是在原告先承担举证责任,证明事实具有相当程度的盖然性的基础上才能实行的因果关系推定。

2. 疫学因果关系说

疫学因果关系说是用医学中流行病学的原理来推定因果关系的理论。在公害案件诉讼、药物受害案件诉讼中,对大面积人群受害的、多数被侵权人提起集团诉讼的案件,日本裁判所在事实因果关系的认定上采取这种因果关系推定规则。具体方法是:当下文四个条件充足时,认定诉讼中请求的某因素与流行病发生之间存在事实因果关系。第一,该因素在某流行病发生的一定期间前就已经存在。第二,该因素的作用使该流行病的罹患率显著增高。第三,当去除该因素时该流行病的罹患率下降,或者在不存在该因素的人群中该流行病的罹患率非常低,即该因素作用的程度越高,该病的罹患率就越高。换言之,该因素作用提高,病患就增多或病情加重;该因素作用降低,病患随之减少或病情减轻。第四,生物学已经对该因素作为该流行病发病原因的发病机制作出了明确的说明。[②] 这种因果关系推定理论和规则改变了以往诉讼中由具体个体对因果关系证明的方法,转以民众的罹患率为参照系,即只要原告证明被告的行为与罹患率之间的随动关系,即为完成了证明责任。法官基于这种程度的证明,就可以推定因果关系存在。被告认为自己的行为与损害事实之间没有因果关系的,须自己举证证明,推翻推定,才能够免除自己的责任;否则,即可确认因果关系要件成立。

---

① [日]德本镇. 企业的不法行为责任之研究. 东京:一粒社,1974:130. 转引自夏芸. 医疗损害赔偿法. 北京:法律出版社,2007:181.
② 夏芸. 医疗事故赔偿法:来自日本法的启示. 北京:法律出版社,2007:203-204.

3. 概率因果关系说

概率因果关系说认为，在个别人或者少数人主张受到公害或者药害致病请求损害赔偿的诉讼中，由于不是大量人群集体发病，原告根本无法提出能够证明自己的疾病与公害或者药害的致病因素之间具有"高度盖然性"的科学数据。但是，如果根据疫学因果关系中验证危险相对发生概率的方法，能够证明公害或者药害的加害因素与被侵权人疾病的发生具有一定概率的因果关系，则可以考虑只限于这种特定情况，放弃传统的事实因果关系判断的高度盖然性的标准，认定加害因素与被侵权人疾病的发生之间存在事实因果关系，并且在计算损害额时考虑因果关系的概率。[1] 上述规则，在医院大面积感染事故诉讼等特定的医疗过失侵权事件的因果关系认定中，经常使用。[2]

4. 比较分析

在上述三种主要的因果关系推定学说和规则中，不论采取盖然性证明，还是疫学统计方法、概率方法进行因果关系推定，都必须具备一个前提，就是原告对于因果关系的存在进行了必要的证明。例如，证明的内容应达到的程度，可以是符合优势证据规则或者表见证据规则要求的事实，也可以是作为疫学统计和概率分析基础的必要事实。没有因果关系存在的必要证明，就不存在因果关系推定的前提。如果不论在何种情况下，或者只要原告提出损害赔偿主张，在证明了违法行为与损害事实之后，就直接推定因果关系存在，从而责令被告承担举证责任，是武断的，诉讼利益的天平就会失去平衡，必然会损害被告一方的诉讼利益和合法权益。因此，《民法典》第1230条规定"行为与损害之间不存在因果关系"实行举证责任倒置。

三、环境污染和生态破坏责任的因果关系推定规则和举证责任

（一）环境污染和生态破坏责任因果关系推定的一般规则

在环境污染和生态破坏责任纠纷诉讼中，原告能够并且愿意证明因果关系要件的，原告当然可以提供证据证明。但环境污染和生态破坏责任的因果关系证明实行推定，法官不能认为因果关系证明是原告的责任，被侵权人不承担因果关系举证不能或者举证不足的后果。

不过，被侵权人也不是就因果关系要件毫无举证责任，应当按照盖然性因

---

[1] 夏芸. 医疗事故赔偿法：来自日本法的启示. 北京：法律出版社，2007：208.
[2] 夏芸. 医疗事故赔偿法：来自日本法的启示. 北京：法律出版社，2007：210.

果关系规则的要求，先对存在因果关系的可能性作出证明，证明行为与损害事实之间存在因果关系的可能性，法官在此基础上进行推定，实行举证责任倒置，由行为人证明不存在因果关系。

（二）证明因果关系举证责任缓和的具体证明规则

1. 被侵权人证明存在因果关系的可能性

被侵权人在诉讼中，应当首先证明因果关系具有相当程度的盖然性，即环境污染行为与损害事实之间存在因果关系的可能性。相当程度的盖然性就是很大的可能性，其标准是一般人以通常的知识经验观察即可知道二者之间具有因果关系。例如，河水上游的工厂排污，污染物中含有汞的成分，河水下游的居民饮用该河水后，患有汞中毒，尽管不能证明受害人的汞中毒就是行为人排放的汞所致，但具有这种可能性。这种可能性，就是很大程度的盖然性。如果被侵权人没有相当程度盖然性的证明，不能直接推定因果关系存在。

原告证明盖然性的标准是，被侵权人提供的证据，使法官能够形成环境污染行为与被侵权人人身损害事实之间具有因果关系的可能性的确信，其为相当程度的可能性，而不是高度盖然性。原告的证明如果能够使法官建立起这种相当程度的可能性或者较大的可能性的确信，原告的举证责任即告完成。

2. 法官对因果关系实行推定

法官在原告上述证明的基础上，可以作出因果关系推定。推定的基础条件有三个。

第一，如果无此行为发生通常不会有这种后果发生。为得到这个结论，首先应当确定事实因素，即环境污染行为和损害事实的存在得到了确认，并且确认环境污染行为与损害事实之间可能存在客观的、合乎规律的联系。其次是顺序因素，即分清环境污染行为与损害事实的时间顺序，作为原因的环境污染行为必定在前，作为结果的患者人身损害事实必须在后。违背这一时间顺序特征的环境污染和生态破坏行为与结果，为无因果关系。行为人一方如果否认因果关系要件，直接举证证明违法排污行为和损害结果之间的时间顺序不符合要求，即可推翻这个推定。

第二，不存在其他可能原因，包括原告或者第三人行为或者其他因素介入。应当在损害事实与环境污染行为之间排除其他可能性。当确定这种损害事实不存在任何其他原因所致的可能时，即可推定该种环境污染行为是损害事实发生的原因，从而推定因果关系。

第三，判断有因果关系可能性的标准是一般社会智识经验。基于健全的市民经验的直观判断，虽然因果关系存在的疑点显著存在，但此疑点于事实上得为合理说明；且有科学假说存在的，法律上即可推定因果关系的存在。推定的标准，并不是科学技术证明，而是通常标准，即按照一般的社会智识经验判断为可能，在解释上与有关科学结论无矛盾，即可进行推定成立。

实行因果关系推定，就意味着被侵权人不必举证证明损害因果关系的高度盖然性；而是在原告证明了因果关系盖然性的基础上，由法官实行推定。

3. 举证责任倒置由行为人证明其实施的行为与损害没有因果关系

在法官推定因果关系之后，行为人认为自己实施的行为与损害结果之间没有因果关系，则须自己举证证明。只要举证证明其行为与损害事实之间无因果关系，就可以推翻因果关系推定，免除自己的责任。

行为人一方证明自己的行为与损害结果之间没有因果关系，证明标准应当采取高度盖然性的标准，即极大可能性。对此，被告认为自己的行为没有因果关系，证明应当达到法官能够确信的程度。对此，行为人否认因果关系要件，应当针对下述四点进行：第一，无其实施的行为损害也会发生。第二，有他人或者被侵权人的过错存在，并且过错是损害发生的原因；行为人如果能够证明自己的行为和损害事实之间存在其他可能造成损害的原因，如被侵权人自己的行为或者第三人的行为是造成损害的原因，就可以否认自己的侵权责任或者减轻自己的侵权责任。第三，自己的行为不是损害发生的原因。第四，具有科学上的矛盾，行为人的行为不可能存在这样的结果，按照这个推定形式无法得出这样的结论，就可以推翻因果关系推定。

4. 行为人举证的不同后果

实行因果关系推定，要给行为人举证的机会，使其能够举出证据证明自己的行为与损害后果之间不存在因果关系，以保护自己不受推定的限制。如果行为人无因果关系的证明是成立的，则推翻因果关系推定，不构成侵权责任；行为人不能证明或者证明不足的，因果关系推定成立，具备因果关系要件。行为人证明的标准是高度盖然性[①]，侵行为人证明因果关系不存在达到高度盖然性标准的时候，才能够推翻因果关系推定。

规则总结

1. 依照《民法典》第1230条的规定，环境污染和生态破坏责任的因果关系实行推定，被侵权人不负有证明因果关系成立的举证责任。

[①] [日]德本镇. 企业的不法行为责任之研究. 东京：一粒社，1974：130. 转引自夏芸. 医疗损害赔偿法. 北京：法律出版社，2007：181.

2. 对环境污染和生态破坏责任中因果关系推定的基础，是被侵权人证明存在因果关系的可能性，即实行盖然性因果关系规则被侵权人证明因果关系要件的标准，是盖然性，即环境污染和生态破坏行为与损害后果之间存在较大的可能性。

3. 被侵权人证明环境污染和生态破坏行为、自己的损害事实以及二者之间存在因果关系具有可能性或者较大可能性的，法官直接推定环境污染和生态破坏责任具有因果关系；之后，侵权人负有举证责任，证明自己的行为与损害后果没有因果关系，否定因果关系存在。

4. 侵权人能够证明自己的行为与损害后果没有因果关系的，环境污染和生态破坏责任不成立，不承担侵权责任；侵权人对否定因果关系不能证明或者证明不足的，构成环境污染和生态破坏责任，应当承担赔偿责任。

第三十三章 《民法典》第1232条规定的环境污染和生态破坏惩罚性赔偿应怎样计算

——生态环境侵权惩罚性赔偿责任的具体适用

> **实务指引要点**
>
> 1. 《民法典》第1232条规定了生态环境侵权惩罚性赔偿责任，生态环境惩罚性赔偿司法解释对其适用作出了具体解释。
> 2. 生态环境侵权惩罚性赔偿责任的构成要件：一是违反法律规定，二是故意实施，三是造成严重损害。
> 3. 生态环境侵权惩罚性赔偿责任数额的确定，以人身损害赔偿金和财产损失为计算基数，一般以二倍以下为计算倍数。

《民法典》第1232条规定："侵权人违反法律规定故意污染环境、破坏生态造成严重后果的，被侵权人有权请求相应的惩罚性赔偿。"这是结合我国生态环境保护的实际需要，首次规定了生态环境侵权的惩罚性赔偿责任。对在司法实践中怎样适用生态环境侵权惩罚性赔偿责任，2022年1月20日实施的《最高人民法院关于审理生态环境侵权纠纷案件适用惩罚性赔偿的解释》（简称"生态环境惩罚性赔偿司法解释"）作出了明确规定。

一、《民法典》第1232条规定生态环境侵权惩罚性赔偿责任的必要性

法律制度的正当性在于其生成过程的必然性。[1] 生态环境侵权惩罚性赔偿

---

[1] 李友根. 惩罚性赔偿制度的中国模式研究. 法制与社会发展，2015 (6)：110.

责任的确立，其正当性也在于产生的必然性。

(一) 生态环境侵权惩罚性赔偿责任的产生基础

1. 《侵权责任法》对侵权惩罚性赔偿责任的个别适用

在《侵权责任法》起草过程中，关于惩罚性赔偿责任制度的设计有两种不同方案。

第一种是建立全面的惩罚性赔偿责任制度，即只要恶意侵权造成严重损害的，不论是一般侵权行为还是特殊侵权行为，受害人均有权要求惩罚性赔偿。该方案类似于美国的惩罚性赔偿责任制度，即惩罚性赔偿可以针对因被告的邪恶动机或其莽撞地无视他人的权利而具有恶劣性质的行为作出。在评估惩罚性损害赔偿的数额时，事实裁定人可以适当考虑被告行为的性质、被告所造成或意欲造成的原告受到的损害的性质与范围，以及被告的财产数额。[①] 美国法院在大多数案件中都认可惩罚性损害赔偿，具体包括殴打、造成环境损害、违反信托义务、欺诈、重复实施不当行为以及以极度危险的方式驾驶机动车辆等。[②]

第二种是建立个别的惩罚性赔偿责任制度，即在关乎人民生命财产安全的产品责任和环境损害责任中，规定惩罚性赔偿责任。[③]

最终，立法机关采纳了后一种意见，只在产品责任中规定了惩罚性赔偿责任。这是因为传统大陆法系侵权责任的主要目的在于填平损害，而惩罚性赔偿作为英美法系独有的制度，其主要目的并不仅仅在于弥补受害人的损失，而是在弥补损害的基础上，进一步威慑或者阻遏违法行为的发生。在个别重要场合适用惩罚性赔偿责任，不仅可以缩小大陆法系与英美法系侵权法之间的差异，还有利于在这些侵权领域惩治严重侵权行为。

随后，修订后的《消费者权益保护法》第55条和《食品安全法》第148条第2款，规定了侵权惩罚性赔偿责任的计算方法。

上述三条法律规范囊括了我国现行侵权惩罚性赔偿责任的一般规定、适用范围、构成要件、数额计算等内容，较为全面，在司法实践的适用中取得了良好效果，尤其是在食品安全领域方面，有效地惩罚了侵权行为人，阻吓了侵权行为的发生，维护了受害人的合法权益。

[①] 许传玺. 侵权法重述第二版：条文部分. 许传玺，石宏，和育东，译. 北京：法律出版社，2012：404.

[②] [美] 丹·B·多布斯著. 侵权法：下册. 马静，李昊，李妍，等译. 北京：中国政法大学出版社，2014：921.

[③] 杨立新. 侵权责任法：条文背后的故事与难题. 2版. 北京：法律出版社，2018：187.

第三十三章 《民法典》第1232条规定的环境污染和生态破坏惩罚性赔偿应怎样计算

笔者曾建议将惩罚性赔偿责任适用于环境损害责任，立法机关未予采纳，主要出于两个方面考虑：第一，惩罚性损害赔偿责任刚刚引进，要持有谨慎态度；第二，在环境损害责任中适用惩罚性赔偿责任的需求还不够迫切。

2. 《民法典》对生态环境侵权惩罚性赔偿责任的重新审视

在大陆法系国家法律中惩罚性赔偿责任制度的适用，是有所选择的，首先被纳入消费者权益保护中的产品责任领域。① 即使如此，多数大陆法系国家立法对此也不认可。在我国《侵权责任法》颁布实施后，学界仍有呼声，主张环境侵权惩罚性赔偿的制度化、细节化②，提出了扩大惩罚性赔偿适用领域的短期目标和长期目标。③

当前，我国侵权行为对生态破坏和环境污染造成的损害，已经达到相当的程度，威胁人的生存与发展。为此，《民法典》确立了具有时代意义的绿色原则，即"民事主体从事民事活动，应当有利于节约资源、保护生态环境"，充分表达了立法机关对生态环境的高度重视。立法机关重新审视生态环境侵权责任的立法，并根据2017年中共中央办公厅和国务院办公厅印发的《生态环境损害赔偿制度改革方案》关于完善生态环境损害责任制度的原则要求，在《民法典》规定了生态环境侵权惩罚性赔偿责任。

（二）规定生态环境侵权惩罚性赔偿责任的重要意义

英美国家一般认为，侵权惩罚性赔偿的主要功能有三项："其一是削弱侵权行为人的经济基础，防止他们重新作恶，以及防止社会上的其他人模仿侵权行为人的行为；其二是鼓励受害人对不守法的侵权行为人提起诉讼，激发他们同不法行为作斗争的积极性；其三是对原告（受害人）遭受侵害的精神进行感情方面的损害赔偿。"④ 我国的惩罚性赔偿与精神损害赔偿并不相同，但是二者的最终目的是一致的，都是救济受害人，加重侵权人的财产责任。在生态环境侵权造成的损害中，适用惩罚性赔偿的重要意义也可以归结为以下三个方面。

1. 全面救济生态环境侵权的受害人

生态环境侵权的特殊性在于：一是侵害状态的持续性；二是侵害影响范围

---

① 肖岳峰. 论环境侵权损害赔偿责任制度. 河北法学, 2009 (2): 144.
② 马新彦. 论惩罚性赔偿的损害填补功能：以美国侵权法惩罚性赔偿制度为启示的研究. 吉林大学社会科学学报, 2012 (3): 124; 黄娅琴. 我国惩罚性赔偿制度的司法适用问题研究. 法学论坛, 2016 (4): 106; 高利红, 余耀军. 环境民事侵权适用惩罚性赔偿原则之探究. 法学, 2003 (3): 107; 杨立新. 对我国侵权责任法规定惩罚性赔偿金制裁恶意产品侵权行为的探讨. 中州学刊, 2009 (2): 68.
③ 白江. 我国应扩大惩罚性赔偿在侵权责任法中的适用范围. 清华法学, 2015 (3): 134.
④ W. Page Keeton. Prossor and Keeten on the Law of Torts. FiFth Editing. CA: West Publishing Co., 1984. 转引自刘荣军. 惩罚性损害赔偿与消费者保护. 现代法学, 1996 (5): 39.

的广泛性；三是侵害结果的累积显现性；四是侵害权益的双重性。[①] 因而生态环境侵权责任作为特殊侵权责任，应当对受害人予以全面的特别保护。《民法典》规定的无过错责任、因果关系推定、市场份额规则以及不真正连带责任等特殊规则，体现了这样的立法目的。在救济受害人方面，《侵权责任法》没有规定特别手段，仍然把生态环境侵权的受害人作为一般的受害人予以保护，按照"填平原则"确定损害赔偿责任。

因生态环境受到损害的受害人需要特殊的救济。2009年，一家化工企业向河里偷排污水，造成盐城两个水厂的水源地受到污染，进而导致盐城市区大范围停水，引出一起轰动全国的公共事件；2010年，福建紫金山铜矿污水渗漏，造成严重的生态灾难与经济损失。这些生态环境侵权案件基本上都是大规模侵权行为，受害人的人数众多且范围具有不特定性，造成的损害也往往具有毁灭性。单纯适用补偿性损害赔偿，对受害人提供的救济可能是"微不足道"的。如果适用惩罚性赔偿责任，救济则更为充分。生态环境侵权案件中形成了所谓"加害人恒为加害人，受害人恒为受害人"的局面，亦即作为侵权主体的企业与受到损害的个人之间存在严重的不平衡。[②] 只有对受害人予以特殊的惩罚性赔偿的救济，才可以更好地抑制侵权人实施侵权而盈利的行为，减少受害人的不满情绪，增加社会福利。

2. 重点制裁生态环境损害中的恶意侵权人

生态环境损害责任的归责原则是无过错责任，不论行为人是否有过错，对于损害的发生均应承担侵权责任。立法之所以在生态环境损害责任中适用无过错责任原则，是为了强化损害生态环境行为人的法律责任。不过，对于是否有过错以及过错程度轻重不同的侵权人，在最终的责任承担方面应当予以区别对待：无过错责任制裁的是所有的生态环境侵权人，只有侵权惩罚性赔偿责任的适用，才能够重点制裁恶意侵权的生态环境侵权人。在生态环境保护领域，行为人故意造成环境损害时，动机恶劣，主观上的可非难性强，造成的损害可能更大，比如偷排污水给居民造成较为严重的饮水困难或财产损害等。[③] 若仍采用无过错责任原则中填平原则来确定损害赔偿责任，不仅不符合朴素的正义价值观，还可能会反向激励侵权人恶意实施侵权行为。适用惩罚性赔偿责任，可以给予恶意侵权人更严厉的打击，起到良好的制裁效果，进而遏阻恶意侵权人

[①] [美] 丹·B. 多布斯. 侵权法：下册. 马静, 李昊, 李妍, 等译. 北京：中国政法大学出版社, 2014: 142-143.

[②] 黄娅琴. 惩罚性赔偿研究：国家制定法和民族习惯法双重视角下的考察. 北京：法律出版社, 2016: 161.

[③] 高利红, 余耀军. 环境民事侵权适用惩罚性赔偿原则之探究. 法学, 2003 (3): 112.

的不法行为。

3. 教育和警示一般人不得实施生态环境侵权行为

侵权惩罚性赔偿责任在一般预防方面具有鲜明的作用，以承担超出所造成损害的财产赔偿责任对一般人产生阻吓作用。一般的补偿性财产赔偿责任也存在这样的作用，而超出实际损失范围的惩罚性赔偿，对于普通人，具有更加鲜明的阻吓作用，使其对侵权行为后果望而生畏，并因此不敢实施该种侵权行为。在生态环境侵权中，适用惩罚性赔偿责任，同样会起到这样的作用，并且作用更加明显，一般人会时时警告自己，不要实施生态环境侵权行为，以避免承担严重的惩罚性赔偿责任。

随着我国经济的快速发展，生态和环境问题日益严峻，需要特殊的法律手段予以治理。正如学者所言，环境污染在侵蚀人们身心健康的同时，对经济社会也造成了巨大的破坏，因而对于目前已上升为严重的社会问题的环境侵权有着惩戒的迫切性。[①] 因此，除了责以恢复原状等必要的法律手段，对生态环境侵权行为适用惩罚性赔偿责任，具有极为重要的意义。

二、生态环境侵权惩罚性赔偿责任的归责原则与构成要件

（一）生态环境侵权惩罚性赔偿责任的归责原则

首先应当肯定，生态环境损害责任是无过错责任，应当适用《民法典》第1229条关于"因污染环境、破坏生态造成他人损害的，侵权人应当承担侵权责任"的规定。这是生态环境损害责任的一般条款，就环境污染和生态破坏责任一般应当适用无过错责任原则，不论行为人是否有过错，都应当承担生态环境损害责任。

但是，生态环境侵权惩罚性赔偿责任因为是加重责任，因此，不适用无过错责任原则，而适用过错责任原则，环境污染和生态破坏的行为人无过错，就无责任，即使造成他人损害，也只承担全额损失的侵权责任。

不仅如此，生态环境侵权惩罚性赔偿责任的构成，对归责原则要求更高，适用的不是一般的过错责任原则。生态环境损害行为人只有具有故意的主观心态，才构成生态环境侵权惩罚性赔偿责任。《民法典》第1232条规定特别明确，须故意污染环境破坏生态，才能构成生态环境侵权惩罚性赔偿责任。

传统民法对故意与重大过失时常加以混同，按照侵权责任法理，二者均属

[①] 黄娅琴. 我国惩罚性赔偿制度的司法适用问题研究. 法学论坛，2016（4）：107.

恣意行事的主观过错，在道德非难程度上具有亲缘性。① 换言之，虽然重大过失仍然属于过失，但是其显示了对他人生命和财产的毫不顾及、对他人权利极不尊重的状态，这种对其负有的法定义务处于漠视的心理状态，与故意极为相似。② 因而，重大过失具有作为惩罚性赔偿主观要件的条件，并非没有道理。但是，立法机关坚持生态环境损害责任须以行为人的故意归责，严格限制了生态环境侵权惩罚性赔偿责任的适用范围，防止出现过度适用惩罚性赔偿责任的副作用。

（二）生态环境侵权惩罚性赔偿责任的构成要件

依照《民法典》第1232条规定，生态环境侵权惩罚性赔偿责任的构成要件：一是违反法律规定；二是故意污染环境、破坏生态；三是造成严重损害后果。结合生态环境惩罚性赔偿司法解释的规定，在实践中应当依照下列要求，确定生态环境侵权惩罚性赔偿责任的构成要件。

1. 行为人的行为违反法律规定，具有违法性

对于构成生态环境损害责任是否要有违法性要件，学界有不同见解。有的观点认为生态环境损害责任应当具有违法性要件，污染环境、破坏生态侵害了他人的民事权益，具有违法性。有的观点认为生态环境损害责任的构成不必有违法性要件，因为即使污染环境、破坏生态的行为不具有违法性，行为造成损害的也同样应当承担侵权责任，况且《民法典》第1229条规定的生态环境侵权责任一般条款没有规定违法性的要求。

不过，这些对于生态环境损害责任违法性的争论，都集中在一般生态环境损害责任的构成上。《民法典》第1232条生态环境侵权惩罚性赔偿责任的规定中，明确要求责任构成必须具有违反法律规定的违法性要件。

生态环境惩罚性赔偿司法解释第5条规定："人民法院认定侵权人污染环境、破坏生态的行为是否违反法律规定，应当以法律、法规为依据，可以参照规章的规定。"该条文进一步解释了"违反法律规定"的含义：第一，违反法律的判断首先是以法律、法规的规定为依据，行为应当违反法律、法规的规定；第二，确定"违反法律规定"还可以参照规章的内容，即部门规章的规定，可以作为参照适用，违反者，也认为"违反法律规定"。

不过，这一解释存在两个问题：一是法规，是指行政法规，还是也包括地方性法规，不够明确。可以认为，写法规而不写行政法规，似乎可以包含地方

---

① 叶名怡. 重大过失理论的构建. 法学研究，2009（6）：81.
② 张晓梅. 中国惩罚性赔偿制度的反思与重构. 上海：上海交通大学出版社，2015：115.

第三十三章 《民法典》第1232条规定的环境污染和生态破坏惩罚性赔偿应怎样计算

性法规,但是,将地方性法规与法律并列,并非没有疑问。二是规章,是单指中央的部门规章,还是包括地方规章,也不够明确。如果包括地方规章,似乎范围过宽。

对这两个问题,本书的看法是:第一,认定生态环境侵权惩罚性赔偿责任,还是应当严格依照《民法典》第1232条的规定进行,其中"违反法律规定",是很明确的,将其解释为包含法规和参照规章,就已经进行了扩张解释,因此,对司法解释的规定应当从严理解。第二,应当看到,这里认定的是惩罚性赔偿责任,在要件的解释上应当从严,而不是从宽。因此,法规应当理解为行政法规,规章应当理解为部门规章。

应当看到的是,侵权责任的违法性要件,并非一定要直接违反法律的明文规定。违法性包括形式违法和实质违法,形式违法包括违反法定义务和违反保护他人的法律,实质违法是指故意违背善良风俗致人损害。[①] 按照这三个标准认定违法性,是认定侵权责任构成要件中行为违法的基本规则。在生态环境侵权惩罚性赔偿责任的认定中,违法性的要件要求更高——要违反法律规定,包括法律、法规和部门规章。这样理解,可以更好地认识生态环境损害责任构成的违法性和生态环境侵权惩罚性赔偿责任构成的违法性。

2. 行为人故意污染环境、破坏生态

在这个要件中,虽然也提到了污染环境、破坏生态,但是主要指的是故意的内容,因此还是在规定生态环境损害赔偿责任的主观要件——须具有污染环境、破坏生态的故意。

故意就是希望或者放任损害结果的发生。生态环境损害赔偿责任构成案件中的故意,就是希望或者放任污染环境、破坏生态的损害后果的发生,其中主要是希望,当然也不排除放任。

生态环境损害赔偿司法解释第6条规定了认定行为人故意的方法,即法院认定侵权人是否具有污染环境、破坏生态的故意,应当根据侵权人的职业经历、专业背景或者经营范围,因同一或者同类行为受到行政处罚或者刑事追究的情况,以及污染物的种类,污染环境、破坏生态行为的方式等因素综合判断。就一般情况而言:一是行为人有涉及生态环境保护的职业经历、专业背景或者经营范围;二是因同一或者同类行为受到过行政处罚或者刑事追究;三是污染物的种类,污染环境、破坏生态行为的方式。例如,生产加工油漆的工厂,将废油排放到大海里,无疑就有污染环境、破坏生态的故意。

为了具体确定生态环境侵权惩罚性赔偿责任的故意要件,生态环境惩罚性

---

① 杨立新. 侵权责任法. 4版. 北京:法律出版社,2020:58-59.

赔偿司法解释第7条列举了具体的认定故意的方法。具有列举的十种情形之一的，应当认定侵权人具有污染环境、破坏生态的故意。

第一，因同一污染环境、破坏生态行为，已被人民法院认定构成破坏环境资源保护犯罪的。再次实施污染环境、破坏生态的行为，当然具有故意。

第二，建设项目未依法进行环境影响评价，或者提供虚假材料导致环境影响评价文件严重失实，被行政主管部门责令停止建设后拒不执行的。这两种行为严重违反法律规定，被行政主管部门责令停止建设后，还拒不执行，认定其具有污染环境、破坏生态的故意，当然没有问题。

第三，未取得排污许可证排放污染物，被行政主管部门责令停止排污后拒不执行，或者超过污染物排放标准或者重点污染物排放总量控制指标排放污染物，经行政主管机关责令限制生产、停产整治或者给予其他行政处罚后仍不改正的。实施这两种污染环境、破坏生态行为的行为人都具有故意。

第四，生产、使用国家明令禁止生产、使用的农药，被行政主管部门责令改正后拒不改正的。生产、使用国家明令禁止生产、使用的农药，并不一定就具有污染环境、破坏生态的故意，但是在被责令改正后拒不改正的，具有故意。

第五，无危险废物经营许可证而从事收集、贮存、利用、处置危险废物经营活动，或者知道或者应当知道他人无许可证而将危险废物提供或者委托给其从事收集、贮存、利用、处置等活动的。收集、贮存、利用、处置危险废物的经营活动，须经特别许可，无证经营或者明知他人无证经营而向其提供危险废物，应当认定行为人具有污染环境、破坏生态的故意。

第六，将未经处理的废水、废气、废渣直接排放或者倾倒的。企业处理"三废"，必须经过无害化处理，这是国家明令规定的。将"三废"未经处理，直接排放或者倾倒的，具有故意。

第七，通过暗管、渗井、渗坑、灌注、篡改、伪造监测数据，或者以不正常运行防治污染设施等逃避监管的方式，违法排放污染物的。这里包括两种故意：一是违法排放污染物，虽然不是直接进行，但是通过暗管、渗井、渗坑、灌注、篡改、伪造监测数据排放污染物的，应当认定为故意；二是以不正常运行防止污染设施等手段逃避污染排放监管的，例如白天不排，夜间排放污染物，具有故意。

第八，在相关自然保护区域、禁猎（渔）区、禁猎（渔）期使用禁止使用的猎捕工具、方法猎捕、杀害国家重点保护野生动物、破坏野生动物栖息地的。这种行为的行为人具有破坏生态的故意。

第九，未取得勘查许可证、采矿许可证，或者采取破坏性方法勘查开采矿产资源的。这也是破坏生态的故意行为。

第十,其他故意情形。这是兜底性条款,除上述九种行为的行为人可以认定为具有故意外,其他具有污染环境、破坏生态故意的行为,也应当认定为具有故意。

生态环境惩罚性赔偿司法解释从一般规则和具体认定两个方面,规定了如何认定行为人具有污染环境、破坏生态的故意,具有可操作性。

3. 污染环境、破坏生态造成严重后果

认定污染环境、破坏生态行为人是否承担惩罚性赔偿责任,损害要件是污染环境、破坏生态的行为造成严重后果。这个要件的要求是,污染环境、破坏生态不是造成了一般的损害后果,而是造成了严重的损害后果。

康德认为:"公共的正义可以作为它的原则和标准的惩罚方式与尺度是什么?这只能是平等的原则。"康德所说的平等,是指惩罚的方式与尺度应当与个别人所做的恶行相当。[①] 因此,适用惩罚性赔偿的合理性之一,在于加害行为的严重性,而损害后果的严重性是行为严重的表现形式之一。因此,在生态环境侵权中,也应以造成严重的后果作为惩罚性赔偿适用的前提。这不仅可以防止惩罚性赔偿责任被滥用,还能够实现基本的正义价值。

怎样确定生态环境的严重损害后果,生态环境惩罚性赔偿司法解释第8条规定,在一般情况下,认定侵权人污染环境、破坏生态行为是否造成严重后果,应当根据污染环境、破坏生态行为的持续时间、地域范围,造成环境污染、生态破坏的范围和程度,以及造成的社会影响等因素综合判断。这里规定要考虑的因素:一是行为的持续时间、地域范围;二是造成损害的范围和程度;三是造成的社会影响。从这三个方面进行考察,可以确定污染环境、破坏生态的损害后果是否严重。

生态环境惩罚性赔偿司法解释进一步规定,侵权人污染环境、破坏生态行为造成他人死亡、健康严重损害,重大财产损失,生态环境严重损害或者重大不良社会影响的,应当认定为造成严重后果。按照这一解释,下述三种情形都可以直接认定为造成严重后果:

一是造成他人死亡、健康严重损害。这是确认惩罚性赔偿责任的一般要求,在其他惩罚性赔偿责任的认定中也有这样的要求,即严重的人身损害后果。生态环境侵权惩罚性赔偿责任的法律性质应是私法救济,而不是公法责任。与财产权相比较,生命权、健康权等人身权更加具有特殊保护的价值。

二是造成重大财产损失,也是严重损害。究竟造成多么大的财产损失才是

[①] 康德. 法的形而上学原理:权利的科学. 沈叔平,译. 北京:商务印书馆,1991:172.

重大损失，应当依照当地的实际情况，由法官酌定。

三是生态环境严重损害或者重大不良社会影响，也是严重损害。这是一个概括的判断标准，很难量化。

具备上述三个要件，就构成生态环境侵权惩罚性赔偿责任，侵权人应当承担惩罚性赔偿责任。

三、生态环境侵权惩罚性赔偿责任的请求权和具体数额计算

（一）惩罚性赔偿的请求权

生态环境惩罚性赔偿司法解释第3条规定，被侵权人在生态环境侵权纠纷案件中请求惩罚性赔偿的，应当在起诉时明确赔偿数额以及所依据的事实和理由。如果在生态环境侵权纠纷案件中没有提出惩罚性赔偿的诉讼请求，诉讼终结后又基于同一污染环境、破坏生态事实另行起诉请求惩罚性赔偿的，法院不予受理。

生态环境惩罚性赔偿司法解释第4条规定，被侵权人主张侵权人承担惩罚性赔偿责任的，应当提供证据证明的事实是：第一，侵权人污染环境、破坏生态的行为违反法律规定；第二，侵权人具有污染环境、破坏生态的故意；第三，侵权人污染环境、破坏生态的行为造成严重后果。

（二）司法解释规定的生态环境侵权惩罚性赔偿的具体计算方法

《民法典》第1232条没有规定生态环境侵权惩罚性赔偿金的具体计算方法。生态环境惩罚性赔偿司法解释从第9条至第12条规定了生态环境侵权惩罚性赔偿责任的具体计算方法，主要的内容可概括为五个方面。

1. 计算基数

确定惩罚性赔偿责任的计算方法，首先应当确定计算的基数。

生态环境惩罚性赔偿司法解释第9条规定，法院确定惩罚性赔偿金数额，应当以环境污染、生态破坏造成的人身损害赔偿金、财产损失数额作为计算基数。按照这个计算基数，乘以计算倍数，就能够计算出生态环境侵权惩罚性赔偿的具体数额。

计算惩罚性赔偿责任的基数，即确定人身损害赔偿金、财产损失的数额，应当依照《民法典》第1179条、第1184条的规定予以计算。如果法律另有规定的，依照其规定。对此，司法机关有成熟的经验，特别是人身损害赔偿责任，2022年人身损害赔偿司法解释的规则清晰明白，容易计算。

应当注意的是，这里规定的惩罚性赔偿的计算基数不包括精神损害赔偿

金，因此，不能把《民法典》第1183条规定的精神损害赔偿金计算在内，作为计算基础。

2. 计算倍数

《民法典》第1232条对生态环境侵权惩罚性赔偿数额没有规定计算倍数。可以参考的是《消费者权益保护法》规定的二倍、《食品安全法》规定的三倍，知识产权法规定的五倍。

生态环境惩罚性赔偿司法解释第10条规定采纳的是《消费者权益保护法》第55条的规定，即确定惩罚性赔偿金数额，应当综合考虑侵权人的恶意程度、侵权后果的严重程度、侵权人因污染环境和破坏生态行为所获得的利益或者侵权人所采取的修复措施及其效果等因素，但一般不超过人身损害赔偿金、财产损失数额的二倍。不过这里的提法与一般的规定有所区别，就是一般规定是二倍以下、三倍以下，生态环境惩罚性赔偿司法解释规定的是"一般不超过人身损害赔偿金、财产损失数额的二倍"。这意味着，通常生态环境侵权惩罚性赔偿金的数额是在二倍以下，即不超过二倍，但是在特别情形下，也可以超过二倍。这里要确定的是，什么是不"一般"，超过二倍上限的是多少。目前这些都没有明确，属于法官酌定的范围。本书认为，除非有特殊的情形，否则，不必采取二倍以上的赔偿，这是由生态环境侵权惩罚性赔偿的性质决定的。如果具有极为严重的恶意，或者造成极为严重的损害后果，赔偿超过二倍的，也应当限制在三倍以内。

在确定生态环境侵权惩罚性赔偿数额时，行政罚款和罚金不能替代惩罚性赔偿责任。生态环境惩罚性赔偿司法解释第10条规定，因同一污染环境、破坏生态行为已经被行政机关给予罚款或者被法院判处罚金，侵权人主张免除惩罚性赔偿责任的，不予支持，但是，可以在确定惩罚性赔偿金的数额时综合考虑，适当酌减惩罚性赔偿金的数额。

3. 赔偿金的优先顺序

《民法典》第187条规定确定了民事责任优先规则，实际上是规定了民事责任在与刑事责任、行政责任竞合时，享有优先权保障，优先实现民事责任的请求权。

在生态环境侵权惩罚性赔偿责任中，生态环境惩罚性赔偿司法解释规定了两个不同的优先权，保证了民事责任的优先性。

第一，坚持民事责任优先，包括惩罚性赔偿在内。即侵权人因同一污染环境、破坏生态行为，应当承担包括惩罚性赔偿在内的民事责任、行政责任和刑事责任的，其财产不足以支付的，应当优先用于承担民事责任。这里着重强调的是惩罚性赔偿与行政罚款和刑事罚金竞合时，惩罚性赔偿享有优先权保障。

第二，生态环境侵权责任确定数种财产性责任时，惩罚性赔偿责任优先。即侵权人因同一污染环境、破坏生态行为，应当承担包括惩罚性赔偿在内的民事责任时，其财产不足以支付的，应当优先用于承担惩罚性赔偿责任。例如承担返还财产、违约金等财产责任时，惩罚性赔偿责任优先。这里存在的问题是，基本赔偿金与惩罚性赔偿金是否也存在惩罚性赔偿优先的问题，尽管赔偿请求权都是被侵权人，但是也存在基本赔偿金与惩罚性赔偿金的先后顺序问题。对此，本书认为，在侵权人财产不足以承担基本赔偿金和惩罚性赔偿金的时候，基本赔偿金优先。

4. 环境公益机构请求惩罚性赔偿

在确定惩罚性赔偿责任时，原则上是救济受到侵害的个人，通常不包括组织。《民法典》第1232条对生态环境侵权惩罚性赔偿的"被侵权人"是否包含受到损害的组织，特别是受到损害的国家，没有明确规定。在我国的环境保护法律体系中，生态环境侵权的被侵权人是包括法人、非法人组织以及国家的。因此，生态环境惩罚性赔偿司法解释第12条规定，国家规定的机关或者法律规定的组织作为被侵权人代表，请求判令侵权人承担惩罚性赔偿责任的，法院可以参照前述规定予以处理。这就是说，国家规定的政府生态环境保护机关，以及国家规定的生态环境保护公益组织，都有权请求生态环境侵权的惩罚性赔偿责任。

对此，如果从惩治故意污染环境、破坏生态造成严重损害的侵权人的角度来讲，是有道理的。但是，如果从被侵权人即国家有关机关，特别是有关公益组织请求惩罚性赔偿的角度出发，道理不充分。

既然法律和司法解释已经规定了他们可以请求惩罚性赔偿，生态环境惩罚性赔偿司法解释就进一步规定，惩罚性赔偿金数额的确定，应当以生态环境受到损害至修复完成期间服务功能丧失导致的损失、生态环境功能永久性损害造成的损失数额作为计算基数，而不是以人身损害或者财产损失作为赔偿基数。这样规定是比较恰当的。

5. 海洋生态环境侵权惩罚性赔偿

《海洋环境保护法》等法律规定海洋生态与环境侵权行为的赔偿责任时，没有规定惩罚性赔偿责任。依照《民法典》第1232条规定，符合要求的，被侵权人也可以请求惩罚性赔偿责任。对此，生态环境惩罚性赔偿司法解释第13条规定："侵权行为实施地、损害结果发生地在中华人民共和国管辖海域内的海洋生态环境侵权纠纷案件惩罚性赔偿问题，另行规定。"

规则总结

1.《民法典》第1232条规定了生态环境侵权惩罚性赔偿责任规则，扩大了我国惩罚性赔偿责任的适用范围，但没有规定具体计算方法。生态环境惩罚性赔偿司法解释对适用生态环境侵权惩罚性赔偿责任作出了具体解释。

2. 构成生态环境侵权惩罚性赔偿责任的要件：一是违反法律规定，应当以法律、法规为依据，可以参照规章的规定；二是故意实施，应当根据侵权人的职业经历、专业背景或者经营范围，因同一或者同类行为受到行政处罚或者刑事追究的情况，以及污染物的种类，污染环境、破坏生态行为的方式等因素综合判断；三是造成严重损害，应当根据污染环境、破坏生态行为的持续时间、地域范围，造成环境污染、生态破坏的范围和程度，以及造成的社会影响等因素综合判断。

3. 生态环境侵权惩罚性赔偿责任数额确定：第一，计算基数应当以环境污染、生态破坏造成的人身损害赔偿金、财产损失数额为准；第二，计算倍数应当综合考虑侵权人的恶意程度、侵权后果的严重程度、侵权人因污染环境、破坏生态行为所获得的利益或者侵权人所采取的修复措施及其效果等因素，一般不超过人身损害赔偿金、财产损失数额的二倍。

第三十四章 《民法典》第 1244 条规定的高度危险责任赔偿限额应当怎样确定

——高度危险责任限额赔偿的适用与除外规则

> **实务指引要点**
>
> 1. 《民法典》第 1244 条规定，承担高度危险责任，法律规定有赔偿限额的，应当在限额内赔偿，但行为人有故意或者重大过失的除外。这应当是无过错责任的行为人承担赔偿责任的一般规则。
> 2. 当前我国法律中关于无过错行为人承担限额赔偿责任的规定不多，现有的规定多数没有得到重视。
> 3. 被侵权人主张承担无过错责任的，行为人应当按照限额赔偿的规定进行赔偿。被侵权人能够证明行为人有故意或者重大过失的，不受限额赔偿规则的限制，可以请求全额赔偿。

《民法典》第 1244 条规定："承担高度危险责任，法律规定赔偿限额的，依照其规定，但是行为人有故意或者重大过失的除外。"这是我国《民法典》中完整规定高度危险责任限额赔偿及除外的规则。对于高度危险责任的限额赔偿应当怎样理解，在实践中又应当怎样适用，应当注意哪些问题，都应当提出具体办法。本章将专门研究这个问题。

第三十四章 《民法典》第1244条规定的高度危险责任赔偿限额应当怎样确定

一、无过错责任的行为人有无过错对确定赔偿责任关系重大

(一) 无过错责任的行为人有无过错在赔偿范围上应有所区别

按照通说，适用无过错责任的特殊侵权责任，侵权责任的构成不要求有过错的要件，即不问过错；无论行为人有无过错，只要具备了违法行为、损害事实和因果关系三个要件，就构成侵权责任。①

这样的要求是正确的。但是，这只是就侵权责任的构成而言；在确定赔偿责任范围时，无过错责任的行为人有无过错，是否与其对侵权责任的构成一样，也属于"无所谓"的内容，不影响赔偿标准呢？

我国司法实践就是采取"无所谓"的态度，无论行为人对于损害的发生是否有过失，都因实行无过错责任原则而承担同样的赔偿责任，适用全部赔偿原则，损失多少就赔偿多少。

这样的做法是不公平的。在无过错责任中，加害人究竟有无过错对于确定赔偿责任范围并不是"无所谓"的，而是"有所谓"的。理由是，在侵权法中，加害人的过错对确定赔偿责任范围有重大影响②，它体现的是法律对加害人行为的谴责程度。在无过错责任中，无过错责任原则仅仅表明对在某种危险性特别严重的侵权领域，要给予受害人更为妥善的保护；即使加害人没有过错也要对受害人承担赔偿责任，使受害人的损害得到赔偿。但是，即使在这样的场合，法律对加害人是否有过错的谴责程度也应是不同的。那就是，无过错的加害人在无过错责任的场合应当承担侵权责任，而有过错的加害人在这样的场合应当承担更重的赔偿责任。这种赔偿责任轻重的区别，体现的是法律对主观心理状态不同的行为人的谴责和制裁的不同程度。只有这样，才能够体现侵权法的公平和正义。

这样的规则，是指基于适用不同的归责原则而产生的侵权请求权，应当有不同的赔偿内容。基于加害人过错产生的侵权损害赔偿请求权实行全部赔偿原则；而基于加害人无过错而产生的侵权损害赔偿请求权应当实行限额赔偿原则，并不是全部赔偿的请求权。③

对于这个问题，《民法通则》关于过错责任原则和无过错责任原则的规定，

---

① 王利明，杨立新. 民法学. 北京：法律出版社，2008：726.
② 张新宝. 侵权责任构成要件研究. 北京：法律出版社，2008：438.
③ [德] 迪特尔·梅迪库斯. 德国债法分论. 杜景林，卢谌，译. 北京：法律出版社，2007：718，723，726.

以及《产品责任法》和《消费者权益保护法》等特别法的规定，都没有体现出来。

在考察德国侵权法时，德国学者介绍了这样的经验。在德国，基于无过错责任原则产生的侵权损害赔偿请求权的内容，与基于过错责任原则产生的侵权损害赔偿请求权的内容是不同的。以产品责任为例，基于过错责任原则和无过错责任原则的不同法律基础产生不同的侵权损害赔偿请求权：一是基于《德国民法典》第823条规定产生的过错责任请求权；二是基于《产品责任法》产生的无过错责任请求权。虽然这两种损害赔偿请求权都是侵权损害赔偿请求权，但是由于产生请求权的法律基础不同，因而其内容并不相同：《德国民法典》第823条产生的过错责任请求权，赔偿范围按照受害人的实际损失确定，没有赔偿数额的上限；而基于《产品责任法》产生的无过错责任请求权的损害赔偿范围，被告企业的最高赔偿限额为8500万欧元，即同一种缺陷产品全部的赔偿数额不能超过这个限额，所有的受害人都从这个数额中平均受偿。①

同样，按照德国《道路交通法》的规定，机动车交通事故责任适用无过错责任原则，构成侵权责任不需要加害人对造成事故有过错。在这种责任下，机动车驾驶人即使没有任何过错，也要承担赔偿责任，单人责任限额为60万欧元，多人是300万欧元。但是，如果依据过错责任原则确认请求权，其基础是《德国民法典》第823条，则最高赔偿限额达到500万欧元；并且还要考虑《德国民法典》第852条规定的过失相抵规则，受害人有过错的，对加害人适当减轻责任，只有不满10岁的未成年受害人除外。②

综上所述，这样的规则是：在无过错责任原则的场合，侵权人没有过错或者原告不需要证明侵权人有过错的，采取限额赔偿制，赔偿数额不得超过法律规定的最高限额；而原告能够证明侵权人在主观上对于损害的发生或者扩大具有过错的，那么，侵权人应当承担过错责任的赔偿责任，按照实际损失实行全部赔偿。

事实上，凡是法律规定的适用无过错责任原则的侵权行为，侵权人都存在有过错和无过错两种情况。既然如此，侵权人在有过错的情况下侵害他人的权利，与在没有过错的情况下致害他人，承担的其赔偿责任应当是不同的。如果侵权人在主观上没有过错，尽管法律规定其应当承担侵权责任，但由于他在主观上没有过错，因而应当承担适当的赔偿责任。而如果侵权人在主观上有过错，那么，就应当承担过错责任的赔偿责任，对受害人的损失予以全部赔偿。同样，被侵权人需要证明侵权人有过错和不需要证明侵权人有过错，诉讼成本

---

① 杨立新. 中华人民共和国侵权责任法草案建议稿及说明. 北京：法律出版社，2007：395，398.
② 杨立新. 中华人民共和国侵权责任法草案建议稿及说明. 北京：法律出版社，2007：392.

也有区别,也不应当等同对待。

(二) 无过错责任的行为人有无过错影响赔偿责任的理论基础

采取这种规则的理论基础有四个方面。

1. 体现侵权责任法调整实体利益的公平要求

民法的公平以利益的均衡作为价值判断标准,来调整民事主体之间的民事利益关系。公平是指一种公正、正直、不偏袒、公道的特质或品质,同时也是一种公平交易或正当行事的原则或理念。在承担赔偿责任上有过错的无过错责任人与无过错的无过错责任人必须有所区别,否则无法体现这样的原则和理念。因此,必须明确侵权责任法对此的态度,有过错的无过错责任人应当承担全部赔偿责任,无过错的无过错责任人应当承担限额赔偿责任。这是侵权法对公平原则的最好诠释。

2. 体现侵权责任法的正当社会行为导向

侵权责任法不仅要调整侵权纠纷,还要引导市民社会的行为方向。如果无过错责任人有无过错都承担一样的责任,行为人就可能放任自己,不会严加约束自己的行为,就会给社会造成更多的危险。反之,坚持无过错责任人有无过错的赔偿责任的区别,就能够体现出侵权法的正确导向。

3. 依据不同的法律基础产生的请求权是不同的

根据过错责任原则产生的请求权,应当受到过错责任原则的约束,因而是一个受全部赔偿原则约束的请求权;根据无过错责任原则产生的请求权,则应当受到无过错责任原则的约束,侵权人应当承担适当的赔偿责任。例如,法律可以规定赔偿数额的上限,确定侵权人的赔偿数额不得超过法定的最高赔偿限额。

4. 诉讼风险与诉讼利益相一致

原告举证责任的负担分配,体现的是诉讼风险与诉讼利益相一致的原则。[1] 受害人按照无过错责任原则行使请求权,证明侵权责任构成,只要证明加害人的违法行为、损害事实和因果关系三个要件即可,损害赔偿请求权就能够成立;而要证明过错责任的请求权,不仅要证明上述三个要件成立,还要证明侵权人具有过错要件的成立。两相比较,二者在受害人负担的诉讼风险上不同,表现在其举证责任的负担也不同。就诉讼利益而言,受害人承担较轻的举证责任的无过错责任请求权,与承担较重的举证责任的过错责任请求权,在损

---

[1] 沈冠伶. 民事证据法与武器平等原则. 台北:元照出版有限公司,2007:92.

害赔偿的内容上也应当不同。只有这样才能够体现程序上的公平和正义，使诉讼风险和诉讼利益相一致，才能达到合理的法律调整效果。

二、我国现行法律法规规定的限额赔偿及法律适用关系

我国现行法律法规也规定了一些限额赔偿规则。除《民法典》第1244条规定高度危险责任的限额赔偿外，其他规定限额赔偿制度的法律法规层次较低，往往不被法官重视，司法实践中经常将限额赔偿与全部赔偿对立起来，限额赔偿并没有得到正确适用，无过错责任与限额赔偿责任的法律适用规则没有得到完善。

（一）我国法律法规对限额赔偿责任的规定

我国现行法律法规中有一些关于限额赔偿责任的规定，集中在以下四个方面。

1. 高度危险责任的限额赔偿

高度危险责任的限额赔偿，规定在《民法典》第1244条，是对无过错责任行为人有无过错承担不同赔偿责任的典型规定，符合上述无过错责任的行为人有无过错承担不同赔偿责任的法理基础。

2. 核损害赔偿

2007年6月30日国务院发布的《关于核事故损害赔偿责任问题的批复》第7条规定："核电站的营运者和乏燃料贮存、运输、后处理的营运者，对一次核事故造成的核事故损害的最高赔偿额为3亿元人民币；其他营运者对一次核事故所造成的核事故损害的最高赔偿额为1亿元人民币。核事故损害的应赔总额超过规定的最高赔偿额的，国家提供最高限额为8亿元人民币的财政补偿。对非常核事故造成的核事故损害赔偿，需要国家增加财政补偿金额的由国务院评估后决定。"按照这一规定，核电站等营运者对一次核事故造成的损害的最高赔偿额为3亿元人民币，加上国家提供的最高限额8亿元，一次核事故造成损害的最高赔偿额为11亿元人民币。因此，在核损害事故中，就一次事故的损害赔偿，企业承担的最高限额为3亿元；不足部分，国家承担的仍然是限额赔偿，为8亿元。不论受害人有多少，都只能在这个限额中按照债权平等的原则，按比例受偿。

《核安全法》实施之后，这一规定是否还继续有效，存在疑问。在立法过程中，对这个问题进行了详细的讨论，但是最后没有作出具体规定。国务院的上述规定，是按照当时国际原子能委员会规定的最低赔偿数额确定的。但是经

过了10年，这一规定远不适合现实的需要。据说，日本福岛核电站发生核泄漏事件后，实际赔偿已经超过了数万亿日元，仍然没有赔偿完毕。实际上，这一限额赔偿标准只是民用核设施投保的标准。《核安全法》对此没有作出规定，需要继续研究和探讨。

违反《核安全法》的损害赔偿责任，规定在《民法典》高度危险责任中，是《民法典》第1237条规定的内容，同样受到《民法典》第1244条规定的约束，应当适用限额赔偿规则。因此，本书认为上述关于核损害赔偿的限额规定是可以继续适用的。

3. 铁路交通事故赔偿

2007年7月1日公布、2007年9月1日实施的《铁路交通事故应急救援和调查处理条例》曾在第33条第1款规定："事故造成铁路旅客人身伤亡和自带行李损失的，铁路运输企业对每名铁路旅客人身伤亡的赔偿责任限额为人民币15万元，对每名铁路旅客自带行李损失的赔偿责任限额为人民币2 000元。"这一限额赔偿的规定已经被废止，取而代之的是现在第35条关于"事故造成其他人身伤亡或者财产损失的，依照国家有关法律、行政法规的规定赔偿"的规定。这种损害赔偿实际上是运输合同的损害赔偿责任，由于发生竞合，也可以按侵权损害赔偿责任起诉。认为原来规定的最高限额，也是无过错责任中的限额赔偿，并非没有道理，只是规定的赔偿数额过低。

对于路外人身伤亡和财产损失，应依照法律或者行政法规的规定承担赔偿责任，没有赔偿限额的限制。

4. 国内航空事故赔偿

2006年1月29日国务院批准、2006年2月28日国家民用航空局公布、2006年3月28日起实施的《国内航空运输承运人赔偿责任限额规定》第3条规定："国内航空运输承运人（以下简称承运人）应当在下列规定的赔偿责任限额内按照实际损害承担赔偿责任，但是《民用航空法》另有规定的除外：（一）对每名旅客的赔偿责任限额为人民币40万元；（二）对每名旅客随身携带物品的赔偿责任限额为人民币3 000元；（三）对旅客托运的行李和对运输的货物的赔偿责任限额，为每公斤人民币100元。"第5条规定："旅客自行向保险公司投保航空旅客人身意外保险的，此项保险金额的给付，不免除或者减少承运人应当承担的赔偿责任。"按照这一规定，国内航空运输中发生的旅客人身、财产损害的赔偿，按照上述限额赔偿。超出以上限额的，不予赔偿。该赔偿在性质上与铁路交通事故相同，也不包括对航空旅客之外的其他人的损害赔偿。

5. 海上运输损害赔偿

1993年11月20日国务院批准、1993年12月17日交通部发布、1994年1月1日起实施的《港口间海上旅客运输赔偿责任限额规定》第3条第1款规定:"承运人在每次海上旅客运输中的赔偿责任限额,按照下列规定执行:(一)旅客人身伤亡的,每名旅客不超过40 000元人民币;(二)旅客自带行李灭失或者损坏的,每名旅客不超过800元人民币;(三)旅客车辆包括该车辆所载行李灭失或者损坏的,每一车辆不超过3 200元人民币;(四)本款第(二)项、第(三)项以外的旅客其他行李灭失或者损坏的,每千克不超过20元人民币。"第4条规定:"海上旅客运输的旅客人身伤亡赔偿责任限制,按照4万元人民币乘以船舶证书规定的载客定额计算赔偿限额,但是最高不超过2 100万元人民币。"这个规定至今已经有20多年,规定的赔偿限额显然过低,但它仍然是基于合同关系对旅客损害的限额赔偿,而不是全额赔偿。

(二) 对限额赔偿规定的分析

1. 限额赔偿适用的场合

在上述规定中,高度危险责任包括核损害的赔偿责任、铁路运输损害责任以及航空运输损害责任,都属于无过错责任的范畴。海上运输损害责任,应当认为这个规定适用于海上运输合同的损害赔偿,违约造成债权人固有利益损害的,受害人可依自己利益考虑,是选择违约责任还是侵权责任起诉。如果依照违约责任起诉,适用过错推定原则,受害人不承担过错的举证责任,实行举证责任倒置,由债务人承担证明自己没有过错的举证责任;按照侵权责任起诉,则适用过错责任原则,受害人应当承担过错的举证责任。

2. 限额赔偿的具体类型

上述法规、规章在规定限额赔偿的时候,使用了三种不同的方法:第一种是规定企业应当承担的损害赔偿责任的总额,如核事故损害赔偿责任中3亿元和8亿元人民币的限额;第二种是对受害人个体的赔偿限额;第三种是既规定个人限额也规定总限额,如海上运输损害赔偿。

3. 限额赔偿适用的对象

在上述规定中,限额赔偿规定适用的对象包括两种:第一种是合同当事人的损害,如铁路运输、航空运输、海上运输损害的限额赔偿,都是仅对旅客的损害适用,不包括运输合同之外的其他人的损害。第二种是既包括企业内部的损害,也包括企业外部的损害,如核事故损害赔偿责任。后者的适用对象更为广泛,前者实际上只约束合同当事人。

(三) 无过错责任原则与限额赔偿的关系问题

在上述高度危险责任、核损害赔偿责任、航空运输损害赔偿责任和铁路运输损害赔偿责任的规定中,都有限额赔偿。这些限额赔偿适用的侵权责任的性质都是无过错责任。限额赔偿和无过错责任之间究竟是什么样的关系,在实践中应当如何适用呢?

1. 前三种限额赔偿的具体适用情况

迄今为止,我国没有发生核损害事故,因此,核损害赔偿的限额赔偿责任的规定并没有适用过。航空运输损害赔偿的限额赔偿中,对于空难事故的受害人及其近亲属,航空公司承担了上述限额赔偿责任,并且得到保险赔偿之后,基本上没有向法院起诉索赔的,很少产生限额赔偿与全部赔偿责任的关系问题。在铁路运输损害责任中,由于有《铁路法》的规定,又有上述限额规定,法院在审理这样的案件时,多数直接适用限额赔偿责任的规定,当事人即使有意见也没有办法,只能如此。[①] 这些都属于高度危险责任的赔偿问题。

观察上述实际情况,事实是,法律、法规规定了限额赔偿的,法院在实际操作中基本上就都采用限额赔偿,很少有其他做法;即使法官认为这样的规定不合理,也仍然没有其他解决办法,只能按照规定适用限额赔偿。至于受害人一方主张全额赔偿的,法官则不予支持。

2. 其他没有规定限额赔偿责任的赔偿问题

除高度危险责任规定限额赔偿之外,其他无过错侵权责任的赔偿问题,则一律适用全部赔偿原则。无论加害人是否有过错,只要法律规定为无过错侵权责任,就都实行全部赔偿,没有所谓的限额赔偿一说。例如,吴某诉北京地铁一案,如果不是由于受害人吴某自己的过失所致损害,地铁企业当然要承担全部赔偿责任。地铁不是铁路运输企业,而是城市公交企业,其作为高速轨道运输企业,在适用归责原则上参照铁路企业的规定,为无过错责任,这是有道理的;但是,在确定赔偿范围上,司法裁判却因没有限额规定而判决全部赔偿,没有参照铁路企业的限额赔偿规则而予以全部赔偿,是值得研究的。

这里的问题是:前述二者同样都是无过错责任,有的是限额赔偿,有的是全部赔偿;有限额赔偿规定的就一律为限额赔偿,没有限额赔偿规定的就一律全部赔偿。这样的做法既不合理,也不公平。

[①] 原来争议较多的是路外伤亡事故,1979年的规定只赔偿少量损失;至上述限额赔偿规定之后,已经按照侵权法规定确定赔偿责任,现在已经没有争议了。

3. 运输合同之外的其他人的损害责任问题

运输合同之外的其他人因为铁路交通事故、航空事故以及海上交通事故受到损害的,《铁路交通事故应急救援和调查处理条例》明确规定"事故造成其他人身伤亡或者财产损失的,依照国家有关法律、行政法规的规定赔偿"之外,没有其他规定。关于运输合同之外的其他人的损害责任,究竟是限额赔偿还是全部赔偿,似乎很明显,当然是全部赔偿。不过,无过错责任中,对于合同之外的其他人的损害赔偿都适用全部赔偿原则,似乎也不公平。

4. 海上运输损害赔偿的限额赔偿与侵权赔偿

在海上运输损害赔偿中,限额赔偿的规定适用于违约损害赔偿责任。对于受害旅客起诉侵权责任,并且能够证明海上运输营运者对于损害的发生具有过错的,是不是应当有所区别呢?如果不加区别,一律实行限额赔偿,在诉讼风险和诉讼利益的平衡上有失公允。而运营者无论是能够证明自己没有过错还是不需要证明,都承担一样的责任,也不公平。因此,如果受害旅客能够证明运营者具有过失,并且依照侵权责任起诉的,应当适用全部赔偿责任的规则,而不适用限额赔偿责任的规则,似乎更为合理。至于造成合同之外的其他人的损害,由于实行过错责任原则,当然应当全部赔偿,而不是限额赔偿。

三、《民法典》对限额赔偿规定的基本规则

必须协调无过错责任与限额赔偿之间的关系。现行法律规定部分限额赔偿规则,是有道理的,可惜不是普遍性的规定;在司法实践中,法官将无过错责任与限额赔偿对立起来,有限额规定的就可以限额赔偿,没有限额规定的就可以全部赔偿,没有第三条路,不准许受害人选择。这样的做法是僵化的,不符合侵权法的公平理念。

《民法典》第1244条规定了高度危险责任的限额赔偿,应当严格执行。被侵权人主张行为人承担无过错责任的,应当按照限额赔偿的规定赔偿。但是,被侵权人能够证明行为人有故意或者重大过失的,则不受限额赔偿规则的限制,可以请求全额赔偿。

还应当解决的问题有四个。

第一,无过错责任的特殊侵权责任,无论对其内部关系还是外部关系,造成合同债权人损害还是造成合同之外的人损害,都可以实行限额赔偿。在现行的限额赔偿规定中,几乎都是高度危险责任。对此,应当将其作为强制性法律规范对待,不能由法官自行决定是适用还是不适用。应当明确,对于其他为无过错责任的特殊侵权责任,如产品责任、环境污染和生态破坏责任、饲养动物

第三十四章 《民法典》第1244条规定的高度危险责任赔偿限额应当怎样确定

损害责任的特别规定中,也可以规定无过错责任请求权的赔偿范围上限;或者规定责任人应当承担的赔偿责任上限,如核损害赔偿责任的规定;或者规定对特定受害人承担的赔偿责任限额,如航空运输损害责任和铁路运输损害责任。对于地铁运营损害责任的法律适用,应当参照适用铁路运输的赔偿规定,实行限额赔偿责任。即使对合同外部的其他人的损害,凡属于无过错责任者都应当实行限额赔偿。

第二,无过错责任特殊侵权责任的受害人能够证明加害人一方存在故意或者重大过失的,应当准许受害人一方请求全额赔偿。在诉讼中,对于受害人一方能够证明加害人存在过失的,应当按照《民法典》第1165条第1款的侵权行为一般条款,适用过错责任的全部赔偿原则,以保护受害人的合法权益。即使是在海上运输这样的场合,不实行无过错责任原则,但受害人能够证明责任人一方具有过失,依照侵权法规定起诉的,也应当适用全部赔偿规则,准许受害人请求全部赔偿,并且予以支持。

第三,确定不同法律基础产生的请求权的不同内容,准许当事人选择。类似于产品侵权责任、铁路交通事故责任、航空运输损害责任等,凡是法律规定了不同的请求权法律基础的,当事人在起诉时都可以选择。依据不同的请求权基础的法律规定,承担举证责任;能够证明自己选择的请求权构成的,法官应当予以支持,按照当事人选择的请求权确定赔偿责任。这一点是法律适用的一般规则,《民法典》就规定了这样的规则。

第四,基于无过错责任与限额赔偿之间的特殊关系,以及侵权请求权的不同法律基础的不同要求,采取的做法是:依照法律规定即使无过错也应当承担侵权责任的,其赔偿责任适用法律规定的损害赔偿范围;受害人能够证明侵权人有故意或者重大过失的,按照侵权责任的一般规定确定赔偿责任。这样,就从根本上解决了上述问题,真正体现侵权责任法的公平和正义要求。

规则总结

1.《民法典》第1244条规定,承担高度危险责任,法律规定有赔偿限额的,应当在限额内赔偿,但行为人有故意或者重大过失的除外,这应当是无过错责任的行为人承担赔偿责任的一般规则,即能够证明行为人有过错的,应当承担全额赔偿;不证明行为有过错而主张无过错责任赔偿的,实行限额赔偿。

2.当前我国法律关于无过错责任的行为人承担赔偿限额的规定不多,明文规定的只有《民法典》第1244条,其他都是行政法规或者部门规章,现有的规定多数没有得到应有的重视。

3.凡是适用无过错责任原则的侵权责任,都应当有两种赔偿方法,即被侵权人主张适用无过错责任不证明行为人过错的,应当按照限额赔偿的规定赔偿;被侵权人能够证明行为人有故意或者重大过失的,则不受限额赔偿规则的限制,可以依照《民法典》第1165条规定请求全额赔偿。

第三十五章 《民法典》第1254条规定的高空抛物坠物损害责任规则应怎样适用

——高空抛物坠物损害责任的改进与物业管理人责任承担

实务指引要点

1. 禁止从建筑物中抛掷物品，是建筑物使用人的法定义务。
2. 从建筑物中抛掷物品或者从建筑物上坠落的物品造成他人损害的，由侵权人依法承担侵权责任。
3. 经调查难以确定具体侵权人的，能够证明自己不是侵权人的不承担责任，有加害可能的建筑物使用人应当给予补偿。
4. 可能加害的建筑物使用人补偿后，有权向侵权人追偿。
5. 物业服务企业对高空抛物或者坠物造成损害的，承担违反安全保障义务的损害责任。
6. 公安等机关在发生高空抛物行为后，应当依法及时调查，查清责任人。

《侵权责任法》第87条在司法实践中引发的争论较大，在立法上也有很大争论，很多人对其规定的"连坐"补偿提出质疑。《民法典》第1254条对这一条文进行了重大改造，内容是："禁止从建筑物中抛掷物品。从建筑物中抛掷物品或者从建筑物上坠落的物品造成他人损害的，由侵权人依法承担侵权责任；经调查难以确定具体侵权人的，除能够证明自己不是侵权人的外，由可能加害的建筑物使用人给予补偿。可能加害的建筑物使用人补偿后，有权向侵权人追偿。物业服务企业等建筑物管理人应当采取必要的安全措施防止前款规定的情形发生；未采取必要的安全保障措施的，应当依法承担未履行安全保障义务的侵权责任。发生本条第一款规定的情形的，有关机关应当依法及时调查，查清责任人。"这个规定相较于《侵权责任法》第 87 条有了重大改进，对于保障人们"头顶上的安全"具有重要意义。本章将对这一规定的基本规则进行解读。

一、抛掷物坠落物损害责任的提出

在理论上和实践中讨论建筑物抛掷物损害责任的法律适用，主要是依据重庆的一个案例。2001 年 5 月 11 日凌晨约 1:40，重庆市民郝某与朋友李某在街上谈事情，被临街楼上坠落的烟灰缸砸中头部，当即倒地，被送至急救中心抢救。经医院精心治疗，郝某在昏迷 7 天后脱险，留下了严重的后遗症，被鉴定为智能障碍伤残、命名性失语伤残、颅骨缺损伤残等，损失医疗费等共计 9 万元。公安机关经过侦查现场，排除了故意伤害的可能性。郝某将位于出事地点的两幢居民楼的产权人以及两幢居民楼一定楼层以上的 22 户居民告上了法庭，要求他们共同赔偿自己的医药费、精神损失费等各种费用。重庆法院经审理认为，因难以确定该烟灰缸的所有人，除事发当晚无人居住的两户外，其余房屋的居住人均不能排除扔烟灰缸的可能性，根据过错推定原则，由当时有人居住的王某等有扔烟灰缸嫌疑的 20 户住户分担该赔偿责任，各赔偿 8 101.5 元。

还有一个山东济南某区法院判决的案件。案情是：某住宅区前后两栋楼房相邻，居委会主任是一位老太太。其中午到后一栋楼通知事情，出楼道时，还有两个老头在楼道门口下象棋，刚打过招呼，从楼上坠落一个破旧的菜板子，用报纸包着，将老太太砸倒在地，两个老头回头观察，没有发现究竟是谁家扔的，就急忙喊人将受害人送到医院抢救。老太太向法院起诉，将该楼全体共 56 户住户列为被告，要求其承担损害赔偿责任。一审法院参照共同危险行为的基本规则，判令 56 户住户承担损害的赔偿责任。二审法院以原告起诉的被告不确定为由，驳回原告的诉讼请求。

这是两个情节完全相同的案件，判决的结果却完全不同。

从这两个案件之后，法院审理抛掷物坠落物损害责任案件时，尽管在理由上有所不同，但多数按照重庆的规则处理。

有的专家坚决反对这样的规则，理由是对承担责任的人不公平，且任何人都有可能成为责任人。最高人民法院的法官则转变了原来的否定立场，转而支持这样的规则，因为这种损害应当是物的责任，而不是人的损害，这样就可以明确对物的损害承担补偿责任。有的专家提出了折中的方案，即这个规则不规定为过错责任的赔偿，而适用公平原则，同时规定不是赔偿责任而是补偿责

第三十五章 《民法典》第 1254 条规定的高空抛物坠物损害责任规则应怎样适用

任。这样规定有损害预防的作用,因此是应当规定的,不规定反而不为群众接受。据说,某法院判决的这类案件,那些被判令承担赔偿责任的被告都表示,如果判决我们赔偿,都不同意,但是要说我们出于公平考虑给予受害人适当补偿的话,可以接受。也有专家认为,这样的规定是一个极大的进步,应当肯定。经过讨论,取得了比较一致的意见,即可以从以下方面考虑如何制定这个规则:第一,确定抛掷物致害责任,是基于公平考虑,而不是基于过错责任原则;第二,承担的责任是适当的补偿责任,而不是侵权责任;第三,这样规范的作用,在于更好地预防损害,制止高空抛物行为;第四,这种侵权行为的性质是建筑物和物件损害责任,不是人的责任。

根据这些经验和意见,《侵权责任法》规定了第 87 条。

二、抛掷物坠落物损害责任的历史借鉴

(一)罗马法对抛掷物坠落物损害责任的明确规定

抛掷物坠落物损害责任并不是一个新出现的侵权行为类型,早在罗马法就存在这样的侵权行为制度。在查士丁尼《法学总论》中,对抛掷物坠落物损害责任规定了详细的规则:"某人占用一楼房,不论是自有的、租用的或借住的,而有人从楼房投掷或倾注某物,致对他人造成损害时,前者被认为根据准侵权行为负责;根据侵权行为负责是不确切的,因为这种情况往往是他就他人,例如子女或奴隶的过错而负责……关于投掷或倾注某物,经规定得诉请给付两倍于所造成的损害;其因而伤害自由人的生命的,处以五十个金币的罚金;伤害其身体而未致死亡的,应由审判员根据具体情况,基于公平原则所估计的金额为准判处罚金;在估计时,审判员应考虑支付医生的诊费和其他治疗上的费用,此外还应考虑由于丧失工作能力而在就业上所已受到和将受到的损失。""如家子与其父分居,而从自己的楼房投掷或倾注某物,又或放置或悬挂某物,而其倾倒、坠落可能发生危险,犹里安主张不得对其父,而只能对儿子本人提起诉讼。"[①] 如果同一房间有数名房客,这些房客将负连带责任[②],该诉不是向行为人提起,而是向房屋的居住者提起,包括房屋的所有人、用益权人或承租人。这样规定有利于促使房屋的居住人提高注意程度。[③]

罗马法规定建筑物责任的核心思想,在于确定建筑物中的投掷物(固体物)、倾注物(流体物)的责任由谁承担,以及建筑物的悬挂物、搁置物致人

---

① [古罗马]查士丁尼. 法学总论:法学阶梯. 张企泰,译. 北京:商务印书馆,1989:204.
② [意]彼德罗·彭梵得. 罗马法教科书. 黄风,译. 北京:中国政法大学出版社,1992:406.
③ 周枏. 罗马法原论:下册. 北京:商务印书馆,2002:804.

损害的责任由谁承担。其主旨是，投掷物和倾注物不一定是建筑物的占有人所为，可能是他的家子或者奴隶所为，因此，这种致人损害的行为不是私犯，而是准私犯，是家父为他人承担责任。如果家子与其家父分居，而从自己的楼房上投掷或倾注某物，则由自己承担责任，而不是其家父承担责任。因此，建筑物中的投掷物（固体）或者倾注物（流体）造成他人损害的，应当由建筑物的占有人（包括所有人、租用人和借用人）承担损害赔偿责任。同时，一幢房屋分由多人居住的，他们对受害人承担连带责任。罗马法制定这一制度的原始构想，在于确保公众集会场所、道路交通的公共安全，并在加害人不明时，扩张赔偿责任人，以使无辜的被害人得到赔偿。①

（二）后世各国民法对建筑物致害责任规定的侧重点

从法国法以来，各国民法也都规定了建筑物致害责任，但是规定的主旨与罗马法有所区别，即不是注重对建筑物中的投掷物或者倾注物致人损害的责任作出规定，而是针对建筑物的整体及其附属物的致人损害责任进行规范。

《法国民法典》在原来仅有的5个条文中的最后一个条文即第1386条，规定了建筑物的责任："建筑物的所有人对建筑物因保管或建筑不善而损毁时所致的损害，应负赔偿的责任。"② 这里所说的，就是对建筑物的整体致人损害的责任。在《智利民法典》中，其相关规定与《法国民法典》的规定几乎相同，第2323条规定："建筑物因所有人未进行必要的修葺或因缺陷善良家父的注意而倒塌时，所有人应对第三人的损害承担责任。如建筑物为两人或数人所共有，应按他们的所有权份额的比例分担损害赔偿金。"其中第二句规定比较有新意，在如何分担责任上有借鉴意义。

《德国民法典》规定的建筑物责任分为3条，第836条规定的是建筑物倒塌或者剥落时致人损害的，由土地占有人承担责任；第837条规定的是因行使某项权利而占有他人土地上的建筑物或工作物，负与第836条同样的责任；第838条规定的是建筑物的保养人的责任。这些规定也都着眼于建筑物的整体所致损害的责任，这就是建筑物倒塌和剥落所造成的损害的责任。

同样，《瑞士债务法》第58条规定的也是建筑物的致人损害责任，它规定，建筑物的所有人对设计缺陷或者结构缺陷或者维修不足造成的损害承担赔偿责任。

值得注意的是，《埃塞俄比亚民法典》和《俄罗斯联邦民法典》的规定与前述规定有所区别，比较接近罗马法的规定，对于制定抛掷物坠落物损害责任

---

① 李木贵. 共同危险行为之研究：以要件论为中心. 法学丛刊.
② 拿破仑民法典（法国民法典）. 李浩培，吴传颐，孙鸣岗，译. 北京：商务印书馆，1983：190.

第三十五章 《民法典》第1254条规定的高空抛物坠物损害责任规则应怎样适用

的规则有借鉴意义。

《埃塞俄比亚民法典》第2080条规定："建筑物的占据人,应对从建筑物上坠落的物所致的任何损害承担责任。"尽管坠落不是抛掷,但是一方面"抛掷"的说法本身就不准确,因为连行为人都不能确定,如何就能确定该物就是抛掷的物?另一方面将这种损害的物称为"坠落"更符合客观事实,况且"坠落"可以将"抛掷"包含在其中。尽管这个条文没有进一步规定坠落物的所有人不明时的责任,但是,接下来第2142条规定:"如果损害是由数人中的某个人造成的,并且不能查明所涉及的某个人是加害人,法院在衡平需要时,可命令有可能造成损害,并且在其中确定可找到加害人的那一群人共同赔偿损害。"这样的规定非常清楚,既包括共同危险行为的未查明加害人,也包括这种抛掷物致害的未查明加害人。这个立法例特别值得借鉴。

《俄罗斯联邦民法典》没有明确规定建筑物的责任,但是高度危险活动的责任中包含了建筑的责任。这就是,把"从事建筑和其他与建筑有关的活动"包含在从事对周围环境有高度危险的活动之中,适用同样的规则。建筑物的坠落物是不是也应当适用相同的规则,似乎应当持肯定态度。

(三) 有益的启发

分析了以上各国民法关于建筑物的责任或者建筑物的投掷物、倾注物、坠落物、悬挂物、搁置物等致人损害的责任的规定,有以下几点值得注意。

第一,在罗马法中,对投掷物、倾注物以及悬挂物、搁置物致人损害的责任,是都规定了的。其基本规则就是建筑物的占有人承担致人损害的赔偿责任。这在罗马时代是最清楚的规定。虽然有人说在罗马法时期就已经有了建筑物区分所有权的萌芽[1],但是那时候的建筑物基本上都是一家一户一个建筑物,建筑物中投掷物或者倾注物造成损害的,当然由建筑物的占有人承担责任。尽管罗马法没有关于区分所有建筑物的投掷物或者倾注物的损害赔偿规则,但是可以肯定的是,凡是建筑物中的投掷物、倾注物、悬挂物、搁置物以及坠落物造成的损害,都应当由建筑物的占有人包括所有人、借用人、租用人承担责任;一幢房屋有多人居住的,他们对受害人承担连带责任,这是一个没有人怀疑的结论。这样规定体现的"确保公众集会场所、道路交通的公共安全,并在加害人不明时,扩张赔偿责任人,以使无辜的被害人得到赔偿"的宗旨,值得借鉴。

第二,现代民法为什么不关注建筑物的附着物或者建筑物中的物所致损害的责任,而关注建筑物本身所致损害的责任,也值得研究。现在多数国家的民

---

[1] 陈华彬. 现代建筑物区分所有权制度研究. 北京:法律出版社,1995:3.

法典规定建筑物责任，都是规定建筑物倒塌、剥落的责任，似乎都是建筑物本身所致损害的责任。其实，凡是建筑物以及建筑物中的其他的物，都可以看作建筑物或者建筑物的物。如果法典中没有规定建筑物中的物的损害责任，发生这种损害时，当然只能通过解释这个规定来确定责任。可见，规定的建筑物的责任实际上也包含了建筑物中的物的致害责任。何况有的国家民法典对悬挂物和搁置物也都作了规定。当然也存在《埃塞俄比亚民法典》的未查明加害人的例外规定，尽管其中更多的体现的是共同危险行为的规则，但其中包含的建筑物抛掷物责任的规则，是不言而喻的。由此可见，现代侵权法立法也不都是反对这样的规则。

第三，抛掷物的说法也是值得研究的。事实上，一座建筑物上坠落下来的物，不管是投掷的也好，倾注的也好，悬挂物坠落或者搁置物坠落也好，其实都是建筑物中的物坠落。前文讨论的两个案件，难道能够确定烟灰缸和菜板子是抛掷物吗？如何能确定是抛掷的呢？或许就是坠落的呢？因此，这种侵权责任就按照《埃塞俄比亚民法典》的规定，被称为"建筑物坠落物致人损害未查明加害人责任"最为妥当，不含有主观因素的色彩。

还可以进一步讨论，如果一定要将之认定为抛掷物，那原告就应当举证证明造成损害的这个物，是行为人所抛掷的。可是现在都无法证明是谁所为，又怎样能够证明造成损害的物就是抛掷的呢？所以还是不要去考虑造成损害的物中是不是有人的支配因素，而只说物是坠落的，坠落物致人损害，就由物的占有人承担责任。这样是最清晰、最准确的，并且包容性宽，更容易解决具体问题。因此，建筑物中不论是抛掷物还是脱落物，都被界定在坠落物中；凡是建筑物的坠落物致人损害，都应当由坠落物的占有人承担赔偿责任。

三、理解和适用《侵权责任法》第 87 条应当解决的问题

《侵权责任法》实施之后，并没有减少高空抛物损害事件的发生，连续发生高空抛物、高空坠物等致害的侵权案件，引起了社会的高度关注，也引起了《民法典》对怎样对待《侵权责任法》第 87 条的重视。

（一）与《侵权责任法》第 87 条相关的条文中有关物件致害的规定

与《侵权责任法》第 87 条规定的高空抛物、坠物损害责任相关的物件损害责任，还包括第 85 条规定的建筑物、构筑物或者他设施及其悬挂物、搁置物脱落、坠落物致害责任。其实这些脱落物、坠落物也都是高空坠落物。这些脱落物、坠落物致害他人的责任，由所有人、使用人或者管理人承担，换言

之，脱落物、坠落物的所有人、使用人或者管理人是侵权人，承担侵权责任。

与第87条规定相比，高空抛物、高空坠物致害责任中，除高空抛物是人的直接行为之外，高空坠物与建筑物等不动产的脱落物、坠落物是一样的。两个条文不同的是，第85条规定的侵权行为能够确定具体侵权人，即脱落物、坠落物的所有人、使用人和管理人，而第87条规定的侵权责任难以确定具体侵权人；所以，在区别第87条和第85条的适用范围时，关键在于：能够确定具体侵权人的，就适用第85条规定，难以确定具体侵权人的，就适用第87条规定。

在这类案件中，有的应当适用第85条，例如，高层建筑的玻璃窗砸中行人致死案件，这个玻璃窗一定能确定其所有人、使用人或者管理人，这就是有侵权人，应当适用第85条，而不是第87条。被高空抛物击中致伤，难以确定具体侵权人，应当适用第87条确定侵权责任。同样的高空的物件致害，以是否能够确定具体侵权人为标准，界分两个条文的适用范围，而不是一律适用第87条规定。

(二)《侵权责任法》第87条规定存在的问题及对策

《侵权责任法》第87条规定确实存在一定问题，但是又不得不规定。特别是这种"连坐"补偿规则，在现实中发挥的效果并不好，即使法院判决由可能加害的人承担补偿责任，也很难执行。解决的办法有三个。

第一，第87条规定的"连坐"式补偿责任方式还需要坚持。由于部分人的实际道德水平，第87条规定的规则是有必要的，不能完全废除，只是法官在适用中应当慎重，尽量减少可能加害的人的范围，使其承担补偿责任更公平，甚至尽可能查清真正的加害人，避免无辜的人"连坐"。

第二，分清第87条和第85条规定适用的界限，防止对符合第85条规定的致害行为错误适用第87条规定。例如建筑物脱落的玻璃窗，一定会有玻璃窗的所有人、使用人，必定能够找到具体的人；建筑物老化，墙皮脱落致害行人，由于外墙由全体业主共有，由物业公司管理，责任人是物业公司，是物业公司未尽职责所致。对于这些情形，都不能适用第87条，而应当适用第85条。这些都集中在高空坠物致害的问题上。高空抛物不存在这样的问题。

第三，对于高空抛物致害，完全由民法处理是远远不够的。由于《侵权责任法》规定了高空抛物是民事责任，因而出现高空抛物致害他人的事件，公安机关就不再管，任由民法处理。问题是，民事责任的确定是由原告举证，原告都被砸晕了、砸死了，怎么去举证证明是谁的行为所致呢？受害人不能举证，行为人又不承认，形成了难题。因此，高空抛物致人损害是一个刑事问题，一旦发生，应当先由公安机关侦查，公安机关动用刑事侦查手段一般不会查不出真正的高空抛物行为人。侦查确认谁是高空抛物者后，砸伤、砸死他人还不满足负刑事责任的要求吗？既然对高空抛物致害他人应当追究刑事责任，接着就能够通过刑事附带民事责任一并解决赔偿问题，也就完全没有必要适用《侵权责任法》第87条规定承担"连坐"补偿了。说到底，确定高空抛物的刑事责任性质至关重要。只要确定高空抛物者应当承担刑事责任，就会像刑法酒驾、醉驾入罪的规定那样，大大地提高高层建筑的所有人、使用人和管理人避免和防止出现高空抛物的自觉性，从根本上解决高空抛物不断出现的问题，保障每一个人的安全。

四、确定抛掷物坠落物损害责任的主要理论根据

1. 几种不同的观点和意见

在确立抛掷物坠落物损害责任的上述规则的理由中，主要有以下四种。

（1）推定过错说。

这种理由是重庆案件的判决书中提出的。该判决书认为，在本案中，由于难以确定该烟灰缸的所有人，除事发当晚无人居住的两户外，其余房屋的居住人均不能排除扔烟灰缸的可能性，根据过错推定原则，由当时有人居住的王某等有扔烟灰缸嫌疑的20户住户分担该赔偿责任。

（2）共同危险行为说。

在济南的案件中，一审法院判决的基础在于，由于56户居民都有抛掷菜板子的可能性，尽管不是全体所有人共同抛掷，但是参照共同危险行为的原理和规则，各个住户抛掷该物品的概率相等，因此应当由全体住户承担连带赔偿责任。

（3）保护公共安全说。

这是多数学者的意见，认为这种案件涉及的是公共安全，虽然伤害的只是一个特定的受害人，但它针对的是不特定的大多数人。为了保护公共安全和公共利益，尽管不能确定谁是真正的加害人，但应当由有嫌疑的建筑物使用人共同承担赔偿责任。

（4）同情弱者说。

这种观点最主要的就是体现民法的同情弱者的立场。首先，民法站在保护弱者的立场，同情弱者，保护弱者，使受到损害的弱者能够得到赔偿；其次，民事责任是财产责任，而不是人身责任，因此责令有抛掷嫌疑的人承担责任，使弱者得到保护，并非完全不公平，可能对嫌疑人不公平，但是对受害人是公

第三十五章 《民法典》第1254条规定的高空抛物坠物损害责任规则应怎样适用

平的。

2. 对推定过错说和共同危险行为说的评价

在这些观点和意见中,应当对前两种意见持否定态度。

第一,抛掷物坠落物损害责任的基点不是推定过错。

所谓推定过错,是指认定侵权责任或者合同责任的时候,对于过错要件的一种认定方法,即不采用原告举证证明的方法,而是根据有关事实,由法官推定被告有过错的方法。在法律有规定的情况下,法官直接推定被告的过错,而不再由原告举证证明被告的过错。

建筑物抛掷物致人损害的基础并不在于推定过错。抛掷物坠落物损害责任的基础,是让没有实施致害行为而仅仅具有嫌疑的人承担责任,与共同危险行为具有相似之处:共同危险行为责任是按照行为人实施行为造成损害的概率,将与损害事实没有因果关系的行为人的行为,视为有因果关系,并使其承担责任。建筑物抛掷物同样具有这样的性质,只是要素不同:没有确定抛掷物的行为人,但是该建筑物的使用人从该建筑物中抛掷该物的可能性有相同的概率。按照该概率,确定所有有可能抛掷该物的人承担责任。而共同危险行为的所有行为人都实施了同样的行为,但是只有一个人的行为与损害有因果关系,其他人的行为与损害没有因果关系,由于不能确定谁的行为与损害有因果关系,因而将全体行为人确定为连带赔偿责任人。

因此,抛掷物坠落物损害责任的基础不是推定过错,而是将实施行为的可能性推定为确定性,继而确定补偿责任的承担。

第二,抛掷物坠落物损害责任的基础也不是共同危险行为。

用共同危险行为的原理和规则类比抛掷物坠落物损害责任,是不正确的。尽管建筑物抛掷物致人损害责任与共同危险行为的连带责任具有同样的性质,但二者并不是一样的侵权行为。在以下各方面,二者都具有根本差别:

第一,共同危险行为的行为人是数人,也就是共同危险行为的所有人都实施了该种具有危险性的行为,而不是一个人实施了这种危险行为;而在建筑物抛掷物致人损害责任中,只有一个人实施了加害行为,而不是所有人都实施了与加害行为有关的行为。

第二,在共同危险行为中,尽管行为与损害事实之间的因果关系是直接因果关系,是具体加害人的行为与损害事实之间的直接因果关系,但是将损害事实与其他行为人的行为具有的间接联系,视为存在因果关系;而在抛掷物坠落物损害责任中,只有抛掷该物的一个人的行为与损害事实之间有因果关系,损害事实与其他的所有权人或者使用权人没有因果关系,只是由于不能确定谁是抛掷人,才推定全体嫌疑人与损害事实之间有因果关系。

第三，从过错的方面观察，共同危险行为中所有的行为人都具有未尽注意义务的共同过失；而抛掷物坠落物损害责任中，只有一个人具有这种过错，且这种过错是推定的过错，不需要原告的证明。全体嫌疑人并没有共同过错。

第四，在不能确定具体加害人之外的其他人的免责条件上，有原则性的区别。共同危险行为的其他行为人能够证明自己的行为没有造成损害后果的，不能免除其连带责任；但是，抛掷物坠落物损害责任的其他人如果能够证明自己没有实施这种行为，则可以免责。

3. 确立建筑物抛掷物致害责任规则的法理基础

第一，同情弱者是民法的基本立场，也是侵权法救济损害的基本规则。民法的基本规则是公平。但是这种公平并不是绝对的公平。例如，每一个民事主体都享有一个所有权，但是同样都是所有权，其包含的财产价值内容却不相同。因此有人就是亿万富翁，有人就仅对自己的讨饭碗享有所有权。即便如此，也是公平的，因为在所有权上，每个人都享有一个平等的权利。同样如此，对于弱者的保护也是民法的基本立场，看起来不够公平，但是与前述的所有权的公平一样。因此，侵权法的立场就是保护受害人，凡是受到非法侵害的受害人，侵权法就予以保护，并且不遗余力。建筑物的抛掷物造成受害人损害，受害人就是受侵权法保护的弱者，救济其损害是侵权法的根本宗旨。那么，即使没有确定具体的加害人，但加害人的范围是确定的，抛掷物就是从这座建筑物中抛掷的，那么这座建筑物的占有人就应当承担责任。

第二，民事责任的财产性是决定建筑物抛掷物致害责任规则的基础。在民法上，有很多看似不公平的民事责任规则。例如，在罗马法的准私犯制度中确立的替代责任规则就是如此。在替代责任中，行为人是加害人，责任人并不是加害人，却要为行为人的行为造成的损害承担责任，道理何在？就是因为民事责任是财产责任，既然责任人与行为人具有一定的特定关系，就责令责任人承担责任，而不是让行为人承担责任。这种形式上的不公平，恰恰说明民法的本质公平。之所以会这样做，就是因为民事责任是财产责任而不是人身责任，不必让责任人承担人身制裁的责任。这样，使与行为有特定关系的责任人承担财产责任，既不伤害责任人本身，又使受害人的损害得到了有效的救济。如果民事责任不是财产责任，就不会出现这样的规则。

第三，保护公共安全，也是确定建筑物抛掷物致害责任规则的基本立场。公共安全，就是公众的安全，涉及的是众多的人的根本利益。尽管建筑物抛掷物造成损害的后果总是特定的人的损害，但是，在建筑物抛掷物没有发生损害之前，威胁的并不是特定的人，而是不特定的任何人，是公共利益或者公众利益。面对公共利益或者公众利益的威胁和社会的不安全因素，立法必须确定严格的保护措施，使行为人受到制裁，加以警戒。如果对建筑物抛掷物已经造成的损害，由于不能确定具体的加害人而放弃对不法行为的追究，将会放纵侵权行为，其后果将会更加严重。因此，责令建筑物的占有人承担连带责任的形式，达到了保护公共利益的目的。这正是罗马法规定这一制度体现的确保公众集会场所、道路交通的公共安全，并在加害人不明时，扩张赔偿责任人，以使无辜的被害人得到赔偿的宗旨。

五、抛掷物坠落物损害责任的基本规则

（一）对《侵权责任法》第87条规定的理解和适用

在《侵权责任法》通过后，对第87条一直有不同见解。有人认为这是一个充满了社会主义道德精神的条文，有人认为这是一个极端不公平的条文。

其实，这两种看法都不对。这是面对部分人敢于高空抛物，致人损害后又不敢承认自己所为的道德水平的实际状况，不得不规定的一个规则。如果我国公民的道德水平都提高了，都能够自觉遵守公共生活准则，禁绝高空抛物，或者抛物造成他人损害后勇于承认错误承担赔偿责任，这个条文也就没有用了。可见，这是一个不得已而为之的规则。

适用《侵权责任法》第87条必须注意两个规则：一是致人损害的高空物件包括抛掷物和坠落物，即高空抛物和高空坠物；二是难以确定具体侵权人。只有符合这两个要件的要求，再加上造成了受害人损害的要件，才可以适用第87条的规定，由可能加害的建筑物使用人给予补偿，即所谓的"连坐"补偿规则。

（二）《民法典》第1254条确定责任的一般规则

《侵权责任法》第87条规定了抛掷物坠落物损害责任的基本规则之后，这类案件没有减少，仍然经常出现，引起社会的关注和质疑，社会公众都认为这个"连坐法"是不公平的。《民法典》第1254条对这一规则进行了彻底的改造，规定了全面的高空抛掷物坠落物损害责任的基本规则。

1. 禁止从建筑物中抛掷物品

这是一个禁止性规定，是对建筑物抛掷物坠落物损害责任的基础性规定。从建筑物中抛掷物品，是非常危险的危害公共安全的行为。很多建筑物的居民习惯于向窗外抛掷物品，是非常不道德的、违反公序良俗的行为。这一严格禁止某种行为的规定，实际上强加给了建筑物的所有人、使用人和管理人一个法定义务，就是不得从建筑物中抛掷物品的不作为义务。

2. 从建筑物抛掷物品或者坠落物品造成的损害由侵权人承担责任

任何人从建筑物中抛掷物品，或者建筑物上坠落物品，造成他人损害的，都由侵权人承担责任，侵权人就是抛掷物品的行为人，或者坠落物品的建筑物的所有人、管理人或者使用人。他们的作为或者不作为造成他人损害，当然要由他们自己承担侵权责任。这样的规定完全符合《民法典》第1165条规定的要求。

3. 经调查难以确定具体侵权人的由可能加害的建筑物使用人给予补偿

经调查难以确定具体侵权人的，由可能加害的建筑物使用人给予补偿，这是《侵权责任法》第87条规定的规则。

建筑物抛掷、坠落物品致人损害，侵权人不明的，补偿责任的构成要件是：第一，行为人从建筑物中抛掷物品，或者建筑物有坠落物品；第二，抛掷物品或者坠落物品造成他人损害，主要是人身损害；第三，实施抛掷行为的行为人或者坠落物品的所有人、管理人或者使用人不明，不能确定真正的加害人；第四，在特定建筑物的使用人，不能证明自己不是侵权人。

具备上述四个要件，该建筑物的使用人是可能加害的建筑物使用人。责任承担的方式，是由可能加害的建筑物使用人对受害人的损失给予补偿，而不是承担连带责任。补偿的责任范围，应当由法官依照自由裁量原则适当确定。能够证明自己不是加害人，即没有实施建筑物抛掷物品行为，也不是建筑物坠落物品的所有人、管理人或者使用人的，不承担补偿责任。

4. 可能加害的建筑物使用人补偿后有权向侵权人追偿

由可能加害的建筑物使用人承担补偿责任，其中必定有无辜者，即没有为加害行为的建筑物使用人。为公平起见，可能加害的建筑物使用人承担了补偿责任后，如果查到了侵权人，对其享有追偿权，可以向其追偿。建筑物使用人进行补偿，其实是为侵权人"背锅"；享有对侵权人的追偿权，就能够实现"责"归其主，保护好"连坐"补偿人的权益。

5. 物业服务企业等建筑物管理人未采取安全保障必要措施的，依法承担责任

建筑物管理人是建筑物的管理者，即物业管理企业等物业管理人，他们对建筑物的安全负有安全保障义务。因此，《民法典》第1254条第2款规定，物业服务企业等建筑物管理人应当采取必要的安全保障措施，防止高空抛掷物品或者坠落物品造成损害的发生。未尽此安全保障义务，造成损害的，应当依照《民法典》第1198条规定，承担违反安全保障义务的损害责任。

不过，在物业服务企业承担安全保障义务的损害责任中，重点在建筑物脱

第三十五章　《民法典》第1254条规定的高空抛物坠物损害责任规则应怎样适用

落物致人损害上,原因是,建筑物维护义务在于物业企业,而不在于建筑物所有人和使用人,建筑物的脱落物造成损害,基本上是物业服务企业的过失维护行为所致。对于高空抛物行为,物业企业应当多加宣传,采取必要的防控措施,防止出现高空抛物行为。如果发生了高空抛物行为造成他人损害,确属物业服务企业未尽安全保障义务所致的,其才应当承担赔偿责任,没有过失,不应当承担赔偿责任。

6. 公安机关应当依法及时调查查清责任人

在加害人不明的高空抛物损害责任中,其实绝大多数都是能够查清的,但是,由于高空抛物损害责任是规定在民法中的民事责任,有的公安机关不立案侦查,否认这是自己的职责范围。为避免大量出现加害人不明的高空抛物损害责任,《民法典》第1254条第3款特别规定:"发生本条第一款规定的情形的,公安等机关应当依法及时调查,查清责任人。"因此,高空抛物,造成损害后果的,公安机关应当依法立案调查,对责任人依法给予治安管理处罚;构成犯罪的,应当依法追究其刑事责任[①],这明确规定了高空抛物行为发生后的侦查职责属于公安机关,其应当及时立案侦查,查清责任人,依法处理。只有动用侦查手段仍然查不清责任人的,才可以适用前述第三个规则。

(三)《民法典》第1254条给予补偿的责任承担规则

上述规则的第三项,即经调查难以确定具体侵权人的,由可能加害的建筑物使用人给予补偿,补偿的基本规则如下。

第一,既不适用过错责任原则也不适用无过错责任原则,而是适用公平分担损失规则。有人认为应当适用过错责任原则,也有人认为应当适用无过错责任原则,其实都不对。该规则只是基于公平考虑,让有可能加害的建筑物使用人承担补偿责任,以分担受害人的损失。

第二,可能加害的建筑物使用人作为补偿责任主体。建筑物的抛掷物、坠落物致人损害,难以确定具体侵权人的,应当由可能加害的建筑物使用人承担责任。

研究抛掷物坠落物损害责任的关键点在于:抛掷物、坠落物的所有人或者管理人难以确定,而该建筑物又由多数人使用,此时,如何确定赔偿责任主体和具体赔偿责任,是主要问题。明确由可能加害的建筑物使用人承担责任的规则是对的。理由是:既然抛掷物坠落物损害责任是建筑物责任,就一定要认识到目前城市居民住宅或者写字楼都是区分所有的。在现实中,之所以建筑物抛

---

① 全国人民代表大会宪法和法律委员会《关于〈民法典侵权责任编(草案)〉修改情况的汇报》。

掷物致害责任出现这样难以处理的问题，是因为建筑物区分所有的现状。因此，确定建筑物抛掷物致害责任，应当按照建筑物区分所有的思路来确定具体规则。可以借鉴的是《智利民法典》第2323条关于"如建筑物为两人或数人所共有，应按其所有权份额的比例分担损害赔偿金"的规定，责任由全体共有人承担。因此，规定应当由建筑物的使用人承担连带责任，是顺理成章的。

第三，承担的责任是补偿责任。这里是补偿责任而不是赔偿责任，意味着抛掷物坠落物损害责任不是按照损失的数额全部赔偿，而仅仅是根据实际情况，作出适当补偿。

这个补偿责任，对在有可能加害的使用人之间如何分担，没有明确规定。因此，究竟其是连带责任，还是按份责任，需要确定。参照《智利民法典》前述规定，应为按份责任，每个人仅仅对自己应当承担的份额承担责任。有的观点认为按份责任有所不妥，因为，一方面就共同共有而言，共有关系没有解体，就无法确定个人的份额；另一方面，在无法确定具体加害人的时候，将全体嫌疑人都作为共同被告，事实上无法确定各自的份额，无法实行按份责任。对此，笔者认为完全实行连带责任，尽管对保护受害人有利，但承担责任的基础不扎实。因此，还是参照按份责任的规定，难以确定责任大小的，平均承担补偿责任中自己的份额，不能连带。

第四，能够证明自己不是侵权人的，免除其责任。确定建筑物抛掷物损害责任的基础在于将全体建筑物使用人视为加害的嫌疑人，因此，确定建筑物抛掷物致害责任的基础较为薄弱。一旦全体建筑物占有人中的一人或者数人能够证明自己并没有实施使物抛掷（脱落、坠落）的行为，就排除了嫌疑，由嫌疑人变为非嫌疑人。对已经确定没有实施加害行为的人，仍然要其承担补偿责任，是不公平的，所以，凡是能够证明自己没有加害行为的建筑物使用人，应当免除其侵权责任。

证明自己没有实施使建筑物中的物抛掷或者坠落的行为，有五种情况。第一，证明在发生损害时，自己没有在该建筑物之中。既然发生损害时自己没有在现场，就没有实施该种行为的可能，可以排除其责任。第二，证明自己所处的位置无法实施该种行为。这就是客观条件所限，没有实施该种行为的可能性，既然如此，也不应承担侵权责任。第三，证明自己即使实施该种行为，也无法使抛掷物或坠落物到达发生损害的位置。例如，自己居住的位置与发生损害的现场方向相背或者太远，无法将物抛掷（脱落、坠落）到发生损害的现场，当然不应当承担侵权责任。第四，证明自己没有该种造成损害的物。这是从根本上否认自己有实施这种行为造成损害的可能，证明成立的，免除其责任。不过，这种证明的难度较大，不容易使法官相信。第五，能够确定致害物

第三十五章 《民法典》第1254条规定的高空抛物坠物损害责任规则应怎样适用

的使用人即侵权人的,应当由致害物的所有人或者管理人承担责任。

在研究抛掷物坠落物损害责任时,立足点是使致害物致人损害的行为人不能确定,如果抛掷物坠落物的行为人或者所有人能够确定,也就是具体的加害人能够确定,那就不存在适用这种责任的前提,当然就应当由致害物的所有人或者管理人、使用人承担责任,也就是适用第1253条而非第1254条。

规则总结

1. 建筑物使用人负有禁止从建筑物中抛掷物品的不作为法定义务,违反该法定义务造成损害的,应当承担民事责任。

2. 从建筑物中抛掷的物品或者从建筑物上坠落的物品造成他人损害的,违反了上述不作为法定义务或者维护建筑物安全的作为义务,侵权人应当依法承担侵权责任,赔偿被侵权人的损失。

3. 高空抛物、坠物造成损害的,经公安机关等调查后,仍然难以确定具体侵权人,如果建筑物使用人能够证明自己不是侵权人的,不承担责任;不能证明自己不是侵权人的,就是有可能加害的建筑物使用人,应当对被侵权人给予补偿。

4. 有可能加害的建筑物使用人对被侵权人给予补偿后,享有追偿权,可以向侵权人追偿。

5. 物业服务企业对高空抛物或者坠物造成损害的责任,主要集中在对建筑物的坠落物造成损害的责任上,其没有善尽对建筑物的安全维护义务,也就是没有尽到安全保障义务,造成他人损害的,应当承担违反安全保障义务的损害责任;对高空抛物未尽安全保障义务的,也应当向被造成损害的被侵权人承担赔偿责任,尽到安全保障义务的,不承担赔偿责任。

6. 在发生高空抛物行为后,公安等机关应当及时介入,依法立案,及时调查,查清责任人;构成犯罪的,应当依法追究刑事责任,防止出现无法查清责任人的情况。

图书在版编目（CIP）数据

《民法典》侵权责任编实务疑难问题指引/杨立新，李怡雯著. --北京：中国人民大学出版社，2023.9
ISBN 978-7-300-32080-9

Ⅰ.①民⋯ Ⅱ.①杨⋯ ②李⋯ Ⅲ.①侵权法－研究－中国 Ⅳ.①D923.04

中国国家版本馆CIP数据核字（2023）第151797号

《民法典》侵权责任编实务疑难问题指引
杨立新　李怡雯　著
Minfadian Qinquan Zeren Bian Shiwu Yinan Wenti Zhiyin

出版发行	中国人民大学出版社		
社　　址	北京中关村大街31号	邮政编码	100080
电　　话	010-62511242（总编室）		010-62511770（质管部）
	010-82501766（邮购部）		010-62514148（门市部）
	010-62515195（发行公司）		010-62515275（盗版举报）
网　　址	http://www.crup.com.cn		
经　　销	新华书店		
印　　刷	北京宏伟双华印刷有限公司		
开　　本	720 mm×1000 mm　1/16	版　次	2023年9月第1版
印　　张	36.75 插页1	印　次	2023年9月第1次印刷
字　　数	677 000	定　价	168.00元

版权所有　　侵权必究　　印装差错　　负责调换